中国博物馆协会博物馆学专业委员会
2022 年"提升中小博物馆质量 盘活基层博物馆资源"
学术研讨会论文集

中国博物馆协会博物馆学专业委员会　编

蔡琴　主编

文物出版社

图书在版编目(CIP)数据

中国博物馆协会博物馆学专业委员会2022年"提升中小博物馆质量 盘活基层博物馆资源"学术研讨会论文集/中国博物馆协会博物馆专业委员会编著. -- 北京：文物出版社, 2023.5
ISBN 978-7-5010-8033-5

Ⅰ. ①中… Ⅱ. ①中… Ⅲ. ①博物馆学—中国—学术会议—文集 Ⅳ. ①G269.2-53

中国国家版本馆CIP数据核字(2023)第069710号

中国博物馆协会博物馆学专业委员会
2022 年"提升中小博物馆质量 盘活基层博物馆资源"学术研讨会论文集

编　　者：中国博物馆协会博物馆学专业委员会
主　　编：蔡　琴

装帧设计：杭州淘艺数据技术有限公司
责任编辑：刘永海　王　瑶
责任印制：王　芳

出版发行：文物出版社
社　　址：北京市东城区东直门内北小街 2 号楼
邮　　编：100007
网　　址：http://www.wenwu.com
经　　销：新华书店
印　　刷：四川福润印务有限责任公司
开　　本：889mm x 1194mm 1/16
印　　张：26.5
印　　次：2023 年 5 月第 1 版
版　　次：2023 年 5 月第 1 次印刷
书　　号：ISBN 978-7-5010-8033-5
定　　价：480.00 元

中国博物馆协会博物馆学专业委员会
2022 年"提升中小博物馆质量 盘活基层博物馆资源"
学术研讨会论文集

主　　编：蔡 琴

执行主编：陈 平

编　　委：吕 军　陈 平　徐 玲　黄 洋　蔡 琴（以姓氏笔画为序）

编　　辑：张枫林

序

近年来，我国博物馆建设如火如荼，公共服务效能显著提升，社会关注度不断提高。然而，博物馆事业蓬勃发展之下也出现了"强者愈强，弱者更弱"的分化现象。数量众多的中小博物馆由于受到先天不足的条件制约，发展相对滞后。大部分中小博物馆运营压力大、后续发展乏力，面临着藏品数量少且来源不足、资金匮乏等问题。如何克服困难并抓住机遇跟上快速发展的时代步伐，应是中小博物馆未雨绸缪的战略思考与当务之急。

2022 年 11 月，由中国博物馆协会、浙江省文物局指导，中国博物馆协会博物馆学专业委员会主办，浙江省博物馆承办，中国知网、杭州市临安区博物馆、杭州工艺美术博物馆协办的 2022 年"提升中小博物馆质量 盘活基层博物馆资源"学术研讨会在杭州召开。来自国家文物局、中国博物馆协会、浙江省文物局、各级博物馆、高等教育院校的 140 余位博物馆界同仁参会。

本次学术研讨会成果丰硕，共收到论文 124 篇，最终甄选出 51 篇编入本论文集。入选的论文视野开阔，内容广泛，立足中小博物馆在规模属性、使命特点、管理体制、运行机制上的特性，剖析发展瓶颈和薄弱环节，从体制机制创新、资源协同整合、扎根地方社区等方面谋划中小博物馆可持续发展的路径与方法。论文成果展现了作者对于中小博物馆的基本概念、使命目标、发展现状、提升策略等维度的全面思考，为未来中小博物馆发展提供了学术支撑。

在《中国博物馆协会博物馆学专业委员会 2022 年"提升中小博物馆质量 盘活基层博物馆资源"学术研讨会论文集》付梓之际，我衷心希望这本论文集能引发更多博物馆人对于中小博物馆的关注，进一步加强对中小博物馆特性、使命、规律与方法的精细化研究，构建聚焦中小博物馆的博物馆学术体系，以理论进步推动实践发展，为中国博物馆事业的高质量发展做出积极的贡献。

中国博物馆协会博物馆学专业委员会主任委员

浙江省博物馆副馆长

提升中小博物馆质量的四条对策

中国博物馆协会理事长 刘曙光

近年来，我国博物馆建设如火如荼，公共服务效能显著提升，社会影响力不断提升。然而，博物馆事业在蓬勃发展之下也出现了"强者愈强，弱者更弱"的分化现象。数量众多的中小博物馆由于受到一些条件的制约，面临运营压力大、后续发展乏力等问题。

如何破解中小博物馆发展瓶颈难题，提升中小博物馆质量，补齐我国博物馆事业发展的短板？

中国博物馆协会理事长刘曙光在中国博协博物馆学专委会举办的 2022 年"提升中小博物馆质量 盘活基层博物馆资源'学术研讨会"上，做了"齐行共进 均衡提质"的主题发言。他强调，促进中小博物馆均衡协调发展是实现博物馆事业高质量发展、打造博物馆强国与社会主义文化强国的必由之路，同时他指出了中小博物馆目前面临的两大挑战，并给出了提升中小博物馆质量的四条对策建议。

齐行共进 均衡提质

在迈向博物馆事业高质量发展、世界博物馆强国建设的新征程上，我们必须着力推进博物馆事业发展的均衡性与可持续性。对此，我们亟须进一步统筹不同层级、不同属性、不同类型的博物馆的均衡、协调发展，亟须进一步完善与补齐博物馆行业结构中发展相对不足的弱项。

在这方面，广大中小型博物馆，比如基层市县级博物馆、中西部偏远地区博物馆、行业博物馆与非国有博物馆等，是必须重点补充与提升的短板。因此，提升中小博物馆质量，盘活与利用中小博物馆的文物或藏品资源，是实现博物馆高质量发展、打造博物馆强国与社会主义文化强国的必由之路。

中小博物馆的优势

中小博物馆的发展，是中国博物馆事业发展的一个瓶颈，也是影响我们博物馆强国建设大局的亟须解决的一个关键问题。在我看来，这些题材类型多样的博物馆，是见证中华文明多元一体格局与历史发展、各行各业发展的重要窗口，是体现中国人民伟大创造力的历史宝库，对生动传承中华优秀传统文化，开展爱国主义教育，坚定文化自信等有着重要价值；在文旅融合的背景下，上述博物馆题材广泛、特色鲜明，具有较好的旅游发展潜力，可以成为实现乡村振兴、共同富裕、发展特色文化旅游产业的重要抓手；无论是广大基层博物馆，还是行业博物馆、非国有博物馆、自然科技类博物馆、乡村博物馆等，都有可能为广大公众提供层次多样的文化服务供给，更好地满足人民群众对美好生活的向往。一句话，中小博物馆在唤起乡土记忆、亲近百姓生活等方面，具有很大的优势。

中小博物馆面临两大挑战

中小博物馆通常面临如下挑战：首先，因为藏品、馆舍以及影响力不足等原因得不到地方政府的充分重视，大多也缺乏科学的发展定位与合理的总体规划；其次，往往面临着人、财、物等方面的问题，比如经费投入不足，人才紧缺、岗位吸引力弱，专业队伍建设缓慢，核心业务基础薄弱，业务自主性相对不足等困境。

提升中小博物馆质量的四条对策

如何找到这些问题背后的根本原因，怎样针对薄弱环节对症下药，提出建设性的建议和方针，切实提升中小博物馆发展质量以及发展的持续性，是我在本次会议上非常渴望听到的讨论。结合个人理解与思考，我愿借此场合提出一些提升中小博物馆质量的对策建议，纯属抛砖引玉，希望引发大家的思考，期待大家的批评指正。

首先，地方党委、政府必须进一步从坚定文化自信的政治站位出发，提升对博物馆工作意义的认知高度。地方党委、政府决定了博物馆获取资源的比例关系，对作为公益类事业单位的博物馆来说，地方党委、政府的决定性意义不言而喻。为了在区域经济社会的发展规划中谋得更好的发展资源，建议国家文物局和各地方文物局以及包括中国博物馆协会与各省市地方博物馆行业协会，要加强对博物馆社会价值的研究与宣传。要不断加强关于博物馆核心功能的研究与宣传，努力让那些偏远地区、基层建制的地方党委、政府也能认识到博物馆在区域经济社会文化建设中的重要作用，而不只是简单的将其视作普通的文化事业单位。同时，为让地方政府在地方经济社会的规划布局中将博物馆摆到相对突出的位置，博物馆自身也要努力，身体力行地去证明博物馆所具有的重大意义。比如，基层博物馆、行业博物馆在构建博物馆展览体系的时候，要有较高的政治站位，将本区域、本行业的特色文化与中华优秀传统文化、革命文化、社会主义先进文化等结合起来，在更宏大的国家叙事、民族叙事体系中突出区域特色、行业特色。再如，积极与当地各级政府、部门沟通，努力推动将博物馆纳入文旅主题路线，同时打造特色化景观、挖掘特色资源亮点、提供特色文旅服务，为地域文旅经济体系提供文化支持。

第二，推进协同联动与资源整合，在外力联动的"博物馆＋"中谋求更好更多的发展资源。中小博物馆在发展过程中经常面临的人才紧缺、资金不足、资源不够等挑战，靠这些博物馆自身力量难以应对。为此，要充分借助外部力量，通过博物馆与外部力量的协同联动，借助资源整合，去为基础薄弱的中小博物馆谋得更优质的发展资源。比如，中小博物馆可以积极参与类似中国博物馆协会、中国自然科学博物馆协会等行业组织，这有利于拓展地方性博物馆的工作视野，及时获取行业发展的有效信息，并在人才培养、专家指导、业务交流等方面获得更大的支持。再如，中小博物馆也可积极参与各种类型的"博物馆联盟"，这些博物馆联合体在文化遗产资源互通互补、陈列展览差异化布局、文旅路线联动、人才培养、业务交流等方面有着很大的潜力。此外，还可以与院校机构、不同等级和属性的博物馆联动整合。通过与高校等机构开展科研课题合作、人才联合培养，通过与省级大馆开展交流合作，有利于补充基层博物馆研究力量的不足。在定级评估中，学术科研一直是中小馆的薄弱环节，因此这样的互补不仅为博物馆业务实践带来好处，也有利于做好博物馆定级工作，而等级的提升也能为博物馆在当地资源分配中获得重要支持。

第三，发挥博物馆自身能动性，依据具体的经济和社会文化背景探索适合自身

的博物馆发展方式。建议中小博物馆要充分认识所在地方经济和文化的特殊性，在当前资金、技术和人才缺乏的情况下，充分利用本地易于获得的材料或资源进行藏品保护、展览设计和公众服务工作。建议中小博物馆紧扣自身资源优势，努力开拓发展特色优势。比如，不少基层博物馆的文化遗产资源地域文化浓郁、地方特色鲜明，颇具看点。应该以打造主题式、专题式博物馆为重要形式，比如，可以考虑以地方戏、方言、乡土文化等为突破口，彰显基层博物馆鲜明的个性特色，努力打好特色牌。

最后，中小博物馆也可和当地社区形成合作。鼓励当地社区居民参与到博物馆发展的过程中，通过收集和展示具有地方特色的日常生活物件和口述史资源，弥补博物馆藏品和研究能力不足、专业人员不足的缺陷，探索出一条不同于大型博物馆的发展之路。综上所述，在当代意义和价值、本地化和乡土情趣、与当地人民生活和情感的紧密联系等方面，中小博物馆的优势，甚至是更大一些的，值得我们好好提炼和发挥。

目录

中小博物馆体制机制创新

国有博物馆的社会化运营模式探析
——基于广东省的调研与思考

温锦妮（贵州民族大学）

摘要： 作为改革开放的前沿阵地，广东省不仅是我国改革开放的排头兵，更是机制创新的试验田，承担着国家"先行先试"的重要使命。由于时代发展的需要及国家对博物馆事业的重视，近年来广东省政府也在积极地探索助力博物馆可持续发展及管理运营的政策与举措，其中最有特色的是探索国有博物馆的改制——社会化运营模式。本文基于对广东省内国有博物馆社会化运营案例的跟踪调研，从其发展历程、运作模式、执行机制等方面进行梳理分析，了解其在社会化运营时产生的问题，探析国有中小型博物馆社会化运营路径模式，以期能为我国博物馆的管理创新提供一些可供参考的思路。

关键词： 博物馆学 博物馆管理运营 社会化运营 中小博物馆管理

近年来，随着我国综合国力的提升及国民文化服务的需要，国家对博物馆建设与发展十分重视，我国博物馆数量也在逐年大幅上升。据 2021 年 5 月 25 日国家文物局最新数据公布，我国的博物馆数量已达 5788 家，免费开放的博物馆占 90% 以上，我国已基本形成了以国有博物馆为主体、民办博物馆为补充，类型丰富、主题多元的现代博物馆体系，平均每 24 万人拥有一家博物馆。

我国博物馆事业正处于前所未有的高速度发展与激烈变革之中。虽然博物馆的数量与类型已有一定规模，但博物馆之间发展不平衡的问题仍较为突出。陆建松先生在《侃谈当前中国博物馆建设的九大弊端和误区》[1]中指出，我国博物馆存在"重建设，轻经营"的现象，

在经费、藏品、展陈内容、人员编制等方面的缺乏，使其发展窒碍重重。曹兵武先生也曾在《中小博物馆的振兴》[2]一文中指出，目前我国的博物馆事业面临的主要问题是社会进步与变化的观众对博物馆提出了新的要求与挑战，而博物馆定位、建设、管理运营和时代要求存在较大的差距。如今，我国正朝着世界博物馆强国这一目标奋进，在此宏大的号召之下，如何使各博物馆尤其是中小型博物馆在经费有限、人员不足的情况下达到高量又高质的均衡发展，解决博物馆发展与人民需求增长的矛盾，这必然要求博物馆的管理单位要有改革创新的思维与措施。

据 2021 年 5 月 24 日九部委联合发布的《关于推进博物馆改革发展的指导意见》中指出：

中小博物馆体制机制创新

中小博物馆的科学研究

我国博物馆发展不平衡不充分与人民美好生活需要之间的矛盾仍很突出，在发展定位、体系布局、功能发挥、体制机制等方面尚需完善提升。为深化改革，持续推进我国博物馆事业高质量发展，提出了若干条指导意见，其中第十七项的"鼓励社会参与……推动博物馆公共服务市场化改革，引入竞争机制，鼓励社会力量参与展览、教育和文创开发"[3]为国有博物馆创新活力、探索社会化方向提供了积极的政策导向。社会化运营能否可以成为中小型国有博物馆的一条出路，是本文想要研究探索的问题。

本文采用理论分析和案例研究的方法，将政策、理论与实践相结合，对广东省内尝试社会化运营的国有博物馆进行跟踪调研，从其发展历程、运作模式、执行机制等方面进行梳理分析，了解其在社会化运营时产生的问题，探析国有博物馆社会化运营路径模式，以期能为我国博物馆的管理创新提供一些可供参考的思路。

一、博物馆社会化运营之概念

博物馆购买社会服务的现象较为常见，如购买展陈设计与施工服务、设备服务、物业服务等，这些服务没有改变博物馆的运营方式。而"国有博物馆社会化运营"与之不同，是指由博物馆所属的上级单位委托社会机构对国有博物馆进行整体运营，此方式在我国还处于试点实验阶段，目前国内相关案例不多。

关于公共设施社会化运营的概念，在熊海峰、范周、柳鹏飞合著的《城市公共文化设施社会化运营的"E-GSC-S"策略研究》一文中结合了多位学者的创见，认为"公共文化设施社会化运营是指在坚持政府主体责任的前提下，从供给侧出发，引入竞争机制，将政府投资或社会兴建的各类公共文化设施，通过委托或招投标等方式吸引有实力的社会组织和企业参与，由其代为运营和管理，发挥其机制灵活、专业性较强、回应力较好等优势，有效地提升公共文化设施的服务效能。"[4]

国有博物馆亦属公共设施，它的社会化运营可以沿用上述定义，也可以称为"国有民营"模式或"公办民营"模式，即国有博物馆委托社会（民间）机构进行经营管理的模式。不过，此概念还未在行业内形成统一的界定，值得学界深入研究探讨。

二、广东省"国民合作"背景

广东省是改革开放的前沿阵地，是全国民营经济最活跃的地区之一，在广东省的经济结构中，民营经济一直占据着非常重要的地位。民营经济的活跃也间接地促进了广东文化艺术事业的发展，因而广东省也是我国民办博物馆发展较为蓬勃的地区之一。

据最新数据统计，截至 2020 年 12 月，广东省共有登记备案博物馆 343 家，其中国有博物馆有 241 家、民办博物馆有 102 家[5]。这 102 家民办博物馆主要集中在广州、深圳、佛山、东莞等经济较为发达的地区。其中，在 2020 年 12 月中国博物馆协会发布的第四批全国博物馆定级评估结果中，广东有 7 家民办博物馆被核定为国家二、三级博物馆，如广州东方博物馆、深圳望野博物馆、深圳市金石艺术博物馆等。

民办博物馆的蓬勃发展为我国博物馆的多元化构成、创新博物馆管理模式、探索社会力量参与博物馆事业发展机制发挥了积极的引导作用。民办博物馆事业之所以能在广东省得到如此快速的发展，不仅是因为改革开放四十年来深厚的民营经济积淀，还得力于政府的大力推动与支持。历年来，广东省政府积极出台推动博物馆可持续发展的政策，并探讨很多使博物馆有效运行的举措。

一是支持民办博物馆的设立。为了推动民办博物馆的发展，广东省财政自 2014 年起就设立了扶持民办博物馆发展的专项资金，至 2019 年为止，广东省财政共下达此专项资金 4000 万元。不仅如此，广东省内各市也出台了不少对民办博物馆扶持的政策，如：广州市 2018 年印发了《广州市博物馆扶持资金管理办法》对广州市行政区域内的民办博物馆给予补助，2019 年又出台《广东省文物局关于国有博物馆对口帮扶非国有博物馆的通知》对民办博物馆进行帮扶；深圳市 2012 年出台《深圳市民办博物馆扶持办法》，深圳市宝安区政府出台《宝安区民办博物馆资金奖励办法》；佛山市出台扶持政策，对民办博物馆的新建、改建、运营及活动四大类业务给予分类分级补助，符合条件的场馆最高可获 250 万元补助，佛山市南海区对符合要求的民办博物馆每年给予 500 万元至 1500 万元补助；等等。

二是积极探索博物馆的改制，促进"国民合作"。相较于国有经济，民营经济有着灵活、创新等优点，在广东省文化事业成分中由民企创办的文化机构也相当的活跃。广东省不仅是改革开放的排头兵，更是机制创新的试验田，承担着国家"先行先试"的重要使命。近年来，广东省政府也在积极寻找有助于博物馆管理运营的有效机制，其中最有特色的尝试是把国有小型博物馆进行改制。自 2009 年起，广东就开始有计划地对小型国有博物馆进行管理改制的试验，如盘活闲置博物馆资源进行社会化运作、博物馆服务项目购买、博物馆委托经营等，以"国民合作"方式补充国有博物馆运营短板、提升国有博物馆运营绩效，推动广东整体文化

事业的发展。这种"国民合作"最大的尝试是"国有民营"模式，即国有博物馆的社会化运营。笔者走访了广东省珠三角地区在此模式中较有代表性的三个博物馆：高剑父纪念馆、桂城美术馆、华强北博物馆，以下将以其运作方式与效果进行讨论研究。

三、广州高剑父纪念馆

（一）高剑父纪念馆改制的背景

高剑父早年加入同盟会，参加过"广州三·二九起义"，辛亥革命后专注艺术事业，并与高奇峰、陈树人等发起"新国画运动"，成为岭南画派的创始人。1923 年，高剑父创立了春睡画院，作为授业及居住场所，在此培养出李抚虹、方人定、黎雄才、关山月等著名画家，影响深远。春睡画院成为岭南画派重要的授业之地，在广东的美术教育历史上有着不可磨灭的贡献。1989 年，高剑父家属将春睡画院的房产及高剑父的画作、手稿等遗物无偿捐赠给政府。1991 年，广州市文化局对春睡画院旧址拆建并重设了高剑父纪念馆。

高剑父纪念馆曾经隶属于广州艺术博物院管理，2009 年广州市文广新局对博物馆进行改制，将高剑父纪念馆下放至越秀区管理，越秀区文广新局在 2010 年开始对其尝试社会化运作。当时的区文广新局与广州砚农工艺品有限公司、广东省收藏家协会、文德文化商会签订协议，委托他们共同管理高剑父纪念馆、陈树人纪念馆和万木草堂。这是高剑父纪念馆社会化运营的第一次尝试，据了解，当时的运营方式类似于场馆出租性质，与整体运营管理不太相符，效果未达到预期。于是在 2016 年 1 月，越秀区文广新局就高剑父纪念馆的委托经营开始进行学术邀标，邀请专业对口的社会文化机

构进行运营管理，要求应标机构上报对高剑父纪念馆定位的设定及五年运营计划方案，最终选定由民间协会广东省美术评论学会来运营管理。

（二）高剑父纪念馆的合作模式

为了了解高剑父纪念馆的运营模式及细则，笔者采访了高剑父纪念馆现任馆长李琰先生，据其描述，广东省美术评论学会是在 2016 年 3 月与广州市越秀区文物博物管理中心签订合作运营管理协议，合同期为五年。在协议中明确了管理的流程、细则与目标，除了上报五年运营计划外，学会还需每年提前上报全年展览计划，双方的分工是：区文博中心负责监管及评估，学会组织团队、负责纪念馆的整体运营。关于运营经费，主要是由广东省美术评论学会自筹。

（三）高剑父纪念馆运营存在的问题

1. 经费来源

国家对国有国营博物馆有专项经费支持，国有民营或民办民营没有纳入国家财政专项基金支持，只能享受地方财政"其他国有博物馆"的扶持资金支持，如对公众免费开放的补贴、展陈项目补贴等。经费的紧张限制了纪念馆的活动开展，如展览讲解服务没有聘请专业人员，该馆社会教育活动的导览讲解一般由馆长或艺术家负责。

高剑父纪念馆每年固定支出（人员工资、场馆维持、水电杂费等）费用约人民币 70 万元左右（此费用不含展览费用），区政府对其免费开放每年有 10 万元的补贴支持。假如每年需要举办 5 个以上成本约 10 万元的小型临时展览，经营费用将超过 120 万元，如果举行较大的展览，费用还会翻上一倍。前文已提到，改制后的高剑父纪念馆的运营经费主要由运营方广东省美术评论学会自筹，因此，学会每年需要自筹至少 110 万元以上来维持纪念馆的运营。

其自筹资金来源主要是：自身资金；展厅出租；展陈服务策划实施；社会赞助；文创销售；美育课程；等等。

2. 体制困境

高剑父纪念馆原是广州市级馆，当时隶属于广州艺术博物院，与广州艺术博物院同属一个法人，在设立前的前置审批中，国家文物局已经审批完毕并备案成功，但后因下调至越秀区，转换时可能因为某种原因其法人代码证没有单独办理。手续的不全导致机构在运营管理时走申报或审批流程经常出现困难。

其次，由于高剑父纪念馆是由国有国营改制成社会化运营，其原来由高剑父家属所捐献的所有高剑父先生的书画藏品均上交到广州艺术博物院进行管理，因此，改制后的高剑父纪念馆没有藏品，这直接影响了纪念馆的基本陈列，现纪念馆的基本陈列只能用春睡画院的历史图文资料来进行展示，展览吸引力大打折扣。

表 1.2018-2020 年高剑父纪念馆数据统计表

	2018	2019	2020
馆内展览	23 场	34 场	11 场
社教活动	10 场	15 场	5 场
参观人次	12 万	8.4 万	1.8 万

（四）运营效果

广东省美术评论学会在运营高剑父纪念馆时，依托高剑父、春睡画院及岭南画派在广东美术圈的影响力，策划举办了很多艺术展览与活动，据运营方提供的统计数据（表 1），其每年举办的展览不少于 11 场，年宣教活动 5 到 15 场，年参观人数最高可达 12 万人次，2020 年受疫情影响展览与活动较少。其中在 2018 年、

2019 年先后举办了两届"回家——岭南画派港澳台海外画家联展"的作品征集并展览，吸引了众多国内外岭南画派画家参展、参观，加上宣传的推动，影响力较大，展览因此得到了越秀区文旅局的表彰。

由此可见，社会化运营模式在高剑父纪念馆的尝试初见成效，不仅为运营机构获得了良好的口碑、为纪念馆打造了良好的品牌形象，更推动了越秀区文教事业的发展、令其获得更多好评，于三方均有益处。与此同时，高剑父纪念馆作为国有博物馆社会化运营模式试验的早期案例，亦可给相关单位在博物馆管理方面一些启发。

四、佛山桂城美术馆

（一）桂城美术馆的基本情况

桂城美术馆坐落于佛山市南海区桂城街道千灯湖内，千灯湖位于佛山市政府规划的金融高新区内，占地约 302 亩，环境优美，是中国首个获得全球景观设计行业"奥斯卡"奖——"全球城市开放空间大奖"的城市景观项目，每天过来游玩的游客与市民络绎不绝。

桂城美术馆是南海区级国有非营利性质的博物馆，免费对公众开放，是千灯湖休闲、商贸、旅游片区的文化标签。初次开馆日期为 2012 年 9 月，2017 年 6 月重新开馆并举行了开幕仪式。

（二）桂城美术馆的合作模式

佛山市南海区桂城街道办文化站于 2017 年 6 月开始面向全社会进行名为"桂城美术馆展览项目"的招标，在招标公告[6]第五点中明确列出本次需要采购的服务内容包括：1. 专业艺术展览，数量要求是 10 场，其中 5 场为省级专业展览，2 场为国家级展览，其余 3 场不

限级别，此项经费为 80 万元人民币；2. 运营管理，含水电、治安、宣传、运营等费用，此项经费为 20 万元人民币。两项服务预算总额为 100 万元人民币。服务期限为签订合同之日起到 2018 年 2 月 28 日。由于第一次招标没有成功，后来于 2017 年 9 月重发第二次招标公告，在 10 月 24 日公布中标单位为佛山市海纳天成文化传播有限公司。合作方式为：由南海区桂城街道文化站负责监管评估，佛山市海纳天成文化传播有限公司负责运营，并按时按量按质完成项目内容。虽是采购展览项目与运营，其实也等同于委托运营管理模式，即社会化运营模式。

2020 年 1 月，笔者在与桂城美术馆执行馆长交流时了解到，原合作合同期约为一年，在次年评估合格后此运营机构可以续签协议，截止到 2020 年 1 月前均由佛山市海纳天成文化传播有限公司负责桂城美术馆的运营。

（三）桂城美术馆运营存在的问题

1. 评估问题

据笔者调查了解，桂城美术馆自 2017 年起购买运营服务后，运营方连续两年都能完成合约规定的展览数量，跟进其展览实施情况后发现展览质量存在良莠不齐的问题。据了解，采购单位对"国家级展览"的要求是展览由国家级单位（如中国美术家协会）为主办或参展艺术家中至少 5 位以上是国家级协会会员，"省级展览"即是由省级单位主办或参展艺术家中至少 5 位以上是省级协会会员。由此可见，评估单位对展览数量要求清晰，但对展览质量的评估要求则较为模糊，这容易导致运营单位在经费有限的情况下出现重量而不重质的问题。

2. 团队问题

据了解，运营方公司所涉及的业务范围较广，有广告、媒体与艺术等，虽然资源较为丰富，

但美术馆运营经验较少，桂城美术馆是其首个运营项目，因此该团队的专业经验稍为欠缺，还需要继续提升。不过由于我国博物馆、美术馆的社会化运营项目本就数量稀少，所以这也是情理之中。其次，该运营方策划的展览较为传统，现当代主题的艺术展较少，在吸引力上稍为逊色。再次，针对桂城美术馆开展的教育活动少、讲解服务不完善等问题，笔者向运营方取证，他们之所以没有配置社会教育团队，是因为社会教育活动是由桂城街道文化站统一安排，不在运营方负责的范围。

（四）运营效果

据后续跟踪了解，桂城美术馆的委托运营模式开始于 2017 年 10 月，到 2020 年 1 月止，约两年。此次委托运营合作停止后，合作方式改为购买单项的展览服务，而不再是全年的委托运营管理模式。

据桂城美术馆运营方统计，在他们运营的两年多时间内，每年完成 10 场展览，估算参观人次每年约 3 万多人（表 2）

表 2.2018-2019 年桂城美术馆数据统计表

	2018	2019
馆内展览	10 场	10 场
参观人次	约 3 万	约 3 万

总而言之，桂城美术馆的运营方能按考核要求完成展览数量，但在运营过程中由于经费不足、评估机制不全、运营方团队专业性等问题，再加上没有进行准确的数据统计与观众调查，其运营的效果难以评估。不过，此案例是博物馆社会化运营模式发展过程中委托方与被委托方相互成长的一个有益探索，相信亦能对后来者提供一些借鉴参考。

五、深圳华强北博物馆

（一）华强北博物馆成立的背景

"华强北"是以深圳市福田区华强北路为中轴，东起上步路，南到深南路，西到华富路，北至红荔路所形成的商圈统称。华强北这条中轴主干道南北长 900 多米的街区，占据了深圳九成以上的电子数码产品交易份额，是亚洲规模最大的电子产品集散地。现华强北街区沿街商业经营单位共有 717 家，其中大型商场 20 多家、个体纳税户一万多户，年销售额高达 230 亿元，从业人员超过 13 万人。华强北的发展伴随着深圳改革开放四十年，成为"深圳奇迹"的缩影。改革开放后，从华强北走出的名人有腾讯创始人马化腾、神舟电脑创始人吴海军、TP-LINK 路由器创始人赵建军等，华强北因而被喻为"中国第一电子街"。

在四十年创业创新历史的积淀下，也是展示深圳改革开放四十年成就的需要，在 2020 年初，华强北博物馆的建设被推上了日程。

（二）华强北博物馆的合作模式

2020 年 3 月 13 日，深圳市福田区文化广电旅游体育局面向社会进行"华强北博物馆运营管理项目服务采购"招标[7]。招标持续的时间长达 7 个月，直到 10 月 10 日政府才发出中标公告。最终由深圳金石文化资产管理有限公司及深圳市本色文化艺术空间管理有限公司联合招标体负责运营。2020 年 12 月 30 日，华强北博物馆正式开馆并对公众开放。

据招标书陈述，本次华强北博物馆委托运营服务的采购人是深圳市福田区文化广电旅游体育局，经费也是区文体局专项拨款，采购预算是每年 876 万元人民币，运营服务期是三年。

华强北博物馆自设立起就承担着展示华强北创业创新、深圳改革开放和中国电子行业成就的使命，也是福田区第一家区属国有博物馆，深圳市福田区政府希望将其打造成名片，所以要求较高。据了解，中标运营方的团队需按照正规博物馆运营团队而设立，主要业务部门有展览陈列部、社会教育部、藏品部、安保部等，现团队总人数约 26 人。

（三）华强北博物馆运营存在的问题

1. 实物界定

华强北是一个新型街区，历史只有四十一年，非常年轻。博物馆常设展览中陈列的很多实物都是华强北数码电子业发展的历史证物，其年代均少于 40 年，如其中有一个分主题陈列是手机的更新换代，陈列的实物是从第一台手提电话（大哥大）到现在的智能手机。这些实物按我国的文物条例来界定，应分属为改革开放的历史见证文物，但馆方现还难以开展文物认证界定工作。付莹女士在《深圳改革开放历史文物的界定与收藏》[8] 一文中指出改革开放历史文物的界定存在难题，分类入账问题棘手，虽然中共深圳市委办公厅在 2010 年曾出台《关于进一步加强我市改革开放历史文物保护的意见》，但其规定又较为含糊。因此，对这些见证物的界定与保护，还需出台更明确细化的标准。

2. 团队问题

深圳金石文化资产管理有限公司是民办博物馆深圳市金石艺术博物馆的运营公司，而深圳市本色文化艺术空间管理有限公司是当代艺术运营机构，从团队的专业度而言是可以匹配博物馆运营与管理的。据相关工作人员透露现有运营团队是在中标后才组建的新团队，还不太完善。团队的优势在于策划、策展，弱势在于专业的文物与博物馆研究人才较为缺乏，但

运营方计划日后招聘补充。

3. 经费问题

据馆长王晓君女士描述，每年政府提供的经费只能覆盖华强北博物馆运营的基本费用，为了平衡团队与活动所需要的经费压力，他们积极与行业协会、社会组织、企业、学校等企事业机构进行合作，联合开展多方共赢的活动。

（四）运营效果

自华强北博物馆开馆以来，截止到 2021 年的 7 月 31 日，运营方统计，共组织举办 1 场常设展览、6 场临时展览、社教活动 24 场（表 3），受疫情影响，参观人次共 28188 人。

表 3.2021 年 1-7 月华强北博物馆数据统计表

	常设展览	临时展览	社教活动	参观人次
2021 年 1-7 月	1 场	6 场	24 场	28188

华强北博物馆置身在华强北商圈中，其常设展览为"创业的摇篮，创新的天堂——华强北发展历程展"，以梦想为线索，共分为四个部分，分别是：发展梦、创业梦、创新梦、未来梦。整个展览为了突出华强北创业创新历史与商业基因，用代表华强北发展历程中的实物与多媒体技术相结合的展示方式，虚实结合，绚丽多彩，融人文、科技、时尚、互动等多元素于一体，符合华强北博物馆定位与创新型商业街区特色。其展陈形式新颖、科技感强，一度成为观众（特别是年轻观众）参观打卡的热点博物馆，好评不断。再加上华强北博物馆不仅在馆内举办丰富的社教活动，更积极地联动学校和行业商会，使其影响力与知名度在短时间内快速提升，效果明显。

六、结语

(一) 模式比较

从上述调研了解,可以看出此三家国有博物馆有着相似之处:第一,从行政划分上均为区属国有博物馆,规模均属小型博物馆;第二,博物馆的藏品已上交至指定的文物库房进行保管或者没有已定级的重要文物藏品。

这三家博物馆的运营模式虽然都是社会化运营模式,但程度各有不同。

表3.2021年1-7月华强北博物馆数据统计表

博物馆	经费	运营模式	评估机制
高剑父纪念馆	自筹运营经费	自主运营	无明确评估机制
桂城美术馆	部分运营经费	委托运营	有评估但机制不全
华强北博物馆	全额运营经费	委托运营管理	细化而完整的评估机制

从表4的比较得出,这三家博物馆在时间上具有早期—中期—晚期的先后顺序,同时这三家博物馆在社会化运营的完整程度上也有着1.0—2.0—3.0的递进级别,可以较为清晰地梳理出社会化运营由初级到较高级的发展过程。高剑父纪念馆尝试的时间最早,经费也最少,评估较为简单;随后,桂城美术馆处于中段,有部分经费、有评估机制但不全;总体看来,有全额运营经费支持、健全评估机制的华强北博物馆是现阶段社会化运营模式比较好的一个范例。

(二) 模式优势

经过对这三家国有博物馆的调研比较,笔者总结国有博物馆社会化运营模式的优势如下:

1. 有效解决博物馆人员编制不足的问题

我国国有博物馆为事业单位,国家对其实行全额或差额经费支持,但由于体制及经费问题,我国博物馆人员编制少的问题一直制约着博物馆的管理与发展。这一现象在小型博物馆上尤其明显,因为缺乏人才,许多小型博物馆成了空心博物馆,没有团队对博物馆进行管理、对展陈进行更新、对文物进行维护与研究。此社会化运营模式是由政府委托社会机构组建专业团队进行运营,在人员的聘用上更为自由,有效解决国有博物馆编制不足的问题。

2. 有效防止国有博物馆管理僵化的问题

相较于国营模式,没有体制制约的社会化运营模式有着灵活、创新、效率高等优点,在展览的策划上、陈列的设计上、传播的创新上、文创的开发上都有着高度的市场敏感度与创新性,这一优点刚好可以弥补国有博物馆的体制难点,提升了博物馆的更新效率,丰富展陈内容以满足公众的需求,有效防止博物馆的管理僵化。

3. 有效减轻地方政府治理负担

博物馆管理涉及博物馆学、文物学、文物保护学、考古学、艺术学、社会学、心理学等多门学科,是一个专业程度较高的学问,这也是博物馆管理的难点。同时,博物馆又是国家文化历史的重要展示平台,是国家的"脸面",是公共服务的重要环节,管理不当容易产生负面影响。但地方政府的工作人员多以行政为主,专业程度不高,尤其是县、区级政府,没有博物馆管理的专业人才,因而博物馆的管理经常造成政府公共治理的负担与难点。通过社会化运营模式,博物馆可从社会上吸收更多的支持力量,降低博物馆对政府的依赖,政府在博物馆发展方面的压力将由此而得到缓解。

（三）小结

综上所述，国有博物馆社会化运营模式有着机制灵活、专业性强的优点，可有效解决国有博物馆人员编制不足、防止国有博物馆管理僵化等问题，提升博物馆的服务效能，减轻地方政府对博物馆的治理负担。不过就目前三个案例来看，此模式还不太成熟。

一是需要建立有效的评估监管机制。从桂城美术馆可以看出，管理方虽然对美术馆运营设计了考核目标，但还需要建立细致完善的专业评估机制。笔者认为，政府管理人员可以尝试为博物馆建立专业委员会，聘请文博相关的专家，由专家对博物馆的管理建立科学合理的评估体系，对运营团队进行考核并提出专业建议。有效且明确的评估机制有利于提升管理效率与运营效果。

二是此社会化运营模式也有着特定的适用范围。文物藏品是国家宝贵的科学文化历史财富，是国家重要文化资产，藏品的安全是博物馆的重要任务之一，其保管责任不是一个企业或社会机构可以单独承担的。上述三家国有博物馆都没有已定级的文物藏品，所以管理起来相对轻松。笔者思考，此社会化运营模式如果可行，可试点推行至类似的博物馆。因此，此模式现阶段除了适用于没有定级文物藏品的小型博物馆外，还可以适用于重运营、轻资产的博物馆类型，如，生态博物馆、无文物的遗址博物馆等等。

随着博物馆的功能从收藏、研究、展示逐步延伸至教育与公共服务领域，社会力量的参与将成为博物馆发展的未来趋势，当越来越多的社会力量参与到国有博物馆的管理与运营中来，博物馆将真正成为全社会的博物馆。国有博物馆的社会化运营模式，是我国博物馆在社会化、专业化、市场化提升的积极探索，是迈向参与式博物馆的必经之路，是政府将"提供—生产"职能分割的有益尝试，极具中国特色。虽然此模式还在不断的发展与改良中，但笔者认为现阶段的模式演变具有很好的实践与借鉴意义，希望借此次调研可以给博物馆界同仁一些参考或启发。

最后特别感谢广州市高剑父纪念馆李琰馆长、深圳市华强北博物馆王晓君馆长及佛山市桂城美术馆的相关工作人员为本次调研给予的支持。

【注释】

[1] 陆建松：《侃谈当前中国博物馆建设的九大弊端和曹区》，《中国文物报》2006 年 3 月 31 日。

[2] 曹兵武：《中小博物馆的振兴》，2005 年 9 月 9 日。

[3] 相关内容参见中华人民共和国中央人民政府公告文件，http://www.gov.cn/zhengce/zhengceku/2021-05/24/content_5610893.htm。

[4] 熊海峰、范周、柳鹏飞：《城市公共文化设施社会化运营的"E-GSC-S"策略研究》，《学习与探索》2019 年第 11 期。

[5] 数据来源：国家文物局官方微信公众号 2021 年 1 月 15 日发文《广东：让蓬勃发展的非国有博物馆为城市注入新活力》。

[6] 相关内容参见中国政府采购网，http://www.ccgp.gov.cn/cggg/dfgg/gkzb/201706/t20170605_8334261.htm。

[7] 相关内容参见深圳市福田区政府采购中心采购公告，http://ft.szzfcg.cn/portal/documentView.do?method=view&id=481322308。

[8] 付莹：《深圳改革开放历史文物的界定与收藏》，《特区实践与理论》2013 年第 2 期。

浅议乡村博物馆建设的几个问题
——兼论乡村振兴中的文化资本

谢友宁（河海大学）

摘要： 本文以过去是不是应该被记忆？如果被"抹平"之后，又如何记忆？为问题导向，笔者以为，对策之一是重视乡村博物馆建设，留住乡愁的重要场景。乡村博物馆建设是时代的呼唤，情感的需要，建设要解决区域间不平衡的问题，促进现存乡村博物馆向纵深发展。乡村博物馆建设要从选址、建筑、装饰、藏品、展陈、交流及研究，全面展开。管理上，要从团队搭建，队伍培养，运营模式、组织构架、合作交流等，不断探索前进之路。同时，要处理好搜藏与利用的关系，处理好战略与战术的关系，既要放眼未来，又要脚踏实地，服务时代，与时俱进。

关键词： 乡村博物馆 乡村振兴 博物馆建设 文化资本

引言

我现居住某市区（县）的大学城、高新园区。过去，也曾是一片农田和若干个村庄，但是，现在有多少人知道这些村庄的名字，村庄里的事？尤其，对于办公在新的写字楼或住在周边的小区里的"新移民"。我的小区周边，还有几个即将消失的村庄，已经人走楼空，碎石瓦片，一片狼藉，仅见少数人还留守（估计是拆迁协议没有谈妥）。那么，这里引发的问题是，过去，是不是应该被记忆？如果被"抹平"之后，又如何记忆？笔者以为，对策之一是重视乡村博物馆建设，留住乡愁的重要场景。当然，也有一种观点认为，不要让人太多的记忆，背上前进的负担。其实，"忘却"与"记忆"一

直是人类思考的哲学命题，选择更重要。

澳大利亚作者克莱夫·詹姆斯著的《文化失忆：写在时间的边缘》一书，在回答年轻读者的疑问时说了两点：其一，欢迎来到二十世纪，你所生活的世纪脱胎于二十世纪，正如一道黑烟从石油大火中升起。其二，却是更重要，这里存在着太多的生死存亡。虽然该书更多的关注点是放在文化与艺术，所挖掘的内容地区多般涉及西方等国，历史背景，甚至语言叙述有些深奥，但是，他是从时间的轨迹上发现"失忆"（时间的边缘），从一定意义上回答了我们关注记忆的问题。南帆在《村庄笔记》中写道："如今，城市是一个巨大的漩涡，熙来攘往，车水马龙，鳞次栉比的楼房……如果企图重温久违的传统——重温姓氏、家族、血脉，重温祖坟

与祠堂、热络的问候与熟悉的方言音调，那么，人们很快就会将目光转向根系纵横的大地，转向稻花香飘、炊烟缭绕的乡村"。这又可能成为我们乡愁的一个理由。张才柱绘的《往事入画》记录下童年的快乐，乡村的风景，劳作的艰辛及时代的变迁等，被称之为一位七十多岁老人的记忆博物馆。确实，年轻时没有时间去好好欣赏身边的风景，到了一定年龄，会不知不觉地"过电影"，感叹人生的风风雨雨。这时，博物馆就成了一方屏幕。

一、概念界定与存在问题

（一）概念

什么是乡村博物馆？据悉，早期提法是"生态博物馆""社区博物馆"，1936 年，罗马尼亚布加勒斯特一个公园内，由专家、学者们集资建设的"乡村博物馆"，可能是较早介绍进来的，人们逐步有了"乡村博物馆"的概念[1]。周晓冀认为："乡村博物馆是指乡镇及以下行政区域内，由企业或集体、个人为主体开办的非国有博物馆以及类博物馆形式的展览馆、艺术馆、手工艺作坊和古村落、代表性地质现象等农村社区旅游综合体"[2]。显然，"旅游综合体"这是广义的解释。原国家博物馆副馆长陈履生研究员在接受专访时谈道："乡村博物馆大致指是在乡村所建立的以表现与乡村关联的自然、历史、文化为主要的一种博物馆类型"[3]。笔者以为，如果从字面上理解，首先，地域性很明确，是在乡村里的。其次，内容是乡村里的"博物"，乡村里的"博物"指哪些范围、种类？值得思考。大家知晓，我国第一个博物馆是张謇先生缔造的南通博物苑，建这所博物馆的一个背景是 1903 年，张謇东游，受日本大阪劝业博览会的启发，以"观人于微"的方法，借

"博览"开启民智[4]。鲁迅先生也十分喜爱博物，从小就对于植物有特别的偏爱，所以，日后的作品中，对于植物的描写也很自然[5]。如此看来，博物教育开人眼见，乡村又有着特别的优势。再者是"馆"，即把乡间里的博物集中收集藏，展示，关键是"边界"，划定在哪里？如何看待生态博物馆，云展览，微馆这样的新趋势？乡土博物馆应当是带有浓浓的乡土味，是农耕文明、乡间生活、乡村民俗、生态自然的集中映射。

调研显示，乡村博物馆有两大类比较突出：一是建筑载体的特色，依附业态的博物馆。如：加拿大温哥华的本拿比（Bunaby）乡村博物馆，建于 1971 年，占地 10 英亩，这是一组建筑群构成的博物馆，每幢建筑都有自己原型和故事，现在建筑内所入驻商业，不管是打铁铺，还是其他中药铺、火车站、邮局等，都有店员负责讲解自己故事，吸引了大量游客；二是，特色产业的博物馆，如位于云南腾冲市界头镇新庄村龙上寨的手工造纸博物馆。该馆于 2012 年，曾被美国《建筑实录》杂志评为"最佳公共建筑奖"。目前，该社区从事手抄古纸农户仍有 5 个村民小组，农户 200 多户。另外，赵仁程的"论岭南乡村博物馆的建立与教育功能开发"一文，论述了岭南乡村特色，建馆条件，建馆类型，藏品搜集，及建馆路径等，是区域范围内整体乡村博物馆的方案研究成果，值得关注[6]。

乡村博物馆可以分类为：乡村村史民情馆；乡村民俗博物馆；乡村农耕文化博物馆；乡村植物生态博物馆；乡村民族文化博物馆，等等。农、林、牧、副、渔都有可能是乡村博物馆一大类别。总之，乡村博物馆不等同于一般历史博物馆、遗址博物馆、艺术博物馆、综合博物馆等，不是建立在考古挖掘基础上的，且与当下生活联系密切的博物馆。目前，乡村博物馆

的总体数量，还不知晓，但是，从媒体的披露信息观察，少数民族地区，文化资源独特，相对建设较受重视，经济发达省市也出现一些，浙江省"十四五"规划，明确表示期间要打造乡村博物馆（展示馆）1000家[7]。然而，从全国上看，总体上数量上不容乐观，相信"十四五"期间，也会有一个快速增长。

（二）存在问题

当下，我们注意到一些"展览馆""博览园""园艺园""村史馆""乡贤馆""民俗馆"等等，其实都属于乡村博物馆的初级状态，也是广义的乡村博物馆。但是，从狭义上看，还不能谈得上是一个真正意义上的博物馆。博物馆应当具备征集、保存、研究、陈列、交流等功能，这里每一个环节都是深化建设的方向。

依据调研，我们注意到乡村博物馆建设存在极大的不平衡性，藏品数量少、品种单一，策展方式存在雷同性，展品交流方面几乎为零，处于"孤岛"状态。认识上存在着误区，即以为收集了一些旧物，贴上一些标签，陈列一下，就是"博物馆"了。其实，博物馆首先要"博物"；另外，博物馆的二次开发作用，仍然是核心的竞争力。王丽丽认为当下的乡村博物馆存在：缺乏个性，特色没有体现；千馆一面；缺失传统农耕文化内涵，没有配套的管理体系，门庭冷落等问题[8]。

另外，原国家博物馆副馆长，著名美术评论家陈履生研究员在他退休之后，把一生收藏，分别与常州市、扬中市地方合作，办了两个博物馆，其中扬中市新坝镇新治村的"陈履生博物馆群"，就是一个典型的乡村博物馆，且已经走过两年的历程了，值得关注。

二、为什么要建乡村博物馆？

（一）发展中提出的问题

为什么要建？这是需要回答的第一个问题。我们在提出建议案时，首先考虑到的就是这个问题。举个例子，这两年，我在关注乡村工业遗产保护问题时，曾向一个社区提出，希望她们帮助找一个村上熟悉该村办企业历史的人，介绍一些办厂过程的情况，结果，石沉大海。后来，我私底下分析是这位社区工作人员，并不知道这段历史，甚至，她的领导也不知晓，无从下手（或根本没有当一回事）。主要是当下80、90、00后居多。可以想象，一个20世纪70-80年代的乡村企业，仅仅过去不足半个世纪，已经被忘却，再长一点时间，就不要再谈论了。回到前面，我提到的高新园区、大学城，想了解一下，近20年来，征地拆迁的历史，新园区如何演变而来的，估计，也很少有人说得清楚。所以，发展需要我们注意留下痕迹，这个痕迹不能只是一堆放在档案馆里的资料，还需要生动的、可视化物件与场景再现。

（二）情感驱动

前面谈到一位七十多岁老人出的一本书《往事入画》，代表了一种需求。老人凭借记忆绘出了百十幅图画，栩栩如生，也是一个很好的再现。同样，朱志强、唐恒臻的《过去的乡居生活》（清华大学出版社，2017），分别从农事、行业、饮食、生活、娱乐、店铺多角度描绘再次让人重温乡居生活。这些都反映了感情的需求。

（三）乡村再造

当下乡村的衰败，留守老人，留守儿童成为议论的话题。我曾在一个小众的纪录片，注意到一个贫困的村庄，连仅存的几颗有着年轮的大树，都卖给城市扩建的新区绿化了，试想，乡村的文化资本都哪里去了？乡村如何再造。当下，乡村再造是一项极具重要的任务。值得庆幸的是，国家正积极采取措施，解贫脱困，挽救衰落，乡村振兴计划已经成为国家战略，且初见成效。

（四）代际传承的义务

作家南帆在《村庄笔记》中讲了一个故事："我曾经到一个村庄拜谒一座古老的状元府。大门口气派的青石门当，门楼上的雕花，高高挑起的飞檐翘角和屋脊上辟邪的百兽，厅堂里形状古拙的柱石和柱子上笔画遒劲的楹联……人们津津乐道地指点这一切的时候，这一座大宅院仍然在无可挽回地衰败。门板已朽，地板破裂，二楼上的围栏少了一大块，大多数窗棂残缺不全——一个风烛残年的躯壳已经没有了灵魂。一些住户仍然踞守在老宅里。他们在天井里淘米择菜，几根草草地牵过的铁丝上晾着花花绿绿的衣裳——这种日子与状元的舞文弄墨怎么也衔接不上。村庄里的残垣断壁以及各种传说究竟还有多少文化生育能力？"作家的发问，可以引发我们结合当下进行思考，如何才能有乡村文化的生育力呢？"如今村庄的最大苦恼就是甩不下土地。不愿意亲近泥土，不愿意亲近五谷六畜，许多村庄轻飘飘的，没有根底，如同抛在田埂上的一株被晒干的秧苗。乡土文化正在茫然失措"。这样的提醒，真的值得我们警醒。

宁夏中卫市沙坡头区何滩村有个网红村史馆，可以说是好的文化生育力的一种探索。据说，该村村长亲自讲村史，一举走红，吸取了大量流量，为村里 IP 增值添粉。村史馆不能算是严格意义上的乡村博物馆，但是，它仍然可以理解为乡村博物馆的雏形。博物馆从村史馆起步，不失为一种好路径，或好办法。这里，村主任带头做志愿者，讲述村史，为传承出力，

令人称赞。这也是我的一个学生在当地镇上挂职，告诉我的一个故事。乡村博物馆以人为中心，面向农事，收集、展示、研究、演绎与文创，是当下最好的传承、教育形式之一。

（五）乡村文化资本

为青年返乡创造文化资本。博物馆显然是属于一种软实力，一种文化资本。随着社会发展，英国、日本、韩国等发达国家已经出现青年返乡创业现象，我国也在少数地区，也出现城市向乡村的回流。乡村社交，乡村艺术，乡村再造，逐步成为热门话题。温铁军认为："大量的资本集中在城市，因资本集中在城市产生资本溢出效应，从而使得城市收入相对比较高。而农村是三要素流出，无论是资金、土地还是劳动力，这三个基本要素都长期大规模流出农村，导致农村是一个似乎被历史遗忘的角落"（《乡村笔记》）。那么，如果在现代农业经济发展的同时，加强乡村博物馆为代表的文化资本的积累，这个被忘记的角落，一定会重新回到人们视线里。这一点，我在美丽乡村里游走时，得到了实证。

（六）一种博物馆思维

博物馆是一种现代思维。建博物馆不仅仅是在做一件实事，也是一种思维，要学会为生存留档。我们说光阴似箭，人生苦短，沧海一粟，其实，都在表达"存在"的"过程"，对于这一过程的关注，是对人类的尊重，是一种人文关怀。抓住这一"过程"的方法有许多，如：留下物件、技艺、文字、影像、图片，及建一座博物馆等。我以为，多建一个乡村博物馆，就是多抓住乡村的一点光阴与足迹，留住乡愁。据悉，英国民间有设立博物馆的历史传统，除了城市、乡镇都设有各种博物馆外，几乎所有的村镇都有自己的博物馆。一是展示本地历史的乡土博物馆，一是具有特色的专项博物馆[9]。

三、乡村博物馆如何建？

[英] 蒂莫西·阿姆布斯特、[英] 克里斯平·佩恩著，王思怡、郭卉译《博物馆基础》是一部中小博物馆建设手册，很是实用。乡村博物馆建设还要强调田园之美和生态概念，突出地方特色，鼓励村民和多方参与，具体考虑如下要素：

（一）选址

乡村博物馆的选址要考虑到博物馆的使命和战略目标，考虑可扩充性和可持续性，具体有：建筑、环境、交通、人流等主要因素。建筑尽可能要用原有历史感的乡土建筑，不建议用新建筑，另辟空间；环境，要尽可能考虑生态性，自然的有机衔接；交通便利或便于后期道路畅通，人流的内外兼顾，既要考虑本村居民的便利，让博物馆成为社区的社交节点，也要考虑发展中乡旅融合的游客方便。我自己就有着去美丽乡村被导航带入死胡同的经历，所以，建设要做好事前的导流分析。

（二）装饰

笔者主张原生态，简单即是美。一则，是节约有限的资金；二则，考虑贴近自然，与外部环境的协调。从时尚的角度分析，工业风、简欧风格都是简单就是好的原则指导。乡土气息，不能少，要让人闻得出稻花香，泥土味。

（三）搜藏

乡村博物馆搜藏品要有泥土味，考量地方文化，强调"在地性"特色；要制定好搜藏政策和计划。仔细思考一下，现在的无锡的小泥人，宜兴的紫砂茶壶等艺术品，都源自泥土味。南京师范大学出版社有个美术编辑朱赢春先生的"虫子书"，也是源于泥土。南京市溧水石湫上方村的《世界昆虫邮票博物馆》也沾有泥土味。所以，我以为乡村博物馆的藏品发现与搜藏要

在泥土味上下功夫，不能仅仅局限于生产工具和生活物件上。田野调查的笔记转化的"泛化"搜集，也是一种新的探索，值得关注[10]。

（四）展示

展示，不仅仅是陈列，还得从新颖性、特色上挖掘。与城市里的博物馆相比较，确实乡村博物馆手法显得有点落伍。但是，我们有时候，又不能这样比较。乡村博物馆，还得从所处语境下找出路，为什么生态博物馆在乡村引人眼球，这就是城市里博物馆望尘莫及的呀！再比如，我们搞个萤火虫博物馆或蟋蟀博物馆，周围搞点野营帐篷，那么，夜晚的星星点点，蟋蟀争鸣，确实很有野趣味，那也是城市里博物馆之夜无法比拟的。当然，现代博物馆发展，展陈上参与性、数字化、云观展等都是一个趋势，乡村博物馆学习其道，也是必然的，不能无视。

（五）研究

研究是办好博物馆的内功，当然，研究一定意义上也是博物馆的溢出效益。一定意义上说，研究是办博物馆的起始点，也是终点（目的）。从开启乡村博物馆计划之前，就应当做大量的功课，反复思考，就是研究。英语 Research，"Re""search"（反复搜索）表达"研究"，恰很有趣。只有通过研究认识到位，才能保障办馆定位准确，藏品搜集少走弯路，展示效果更佳。只有研究，才能发现乡土文化的价值，发现"乡愁"背面的故事。研究，关键在于人才的发现与培养。

（六）交流

我还不知道有没有乡村博物馆联盟类似的交流组织，交流可以聚集人才，分享经验，展品更加多元和丰富化。在信息社会里，分享即是快乐，交流就是进步。交流的内容不仅仅是展品，也包括人才、办馆模式、展陈经验的交流。交流是乡村博物馆的源头活水。

四、乡村博物馆如何管?

乡村博物馆建成之后,如何管?这是一个重要问题,涉及乡村博物馆的生存之道。当我和别人讨论乡村博物馆建设时,有人问我:乡村博物馆能办起来吗?会不会出现领导前脚走,后脚门就关的现象?其实,这类似的现象,我们也遇见过,如一些位于乡村的纪念馆。调研中,我们也走过一些乡村的展览馆、民俗馆、村史馆,结果也发现运行的都很艰难,开门都不正常,吃闭门羹是常态。这些都反映出来了管理问题。追及根源,可能是经费不足,管理人员不落实、不到位,没有正常的业务可做,等等。这里,又要进一步追及建馆动机,是行政所为,还是"市场"所需;是跟风,还是责任担当,等等。以下,再论几点:

(一)团队建设

乡村博物馆建设必须有专业团队,必须是落地的团队,本土化、适应性强的团队。团队中,必须有一个坚强的掌门人,熟悉本土文化,与当地居民有着良好的关系。团队内部人才结构合理,包括设计、建筑、艺术、IT 及管理等方面的人才。一谈人才,大家不要先看学历,除了专业的学历之外,而应当重视经历与成果,要看基层运作的经验。

(二)运营模式

乡村博物馆建设要在运营模式上创新。一个好的运营模式,是可持续性的基础。运营模式也可以随环境的变化,进行迭代,这就要求适当做好环境监测。我们相信,管理学中的"青蛙理论"原则上是不会改变的。当下,乡村博物馆建设,可以从品牌建设,在 IP 上做文章。不仅仅考虑线下的运作,也要考虑线上的运作,混合式作战。"酒香不怕巷子深","营销"的概念要同步落实在建设当中。博物馆建设是

一条长线建设,一旦上马,就有很长的路要走。不能急功近利,也不能半途而废。

(三)组织建设

乡村博物馆建设要有自己的组织,除了博物馆原有的,从国内到国际的纵向组织指导外,还应当有自己横向的联络和联盟组织,在同级党委和政府的领导下,有序展开活动。

五、搜藏与利用的关系

(一)搜藏

乡村博物馆的基础是搜藏,藏品的丰富性是博物馆释放活力的内在能量。藏品标准是什么?有没有一个明确界限?这直接影响了收藏,也影响利用。乡村博物馆的收藏与都市博物馆有很大的差异性,甚至于区(县)级馆也不同。乡村博物馆的藏品要有乡土味,比如:一束自己首次培育出麦穗标本等。这是基本定位。"在地性"收藏是办博物馆的初衷,也是博物馆想留住本地区发展"过程"的见证物。收藏既要重视开始,也要重视跟踪性评估,对于违背本馆政策的收藏要及时停止,避免浪费人力、财力与物力。

(二)利用

乡土博物馆的利用率,一定程度上反映了博物馆的建设效益问题,这是大家都很关心的问题。尤其,在乡镇干部目标责任制考核中,是无形的指挥棒。那么,如何认识其中的"利用率"很是关键。直接影响乡村博物馆的建设积极性。假设,如果建设一座乡村博物馆,结果无人问津,确实是一件很悲哀的事,我们认为,出现这种现象的前提是馆址选择,藏品搜藏,以及运营模式有关。这方面,我们也从乡村农家书屋建设中窥见一斑。有的红火,有的成为一个摆设,其背后都有着各不相同的故事。

这里，我们还是要特别强调运营模式的重要性。因为，再好的博物馆建设，包括都市博物馆，没有好的运营模式，都会直接影响利用率。这几年来博物馆的免费开放，博物馆之夜，国宝守护人，文物领养人计划，文物的衍生品开发等，都可以理解为运营模式的创新与实践。我在所居住区县，附近一个"名人乡贤馆"，曾为提高利用率，发挥社会团体的力量，吸引人流，也可谓是主动"吸粉"之举措，也是运营模式之调整。

实际，乡村博物馆运营模式就是在分析影响博物馆效能发挥因素的基础上，构建效益最大化的经济模式，且模式也是随着环境变化不断地改进，以实现博物馆的价值。振兴乡村已经成为国家战略，美丽乡村，需要更多的内容生产，乡村博物馆，可以成为新的"引流"利器。

（三）搜藏与利用的关系

乡村博物馆的投入和产出如何？这实际是"搜藏"与"利用"的关系。区县博物馆的人流量就很少，乡村博物馆又如何理解呢？我们以为，如果从短线的技术层面看，从人流量考量指标评估，当下，大多数地区不宜建设乡村博物馆。但是，从长线观察，当下在有条件的地区建设一批乡村博物馆，应当是一个机遇。因为社会的轮子跑得太快了，丢失的东西太多了。我们要对于当地的文化有信心，有热情，及时典藏，要和时间赛跑。

六、乡村博物馆的战略与战术

我们以为，做任何事情都有一个战略与战术问题，简单地说，是"远"和"近"的问题。乡村博物馆建设也有战略与战术问题。战略是更为长远的思考与定位。我们建议把乡村博物馆的建设放入议程上考虑，其中一个价值取向

是战略上的考虑。当卜，新科技、新技术、新环境，迫使我们要考虑给历史留有空间，给历史留痕的问题，履行代际传承的义务。在此基础上，要落实到乡村发展的规划中。中央振兴乡村计划中已经有明确的政策导向，关键在于中观层面如何落到实处。

（一）战略

从战略上观察，人类既要进步，又要选择性留存"足迹"，以便后人以史为鉴，学会感恩。某种角度看，现存的乡村博物馆生态馆重视于实体馆，复合型的实体与云的结合也有雏形出现。同样，乡村博物馆也表现出多元的形态。下一步，需要积极的引导和进一步地规划，预留空间，完善法律、法规。

（二）战术

战术考虑，既是当下环境下的具体对策，而且是操作性强的对策。比如，具体乡村范围内的博物馆实现空间落实，又用哪些形态表现。又比如，藏品边界，入藏标准。再比如，该博物馆的乡土特色所在？等等。战术考虑的是落实，考虑落实的先后顺序，考虑的是成本与效益的最优化。

七、建议与对策

（一）成立乡村博物馆联盟

依据调研分析，乡村博物馆建设，首先要建立一个横向的乡村博物馆联盟组织，其主要功能是联络和组织乡村博物馆建设事宜，包括人才培训、会议交流、展品巡展、业务研讨，等等。

（二）政策同步

依据乡村博物馆建设出现的问题，如资源、资金、土地、人才、就业等问题，先出台政策调整，鼓励社会各方面参与乡村博物馆的建设与运营，

之后，通过立法形式，加以固定，稳定发展。

（三）保留乡村老物件，控制流通与买卖

我们要逐步意识到地区乡村资源是当地的文化资本，要经过甄别，有条件地控制流通；对于自愿赠予，要通过各种渠道，予以表彰或奖励，如奖以"荣誉村民"等 称号。

（四）保护好自然生态资源，加强植物标本收藏

当下，乡村博物馆主要面向的是生活老物件、生产工具的收藏与展示，然而，对于自然植物、生态环境资源重视不够，或还没有顾及，值得关注。据悉，2015 年以来，英国自然历史博物馆通过数据门户网站在线提供了 493 万份标本。数字化是创建和共享自然历史博物馆标本的相关数据的一种过程，内容包括标本采集的时间、地点、采集人，以及标本的照片、扫描件和其他分子数据。这是一个很好的范例，值得借鉴。

（五）大力培养本土博物馆策展、运营人才

人才问题始终是乡村振兴头号话题，这样的话题也存在于乡村博物馆建设之中。解决人才短缺，尤其是专业性人才。文前提及青年的回流性现象，值得关注，这也是人才建设的一个渠道。

（六）采取措施，划定最低开放时限

鉴于乡村的人流和人力现状，我们一定要求乡村博物馆正常开放，这可能不符合实际情况；不开放，又影响部分村民和旅游者的客观需求，有违背建馆的宗旨。所以，建议设立节假日开放和一年最低开放时限，再加上电话预约等措施，十分必要。

八、简短结论

为了乡村记忆，打造乡村博物馆是当下一项重要的任务，是乡村振兴的文化资本之一。乡村博物馆建设是时代的呼唤，情感的需要，建设要解决区域间不平衡的问题，促进现存乡村博物馆向纵深发展。乡村博物馆建设要从选址、建筑、装饰、藏品、展陈、交流及研究，全面展开。管理上，要从团队搭建，队伍培养，运营模式、组织构架、合作交流等，不断探索前进之路。同时，要处理好搜藏与利用的关系，处理好战略与战术的关系，既要放眼未来，又要脚踏实地，服务时代，与时俱进。一定意义上说，乡村博物馆建设是一项长线项目，需要规划好，稳步推进。殷波、潘鲁生认为："应该说，乡村的文化和生活进入博物馆收藏与展陈，是社会发展、文化转型使然，既有民族文化乡土、精神故园的回溯意义，也有今天乡村建设发展的现实作用"[11]。

【注释】

[1] 徐欣云：《乡村博物馆的界定及社会价值研究》，《中国博物馆协会博物馆学专业委员会 2016 年"博物馆的社会价值研究"学术研讨会论文集》，2016 年。

[2] 周晓冀：《中小城镇特色发展中的文旅融合——以乡村博物馆为中心的研究》，《泰山学院学报》2020 年 03 期。

[3] 见"江苏大学艺术学院 2022 年度江苏省研究生科研创新实践大赛——《乡村博物馆的"当代叙事"》课题组的采访记录"。

[4] 张孝若著：《张謇传》，岳麓书社，第 86 页，2021 年。

[5] 涂昕著：《鲁迅与博物学》，上海文艺出版社，第 13-23 页，2019 年。

[6] 程存洁、倪根金主编：《博物馆、文化遗产与教育："新挑战新启示：岭南博物馆与教育"学术研讨会论文集》，2013 年。

[7]《浙江将建 1000 家乡村博物馆 留住乡愁留住"根"》，《浙江日报》2021 年 8 月 18 日。

[8] 王丽丽：《浅析乡村博物馆未来走向》，《中国民族博览》2018 年 4 期。

[9] 冯雁军：《英国的乡村博物馆》，《世界文化》2006 年 4 期。

[10] 徐欣云、刘迪：《古村落档案的"泛化"现象及"泛化"收集研究——以江西古村落为例》，《档案学通讯》2017 年 6 期。

[11] 殷波、潘鲁生：《乡村博物馆与乡村生活共生》，《美术观察》2021 年 5 期。

博物馆联盟助力区域博物馆共同发展
——青岛市博物馆的联盟实践

史韶霞（青岛市博物馆）

摘要： 近年来，随着博物馆事业的高速发展，在博物馆数量增加的同时，许多中小博物馆先天不足导致的质量问题更加突出，一定程度上影响了博物馆作用的发挥。为带动中小博物馆共同发展，各区域博物馆联盟应运而生。联盟的建立是博物馆资源共享、优势互补的需要，也弥补了许多中小博物馆在资金、场地、馆藏、人才方面的不足，一定程度上促进了中小博物馆质量的提升。本文以青岛市博物馆所在的各层级区域博物馆联盟为例，对联盟在区域博物馆质量提升中发挥的作用及未来发展对策进行探讨。

关键词： 联盟 中小馆 实践探索 对策研究

地方博物馆是人们直观了解所在地区历史发展及文化演变的重要场所和最便利的途径，是展示所在地方文化遗存与历史记忆的地方，承担着该区域收藏、保护、研究、展示各种记忆载体的职能[1]。近年来，随着博物馆事业的高速发展，各区域博物馆数量不断增加，区域文化的传承与传播能力得到增强。但与此同时，许多中小博物馆原有的藏品数量少且来源不足、资金匮乏、展馆狭小、缺乏专业人才等先天不足状况也越发突出，制约着博物馆作用的发挥。在此情况下，区域博物馆联盟应运而生，成为凝聚区域博物馆力量共同高质量发展的一条快速而有效的途径。

一、青岛市博物馆所在区域博物馆联盟成立的背景、宗旨

2020 年是山东省博物馆事业发展的高峰之年，博物馆总数位居全国第一[2]。在博物馆数量急剧增加的同时，更好发挥博物馆的作用，讲好齐鲁故事，让博物馆文化更好服务于当代社会发展，成为全省博物馆界和全社会共同关注的话题。这一年也是青岛博物馆城建设的辉煌之年，博物馆数量达到 105 家，位居全省第一，博物馆城建设被纳入时尚城市建设攻势作战方案[3]。同年初，为深入贯彻习近平新时代中国特色社会主义思想和党的十九大精神，实施区域协调发展战略，调整完善区域政策体系，加快胶东经济圈一体化发展，构建合作机制完善、要素流动高效、发展活力强劲、辐射作用显著

的区域发展共同体，山东省人民政府发布关于加快胶东经济圈一体化发展的指导意见[4]。

顺应社会发展的需要，2020年9月、11月山东省博物馆联盟、青岛市博物馆联盟相继成立。2021年5月胶东五市国有博物馆联盟正式签约。三大联盟宗旨均为致力于推进区域博物馆之间的交流合作和协同发展，在文物保护、公共服务、陈列展览、科学研究、人才培养等领域创新实践，构建合作共赢的良好局面，同时积极探索博物馆发展的新路径、新方法，最大限度发挥博物馆的文化传播功能，深入挖掘地域文化蕴含的丰富内涵和时代价值。加强各类历史文化遗产保护，加快培育一批博物馆领域具有示范性、引领性的文旅融合品牌，讲好地域文化故事，推动地域文化走出去[5]。由此可见，三大联盟的建立是在山东省、胶东地区和青岛市博物馆事业高速发展时期的一种策略性结盟，旨在增强区域博物馆全方位合作，形成整体规模效应和高效运营态势，有力提升联盟博物馆的社会影响力，助推三大区域经济社会和文旅一体化发展。以上三个联盟均以行政或地理区划为范畴吸纳成员，均属于区域博物馆联盟。

二、区域博物馆联盟制运营带动中小博物馆共同发展

联盟意味着资源的聚集，意味着合作、共享和共赢。两年来，虽有疫情影响，三大联盟仍充分发挥平台优势，积极组织开展可行性合作，促进共同提升，推动均衡发展，使联盟内博物馆藏品资源开发、传播技术应用、人才队伍建设等都争取到最大化效益，实现大馆带动中小博物馆高质量发展。

（一）藏品资源实现优化配置，提升了服务率

主要体现在通过联合办展，使各馆之前因数量少、系列不够完整而无法展出的藏品得以整合。如青岛市博物馆先后精选20件馆藏一二级明清书画珍品、4件反映中国共产党早期建设和革命斗争的馆藏革命文物参加了山东省博物馆联盟主办的《妙染寻幽——山东省古代绘画精品展》《让党旗永远飘扬——山东省庆祝中国共产党成立100周年主题展》。青岛市博物馆联盟和胶东五市国有博物馆联盟实行共同策展，汇集胶东5市和青岛各区市博物馆相关文物资源先后推出了《牛气冲天：辛丑生肖贺岁胶东五市联展》《因心造境：胶东五市博物馆近现代绘画大师作品联展》《伟大的历程——庆祝建党100周年胶东五市革命文物联展》《烽火胶东——纪念全民族抗战爆发85周年展》，每展均采取一馆实地展出，其他各馆同步推出图片展和网络展览的方式，使联盟内各馆资源得到最佳整合，提升了展览资源的利用率，实现了社会教育和文化传播的最大化。同时各联盟大力推行馆际交流展览，使一些缺乏藏品和策展能力较弱的中小型馆在一定程度上弥补不足，使博物馆文化相对缺乏区域的民众可以在家门口分享到大馆的高水平展览，提高了大馆的资源利用率，提升了服务率。

资源共享使陈列展览能更深入挖掘内涵，历史文化得到更全面丰富展示，极大地提高了陈列展览的质量，山东省博物馆联盟的《让党旗永远飘扬——山东省庆祝中国共产党成立100周年主题展》入围第十九届（2021年度）全国博物馆十大陈列展览精品推介终评项目，胶东五市国有博物馆联盟的《烽火胶东——纪念全民族抗战爆发85周年展》入选2022年度全国"弘扬优秀传统文化、培育社会主义核心

价值观"主题展览推介项目。

（二）建立网络资源共享平台，实现信息共享和高效传播

根据联盟协议，胶东五市国有博物馆联盟在青岛市博物馆官网设立了"胶东五市博物馆资源共享平台"，通过该平台，可以方便地访问烟台市、威海市、潍坊市、青州市及中国甲午战争博物馆的官网，及时获取联盟内各博物馆的动态信息，共享线上优质资源。联盟活动均第一时间在联盟内各馆官网发布，实现了信息传播的快速高效。

由联盟发起的网络直播活动，将中小博物馆的资源凝聚到一起，相比各馆的独立直播形成了更强大的号召力，吸引到成倍数的网络观众。以 2020 年青岛市博物馆在快手、腾讯、抖音等直播平台参与和独立策划的 9 场直播为例，观众数量依次为国家文物局主办的首届"丝绸之路周"新浪微博网络直播接力活动观众 137 万余人次；山东省博物馆联盟"文物山东、海岱同天"观众 50 余万人次；青岛市博物馆联盟国际博物馆日馆长带货直播观众 6 万人次；青岛市博物馆单独进行的展览和社会教育活动直播观众最多达到 2 万余人次。可见博物馆网络直播辐射区域越广、参加单位越多、直播时间越长，其影响力和号召力越大，从一个方面证明了博物馆联盟发展的优势。

（三）促进了优质人力资源的聚集和人才队伍建设，提升了博物馆专业化水平

人才队伍是博物馆高质量发展的核心竞争力。博物馆要充分发挥职能，必须要有高质量的人才队伍。博物馆联盟就为人才队伍建设提供了更多的机会。如山东省博物馆联盟经常组织线上专家讲座；胶东五市国有博物馆联盟和青岛市博物馆联盟在 2021 年国际博物馆日共同主办了线下社教专业培训。联盟开展的联合

展览和教育活动策划，把各馆的专业人才聚集在一起，互相交流经验，增强团队意识，实现了教学相长，进一步提高了专业人员的综合素质。如 2020 年青岛市博物馆联盟举办的《青岛博物馆城建设成果展》，各馆派出人员在青岛市博物馆专家带领下，一起进行方案策划，研究和甄选展品并撰写说明词、讲解词，一起布展，并按照《博物馆条例》和博物馆定级评审要求对所有资料进行备份、存档，多个区市博物馆参展人员表示通过联合办展，跟随市博的老师们一次性完成了展览全流程学习，开阔了视野，提升了眼界，获益匪浅。同样，青岛市博物馆文保部的同事也在山东省博物馆联盟组织的学术活动中找到了科研攻关的新平台，与山东博物馆联合申报了"馆藏明代纪年铜器研究（WKJ202008015）"课题，将原本青博一馆的器物研究提升到更高的视野、更广的范畴，汇集两馆优质人才资源，以两馆馆藏为主体，系统梳理明代的各类纪年铜器，研究文物历史背景，提取文物典型特征，为铜器的鉴定、断代、辨伪提供标尺。

（四）联盟一盘棋，直接派员支持盟员单位事业发展，助力实现既定目标

青岛市博物馆在联盟内推出盟员单位馆际共建工作制度，充分发挥青岛市博物馆的藏品、管理、人才队伍等优势，通过智力支援、业务建设、技术服务等方式，帮助盟员单位共同发展。凡是盟员博物馆参与全国、全市大型活动，都给予指导和帮扶。先后派员指导青岛啤酒博物馆、青岛一战遗址博物馆等加强规范化管理和制度化建设，选派人员到莱西市博物馆、李沧区文管所等开展一年期工作指导，接收盟员单位人员到青岛市博物馆挂职研修等。在青岛市博物馆联盟支持下，青岛啤酒博物馆、青岛一战遗址博物馆均在 2020 年成功获评国家一

级博物馆、莱西市博物馆等多个区市级博物馆获得国家二三级馆称号。城阳区文保中心在青岛市博物馆挂职研修人员撰写的《史迹寻踪——城阳区不可移动文物图片展》作为2022中国文化和自然遗产日主题展览在青岛市博物馆展出。

（五）积极参与政府组织的旅游推介活动，共同打造文旅文化品牌

山东博物馆联盟参与"好客山东"文旅推介活动，随代表团到韩国、日本展示文博文创文化产品。胶东国有博物馆联盟每年都组团参加"5·19中国旅游日"胶东经济圈文化旅游一体化高质量发展主题活动，整合资源，共同打造"胶东有礼"文创产品，传播胶东故事。青岛市博物馆联盟根据盟内各博物馆的馆藏特色，先后推出了红色旅游、民俗旅游、海洋科学旅游等多条博物馆研学旅游路线；2020年国际博物馆日在青岛市博物馆推出了青岛市博物馆联盟文创产品展和联盟馆长网络直播带货；每年暑季在青岛市博物馆举办的"夜色青博"夜市，既为联盟单位的文创纪念品提供了销售平台，也是青岛市博物馆联盟集体形象的展示。

至今，三个区域博物馆联盟都建立了一年以上，成效可观，但也暴露出一些问题，主要在于博物馆联盟并非法人机构，盟员间没有上下级隶属关系，因而导致一、组织松散，盟主对盟员不具备约束力。二、联盟没有自己的资金账户，不能收取盟员会费，巧妇难为无米之炊，从而也阻碍了联盟业务的开展。

三、联盟展望：进一步发挥联盟作用，推动博物馆共同高质量发展

博物馆联盟是在博物馆事业大发展、文旅融合背景下产生的博物馆联合发展形式。实践

证明其对助力中小博物馆发展甚至更好发挥大馆作用、繁荣区域文化、推动文旅融合具有显著的意义。因此有必要在总结前期经验和查找不足的基础上，积极寻求联盟高水平可持续发展的路径。在此，笔者提出以下几点建议：

（一）完善章程，健全制度保障，优化组织机构，提升核心领导力

青岛市博物馆所在各区域博物馆联盟均是在政府主管部门主导下成立的公益性非营利联合体，既非一次性或短期内协议合作，又不同于学会、协会等民间法人组织，盟员间单纯依靠政府意向和框架协议，很难形成核心力和统一领导力，在此情况下，完善的联盟章程、制度，健全的组织机构和议事程序就显得非常重要。各区域联盟可以在自身体制的大框架内，吸收借鉴先进的理念和经验，建设一个更符合自身需要更有效益的运作模式，比如成立由政府主管部门、盟员单位代表等组成的理事会取代盟主单位轮流当值制度，理事会下设执行委员会，以保持领导机构的稳定性和决策运行的连续性；联盟内各个博物馆因隶属关系不同，人事、财务、藏品、保卫制度等都存在一定差异，为保证联盟各项工作的顺利进行，应在国家相关法律法规和各级博物馆规范运行制度和规定下，制定适合联盟运行和实施的工作规范，比如职业道德、专业标准、规章制度等，以保障联盟合规高效健康运行；建立联盟内部的评估、考核办法，并将其列入主管部门年度绩效考核目标中。诚如国家文物局关强副局长在黄河流域博物馆联盟成立大会上所言："要加强联盟各项活动的规范管理，联盟自身要形成活泼有序、健康向上的协作机制，并主动接受当地文物主管部门的业务指导、监督和管理"[6]。

（二）以促进共同高质量发展为目标，统筹各盟员单位需求，顶层设计制定联盟中长期发展规划和阶段性目标任务，增强联盟凝聚力

核心凝聚力是博物馆联盟健康可持续发展的重要保障。区域博物馆既有共同的传播地方历史文化的使命，也有各自具体的办馆宗旨和目标任务，博物馆联盟的工作重心必须关注到各馆发展需求，在日常工作、关键项目上发挥联盟资源优势给与扶持帮助，才能增强联盟吸引力。比如通过资源共享帮助中小博物馆完成年度目标任务、上级部门安排的文化惠民和文旅融合工作，进行人才交流和培养等。如青岛目前有 119 座博物馆，每个博物馆都有强烈的定级愿望，目前的二三级馆也都希望能进一步提升，如果联盟以此为目标，在资源共享同时帮扶盟员馆进行规范建设，既可以此提高盟员馆的质量，也必然会增加联盟凝聚力。

同时联盟应按照国家对博物馆发展的要求和本地政府未来文旅发展的规划，结合联盟博物馆的发展需要，顶层设计制定联盟中长期发展规划、年度目标任务和实施步骤、措施，从而令大家方向明确，步调一致，团结一心，朝着统一的目标前进。

（三）提升资源融合度，强化学术引领，打造区域文化品牌，建设区域文化高地

目前青岛市博物馆所在的区域博物馆联盟中，只有胶东区域博物馆联盟中的市级国有博物馆之间实现了官网的互访。各联盟要实现框架协议所要求的"深入挖掘地域文化蕴含的丰富内涵和时代价值""增强区域博物馆全方位合作，形成整体规模效应和高效运营态势"，必须以新的科学技术为支撑，建立统一的联盟藏品资源库，并在此基础上加强科研和学术合作，探索智慧化博物馆建设的科技应用，在联合办展、文物保护、产业空间布局和文创研发、

宣传推广联动等多方面实现融合发展。

博物馆作为城市传统文化资源的存储器，是城市文化再现的场所，具有天然的文化品牌价值[7]。联盟单位间共同的地域文化是树立博物馆联盟文化品牌的基础。共同的文化品牌也可以成为博物馆联盟凝心聚力的重要抓手。博物馆联盟通过将区域优秀文化元素整合打包，推出具有地域文化特色和影响力的文化产品，形成的区域文化品牌，是讲好区域文化故事，增进城市吸引力，服务旅游经济的高效黏合剂和助推器。如各区域联盟可以将区域内博物馆的历史文物资源整合研究，提炼出一个地域特色鲜明的文化主题，将其作为城市文化品牌推广，通过一个全面反映地方历史的展览，与域内相关遗址、遗迹、历史建筑等结合，将整个区域打造成一个大博物馆，有效放大博物馆促建城市文化品牌的功能。

（四）紧密配合所在区域经济、社会发展的需要，积极参与政府和相关机构组织的大型文旅活动，建设参与型、服务功能强大的博物馆文化旅游基地

博物馆作为人类文明发展遗存的重要保存机构，在国际文化交流中一直发挥着重要的作用，并随着文旅融合发展、研学旅游的兴起，成为重要的旅游目的地，依托博物馆藏品开发的文化创意产品受到旅行者的喜爱。

青岛市博物馆所在的区域博物馆联盟，囊括了历史、考古、自然、海洋等多学科门类，涵盖了区域内物质、非物质文化遗产，形成了历史遗存丰富，工业遗产特色鲜明，非物质文化遗产多样，城市文化与乡村文化交相辉映的区域文化空间格局，联盟应充分利用这一独特优势，积极拓展文化事业和文化产业空间，一是积极参与政府文化旅游等活动，扩大影响力和美誉度，获得政府认可，为博物馆获得更好

的发展空间，同时争取项目资金，如 2020 年青岛市博物馆联盟举办的"博物馆城建设成果展"即被纳入文化旅游项目，全部费用由项目基金支付；二是引入社会力量参与博物馆产业开发，反哺博物馆事业发展。如与旅行社合作开发文化旅游、研学旅游专线；以文化 IP 授权方式进行文创产业运作，开发多样化、定制化的文博产品等。博物馆文化创意产品开发是我国优秀传统文化创造性转化、创新性发展的有效措施，同时也是破解博物馆发展中财政投入不足问题的重要途径[8]。

结语

博物馆联盟制运营是新时代赋予博物馆新的使命和责任，是未来区域博物馆发展趋势探索。青岛市博物馆所在各区域博物馆联盟的建立加速了资源的合理配置和信息共享，带动了中小博物馆共同发展，弘扬了区域文化。虽然也存在着现实的困难，但随着社会发展、科技的进步，联盟章程和制度完善，达成共同的愿景和采取更加切实可行的措施，博物馆联盟一定可以在区域文化传承发展中发挥更加显著的作用，并推动文旅融合更好发展。

【注释】

[1] 严建强、邵晨卉：《地方博物馆：使命、特征与策略》，《博物院》2018 年第 3 期。

[2] 中国新闻网：《山东省博物馆联盟打造博物馆行业"齐鲁文化共同体"》，http://www.sd.chinanews.com.cn/2/2020/0911/74748.html。

[3] 青岛政务网：《青岛国际时尚城建设攻势作战方案（2019—2022 年）》，http://www.qingdao.gov.cn/zwgk/zdgk/fgwj/zcwj/swgw/2019ngw_5446/202010/t20201023_828975.shtml。

[4] 烟台搜狐焦点：《山东出台意见加快"胶东五市"一体化发展》，https://yt.focus.cnzixun/23741c928a2b294f.html。

[5] 同 [2]。

[6] 向炜：《黄河流域博物馆联盟活动综述》，《河南博物院院刊》2021 年第 3 期。

[7] 刘容：《抱团、跨界与融合：博物馆文创联盟的当下与未来》，《东南文化》2021 年第 6 期。

[8] 同 [7]。

博物馆策展人制度的探索与实践
——以中国湿地博物馆为例

周圆（中国湿地博物馆）

摘要： 随着我国社会经济的发展和互联网技术的普及，人们精神文化和艺术审美需求的日益增高，博物馆工作面临着新的挑战，对展览质量也提出了新的要求。近年来，从西方引入的策展人制度在国内博物馆界逐渐被重视和采用，越来越多的博物馆依靠自身优势，发挥专业特长，积极探寻更有利业务发展的管理模式，运用"策展人"理念策划举办专题展览，取得了良好的社会反响。本文尝试厘清策展人制度的基本内容和实施流程，并以中国湿地博物馆为例，通过对展览选题、配套活动、工作模式、激励机制等方面的分析，总结在推行策展人制度过程中取得的经验与存在的不足，以期探索一种以专业为导向，促进藏品使用，多部门合作统筹的机制，寻求中小型博物馆的可持续发展之道。

关键词： 博物馆 专题展览 策展人制度

策展人一词源于英文"curator"。在西方语境中，通常是指在博物馆、美术馆等非营利性艺术机构专职负责藏品研究、保管陈列或策划组织艺术展览的专业人员[1]。国内的策展人理念自 20 世纪 80 年代开始兴起，此后被官方美术馆采用[2]。近年来，公众的精神文化需求空前高涨，给予了传统博物馆更多关注。许多博物馆开始在办展模式上进行新的尝试，推行策展人制度以提升展览的专业性和吸引力。2015 年 1 月，国家文物局在《关于提升博物馆陈列展览质量的指导意见》中指出："推动各级博物馆建立责任明确、权利清晰、人员专业、评价科学的策展人制度，加强策展团队建设，构建有利于发挥策展人和策展团队学术水准、业务能力、创意水平的内部环境机制；加强对策展人才的培养，通过举办策展人培训班、策展学术研讨会等，提升策展专业水准；建立策展人行业组织和专业学术团体，促进策展人和策展机构间的学术交流。"这一意见表达了对加强博物馆展览工作和提高展览质量的期待[3]。

一、策展人制度的基本内容和实施流程

要推动策展人制度的实施，需先明确策展工作的任务目标和基本内容，统筹把控好全局。博物馆应围绕目标定位，结合自身藏品和研究

特长，寻找观众感兴趣的展览主题，挑选能够反映主题的展品，通过一定的叙事结构和形式设计予以呈现，围绕展览开展配套教育活动，同时设计与展览内容相关的文创产品，扩大博物馆的文化影响力。同时，应策划一系列媒体宣传贯穿展览期间，并在展览结束后根据观众意见调查等情况对展览进行评估[4]。新时代下的博物馆策展工作不仅仅是传统观念上的撰写展览大纲和挑选展品，而是一个复杂的系统工程，更具全面性、多样性和创新性。

如图1所示，首先，展览由策展人提出，并需做好相关的准备工作，包括对展览选题进行观众调查、展览构想的撰写、策展团队的组建、对展览项目所需的经费和最终效果进行预估。然后，应邀请相关领导、专家学者和观众代表参加专题会议，策展人讲述展览的准备情况和预期效果，参会者从不同的层面不同角度进行论证分析并表决展览是否可行[5]。项目批准后展览正式启动，策展人可以开始具体的执

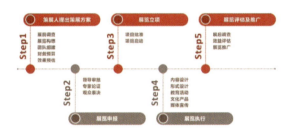

图1. 策展人制度的基本内容和实施流程

图2. 展览执行阶段工作一览表

行工作。这里将执行阶段的工作分为内容设计、形式设计、教育活动、文化产品和媒体宣传五个部分（图2）。

内容设计包括确立展览主题、撰写展览大纲和挑选展出展品。策展人应立足博物馆自身定位，围绕藏品，深入挖掘特色文化，根据观众需求、学术成果和社会热点等因素来确立展览主题，并撰写展览大纲。同时，策展人需根据展览大纲挑选展品，如需向其他博物馆借用，应提前发出商借函，确定展品清单。

在展览形式设计和实施阶段，首先需要确立一个紧扣展题的主视觉设计，用来规范展览的色调、主题文字的字体和字号、展示材料等。然后再根据展览场地和展品等实际情况进行因"地"制宜、因"材"施策的深化设计，对展线的安排、展柜的摆放、场景的搭建、照明的布置等逐一细化到位。应把握好总的设计原则，充分体现知识性、教育性和艺术性，做到形式与内容相统一。

教育活动是博物馆作为社会文化教育机构的职能体现。策展团队需围绕展览策划开展一系列的配套服务和活动，如语音导览、人工讲解、专业讲座，还可以针对不同参观群体定制不同的主题活动。除了博物馆内的宣教人员，可以考虑招募志愿者协助完成工作，为他们提供专业的培训，加深其对展览的了解，让志愿者成为博物馆文化推广的合作伙伴。

博物馆文创产品不仅是一种商品，还承担着传播知识文化的教育责任。文创产品种类广泛，最为常见的是出版展览图录，将展品信息、展览实景图或学术研究收录其中。另外，可以根据展览主题开发设计出涵盖饰品配饰、创意文具、趣味生活等类别的文化创意产品，如环保袋、徽章、书签、扇子等，让观众在参观展览的同时把"博物馆"带回家。

媒体宣传也是决定展览成功与否的重要因素之一。宣传工作做得好，能提高博物馆的知名度和美誉度，使展览发挥更大的社会效力。策展团队需制定好展览宣传计划，尤其在布展、开幕、配套活动举行等关键时间节点在报纸、行业权威媒体、博物馆官方网站和官方微信发布相关新闻报道，范围应涵盖传统媒体和新媒体，扩大展览影响力。同时，场馆内外的重要位置需悬挂海报，安放展览导视和观众手册。需要注意的是，无论哪种形式设计，都要基于已确定的展览视觉设计基础之上，切忌另辟蹊径。

二、中国湿地博物馆策展人制度的探索实践

（一）策展人制度推行下的专题展览概况

中国湿地博物馆自 2020 年 3 月开始推行策展人制度至今，鼓励馆员立足地域文化特色，利用馆藏资源，挖掘湿地文化内涵，自主策划了多个原创专题展览（表1）。例如：2020 年，策划举办"跟着高宗游西溪——南宋记忆展"，通过重走高宗沿着西溪辇道从都城到洞霄宫祈神的路线，构想高宗在西溪一日巡游的场景，以小见大，带观众走进南宋时的西溪，体验南宋整个杭州的生活图景；2021 年，为向党的生日献礼，博物馆深入挖掘湿地红色经典，举办了"传承红色基因 践行初心使命——湿地红色印记展"。通过讲述发生在湿地里的、具有里程碑意义或传颂度极高的革命事件，以及珍贵革命文物的展示，以点带面，展现了中国共产党百年波澜壮阔的征程。展览的配套教育活动有声有色，先后接待团队 200 余个，服务观众超三万人次。开展红色宣讲"三进"活动，走进周边校园、走进结对社区、走进帮扶企业。

面向青少年开展"寻找发生在湿地里的红色故事"系列科普活动，包括神州湿地生态之旅、制作南湖红船模型等；同年，博物馆还推出了

表 3.2021 年 1-7 月华强北博物馆数据统计表

年度	展览名称	组织形式	展品来源
2020	跟着高宗游西溪——南宋记忆展	原创	馆藏借展
2020	千古蓼洼忠义地——西溪与水浒故事展	原创	馆藏借展
2020	湿地滋润万物——湿地主题绘画大赛获奖作品展	原创	征集
2020	从前慢——西湖区非物质文化遗产展	原创	馆藏借展
2021	斫取青光——中国竹篮文化展	原创	借展
2021	传承红色基因践行初心使命——湿地红色印记展	原创	借展
2021	万物生——湿地主题绘画大赛获奖作品展	原创	征集
2021	草木有心——诗经湿地植物文化展	原创	馆藏
2021	发现身边的自然——湿地百鸟科普展	原创	无展品

注：统计时间截至 2022 年 6 月 30 日

"草木有心——诗经湿地植物文化展"，该展由研究部、陈展部、藏品部、办公室的业务骨干为团队策划实施完成，从《诗经》中的湿地植物入手，将自然科学与古典文学知识相融合，采用线上线下双轨并行的展览模式，通过馆藏文物、动植物标本、图版手绘等实物展品，融合视觉、触觉、听觉效果，向观众深入展示中华传统文化的魅力风采。在社会教育环节，除了在博物馆微信公众号开设"草木有心"专栏详细解读诗经植物，开设线下讲座，策展人直播解说外，还推出"诗经里的湿地植物"文化小课，邀请文化领域、考古领域、中医药领域、教育领域的多位专家分享对诗经植物的不同解读，并走进校园、景区开展诗经诵读活动。

（二）展览策划组织中存在的不足

通过全馆上下的共同努力，这些原创专题展览得以顺利开展，取得了较好的社会反响。策展人制度较传统工作模式而言，项目的参与者更多，建言献策的力量更强，在一定程度上调动了馆员的工作积极性，促进了博物馆各项工作的统筹开展，但不容忽视的是，在展览的策划组织中，仍存在一些不足尚待改进。

1. 主题提炼欠缺，展览体系有待优化

选题是专题展览的核心，反映了博物馆创造社会价值的理念和能力，也是衡量博物馆社会价值实现程度的重要尺度[6]。从近三年乃至近十年举办的专题展览来看，主要涵盖自然科学类、人文艺术类、民俗文化类，选题较为庞杂多样。目前博物馆收藏的两万余件藏品中，以各类生物标本居多，占藏品总数的90%以上。尽管馆内也有民俗文化类藏品，但涉及的范围和数量有限，无法满足历史文化类主题的办展需求。虽然可以向其他博物馆借用部分展品，但笔者认为策展方向仍应以本馆藏品及研究为基础，这样才能发挥博物馆的文化特色，彰显

博物馆的个性定位。与此同时，展览体系架构仍缺乏宏观的规划，值得进一步整合梳理和提炼优化，使展览更具时代感和吸引力。

2. 筹备时间仓促，展览配套有待提升

博物馆展览除了要具有知识性和教育性，还应兼顾互动性和趣味性。观众参观展览，不仅仅是用眼睛看，更希望参与形式多样的教育活动，选购设计新颖的文化产品，获得更多情感上的体验和精神上的满足。

目前博物馆每年举办的专题展览少则四五个，多则十余个，展览更新频率较快，大多数展览从主题确立到正式开展只有短短几个月的时间，而人员编制的有限使得筹展时间仓促、展览配套不充分不丰富的问题更加凸显。既要保证展览内容设计、形式设计和布展工作的完成，又要在此基础上统筹媒体宣传报道、教育活动开发、展览图录编撰以及文创产品开发等繁杂工作，仅仅依靠团队的几个人，势必会力不从心。展览宣传的系列化、媒体报道的广度和深度、新媒体下展览传播手段的创新应用、教育活动策划与展览内容的紧密结合、优质文创产品的开发设计，都很难高质量完成。

3. 工作模式老旧，项目管理有待完善

如同国内大多数博物馆，我馆使用的是"三部一室"的组织结构，设有研究部、陈展部、藏品部和办公室。研究部负责文化研究的组织管理，陈展部负责展览的设计实施，藏品部负责馆藏的征集保护，办公室负责对外宣传和社会教育。博物馆虽推行了策展人制度，但在具体执行工作中，部门与部门的合作依然存在难以打破的壁垒，工作模式依然存在因循守旧的现象。比如：策展人在策划展览时，由于对藏品没有系统深入的了解，很难使其得到充分合理的利用，进而影响整个策展项目的内容架构；作为负责展览展陈设计和实施落地的陈展部，

因为工作繁重，也无法在展览宣传、教育活动、文创开发等工作上贡献智慧，投入更多的精力。

另外，工作模式的老旧容易导致展览这项博物馆核心业务的内在联系被打破，出现随意性加大，衔接不畅或环节缺失等情况。比如有时展陈大纲的论证仍未完成，展览就已经急急进入到形式设计的阶段，展览内容的修改导致了展陈设计的变动，进而使整个项目进度受阻。又如展览期间虽设有《观众意见问卷调查》，但在展览结束后，仍缺乏对展览主题、展出展品、展厅环境、互动展项、观众满意度等评价指标科学有效的数据分析和效果评估，因而不利于展览工作的总结及新项目的改进提升。

4. 策展人才匮乏，激励机制有待健全

一名优秀的策展人不仅需要具备扎实的专业素养，擅长把学术研究转化为通俗易懂的内容，还应拥有一定的文学储备及审美能力。然而目前高校培养的人才并不能完全符合博物馆的用人需要。另一方面，博物馆现有人才紧缺，专业背景一般为动植物学，缺乏人类学的训练，在策展时，容易将"物"为出发点，而忽略了"人"的因素。有的策展人坦言，知识结构的转变非常不容易，展览项目实施的过程就像是在摸着石头过河。

另外，激励机制不完善也是制约人才发挥作用的重要原因。尽管博物馆非常鼓励馆员自主策划原创展览，但在个人职称晋升时，论文、课题等学术研究成果仍然是最主要的得分项。就博物馆内部而言，策展工作及展览质量并不纳入部门和个人的业绩考评体系，馆员普遍不愿意做策展人，仅仅依靠部分员工的个人情怀显然不是良久之策。且由于有关部门对博物馆的考察主要集中在安全工作，即使做了策展人，也会有"不求有功但求无过"的心理，往往会更多考虑如何保证展品不丢失不损换，尽可能

少展珍品。而展览的质量如何，观众是否满意就显得没有那么重要了。

三、建立新型博物馆策展人制度

在体制内的博物馆推行策展人制度，并不是简单设立策展人岗位就可以实现的，而是一个复杂而艰难的过程，需要在制度环境、流程管理、人才培养、办展模式等方面进行系统完整的改革。

（一）健全良好制度环境，激发策展活力

策展人制度作为一种机制创新，无法避免地受到了现行规章制度的束缚。在实际工作中，策展人往往很难被给予足够的财权、人事权和话语权，更别说集结整个博物馆的力量为展览服务。所谓"策展人制度"更像是在多种行政约束下的工作责任制，策展人只是某个展览项目的具体执行者 [7]。因此，博物馆需勇于打破体制内部门和部门之间、个体与个体以及个体与部门的层级和隶属关系。组建策展工作团队，合理配置团队成员，在策展人的带领下，有序开展相关工作。同时，应加大绩效考核指标和策展人职称评定体系改革，强化业务能力，注重工作实绩，创造并健全良好的制度环境和科学规范的人才激励机制，促进博物馆策展人制度的良性发展，提升展览的质量和水平。

（二）强化项目流程管理，完善策展机制

为确保专题展览按期高效高质量完成，在申报立项、策划筹备、展览执行和效果评估这些工作环节中，应始终围绕工作计划、项目团队、岗位职责、业务流程和过程控制五个项目管理要素。明确团队成员的岗位职责，梳理各个环节的任务方案，制定科学完整的工作流程。比如在展览的施工环节，要有专业的进度计划并严格执行，把握时间节点，做好基础搭建、展

柜展架定位、部分展项的场外制作和进场安装、展品布展、多媒体及灯光调试等工程质量监管，并预留合理的时间，以应对可能出现的突发状况，从而在既定时间内顺利完成布展任务。

（三）注重人才培养引进，充实策展力量

毋庸置疑，策展人是策展人制度的核心，是整个展览项目成功与否的灵魂所在。湖南省博物馆近几年发布的《湖南省博物馆展览管理办法》文件中，将策展人定位为"同时承担展览的选题、展品确定、展览大纲拟定，内容、形式设计，学术审定与项目统筹管理等工作的复合型人才。"当然由于馆情不同，策展人在不同的博物馆可能有不同的角色定位，但不可否认的是，策展人除了具备扎实的专业知识，还应拥有一定的艺术修养，并能胜任组织协调工作[8]。然而在目前博物馆的人才结构中，具备这种综合素养能力的人较为有限，更多需要在实际工作中的历练和培养。所以，除了可以尝试从外界引入优秀独立策展人，重要的是加强馆内策展人才的选拔。比如对于专业理论强的研究人员，应着重培养其组织协调、艺术审美、教育传播等多种综合能力。同时，要重视业务骨干队伍的建设，激励更多的有志青年加入策展团队，让团队成员在展览项目开展的实践过程中提升个人的综合能力，为博物馆展览工作储备优秀的人才。

（四）探索多元办展模式，拓宽策展空间

人们对于博物馆的认知通常受到了传统博物馆的影响，将其定位为历史文化教育的课堂，这虽然是大多数博物馆的职责所在，但也在一定程度上限制了博物馆职能的发挥。纵观人类发展的历史长河，创新是永恒的主题，从这个意义上看，博物馆也应当是人类创新过程和创造物质的收藏展示场所。博物馆是连接过去、现在和未来的桥梁，要在传承过去的同时，探索文化在当代社会的意义及未来的创新与发展，即不受制于传统的展览类型、内容和形式，以更开放包容的心态去接纳创新性的展览，将当代文化作品融入博物馆展览中，不断地创新展览思路，拓宽策展空间，进而推进策展人制度不断发展。另一方面，由于国有博物馆是依靠国家财政支持，经费有限，且在使用过程中有一定的局限性。因此，博物馆想要可持续地发展策展事业，可以积极尝试拓展资金来源的多样化和渠道的多元化，探索吸纳社会资金的方法，以获取更多的展览经费保障[9]。

四、结语

展览作为直接面对公众和服务社会的一项复杂的系统工程，不仅体现了博物馆业务研究能力，也从一定程度上衡量了一个博物馆的管理水平。展望未来，中国博物馆行业方兴未艾，"高质量发展"将是今后一段时间博物馆工作的关键词[10]。与此同时，我国各级各类博物馆对策展人制度的推行刚刚进入探索阶段，还将经历漫长的磨合和消化过程，需要脚踏实地、因地制宜、循序渐进，应通过完善和健全策展人制度，给予策展人充足的施展空间，不断打造高质量展览，促进博物馆事业的可持续发展[11]。

【注释】

[1] 王宏均：《中国博物馆学基础》，上海古籍出版社，1990 年，第 58-61 页。

[2] 吴昌稳：《广东省博物馆策展人制度解析》，《文博学刊》2022 年第 1 期。

[3] 辛岩：《国内博物馆策展工作及独立策展人制度评析》，《文物鉴定与鉴赏》2022 年第 4 期。

[4] 庞雅妮：《以策展人制度的实施推进博物馆的可持续发展——以陕西历史博物馆为例》，《文博》2018 年第 5 期。

[5] 陈晨：《关于博物馆"策展人制度"项目化管理方式的构建》，《中国博物馆》2015 年第 4 期。

[6] 周墨兰：《迎合与影响——从临时展览选题谈博物馆的社会价值》，《中国博物馆协会博物馆学专业委员会 2016 年"博物馆的社会价值研究"学术研讨会论文集》，中国书店，2016 年。

[7] 彭文：《中国语境下的"策展人"》，《故宫博物院院刊》2021 年第 5 期。

[8] 胡锐韬：《试论新型博物馆策展人制度的建设——以广东省博物馆的展览项目主持人实践为例》，《中国博物馆》2015 年第 4 期。

[9] 田甜：《论中国博物馆"策展人负责制"的建立》，南京艺术学院硕士学位论文，2012 年。

[10] 管晓锐：《制度"三大基础要素"理论视角下中国博物馆策展人制度构建研究》，《中国博物馆》2022 年第 2 期。

[11] 张胜露：《构建可持续发展的博物馆策展人制度》，《中国博物馆协会博物馆学专业委员会 2015 年"致力于社会可持续发展的博物馆"学术研讨会论文集》，中国书店，2015 年。

我国中小博物馆总分馆模式的实践与思考

罗小力（南京市博物总馆）

摘要： 面对我国中小博物馆普遍存在的运营压力大、藏品数量少、资金匮乏等问题，总分馆制建设已经成为博物馆体制改革探索的重要形式。通过南京市、青海省、大同市、重庆市等博物馆实践探索出层级制、藏品制、联盟制和双轨制等总分馆制模式表明：根据本地实际情况，因地制宜推进，是博物馆总分馆制建设的主要方向。博物馆总分馆制的建设过程中需要统一加强规划和管理，构建相关管理机制和运行机制，总馆层面上应跨界整合公共资源，明确统一服务规范，建立资源共享平台，让博物馆资源在更广领域实现共建共享；分馆层面上应体现特色，让其发展目标更加多元化，建设主体更加多元化，公共产品内容更加多元化，真正实现公共文化服务的均等化、便捷化，实现博物馆的可持续发展。

关键词： 中小博物馆 总分馆 模式

2022年5月18日国家文物局公布了博物馆行业的最新数据：2021年中国博物馆新增备案博物馆395家，备案博物馆总数达6183家，排名全球前列，接待观众7.79亿人次[1]，为满足公众的精神文化需求贡献了力量。面对我国博物馆数量与日俱增的现实情况，2021年5月24日，中央宣传部、国家发展改革委等九部门印发了《关于推进博物馆改革发展的指导意见》，提出推进我国博物馆事业发展的总体要求，明确博物馆在分类布局、提升服务效能、创新体制机制、优化发展环境[2]等突破重点，这恰恰为我国博物馆尤其是中小博物馆提升质量水平指明了方向。对中小博物馆而言，突破自身硬件环境，释放发展活力，对提高我国博物馆整体的质量水平具有积极的意义。

一、总分馆制进入博物馆行业的视野

总分馆制最早源于西方并且在图书馆领域应用较为广泛，指的是同一建设主体、同一主管机构管理的图书馆群，其中一个图书馆作为总馆或中心馆，处于核心地位，其他图书馆作为分馆隶属于总馆，在业务上接受总馆管理的运行模式[3]。在总分馆制度下，通过一体化和专业化的管理，大力整合各级图书馆之间的资源，实现互通互联，极大地提高了文献利用率和图书馆的服务效能[4]。基于总分馆制的优越性，博物馆行业也开始尝试引入这种模式，最典型的案例就属美国史密森学会了。史密森学会在 1846 年创建于美国首都华盛顿，学会下设博物馆、美术馆、国家动物园、研究中心等众多机构，现为世界上最大的博物馆综合体。学会专门成立理事会作为"总馆"，具体负责史密森学会的运营与管理，下设机构均为"分馆"，由总馆统一负责分馆的安全、基础建设、财务、人事等管理[5]。经过多年的发展，史密森学会在教育活动、科学研究、文化产业开发经营、出版书籍等领域均在世界前列，其令人瞩目的成就与各类资源的共建共享是分不开的，也为我国博物馆推行总分馆制提供了有益的参考。

二、我国博物馆总分馆制应用情况

为盘活中小博物馆资源，加强机制创新，我国博物馆近年来也开始引入总分馆制，结合各地的实际情况进行实践与探索，涌现出一大批典型案例，形成了各具特色的总分馆模式，对促进中小博物馆服务质量的提升起到了良好的推动作用。

（一）"层级制"：南京市的"1+N"制度

层级制是指以场馆文物互通、资源共享为目的建立的博物馆群，其中由当地政府成立的上级行政机构为总馆，所属博物馆为分馆，由总馆统一管理分馆人财物的博物馆群。分馆隶属于总馆，总馆部门和分馆部门严格划分为从上到下的阶梯等级，不同等级的部门职能目标和工作内容相同，但是管理范围和权限却随着等级降低而逐渐变小的总分馆制度。

2014 年南京市政府按照"机制创新、人才交流、资源共享、合作互惠"[6]的原则，成立南京市博物总馆，内设办公室（财务部）、组织人事部（安全保卫部）、产业发展部、综合业务部（合作交流部）及信息中心等 5 个部门并将原隶属于南京市文化旅游局直管的 8 家市文博场所[7]统一划拨给总馆成为其分馆，各分馆内设办公室、安全保卫部、综合业务部等部门，形成"1+N"的总分馆组织体系。在层级制的组织架构下，总馆作为独立的事业法人，对分馆的财务、人事等进行统一管理，各分馆按照总馆制定的目标和审批流程开展工作，重大事项需要向总馆报批同意后方可实施。2017 年南京市博物总馆成功获评国家一级博物馆。

层级制是总分馆制模式中组织结构最为严格的一种，在层级制模式下，总馆与分馆不再是松散的成员联盟关系，总馆拥有较大的支配权，负责集中统筹分馆的人财物，总馆与分馆间能够形成高度统一、统筹规划、协调管理的组织体系[8]，真正意义上实现藏品、人才、管理及服务的互通互联、共建共享，打破了原来市属博物馆间的壁垒，解决了中小博物馆资源不足的问题，在博物馆文物征集、观众服务、陈列展览、社教活动等方面都能够以最少的投入最大程度发挥博物馆公共服务的效能，极大地提高资源的利用效率。

（二）"藏品制"：大同市的"主题分馆"制度

藏品制是指以盘活富余文物资源、拓展博物馆展示空间为目的建立的博物馆群，其中以馆藏丰富的博物馆为总馆，处于主导地位，以总馆藏品为内容建立起的不同主题的博物馆为分馆，在业务上接受总馆指导的总分馆制度。

大同市博物馆是晋北地区最大的综合性历史博物馆同时也是山西省最大的市级博物馆，现为国家二级博物馆。大同市博物馆馆藏文物共有 17 万余件[9]，但受空间影响展出的文物数量有限。为全面盘活大同市馆藏文物资源同时解决中小博物馆藏品量不足、展陈主题不明确等问题，大同市博物馆在坚持行政隶属关系不变、人员编制关系不变、经费渠道方式不变的原则上，根据大同市的城市文化特色及大同市博物馆馆藏的种类，建立了不同主题的分馆，形成拓展总馆功能、建立主题分馆的总分馆发展模式。如今，大同市博物馆已经建立了8座主题分馆[10]，这些分馆根据藏品特点彰显出不同的展陈主题，各具特色，共同串联起大同市的城市文化故事，使大同市的历史面貌更加清晰，历史记忆更加深厚。

藏品是博物馆的根基而观众则是博物馆开展一切活动的目的和核心，早在2014年国际博物馆协会就提出"博物馆藏品架起沟通的桥梁"的主题，就是让藏品在展览中架起与观众之间沟通的桥梁[11]，博物馆与观众双向互动的方式也渐渐成为博物馆主流的传播方式[12]，从博物馆的角度来说，将更多藏品展示在观众面前是互动交流的基础。藏品制的提出，巧妙地根据藏品特点在本地建立分馆的方式，既解决了文物资源丰富的博物馆因空间受限无法展示藏品的实际情况又解决了中小博物馆藏品量不足的困境，一举多得，在藏品制下，一座座分馆的建立开放让藏品有了多样化的文化表达，为观众带来更多高质量的产品与服务。

（三）"联盟制"：青海省的"大馆带小馆"制度

联盟制是指以提升中小博物馆业务水平为目标组建的博物馆群，其中由行业龙头博物馆为总馆，其余博物馆为分馆，总馆对分馆的业务工作给予指导帮扶的总分馆制度。

青海省是一个少数民族人口占全省人口50%以上的多民族聚居地区，中小博物馆馆藏类别单一、数量偏少、办馆理念封闭等问题在

这片地区显得尤为突出。2018年4月青海省博物馆展开总分馆试点工作，决定由青海省博物馆作为总馆，选定丝绸之路青海道和唐蕃古道沿线部分基层博物馆[13]为分馆，按照资源共享、信息共享、联合互助的原则，总馆在陈列展览、人才培养、藏品、科技等方面对分馆给予指导，通过大馆带小馆的模式来克服中小博物馆主客观条件不足和局限，探索边远贫困民族地区博物馆发展的新路，实现中华文化创新性发展。

联盟制是目前总分馆制模式中最为普遍的一种，龙头博物馆利用自身的优势，履行大馆的责任和担当，在博物馆群内建立形成文物、展览、人才、设备等资源的共享，切实帮助馆藏资源较少的博物馆举办符合其特色的展览及活动，帮助基层博物馆发挥其社会功能，让中小博物馆有更好的平台展示各自的历史文化，通过不断的实践，创新合作形式，充实合作内容、拓宽合作渠道，实现大馆帮小馆、强馆带弱馆的模式，共同推动整体博物馆事业的健康、持续发展。

（四）"双轨制"：重庆市的"AB"制度

双轨制是指以实现博物馆功能的广覆盖和资源的联合互助为目的建立的博物馆群，根据区域和级别的不同，因地制宜构造了AB两种模式并行的总分馆制。AB模式都是以同一家龙头博物馆为总馆，其中，A模式中与总馆地域上较为接近的博物馆为分馆即直属总分馆体系；B模式中以一定的准入机制为门槛，符合条件的博物馆经申请批准后为分馆即合作总分馆体系。这两种体系通过资源共享、展览交流、人才培养等方式形成以总馆为中心的区域联盟体的总分馆制度。

重庆中国三峡博物馆位于重庆市渝中区，与重庆人民大礼堂正对面，是重庆市的文化地标。面对近年来观众大量增长、场地规模和空

间受限等问题，针对重庆市特殊的城市形态和城市发展的重点方向，2018 年重庆市中国三峡博物馆开始实施"1+6"直属总分馆体系和"1+N"合作总分馆体系的双轨制模式，目的是通过区域博物馆的联合发展，让博物馆部分功能外迁，把博物馆功能分类向外拓展。其中，以重庆中国三峡博物馆为总馆，重庆市的 6 家博物馆为直属分馆[14]，整合市内博物馆的资源，实现联动；巫山博物馆、重庆师范大学博物馆、合川博物馆、云阳博物馆等符合要求的区县级及行业民营博物馆经批准成为合作分馆，在双轨制总分馆模式的运作下，以业务延伸和功能辐射为支撑，形成"资源共享、展览交流、人才培养、文创协同"的区域博物馆群[15]。

双轨制的提出，适应了博物馆不同地域、不同层级协调发展的实际需要，形成以中心馆为核心地位向外发散的区域联盟体。直属总分馆模式中的博物馆拥有天然的地域优势，博物馆间联系得更加紧密，总分馆地位相对平等，博物馆间通过盘活资源、整合资源来谋求共同发展；合作总分馆模式中通过一定的规章制度引导总馆的富余文物资源在运营管理、充实藏品、保护修复、开放服务等方面支持分馆运营同时严格把控博物馆的合作标准，分馆类型较为多样，合作内容更加多元，不同类型的博物馆在其中碰撞出新的火花，形成独具特色的总分馆运行模式。

三、我国博物馆总分馆制的发展策略

（一）健全法律法规

博物馆总分馆制建设与图书馆、文化馆等其他文化机构相比，既有相同又有不同，相同的是总分馆制建设都是由个体化单馆走向体系

化集群的过程，不同的是博物馆公共知识的传递有其独特性，是通过搜集、保存、整理等过程，对知识形态进行有效转化，使之能够明确表达、公开获取和享用[16]，最终在观众的参观和知识的获取中完成的，因而博物馆的使命与工作任务都是以藏品和观众为中心的。所以将总分馆制引入博物馆时，要结合我国博物馆的现状与目标，从制度层面确定博物馆总分馆制的概念、条件及标准，重点规范各级博物馆藏品共享、观众服务等制度要求，这是规范博物馆总分馆建设行为、提高博物馆公共服务质量的基石。

（二）加强管理，确立总馆的主导地位

博物馆总分馆制的本质是将分散、独立的博物馆通过一定的规则或者制度联结为一个整体，总馆在体系中发挥着统筹、协调、主导的作用，因此总馆丰厚的资源基础、出色的管理组织能力是其发挥作用的关键因素。

1. 跨界整合外部资源，拓展资源的数量和质量

总分馆制的最大优势在于以资源共享打破原有博物馆单一管理、单一服务的格局，以集群管理提高博物馆的服务效益。因此总馆不仅要具备统筹组织能力，更重要的是跨界整合资源，打破各级博物馆间、博物馆与其他行业间的壁垒，拓展博物馆总分馆体系内资源的数量和质量。这里的资源不仅包括图书馆、文化馆、美术馆、活动中心、体育场馆等公共文化服务资源，还包括与博物馆相关的旅游行业等其他资源。尤其随着我国经济的飞速发展，旅游已经成为人们不可或缺的生活方式，在国家先后相继出台各项政策加快旅游产业发展、深化文化体制改革推动社会主义文化大发展大繁荣的时代背景下，不同的文化资源与旅游资源的整合能够给博物馆总分馆制的建设提供广阔的空间和不竭的动力。

2.明确总分馆制的目标，制定统一服务规范

我国总分馆制建设在实践过程中衍生出了不同的模式，各个模式的侧重点和运行模式都略有不同，因此总馆应因地制宜，根据实施的建设模式制定发展目标，明确模式的服务内容和项目，各模式可以根据自身的地域特色，推出特色的服务项目。以此为基础，在内部管理上，总馆需指导、监督和支持分馆有关服务项目的运营，定期考核服务管理和绩效；在公众服务上，总馆应建立统一的服务规范和业务标准，各分馆按照总馆制定的标准对公众开展标准化的服务，上下拧成一股绳，通过统一的服务规范，提高服务项目的质量水平，打造总分馆联盟品牌，提高公众的参与感与满意度。

3.搭建资源共享平台，提升总馆数字化建设水平

2016年国家文物局、国家发展和改革委员会等五部委联合印发的《"互联网＋中华文明"三年行动计划》成为中国博物馆全面开展数字化工作的标志。2022年8月31日，中国互联网络信息中心（CNNIC）发布第50次《中国互联网络发展状况统计报告》显示截至2022年6月，我国网民规模达10.51亿，互联网普及率高达74.4%[17]，中国社会已然是一个生机勃勃的数字社会。总馆通过数字技术搭建文物藏品档案、票务、观众服务、办公等一体的数字化集成管理平台，能够让总馆与分馆之间打破地域、时间的界限，实现总馆远程的数字化管理与分馆的共享交流，强化总馆的全面领导与资源共享，同时通过在线展览、在线教育、网络公开课[18]等方式丰富总分馆的展示内容，拓宽博物馆知识传播的渠道，给公众提供优质的数字文化产品和服务，提高博物馆的社会参与，更好地实现总馆与分馆、博物馆与观众的

互通互联。

（三）开拓创新，提升分馆的质量水平

分馆是总分馆制度中数量最大的群体，提升分馆的服务质量水平也是推行总分馆制建设的根本落脚点。在总馆的保驾护航下，分馆也要保持自己的特色，推动自身向多元化、特色化方向发展，致力于向公众提供更多更优质的公共文化产品。

1.发展目标多元化

我国博物馆类型多样也各有特色，推行总分馆制建设的重点在于整合资源的同时也要保留地方特色，避免形成"千馆一面"的尴尬境地，而保留博物馆独特性的关键在于分馆。首先分馆应该对自身的定位进行再思考，明晰自己处于一地、为一地之文化集成的身份与性质[19]，通过其所收藏及展示的地方文化体现出地方博物馆的独特性。分馆不仅是总分馆体制创新的代言者，更应该根治地方，利用总分馆的资源建立独特的、多元的文化发展目标，从而反哺到总分馆体系中，展示出不同文化的特色风采，让不同的地域特色得以交融。

2.建设主体多元化

分馆承担着对外开放的角色，建设主体及形式应该是开放多元的。首先，分馆可以通过扩大志愿者团队、建立博物馆会员等方式，构建参与广泛、形式多样、管理规范的社会动员机制[20]，扩大公众的参与度，鼓励社会力量参与到博物馆总分馆制的建设中来，共同提高总分馆制建设的水平和质量；其次，推动分馆的公共服务市场化改革，鼓励企业、社会组织或者其他社会力量依法依规以各种形式参与到博物馆的展览、教育、文创开发等公共服务项目中去。只要符合条件，任何学校、企业、科研机构或者社会组织等均可承担分馆的角色，以自身的社会资源去服务社会、回馈社会。

3.公共产品多元化

面对目前公众日益增长的精神文化需求与公共文化服务资源分布不均衡之间的矛盾，加强公共文化服务的供给是实现人民基本文化权益的主要途径，而博物馆是公共文化服务供给的主要阵地。随着公众对文化知识的渴求及民族文化归属情感的不断上升，博物馆参观群体也开始逐渐年轻化并且多样化，观众群体对博物馆的参观需求也不仅是单一的历史知识的专业需求，还有对博物馆设施的休闲需求及对博物馆产品的购买需求等，因此博物馆不仅要成为公众的教育场所更要成为集休闲、娱乐、教育、旅游为一体的多功能场所。在总分馆制的体系下，分馆不仅要提高原有的展览、活动等公共文化产品的质量，也要根据不同公众的实际需求提供如咖啡、餐饮、文创甚至文化演出等更加多元化的服务，让观众获得更好的文化体验。

四、总结

2022 年国际博物馆日主题为博物馆的力量，旨在让博物馆成为推动社会科技等领域的创新发展、增进公众教育理念的重要机构。博物馆总分馆模式的建设和推广能够通过联合各层级、各领域博物馆的资源尤其整合中小博物馆的文化资源，激发博物馆的文化力量，让博物馆成为公众终生学习的场所，成为连接公众、社区和城市历史的纽带与中心。

【注释】

[1] 中华人民共和国文化和旅游部：《2022 年"5·18 国际博物馆日"中国主会场在湖北武汉开幕》，https://mct.gov.cn/whzx/whyw/202205/t20220518_933068.htm.

[2] 中央宣传部、国家发展改革委、教育部、科技部民政部、财政部、人力资源社会保障部、文化和旅游部、国家文物局印发《〈关于推进博物馆改革发展的指导意见〉的通知》，http://www.scio.gov.cn/xwfbh/xwbfbh/wqfbh/44687/45691/xgzc45697/Document/1704721/1704721.htm.

[3] 陈彬强：《我国图书馆总分馆制建设的延伸和拓展探讨——以泉州市为例》，《河北科技图苑》2020 年第 6 期。

[4] 陈彬强：《我国图书馆总分馆制建设的延伸和拓展探讨——以泉州市为例》，《河北科技图苑》2020 年第 6 期。

[5] 柳懿洋：《博物馆集群化运营模式研究》，中央美术学院学位论文，2017 年。

[6] 南京市博物总馆官网，http://www.njmuseumadmin.com/。

[7] 南京市 8 家市博场所为：南京市博物馆、太平天国历史博物馆、中国共产党代表团梅园新村纪念馆、南京市民俗博物馆、渡江胜利纪念馆、江宁织造博物馆、六朝博物馆、南京市文化遗产保护研究所。

[8] 陈彬强：《我国图书馆总分馆制建设的延伸和拓展探讨——以泉州市为例》，《河北科技图苑》2020 年第 6 期。

[9] 马雁飞：《新时代博物馆"总分馆制"发展模式探析——以大同市博物馆为例》，《文物鉴定与鉴赏》2020 年第 18 期。

[10] 大同市博物馆的 8 家主题分馆为：梁思成纪念馆、平城记忆馆、北魏明堂遗址博物馆、北朝艺术博物馆、魁星文化博物馆、辽金元民族融合博物馆、古代铜造艺术博物馆和大同红色记忆馆。

[11] 安来顺、潘守永、吕军、史吉祥、蔡琴、严建强、曹兵武、王奇志、陈同乐、田名利、王芳、茅艳：《"博

物馆藏品架起沟通的桥梁"专家笔谈》，《东南文化》
2014 年第 3 期。

[12] 龚良：《从社会教育到社会服务——南京博物院提升
公共服务的实践与启示》，《东南文化》2017 年第 3 期。

[13] 董志强：《民族地区博物馆总分馆制建设的思考与实
践——以青海省博物馆为例》，《中国博物馆》2019
年第 3 期。

[14] 直属总分馆体系中的 6 家分馆为：白鹤梁水下博物馆、
宋庆龄旧居陈列馆、涂山窑遗址、三峡文物保护中心（在
建）、重庆博物馆（规划中）和重庆博物馆大学城分馆（规
划中）。

[15] 雷学刚、柯锐、赵小姣：《 2018 年"全国最具创新
力博物馆"创新成果综述》，《中国博物馆通讯》
2018 年第 369 期。

[16] 徐玲、王骋远：《公共知识服务——博物馆社会责任

的再思考》，《博物院》2020 年第 2 期。

[17] 中国互联网络信息中心.CNNIC 发布第 50 次《中国互
联网络发展状况统计报告》，http://www.cnnic.net.
cn/n4/2022/0914/c88-10226.html。

[18] 李游：《共享与启迪：后疫情时期博物馆数字媒介再
思考》，《中国博物馆》2021 年第 3 期。

[19] 赵慧君：《独特性与参与性：面向未来的地方博物馆》，
《博物院》2020 年第 1 期。

[20] 中央宣传部、国家发展改革委、教育部、科技部民
政部、财政部、人力资源社会保障部、文化和旅游部、
国家文物局印发《关于推进博物馆改革发展的指导意
见》的通知，http://www.scio.gov.cn/xwfbh/xwbfbh/
wqfbh/44687/45691/xgzc45697/Document/1704721/17
04721.htm。

乡村旅游赋能乡村博物馆建设的思考与探索

——以浙江省为例

程龑（台州市博物馆）

赵丽丽（台州学院）

摘要： 本研究梳理了乡村博物馆的概念变迁，分析了乡村旅游与乡村博物馆的关系，并对现有的乡村博物馆旅游研究现状进行了综述，结合浙江省乡村博物馆发展推进情况提取了该地区乡村博物馆发展旅游的四点特征。最后，结合乡村振兴、乡村博物馆建设以及乡村旅游的发展，提出了"一村一馆一品"、利用公共空间主客互动、"参与式博物馆理念"推广、多渠道筹措资金长效发展、形成产业链助力共同富裕等五点建议。

关键词： 乡村博物馆 旅游 研学 文旅融合

一、前言

近年来，我国博物馆建设如火如荼，相继出台的《关于推进博物馆改革发展的指导意见》及《"十四五"文物保护和科技创新规划》都针对中小博物馆提出明确的发展举措。共同富裕下的博物馆建设更是聚焦到了乡村振兴战略下的乡情村史博物馆等乡村博物馆建设。

博物馆是现代文明的产物，进入 21 世纪之后，博物馆所处的社会环境以及自身的发展和特点，发生了深刻的变化。在这样的机遇与挑战下，博物馆的定义与内涵在不断发生变化。2022 年 8 月 24 日，在布拉格举行的第 26 届 ICOM 大会通过了新的博物馆定义，在这一定义当中博物馆是"为社会服务的非营利性常设机构，它研究、收藏、保护、阐释和展示物质与非物质遗产。它向公众开放，具有可及性和包容性，促进多样性和可持续性。博物馆以符合道德且专业的方式进行运营和交流，并在社会各界的参与下，为教育、欣赏、深思和知识共享提供多种体验[1]。"新的定义凸显了交流、知识共享以及参与体验的重要性。

在博物馆定义日益丰富的当下，博物馆的形态也日趋多元，如"生态博物馆""社区博物馆"以及"乡村博物馆"等等形态。随着乡村振兴政策的引导，乡村博物馆的建设逐渐兴盛。浙江省文化和旅游厅大力推进乡村博物馆建设，并提出了十四五期间建成 1000 座乡村博物馆的而建设目标。

乡村博物馆究竟是什么？它与其他类型的博物馆存在怎样的关系？过往的乡村博物馆概念并没有得到明确的界定，根据现有关于乡村

表1. 不同时期学者提出的乡村博物馆概念

学者	观点	提出时间
刘凤桂[2]	将农耕文化、生态文化、习俗文化融为一体的新的博物馆模式	2014
徐欣云[3]	在传统村落中反映乡村自然历史民俗，由乡村社区居民自主来做而不是由专业管理者建立和管理的博物馆	2016
周晓冀[4]	主要是指乡镇及以下行政区域内，由企业或集体、个人为主体开办的非国有博物馆以及类似博物馆形式的展览馆、艺术馆、手工艺作坊和古村落等。乡村博物馆以多元形式诠释与展现地方文化脉络，有效整合地方文化资源，拓展旅游市场，促进地方文化交流与发展。	2019
朱小军、王瑢瑢[5]	从广义和狭义两个角度来加以理解。广义上的乡村博物馆即是从地理上来区分的，存在于乡村的一切类型的博物馆或展览展示馆，其中包括历史博物馆、专题博物馆、生态博物馆、各类纪念馆等，主要展示的内容是乡村历史上存在过的一切习俗、传统技艺以及事件或者乡土人物故事、传说等。狭义上的乡村博物馆即是与乡村生活有关的，主要展示的是乡村的农业村庄、本土文化以及新中国成立后的乡村社会变迁等。	2020

博物馆的研究文献，整理出学者们给出的乡村博物馆定义，如下表1所示：

从学者们给出的定义中不难看出，研究者对于乡村博物馆展示乡村本土传统文化这一点并没有异议。浙江省文化和旅游厅、浙江省文物局在2022年4月印发了《浙江省乡村博物馆建设指南（试行）》实施意见，在意见中对乡村博物馆进行了定义，认为乡村博物馆是"位于乡村范围内，传承中华优秀传统文化，弘扬社会主义核心价值观，以重点展示、传播、收藏和传承地域历史文化、特色文化、革命文化及乡村生产生活、非遗保护、产业发展见证物，向公众开放，具有博物馆功能的文化场馆[6]。"相较于学者周晓冀在2019年给出的非国有博物馆以及类博物馆形式的场馆，浙江省文旅厅、文物局给出的定义将其扩展为具有博物馆功能的文化场馆，即位于乡村的国有和非国有博物馆都可纳入。伴随着乡村旅游的发展，《建设指南》更是提出"发挥乡村博物馆在文旅融合发展、促进文化消费中的作用，丰富乡村旅游内涵，加强文旅融合，鼓励开展游研学活动，推出研学课程"。考虑到本文以浙江省的乡村博物馆为案例，因此乡村博物馆采用了《浙江省乡村博物馆建设指南（试行）》赋予的定义。

二、乡村博物馆赋能乡村旅游

（一）作为旅游新业态的博物馆

近年来，我国博物馆建设如火如荼，在公共服务效能得到显著提升的同时，社会关注度不断提高。与此同时，国内旅游业持续保持高于国内人均生产总值的增速稳步发展，博物馆游等新型文化和旅游业态成为推进全国文旅休闲消费提质升级的重要组成部分[7]。十九大提出"乡村振兴"战略，要求让农村在更高层次上发展。越来越多的旅游者前往带有乡村文化特色的村落、城镇开展自驾游、跟团游。乡村博物馆在文旅融合中发挥着越来越大的作用。

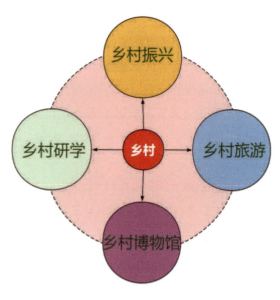

表 2. 乡村与研学、旅游、乡村博物馆的关系（作者自绘）

（二）乡村旅游与乡村博物馆的关联

大众旅游时代，旅游消费者的需求发生了很大变化，在传统农家乐基础上发展起来的乡村旅游正面临着转型升级的挑战。《"十四五"推进农业农村现代化规划》指出"要推动农业与旅游、教育、康养等产业融合，发展田园养生、研学科普、农耕体验、休闲垂钓、民宿康养等休闲农业新业态。"未来的乡村旅游，应当充分利用乡村传统民俗、邻里亲情等文化资源，开发符合现代旅游消费者休闲度假、沉浸体验、旅居康养等消费需求的新产品、新业态和新服务，打造乡村旅游和乡村经济发展的新引擎。乡村博物馆是乡村文化的重要载体，通过乡村文化与乡村旅游的深度融合，实现乡村优秀传统文化的有效保护和创新发展。文化和旅游部、中国关心下一代工作委员会在 2022 年 8 月联

合推出了 128 条"乡村是座博物馆"全国乡村旅游精品线路，进一步佐证了乡村博物馆作为乡村旅游新业态的必要性和可行性。

（三）"乡村博物馆 + 旅游"研究综述

经由 CNKI 学术资源总库的检索，现有关于乡村博物馆的收录文章为 51 篇，梳理发现关于乡村博物馆旅游功能的文章相对较少，现有研究较多侧重于生态博物馆与乡村旅游的关系探究。综述如下：

概念定析层面，学者对生态博物馆、非遗博物馆进行了概念界定，并对不同业态乡村博物馆与旅游的关系进行了探讨。

1. 生态博物馆与乡村旅游。张成渝[8] 对生态博物馆和乡村旅游两者关系进行了深度探讨，认为生态博物馆和乡村旅游是当前村落文化景观保护与发展的两种模式，在共同奉行可持续发展理念的同时，生态博物馆侧重于保护，并顺应发展；乡村旅游侧重于开发，但也承认保护的重要性。侯春燕[9] 在 2014 年即对生态博物馆的旅游功能进行了研究，以生态博物馆与乡村旅游的关系作为描述对象，叙述了生态博物馆建立和运营对乡村的积极意义，同时揭示乡村旅游开发对生态博物馆的重要作用，最后对乡村旅游开发提出了具体建议。荣侠[10] 对位于乡村的生态博物馆进行研究，认为生态博物馆作为乡村旅游资源的重要组成部分，有社会价值、文化经济价值和耦合生态价值，能直接推动我国乡村旅游经济的发展。也指出存在外部缺乏产业、产品的规划，内部缺乏专业、高效的管理，整体发展缺乏科学性和系统性等问题。

2. 非遗博物馆与乡村旅游。王咏、匡夙涵[11] 对非遗博物馆与旅游的关系进行了探索。认为地方非遗博物馆通过物品展示、非遗表演等获得"表演性真实"，在加强地方族群对自

我地缘、文化、身份认同的同时也向游客深描了地方历史"传统—现代"动态变迁过程。将其打造为旅游公共空间，能转换为旅游经济利益的文化景观。

个案研究层面，生态博物馆的个案研究相对较多，遗址类、非遗类乡村博物馆的次之。

1. 生态博物馆类个案。林筱颖[12] 以广西三江侗族生态博物馆的建设为研究对象，通过分析民族文化传承和乡村旅游开发的关系，认为利用生态博物馆合理地进行旅游开发是实现民族文化传承的一条可行之路。并提出了包括进行旅游论证与规划、改善旅游地基础设施、提升村民保护传统文化意识等一系列有针对性的思路和策略。吴忠权、覃亚双[13] 对贵州省荔波县瑶山乡中部的拉片村进行研究，结合该村落居住的白裤瑶族民风民俗，认为该地区独具一格的建筑文化、服饰文化、铜鼓文化、陀螺文化，可以带领全村人口由传统型生产向高度系统的农村旅游业不断转变。建议打造拉片村艺术博物馆的形式塑造旅游新业态。周新颜、杨玉平、李筑[14] 对黔东南州依托原生态民族民间文化资源，多策并举，发展以生态博物馆为载体的乡村旅游模式作了初步解析。

2. 遗址、非遗类及其他乡村博物馆个案研究。韩俊[15] 对江夏湖泗窑遗址进行了研究，提出了"江夏湖泗窑遗址的保护 + 促进乡村文化旅游项目的开发"，以"生态博物馆、数字虚拟博物馆、村落社区博物馆、生态农业博物馆"为构建思路，打造湖泗窑"泛博物馆"的建议，以推动湖泗窑乡村文化特色旅游的发展。周晓冀[16] 探索了遗迹旅游业与乡村博物馆的关系，以泰安市近几年涌现出来的村办、民办等非国有博物馆为考察对象，探讨乡村遗迹旅游业得以实现的途径。魏文静、臧其猛、田静[17] 从旅游文化的角度剖析了侯冲乡村民俗博物馆的旅游产品体系构建，认为民俗博物馆的主题选择和产品设计应紧紧围绕乡土生活的主题而展开。应当结合居住民俗、生产民俗、商事民俗、婚丧民俗、节庆民俗等乡土生活习俗进行展示和文化保护，从而提升乡村旅游品质。吴文丽[18] 通过分析梭戛旅游业发展现状与民俗体育活动发展融合情况，提出有关梭戛体育旅游产业开发与经营的策略，探讨民俗体育旅游发展路径，旨在为梭戛民俗体育资源发展提供新的发展策略和思路。

表3. 现有学术成果探索的乡村博物馆类别梳理

个案分析	类别
广西壮族自治区三江侗族生态博物馆	生态博物馆
贵州省荔波县瑶山乡中部的拉片村	生态博物馆
湖北省武汉市江夏湖泗窑遗址	遗址类博物馆
侯冲乡村民俗博物馆	非遗文化类博物馆
山东省泰安市遗址类博物馆	遗址类博物馆

经由研究综述发现，学者对于旅游对乡村博物馆发展注入新动能的观点是一致的，并结合生态博物馆的旅游职能发挥形成了一定程度的研究成果。但是伴随着国家大力推进数字化博物馆技术，旅游新业态的不断涌现，后疫情时代的乡村旅游应当如何开展？乡村博物馆如何助力乡村旅游、乡村振兴？浙江省的乡村博物馆建设与过往的乡村博物馆建设有什么不同之处？笔者拟结合正在开展的浙江省乡村博物馆建设情况为案例，探索后疫情时代的乡村旅游 + 博物馆建设。

三、浙江省乡村博物馆发展现状

浙江省是全国三个试点建设乡村博物馆的省份，2021 年 9 月，浙江率先启动项目，并提出"小目标"：5 年内在全省建设 1000 家乡村博物馆，2022 年计划建成 400 家。

表 4. 笔者绘制的浙江省乡村博物馆建设时间轴

（一）乡村博物馆的基本情况

浙江省在 2021 年 3 月发布的《浙江省文物博物馆事业发展"十四五"规划》中指出要"重点推进 1000 家乡村博物馆（展示馆）建设，努力构建博物馆、古村落保护利用与旅游、休闲、创意等产业融合发展的新机制，促进共同富裕"。2022 年 3 月，发布《浙江省乡村博物馆建设指南（试行）》，对乡村博物馆的定义、建设目标、建设要求、服务要求、认定程序进行了具体的说明。随后，浙江省在 2022 年 4 月和 7 月启动了两个批次的乡村博物馆验收工作，首批通过认定的乡村博物馆有 56 家，涵盖了革命纪念、民俗文化、自然生态、科普教育等类别。目前第二批乡村博物馆尚在验收过程中，正式名单尚未公布。

仔细阅读第一批公布的乡村博物馆名单（见附表1），不难发现革命纪念类、民俗文化占据了较大比重。笔者检索了这些场馆的具体工作举措，结合旅游职能的发挥，提炼出如下特点。

1. 充分利用当地建筑

以丽水市方山乡为例，该乡积极引侨引资，三大系列展馆建设场地由华侨闲置农房支持，以无偿、低租金的方式取得长期使用权。"侨

乡货币陈列馆""侨心向党·家国情怀展示馆""票证时代陈列馆"陈列布展用的藏品多以乡贤、华侨捐赠为主。现已打造完成三大系列十三处展馆——农遗系列、华侨系列、乡愁系列，从不同角度刻画了农遗文化、华侨文化。在精心谋划展陈的同时，争取将乡村博物馆群列入精品乡村游线路"农遗探寻线"，并开始筹备国际中小学生农遗研学营地。

2. 引入专业化机构协助运营

乡村本身不具备经验丰富的运营经验。以绍兴市柯桥区平水镇小舜江村的岭下党史馆为例，该馆由浙江红色芳华文旅发展有限公司负责运营，伴随着络绎不绝的参观游客，村庄风貌也得到了明显提升，成为乡村博物馆实现村民共富创收的经典案例之一。

3. 与村民共富

如杭州市建德市千鹤妇女精神基地，反映的是中国共产党领导下，20 世纪 50 年代当地妇女走上田间地头劳动的千鹤妇女精神，开放于 2020 年 5 月，目前村里建了千鹤书房、千鹤传习所等，引领当地 100 余名女性创新创业，自基地开放以来，千鹤村农户年增收约 1.4 万元。温州市的瓯忆文化博物馆，结合所在地的坦头窑窑址，采用"复刻历代展品＋文创衍生品"的形式，逐步试水非遗的体验式消费、引入村民灵活就业。

4. 结对共建，推出系列乡村博物馆研学活动

《浙江省乡村博物馆建设指南》指出，要"丰富乡村旅游内涵，加强文旅融合，鼓励开展游研学活动，推出研学课程。"考虑到乡村博物馆人力物力资源的薄弱性，在规划之处就特别重视场馆间的结对共建以及资源共享。以杭州市为例，富阳博物馆结对常绿镇新四军两渡富春江红色研学中心，杭州博物馆结对淳安

县翰红墨香馆，杭州工艺美术博物馆结对桐庐县莪山畲族馆，开展全面帮扶。在研学线路的推介方面，如绍兴市柯桥区博物馆串联了辖区内的乡村景点与乡村博物馆，推出了"柯桥区博物馆——越茶博物馆——岭下党史馆——舜王庙——柯桥区博物馆"的研学路线。桐庐县博物馆结对开国少将叶长庚革命事迹陈列馆、南堡精神纪念馆，牵头组织青少年开展主题为"弘扬革命精神 传承红色基因"的亲子研学活动。湖州作为全国乡村博物馆建设浙江省试点市，在建设完善乡村博物馆的基础上，吸引社会力量推出了"走读湖州"乡村博物馆研学之旅，包括吴兴区线路、德清县线路和长兴县线路三大"世遗古韵"线路。

四、乡村博物馆旅游开发的思考与建议

眼下，伴随着乡村振兴的开展，乡村博物馆已成为各地区博物馆体系的重要组成部分，在提升公共文化供给、丰富群众文化生活、加强文旅融合等方面成为重要的新生力量。乡村博物馆的建设本身就是一场文化兴盛的过程，通过乡村博物馆回顾、审视乡村曾经的过往，让乡村成为'回得去的家乡，到得了的远方'。当然，即使越来越多的乡村博物馆建立，但是仍然有很多地方缺乏文化保护意识，乡村博物馆的发展更是存在着地区发展不均衡的问题，以及经费困难、展示形式单一、缺乏专业人员等问题。我们应当借鉴学习乡村博物馆建设优秀案例中的点睛之处，在建设乡村博物馆的时候取长补短，构建可持续发展的乡村博物馆。基于笔者的持续追踪，提出如下几点思考：

（一）要有形式、有内容，做到一村一馆一品

我们常说内容为王，博物馆区别于其他场馆的点就在于它的"物"的属性。这一属性并不是说博物馆要比肩国内一流博物馆，展现稀世珍宝，而是在明确本馆定位的前提下，梳理乡村的资源禀赋，结合自身特色，打造独一无二的"特色亮点"。向受众呈现乡村中积淀的乡土文化。

（二）要有互动、有配套，形成与村民、游客的互动

乡村博物馆的建设要与村民、村落形成良性互动，发展成为凝聚村民的"公共空间"，比如配套景区村、景区镇的创建，在乡村博物馆周边建设文化礼堂、村民活动场所，增加村民与乡村博物馆的良性互动。如皖南地区在对一些传统村落、村寨实行景区化改造时，最大限度地保留了原居民的生活方式，构建起游客与居民主客共享的生活空间。通过配建相应的娱乐场所、商业场所，提升基础设施建设，便利游客进入，从而促进"农、文、旅"三者协同发展，让村民获益、让游客获益，村民与游客之间也形成良性互动。

（三）要有体验、有传播，通过数字化思维助力推广

妮娜·西蒙提出的"参与式的博物馆"理念非常值得运用于乡村博物馆的建设运营。乡村博物馆的运营者可以利用"小红书、抖音"等平台，推进乡村博物馆多样化传播，让年轻人也了解乡村博物馆，形成全年龄段的传播矩阵。既有形式又有内容，讲好故事，提高与游客的互动，从而才能保持生机和活力。经由新媒体矩阵的推广，带来游客在游览目的地的深度体验，乡村博物馆务必要结合优质的分众教育理念，让游客参与到体验乡村文化的活动中

附表．浙江省第一批乡村博物馆名单

区域	场馆	区域	场馆
杭州市	桐庐县莪山畲族馆	湖州市	吴兴区太湖溇港文化展示馆
	萧山区葛云飞故居纪念馆		吴兴区咽园盆景文化艺术博物馆
	临平区江楠糕版艺术馆		吴兴区农民协会纪念馆
	建德市浙大西迁旧址纪念馆		南浔区湖笔文化馆
宁波市	奉化区青云村史馆		南浔区姚醒吾故居陈列室
	鄞州区沙氏故居陈列室		南太湖新区郎部抗日纪念馆
	余姚市民营工业博物馆		德清县阜溪街道农耕文化馆
	海曙区鄞江镇梅园革命史迹陈列馆		德清县阜溪街道瓷之源展示馆
温州市	苍南县金乡博物馆		长兴县白阜蚕茧博物馆
	龙湾区郑家园妈妈酒文化博物馆		长兴县长广工业煤矿文化博览馆
	鹿城区程·让平祖居纪念馆		长兴县浙江省联产承包第一村旧址展示馆
	平阳县黄汤制作技艺体验馆		长兴县竹元村秘密交通站陈列馆
	瑞安市陶山瓯窑青瓷博物馆		长兴县新川村振兴案例馆
	泰顺县三魁镇卢梨老东家党群工作主题馆		长兴县臧懋循纪念馆
	永嘉县瓯忆艺术博物馆		安吉县马吉村新四军三次反顽战役文化展示馆
	瓯海区泽雅传统造纸专题展示馆	嘉兴市	海宁市云龙记忆馆
台州市	温岭市海洋民俗馆		平湖区钟溪酒文化展示馆
	玉环市漩门湾农展贝雕馆		桐乡市苏作红木博物馆
	三门县岩下海洋生物馆		上虞区许岙战斗纪念馆
	路桥区戴大夫故居陈列馆	舟山市	岱山县金维映史迹陈列室
金华市	东阳市酒文化馆	丽水市	桐乡市苏作红木博物馆
	金东区金华市古婺窑火陶瓷博物馆		上虞区许岙战斗纪念馆
	磐安县磐安茶文化博物馆		莲都区鱼跃博物馆
	武义县寿仙谷中医药文化馆		庆元县百山祖国家公园自然教育中心
	武义县婺瓷展示馆		松阳县茶叶博物馆
	武义县乡村美术展示馆		遂昌县九龙山科教馆
衢州市	常山县久泰弄村国防教育主题展馆	绍兴市	越城区鲁迅外婆家朝北台门陈列馆
	江山市中国工农红军北上抗日先遣队大陈纪念馆		诸暨市宣侠父故居陈列馆

来。

（四）要有助力、有资金，多渠道筹措长效发展资金

乡村博物馆如何避免建馆初期热闹，后续冷冷清清的局面？长效运营保障机制必不可少。比如探索以政府资金保障为主、鼓励社会力量参与投资建设运营的资金保障制度，如浙江省台州市摸索的"乡村旅游共富八景"，用多种方式解决了资金与运营问题。除了在地村民外，不妨建立由志愿者组成的管理、讲解和文创研发队伍，通过社会多方合力加强人才培养，把乡村博物馆办出特色。实现从"输血"到"造血"的转变，提升乡村博物馆运营管理水平。逐步实现乡村博物馆从"活起来"到"火起来"，助力走出一条以文润富、以文促富、以文化富、助力乡村振兴的新路子。

（五）要有创新、形成产业链，结合旅游研学等形式助力共同富裕。

充分发挥主观能动性，创新工作举措，问题和挑战必然存在，但是创新举措和思路，可以开拓工作思路。比如国家文旅部联合其他部门推出的"乡村是座博物馆"全国乡村旅游精品线路推介，通过将乡村文化、主题等方面的梳理和串联，解决乡村分布散落和单体乡村吸引力差异明显的问题。以浙江省的几个乡村博物馆为例，中共龙泉县委旧址，利用地理位置优势形成一个旧址、一个长廊、一个广场、一个剧场、一个学堂，在突出场馆"红色文化"招牌的同时，引入本地特色的蜂蜜和猕猴桃等农产品作为文创产品。坑里生物多样性展览馆结合收藏的蝴蝶标本，打造"浙江蝴蝶谷"品牌引入流量，并与周边展览馆、农产品销售点和学校合作，让乡村成为旅游热门地。博物馆本身不具备经济属性，但是通过场馆的品牌打造，能够赋能乡村经济。

乡村博物馆建设为乡村文化的重塑与呈现提供了更多的可能，更多的受众。经由乡村旅游与乡村博物馆的多维度互动，为乡村旅游的深层次发展提供了文化层面的价值和意义驱动。相信在乡村振兴战略的推动、乡村博物馆的建设以及乡村旅游成长的多重作用下，未来的乡村博物馆能更好地让人们在乡村旅游中了解中国乡村、了解中国文化。

【注释】

[1] 中国博物馆协会公众号：《国际博协特别全体大会通过新版博物馆定义》，https://mp.weixin.qq.com/sTFpdroViZotP4HJwUUTClg。

[2] 刘凤桂：《关于创建乡村博物馆的思考》，《江苏省炎黄文化研究会三届二次学术研讨会论文集》，2014年。

[3] 徐欣云：《乡村博物馆的界定及社会价值研究》，引自《中国博物馆协会博物馆学专业委员会2016年"博物馆的社会价值研究"学术研讨会论文集》，中华书局，2016年，第66页。

[4] 周晓冀：《博物馆学视域下乡村遗迹旅游业：保护与开发——以泰安为例》，《遗产与保护研究》2019年第8期。

[5] 朱小军、王璐璐：《乡村振兴视域下乡村博物馆面临的问题及设计策略分析》，《第二届中国乡村文化振兴高层论坛》，2020年，第443页。

[6] 浙江省文化和旅游厅、浙江省文物局关于印发《浙江省乡村博物馆建设指南（试行）》的通知，http://wwj.zj.gov.cn/art/2022/4/13art_1229569911_58879600.html。

[7] 国家发改委就业司：《关于促进消费扩容提质加快形成强大国内市场的实施意见》〔2020〕293 号》，https://www.ndrc.gov.cn/xxgk/zcfb/tz/202003/t20200313_1223046.html。

[8] 张成渝：《村落文化景观保护与可持续发展的两种实践：解读生态博物馆和乡村旅游》，《同济大学学报：社会科学版》2011 年第 3 期。

[9] 侯春燕：《生态博物馆与乡村旅游》，《旅游规划与设计》2014 年第 1 期。

[10] 荣侠：《生态博物馆视角下乡村旅游发展对策研究》，《西部旅游》2020 年第 12 期。

[11] 王咏、匡凤涵：《"化石型"非遗博物馆与乡村旅游发展刍议——以社渚傩博物馆为个案》，《社科纵横》2020 年第 9 期。

[12] 林筱颖：《民族文化传承与乡村旅游开发研究——以三江侗族生态博物馆建设为例》，《市场论坛》2014 年第 5 期。

[13] 吴忠权、覃亚双：《贵州"乡村振兴"田野调查实录之六 旅游新业态：拉片村艺术博物馆之韵》，《黔南民族师范学院学报》2020 年第 6 期。

[14] 周新颜、杨玉平、李筑：《体验生态博物馆：黔东南乡村旅游发展模式探析》，《当代贵州》2008 年第 18 期。

[15] 韩俊：《基于江夏湖泗窑遗址保护与旅游开发的策略研究——以构建乡村"泛博物馆"为例》，《旅游与摄影》2021 年第 24 期。

[16] 周晓冀：《博物馆学视域下乡村遗迹旅游业：保护与开发——以泰安为例》，《遗产与保护研究》2019 年第 8 期。

[17] 魏文静、臧其猛、田静：《乡村民俗博物馆的旅游产品体系构建——以侯冲为例》，《产业与科技论坛》2018 年第 1 期。

[18] 吴文丽：《乡村振兴背景下民俗体育活动与生态博物馆旅游融合发展研究——以梭戛为例》，《数码设计（下）》2021 年第 6 期。

乡村地区中小型博物馆发展之路

张雨辰（平津战役纪念馆）

摘要： 中华文明植根于农耕文化。乡村地区存在的众多文化遗产亟待博物馆化保护。经济学上的"马太效应"在我国博物馆事业发展进程中表现得比较突出，博物馆"强者愈强，弱者更弱"的鸿沟随着博物馆事业的发展日益拉大。在乡村地区，由于缺少资金、技术、藏品和专业博物馆从业人员，使这些博物馆的生存环境日趋恶劣，而大型博物馆在发展方面具有政策、资金、人员等天然优势。面对乡村中小博物馆生存发展窘境，应由相关部门牵头对博物馆资源进行整合，采用总分馆制，利用大型博物馆资源优势带动中小型博物馆发展。对具有明显文化特色的乡村中小型博物馆，可以因地制宜建立非物质文化遗产中心，实施乡村记忆工程，以乡村振兴战略为契机实现其生存发展。

关键词： 马太效应 中小型博物馆 总分馆制 乡村振兴 非物质文化遗产 全域旅游

改革开放以来我国博物馆事业获得了长足发展。博物馆数量显著增加；展陈水平、管理水平、学术研究能力都获得了较大提升。但与此同时，博物馆事业发展不平衡的问题也日益突出。大型博物馆集中在城市尤其是少数大城市，而广大乡村地区不仅博物馆数量少，且以小型博物馆为主，资源禀赋普遍较差。大型博物馆的虹吸效应使中小型博物馆发展状况不容乐观。城乡发展不平衡，乡村地区可支配资源相对较少，更加大了乡村博物馆事业发展难度[1]。

在乡村振兴这一战略背景之下，加快乡村博物馆发展，是党中央、国务院构建现代公共文化服务体系、文化惠民战略部署在乡村地区深入落地的重要组成部分。笔者不揣浅陋，结合乡村振兴实践的有关实践，提出一些乡村中小型博物馆发展对策，以期抛砖引玉。

一、乡村博物馆的范围界定

乡村博物馆是乡村对工业社会、信息社会迅猛发展的一种回应，起源于工业革命后的英国。乡村博物馆并不是一个独立存在的概念，其范围界定并没有一个统一明确的标准[2]。笔者通过搜集资料，专家学者对乡村博物馆大致有如下界定方法（1）按照内容划分，即以"三农"为展示主题的博物馆，无论该博物馆地处乡村还是城市；（2）按照地域范围划分，所有位于乡村地区的博物馆都是乡村博物馆，展示内容不一定和三农有关。（3）除了"三农"主题以外，生态博物馆、社区博物馆、露天博物馆也是乡村博物馆研究对象。中共十九大报告指出，乡村振兴是包括产业振兴、人才振兴、文化振兴、生态振兴、组织振兴的全面振兴，其覆盖的范围超过了传统的"三农"范畴。乡村中任何政治、经济、文化元素都是乡村振兴的内容，覆盖全部乡村地域；乡村地区非"三农"主题博物馆也能为乡村振兴战略发挥重要作用。为了方便界定，便于集中展开论述，本文探讨乡村博物馆发展之路，采用上述概念"（2）"较为合理。而且由于地处城市的乡村博物馆极少，因此采用第二种界定方法基本能涵盖主题为"三农"的博物馆，也能覆盖"（3）"中所涵盖的大部分博物馆。乡村地区不同法人类型、不同展陈内容的博物馆均涵盖在内[3]。

2007 年国际博物馆协会（ICOM）对博物馆的定义为："一个为社会及其发展服务的、向公众开放的非营利性常设机构，为教育、研究、欣赏的目的征集、保护、研究、传播并展出人类及人类环境的物质及非物质遗产。"该定义取消了对可视为博物馆的组织列举，只保留对博物馆组织目的、性质、功能和工作对象的原则表述。[4] 这一转变标志着博物馆具体形态、边界等基础要素不再确定。2022 年 ICOM 布拉格会议对博物馆的定义同样没有涉及对博物馆具体组织的列举。对博物馆具体组织形态没有相关规定将会成为以后博物馆定义发展的趋势。因此，乡村地区具有博物馆组织形态一般特征的机构都在本文的论述范围之内。

二、加快乡村地区博物馆发展的必要性

晚清民国时期，就有先贤提出在中国乡村地区建设博物馆的构想。中国近代博物馆先行者张謇 1905 年在《上南皮相国请京师建设帝国博览馆议》中写道："特辟帝室博览馆于京师……且京师此馆成立以后，可渐推行于各行省，而府而州而县必相继起[5]。"1927-1931

年实业家卢作孚先生在重庆北碚"乡村现代化建设实验"中将乡村博物馆付诸实践[6]；1936 年陈端志将日本的乡土博物馆概念引述到他的《博物馆学通论》一书中[7]。但由于连年内战、外敌入侵，我国乡村博物馆事实上并没有获得实质性发展。新中国成立后我国的乡村博物馆事业有了一定发展。1958 年，为配合"大跃进"的政治需要，当时的文化部就提出了"县县有博物馆，社社有展览室，全国形成博物馆网"的构想[8]。该文件颁布后 1 年内，博物馆、展览室数量呈几何式增长。但随之而来的三年严重困难使博物馆热潮转瞬即逝，"1967-1976 年间"中国博物馆事业受到严重打击。我国乡村博物馆事业发展真正起步是在改革开放以后。与此同时，我国学者也开始根据中国自己实际情况构建乡村博物馆理论体系。1983 年，吴正光先生提出在贵州少数民族聚居区，利用古建筑、遗址建设乡村民俗博物馆的构想[9]。

由于发展时间较短，目前乡村博物馆建设水平大多较低，且以中小型博物馆为主[10]。城市化建设中的同质化问题也在乡村博物馆建设中有所体现。改革开放以来城市化进程不断加快，我国城镇化率从 1978 年的 17.92% 提升至 2021 年的 64.72%[11]，城镇化率增速显著高于世界平均水平，与此相对应乡村传统乡土文化日渐式微。乡村博物馆建设不仅是乡村地区文化遗产保护运动的重要组成部分，也是我国生态文明建设和美丽乡村建设的有机组成部分。而且乡村地区缺乏文化设施，在乡村建设博物馆，也有利于充实农民的精神文化生活[12]。

博物馆作为一种文化现象，经历了从贵族独占到普通百姓所共有，从市民独享到全民共享的一般过程。博物馆最早出现在城市且集中于城市，博物馆文化从城市向乡村扩散不仅是文化扩散的规律，也为乡村中小型博物馆发展

提供了客观条件。博物馆不是城市人的专利。对于中国这样的农业大国，乡村博物馆在提升民族文化自信方面发挥着重要作用，也是我国新型城镇化的文化诉求。

三、乡村地区中小型博物馆生存问题

乡村地区资源吸附能力要显著弱于城市。城市人口相对集中，且受教育的人口比例显著高于乡村，因此大部分图书馆、博物馆、剧院等公共文化资源集中在城市。根据国家文物局全国博物馆年度报告信息系统显示，我国处在城市的博物馆数量占博物馆总数的 71.57%，而乡村为 28.43%，且定级的博物馆大部分集中在城市（表 1）。

表格显示，一、二、三级博物馆在所处区域所占比例较为接近，在城市均在 85% 上下浮动，在农村均在 15% 上下浮动，乡村未定级博物馆所占比例要超过乡村博物馆总数占全国博物馆总数比例。该统计数据表明乡村地区博物馆不仅占博物馆总数比例较低，且未定级的博物馆占比高。乡村博物馆数量和质量都无法与城市博物馆相比。而且乡村博物馆分布相对分

表 1. 我国博物馆城乡分布情况 [13]

	一级博物馆	二级博物馆	三级博物馆	未定级博物馆	总数
城	174	395	469	3387	4425
乡	30	53	97	1578	1758
总数	204	448	566	4965	6183
城占总数比	85.29%	88.17%	82.86%	68.21%	71.57%
乡占总数比	14.71%	11.83%	17.14%	31.79%	28.43%

散，博物馆资源整合面临困难。乡村地区博物馆发展困境主要表现在以下几个方面：

（一）藏品数量少、质量一般、缺乏精品

在我国，由国家兴办的事业单位型博物馆是我国博物馆的主体，根据国家文物局年度报告信息系统显示，2021 年全国 6183 家博物馆中，法人主体为事业单位的有 3779 家 [14]，占全部博物馆数量 61.12%。事业单位型博物馆

表 2. 各个级别博物馆隶属部门与博物馆数量关系表 [15]

	文物系统国有博物馆	其他行业国有博物馆	非国有博物馆	国有博物馆在该级别博物馆中所占比例
一级博物馆	171	31	2	99.02%
二级博物馆	365	56	27	93.97%
三级博物馆	460	40	66	88.34%
未定级博物馆	2256	815	1894	61.85%
总数	3252	942	1989	67.83%

在某种程度上是国家政权的延伸，体现国家政权的意志。博物馆的行政级别对博物馆资源配置具有很大影响。博物馆行政级别的高低和规模大小基本呈现正相关关系。国有博物馆的资源吸附能力要显著高于民办博物馆（表2）。

从表1、表2中可以得出结论：乡村博物馆不仅数量少，而且规模小、级别低。大型博物馆获得藏品相对容易，而且相较于中小型博物馆更容易获得精品藏品。如国家文物局制定的三批《禁止出境展览文物目录》中收录的珍贵文物全部被国有博物馆或考古所收藏，这些禁止出境展览文物收藏机构以国家级或省级博物馆为主。部分大型博物馆有考古部，可以在进行考古发掘过程中直接将出土文物转化为博物馆藏品并进行收藏、研究、展示。大型博物馆文物征集专项资金比较充沛，不仅自己在讲解、文创产品开发等项目上能够获得可观的收益，而且能够得到上级主管部门的支持，而中小型博物馆并不具备上述条件。由于大型博物馆征集藏品的制度、藏品保护设备比较完备，公众在捐赠自己的藏品时，也愿意将藏品捐赠到大型博物馆。乡村地区博物馆中，未定级博物馆所占比例最高，非国有博物馆所占比重大[16]，因此这些博物馆获得资源相对困难。由于藏品不足，缺少精品，大量乡村博物馆的藏品并不能支撑起一个完整的常设展览，制作临时展更是无从谈起。乡村地区安保力量薄弱，天网设施覆盖不完善，给文物收藏保管带来安全隐患，藏品拥有者也一般不会向这些博物馆捐赠藏品。出于安全考虑，通过发掘出土的文物，如果不在遗址当地建设博物馆，也一般会运送到该地所在城市的博物馆或考古所收藏。

（二）资金、技术、人员困境

任何一个行业都强调资源集聚效应，博物馆行业也不例外。博物馆行业属于资金密集型和知识密集型行业，由于乡村地区地域广大，博物馆分布分散，因此乡村地区博物馆资源集聚效应存在先天不足。乡村基础设施相较城市而言比较薄弱，在一些山区乡村，由于地形限制，公共水、电、燃气管网等基础设施很不完善。城市化进程使城市对农村人口、人才虹吸现象非常普遍，农村地区人口不断涌入城市成为市民。乡村地区人口、产业、文化空心化问题日益严重。乡村地区人口结构以老幼妇孺为主，普遍缺乏专业人才，人口文化教育水平偏低，藏品研究力量十分薄弱。由于农村人口平均收入水平低于城市，村民基本生活保障水平也低于城市，因此乡村地区人口关心的重点是如何增收，而非进行精神文化建设。我国虽然目前在全国范围内解决了绝对贫困问题，但是存在为数众多的经济薄弱村，村集体首要解决的是农民增收和防止农民因为疾病或意外等不可抗拒因素的返贫问题，文化事业建设不是这些经济薄弱村村集体优先考虑事项。

部分村庄经济基础较好，有建设建好农村博物馆的愿望，但由于文化传承以口述为主，缺少实物、文献和影像记载，村民对于特定历史文化节点记忆的缺失或对同一历史文化的片段记忆存在不一致的情况比较普遍。出于个人利益或情感考虑，口述历史过程中存在对历史文化的歪曲记忆或片面描述。上述因素使乡村博物馆展陈内容的真实性、有效性、连贯性并不能够完全保证。

不同地域之间的博物馆建设也存在攀比现象，部分博物馆在建馆时就缺少相关论证，它们的存在就是求得本地人一种心理满足感，认为其他村镇有博物馆，自己村镇也必须有。乡村缺少博物馆专业管理人员和配套的管理体制，部分乡村博物馆即使建成，也会造成长期闭馆、无人问津的状况，造成社会资源浪费，成为第二个"农家书屋"。

由于如上原因，乡村博物馆展陈方式单一、互动性差，并且陈列主题缺少吸引力。由于缺少专业技术人员，乡村博物馆建设更多的是参考其他博物馆的成功案例进行简单模仿，没有甚至无力研究自己深度的历史文化内涵。乡村博物馆仍然以传统的文字、图片、实物等静态的、单向的展示方式为主。很多乡村博物馆展品随意摆放，缺少条理，与观众互动方面存在缺失。1974 年 ICOM 对博物馆的定义开始突出"人"在博物馆中的作用。1987 年，日本学者鹤田总一郎指出："博物馆必须把对人的研究提到与物同等的水平才能成为真正的博物馆学研究。"[17] 由于如上所述之短板，乡村中小型博物馆不仅自身发展存在困难，其存在的社会效益也难以得到发挥。

四、乡村中小型博物馆发展对策

由于前述原因，乡村地区中小型博物馆在规模、资源获取方面无法与大型博物馆相比。乡村中小型博物馆发展首先应找准自身定位，不能追求不切实际的大而全。乡村中小型博物馆要突出"精"，以特色求生存和发展。笔者拟在此提出以下几点对策。

（一）实行总分馆制，以城市大型博物馆带动乡村中小型博物馆

小馆挂靠大馆有两种形式，一种为小型博物馆直接成为大型博物馆二级单位；另一种为多个中小型博物馆联合，形成统一整合机构，即博物总馆——博物分馆模式。

目前，中小型博物馆成为大型博物馆直属部门在我国多个地区已有实施范例，如天津李叔同故居纪念馆、天津美术馆是天津博物馆的二级单位，其馆长为天津博物馆副馆长；东江

纵队纪念馆为深圳博物馆的二级单位。如果乡村中小型博物馆和地处城市的大型博物馆存在展陈内容或其他业务关联，则小馆挂靠大馆就成为乡村中小型博物馆发展的优先选项。特别是一些全国重点文物保护单位位于乡村地区，这些国保单位通常都会以博物馆形式加以保护。大型博物馆和这些国保单位相结合，也可以说是另外一种强强联合。成为大型博物馆的二级单位，中小型博物馆可以充分享受大型博物馆所带来的政策便利和资源优势。小型博物馆馆长可以成为大型博物馆的副馆长，在大型博物馆内进行资源调配就有一定的话语权。部分大型博物馆为国家一级博物馆，小型博物馆成为这些国家一级博物馆的分馆，也可以获得某种政策红利。

南京市博物总馆是国家一级博物馆，下辖南京市博物馆、太平天国历史博物馆、中国共产党代表团梅园新村纪念馆、南京市民俗博物馆、渡江胜利纪念馆、江宁织造博物馆、六朝博物馆和南京市文化遗产保护研究所共 8 个机构。博物总馆不负责具体业务，只是一个统筹管理机构，对南京市部分文博资源进行整合。平遥古城是世界文化遗产，内有 25 家民营博物馆，展陈内容各具特色，它们由平遥古城景区管理有限公司集中统一管理。前者由政府主管部门牵头，后者由企业牵头，这两种运营模式均可以在乡村地区推广。如果某个区域多家乡村中小型博物馆在展陈内容方面有相通之处，可通过文物主管部门或当地大型旅游公司对资源进行统一整合，成立整合机构。这个整合机构所管理的博物馆，可以是一个旅游景区内的若干博物馆，也可以是某个行政区内的博物馆，甚至是跨行政区的博物馆联盟。该整合机构不负责具体业务，只负责进行人力、资源等方面协调，达到互通有无。江苏昆山锦溪古镇模式

是乡村博物馆联盟的代表，作为管理者，锦溪旅游发展有限公司无偿为所运营的各博物馆提供馆舍及办公场所，各馆负责提供展品，这些小型博物馆体现出既竞争又合作的关系。天津市从 2013 年起，已进行了 3 轮经济薄弱村帮扶工作，在第 3 轮帮扶工作中，天津市委明确要求在每个经济薄弱村所在的乡镇都要成立文化活动中心，即图书馆、博物馆、文化服务站为一体的综合文化机构，各村党群服务中心都要建设文化站，这为乡村中小型博物馆的发展提供了资源整合平台。

（二）以乡村振兴为背景推进乡村中小型博物馆发展

乡村地区为数众多的中小型博物馆，其生存发展可以与乡村振兴战略结合。乡村文化振兴是乡村振兴的有机组成部分。地处乡村的小型博物馆，部分具有鲜明的地方历史文化特色，在乡村文化振兴方面发挥着毋庸替代的作用。

以天津市蓟州区为例，该区位于天津市最北部，是一个以农业和旅游业为产业主体的区，在所有的市辖区中距离天津中心城区最远。蓟州古称渔阳，有文字记载的历史超过 2000 年，古代是中原农耕文明和北方游牧文明的重要分界线，近代以来是北方重要的革命根据地，具有比较丰富的历史文化和红色文化资源。蓟州区是天津市经济发展程度最低的一个区，在天津市确定的 800 个第三轮经济薄弱村中，蓟州区占据 331 个，为天津市各区之最。博物馆事业和乡村振兴可以在该区实现融合发展。平津战役孟家楼前线指挥部旧址纪念馆（以下简称"孟家楼纪念馆"）位于该区礼明庄镇孟家楼村，是天津市确定的第 3 轮经济薄弱村帮扶村之一，也是中组部确认的全国首批红色美丽村庄。孟家楼前线指挥部旧址是第 8 批全国重点文物保护单位。平津战役纪念馆帮扶队在帮扶过程中，将部分自有藏品调拨到孟家楼纪念馆，帮助该纪念馆开设文物商店；协助村集体成立合作社，使之作为独立法人参加该纪念馆经营活动，收益归村集体所有。平津战役纪念馆投入资金加强孟家楼村基础设施建设，进行周边环境整治，打造红色旅游精品一条街。平津战役纪念馆为孟家楼纪念馆调拨讲解资源、展览资源和相关图书资料，充实该馆馆藏。该纪念馆建成还可以带动周边餐饮、住宿等行业发展。

乡村地区应加快水电、交通等基础设施建设，使城乡连通更为便捷，便于城乡之间文物、讲解等资源流动。加强天网工程建设，为文物提供安全保障。文博相关企业可以推进农村地区文物保管设备技术服务，特别是针对棉、麻、毛、丝等藏品的保管设备服务，延长文物生存寿命。农闲时期对有意愿参加文物博物馆安保意愿的村民进行安保培训，使文物更加安全。

（三）推动城市博物馆下乡，实现文博资源城乡自由流动

推动城市博物馆下乡，实现城乡博物馆资源整合，将城市大型博物馆的宏大叙事同乡村中小博物馆微观叙事相结合，是乡村博物馆发展的一种重要形式。大型博物馆下乡最早可以追溯到 20 世纪 50 年代，如 1958 年河北省博物馆举办革命文物流动展览上山下乡活动，征集文物 8000 多件 [18]，但当时博物馆下乡主要是以政治宣传为主，基层反馈也以政治反馈为主，大型博物馆和基层之间的互动以宏大叙事为基本内容。改革开放使博物馆事业空前发展，各种类型的博物馆不断涌现。由于藏品、知识来源多样化，大型博物馆垄断文物、藏品已成为过去时，这就需要大型博物馆和中小型博物馆形成某种互补。新博物馆学要求更加重视博物馆"人"的作用，强调博物馆与观众的互动，单纯的宏大叙事已无法满足博物馆事业发展的需要。城市大型博物馆的展陈技术、智力储备，乡村中小型博物馆的口述史资料、特色藏品都是双方共同需要的。在两种博物馆交流的过程中可以实现互补，而大型博物馆的智力援助对乡村中小型博物馆而言无疑更加珍贵。

城市博物馆下乡不能对乡村文化采用俯视视角，不能将乡村文化构建为想象中的"低端文化"。可以以乡村中小型博物馆为展示平台，切实以农村、农民的需求为指南，革除形式主义流弊，结合当地文化特色，推进城乡文博资源整合，盘活乡村文化资源。

乡村振兴一般采用结对帮扶的形式，即行政地位高、资源雄厚的单位对口支援特定行政村的帮扶模式。帮扶通常是由省级或地级市组织部门牵头，围绕帮扶村相关特色确定具体的帮扶单位。大型博物馆结对帮扶也可以说是一种博物馆下乡的方式，省级、地级市的综合性或规模较大的专题性博物馆也可以成为对口支援主体单位。这些单位在带去资金推动乡村振兴的过程中，也会把自有资源带到乡村，充实乡村文博资源。

（四）推动以乡村博物馆为中心的乡村全域旅游

文化旅游是一种极为重要的旅游方式，博物馆本身就是一种重要的人文旅游景观。博物馆是一种利用空间或理念，将各类物质与非物质文化遗存、人文与自然遗迹资源有效整合并加以利用的文化载体[19]。近年来，公众更加重视在旅游活动中增长知识，开阔眼界，接受教育。在文化和旅游相结合的背景下，博物馆旅游成为一种时尚，成为游客假日休闲的重要目的地（表3）。

同博物馆旅游的稳定发展形成呼应，乡村旅游逐渐成为一种新型旅游形态，例如2022年7月文旅部、中国关工委联合推出"乡村是

表3. 近三年全国博物馆旅游人次占总旅游人次比

	2019 年 [20]	2020 年 [21]	2021 年 [22]
博物馆旅游人次（亿人次）	11.4732	5.265235	7.485045
全国旅游总人次（亿人次）	60.06	28.79	32.46
博物馆旅游占总人次比重	19.10%	18.29%	23.06%

座博物馆"全国乡村旅游精品线路128条。将乡村旅游同博物馆旅游结合，打造乡村博物馆旅游新业态，将乡村博物馆纳入当地全域旅游发展规划，可以为乡村中小型博物馆建设解决资金来源不足问题。在有条件的地区，乡村博物馆要抓住文旅一体的契机，打造博物馆特色小镇，发展以乡村博物馆为中心的乡村全域旅游，推动乡村博物馆健康可持续发展。

（五）建设非物质遗产保护中心

非物质文化遗产传承是传统文化复兴的重要内容。乡村地区存在大量非物质文化遗产。由于非农人口不断增长，乡村地区非物质文化遗产有面临失传的危险，乡村地区非物质文化遗产传承人总体处于不断减少的状态。为此乡村地区可以实施"博物馆＋非遗保护中心"模式，博物馆为参观区，非遗保护中心为体验区。该模式不仅可以解决非遗传承的问题，也可以推动游客在博物馆内进行非遗深度体验，感受中华传统文化，提高博物馆知名度。天津宝坻区大钟庄镇牛庄子村，经济以种植葫芦及相关产业为主，是华北地区有名的"葫芦村"，也是农业农村部命名的"中国美丽休闲乡村"。该村围绕葫芦文化打造"葫芦小镇"。天津中

国葫芦博物馆位于该小镇核心位置，是一家以葫芦文化为主题的民办专题博物馆，博物馆馆长兼投资人赵伟是国家级非物质文化遗产天津葫芦制作技艺第四代传承人。为节约运营成本，博物馆平日并不针对散客开放，只接受集体预约，收取门票费用。游客在参观完常设展览后，会进入该博物馆非遗保护中心，游客在参观博物馆的同时感受传统非遗文化。"博物馆+非遗旅游"模式在乡村地区发展，是解决乡村中小型博物馆生存发展的一项重要途径。

（六）持续推进乡村记忆工程建设

20 世纪 30 年代，日本出现了乡土博物馆运动；英国在 20 世纪 50 年代出现了乡村怀旧运动；从 20 世纪 60 年代起，欧美发达国家和苏联都出现了造乡运动。造乡运动是乡村应对工业化迅速发展、保存乡村文化做出的一种有效尝试。20 世纪 70 年代后，文化遗产保护向文化源生地延伸，推动了乡村博物馆发展。乡村地区是中华文明特别是传统文化的主要承载地区。乡村遗存的村落景观、文物古迹和非物质文化遗产是中华文明流传下来的宝贵财富，赓续着中华民族的文明血脉。从 2014 年起，山东在全国开始率先实施"乡村记忆工程"，山西、浙江、四川等省份也先后推出了本省的乡村记忆工程实施方案并付诸实施。

2018 年 9 月 26 日，中共中央、国务院印发《乡村振兴战略规划（2018—2022 年）》明确提出："支持有条件的乡村依托古遗址、历史建筑、古民居等历史文化资源，建设遗址博物馆生态（社区）博物馆、户外博物馆等，通过对传统村落、街区建筑格局、整体风貌、生产生活等传统文化和生态环境的综合保护与展示，再现乡村文明发展轨迹[23]。"可喜的是，我国乡村利用历史文化遗产建设博物馆的比例较高（表 4）。

表 4. 全国博物馆利用历史文化遗产比例情况[24]

	依托于历史文化遗产建设的博物馆数量	博物馆总数	该类博物馆占博物馆总数比例
城	1266	4425	28.61%
乡	738	1758	41.98%
总数	2004	6183	32.41%

"乡村记忆工程"是符合中国国情的造乡运动，乡村历史记忆需要传承，而博物馆建设无疑是乡村记忆工程的核心。山东是农业大省和人口大省，博物馆总数和乡村博物馆数量均居全国首位。山东省委宣传部是山东省乡村记忆工程的主导部门，这就将乡村记忆工程作为一种意识形态提升到了战略高度。山东省由省委宣传部门牵头、联合其他省委省政府相关部门推动乡村记忆工程建设，推动了该工程向纵深领域发展。在实施乡村记忆工程的过程中，应与本地高校、地方志办公室、地方党史研究室、大型博物馆等史志资料丰富的机构进行合作，结合乡村口述史料和村民自存档案、文书、实物、传统技艺等，深度挖掘地方特色文化资源。

在实施上述推动乡村中小型博物馆发展的过程中，无论是国有博物馆还是非国有博物馆，相关主管部门对这些博物馆发展提供政策、法律等相关支持是很关键的。由于乡村地区非国有博物馆所占比重较大（表 5），维护这些博物馆投资人的合法性收益，提高这些非事业单位法人经营的积极性，减少这些博物馆发展后顾之忧就显得很重要。

表 5. 城乡不同性质博物馆机构比例表 [25]

	文物系统国有博物馆	其他行业国有博物馆	非国有博物馆	博物馆总数	该区域国有博物馆占博物馆总数比例	该区域非国有博物馆占博物馆总数比例
城	2473	688	1264	4425	71.44%	28.56%
乡	779	254	725	1758	58.76%	41.24%
全国	3252	942	1989	6183	67.83%	32.17%

结论

乡村中小型博物馆建设发展是一项涉及政治、经济、文化的全方位工程。在城乡二元文化的背景下，构建起有别于城市文化的乡村文化发展体系是乡村中小型博物馆发展的基础。乡村中小型博物馆在资源获取方面显然无法与城市大型博物馆相比。乡村博物馆必须找准自身定位，彰显自身特色。特色是乡村中小型博物馆存在与发展的生命。

博物馆的建设离不开当地的经济社会发展，博物馆的数量和质量和当地经济社会发展水平呈现显著正相关关系。乡村中小型博物馆的发展，应该和乡村振兴这一重大国家战略相结合，没有乡村振兴就没有乡村中小型博物馆的发展。在我国目前博物馆管理体制下，以政府为主导，引入民间力量，统筹社会文博资源，仍然应该是乡村中小型博物馆发展的主要途径。

【注释】

[1] 笔者之所以用"乡村博物馆"而非"农村博物馆"一词，是因为农村是以从事农业生产为主的劳动者聚居之地。目前乡村地区产业日益多样化，很多村镇经济来源并不以第一产业为主。目前实行的乡村振兴战略也是要求乡村地区产业多样化，而非单一发展农业生产。

[2] 刘俊杰：《河南省乡村博物馆研究》，河南大学硕士学位论文，2019 年。

[3] 乡镇博物馆包含城乡二元因素，该类型博物馆也纳入本文讨论范畴。县一级及以上的、处在县域中心城区的博物馆，在建制上属于城市博物馆范畴，属于最低一级的城市博物馆，不在本文讨论范围之内。乡村地区博物馆从组织形式、展陈内容上看大致可分为以下几种类型：（1）综合类博物馆，如四川建川博物馆；（2）红色革命历史馆，如山西垣曲县革命老区纪念馆；（3）

工艺、特产类展馆，如吉林吴德义浪木艺术博物馆；（4）民俗、非遗博物馆，如内蒙古敖汉第一村民俗博物馆；（5）遗迹博物馆群落，如以山东大汶口国家考古遗址公园为中心的遗址特色小镇；（6）家风家教馆，如天津周各庄村周恩来邓颖超家风馆；（7）古建筑遗址，如福建省土楼自然博物馆；（8）生态旅游和农耕文化体验园，如河南可望庄园（开封）田园旅游度假区——黄河农耕文化博物馆；（9）农村记忆馆，如甘肃民勤县乡村记忆博物馆；（10）农村党群服务中心设置的文化中心或服务站。

[4] 宋向光：《国际博协"博物馆"定义调整的解读》，《中国文物报》2009 年 3 月 20 日。2022 年 8 月 24 日 ICOM 对博物馆的最新（第 9 次）定义为：博物馆是为社会服务的非营利性常设机构，它研究、收藏、保护、阐

释和展示物质与非物质遗产。向公众开放，具有可及性和包容性，博物馆促进多样性和可持续性。博物馆以符合道德且专业的方式进行运营和交流，并在社区的参与下，为教育、欣赏、深思和知识共享提供多种体验。

[5] 李明勋、尤世玮主编：《张謇全集》第一册《公文》，上海辞书出版社，2012 年，第 114-116 页。

[6] 详见卢作孚：《乡村建设》，《嘉陵江日报》1930 年 1 月 7 日；卢国纪：《我的父亲卢作孚》，人民出版社，2014 年，第 75-80 页。

[7] 陈端志：《博物馆学通论》，上海市博物馆丛书，1936 年，第 38-40 页。

[8] 文化部：《文物、博物馆事业五年发展纲要》，《文物参考资料》1958 年第 9 期。

[9] 吴正光、庄嘉如：《在贵州发展民族民俗博物馆的设想》，《贵州民族研究》1983 年第 4 期。

[10] 见下文"表 1"注释。

[11] 光明网：《2021 年末我国常住人口城镇化率为 64.72%》，https://m.gmw.cn/baijia/2022-02/01/1302786981.html。

[12] 笔者之所以将农闲时节农民精神文化生活放在一个重要位置，是因为农村地区农闲时节赌博现象非常普遍，造成治安隐患。加强农村精神文化建设，不仅可以充实农民业余生活，还能有效阻止因为赌博而引发的各种犯罪。

[13] 数据来源于国家文物局年度报告信息系统：http://nb.ncha.gov.cn/museum.html。判断一个博物馆在城市还是乡村，本文以县一级及其以上行政、商业中心所在地域为城市，利用百度全景地图、腾讯地图等地图软件对该博物馆所处地域进行判断。根据建筑物的疏密程度、人流情况、共享单车分布、地形地貌、约定俗成（如北京的城乡分界线是五环，天津的城乡分界线是外环）等多种要素进行判断。毗邻主城区的旅游区内博物馆为城市博物馆，远离主城区的旅游景区内博物馆则为乡村博物馆。数据采用 2022 年"5·18"

国际博物馆日发布的 2021 年全国博物馆备案数据，以下所引用该网站数据的部分，均以 2021 年数据为准。

[14] 国家文物局年度报告信息系统：http://nb.ncha.gov.cn/museum.html。

[15] 国家文物局年度报告信息系统：http://nb.ncha.gov.cn/museum.html。国有博物馆在该级别博物馆中所占比例＝（文物系统国有博物馆＋其他行业国有博物馆）/该级别博物馆总数 *100%。

[16] 相对于全国非国有博物馆占全国博物馆总数比重而言。

[17] 苏东海：《与国际博协博物馆学委员会主席鹤田总一郎对话录》，《中国博物馆通讯》1987 年第 4 期。

[18] 河北省博物馆流动展览组：《为促进工农业大跃进服务——记河北省博物馆革命文物流动展览上山下乡》，《文物参考资料》1958 年第 8 期。

[19] 周晓冀：《博物馆学视域下乡村遗迹旅游业：保护与开发——以泰安为例》，《自然与文化遗产研究》2019 年第 4 卷第 8 期。

[20] 文化和旅游部：《中华人民共和国文化和旅游部 2019 年文化和旅游发展统计公报》，http://zwgk.mct.gov.cn/zfxxgkml/tjxx/202012/t20201204_906491.html。

[21] 文化和旅游部：《中华人民共和国文化和旅游部 2020 年文化和旅游发展统计公报》，https://zwgk.mct.gov.cn/zfxxgkml/tjxx/202107/t20210705_926206.html。

[22] 文化和旅游部：《中华人民共和国文化和旅游部 2021 年文化和旅游发展统计公报》，https://zwgk.mct.gov.cn/zfxxgkml/zcfg/zcjd/202207/t20220701_934437.html。

[23] 中共中央、国务院：《乡村振兴战略规划（2018-2022 年）》，来自新华网：http://www.xinhuanet.com/politics/2018-09/26/c_1123487123.htm。

[24] 国家文物局年度报告信息系统：http://nb.ncha.gov.cn/museum.html。"乡村遗址类博物馆占博物馆总数比例"是全文数据中唯一乡村占比超过 40% 的，所以

称之为"比例较高"。

[25] 国家文物局年度报告信息系统：http://nb.ncha.gov.
cn/museum.html。国有博物馆占博物馆总数比例=（文
物系统国有博物馆＋其他行业国有博物馆）/ 该区域
国有博物馆占博物馆总数 *100%；该区域非国有博物
馆占博物馆总数比例 =1- 该区域国有博物馆占博物馆
总数比例。"乡村地区非国有博物馆所占比重较大"
是基于本文全部乡村地区博物馆统计数据所占比例而
言。

中小博物馆展览机制创新路径初探
——以故宫鼓浪屿外国文物馆为例

豆亚茹（故宫鼓浪屿外国文物馆）

陈理娟（西北大学博物馆）

摘要： 随着社会的快速发展，我国博物馆也在迅速前进，但发展过程中不平衡、不充分的现象依旧存在，甚至出现大馆愈来愈强、小馆愈来愈弱的两极分化现象。中小博物馆受限于馆藏资源、展览经费、专业人才等方面的不足，在展览制作过程中优势不明显，推出的陈列展览不具吸引力。通过创新展览机制改善中小博物馆客观资源不足的状态，进一步提升其展览质量，不失为推动中小博物馆展览工作可持续发展的有益尝试。

关键词： 中小博物馆 展览机制 策展团队 资源共享

对于中小博物馆的界定，迄今并未有明确清晰的定义。《博物馆建筑设计规范》[1] 中对大、中、小博物馆进行如下界定：大型馆（建筑规模大于 10000 ㎡）一般适用于中央各部委直属博物馆和各省、自治区、直辖市博物馆；中型馆（建筑规模为 4000 ㎡～ 10000 ㎡）一般适用于各系统省厅（局）直属博物馆和省辖市（地）博物馆；小型馆（建筑规模小于 4000 ㎡）一般适用于各系统市（地）、县（县级市）局直局博物馆和县（县级市）博物馆。依照建筑面积划分而言，中小博物馆基本上以地市及县级博物馆为主，意即本文中所代指的中小博物馆。

一、中小博物馆展览发展现状

截至 2021 年底，我国博物馆数量已达 6183 家，文物系统国有博物馆 2256 家、其他行业国有博物馆 815 家、非国有博物馆 1894 家。其中，一级博物馆 204 家、二级博物馆 448 家、三级博物馆 566 家、其余 4965 家未定级。近年来，博物馆数量猛增的同时，却出现大馆愈来愈强，小馆愈来愈弱的两极分化现象，占据多数的中小博物馆在发展过程中虽朝着整体向好的方向发展，但又囿于自身运行机制及客观局限，在发展中困难重重。

（一）整体向好，缓慢前进

2011 年 12 月，国家文物局印发《博物馆事业中长期发展规划纲要（2011-2020）》[2]，明确指出"中小博物馆提升工程：新建和改建一批地市级综合性博物馆和文物大县博物馆及其他县级博物馆。配套建设一批基层博物馆消防安防设施、藏品保管装备、藏品保存环境检测控制设施和陈列展示设施。推进地市级博物馆和文物大县博物馆及其他县级博物馆陈列质量提升达标。"2012 年，国家文物局印发《关于加强博物馆陈列展览工作的意见》强调："支持省级博物馆特别是中央地方共建国家级博物馆发挥示范引领和辐射带动作用，整合区域藏品、展览、技术、人才、资金等资源，策划优秀展览项目巡回演出，弥补中小型博物馆展览资源的不足。"[3]2015 年 2 月，国家文物局发布《关于提升博物馆陈列展览质量的指导意见》，指出"资源丰富的大馆可以通过办分馆、长期借展藏品、在基层博物馆举办中长期陈列、帮助基层博物馆提高陈列展览策划、编写、设计和实施水平等方式，加强对中小博物馆的扶持。"[4]2021 年 5 月，九部委联合发布《关于推进博物馆改革发展的指导意见》，意见指出"整合不同层级博物馆发展，实施中小博物馆提升计划，加强机制创新，有效盘活基层博物馆资源。"[5]近年来在系列政策的支持引导下，在自身的积极探索过程中，中小博物馆举办展览的数量逐年攀升，朝着整体向好的方向发展，尤其是在全国博物馆十大精品陈列推介活动中，以地市级为代表的中小博物馆每年也荣获部分数量的精品奖项。

自 1997 年至 2022 年，精品展览推介活动已举办 20 届。其中，荣获精品奖的不同行政级别博物馆中，中央级别博物馆获奖次数 13，省级 111，地市级 65，县级 11。纵观历届精品奖项获奖单位行政级别，以大型博物馆为主的省级博物馆在精品推介活动中占据主力军地位，精品奖获奖比例达 56%，地市级博物馆获奖比例占 33%，历年获奖次数虽一直处于波动状态，且在第 12-16 届之间趋于低迷，但近几年获奖次数比例也在逐渐上升，其他奖项获奖数量也占据相当比例。全国博物馆十大精品陈列推介

活动虽然不能完全概括中小博物馆的整个发展趋势，但也体现出近年来随着社会的发展，我国博物馆基本朝着整体向好的状态发展，在展览策划中以人为本的观念逐渐凸显。一是开始由以物为中心转向以人为中心，展览制作过程中不再是简单地从展品数量出发进行堆积式的展示，而是从观众需求出发进行展览策划，把观众放在首位。二是展览制作过程中由重视展

表 1. 历届精品奖获奖单位行政级别分布表（单位: 个）[6]

	中央	省、直辖市、自治区	地市	县
1	1	4	5	
2	2	4	3	1
3	1	4	5	
4	3	1	5	1
5		2	7	1
6	2	5	2	1
7		5	3	2
8		2	8	
9		8	2	
10	1	11	6	2
11		5	3	2
12	1	9		
13	2	6	2	1
14		8	1	
15		9	1	
16		9	1	
17		6	4	
18		8	2	
19		5	5	
总计	13	111	65	11

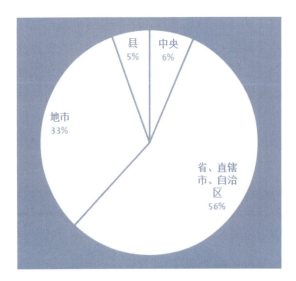

图 1. 不同级别博物馆获奖总量占比分析

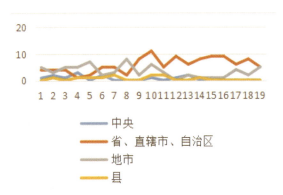

图 2. 不同级别博物馆历届精品奖获奖数量趋势分析

览举办数量转向对展览质量提升的追求，开始注重展览性价比的提升。三是展览策划过程中对地域文化的挖掘和以叙事性手法为代表的展现方式的完善，使展览更具鲜活性与生动性。

（二）资源受限，创新力不足

尽管中小博物馆在缓慢进步发展，经济发展程度弱地区的中小博物馆尤其是县级博物馆在发展过程中因自身运行机制局限、客观资源储备不足等原因，展览水平相较大型博物馆仍呈明显弱势状态。首先，运行机制单一，创新力不足；中小博物馆因其自身规模小，策展方式多是传统的三部一室（陈列部、宣教部、安

保部、办公室），展览工作基本由陈列部负责，其他部门仅充当辅助功能，展览制作过程中全馆人员无法通力合作，工作衔接不得当，展览信息不通畅，策展效率不高。其次，展览资源受限，优质展览少：因馆藏资源、展览经费、专业人才等方面的不足，展览水平明显处于劣势，尤其是基层博物馆，基础设施建设、日常开支、薪资发放等是其经费主要支出事项。资金不足，博物馆展陈设施建设水平并不高，更不利于满足当代人观展的需求[7]。再次，囿于资源不足导致的展览水平不高，展览效益不高等也间接影响着工作人员的积极性，即便推出展览，后续与展览相关的宣教活动、文创产品等延伸品开发后劲不足，不能对展品进行全方位阐释与展示，展品资源利用率低。

二、故宫鼓浪屿外国文物馆展览现状

（一）故宫外馆简介

2014 年 11 月 24 日，厦门市政府与故宫博物院签订共同筹建故宫鼓浪屿外国文物馆（以下简称故宫外馆）合作框架协议，以推动文物活化利用，让深藏在库房中的文物活起来为宗旨成立分馆。场馆于 2015 年 12 月开始建设，2017 年 2 月建设完成，同年 5 月正式对外开放。故宫外馆选址于厦门市思明区鼓浪屿鼓新路 68 号、70 号、80 号，总占地 10768 平方米，场馆及办公楼为鼓浪屿原救世医院（全国重点文物保护单位）门诊楼及住院部、护士楼、配套楼三栋现有建筑，总建筑面积 5426.80 平方米，其中原有建筑面积 4176.85 平方米，新建建筑面积 1285.95 平方米。

故宫外馆现有员工 32 人，安保及保洁人员为外包。共有陈列保管部、公众服务部、文

创产业部、安保部、办公室5个部门，其中陈列保管部现有员工4人。运营模式为事业单位管理，企业化运营，经费来源为市财政全额拨款基层预算单位，属于典型的国有中小型博物馆。在建成开放后的管理运营问题上，主要体现在展品少、场地小、专业人才少、专项经费有限、观众有限、效益低等方面，若不加以重视，运营效益很难从根本上提升。

（二）2017-2021年展览举办情况分析

1. 常设展览

2017年5月，故宫外馆推出常设展览海国微澜，首次展出文物216件，共有文物来源、科技典范、万国瓷风、生活韵致、典雅陈设、域外神工六个部分。集中展示故宫博物院收藏的明清两代遗存至今的涵括陶瓷器、玉器、漆器、玻璃器、珐琅器、金属器、科技仪器、钟表、雕塑、家居、织物、绘画、书籍等类别的外国文物，展品分别来自英国、法国、德国、瑞士、俄罗斯、意大利、奥地利、美国、保加利亚、日本、朝鲜等国家和地区，印证着中外文化交流及备具鲜明地域特色的外国文物与鼓浪屿的异域风情相得益彰，重新焕发着生机与活力。2020年12月，常设展览首次大规模换展，万国瓷风、域外神工两部分展品更换为釉彩光华、美美与共两部分，新展出126件展品。开馆之初，常设展览策展工作由故宫人员主导，故宫外馆全员配合，2020年大规模换展则由故宫人员指导，故宫外馆全员参与完成。

2. 临时展览举办情况

2017年至2022年中旬，故宫外馆共计筹备举办临时展览27场，年均5-6场，办展方式主要为合作办展、借展引进、自主策划、对等交流等，展览选题围绕外馆定位及地域特色对常设展览进行延伸。

从展览举办数量来看，因2017年5月正

式开放，馆内人员花费近一年时间对本馆及鼓浪屿进行深入了解挖掘，收集相关资料，进行临时展览筹备工作，2018年5月正式举办首场临时展览，同年共计举办4场；2019年进入正常运营轨道，完成临展5场；2020年受疫情影响，临展集中在下半年进行，共计4场；2021年疫情常态化情况下，临展按计划进行，举办6场；2022上半年展览数量持续上升，举办8场。

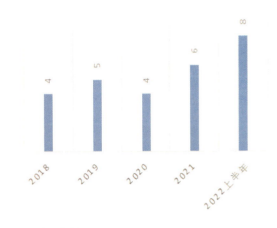

图3.临展数量

从展览主题看，展览题材主要以现代艺术为主，侧重于文化交流，与外馆自身定位及常设展览相结合，主题多以近现代艺术为主，占比50%，历史文物类展品有限，举办数量仅占25%，其他类型占比21%，2020年引入珠绣展览之后，对非遗文化有所重视，但比例仍低，仅占4%。这也从侧面说明在非遗传统丰富的闽南地区，策展人员对地域文化的挖掘着实有限。

从展览策划模式看，自主策划展览6场，合作办展11场，对等交流3场，借展2场。因展品资源有限，自主策划展览中展品来源多为馆方联和个人、企业、相关协会、社会其他机构或依靠上级部门进行展品搜集或即时创作而成，展品的选取并未经过细致挑选，在细节

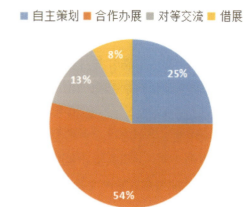

图 4. 展览策划模式

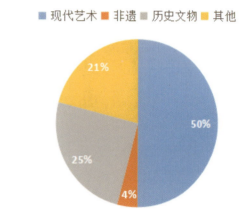

图 5. 展览题材

方面经不起推敲，质量也并非上乘。合作办展中，合作对象主要为企业或行业协会，展品即时创作比例高。

3. 不足

故宫外馆成立之初的定位为展示故宫博物院的外国文物，活化利用展出文物，以中外文化交流为主题进行延伸品开发，临时展览作为常设展览的补充，进一步挖掘当地文化及彰显地域特色。因场地限制，在临时展览工作规划中，将临展定位为：在常设展览的基础上进行延伸，策划小而精的有特色的临时展览。因而激活传统文化，挖掘当地特色，使当地公众受益是临时展览的出发点。然而，受限于主客观资源的

不足，近年来推出的临时展览质量效果并不出彩，性价比不高。就开馆以来展览举办情况分析，常设展览在故宫的帮扶引导下，质量较高，临时展览举办数量大体虽呈上升趋势，但展览类型单一、题材重复性高、自主策划展览少，展览整体质量还有待提升，社会效益及经济效益有限。一是展览类型过于单一，选取的展品文化价值有待提升，二是研究能力有限，自主策划能力不足，三是展览资源整合不够，未全面打通对外合作渠道。

首先，客观资源不足。外馆办展模式多以合作办展为主，展览总体设计、制作及配套活动基本依靠社会资源，自主策划的展览占比并不明显，且展品多来源于外借或当下创作。展品资源不足的客观原因在于作为故宫的主题性分馆，仅有常设展览展出部分，无其他馆藏资源，本就展出资源不丰富的故宫外馆因缺乏展品，临时展览工作很难正常开展。其次，专项资金投入与临展数量绩效指标不匹配，自开馆以来，每年临时展览专项资金投入基本维持在 100 万左右，临展数量每年最少举办 5 场，且陈列部又有展览收入指标，员工在完成考核指标与全身心投入展览制作过程中无法做到很好的平衡。再次，与同行交流较少，借展资源有限，尤其是近两年，多与艺术类行业协会进行合作，书画类展览占到八成，多数书画作品还是即时创作，无法给展品挑选留出一个很好的缓冲时间。加之年轻的策展团队专业能力不足以支撑全馆的展览业务，策展业务水平起点低，外出学习机会少，在工作中很难做到得心应手。

三、展览策划机制创新浅析

作为典型的中小博物馆，故宫外馆同样面临着因各项资源不足及机制不灵活导致的展览

效益低等问题。虽然运营模式的创新为对外合作提供了便利，但固化的策展模式仍旧是展览质量提升过程中的牵绊。从现有展览机制入手进行对策展团队进行整合，重新规划展览效益指标、改善现有展览反馈机制，对机制进行及时更新，以主观机制创新推动客观环境改善，不失为一种有益尝试。机制创新的重点应是从中小博物馆当下面临的主要问题资源不足方面着手进行，如何缓解因人才不足、资金不足、展品不足等问题导致的展览质量不高是故宫外馆及其他中小博物馆机制创新的主要着力点。

（一）整合策展团队

因自身规模小，故宫外馆组织架构以传统三部一室为主，分为5个部门，陈列保管部负责展览制作及文物保管，公众服务部负责宣传教育活动的策划与实施，文创产业部负责文创产品开发、推广及公共品牌运营。安全保卫部负责文物安全及馆内外场所安全，办公室负责馆内行政及后勤工作。在展览制作过程中，陈列保管部人员负责了几乎全部的展览工作，其他部门仅在开展前几天进行辅助工作。陈列保管部设有陈列设计、陈列策划、库房保管、研究助理岗位，但工作分工并不清晰，每个人在展览中没有特定的工作任务，所有工作流程全员参与，此种工作模式虽然在实际操作过程中锻炼了陈列部的员工，但展览工作并不能有条不紊地进行，且策展团队过于年轻，经验有限，策展能力有限，想法虽然与时俱进，但难以付诸实践。

作为中小级别的博物馆，故宫外馆人员编制有限，短时间内无法大量扩充策展队伍，补齐人才不足的短板，优化展览工作的重心应放在策展团队整合上。策展团队的组建除解决人才不足等问题外，更关键的是探索博物馆与外界合作的渠道，通过与不同组织机构的合作进

行相应的资源补充。单霁翔先生概括了博物馆与其他组织机构的相互合作，"在博物馆与其他组织机构相互合作方面，包括科研部门、教育设施、文化机构、社会组织、企业单位、新闻媒体、民间团体、社会公众等都拥有可为博物馆所用的资源，为使这些资源能够成为博物馆发展的积极力量，博物馆应与这些组织机构建立合作共享机制，使合作双方能够取长补短，各取所需，实现双赢[8]"。策展团队的整合尝试为博物馆通过展览建立合作共享机制提供思路，与外界联合进行展览策划，探索展览策划的多种可能性。

故宫外馆策展团队整合可从如下方式进行尝试：一是应根据馆内实际工作进行内部整合，成立策展团队，从各部门中选取与展览相关的岗位人员组建策展团队，共同商议展览年度计划，定期举行碰头会讨论展览策划及制作相关事宜。二是与故宫加强沟通，定期邀请故宫专家对馆内策展人员进行理论及实操培训，夯实员工理论基础及实操能力，并积极寻求其他策展能力强的高水平博物馆帮扶，借助大馆藏品资源丰富展览题材、学习借鉴大馆策展工作经验。三是在人员能力提升及社会资源积累到达一定程度之时，与兄弟博物馆及其他社会文化机构进行联和，扩充策展团队人员，报团取暖，整合区域资源，优化展览工作。

（二）规划展览绩效指标

中小博物馆展览质量提升工作还是要回到最初的以社会效益为主，经济效益为辅的发展目标中。从实际情况着手进行分析，结合中小博物馆展览现状制定新的展览指标，提前一年制定展览计划，对临时展览的考核从社会效益出发，待展览举办数量及质量到达一个平稳状态后，再考虑经济收益。美国博物馆界展览评估体系分为：前期评估（Front-end

evaluation)、过程评估（Formative evalua
tion）以及总结性评估（Summative evaluation）
三个部分[9]，"前期评估着重于展览筹备过程
中对选题可行性、目标观众、预期影响等各方
面评估；过程评估着重于展览策划、施工过程
中来自专家、设计团队本身以及受邀观众的建
议；总结性评估则发生于关于展览开放后是否
会产生出预期效果的评判[10]。"中小博物馆展
览绩效评测指标可以此为借鉴，以全国博物馆
精品展览推介评估标准为参考，结合馆内实际
情况从展览筹备、制作、开展、延伸产品等各
方面制定相应的细化指标，在评估细则制定完
毕后，选取业内具有展览评估资质的专家组成
评估小组，定期对展览进行评估。

自开馆以来，故宫外馆展览年度考核工作
由厦门市政府委托鼓浪屿管委会负责，考核指
标主要是临展举办数量是否达到要求，馆内对
陈列部年度考核在此基础上又增加一项收入绩
效指标。但双方都未从展览社会效益出发进行
相应考核。展览绩效指标是每年举办至少 5 个
临时展览，2021 年新增临时展览收入绩效指标。
对于一般性的博物馆来讲，每年举办 5 场临展
不算多，但考虑到展览筹备周期及策展人员数
量，外馆在展览制作过程中本身已是吃力状态，
也出现或多或少的应付绩效指标而匆忙进行展
览制作的疲态现象，仍停留在展览数量达标，
质量提升工作却止步不前的状态。近两年的收
入绩效指标对于展览制作工作更是雪上加霜，
一边是展览要有收入的硬性经济指标，一边是
没有展品进行交流的现实困境，无疑将展览交
流工作推向死胡同。

针对馆内实际发展现状，外馆展览工作中
出现的问题是策展团队基本功不扎实、展品资
源严重匮乏、展览计划整体没有完整的规划、
展览经费不足等。外馆展览绩效指标的制定建

议从以下方面入手：首先，考核策展团队对文
博基本知识的掌握情况，展览制作实际操作的
能力等是否达标。其次，对展览策划之时选题
的侧重性考察，是否以馆内定位及所在地地域
特色出发进行选题。再次，展览供需情况调查
是否到位，是否进行完全的观众调查及结合时
事进行展览策划，是否结合观众需求而非上级
要求进行展览策划，是否从观众角度出发进行
展览制作等。

（三）建立社会反馈机制

从普遍性的角度看，依然有许多博物馆没
有把观众调查工作提到议事日程上，更谈不上
对该项工作更高标准的要求。从利用率的角度
看，观众调查结束后，观众调查分析报告理论上
应该是知道博物馆相关工作的重要依据之一[11]。
故宫外馆的展览从筹办到开展再到结束，没有
问卷调查工作，实地调研机会不多，更多的是
从查阅相关理论资料入手进行展览策划。因反
馈机制不完善而导致的展览供给与观众需求不
相符，进而导致博物馆展览供需不平衡，人力、
财力等各项资源浪费问题也日渐凸显。因而在
展览机制创新过程中建立社会反馈机制是不可
忽略的一步。

但实际上由于种种原因，观众调查并没有
起到应有的作用，只是成为许多博物馆面对各
类工作检查的象征性指标之一，目前一些博物
馆对社会公众缺乏吸引力，精心筹备的展览并
不被好评的事实，已经引发了业界人士对观众
研究工作的重视和思考。以观众调查为核心的
社会反馈机制的建立对于中小博物馆而言，能
够更精准的提供文化服务，在有限的资源内最
大化、最充分的发挥博物馆公共服务功能。也
能敦促中小博物馆围绕自身特色进行功能定位
及展览类型选取，使推出的展览符合本馆特色
的同时更能符合观众的文化需求。

故宫外馆展览社会反馈机制的建立应从以下方面入手：首先，根据展览周期定期发放问卷调查，展览开展前对选题进行调查，明确观众需求，展览开展时对展陈效果进行调查，及时查漏补缺，展览撤展后对展览效益进行摸底，分析展览产出与收入效益。问卷可线上线下同步进行，线上官方微信、微博及官网定期发布问卷，将调查范围扩展至全国。线下可将问卷放在票口或咨询台，如有可能的话，尽量放在轮渡公司各码头（轮渡码头、嵩屿码头、东渡码头、钢琴码头、三丘田码头、内厝奥码头）售票处及鼓浪屿三处游客中心服务点（三丘田游客中心、内厝澳游客中心、菽庄驿站）等人群较集中的地方，邀请来鼓浪屿的游客填写问卷。其次可在展览策划之时进行实地调研，确定目标观众群后进行展览需求调查。三是建立长期可持续发展的展览评估机制，成立展览效益调查小组，收集临展期间进馆观众数据及相应开发产品收益数据，进行数据分析。

四、结语

数量居多的中小博物馆，既面向着文化需求迫切的多数社会群体，又大多坐落于经济亟须发展的中小城市，如何在社会快速发展过程中找到自身定位并有效加以利用，是其公共服务质量提升过程中的出发点和落脚点。通过创新展览机制推动中小博物馆改善自身客观资源不足的环境，进而提升展览水平，推动展览由量到质的转变，是中小博物馆展览质量提升的关键所在。

【注释】

[1] 中华人民共和国住房和城乡建设部：《博物馆建筑设计规范 JGJ66-2015》，中国建筑工业出版社，2016 年，第 1 页。

[2] 国家文物局：《关于印发〈博物馆事业中长期发展规划纲要（2011-2020）的通知：文物博函〔2011〕1929 号》，http://www.ncha.gov.cn/art/2012/2/2/art_2237_42262.html。

[3] 国家文物局：《关于加强陈列展览工作的意见：文物博函〔2012〕2254 号》，http://www.ncha.gov.cn/art/2012/12/14/art_2318_25541.html。

[4] 国家文物局：《关于提升博物馆陈列展览质量的指导意见：文物博函〔2015〕25 号》，http://www.ncha.gov.cn/art/2015/2/1/art_2237_26422.html。

[5]《关于推进博物馆改革发展的指导意见》，中国文物报 2021 年第 3 期。

[6] 金妍秋：《论"十大精品"评选活动—全国博物馆十大陈列展览精品回顾与展望》，南京师范大学，2015 年。

[7] 李江：《基层博物馆在文博事业中的作用探析》，《时代报告（奔流）》2021 年第 10 期。

[8] 单霁翔：《博物馆的社会责任与社会发展》，《四川文物》2011 年第 1 期。

[9]Minda Borun and Randi Korn, "Introduction to Museum Evaluation," American Association of Museum,1999：43-47.

[10] 韦玲：《试论博物馆陈列展览评估体系的构建》，《中国博物馆》2015 年第 3 期。

[11] 何宏：《博物馆服务与观众调查》，《文博》2012 年第 2 期。

政策环境与中小型博物馆的发展问题

巨洒洒（北京大学）

摘要： 中小型博物馆基数庞大，其发展影响我国博物馆事业的总体布局和成效，并在社会功能方面贴近基层，影响力辐射社区及周边，在地方文化发展中扮演着重要角色。然而中小型博物馆因设备、经费、人员等缘故发展困难，甚至难以为继。中小型博物馆欲实现发展预期，不仅需要通过自身内部运作方式进行适用性管理，同时需要外部政策环境予以准确定位、精准布局和引导规范。区域内新博物馆的建设布局是否应有意识地做出提前规划，以便将中小型博物馆定位于适当的发展空间？中小型博物馆在地方公共文化设施中如何发挥其特殊功能？中小型博物馆的各项设施和服务活动标准是否应当区别于大型博物馆，给予其更灵活、有效的发展路径？针对以上问题，文章将分别从国家顶层设计层面、地区文化发展布局和博物馆行业评估三方面的政策环境中，分析中小型博物馆面临的困境，探讨中小型博物馆发展亟须的政策支持和规范。

关键词： 中小型博物馆 政策环境 规划 评估

中小型博物馆历来受博物馆行业的重视，苏东海先生曾提出，"观察一个国家的博物馆，不能光看几个知名的大馆。评价一个国家的博物馆也不能光靠几个知名的大馆。知名的大馆可以提高一个国家的博物馆声誉，但一个国家的博物馆声誉光凭大馆是支撑不起来的"[1]。中小型博物馆基数庞大，对我国博物馆发展的总体局面至关重要。但仅凭学界和行业的呼吁，中小型博物馆发展困难的问题并未得到充分的重视。直到 2021 年，中央宣传部、国家发展改革委、教育部、科技部等九部门联合发布《关于推进博物馆改革发展的指导意见》，国务院办公厅发布《"十四五"文物保护和科技创新规划的通知》，两份重磅文件均提出要加强基层博物馆、中小型博物馆的建设。中小型博物馆正在迎来新的发展契机。

但我们不能因此盲目乐观。目前国内多数中小型博物馆面临多方面的困境：首先，经费短缺，以及由此带来的硬件设施陈旧、运营难以为继等问题；其次，专业人才匮乏，以及由此产生的专业性不足、同质化严重、缺乏科研支持、观念陈旧等发展制约因素；最后，从区域经济文化背景来看，地区并不具备创办博物馆的先天优势，如缺乏藏品、人口稀少、经济落后等。因此，博物馆无法发挥其应有作用，也未能实现公众期望的社会效益。

面对此种境况，学者们从不同角度给出了建议，诸如在资金方面，可以引入社会力量参与博物馆运营，通过文创、公众服务产品等方式开源创收；在人才方面，注重专业人员的培养，提高队伍素质，可以通过大型博物馆的帮扶、与其他中小型博物馆的联合弥补缺陷；最重要的是找准自身定位、发挥区域特色优势等。然而通过以上措施是否能够改变国内中小型博物馆发展的全面困境？如果仅从博物馆内部进行尝试和探索，或许能够取得个别成功的案例，但无法改善整体局面。我国博物馆事业发展至今依旧高度依赖外部环境，中小型博物馆想要实现发展预期，不仅需要通过自身内部运作方式进行适用性管理，同时要在外部的政策环境中，从国家顶层设计层面、地区文化发展布局和博物馆行业评估三方面的政策环境中予以准确定位、精准布局和引导规范。

一、国家顶层设计层面对中小型博物馆的准确定位

在讨论关于中小型博物馆的国家顶层设计层面的问题时，一些基础而关键的要素无法绕开，首当其冲的问题是目前并没有明确的界限和标准评判哪些博物馆属于中小型博物馆，业界又常常有基层博物馆、地方博物馆、地市博物馆、区县博物馆等说法。以往的论述参照行政级别进行划分，将相对于国家级、省级博物馆而言的绝大多数市、县级博物馆归为中小型博物馆，因行政级别的大小关系到博物馆的经费来源、藏品数量、人员状况等资源；也有根据直观的数据进行的划分，例如住建部发布的行业标准《博物馆建筑设计规范》(JGJ66-2015)中，将博物馆按照建筑规模分为特大型馆、大型馆、大中型馆、中型馆、小型馆五类 [2]。尽管上述划分方式依据不同的参照标准，但都涉及中小型博物馆的特征和问题——具备规模小、藏品少、经费短缺、专业人士匮乏、博物馆功能的发挥受限等一点或几点困境。因此，在不

涉及需要具体评判中小型博物馆标准的前提下，文章对中小型博物馆的讨论仅将规模不大、活跃度不高的这类博物馆作为整体进行关注。

我国博物馆行业的顶层设计，主要以政府主导下的垂直管理和财政拨款为主，围绕《中华人民共和国文物保护法》及《博物馆条例》等一系列相关行政法规、国务院部门规章和其他规定性文件，规范和引导博物馆的设立、运营和整体发展方向 [3]。这些顶层设计的着眼点集中于当下博物馆发展的处境和需求，重点涉及博物馆的设立条件、藏品管理、安全防护、社会服务等具体业务和运作，缺乏对博物馆未来发展的总体预见和宏观把控。不仅存在法规滞后、效力不足的情况，对处于博物馆金字塔体系底层的中小型博物馆而言，相关法规政策更是没有给出明确的关照。例如，尽管《"十四五"文物保护和科技创新规划的通知》中提出"布局合理、结构优化、特色鲜明、体制完善、功能完备的博物馆体系初步形成"的主要目标，要"盘活基层博物馆资源""推进中小博物馆提升计划"。但整体而言，多为原则性政策表述和总体数据指标，对博物馆采用普适性的同等要求，没有关照中小型博物馆的具体建设发展。正如张晓云所说："从长期以来的相关政策以及博物馆建设的实践来看，普遍是将其作为县级地方政府的事权，列为一般性的基本建设项目，由地方政府作为投资主体和建设主体组织实施 [4]。

总体而言，目前的顶层设计并不能解决我国博物馆，尤其是中小型博物馆面临的复杂局面。这些现状表现在以下几方面：首先，中小型博物馆背后存在多元的创办主体，除各级文物行政部门管辖的机构外，也有其他行政部门、高校、企业、各类文化艺术团体、私人等主体创办的博物馆，在内容和类型上丰富了博物馆

的多样性。但目前的各项政策主要针对文物历史类博物馆的需求制定，且过于注重博物馆各项硬件设施的齐备和文物藏品的管理，忽略博物馆的定位、目标和运营等软实力，对博物馆的标准和界定没有明确科学的解释，导致一些小型、微型博物馆难以走上发展正轨；其次，区域发展不平衡在中小型博物馆的问题上尤其突出，存在盲目投资建设新馆、缺乏办馆条件、挂牌办馆等多种现象，博物馆的设立过度依赖自上而下的行政命令，缺乏先期考量和合理的分析与布局；再次，基于上述情况，过度强调博物馆的场馆规模、藏品数量、展览宏大等体量性数据，初期投入巨大，后续运营难以为继，过于依赖外部力量，博物馆自身发展的内在性力量疲乏；最后，中小型博物馆背后的支持力量仍然较为单一，社会参与没有得到充分的发掘和利用。

国外经验可以给我国博物馆的顶层设计提供一些参考和借鉴。法国的情况与我国相似，由政府主导博物馆的发展，专门设置博物馆管理局管辖或监督法国的各类博物馆机构。法国在 2002 年颁布《关于"法国博物馆"的法律》，授予符合条件的博物馆"法国博物馆"称号，明确获得该称号的博物馆的定义和资格，规定了博物馆的各项职责和义务。最关键的一点是为法国所有博物馆制定了共同的最低标准——涉及人员的从业资格、公众服务、未成年人免费、藏品的不可让渡等内容 [5]。迄今为止，共有 1219 家博物馆获得该称号，其中 82% 为地方性博物馆，13% 属于私人或基金会 [6]。不同于法国政府的深度介入，英国采用间接管理的方式，通过制定一系列非强制性、鼓励性的建议为博物馆提供政策框架，由非政府部门的公共文化管理机构——"博物馆、档案馆、图书馆委员会"为博物馆提供咨询和评估 [7]，并将

国家资金分配给相应的机构。1988 年英国政府开始推行"博物馆认证计划"，面向所有类型与规模的英国博物馆及美术馆，鼓励它们在以下方面达到标准——博物馆是如何运营的？博物馆如何管理藏品？如何与用户互动？该计划的目的是检验博物馆是否达到了公认的基本专业标准，建立人们对博物馆管理藏品以及公共资源的信心，并为博物馆的拨款及赞助机构提供客观的评判依据，自发布以来，该标准随着不同时期的不同需求和现状持续修订和完善 [8]。上述案例的共同点是明确给出涵盖所有博物馆的最低标准，同时更注重博物馆的良好运营与公众服务能力，不以规模和类型作为唯一评判。

我国对博物馆的顶层政策设计是否要出台一项更具法律效力的博物馆法，是否要对相关的内容做出更适应博物馆发展的最低评量标准，是否为所有类型、所有办馆主体提供更具包容性的法律保障和法律约束体系？上述问题值得进一步的讨论和研判。

二、地方文化发展层面对中小型博物馆的精准布局

尽管前文一再强调国家顶层设计对中小型博物馆发展的重要性，在执行层面和管理层面中，地方才是中小型博物馆建设的直接话事人。在社会功能方面，中小型博物馆更贴近基层，其影响力辐射社区及周边，在地方文化发展中扮演着重要角色，从而显示出不可替代的作用。张礼智对县级博物馆这段评价同样适用于中小型博物馆"如果简单的仅从博物馆收藏内容的质与量、陈列水平和设施的优与劣、观众人数的多与少等因素来衡量，那么，县级博物馆不如中央、省、地级博物馆是不言自明的。可如果我们换个角度来看，当我们意识到难以计数

的人们（特别是孩子们）是从自己的家乡首次得到'博物馆'这个概念和形象，那么县级博物馆的作用就显得不可忽视了[9]"。

中小型博物馆在国内博物馆总量中的占比情况目前并无准确的官方数据，推测多认为该数据应该会超过半数，甚至达到70%的程度，但中小型博物馆的分布和各自拥有的资源，在不同区域内的差异性非常巨大。从2020年末国内常住人口、地区国民生产总值、博物馆机构数量、博物馆藏品数量的各项数据中，可以大致看出主要博物馆数据和地方背景的差异。但具体情况依旧要以各地区基于调研的实际为主。以陕西省为例，截至2021年共有341所备案登记的博物馆，其中省会西安市及其所辖区县分布了136座、占全省40%左右，其余中小型博物馆零星分布在省内其他地市、区县，并且有相当数量的博物馆建立在文物保护单位或近现代历史建筑中。例如咸阳博物院现位于第六批全国重点文物保护单位的咸阳文庙，韩城、兴平的市级博物馆馆址也设在文庙内，扶风县、长武县、三原县等十几处县级博物馆均设在古建筑内。这些兼具博物馆和文物保护单位身份的机构，在展馆面积、文物库房、观众服务等功能上恐怕难以与专门建造的博物馆相比，这类博物馆如何开展相关工作，需要根据其现实状况考量和评判。该现象并非个例，国内普遍存在利用文物保护单位或近现代历史建筑作为馆舍的情况，考虑博物馆各方面的差异性和自身特点制定发展策略很有必要。

《陕西省"十四五"博物馆事业发展规划》中强调了统筹不同地域、层级、属性、类型博物馆的发展，将支持一批市级博物馆项目和县级博物馆项目的建设。但面对当下中小型博物馆的实际问题，仍须具体思考两个问题：一方面是现有群体中数量庞大的中小型博物馆的生存问题——它们因设备、经费、人员等硬件设施或运营缘故发展困难，甚至难以为继；另一个问题是，基于上述情况，是否仍有必要继续扩大、布局中小型博物馆。又要如何在此过程中避免产生新的运营、发展问题？目前各地区制定的博物馆发展规划依旧着眼于硬件设施和专业设备的提升，依赖于充分的资金投入和人员培养，能涵盖到的中小型博物馆十分有限。这种持续依靠地方政府"输血"的扶持方式，从长远来看将愈加削弱博物馆自身造血的能力。

近年来各地区逐渐兴起社区博物馆、乡村博物馆等微小型博物馆的建设风潮。2022年，浙江省政府实施乡村博物馆建设项目并成为全国试点，制定《乡村博物馆建设指南（试行）》并已评选、验收三批乡村博物馆。陕西省发布《关于社区博物馆建设工作的指导意见》，意在打造省、市、县乡村（社区）四级博物馆体系。基层博物馆的建设初衷是好的，但应当将农村空心化、社区老龄化等现实问题纳入考量，结合乡村和社区的实际情况创办博物馆。微小型博物馆在场馆、藏品、管理人员、开放条件等设施和后续的具体运营中，理当区别于一般博物馆的硬性标准，结合在地社区、融入居民需求，着眼于基层的教育效果或文化意义。

综上所述，地方对中小型博物馆的建设不能盲目进行，应当根据本地区的人口密度、区域经济发展水平、社会文化环境等因素，结合城乡差异、不同创办主体，因地制宜的精准布局本地区博物馆的数量、类型、规模和分布，提高对博物馆后续运营能力的重视。

三、博物馆行业评估层面对中小型博物馆的引导规范

在探讨国家顶层设计及地方文化发展层面

对中小型博物馆的引导过程中，多次申明的观点是大型博物馆和中小型博物馆各自不同的发展路径和管理策略。要求所有博物馆拥有现代化场馆、持续更新的展览、丰富的教育活动、专业的人才队伍和高素质的志愿者团队等条件是不切实际的。中小型博物馆的独特性在于对地方特色的深耕和与在地社区的互动，可以在场馆建设、类型选择、陈列主题、教育方式等方面更灵活丰富。尽管类似观点在行业中存在不小的呼声，想进一步形成普遍共识，需要在博物馆行业评估标准中作以更多引导。

以博物馆定级评估为例。根据国家文物局制定的《博物馆定级评估办法》和《博物馆定级评估标准》，国内博物馆分为一、二、三级，由中国博物馆协会具体负责国内登记备案博物馆的评定工作。截止 2020 年底，共有国家一级博物馆 221 家、二级博物馆 455 家、三级博物馆 565 家，合计 1224 家，约占国内博物馆总数的五分之一。对博物馆进行定级评估既是对博物馆运营状况的审查、评价，又表现出政府部门对博物馆具体业务运营方向的期许，从而引导博物馆向此靠拢。《博物馆定级评估标准》对一、二、三级博物馆的评估指标涵盖综合管理与基础设施、藏品管理与科学研究、陈列展览与社会服务三大内容，具体的细则条目也保持一致（表1），仅对其完善程度有所区别，

这就意味着在此要求之外的博物馆不能达到评级标准。该指标对博物馆的硬件设施、基础条件、资源配置相当重视，这种预期依赖博物馆的规模、投入和资源，对不具备这些优势条件的中小型博物馆而言评级无望，也就更难以进一步通过评级争取更多的资源分配。尽管 2020 年的最新版办法和标准已经降低硬件指标，加重发展规划、社会服务等指标权重，但仍略显薄弱。这种较高门槛的定量指标对标准线以外的中小型博物馆并不友好，也无法在较短周期内促成中小型博物馆向该标准靠拢。参照《美国博物馆国家标准及最佳案例》中的一些理念，"如果一个小型历史博物馆通过服务在地社区达成其使命，它就是成功的；但如果它雄心勃勃想成为世界级博物馆，恐怕不妥"，针对两个职能和运作模式不同的博物馆时，评价的标准也应该是不同的[10]。

因此，在定级评估标准中研判中小型博物馆的实际困境予以考量，既可以增强中小型博物馆评选过程中的适用性，也能为这类博物馆带来科学、合理的发展导向。同时，还应增强博物馆定级评估标准和其他管理、激励措施之间的衔接与联系，设立涵盖内容多元、标准更广泛的博物馆评优评比活动，激发中小型博物馆内在驱动力和多元支持力量，为中小型博物馆带来科学、合理的发展导向。

表1. 一、二、三级博物馆的评估指标项目

	法人治理结构
	章程与发展规划
	建筑与环境
综合管理与基础设施	人力资源
	财务管理
	安全保障
	信息化建设
藏品管理与科学研究	藏品管理
	学术研究与科技
	影响力
陈列展览与社会服务	展示、教育和传播
	公众服务

【注释】

[1] 苏东海：《加强县级博物馆的发展研究》，《中国博物馆》1993年第1期。

[2]《博物馆建筑设计规范》中将建筑总面积大于50000M² 的博物馆称为特大型馆，20001-50000M²为大型馆，10001-20000M²为大中型馆，5001-10000M²为中型馆，小于等于5000M²为小型馆。

[3] 相关法规和文件有《博物馆藏品管理办法》（文化部1986年）、《文物藏品定级标准》（国家文物局 1987年）、《博物馆管理办法》（文化部 2005年）、《关于全国博物馆、纪念馆免费开放的通知》（中宣部、财政部、文化部、国家文物局 2008年）、《博物馆事业中长期发展规划纲要（2011-2020年）》（国家文物局 2011年）、《关于进一步加强文物工作的指导意见》（国务院 2016年）、《关于利用博物馆资源开展中小学教育教学的意见》（教育部、国家文物局 2020年）、《关

于进一步规范非国有博物馆备案登记管理工作的意见》（国家文物局办公室、民政部办公厅 2020年）等。

[4] 张晓云：《"十四五"县级博物馆建设问题之探讨》，《中国文物报》2020年12月22日第6版。

[5]LOI n°2002-5 du 4 janvier 2002 relative aux musées de France. https://www.legifrance.gouv.fr.

[6] 相关数据来自网站 https://www.culture.gouv.fr.

[7] 该委员会于2012年并入英格兰艺术委员会（ACE），同样为非政府部门的公共组织。

[8]UK Museum Accreditation Scheme, https://www.artscouncil.org.uk.

[9] 理智：《县级博物馆研究》，陕西师范大学出版社，1999年，第3页。

[10]AAM. National standards & best practices for U.S. museums. 2008.

中小博物馆体制机制创新理论与实践
——巴黎市立博物馆案例分析

凌静源（巴黎一大 先贤祠索邦）

摘要： 本文旨在探讨中小博物馆体制机制创新问题。城市博物馆是保存城市记忆的场所，是公众了解城市历史的场所。城市博物馆面临的发展困境以及管理运营方法有别于国家级的大型博物馆。想要优化城市博物馆运营，为公众带来更好的参观体验，那么创新势在必行。笔者参与了该馆体制机制创新中的部分工作，本文采用田野调查法对巴黎市立博物馆管理部门及市立博物馆进行案例研究，尝试阐述巴黎市政管理部门与博物馆工作者的策略核心。从博物馆资源、管理运营、公众参与等方面进行分析以更好地理解其作为中小博物馆的特殊性，从而为进一步博物馆体制创新提供思路。

关键词： 博物馆 博物馆学 体制创新 行政管理 文化管理 中小博物馆 市立博物馆 公众参与

关于"中小博物馆"，目前法国学界和业界并没有直接给出定义，因为不同国家地区，不同城市规模不同，因而很难有统一的衡量博物馆规模的尺度，是以占地面积来衡量还是以馆藏数目来衡量抑或是以入馆参观人数来衡量，这些都是可以探讨的问题。此文讨论的"中小博物馆"主要是相对国家级的博物馆而言的市级博物馆或可翻译为"市立博物馆"。从类型学来看，市立博物馆可以是考古类、历史类、艺术类、工艺类、科技类也可以是综合类。市立博物馆是保存城市记忆的场所，是公众了解城市历史和发展的场所。市立博物馆面临的发展困境以及管理运营方法有别于国家级的大型博物馆。想要优化有针对性的管理和运营，为公众带来更好的参观体验，那么体制机制创新

势在必行。巴黎众多中小型博物馆面临重重发展困境，文化管理部门进行了体制机制创新，对这些博物馆进行统筹管理运营，在此后的数十年时间内，多家博物馆陆续进行闭馆优化，新的场馆和新的展览已与公众见面。

现代汉语中"体制"区分于"机制"。根据《现代汉语词典》的释义，"体制"是"国家、国家机关、企业、事业单位等的组织制度[1]"，根据《辞海》的释义，"体制"是指"国家机关、企业事业单位在机构设置、领导隶属关系和管理权限划分等方面的体系、制度、方法、形式等的总称[2]"；"机制"原指"机器的构造和工作原理、机体的功能和相互关系[3]"也指"一个工作系统的组织或部分之间相互作用的过程和方式[4]"。那么博物馆体制创新，即寻求完

善博物馆管理体制；而博物馆机制创新，即寻求优化博物馆各部门之间的协同作用，从而提升博物馆活力。

此前，已有许多关于法国博物馆发展的出版物，如多米尼克·布罗对十八世纪到二十世纪法国博物馆历史进行的回溯，众多史学和文献档案工作者关于不同博物馆的专著，法国文化部历史委员会对法国博物馆相关立法过程进行了梳理。也有研究者从其他专业角度对体制机制创新进行更加细致的横向剖析，比如法国文献出版社的系列出版物关于博物馆的各个方面进行细致解读。弗雷德里克布拉尔和让米歇尔托波楞主编了博物馆馆藏的分册；梅洛·蓬提主编了关于博物馆馆藏清点及数字化的分册；亚历山德勒·德拉治主编了参与式博物馆分册；另有众多文章阐述在新时代博物馆管理中面临的挑战。关于巴黎市博物馆，尚塔尔·乔治勒主编了《巴黎市的大型捐赠》对博物馆藏品来源进行了研究，在此书中乔治·布律内尔回顾了巴黎市立博物馆的起源和早期行政管理的发展，而关于巴黎市政部门博物馆近年来的管理体制机制创新，由于话题过于"当代"，目前相关研究仍然存在空缺，鲜有专文专著探讨巴黎中小博物馆统筹规划管理的过程及其影响，因此本文引用内容主要来自档案资料。

本文将主要采用文献法和田野调查法对法国巴黎市立博物馆进行案例分析，尝试探索市政厅文化管理部门与博物馆专业人员在博物馆管理和运营工作中的策略。从管理体制、运营机制与社会参与几个方面进行分析以更好地理解市政一级博物馆尤其是中小博物馆管理的特殊性及其规律，从而为博物馆管理实践提供一定的思路。

案例分析的优势在于可以了解博物馆事业实践过程中存在的问题，面临问题行政决策人员的考量以及应对策略及其影响。案例分析可以避免重复"假大空"的套话，而是侧重于讨论具体问题。当然孤例分析也存在其缺陷，比如案例研究过程耗时耗力而研究结论并不能演绎为普适的理论。这就需要研究者通力合作，交流经验，行政者广开言路，兼听则明。

行文主要分为三个部分。第一部分主要关注历史上巴黎美术相关行政组织的演进以及新时期巴黎市立博物馆进行体制机制创新的背景。第二部分聚焦巴黎博物馆联盟的创建过程、目标、组织结构及其影响。第三部分则对巴黎博物馆联盟中博物馆的实践案例进行评析。

一、问题重重 改革势在必行

巴黎美术相关的行政管理可以追溯到十九世纪初：兼管巴黎的塞纳省省长[5]创办了一个负责宗教和美术事务的办公室，并委任"巴黎市和塞纳省艺术品处处长及保管员"进行管理工作，这一职务在"波旁王朝复辟"后被保留下来[6]。省长还特地创建了美术委员会，并亲自主持工作。"七月王朝"期间，委员会发挥了重要作用[7]。此后几经历史波折，巴黎的美术行业常年由塞纳省管辖，还发展出"美术督察官"的职务。第二帝国时期（1852-1870），重建了美术市政服务部门，后美术市政管理处改组，成立了新的指导处，统管建筑、美术及节日事务。1880年，卡那瓦雷博物馆成为巴黎第一个向公众开放的博物馆；1900年小皇宫修建完成，巴黎美术馆入驻；1903年，成立美术和博物馆服务部。此后几十年，归功于大量的捐赠，巴黎的中小型博物馆数量持续增长。1975年巴黎市政厅成立后，创建平级关系的市政服务部门来管理世俗藏品和宗教藏品。1997年，这两个分部并归巴黎市世俗和宗教艺术品保管部。

由于文物和艺术品资源丰富，以及国家文化政策的推动，二十世纪末，法国迎来了博物馆建设热潮，尤其是在作为都会区的巴黎，大型博物馆的营造项目（如"蓬皮杜艺术中心"）或建筑翻新改建工程（如"大卢浮宫项目""奥赛改造项目"）为城市带来生机。然而，相较于个别资源丰富、资金充足的大馆，数量众多的中小馆发展相对滞后，面临着管理混乱、资金匮乏、后备人才不足等诸多问题。博物馆在发展之中出现了分化现象。

2004 年巴黎市政厅委任巴黎市监察总局对巴黎十个博物馆进行审查，2009 年市政厅收到了报告综述。市政博物馆报告综述提及诸多问题，明确指出了博物馆"严重和持续的功能障碍（无故缺勤，展厅关闭，安全漏洞）[8]"。冗政带来的后果是行政程序极其繁琐，然而工作效率却十分低下。具体表现有建筑年久失修，2008 年，于巴黎城市历史博物馆，甚至有儿童参观者被建筑脱落金属砸中，造成轻伤。而市政博物馆的建筑施工常常因为难以协调工作而不得不将交付期一再推迟；安防方面，消防设施落后，不合规定。安保人员没有受过与博物馆安全防护相关专业训练，没有能力来应付博物馆里的紧急事件。2010 年，多幅名作被盗，其中不乏毕加索、马蒂斯的真迹，失窃给市政部门带来巨大经济损失。而市政博物馆保管员并没有将藏品清点和信息更新工作重视起来。尤其是库存中的藏品，如布尔代勒博物馆中"约 30000 件作品和艺术品的馆藏几乎没有真正被清点"[9]；人事方面的问题在于，"工作人员的高缺勤率，大大扰乱了博物馆的正常运作"[10]。文化管理局对巴黎城市历史博物馆的参观者留言簿进行了回顾分析，发现其中不少留言反映"很多展厅都是关闭状态"。类似的问题在巴黎现代艺术博物馆 (Musée d'Art Moderne de la Ville de Paris) 也同样存在。而工会则表示"关闭的原因是缺少人手和缺少资金"[11]。

面临种种问题，报告综述提出了一个解决方案："建立一个公共（管理）机构[12]"。

二、统筹管理 资源共享

（一）成立过程

起初"巴黎博物馆"是一个协会 (association)[13]。自 1985 年起，市立博物馆指导处委托文化局负责博物馆人事工作，并委托"巴黎博物馆"负责策展和出版。2008 年，此组织注册成为"一人简易股份有限责任公司"(société par actions simplifiée unipersonnelle)，这意味着此组织机构需要最少一个股东，人数无上限（自然人或法人）。

2010 年，在市长副手戴尔芬妮·勒维的提议下，市长贝特朗·德拉诺埃决定进行改革。2012 年，巴黎市议会投票决定建立一个新的公共行政机构，从 2013 年起将首都的 14 个市立博物馆联合起来管理运营。作为试行方案，"如果此机构的成立不会对现状产生改变，此组织将于 12 月 31 日结束其活动"[14]。

成立此法务和财务自主的公共机构旨在提高了组织活力和应变能力，从而更加高效地开展各项工作。

（二）专业细分 各司其职

巴黎博物馆联盟由巴黎市政官员担任主席，该公共机构在总指导处和理事会的领导下，推行与城市文化政策相符的博物馆策略。

巴黎博物馆联盟将巴黎市公立博物馆及其核心服务划分为六个主要方向（图一）：馆藏和研究（数字资源、互助仓库）、展览和出版（展览、出版和影像）、公众 - 合作发展及传播（公

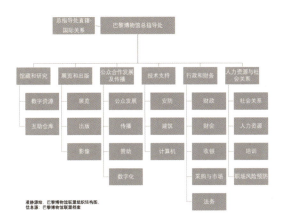

凌静源绘。巴黎博物馆联盟组织结构图。
信息源：巴黎博物馆联盟档案。

图 1. 巴黎博物馆联盟组织架构 版权 © 凌静源

图 2. 巴黎博物馆联盟数字检索平台 版权 ©Parismusées,
https://www.parismuseescollections.paris.fr/fr

众发展、传播、赞助、数字化）、技术支持（安防、建筑、计算机）、行政和财务（财政、财会、收银、采购与市场、法务）以及人力资源与社会关系（社会关系、人力资源、培训、职场风险预防）。

各部门统辖下属办公室通力合作，以实现组织机构的三个主要使命：

其一是丰富并保存馆藏，并通过大规模信息化、数字化（图二）在线发布藏品以凸显馆藏价值；促进研究，策划活动，促进公众了解城市的藏品。自 2001 年起，公众可以免费参观藏品。自 2020 年初，巴黎博物馆联盟宣布对联盟中十四家博物馆及名人故居的十五万藏品高清数字图开放版权，公众可于博物馆数字检索平台免费下载使用。

其二为策划展览、制作高质量出版物，为城市的文化丰富性及其国家和国际影响力做出贡献。其出版物主要分为三类：博物馆常规馆藏的画册、博物馆临时特展的主题画册和博物馆创建和发展的历史介绍的画册。

其次是加强教育政策，提高访问舒适度和关注文化媒介，发展和扩大受众。为文化普及做贡献 [15]。为此，巴黎博物馆联盟对各博物馆进行了建筑和设备硬件和展览线设计和博物馆媒介等软件的双重跟新。

在不大的组织空间内，不同专长的工作人员负责不同事务，既有独立性又有交流合作，工作过程中不断汲取新知并产生灵感。在博物馆管理领域，与其费力去寻求激励机制，不如在选拔雇佣博物馆工作人员的时候仔细分辨哪些人是接受过专业训练的并且真正对博物馆事业有热情的，哪些人是与专业不相关的或者本来就是抱着混日子的态度工作的。博物馆是一个对专业性要求很高的领域，不应该成为豢养蠹虫的温床。

（三）博物馆新面貌

巴黎博物馆联盟成立以后，在场馆建筑翻新修复方面，工作成果显著。2015 年，在市长安妮·伊达尔戈第一任期内，市议会投票通过 11 万欧元的投资计划，各博物馆的翻新整修工程相继开始。卡那瓦雷城市历史博物馆自 2015 年 10 月起闭馆进行翻新。地下墓穴博物馆于 2018 年开始施工，在出口处增添了书店。解放博物馆于 2019 年搬迁到了新场馆。巴尔扎克故居于 2019 年在庭院中增添了咖啡馆。

巴黎博物馆联盟除了接受市政厅的财政拨款，也积极开发商务赞助和民间众筹，此工作由公众发展及传播管辖的赞助处负责。2019 年，卡那瓦雷博物馆的老商户牌修复众筹项目（图三）上线，受到了广大热心市民的关注，短短

图 3. 卡那瓦雷博物馆的老商户牌修复众筹版权 © 巴黎历史博物馆

图 4. 游戏设计 促进公众参与版权 © Jingyuan Ling, Julie Morge，Clémentine Olchanski

两个月时间，陆续收到百余人次五欧元至百欧元不同数额的款项。此举既为文物修复工作带来经济支持，又吸引了关注，为整修后重新开放预热，同时也提高了公众参与度，可谓一举多得。

在馆藏调配方面和展览策划方面，统筹管理的优势体现得十分明显。互助仓库，方便对藏品进行统一保管和维护，同时方便策划新展览时的调配和运输。维护市政博物馆网络可以保持市政馆藏的统一性，促进各博物馆之间的合作。

统筹管理运营的另一大优势在于方便进行数据共享和综合性公众分析，从而更好地了解公众需求，调整运营策略，优化博物馆的可及性。如为行动不便的到访者提供轮椅和轮椅专用电梯，为盲人提供盲文讲解板和 3D 可触摸展品，为儿童提供与其视水平线高度相符合并且更有趣味性的阅读内容。近十年来，博物馆参观人数显著增加。2012 年入馆人数 230 万，而到疫情之前的 2019 年入馆人数已经提升到 300 万，

尽管有些馆在闭馆整修[16]。

三、社会参与

为了提高社会参与度，巴黎博物馆联盟针对各馆制定各不相同的策略。比如卡那瓦雷博物馆为了吸引年轻参观者，于 2022 年从春季启动了一个与多家高校合作的项目，项目初始，馆方负责人与师生共同制定了目标，在一个季度的时间内开发出一个能够成功吸引年轻受众的博物馆游戏。在课程框架内，邀请本馆内不同部门的负责人为博物馆相关的专业学生进行实地授课，介绍博物馆馆藏和工作人员的工作内容，以更好地将博物馆馆藏信息融入游戏开发。博物馆负责人同时向学生介绍本馆目前面临的问题，邀请年轻人运用自己地专业知识帮助寻求解决方案。每次课程结束后，都有师生向馆员提问的环节。具备了牢固专业知识的学生的问题常常十分具有批判性，而博物馆工作者则以扎实的理论知识和实践经验进行回应，

有时也会进行激烈的辩论。随后，师生进行总结讨论会议并且将本次课程的收获融入游戏开发。不同项目成果于博物馆开放日与公众见面，进行测试和优化。旨在帮助参观者在老巴黎沙盘图与出土文物之间建立联系的 Cité Express 游戏获得市民和博物馆负责人的一致好评（图四）。

在本次馆校合作中值得借鉴的经验有以下几点：一是让年轻人来发现年轻人的需求，然后参与到策略设计中，找到更具针对性的解决方案；二是让不同专业方向的学生负责不同的任务，实现人力资源的合理配置；三是让馆员和师生直接对话，促进理论实践相结合。巴黎卡拉瓦雷博物馆的馆校合作项目既为博物馆相关专业学生提供了解职业环境并与专业人士对话交流的机会，又为博物馆的公众参与策略带来新的思路。

馆校合作只是巴黎博物馆联盟众多促进社会参与计划中的一个子项目，与其并行的项目还有很多，比如自 2015 年启动的 Paris Musées OFF 项目。在这个项目中，巴黎博物馆联盟尝试邀请音乐节团队以及唱片公司进行合作，于博物馆内举办音乐会和投影活动；邀请当代的平面设计师和漫画家分别诠释巴尔扎克和雨果的作品；邀请音乐家和舞蹈家进行即兴创作；众多艺术家以不同的艺术表现形式创作与各馆主题、馆藏或展览主题相协调的当代艺术作品，共同打造影、音、画、舞的盛筵。此项目不仅在众多市立博物馆资源中实现了"大馆带小馆"，而且为众多艺术家提供了展现自我的平台，建立起互惠共生的合作关系。值得一提的是，此项目中的各种原创活动均面向 18 至 30 岁的公众免费开放，从效果评估来看，年轻受众的积极参与以及在社交媒体上海量的分享和再创作对提高巴黎市立中小博物馆

的知名度起到了积极作用。

又如，面向不同社会场域（医疗、司法或大众教育）的社会工作者（专业人士和志愿者）以及受益者的"团结互助周"活动。如 2022 的"团结互助周"围绕三个主题进行：公民身份、法语学习和博物馆福利。不同领域的工作者，如基层行政工作者、协会、社团志愿者与博物馆工作者，有机会在这个平台上面对面交流，分享本次活动的亮点，并对年度重大项目进行回顾总结。公众可以在本活动框架下注册参与相关主题的陪同讲解游览。这项活动正是巴黎博物馆联盟"人人可及"（L'accès de tous et de toutes）政策的具体表现。

结论

巴黎市政厅针对此前博物馆发展中存在的种种问题采取应对措施，建立了统筹管理的公共机构。虽然是公共机构，但它却尝试一种新的模式，那就是法务和财务自主，这既让众多市立博物馆处于监管之中，又保证了它们各自的组织活力和应变能力。

全球影响力通常以军事、政治或经济力量来衡量，但文化的力量能够更加深入地影响世界。近代以来，法国作为文化产业的先行者，对别国施加了非常强的文化影响，其中博物馆发挥的作用不容小觑。巴黎作为法国的首都，汇聚了优秀的博物馆人才，这些博物馆工作者在博物馆事业中不断探索，为法国乃至世界提供了宝贵的经验。

完善的博物馆管理机制和运营机制是大型博物馆和小型博物馆协同发展的保障。因此对博物馆机构以及博物馆相关政策的研究尤为重要。

在博物馆萌芽时期，决策者就已经开始有

意识地对博物馆进行行政化管理。而在博物馆发展进入新阶段后，旧的博物馆管理体系逐渐不适用于新的发展需求，于是决策者进行了体制和机制创新。这种创新具体化为新的行政机构的创建以及新的运营策略的设计。

巴黎博物馆联盟的创新实践表明，在统筹管理运营下，不同的参与者（政府、高校和科研机构、企业）在知识的生产、传播、应用过程中可以发挥各自的优势，继而推动产生更多创新性解决方案。

巴黎博物馆联盟在正式成立至今近十年中，在城市文化生活中扮演着重要角色，它统筹协调管理的十四家中小型博物馆和纪念馆与国家级大馆一样成为市民文化生活中不可或缺的部分，同时也持续吸引着外地游客的探访，可以被认为是提升中小博物馆质量、盘活基层博物馆资源的一个良好范本。

【注释】

[1] 中国社会科学院语言研究所词典编辑室：《现代汉语词典》（第 7 版），商务印书馆，2016 年。

[2] 上海辞书出版社：《辞海》（第 7 版），上海辞书出版社，2020 年。

[3] 同 [1]。

[4] 同 [2]。

[5] 马吕斯·巴鲁，《塞纳省和巴黎市：历史研究的一般概念和书目》，雷诺丹，1910 年。

[6] 乔治·布律内尔：《巴黎市立博物馆的起源和早期行政管理的发展》，尚塔尔·乔治勒主编：《巴黎市的大型捐赠》，法国艺术史研究所，2015 年。

[7] 皮埃尔·皮农：《路易－皮埃尔和维克多·巴尔塔德》，遗产出版社，2005 年。

[8] 凌静源译：《巴黎市政厅博物馆监察报告》，2009 年。

[9] 同上。

[10] 同上。

[11] 同上。

[12] 同上。

[13] L. de 1901

[14] 珍娜·夏尔马松：《"市立博物馆联合成立公共机构"，《艺术知识》杂志，2012 年。

[15] 巴黎博物馆联盟网站。

[16] 巴黎博物馆联盟档案资料。

地域文化视角下乡村博物馆特色化发展路径探析
——以浙江省台州市为例

胡龙超（四川大学）

摘要： 乡村博物馆是传承地方历史文化、展示地方文化内涵的对外窗口和重要载体，有利于加强农村公共文化建设，为乡村振兴提供强大的精神动力。然而，当前多数乡村博物馆存在定位不够准确、挖掘不够深入等问题，难以展现乡村的地域文化特色，如何实现特色化发展成为乡村博物馆亟待解决的难题。因此，本文从地域文化的视角出发，以浙江省台州市乡村博物馆的发展为例，梳理并分析了台州海洋文化的丰富内涵，结合温岭市海洋民俗馆、玉环市漩门湾农展贝雕馆和三门县岩下海洋生物馆等案例，深入剖析台州市乡村博物馆建设的现存问题及产生原因，并针对性地提出优化路径，以推动乡村博物馆的特色化发展，为其他地区乡村博物馆的建设提供一定的参考。

关键词： 乡村博物馆 地域文化 特色化发展 海洋文化

乡村是中华文明的基本载体，承载着一代代人的乡愁与乡土记忆。2017 年 10 月 18 日，党的十九大报告提出乡村振兴战略，乡村振兴是产业、人才、文化、生态、组织的全面振兴。文化振兴是乡村振兴的铸魂工程，唯有文化兴方能为乡村振兴提供强大的精神动力。建设乡村博物馆是展示乡村地域文化特色的有益探索，响应了乡村振兴战略中"繁荣发展乡村文化"的战略要求，有利于推动优秀传统文化的保护与传承，提高当地居民的认同感与自豪感，为乡村的可持续发展筑牢思想文化层面的根基。然而，作为新兴事物的乡村博物馆在发展过程中遇到了诸多问题，陷入了定位不准、展品雷同、人才匮乏、后期运营难以为继的困境。因此，乡村博物馆如何实现特色化发展这一议题具有重要的现实意义。浙江台州负山面海，依海而兴，孕育和发展出了独特浓厚的海洋文化。在浙江省乡村博物馆第一批认定名单中，台州市有三家展览主题涉及海洋文化的乡村博物馆位列其中。基于此，本文从地域文化的视角出发，以浙江省台州市的三家乡村博物馆为例，深入分析台州市乡村博物馆建设的现存问题及产生原因，尝试探究乡村博物馆的特色化发展路径。

一、台州海洋文化的解构与分析

俗话说，一方水土养一方人。地域文化指在一定地理区域内，历史形成并被人们所感知和认同的具有浓厚的地域特色的各种文化现象[1]。台州市位于浙江省东南部，地处我国南北中心点、海陆交界处，东临东海、海域辽阔、依海而兴，孕育出了浓厚的海洋文化。明代人文地理学家王士性曾这样描述台州的地理位置："吾浙十一郡，唯台一郡连山，另一乾坤，围在海外，最为据险。"[2] 作为"海滨之民"的台州人民很早便将目光投向广袤无垠的海洋，积极开拓海洋空间，创造出绚烂多彩的海洋文化。

台州海洋文化内涵丰富、种类繁多，有着丰富的表现形态。一是海洋民俗文化，台州下辖九县、市、区，其中六个区域濒海，沿海渔区的渔民在长期征服大海的过程中形成了独具特色的渔家民俗，如修建妈祖庙祭拜妈祖以祈求出海平安畅顺、渔业丰收等。二是海港商贸文化，台州海岸线曲折绵长，拥有众多港湾，历来是海上贸易的重要门户，如宋代台州章安、松门两地曾设立市舶务，自此台州与日本、朝鲜等地的官方与民间贸易都变得更加频繁。三是海塘水利文化，台州历史上频遭台风之灾害，面对自然灾害，台州先民因地制宜地兴修海塘等水利工程，历代海塘遗迹是先民改造自然的真实例证，是留给后代的宝贵的历史文化遗产。四是海洋休闲文化，台州山奇水秀、兼得山海之利：临海桃渚集军事古城、亿年火山和田园风光为一体，宋代文天祥称其为"海上仙子国"；玉环大鹿岛有"东海翡翠"的美称，是中国唯一的海岛森林公园；温岭石塘渔村三面环海，房屋、道路皆用石块砌筑，形成了"屋咬山，山抱屋"的建筑景观，有着旖旎的海滨风光。

二、台州市乡村博物馆的发展现状与困境

浙江是全国三个乡村博物馆建设试点省份之一。2022 年 4 月，浙江省文化和旅游厅、浙江省文物局公布《浙江省乡村博物馆建设指南（试行）》（下称《指南（试行）》），提出"'十四五'期间，全省建成乡村博物馆 1000 家。其中，2022 年建设乡村博物馆不少于 400 家"[3] 的建设目标。台州市积极推进乡村博物馆建设，计划于 2022 年完成全市建设 36 家乡村博物馆的工作任务。

（一）案例简析

2022 年 5 月 15 日，浙江省文物局公布首批通过验收认定的乡村博物馆名单并授牌。台州市共有四家乡村博物馆上榜，其中有三家博物馆的展示主题与海洋文化有关，分别为温岭市海洋民俗馆、玉环市漩门湾农展贝雕馆和三门县岩下海洋生物馆。本文选取这三个具有代表性的乡村博物馆案例进行简要分析，总结其值得学习借鉴之处及存在问题，为类似主题的乡村博物馆的发展建设提供参考。

1. 温岭市海洋民俗馆

温岭市海洋民俗馆坐落在台州市温岭市石塘镇里箬村，依托省级文物保护单位陈和隆老宅修建而成，2010 年 3 月正式开馆。整个展馆共分为"渔村小叙""海角版画""百年鼓舞""七夕祈福""海洋花开"等五个展厅和大奏鼓传习所，展出了海洋生产生活用具、民俗（表演）道具以及温岭海洋剪纸、海角版画作品等实物及相关陈列图片。展馆立足温岭的海洋文化，将文物与非物质文化遗产相结合，介绍大奏鼓的来源、发展及其表演道具，展示石塘"小人节"的特色民俗，充分展现了温岭石塘的海洋民俗文化。然而，馆内陈列展示形式单一，除民俗

文物外，大多是静态的文字、图片的资料介绍。陈列对于地方民俗文化的阐释与展示仍停留在"物"的层面，对于民俗文物背后的人文精神的刻画不够深刻，民俗文化的地域性特征不够突出。

2. 玉环市漩门湾农展贝雕馆

玉环市漩门湾农展贝雕馆位于玉环市漩门湾农业观光园，由农展馆和贝雕馆两个场馆组成。农展馆陈列传统农具及各种捕鱼工具，反映了悠远的玉环海岛农耕文化与渔文化。贝雕馆集中展出造型多样的贝雕工艺品，展现了玉环独特的贝雕艺术。"玉环贝雕"于2006年被列入第一批台州非物质文化遗产名录。农展贝雕馆依托漩门湾农业观光园的旅游资源优势，推动文旅深度融合，提升观众的参观体验。同时，该馆作为玉环市中小学研学实践基地，积极开展研学教育活动，取得了良好的社会效益。尽管展馆着重展示玉环的海岛文化，但陈列乏见作为海岛文化创造者和拥有者的人的形象，博物馆"物"与人关系的割裂导致展览难以与当地民众产生情感层面的互动。

3. 三门县岩下海洋生物馆

三门县岩下海洋生物馆位于三门县横渡镇岩下村，是一家非国有专题博物馆，于2018年正式对外开放。岩下村历史文化积淀深厚，至今仍保存着传统四合院式的明清古建筑。岩下海洋生物馆以岩下特色串楼义门道地为场馆，陈列由"海洋生物""奇石世界""根雕艺术""竹编艺术""书画·艺术""瓷器艺术"等六部分组成。该馆主要展出海洋生物标本和各种奇石，在传播海洋文化及奇石文化知识的同时，也为观众展现了古建筑的"石雕、木雕、灰雕"三雕艺术，实现了海洋文化元素与古村落的有机结合。在文旅融合的发展背景下，该馆结合当地的旅游资源，力图将博物馆打造成极具吸引力的旅游目的地。然而，馆内旅游配套设施亟待优化与完善，展示氛围较为单调沉闷，文物展示手段较为单一，缺乏多层次的展示手法，枯燥无味的陈列展览服务难以给游客带来良好的旅游体验。

（二）存在问题分析

当前台州市乡村博物馆的发展建设面临展馆定位不准、运营管理水平低下、展示内容"见物不见人"、展示形式单一、缺乏多向的交流与合作等问题，其中部分问题也是其他乡村博物馆存在的共性问题。

1. 展馆定位不清，缺乏地域特色

由于展馆目标定位不准，不少乡村博物馆呈现出内容相似、展品雷同、特色不鲜明的问题，面临"千馆一面"的尴尬处境。部分乡村博物馆对乡村文化资源的挖掘不够深入，一味照搬其他地方的先进经验[4]，陈列内容缺乏对乡村地域文化符号的凝练，征集得到的藏品蕴含的地域特色不够鲜明，整体缺乏亮点与吸引力。以台州市为例，濒海地区的一些乡村博物馆对于海洋文化的诠释十分相似，展厅内几乎都展出有破旧的渔网、桅头旗、舵、锚、梭子箩等渔业生产用具，千篇一律，难以给观众留下深刻的印象。

2. 展馆管理不善，运营水平亟待提升

不少乡村博物馆在经历热闹的开馆阶段后便进入了门可罗雀的守馆阶段，有的甚至走向了闭馆的结局。造成乡村博物馆"热闹开，冷清守，无声关"[5]这一现象的症结在于其运营管理机制尚不完善，经营理念落后。具体而言，展馆基本设施不完备，设备老旧，硬件水平普遍较低；服务意识淡薄，服务水平低下，部分展馆尚未开展讲解、社教与研学活动等配套服务项目，能为公众提供的公共文化服务有限；宣传推广工作不到位，缺乏多元的营销模式，

自身造血能力十分薄弱，一些地方甚至存在当地居民都不了解本地乡村博物馆的现象。这些问题导致乡村博物馆在实际的运营过程中缺乏后期的持续力，发展后劲不足。

3. 展示内容单薄，见物不见人

人是历史和文化的创造者。从 "地域文化" 的内涵来看，人在地域文化的形成与发展过程中发挥了至关重要的主体作用。乡村博物馆是乡土文化的重要展示平台，其宗旨在于展示、传播、收藏和传承地方特色文化，展现地方风土人情与精神风貌。然而多数乡村博物馆的陈列仅揭示了展品的名称、材料等表层的本体信息，对于展品与作为文化创造者和拥有者的人之间的联系与故事的刻画着力不够，难以塑造和展现独特的 "地方风格" [6]。以玉环漩门湾农展贝雕馆为例，展览突出展示了一些渔业生产用具和精美的贝雕艺术品，但鲜少呈现渔民、贝雕手艺人等与实物展品密切相关的形象。地域文化不能脱离其创造者和拥有者而单独存在，"见物不见人" 的表达方式造成了人的形象的缺位，难以打动观众并生成深刻的情感体验。

4. 展示形式单一，缺乏多样性与互动性

当前大多数乡村博物馆的陈列以实物展品、图文展板等静态展示为主，互动性弱，仅实现了博物馆物与观众之间的单向输出。某些心理学研究学者发现，当视域中的某些永不变化的因素反复出现时，人甚至是低级动物都会停止反应 [7]。由于人的视觉更偏向于关注有变化的事物，单一静态的图文展板难以引发观众的关注。温岭海洋民俗馆的大奏鼓传习所仍然遵循传统博物馆以静态为主的展示方式，展示空间的参与感和交互感较弱，难以拉进观众与大奏鼓民俗舞蹈这一非物质文化遗产之间的距离，观众也难以通过参观展览了解大奏鼓舞蹈的表演形式，感受到大奏鼓舞蹈反映的渔民乐观豪

迈的壮阔胸怀。

5. 展馆缺乏多向的交流与合作

乡村博物馆相较国家级、省市级的 "大馆"，并不具备在资金、人才等方面的天然优势。然而不少乡村博物馆仍旧选择 "单打独斗"，缺乏多向的交流与合作。这里的 "多向" 指馆与馆、馆与校、馆与社会组织、馆与当地居民之间的交流合作 [8]。具体而言，乡村博物馆与同级别的博物馆及 "大馆" 之间的馆际交流较少，未能做到及时吸收与学习先进的工作经验，难以实现资源共享与优势互补；不少乡村博物馆尚未与当地学校开展深度合作，融合博物馆资源与教学资源，培养学生的博物馆意识；乡村博物馆与当地社会组织（如志愿者组织、学术团体等）之间缺乏互助协作，未能依靠社会力量增强博物馆的知名度与影响力，实现互惠共赢；乡村博物馆与当地居民之间的联系不够紧密，脱离居民生活，以致居民对其不甚了解，认同度较低。

三、原因分析

通过分析台州市乡村博物馆的发展现状及现存问题，笔者认为导致上述几点问题的主要原因包括相关制度不完善、资金短缺、专业人才匮乏等几个方面。

（一）相关制度不完善

当前我国乡村博物馆的发展仍属于初级阶段，现行的相关管理制度、规章制度、审查与监督机制、帮扶机制等制度尚不完善。首先，大多数乡村博物馆建成后缺乏配套的管理机制，管理的不规范导致机构设置不合理，活动开展不到位，责任主体不明确 [9]。其次，一些规模较小的乡村博物馆尚未建立有关展馆运行维护、藏品管理与安全、安保消防等方面的规章制度，

公共服务品质较低。再次，审查与监督机制的不健全容易造成部分展馆的懒怠经营，不利于乡村博物馆的长期稳定发展。最后，一些地区尚未形成和落实针对乡村博物馆的帮扶政策，展馆的提升改造工作进展缓慢。需要指出的是，《指南（试行）》这一纲领性文件虽对乡村博物馆的基本定义、建设目标、建设要求、服务要求、运营管理要求等做出了明确规定，具体制度仍然需要各市、县政府根据实际情况做出具体规定。

（二）经费不足，缺乏资金保障

当前我国博物馆的运行经费多依靠国家财政资金的拨付和补助。尽管近年来中央及地方财政出台了不少针对乡村博物馆的鼓励和扶持政策，但乡村博物馆能够得到的财政投入有限[10]。乡村博物馆中的非国有博物馆占比不在少数，其经费需求难以得到国家财政的支持和保障。资金不足、经费短缺是严重阻碍乡村博物馆高质量发展的瓶颈。由于经费有限，乡村博物馆的规模布局、基础设施建设、陈列设计等方面受限；由于经费有限，乡村博物馆的项目运营和整改提升工作难以开展；由于经费有限，乡村博物馆的专业技术人员待遇不高，难以招募到技术型和管理型人才。国家财政投入力度薄弱，经费保障体系不完善，加之乡村博物馆自身造血功能不足，这些因素导致乡村博物馆的运营管理面临重重挑战。

（三）人才匮乏，专业人才配备不足

当前专业人才的数量和质量远远不能满足乡村博物馆的发展需求。在现行的国有博物馆体制内，台州市的国有乡村博物馆是台州市文化广电和旅游局的下属单位，人员编制名额少。其中现有工作人员年龄普遍偏大，学历层次偏低，不少人员是从不同部门抽调进入岗位，受过系统科班训练的博物馆相关专业毕业的人员仅占少数，专业人才缺口很大。其次，对于馆内工作人员的专业培养不够，缺少系统性教育培训，专业技术人才队伍建设滞后，严重缺乏展陈设计、文物研究、运营管理方面的人才。再者，与省市级博物馆等"大馆"相比，大部分乡村博物馆的薪资待遇较低、职称评定困难、个人上升空间有限，对专业人才的吸引力较低，难以招揽高素质专业人才。

四、发展路径

针对当前台州市乡村博物馆建设面临的重重困境，本文将从优化制度建设、找准发展定位、加强交流合作、丰富展览内容、提升展示手段等方面探讨乡村博物馆实现特色化发展的优化路径。

（一）加强政府引导，建立健全相关制度

正如当前浙江省的做法，乡村博物馆的规范化建设与运营离不开政府的支持与引导。在政府部门的主导下，推动县区、乡镇政府为乡村博物馆制定切实有效、可行性强的发展规划，挖掘当地文化特色，结合现有成熟的文旅资源，找准发展定位，注重乡村博物馆的特色化建设。积极探索长效运营管理机制，吸纳村民个人、乡贤、工商资本、村集体、社会组织等主体，社会多方合力以实现博物馆长效管理。如丽水市松阳县结合各生态博物馆具体情况，鼓励社会力量参与投资运营，构建商会、乡村联建共管机制。加快构建乡村博物馆的审查与评估体系，建立乡村博物馆的监督机制，强化监督管理主体，将乡村博物馆纳入体系统一管理，把控建设质量，督促建设进度，进一步推进乡村博物馆的规范化管理进程，以实现长久稳定的发展。

此外，政府应当加强帮扶指导，充分发挥市、

县级国有博物馆的龙头作用，按照"一馆一策"的要求开展点对点结对、手把手帮扶工作，切实推动乡村博物馆提质升级。健全针对乡村博物馆的扶持机制，加大协调、对接力度，积极对接、争取各相关部门资金支持，强化乡村博物馆改造提升项目的资金保障，引导社会资金以多种方式进入博物馆领域，激发乡村博物馆自身的造血功能。除了资金方面的扶持，政府也应当加快建立"引贤、引才"机制，采用"柔性机制"，让乡贤与人才回归乡村，吸纳专业技术人才，强化人才队伍的管理、策划、设计、讲解培训，助力乡村博物馆的建设运营与乡村振兴[11]。

（二）挖掘文化资源，展现地方特色

不同的地理条件和人文环境塑造了富有地域特色的乡村本土文化。乡村博物馆承载着展示、传播、收藏和传承地域历史文化、特色文化、革命文化及乡村生产生活的重要使命。明确自身定位，深入挖掘地方文化资源是乡村博物馆实现特色化发展的重要前提。乡村博物馆不应贪求"大而全"的建设模式，而是应当系统梳理和研究本地文化资源，找准自身定位，打造"小而精"的文化空间。例如，山东省淄博市李家疃村拥有完整的明清古建筑村落，李家疃乡村记忆博物馆因地制宜地在展览中融入当地独特的建筑文化符号，大力推动了当地乡村旅游的发展。借鉴这一思路，三门岩下海洋生物馆应当注重结合展馆的建筑特色，依托岩下古村的旅游资源，突出"一村一品"，立足并推动文旅融合，整合开发乡村研学精品线路，打造富有地方特色的文化品牌，走好"博物馆+旅游"之路，最终通过乡村博物馆的建设实现既"富脑袋"又"富口袋"的全面发展。

（三）增进对外交流，加强多向合作

加强多向的交流与合作是实现乡村博物馆高质量发展的重要途径。第一，加强馆际之间的交流合作。增进与同等级的乡村博物馆之间的沟通交流，以地域文化为依托，挖掘并突出自身特色，实现优势互补。与省市级博物馆等大馆建立结对共建关系，大馆能够给予乡村博物馆在展览策划、藏品管理、社会教育等方面的业务指导，发挥其行业优势。第二，加强馆校之间的深度合作，增进学生对地域文化的了解。以地域文化为抓手，设计开发有关台州海洋文化的馆校合作教育课程，通过馆校合作共建项目为学生打造优质的第二课堂。第三，加强与当地社会组织的交流合作，乡村博物馆可以联合航海协会、海洋环境保护志愿者协会等社会组织，通过开展海洋环保宣传、清滩净滩等活动，提升乡村博物馆的知名度与影响力。第四，加强与当地居民之间的交流合作，提升村民的认同感与归属感。乡村博物馆可以通过举办海洋知识竞赛、渔业生产技能大赛等多种形式的活动，提高村民的参与度，培养在地居民保护海洋文化遗产的意识。

（四）丰富展览内容，展现人文精神

作为"记忆之场"的乡村博物馆守护着世世代代的乡土历史记忆，通过平凡的传统乡土器物诠释乡村生活的时空结构以及与生命本质有关的体验，激发和维系乡情乡愁[12]。除了收藏与展示反映乡村历史文化与地域特色的器物外，乡村博物馆也要关注器物背后的个体生活与生命历程。浙江省丽水市青田方山乡的"华侨系列"展馆围绕华侨文化的金名片，联系当地文化能人，精心筛选侨史，展现华侨开拓创新的思维与深沉的爱国情怀，从情感上打动观众并留下深刻的印象。从这一角度出发，温岭海洋民俗馆可以在展览中引入渔民、大奏鼓表演者等群体的形象，讲述地域文化创造者的故事。笔者所述的"展示人的形象"并非指在展厅内摆放人形模特，而是引入渔民、非遗传承人等群体的视角，通过口述访谈等方式记录并展示鲜活的个人经历与集体记忆，丰富展览的叙事角度，激发观者的情感共鸣，提升在地居民的认同感与归属感。

（五）提升展示手段，优化观展体验

随着"体验时代"的到来，观众不再满足于传统的参观模式，而是希望在参观过程中获得个性化的多元体验[13]。《指南（试行）》鼓励乡村博物馆"利用现代科技手段进行展览展示和导览"，采取多种展示手段，提升观众的参观体验。杭州桐庐县莪山畲族馆在展陈中引入多种数字化多媒体展示形式，如畲语互动问答、投影婚嫁短片、数字试衣镜等，带给观众多元有趣的体验感受；在西河粮油博物馆的体验区，观众可以使用已有三百余年历史的榨油机，体验纯手工榨油的过程。以台州温岭海洋民俗馆为例，由于非物质文化遗产的"非物质性"和"动态性"，现有的静态展示方式难以传达大奏鼓舞蹈生动的文化内涵。因此，笔者建议该馆可以采用实物与音像资料相结合的方式，通过音像资料展现大奏鼓舞蹈的表演形式，融入表演者的形象，丰富视觉及听觉层面的体验，传达舞蹈当中蕴含的石塘渔民粗犷奔放的气质，增强展览的生动性与共鸣性，切实发挥乡村博物馆保护乡村文化遗产的关键作用。

五、结语

乡村博物馆发源于乡村，生长于乡村，是构建区域文化认同与集体记忆的桥梁。乡村博物馆不仅是讲述乡村故事、展示乡村地域特色的公共文化空间，同样也是文化赋能乡村振兴的重要载体。由于相关制度尚未完善、资金不足、专业人才稀缺等原因，当前台州市乡村博物馆的发展建设存在诸多问题：展馆定位不清，展品雷同，缺乏地域特色；展馆管理不善，运营水平亟待提升，发展后劲不足；内容单薄，见物不见人，缺少渔民、非遗传承人等形象；展示形式单一，多样性与互动性欠缺；馆与馆、馆与校、馆与社会组织、馆与当地居民之间未能实现有效的交流与合作。为更好地解决上述问题，促进乡村博物馆的特色化与高质量发展，笔者建议应当强化顶层设计，加强政府引导，建立健全相关制度；深入挖掘地方文化资源，明确展馆定位，展现地方特色；加强馆际、馆校、馆与社会组织、馆与当地居民之间的交流与合作；丰富展览内容，展现人文精神，触发与观众的情感链接；提升展示手段，综合运用多种展示方式，优化观众的参观体验。

由于笔者能力和时间限制，本文仅调研分析了台州市内三家通过首批验收认定的乡村博物馆，并未对博物馆相关工作人员、主管部门等相关方进行深入调研，研究视野和相关结论具有一定的局限性，希望在未来的研究中加以改进与提升。

【注释】

[1] 雍际春：《地域文化研究及其时代价值》，《宁夏大学学报》（人文社会科学版）2008 年第 3 期。

[2] [明] 王士性撰，吕景琳点校：《广志绎》，中华书局，1997 年，第 68 页。

[3] 浙江省文物局：《浙江省乡村博物馆建设指南（试行）》，http://wwj.zj.gov.cn/art/2022/3/9/art_12296331999_58879746.html.

[4] 王丽丽：《浅析乡村博物馆未来走向》，《中国民族博览》2018 年第 4 期。

[5] 谢盼盼、董笑雨：《乡村博物馆如何避免热闹开、冷清守、无声关？》，https://www.chinanews.com.cn/cul/2022/06-07/9773427.shtml.

[6] 程震寰：《地域文化视角下博物馆地方风格形成研究——以安徽博物院为例》，吉林大学硕士学位论文，2019 年。

[7] （美）鲁道夫·阿恩海姆著，滕守尧译：《视觉思维——审美直觉心理学》，四川人民出版社，1998 年，第 27 页。

[8] 刘俊杰：《河南省乡村博物馆研究》，河南大学硕士学位论文，2019 年。

[9] 刘俊杰：《河南省乡村博物馆研究》，河南大学硕士学位论文，2019 年。

[10] 陈昌平、林莉：《多管拓源模式的乡村博物馆经费保障体系建设研究》，《统计与管理》2020 年第 7 期。

[11] 陈引奭、周欢：《文化赋能 筑梦共富——乡村振兴中的乡村博物馆建设之思考》，http://wwj.zj.gov.cn/art/2022/7/11/art_1229633200_58881047.html.

[12] 殷波、潘鲁生：《乡村博物馆，与乡村生活共生》，《美术观察》2021 年第 5 期。

[13] 包晗雨、傅翼：《试论体验时代基于新媒体技术的博物馆交互展示》，《中国博物馆》2021 年第 4 期。

浅谈总馆体制下的博物馆实践和发展愿景
——以杭州西湖博物馆总馆机构改革为例

傅宏明（杭州西湖博物馆总馆）

摘要： 2020 年 5 月，杭州西湖风景名胜区事业单位机构改革，三家专题博物馆整合组建为杭州西湖博物馆总馆。根据改革精神和编办"三定"方案，西博总馆通过"综合管理、核心业务、运维保障"三大板块运作；优化资源配置和机构设置，积极稳妥推进改革前期工作，实现三大馆区"文物藏品、场馆资源、专业人才、管理服务"四个打通，为三馆原有西湖、南宋官窑、名人文化属性的相互融合打下基础。"十四五"时期，西博总馆聚焦主责主业，根据发展目标"高质量；品牌化；社会公益化；智能化"四大纲要，加强"场馆软硬件""社会教育""文化品牌""文保科技""文旅融合""学术研究""人才培养"等重点领域拓展；强化公益服务职能，努力推动让文物活起来。2035 年愿景目标，西博总馆将以实现"活化""数字化""跨界""融合""一体化"五个关键词为目标，重点推进博物馆治理体系和治理能力现代化，让博物馆与社会大众联系起来；扩大西湖文化影响力和话语权；促进中外人文交流；推动文博工作融入现代社会；公共服务效能显著提升；推动文物工作与经济社会发展一体化，为西湖景区打造成为"世界遗产活化的典范、改革开发展示的窗口、东方文化的精神家园"发挥应有的作用。

关键词： 杭州西湖博物馆总馆 机构改革 总馆体制 博物馆实践 发展愿景

2020 年 5 月，按照《杭州市市属事业单位改革实施意见》精神，杭州西湖风景名胜区管委会事业单位机构改革工作要求和部署，原"杭州西湖博物馆、杭州南宋官窑博物馆、杭州名人纪念馆"整合组建为杭州西湖博物馆总馆。杭州西湖博物馆是中国第一座湖泊类专题博物馆；杭州南宋官窑博物馆是中国第一座在古窑址基础上建立的陶瓷专题博物馆，包含南宋郊坛下官窑遗址和展厅以及老虎洞修内司南宋官窑遗址；杭州名人纪念馆前身杭州章太炎纪念馆则是杭州市首家名人类纪念馆，后更名杭州名人纪念馆，由杭州章太炎纪念馆、张苍水先生祠、杭州苏东坡纪念馆、于谦祠、唐云艺术馆、司徒雷登故居、于谦故居等 7 处场馆组成。西博总馆辖区还有各级文保单位 6 处，其中国保单位 2 处："于谦墓""郊坛下和老虎洞窑址"；省保单位 3 处："章太炎墓""张煌言墓""司徒雷登故居"；市保单位 1 处："于谦故居"，主要坐落在西湖景区、有两处名人故居则分布在上城区和拱墅区。

一、推进体制机制改革，规范管理体制和运行机制

（一）坚持积极稳妥的推进改革

三家各具特色的专题博物馆机构改革合并后，就需要将内部资源整合，总馆新任领导班子统筹谋划、积极探索、积极稳妥推进改革。

首先突出问题导向、目标导向、效果导向，注重统筹协调，坚持先立后破、不立不破，积极稳妥做好政策衔接、业务衔接和工作衔接，建设统一的上下对口、条块结合、分工明确的总馆管理体系。完善工作制度，规范日常管理工作，通过"综合管理、核心业务、运维保障"三大板块，扎实推进总馆前期工作。在有序推进事业单位改革后续事务工作的同时，由总馆牵头部署分工，各馆区工作有计划、有步骤、分阶段地开展好各项工作，确保改革平稳有序、改好改活、安静平静、务求改革取得实效。

（二）科学定位总馆职能，优化单位人力资源配置和机构设置

市编办的"三定"方案："杭州西湖博物馆总馆机构类别为公益一类，主要承担杭州西湖、杭州名人、南宋官窑文物及相关物证的收藏、保护、研究和展示，以及相关文化的研究、传承、展示、宣传、对外交流和文旅融合等工作。开展西湖学相关研究工作。承担杭州西湖风景名胜区网络和新媒体宣传与舆情监测工作。承担杭州西湖风景名胜区档案业务管理事务性工作。完成杭州西湖风景名胜区管理委员会交办的其他任务。"根据编办规定的总馆主要职责，需要将杭州西湖文化、南宋官窑文化、杭州名人文化紧密串联起来，同时也要为三家博物馆的馆藏文物、人才及馆舍等资源的实质性整合和优势互补奠定坚实的基础。

为此，总馆根据其承担的社会功能和主要

职责结合单位实际，明确了内设机构及具体职责和目标任务。重新设置内设机构 11 个部门，分别为：党政办公室、综合管理部、西湖学研究部、网络宣传部、档案管理部、陈列展览部、藏品管理部、社会教育部、科研文保部、文旅融合部、信息技术部。结合部门职责的进一步优化，使总馆格局重塑、组织重构、流程再造，工作重点更为突出，组织架构合理科学，管理流程顺畅，真正实现三个馆区"文物藏品、场馆资源、专业人才、管理服务"四个打通，总馆整体格局得到全面提升，为三馆原有文化属性相互融合，在各自优势领域继续做强做大，共同开启总馆新征程，谋划新篇章打下坚实基础。

二、聚焦主责主业，制订"十四五"发展目标四大基本纲要，加强重点业务拓展

（一）"十四五"时期总馆发展目标四大基本纲要

"十四五"期间，总馆将认真贯彻执行《博物馆条例》，对照《西湖风景名胜区总体规划》、《西湖风景名胜区十四五全域提升建设规划》等上位规划再融入，进一步做细做实博物馆规划。

1.首先把握发展"高质量"，加强博物馆顶层设计、深化发展目标，注重规划的全面性、战略性、前瞻性、针对性，切实发挥规划的把脉导航作用。

2.未来发展把握"品牌化"，以大品牌串小活动，提升博物馆辐射力和影响力。

3.坚持"社会公益化"，以文化开放的理念，不断强化博物馆作为公共文化服务机构的属性，进一步整合社会资源，联动社会团体、个人，

提高公共文化服务的功能和水平，努力成为西湖文化传播中心与体验中心。

4. 把握"智能化"，将致力于构建智能化基础下的博物馆产业升级作为前瞻性、导向性方针，加强线上数字资源和智能化科技的整合力度，打造博物馆特色亮点。借助互联网传播平台，借助新科技、新平台，打破地域限制，扩大博物馆文化传播覆盖面。

（二）按照国家一级博物馆标准，拟在"场馆展陈提升""丰富社会教育""擦亮文化品牌""加强文保科技""促进文旅融合""深入学术研究""人才队伍培养"等七个方面着力，按既定目标、措施，逐步落实各项工作任务

1. 在"场馆建设、展陈提升"方面

（1）首先通过严要求、高质量的工程建设，积极推进下属场馆建设、展陈提升、遗址保护。其中杭州苏东坡纪念馆、唐云艺术馆展陈提升工程、张苍水先生祠修缮工程、杭州西湖博物馆总馆安防系统提升改造项目将在今年完工；西博总馆下属馆区建筑紧急抢修工程项目、文物库房提升改造项目、展厅设施设备提升工程、南宋官窑遗址整治提升工程等项目正在积极筹划，争取项目立项。

（2）积极提升策展水平，推出精品展览。

展览不仅是博物馆业务工作的龙头，也是博物馆最大的文创。"十四五"期间，总馆将围绕西湖、名人、陶瓷、南宋等文化主题，打造原创性专题展览，策划系列精品展览。通过"走出去，请进来"，积极谋求并拓展与国内外博物馆在展览交流上的合作，策划有影响力、有良好社会效益的大展。

（3）探索智慧博物馆，数字化建设取得新突破。

秉持绿色发展理念，展陈的数字化建设是博物馆发展的重大趋势，西博总馆积极谋划博

物馆展项数字化提升项目。为强化观众互动性，让古窑址活起来，目前官窑遗址展示区已引进了AR新媒体展示手段；"章太炎纪念馆固定陈列"已作为浙江省博物馆数字陈展应用创新和探索项目之一，开展数字虚拟展览及语音导览制作，并纳入文博数字网络信息平台"博物馆——浙江博物馆聚落平台"；为增强观众的观展体验，今年完工的苏东坡纪念馆陈设提升工程也将改进展览手段，通过数字化展陈空间，打造沉浸式体验展厅，来更好吸引观众。

2. 在"丰富社会教育"方面

树立"大社教"理念，积极开展各种合作，送展览、课堂进学校、社区、企业，完善提高青少年第二课堂活动，让社会教育对观众、青少年产生较好的吸引力和辐射力。

与高校合作，开展"直播拓展课堂"课程试验，探索如何在5G传输技术条件下，实现博物馆展陈内容与学校素质拓展课堂相结合的教学方法试验。推进博物馆优质教育资源在线辐射农村和边远地区薄弱学校，发展场景式、体验式学习和智能化教育。

完善博物馆网站，利用微信等网络新媒介宣传推广文博工作。继续推广西湖文化线上展示，介绍博物馆文物藏品与经典特色展览，推出"线上赏文物""宅家云看展""线上微课堂"。结合热门平台抖音、哔哩哔哩等，继续推出"名人馆的文物会说话""名人讲堂""直播展览讲解"等系列节目。

加强馆藏文物、杭州西湖名人数据库建设，为杭州历史文化资源的保护利用及西湖、陶瓷、名人、南宋文化研究教育提供必要的数据资源。

3. 在"擦亮文化品牌"方面

文化的传播需要更加生动的载体，总馆将不断创新，推出西湖系列文化活动，打造文化品牌，继续做强做大杭州市青少年西湖明信片

大赛、童画杭州名人主题大赛、杭州市中小学生陶艺大赛、相约西湖等四大品牌活动。同时推出"风雅宋"系列南宋文化体验活动。

4. 在"加强文保科技"方面

以文物建筑、砖石质文物、墓葬、窑址和馆藏可移动文物保护与利用为抓手，全面提升文保科技和文物保护管理利用的综合能力。

建立野外文物的预防性安全保护系统，对"于谦墓""张煌言墓""章太炎墓"安装预警报警系统。同时探究积极有效的技术保护措施，保护国保单位"于谦墓"、省保单位"张煌言墓""章太炎墓"砖、石质文物，减少自然环境对文物本体的损害，延长文物寿命。

结合南宋郊坛下窑址、老虎洞窑址的保护管理和工程建设，进行多学科系统的研究，开展《中国南方潮湿地区土遗址保护调查与解决策略研究》的探索。

开展跨学科合作，做好科研相关实验室的筹划工作，如：陶瓷器保护修复实验室、分析检测实验室；纸张、纺织品保护（修复、裱画）实验室，对馆藏陶瓷、书画、古籍等珍贵文物、资料开展抢救性、预防性保护。

5. 在"促进文旅融合"方面

坚持以文塑旅、以旅彰文，推动优秀文博资源与旅游、创意设计等产业融合，打造独具魅力的西湖文化旅游体验、开发西湖文化创意产品。

根据场馆资源特色和时代发展需求，树立"知识旅游"的理念，把文化元素贯穿旅游消费全过程，推出多条文化旅游主题专线，如名人文化旅游路线、廉政文化旅游路线、红色文化旅游路线等。

深度发掘馆藏资源，采取合作、授权、独立开发等方式，促进资源、创意市场共享，开发一批符合青少年群体特点和教育需求的优质

文化创意产品，研发出更多具有文化创意高附加值，并能代表杭州西湖历史文化的创意产品。如推出智能化的西湖十景 AR 明信片，在传统明信片基础上叠加动画和语音，做好做精陶瓷系列文创开发等。

6. 在"深入学术研究"方面

积极开展西湖、名人、陶瓷、南宋文化研究，提升我馆整体学术研究水平，继续深化"西湖学"研究，开展西湖学研讨会，不断挖掘西湖学研究新成果，向社会公众充分展示杭州西湖的历史文化底蕴。

稳步推进研究成果的编撰出版，推进《西湖全书》《西湖学论丛》；"西湖丛书""名人与杭州西湖"系列丛书、"杭帮菜系列"丛书、"宋时四雅"系列丛书、《瓷语》馆刊的出版。

7. 在"人才队伍培养"方面

以建立健全文博人才"选管用育"服务机制为抓手，注重人才队伍建设，努力培养一支精通价值阐释、遗产保护、国际传播、文化创意、文化管理、文旅融合的复合型专业人才队伍，为博物馆事业的可持续发展提供专业和智力支撑。盘活单位内部人力资源，用好现有人才，注意选拔、培养好苗子，通过传帮带、干中学等方式，努力培养"政治强、业务精、会协调、善管理"的博物馆人才队伍；以提高专业水平和创新能力为重点，推进培训的内容方式与文博中心工作、重大项目的有机衔接，与文博工作者岗位职责无缝对接，增强培训的针对性、实用性和有效性；加强与高校、科研院所建立联合培养机制，扩大文博技能型人才培养的领域和规模，加快培养文物保护技能型人才和经营管理复合型人才；促进三大馆区员工之间的业务交流。

三、强化公益服务职能，努力推动让文物活起来

（一）充分挖掘西湖文化，发挥西博总馆在西湖景区的文化中枢作用

随着中国文化兴盛，社会公众对博物馆提出了更高的要求：1. 希望有更好的博物馆展览，展览不仅仅是立足于"看到好的文物"，而是要基于文物研究和学术研究基础上，策划有解读、有线索、有脉络、有想法的博物馆精品展览，观众对博物馆展览鉴赏能力的提升对博物馆展览提出了更高要求。2. 希望有更好的博物馆社会宣教活动。3. 希望有更人性化的参观体验，博物馆的观众调查需要更有针对性，更细分化，博物馆需要在新媒体应对、观众分流、参观引导等方面做出更多的尝试。

国际博物馆协会在近几年不断提出博物馆应发挥其社会作用的主张，2019 年的国际博物馆日，就将主题定为"作为文化中枢的博物馆：传统的未来"，聚焦博物馆作为社区、社群、社会活跃参与者的角色定位。西湖文化、名人文化、陶瓷文化、吴越、南宋、元明清、民国文化是聚合西湖景区，提升区域文化的主要元素，通过合理利用和充分挖掘，提供高质量的文化供给，能够增进区域公众的文化认同感和归属感，增进区域公众的幸福感和获得感。

西湖博物馆总馆需要在未来对自身发展针对问题导向，提出有战略性的规划。从自身做起，抢抓"东方文化精神家园"研究契机，系统梳理宋韵文化、吴越文化、明清文化等西湖千年文脉底蕴，通过书刊专辑、课题研究、学术论坛等多种方式，讲好西湖文化故事，拓展西湖文化的影响力，增进文化底蕴和文化认同，让西湖文化真正成为聚合社区，提升城市文化品位的推动力。

（二）拓宽全民参与渠道，进一步完善志愿者组织体系，让文物活起来

根据党中央、省市委对文化建设要求，要把西湖世遗文化研究好、展示好、宣传好、传承好，让更多的文物和文化遗产活起来。2022 年 8 月 18 日，中共中央宣传部、文化和旅游部、国家文物局发出《关于贯彻落实全国文物工作会议精神的通知》中也指出："努力推动让文物活起来。要不断彰显文物中蕴含的时代价值，充分发挥文物在提供公共文化服务、满足人民精神文化生活需求、涵养社会主义核心价值观等方面的作用。鼓励引导更多社会力量参与文物保护、修缮、展陈等，推进文化遗产志愿服务。"

西博总馆应拓宽公众参与博物馆管理和文物保护的渠道，积极发动市民参与，发挥志愿者作用，形成全民、全社会爱护、保护城市文化遗产和绿化的社会氛围，积极通过各种方式培育、建设志愿者队伍，使之成为博物馆场馆宣传服务的后备力量。

可以从以下几方面着手，为志愿者提供更多的服务机会和岗位：1. 为志愿者提供丰富的服务岗位。如博物馆除讲解之外，还可以参与图书、影像资料的整理、归档，文物的收藏、研究等。2. 尽可能为志愿者提供学习研究的条件。博物馆应定期举办面向志愿者的专家讲座，满足志愿者求知的愿望。3. 为志愿者提供交流和沟通的机会。博物馆可通过组织"博物馆之友"活动或利用志愿者园地、馆刊、网站等为志愿者提供交流和探讨的机会和平台。4. 肯定与承认志愿者的工作成绩。以表扬、展示和奖励的形式肯定志愿者自我、社会价值的实现。5. 出台相关激励办法并加强社会合作。可通过与志愿者签订志愿服务协议，明确可享受的优惠政策，可邀请参加讲座和活动，可打折购买自编的书籍和文化产品。

强大的社会志愿力量还能降低博物馆的管理成本，使西湖文化景观普世价值和遗产保护相关的知识得到广泛宣传和认知，使博物馆管理、西湖学研究、文物保护领域相关技能得以继承和发扬，让更多的文物和文化遗产活起来。

四、努力把西湖博物馆总馆建成文博领域治理体系和治理能力现代化的典范，努力实现 2035 年愿景目标

当下是创意无限、可能无限的时代，西博总馆作为杭州西湖风景名胜区的重要窗口，一定要加强党的建设，加强队伍建设、培训，优化内部运作，不断创新、不断变革，充分发挥文旅作用，善于引导，使文化真融合、广融合、深融合，努力把西湖博物馆总馆建成文博领域治理体系和治理能力现代化的典范，从而使西博总馆爱国主义教育基地、科普园地和具有特色的旅游引领性功能进一步得以发挥，达到经济效益和社会效益的双丰收，努力把西博总馆打造成为西湖文化的高地，更好发挥西湖在展示中华文化、促进世界文化交流中的积极作用。

对于未来十三年，杭州西湖博物馆总馆的愿景目标可以用五个关键词来表达。

（一）是"活化"：科学配置好总馆优势资源，通过活化利用，让场馆和文物活起来，让博物馆与社会大众真正联系起来。通过推广和弘扬中华优秀传统文化和社会主义核心价值观，充分展示和传播杭州西湖地域文明，不断提升西湖美誉度。具备国际思维，进一步推动举办海外展览，不断提升和扩大博物馆国际影响力，通过讲好新时代中国故事、西湖故事，影响能影响的地区，影响有影响力的群体，促进世界文明交流互鉴。

（二）是"数字化"：加强科技支撑，文物资源管理数字化，创新文物价值的挖掘阐释和认知传播方式。为了活化，我们会强化数字化建设，借助科技和网络的力量，盘活文物资源，推动发展线上数字化体验产品，博物馆可以从自身的视角对展览和藏品进行阐释，将话语权体现在文化解释权上，牢牢掌握意识形态工作领导权，进而对受众进行引导和教化，不断扩大西湖文化自身的影响力和话语权。

（三）是"跨界"：传播中华文化、西湖文化我们会借助外力，采用跨界的方式，让西博总馆充分参与到社会各个层面的活动中。深化"一带一路"文物交流合作，促进中外人文交流。在博物馆举办的文化交流活动也将日益频繁，与互联网、艺术界、企业界、外交界、学校、社区之间会产生纵横交错的联系。

（四）是"融合"：为推动文博工作主动融入现代社会，西博总馆将会走在超限融合的路上，积极探索与其他机构、其他业态进行跨语言、跨国度、跨民族、跨领域、跨媒介的深度合作。例如，博物馆与网络媒体的深度融合，将更好展示博物馆在微信、微博、抖音、哔哩哔哩等融媒体平台上的新形象，更受年轻观众的喜爱；博物馆与旅游的深度融合，将推动博物馆文化创意产业、博物馆旅游经济发展，以文化带动经济新的增长点；博物馆与科技深度融合，让博物馆成为最新科技惠及百姓的试验田。

（五）是"一体化"：提升公共服务水平，我们要进一步发挥总馆整体优势、规模优势，完善公共文化机构服务与管理系统，促进博物馆公共文化服务标准化，建立起一整套内部管理机制和统一的讲解、接待、宣传等社会服务标准，在下属场馆推广实施，构建主体多元、结构优化、特色鲜明、富有活力的杭州西湖博物馆总馆服务体系。促进三个馆区一体化、线

上线下一体化、博物馆和西湖景区旅游文化一体化，真正推动文物工作融入经济社会发展一体化。

作为杭州、西湖的文化客厅、改革的展示窗口，杭州西湖博物馆总馆影响力将迈上新台阶，"玩杭州，游西湖，逛西湖边的博物馆，把博物馆带回家！"的广告语将在游客中耳熟能详，西博总馆必将成为杭州必须的打卡地。

展望 2035 年，希望杭州西湖博物馆总馆能成为文博行业的西湖标杆，为西湖景区打造成为"世界遗产活化的典范、改革开发展示的窗口、东方文化的精神家园"发挥应有的作用。

区域一体化背景下中小博物馆的发展与出路

——以粤港澳大湾区为例

陈政禹（惠州市文化广电旅游体育局）

摘要： 区域一体化使区域内部由强中心格局向多中心格局转变，中心和边缘的界限将进一步消解，这就为中小博物馆的发展带来了更多的机遇。在粤港澳大湾区的背景下，小博物馆要跳出向大馆看齐的思维，打破地域分割，以城市群为平台，形成馆群合力；突出地域特色，将自身的发展融入湾区旅游线路中，从空间，内容和功能上与大湾区的发展和需求对接，从更为广泛的空间中获得发展的不竭动力。

关键词： 中小博物馆 城市群 粤港澳大湾区

随着博物馆热的兴起，博物馆数量呈快速增长趋势。截至到 2020 年全国备案的博物馆总数已达 5788 家。在所有博物馆中，作为核心馆的全国一级博物馆总数为 204 家[1]。可见，中小博物馆是博物馆中的大多数。如何发展好这些中小博物馆既是文博工作的难点，也是亮点。因为一个国家的文博事业仅凭大馆是支撑不起来的。特别是在中国这样历史文化厚重的大国，要建立起具有国际影响力的博物馆整体形象，就要重视中小博物馆的作用。群小可致博大，只有为数众多的中小博物馆形成百家争鸣的局面，才能真正推进博物馆事业的繁荣发展。

在民国时期就有关于中小博物馆的研究。早期的学者认为中小博物馆就是建在中小学内用于辅助教学的陈列室。如 1933 年，孙志良在《怎样经营小博物馆》一文中指出在小学校

中设立小博物馆，可以提高小学生的识别和认知能力[2]。这种观点一直持续到新中国成立后，1958 年，山西长子县的"乡土博物馆"就建立在其鲍店乡小学内，这所小博物馆建立的初衷就是希望通过收集和陈列反映当地农业 生产的资料和实物，来提高当地少先队员的学习和动手能力[3]。目前关于中小博物馆的概念，学界有四种观点。一种是以建筑面积进行区分。如《博物馆建筑规范》将博物馆分为大、中、小型。其中，中型馆是指建筑规模为 4000-10000 平方米的博物馆；小型馆是指建筑规模小于 4000 平方米的博物馆[4]。一种是以行政区划进行划分，将中小型博物馆视为市县级的博物馆[5]。一种是以展示内容进行划分，将中小博物馆看做地方博物馆，认为以展示地方自然生态、历史文化和风土民情的省级、市级、县级和区级博物馆都可划入中小博物馆的范畴[6]。还有一

种观点认为中国的中小博物馆本质上属于社区博物馆，只是在命名上按行政管辖区、地区命名[7]。笔者认为，单纯按照面积、行政区划和展示内容划分都不全面，根据中国的国情，将中小博物馆定义为规模较小、藏品较少的地市级以下的博物馆、陈列馆、纪念馆或纪念园较为合适。

20世纪80年代，学者们针对中小博物馆的困境，首先从陈列布展方面提出了改革的建议。如王衡生指出以常变常新的陈列展示来吸引观众是中小博物馆的生存之道[8]。陆建松则认为中小博物馆要在基本陈列上突出地方特色[9]。进入21世纪后，学者们从更多方面对中小博物馆的建设提出了自己的思路。在数字化方面，宋媚丽认为中小博物馆应在文物藏品数字化管理、多媒体陈列展示、数字导览讲解、建立数字化网站等方面开展了有益尝试[10]。在讲解方面，曹爱生认为建设一支高质量的讲解员队伍对提升中小博物馆业务水平和服务功能至关重要[11]。在馆藏方面，林翘认为建立科学、健全的地方博物馆藏品收藏体系，是中小博物馆解决藏品收藏困境的必由之路[12]。在文创方面，林冠男认为文创工作是现阶段博物馆所需承担的社会责任，中小博物馆无论条件是否成熟都要去努力尝试[13]。在研究方面，刘军主张地方博物馆要完善学术人才的科学研究工作，尤其是与地方文化相结合[14]。从以上的研究来看，学界关于中小博物馆的发展思路多以大馆为蓝图，在对策方面多是"头痛医头脚痛医脚"，没有认识到中小博物馆的特殊性质和功能。

20世纪80年代，西方博物馆学界出现了"新博物馆学"的概念，即以社区为核心的、多学科的、开放型的博物馆思维和实践[15]。在这种思潮下，西方学者对中小博物馆是否要模仿大馆的发展方式，提出了自己的反思。

希腊学者莱普拉（Lepouras）和瓦西拉基（Vassilakis）认为大型博物馆所采用的虚拟现实技术对于中小博物馆而言，其维护和发展成本过于高昂[16]。美国学者科特勒（Kotler）指出，由于资金压力，中小博物馆难以像大馆那样通过开发体验性文化项目来积攒人气[17]。新西兰学者梅森（Mason）和麦卡锡（McCarthy）认为进行网络开发的数字设备对中小博物馆而言是难以承担的[18]。可见，在西方学界，向大馆看齐的发展思路已经日益失去市场，立足于中小博物馆自身功能的思路开始被学界所接受。正如美国博物馆的古德（Goode）先生所说："博物馆不在于它拥有什么？而在于它以其有用的资源做了什么[19]？"

20世纪80年代，日本也开始了对中小博物馆自身定位的反思。伊藤寿郎提出了"地域博物馆论"，他认为中小博物馆不是自成体系、自我完结的知识库，而是发现问题与对应问题的手段。即中小博物馆的宗旨不在于完善自身的规模，其存在的价值和意义在于参与地方社会文化建构工作[20]。1985年间日本学者池田荣史，以熊本县本渡市立历史民俗资料馆为例，指出地方小规模博物馆可以通过对地方民族资料的收集和研究来找到自身的立足点[21]。可见，20世纪八十年代日本就形成了一种中小博物馆的自觉意识，从中小博物馆自身存在的价值出发思考问题，而不是希望通过"小变大"来解决其面临的困境。

笔者认为中小博物馆与大馆相比，其自身存在着不可逾越的发展鸿沟，因此通过大馆那种百科全书式的"高大全"路径来实现自身的发展并不切合实际。在区域协同发展的潮流下，中小博物馆来说应利用好现有的资源，"不斗门馆华，不斗园林大"。将自身融入区域一体化中进行协调发展，从而获得更多的发展资源和空间[22]。

2019 年 2 月公布的《粤港澳大湾区发展规划纲要》提出，粤港澳大湾区[23]将瞄准充满活力的世界级城市群、宜居宜业宜游的优质生活圈[24]。其中有二大亮点：一是把大湾区当作一个大区整体规划，着力于解决不同城市和区域的协调问题；二是突出了文化的重要性。在这个大背景下，湾区范围内城市间联系加强，文化上的互联和互通进入了新境界，这为中小博物馆的发展带来了难得的契机。"百舸争流，协同者先"。随着粤港澳大湾区建设步伐的加快，中小博物馆如何融入粤港澳发展大局，打破"一亩三分地"形成合力，才是实现其新的发展的关键。

一、从空间上进行对接，形成馆群合力

1957 年，法国学者简·戈特曼 (J. Gottmann) 提出了大都市带 (Megalopolis) 的概念，用以表示诸多城市在功能地域上相互连为一体，形成多中心的城市集群[25]。"大都市带"概念提出后，学界将其视为未来城市发展的共同趋势，粤港澳湾区的崛起就是这个过程的一种表现。《粤港澳大湾区发展规划纲要》提出在大湾区内，发挥现有大城市的辐射作用，使次中心与原有的中心城市形成互补关系。可见，未来中小城市唯有在大都市区的整体框架内协调发展才符合城市发展规律。因此中小博物馆内要从世界城市发展的规律中寻求经验，将目光从单个博物馆的发展，转变为谋求融入区域博物馆的协同发展，主动服务粤港澳大湾区等国家战略。

据统计，截至 2021 年第，除去香港和澳门，大湾区内共有博物馆 224 家，占全省博物

馆总数的 61.1%。其中一级馆 8 家，二级馆 20 家[26]。可见中小博物馆占到大湾区内博物馆数量的 90% 以上。目前大湾区内的博物馆虽作为一个整体与外部积极联系，如 2018 年 12 月 4 日，121 家来自京津冀、长三角、珠三角的博物馆缔结成京津冀长三角珠三角博物馆联盟[27]。但湾区内博物馆的一体化趋势仍然有待增强。作为区域一体化的先行者，京津冀地区已在博物馆一体化方面走在前列。2018 年 5 月其区域内近百家博物签署了《京津冀博物馆协同创新发展合作协议》[28]，力图在其区域内打造一个互为补充、互相支撑的博物馆体系。大时代需要大格局，在粤港澳大湾区发展背景下，湾区内的中小博物馆更应该抓住机会，从以下几个方面着力：

（一）中小博物馆在空间布局上要充分遵循城市发展规律

对于中小博物馆而言，区域城市发展格局的调整可以在第一时间影响其以后的命运。正如美国博物馆联盟博物馆未来中心创始人伊丽莎白·梅里特 (Elizabeth Merritt) 所指出的那样，博物馆与城市之间的关系一直都很复杂。随城市变迁，博物馆，包括郊区与乡村的博物馆都应随之做出调整，思考应对措施[29]。

粤港澳大湾区城市间的历史联系深厚、交往半径相宜，港珠澳大桥的建成通车对大湾区一小时生活圈的形成也起到决定性作用。在这种情况下，粤港澳大湾区的空间秩序，会逐渐从目前的强中心格局走向网络型的枢纽格局[30]。形成各个城市地位平等但分工有序的局面，这就增加了众多中小博物馆存在的合理性与必要性，中小博物馆可以再这种合力发展的大格局下受益，同时也将加速区域内文博资源的内循环，为中小博物馆的发展带来了更多的机会。以美国的波士顿一华盛顿大都市带为例，该大

都市带内特拉华艺术博物馆所在的威耳明顿市只 8 万人，但是该博物馆却对 50 万人以上的广大区域开放 。而费城艺术博物所在的费城有 200 万人口，但该博物馆的服务对象达 500 万人次 [31]。可见，城市群的发展使区域内部的博物馆面临更广阔的平台。在这种情况下，中小博物馆要破除"守摊子"的思维，充分发挥区位优势，从空间上合理定位，在新馆的布局上应与城市群的发展相向而行；挖掘自身与城市群的接入点，通过借用所在城市群的首位城市弥补其规模弱势，提升外部连接度，做到精明发展。如京津冀地区已在通过统筹强化规划部署，着力推进博物馆区域协作，优化博物馆体系和布局，努力打造一个覆盖京津冀的博物馆生活圈 [32]。可见，湾区内的中小博物馆只有在布局上顺应粤港澳大湾区城市空间发展的内在机理，才能形成百花齐放的局面。

（二）强化中小博物馆的分工合作，提高自身竞争力

中小博物馆只有借助和周边的分工协同，其自身的核心竞争力才能提升上来。在博物馆热中，一些新博物馆争相上马，重复主题在所难免。以廖仲恺文化资源为例，作为廖仲恺先生生前主要活动地的广州建有廖仲恺何香凝纪念馆，而作为廖仲恺先生祖籍地的惠州也在筹建廖仲恺何香凝纪念园。《粤港澳大湾区发展规划纲要》提出"支持广州建设岭南文化中心和对外文化交流门户。支持中山深度挖掘和弘扬孙中山文化资源。支持江门建设华侨华人文化交流合作重要平台。支持澳门发挥东西方多元文化长期交融共存的特色。鼓励香港发挥中西方文化交流平台作用。"在这种情况下，湾区内中小博物馆要以分工协作为导向，夯实自身特色，在湾区博物馆中形成主题错位布局和特色化发展的局面。如中心馆要继续发挥自身

优势，担当合作龙头，不断与港澳地区文博机构拓展合作广度，挖掘合作深度；同时小馆之间要有侧重、各具特色。不要争抢一个主题，也不要忽视有待深挖的主题。抓住湾区文化需求多元的趋势，发挥自身贴近民众生活、反应灵敏等优势，聚焦主业、苦练内功、强化创新，成为文博领域掌握独门绝技的"单打冠军"或"配套专家"，从而使湾区内中小博物馆在城市群框架内都能发挥其专长、各司其职，搭建起湾区内博物馆系统的整体框架。

合则强，孤则弱。在大湾区背景下，中小博物馆只有不断深化博物馆群之间的合作，从承接溢出效应到谋求同频共振，在大湾区内形成一个一个环环相扣、职能分明、各具特色的博物馆体系，才能为中小博物馆的发展带来更多的机遇。

二、从内容上进行对接，突出博物馆地域特色

地域文化特色是博物馆的魅力所在。学者哈里森（Harrison）通过对夏威夷欧胡岛毕夏普博物馆（Bishop Museum）游客行为的研究后发现，大多数博物馆参观者是为了体验博物馆的本地性（localness）而来 [33]。可见"本地特色"是中小博物馆吸引人气的关键。《粤港澳大湾区发展规划纲要》提出了人文湾区建设的要求。建设人文湾区需要对湾区文化的多样性和深厚性进行多方位的阐释，而这个任务不是湾区内几家核心馆所能完成的。因此通过不同地域特色的中小博物馆来阐述博大精深的湾区文化，成了共建"人文湾区"的题中之义。

（一）以民俗文物的征集与展示为核心

中小博物馆虽然与大馆相比有着先天不足，但其地域特色鲜明且内容丰富的民间文化恰恰

是大馆的盲点。日本学者伊藤寿郎提主张地方博物馆以应从通论式的思维转向以地方课题为轴心，重视地方数据的价值[34]。中小博物馆以地方课题为轴心，就是要扩展博物馆中"物"的概念，将被核心馆所忽视，或无力全面收集的民俗传说、历史记忆等非物质文化遗产纳入征集与展示的范围之内。

21 世纪初台湾中小博物馆以"塑造地方文化特色，增进县市居民对地方的认同感、骄傲感"为发展方向，取得了高质量的发展。如台湾宜兰县的兰阳博物馆就以挖掘本地文化资源以寻求情感共鸣为发展理念，在布展中大量利用当地的农耕稻作民俗资源，积累了大量人气，成为台湾地方博物馆建设中较为成功的案例之一[35]。

（二）着重突出中小博物馆的情感价值

相比于有着大量精品文物的核心馆，作为文物出土地的中小博物馆可以更好地还原和阐释文物背后蕴藏的母体文化。正如"不在新疆吃烤馕、出了天津吃炸糕，原料再全，也似乎缺点味道"，这就是"在地美食"所反映出的地域价值，这种现象对于中小博物馆同样适用。因此一些展品只有回到当地的博物馆才能体现其历史的厚重感。如出土于京津冀地区琉璃河遗址的"堇鼎"与"伯矩鬲"，被专家定为一级文物收藏于首都博物馆，而作为出土地的西周馆，仅保存有复制品，西周馆通过国宝回家的方式重新赋予文物以特殊的价值，吸引了大量访客，并显著提高了西周馆的知名度[36]。可见地方博物馆中最传统的故事，最原汁原味的地域文化，恰恰是大馆难以复制的稀缺性资源，也是中小博物馆的重要吸引力所在。

（三）联合办展，共同擦亮地域文化品牌

粤港澳三地因各自不同的地理条件及历史背景而各有精彩。因此中小博物馆可以通过自己鲜明的地域特色"各美其美"，而同饮珠江水，共枕南海潮的历史背景构成了共同的人文价值链，可以使中小博物馆从"各美其美"向"美美与共"发展，通过联合办展，共同擦亮地域文化品牌。

京津冀地区由于地缘相邻，人文相亲，2017 年 11 月区域内 10 余家博物馆联合举办了"不忘初心 砥砺前行—京津冀中小博物馆文化创意展"，通过"燕国历史故事"这条共同的文化主线，把散落在燕赵大地的中小博物馆穿成一条项链，大大提高了其社会影响力与文化价值[37]。《粤港澳大湾区发展规划纲要》也提出要联合开展跨界重大文化遗产保护，合作举办各类文化遗产展览、展演活动，支持博物馆合作策展[38]。在这种情况下，湾区内的中小博物馆作为岭南故事的构成元素，应积极融入到湾区文脉之中，成为故事中的闪光点。如在2019 广府庙会非遗展示区特别设立了"大湾遗珍·粤港澳非遗荟萃"区，特邀来自香港、澳门及深圳、珠海、佛山、中山、东莞、惠州、江门、肇庆的非遗项目与广州非遗同台亮相，向市民传播粤港澳大湾区各地的文化魅力。收到了很好的效果。下一步可以通过策划表现岭南共同文脉的联展，将大湾区内的中小博物馆融入一个共同的故事框架内。

与其流水制作一千个复制样品，不如精心雕琢一个拳头产品。因此湾区内的中小博物馆要以特色鲜明为发展方向，通过挖掘特色的文化遗存、多姿多彩的民俗风情，打破同质化发展，找准与区域共同文脉的对接点，在"内外兼修"中谋求"蝶变"。

三、从功能上进行对接，融入大湾区旅游路线

党的十九大报告指出，中国特色社会主义进入新时代，我国社会主要矛盾已经转化为人民日益增长的美好生活需要和不平衡不充分的发展之间的矛盾。精神追求的升华成为美好生活的一个重要方面，在这种情况下，以学习型旅游休闲为内容的文化旅游将引领潮流。

而发展文化旅游，博物馆是重要的媒介，如布鲁纳（Bruner）认为博物馆与旅游业之间有很多共同之处，他们之间是相辅相成的[39]。加拿大学者西尔伯贝格（Silhererg）认为博物馆和历史遗址之间的密切联系可以有效增强文化旅游的整体吸引力[40]。据中国旅游研究院统计，游客在春节期间参观博物馆的比例高达40.5%[41]。可见，将博物馆的发展融入文化旅游中，不仅能带动城市旅游业的兴旺和经济的发展，也能促进博物馆自身的发展。

《粤港澳大湾区发展规划纲要》将文化旅游作为大湾区发展的一个重要方面，提出了要构建文化历史、休闲度假等多元旅游产品体系，丰富粤港澳旅游精品路线，建设粤港澳大湾区世界级旅游目的地。这为湾区内中小博物馆的发展带来了新的思路。虽然博物馆虽然作为一种高品质的文化旅游资源，但单个的博物馆对游客的吸引力有限。根据相关学者对广州南越王墓博物馆游客行为的研究，南博馆虽然作为一级馆，但其并不具备独立吸引外地游客前来游览的能力，而是要借助于广州综合性旅游目的地的平台来实现其旅游功能[42]。可见，大型馆无法凭一己之力承担起作为"旅游吸引地"的重任。而中小博物馆可以凭借自身优势，可以在湾区旅游中发挥更大作用。

（一）与线性文化遗产相结合

所谓线性文化遗产就是指主题性文化遗产的集合体，其形成与历史上人类的主题性事件和现象密切相关[43]。线性文化遗产表现形式具有多样性，其往往"步步有景观，处处有故事"，中小博物馆可以充分发挥其"精细化"的特点，与线性文化遗产进行高度融合[44]。针对线性文化遗产中的不同部分，可以通过各具特色的中小博物馆进行具体地展示。以山西省境内的长城为例，山西以构建"长城生态博物馆"为统领带动文化旅游业的发展。在长城重要关口、节点都建设有小博物馆进行长城文物资料展示，将其境内的长城打造成为文旅热点[45]。

粤港澳大湾区作为正在强势崛起的世界第四大湾区，在文化软实力上具备了良好的资源禀赋，有着丰富的线性文化遗产。以南粤古驿道为例，广东省目前现存共计233条，总长710.44公里，古驿道沿线历史遗存丰富、种类繁多，重要史迹、古镇和古村落等实物遗存共906处[46]。这条线性文化遗产可以有效地将沿途的中小博物馆"串珠成链"。除此之外，湾区内还有广州的文化遗产、深圳改革开放的历史遗迹、澳门的世界遗产建筑和历史城区、香港的文物径等。以线性文化遗产为轴线，以中小博物馆为节点对这些文化资源进行有效的串联沟通，有助于构建起一个极具吸引力的粤港澳大湾区文化遗产旅游路径系统。

（二）打造"博物馆接力游"

《粤港澳大湾区发展规划纲要》提出了建设世界级旅游目的地的构想。世界级旅游目的地的形成需要有多层次的旅游空间结构[47]。澳大利亚学者德雷克（Dredge）认为随着城市旅游业的发展，旅游节点会逐渐增多。城市的旅游空间结构必将会从单节点模式发展到多节点模式，最后到链状节点模式[48]。在这个过

程中需要有足够的旅游吸引物作为支撑整个空间的节点。比利时学者杨森·弗比克（Jansen Verbeke）将城市中的博物馆、美术馆等视为产生旅游活动的主要吸引物[49]。可见，博物馆作为重要的旅游吸引物，是旅游业空间发展上的重要节点。一个完整的旅游空间网络仅靠一些大馆是支撑不起来的，而中小博物馆通过对地方人文价值的浓缩式呈现，正是不同等级的旅游吸引物和旅游线路之间的最好连接点。在这种形势下，粤港澳大湾区需要在"大而全"的旅游吸引物中，穿插一些"小而美"的旅游吸引物，从而将大湾区旅游的各个关节打通。在重要节点城市或地区，通过表现统一主题的核心馆使参观者全面了解大湾区的文化脉络和发展历程；在次要节点地区，通过分主题的中小博物馆对区域内的文化遗产进行全方位的展示。这样，观众可先在大博物馆中对这一地域内历史文化遗存的整体状况留下一个大体的印象，然后再根据自己的兴趣爱好，选择不同主题的小博物馆进行参观。通过"博物馆接力游"的方式来助力世界级旅游目的地的建设目标。

以文兴旅，以旅彰文。在文化旅游的大趋势下，大湾区内的中小博物馆不应满足于做一个文化的守望者，而要将自己打造成为旅游线路中的重要节点，留住游客匆匆的脚步，从而为大湾区旅游业的发展注入更优质的文化内容，也使自身从中凝聚起更多的吸引力。

四、结论

所当乘者势也，不可失者时也。在区域协同发展的契机下，中小博物馆不能以"馆小而不为"，要努力朝着"专精强美"方向发展，在粤港澳大湾区的基础上，找准自己的定位，创造机遇，发展特色，成为湾区"金字塔"体系中的新亮点。

【注释】

[1] 根据《2020 年度全国博物馆名录》整理。

[2] 孙志良：《怎样经营小博物馆》，《浙江教育行政周刊》1933 年第 26 期。

[3]《山西长子县鲍店乡的乡土博物馆》，《文物参考资料》1958 第 7 期。

[4] 蒋靖生编著：《建筑规范运用手册》，上海科学技术出版社，2014 年，第 299 页。

[5] 王娜：《中小型实体博物馆展陈数字化建设初探》，《数字博物馆研究与实践》，中国传媒大学出版社，2009 年，第 155 页。

[6] 王文彬：《从展示传播角度看地方博物馆藏品体系建设：以长沙市博物馆为例》，复旦大学硕士论文，2013 年。

[7] 吕建昌编著：《博物馆与当代社会若干问题的研究》，上海辞书出版社，2005 年，第 214 页。

[8] 王衡生：《从提高地方中、小博物馆的社会效益谈谈陈列的变化与出新》，湖南省博物馆学会第二次学术讨论会，1984 年。

[9] 陆建松：《市级博物馆基本陈列应突出地方特点》，《东南文化》1987 年第 3 期。

[10] 宋媚丽：《中小型博物馆如何运用数字技术提升知识传播能力》，《创意科技助力数字博物馆》，中国传媒大学出版社，2012 年，第 332 页。

[11] 曹爱生：《中小博物馆也要建设高质量的讲解员队伍》，《中国文物报》2016 年 1 月 5 日。

[12] 林翘：《地方博物馆藏品收藏的困境及出路》，《博物馆研究》2014 年第 1 期。

[13] 林冠男：《试论中小博物馆现阶段文创工作》，《博物院》2018 第 1 期。

[14] 刘军：《论地方博物馆学术人才的培养》，《博物馆研究》2018 第 3 期。

[15] 单霁翔著：《走向"大千世界"的中国博物馆》，译林出版社，2013 年，第 190 页。

[16] G .Lepouras, C. Vassilakis . "Virtual museums for all: employing game technology for edutainment", Virtual reality, 2004,8（2）.

[17] Kotler.N. "New Ways of Experiencing Culture: the Role of Museums and Marketing Implications". Museum Management and Curatorship, 2009，19(4).

[18] DDM Mason,C.McCarthy. "Museums and the culture of new media: an empirical model of New Zealand museum websites",Museum Management and Curatorship , 2008,23（1）.

[19] 引自陈同乐：《后博物馆时代》，《东南文化》2009 年第 6 期。

[20] 引自黄贞燕：博物馆、知识生产与市民参加——日本地域博物馆论与市民参加型调查》，《贵州社会科学》2014 年第 6 期。

[21]〔日〕池田荣史：《地方小规模博物馆的现状与课题——熊本县本渡市立历史民俗资料馆》，《博物馆研究》1985 年第 4 期。

[22] 关于将中小博物馆融入区域一体化中进行协调发展，2010 年单霁翔从文化产品研发角度提出建立以省级综合博物馆为中心的区域博物馆文化产品研发网络，有效整合中小博物馆资源，形成群体优势。（单霁翔著：《文化遗产 思行文丛 报告卷 2》， 天津大学出版社 2012 年，第 116 页）2011 年陈尚荣从布展层面提出基层博物馆馆际横向合作，互相交流，联合巡展是未来基层博物馆丰富展陈内容的一个重要途径。（陈尚荣：《论免费开放后基层博物馆的展陈策划—以江苏省县级博物馆考察调研为例》，《南京理工大学学报（社会科学版）》2011 年第 6 期）2017 年，《博物院》杂志在其第一期中开辟专栏探讨京津冀一体化中的中小博物馆发展，陈克，陈静，谭晓玲和华翰等学者认为

京津冀三地博物馆的发展要结合京津冀一体化的大背景，通过"京津冀历史文化展"等联合布展的方式实现共同发展。

[23] 粤港澳大湾区包括港澳特区和广东省 9 个市，总面积达 5.6 万平方公里，拥有约 7000 万人口。

[24]《粤港澳大湾区发展规划纲要》。

[25] Gottmann, J. Megalopolis or the Urbanization of the Northeastern Seaboard. Economic Geography, 1957，33(3).

[26]《广东 2021 年博物馆事业发展报告》。

[27]《""第二届京津冀长三角珠三角博物馆高峰论坛"在南京博物院召开》，《东南文化》2018 年第 6 期。

[28]《京津冀博物馆协同创新发展合作协议在京签署》，《中国文物报》2018 年 5 月 18 日。

[29]〔美〕伊丽莎白·梅里特：《回到未来——博物馆趋势观察 2013》，《中国文物报》2013 年 5 月 1 日。

[30] 广东省社会科学院编：《粤港澳大湾区建设报告 2018》，社会科学文献出版社，2018 年。

[31] 易家胜：《美国地方性博物馆是如何为大众服务的——以特拉华艺术博物馆和费城艺术博物馆为例》，《东南文化》1988 年第 C1 期。

[32] 刘修兵：《京津冀博物馆合作进入新阶段》，《中国文化报》2018 年 5 月 16 日。

[33] HARRISON J. "Museums and touristic expectations". Annals of Tourism Research ,1997 ,24（1）.

[34] 引自黄贞燕：《博物馆、知识生产与市民参加——日本地域博物馆论与市民参加型调查》，《贵州社会科学》2014 年第 6 期。

[35] 李志勇：《地方博物馆应有效利用和结合当地文化资源——以台湾兰阳博物馆为例》，《东南文化》2013 年第 4 期。

[36] 关战修：《中小博物馆的战略逆袭》，《博物院》2017 年第 2 期。

[37] 本刊编辑部：《京津冀中小博物馆文化创意展在京开幕》，《科学导报》2017 年第 77 期。

[38]《粤港澳大湾区发展规划纲要》。

[39]Bruner,E."Special Issue Museums ,and Tourism". Museum Anthropology , 1993, 17(3).

[40]SILBERBERG T."Cultural tourism and business oppor tunities for museums and heritage sites". Tourism Management, 1995, 16(5).

[41]单霁翔:《让优秀传统文化走入寻常百姓家》,《光明日报》2019 年 3 月 5 日。

[42]刘俊、马风华:《经济发达地区地方性博物馆旅游发展研究——以广州南越王墓博物馆为例》,《旅游科学》,2005 年第 5 期。

[43]戴昕、陆林、杨兴柱、王娟:《国外博物馆旅游研究进展及启示》,《旅游学刊》2007 年第 3 期。

[44]如甘肃省博物院研究馆员那拉提出大多数中小博物馆的建立,都是在旅游线路上发展和建立的。(廖杏子:《展陈应强调本土文化内涵》,《东莞日报》2016 年 5 月 24 日)戴昕等学者也认为博物馆旅游是同遗产旅游结合在一起的。(戴昕、陆林、杨兴柱、王娟:《国外博物馆旅游研究进展及启示》,《旅游学刊》2007

年第 3 期)

[45]《长城旅游应以构建"长城生态博物馆"为统领》,《山西晚报》2018 年 1 月 30 日。

[46]《让文物活起来,让游客走进来》,《中国文化报》2019 年 3 月 9 日。

[47]法国学者皮尔斯(Pearce)对作为世界级旅游目的地的巴黎的旅游空间结构进行了系统研究,指出巴黎的旅游空间结构包括有不同等级的旅游节点,不同等级与类型的旅游通道。(Pearce, D. G.Tourism in paris Studies at the Microscale. Annals of Tourism Research, 1999, 26(1).

[48]Dredge D. "Destination Place Planning And Design". Annals of Tourism Research, 1999, 26(4).

[49]Jansen-Verbeke M."Inner-city Tourism, Resources, Tourists and Promoters".Annals of Tourism Research, 1986（13）.

中小博物馆公共文化服务质量提升

文旅融合视角下中小博物馆公众教育因地制宜发展策略探析

——以晴川阁武汉大禹文化博物馆为例

胡欢（晴川阁武汉大禹文化博物馆）

摘要： 构成我国博物馆主体的中小博物馆，普遍存在着规模小、藏品少、专业人员缺乏以及资金支持不足等实际问题。结合文旅融合的大环境，通过 SWOT 分析得出，不同于大型博物馆宏大叙事的主流风格，中小博物馆在弘扬区域特色文化、传播地方社会历史记忆和服务当地人民群众精神文化需求方面有着不可替代的作用。当下中小博物馆要"活起来"和"火起来"的着力点在于统筹区域优势文化资源，构建本土文化共同体，增强人民群众的认同感和归属感；而突破点则在于借助外力、主动作为，通过链接社会资源和社会参与，扩大"博物馆＋"的赋能效应，解决短板问题。结合晴川阁武汉大禹文化博物馆的实际案例，推动中小博物馆深度文旅融合，应该采取"因地制宜"的本土化发展策略，通过"馆校结合"和"社区延伸"两大策略，深度挖掘本地文化和地域特色，合理借力，跨界融合，服务公众。一是充分利用"双减"政策的红利效应和文旅融合的市场有利环境，针对中小学生打造"博物馆研学"精品项目，发挥第二课堂的补充作用；二是拓宽"馆校合作"的边界，针对小学、中学、高校，开发不同的合作项目，吸引人才参与到博物馆讲解、培训、宣传、文创、专业研究等工作，提升博物馆服务团队综合素质；三是走进社区、深入群众，发展壮大博物馆之友和志愿者队伍，构建参与广泛、形式多样、管理规范的社会动员机制，让博物馆走进人民群众，反哺社区，完善中华传统文化基因库的构建。

关键词： 因地制宜 博物馆研学 馆校合作 志愿者 社区

2022 年国际博协将国际博物馆日主题确定为"博物馆的力量"，强调博物馆拥有影响人类世界的巨大潜力和强大能力。博物馆作为收藏和展示人类物质和非物质文化遗产的场所，天然具有教育公众和传承文化的使命和责任。近年来，随着免开政策的实施、日益完善的场馆服务和丰富多元的文化展示，博物馆作为满足获取知识、休闲娱乐、亲子体验等民生需求的城市公共资源，其惠民性和可及性得到极大提高，拉近了与普通民众的心理距离。"逛展热"、"云游热""国宝热""文创热"带火了一批综合实力强劲的大型博物馆，由于社交媒体、互联网技术的赋能，文旅融合呈现出蓬勃生机，尤其受到年轻群体的热捧。然而，在文博行业金字塔中下部，是广泛存在却又发声微弱的中小博物馆群体，它们才是构成我国博物馆行业的主体力量。在我国，占博物馆总数超三分之二的中小博物馆广泛地分布于各市县区域，在承担收藏、研究与阐释区域文化记忆载体、传播地方社会历史记忆方面发挥着重要作用，因而探讨如何充分发挥中小博物馆提升城市公共服务效能，扩大其社会影响面，是对后疫情时代现实国情的积极回应，具有重要的实践指导意义。

一、我国中小博物馆的现实困境

分布在全国 2300 多个独立县级行政区域的广大中小型博物馆，占全国博物馆总数的三分之二以上。相较于知名度高的大型博物馆而言，中小规模博物馆普遍存在着经费投入不足、政策扶持不够、馆藏文物少、专业人才缺的现实问题。因而在提供博物馆公众教育优质服务方面，还远没有满足现实社会的需求。总体来看，主要表现在以下三个方面：

（一）社会影响力不大，对建设城市精神文明、构建城市文化共同体的作用不够突出

不同于大型博物馆的宏大主流叙事风格，分布广泛的中小型博物馆是本土历史与文化的收藏者和陈列者，与一片土地有着天然的密切联系。但大部分中小规模博物馆却普遍存在藏品少、展览交流少、讲解老套、教育项目缺乏设计等共性问题，问题的本质根源是对本土文化、馆藏文物研究、挖掘、开发的力度不够，博物馆叙事能力偏弱。

（二）群众普及率不高

普通观众对博物馆的功能认知不够全面和深刻，未充分发挥其获取知识、文化熏陶和传播价值的教育作用。究其原因，一方面由于宣传力度不够，未将现代博物馆的概念充分阐释和推广；一方面大部分中小博物馆缺乏求新求变的管理视野，仍习惯将博物馆置于施教者的传统高位，不考虑市场特点和人群需求，与普通群众的心理距离较远。后疫情时代，中小博物馆与社区的融合进展相对缓慢，从"施教"到"服务"的观念转变还需要加快。

（三）软硬件设施条件有限

由于经费缺乏、管理不善等直接原因，大部分中小型博物馆，尤其是处于经济欠发达地区的地方博物馆场馆设施陈旧老化、布局不合理、便民设施缺乏等硬件问题较为普遍。"智慧博物馆"建设相对滞后，无法与时下年轻社群的认知及行为偏好匹配，因而缺乏吸引力。博物馆公众教育功能主要通过线上和线下两种场景实现。线下教育本质上是场馆教育，而线上教育则是"互联网 + 馆藏资源开发"综合能力的考验，无论从哪一方面来看，都亟需完善软硬件基础设施的搭建。

（四）人才匮乏

博物馆教育功能的实现最根本的着力点在于人才，而当下中小博物馆短板的痛点则在于人才的匮乏。讲解员的招募条件一般只对仪表仪态和表达能力做要求，而对复杂的多学科背景如教育学、心理学、传播学、艺术学、历史学等等未做要求。由于吸引不到优秀人才，博物馆的科学研究、课程开发、教育设计等功能也被严重削弱。加之对本地社会、高校人才资源的整合利用意识不强，人才团队的建设相对滞后。

二、后疫情时代文旅融合视角下中小博物馆 SWOT 分析——以晴川阁武汉大禹文化博物馆为例

文旅融合成为近年来文化和旅游市场的热点和趋势，极大地影响了居民的消费生活，促进了体验经济的飞速增长。疫情的反复对以"体验"和"服务"为核心竞争力的文旅产品（包括公共产品和私人产品）施加了明显的下行压力。在举国推进内循环"供给侧"改革的大势中，中小博物馆面临着更加复杂的内外部环境，如何保证中小博物馆的可持续发展并充分发挥其公益文化教育功能，值得思考。

从内部环境来看，中小博物馆文旅融合发展的优势主要在于地方人文历史特色鲜明，为当地居民提供了强烈的地理、文化、身份认同感。中小博物馆文旅融合具有丰富的可为资源，其依托的欠发达中小城市和区域，具有巨大的市场潜力和市场需求，可开发空间大。而劣势则在于资金和人才的缺乏，导致博物馆展览、社教活动策划能力不足，原创动力不强，难以产生规模效应。

从外部环境来看，威胁和机会并存。相较于发达地区旺盛的精神文化需求和频繁的博物馆活动轨迹，博物馆对于欠发达地区的人群并没有太大的吸引力，可替代的精神生活产品选择较多。例如游戏、自媒体等。疫情的反复更将实体博物馆排除在消费选择之外。但在文旅融合的利好政策环境下，疫情倒逼中小博物馆借力"互联网＋"的发展模式，加快智慧博物馆的建设，以内容输出为抓手，打造出的"云游""AR 逛展""VR 逛展"以及研学项目等都以博物馆公信力背书、内容优质取胜，成为广大青年群体追求更高文化生活体验的最优选择。

在湖北省会武汉市内，截至 2021 年，武汉地区有 124 家博物馆。党的十八大以来，武汉加快"文化五城"建设，其中"博物馆之城"建设成果突出。林立于"百馆之城"，晴川阁（武汉大禹文化博物馆）无论从人员规模、场馆条件，还是活动影响力方面，都只能算中小规模。然而，在"文旅融合"和"双减"政策的驱动下，晴川阁却蕴藏着巨大的发展潜力。

表 1. 晴川阁武汉大禹文化博物馆发展 SWOT 内外部环境分析

	机会 (Opportunities)	威胁 (Threats)
内部环境分析 (S.W) 外部环境分析 (O.T)	1. 近年来随着"文化自信"概念的普及，传统文化热为博物馆带来了一定流量。 2. "双减政策"下，博物馆的第二课堂功能凸显，将与教育体系融合发展更多文旅教新兴业态。晴川研学、大禹活动周、城迹寻访等品牌社教活动社会效益不错。 3. 疫情倒逼博物馆加快"智慧博物馆"建设，"互联网＋"赋能博物馆升级转型。	1. 疫情反复导致博物馆闭馆频率升高。实体博物馆观众参观量骤减。 2. 新兴消费、娱乐、休闲业态的崛起极大丰富了群众的业余生活，"逛博物馆"的可替代产品增多。

表1. 晴川阁武汉大禹文化博物馆发展SWOT内外部环境分析　　　　　　　　　　续表

优势 (Strengths)	S.O 维持策略	S.T 防御策略
1. 依托晴川诗词、大禹治水、长江文明、名楼雅阁等文化属性，底蕴深厚，文旅资源丰富。 2. 不可移动文物古建是地标建筑，与武汉城市地理、政治、文化、经济、社会等发展历史关系密切，容易形成地理和文化认同。 3. "大禹治水"非遗项目内涵丰富，特色鲜明，与武汉抗洪救灾的城市精神相互呼应。	1. 加大博物馆馆藏资源的开发力度，深挖晴川诗词、大禹文化内涵，提高内容输出能力。 2. 充分利用微信公众号、官方网站、自媒体等互联网平台，为博物馆引流，制造文旅热点，扩大宣传面。 3. 发挥"爱国主义教育基地"的阵地作用，将大禹治水精神提炼，融入中华文化基因库和武汉城市精神，为青少年做好价值观的引导。	1. 做好疫情防控工作，丰富"线上"+"线下"博物馆文化服务内容，满足观众不同需求。 2. 深入市场，了解人民群众尤其是青年群体的喜好，有针对性的开发喜闻乐见的文旅产品和服务。
劣势 (Weakness)	W.O 强化策略	W.T 避险策略
1. 博物馆规模小，引流少，社会影响较小。观众更在乎其旅游功能而非文化功能，公共教育开展观众基础较弱。 2. 场馆因地形、面积受限，无法建设标准化展厅和社教场地，影响文旅服务体验。 3. 人才团队策划水平有限，学科背景单一，缺乏历史、教育、心理、艺术等多元学科背景的人才。	1. 链接大型博物馆高校等社会优质资源、平台，通过提高临展的流动性、联合办展等方式规避"规模小、影响小"的弊端。 2. 主动走进社区、学校，打破展览、社教活动的场地限制。 3. 加强人员培训，完善人才鼓励政策。通过志愿者招募、高校科研平台共享等方式解决人才瓶颈。	1. 摒弃宏大叙事风格，将博物馆馆藏资源与群众的城市记忆搭建相结合，以小见大。 2. 减少实体接触，向公众开发数字博物馆，结合 AR、VR 等技术全方位展现博物馆实体环境。 3. 博物馆 IP 打造避免落入俗套，充分学习大馆经验，恰当表现博物馆公共形象。

三、中小博物馆统筹区域文旅资源的必要性和可行性分析

（一）必要性分析

1. 符合科学发展观的要求，有利于推动区域统筹协调发展。文旅融合的宗旨是契合"区域一体化"发展理念的。整合区域内优势资源、合理分配调动，发挥复式作用，能够更有效地推动城市化进程。发挥"1+1>2"的作用，"一体化"策略的前提必然是本土文化和身份的认

同感，而博物馆则是承担身份诠释、文化标记的最佳载体。

2. 城市历史的见证者、收藏者、展示者和讲述者。数量庞大、分布广泛的中小博物馆从不同角度共同诠释了城市的历史脉络，完整地展现出城市的形象。例如相传"江汉朝宗"，大禹曾在此"疏江导汉"，因而大禹博物馆内有著名的不可移动文物晴川阁楼和禹稷行宫，均为历代纪念大禹之地。依江而立，博物馆一方面与大禹神话园、汉口龙王庙、武昌黄鹤楼（两

江四岸区域）组成了"治水抗洪"主题文化圈，一方面又与龟山、古琴台连片形成了"南岸嘴"水文化生态旅游圈。从不同组合、不同角度共同阐释了江城"水文化"的不同特点、不同性格。因水而兴，以水为患，"抗洪"文化作为武汉城市文化的鲜明特色，是其英雄城市的本色所在。因而大禹文化博物馆紧紧围绕"治水"，强化本土"敢为人先，追求卓越"的意识形态认同，以文化服务城市发展，筑牢中华民族共同体意识。

（二）可行性分析

1.博物馆具有天然的场馆优势、研究能力和广泛的观众基础，能够承担起区域文旅资源融合和利用的责任。在科技赋能的利好趋势下，"让收藏在博物馆里的文物、陈列在广阔大地上的遗产、书写在古籍里的文字"都活过来，能够极大丰富全社会历史文化滋养。在加快建设"智慧博物馆"的进程中，中小博物馆因互联网技术的赋能能够将其公共文化服务水平提升一个台阶。"跨界合作"+"科技赋能"能够打通中小博物馆的平台、规模和视野瓶颈，集中优势资源办大事。

2.体验经济崛起，文旅研学市场需求大。党的十九大报告指出，我国社会主要矛盾已经转化为人民日益增长的美好生活需要和不平衡不充分的发展之间的矛盾。随着"双减"政策的落地，"素质教育"再次被推上舆论风口。博物馆作为"非正式教育"的主要提供者之一，具备公信力优势，被学校和家庭赋予极高的期待值。大型博物馆虽然馆藏资源丰富，活动内容优质，但供不应求，无法满足"素质教育""亲子教育""馆校合作"的极大需求。因而中小型博物馆应当主动了解市场、掌握需求，为学校、家庭提供更多元的优质服务。

四、中小博物馆因地制宜策略探析——打造无边界共享平台

"无边界"是管理学领域的概念。指的是"横向的、纵向的或外部的边界不由某种预先设定的结构所限定或定义的这样一种组织设计"。传统管理层级复杂、层次过多，灵活性低、体制僵化，循规蹈矩。"无边界"理念的核心在于消除部门之间的障碍，让组织结构更加开放、更容易合作，对外部力量持开放态度。博物馆教育力量的组建就是要摆脱传统思维模式的"路径依赖"，突破部门职能、专业界限、行业壁垒等屏障，以目标为导向，根据教育项目需要组建"无边界"团队。

（一）打造本地中小学研学精品项目，开拓第二课堂平台

2021 年，为了规范培训市场乱象，调整人才发展方向，国家发布了《关于进一步减轻义务教育阶段学生作业负担和校外培训负担的意见》，后被称为"双减"政策。随着"双减"的出台，家庭、学校、社会对拓宽教育渠道和资源的需求越来越迫切，如何用既愉悦身心又启迪智识的活动丰富校外生活提高中小学生的素质教育成果成为亟待解决的民生议题，彰显了新形势下博物馆社会教育的重要性。早在 2016 年，教育部联合发改委等 11 个部门发布了《关于推进中小学研学旅行的意见》。在教育部公开的首批研学基地中，博物馆的数量远超过半。在文旅深度融合的趋势推动下，中小博物馆可发展空间巨大。

1.重构博物馆教育方式

依托博物馆丰富的馆藏资源，鲜明的场馆特色，让中小学生近距离感知文物、聆听历史，对"正式教育"机制的知识传播方式和内容进行重构，强化记忆，提供多元阐释角度。博物

馆是历史的讲述者，不同于学校课堂教育的正式性，"文物＋讲解员实地讲授"提供了丰富敏感的"建构学习"环境，是具有更强感染力的表达方式，更易于接受。中小博物馆可以打通同行展览交流的时间、空间限制，提高展览交换频率，简化交换程序，搭建共享平台，为本地中小学生提供一扇了解各地历史文化的窗口。

2. 链接文旅市场优势资源，开展丰富多彩的社教课程

博物馆策划、设计研学教育项目具备资源、场馆优势，而旅行社、培训机构等市场主体则对市场需求表现出更高的敏感度，同时具有宣传优势。广大中小博物馆可以提供平台和内容，借力社会资源，共同开发出兼具文化特色和教育品质的研学项目。例如，晴川阁武汉大禹文化博物馆兼具古建国保和地方文化特色，社教部门针对中小学生开展了传统节日手作课堂、古建寻宝等系列主题研学活动，在寓教于乐的氛围中，提升了青少年的美育和德育水平，锻炼了劳动能力，在潜移默化中感受了传统艺术和文化的熏陶。链接市场资源，与研学团队合作开发了拓印、写生、征文、踏青等多元组合形式的研学产品，受到学校和家庭的正面反馈。

3. 共建"文教"合作平台，将第二课堂与第一课堂融合

"博物馆进校园"是素质教育的需求所在。特别是在疫情防控常态化的大环境下，青少年观众进博物馆的比率锐减。中小学和中小博物馆可以组成"一对一"或"一对多"教育合作模式，将博物馆的优质研学项目、社教活动搬进教室，让博物馆馆长、文物专家、讲解员等走上讲台，以开放式的教学方法，充分调动学生探索课外知识的积极性。"展览进学校"可以让学生不出校门就能看到当地甚至各地的特色展览，开

拓眼界。博物馆也可以与学校合作，以"志愿者"项目、"小小讲解员"项目等来锻炼学生的综合实践能力，培养未来的"博物馆之友"。随着"双减"政策的持续推行，文旅融合的进一步加深，中小博物馆和中小学之间的"互补""共享"功能将更加凸显，未来多元合作模式的创新将是广大中小博物馆提质赋能、完善公共文化、公共教育供给侧服务机制改革的机遇所在。

（二）馆校合作，搭建人才资源共享平台

中小博物馆发展难的本质在于平台的限制，而解决问题的核心逻辑应在于如何扩展和延伸平台。在规模、资金和体制管理等客观困境难以突破的情况下，要主动借力，让可用有益资源充分流入。

1. 借力高校专业师资力量，搭建博物馆人才培养平台

文献、文物研究是博物馆学术研究能力的重要体现。如何深入、有效地开展研究工作，并转化成内容输出，再优化成叙事表达，对博物馆相关从业者提出了较高的历史、文化、艺术、教育、传播等综合能力要求。中小博物馆在人才资源本就匮乏的情况下，可以主动对接当地高校，邀请相关各专业具备较深厚学术背景和执教经验的老师来博物馆开展系列培训、讲座，为博物馆从业人员梳理行业知识、政策、标准，打开视野，提升理论水平。同时也可由当地各中小博物馆提出培训需求，在高校开设相关常规课程，定期派讲解、社教、陈列、保管、鉴定等各岗位工作人员前往参训，纳入绩效考核。

2. 借力多学科背景优秀人才，提高博物馆项目策划能力

中小博物馆宣教力量薄弱，讲解人员虽然相比其他部门工作人员具备年龄优势，但仍存在学历不高、学科背景单一等问题，且不少中小型博物馆严重依赖外聘制讲解员来充实讲解

力量，短板更为突出。虽然短期内无法解决人才引进和编制等问题，但可以通过搭建"馆校合作"实践基地，让当地高校优秀人才直接参与博物馆课程策划、宣传推广、文创设计等"创意集中型"项目活动，一方面为博物馆解决"智慧方案"提供不足的现状，一方面为在校大学生提供接触社会、实践操练的机会。以晴川阁武汉大禹文化博物馆为例，博物馆官方微信公众号由湖北大学人文历史学院大学生团队负责策划运营，表现出创新力强、形式多元、团队效率高、对青年市场需求反应灵敏等优点，达到了理想的宣传效果。除了策划设计类项目，在博物馆申报、评级、学术研究等专项活动中也可以弥补博物馆的力量不足。

3. 借力大学生社会实践需求，充实博物馆青年志愿力量

在校大学生课余时间多、实践体验需求强、综合素质高与博物馆"知识集中型"服务提供、公益文化属性及服务时间弹性强等特点高度匹配。博物馆在开展展览讲解、社教活动中可以充分发挥大学生的公益服务热情，壮大博物馆的青年志愿者队伍，将博物馆的价值传播地更远、更广。以晴川阁大禹文化博物馆为例，在重要节日节点，博物馆根据需要可以调用"实践基地"的志愿者力量，弥补不定期的"人员缺口"，保证博物馆的服务承载力量。

（三）无声融入社区，服务于意识共同体的构建

结合中小型博物馆在文旅融合大背景下的 SWOT 内外部发展环境分析，充分发挥其基层性特色和区位优势，充实其社区服务功能，是符合中小博物馆因地制宜策略的最佳路径。

"社区"的定义并不单局限于行政区域上的划分，而是一种"生命的共同体"，强调的是公众参与和社区意识的形成。"社区"是一种社会关系的网络，以群体认可的共同意识为纽带。服务社区及其共同意识的建构，是中小博物馆的使命。

以晴川阁武汉大禹文化博物馆为例，其国家级非遗项目"武汉大禹治水传说"就是根植于本土文化的项目，是当地人们在日常生活中所创造出来的民间故事，而"大禹"所代表的精神则是这些民间故事的抽象化表达，故事中的细节与该社区中的人们的生活有着千丝万缕的联系，比如姓氏的起源与流变、地理名称典故、山川河流易形改道、传统民俗活动、城市精神谱系的形成等。

"武汉大禹治水"传说传承人秉承"活态保护、活态传承"的原则，深入当地居民收集和大禹治水相关的物件、地理标志和传说故事等，不断丰富其内涵。同时深入社区和学校，为当地居民生动演绎大禹治水的故事，让"大禹治水"的故事深入人心，以此为契机，提高了居民对本土文化的认同感和归属感，传播了积极的价值观。由此可以看出，大众对共享历史、文化经验，确认身份的需求其实是细腻而具体的。中小博物馆具备叙事角度的优势，能够更加贴近民众的生活。在当下城市化进程不断深入推进，城乡二元矛盾突出，城市农民工、留守儿童、空巢老人、边缘人群犯罪等社会问题频发的具体国情下，博物馆应当主动融合当地社区，去了解、挖掘民众的心理需求，聆听意见，获取民众分享的历史记忆和现实生活中的热点，通过文化教育的手段，消除隔阂，提供促进交流和理解的平台，营造人与人、人与环境和谐相处的氛围，为解决社会矛盾提供"文化润滑剂"，这就是社区的意义所在，也是博物馆的使命所在。

【注释】

[1] 单珊：《关于中小型博物馆发展的对策研究》，《文艺生活·文海艺苑》2020 年第 3 期。

[2] 马率磊：《中小博物馆开展青少年研学旅行策略探究》，《文物春秋》2018 年第 5 期。

[3] 杨丽敏：《谈中小博物馆免费开放后先热后冷的对策》，《博物馆研究》 2013 年第 1 期。

[4] 李强：《浅议中小博物馆的发展之路》，《文物鉴定与鉴赏》2020 年第 8 期。

[5] 李建欣：《浅谈中小博物馆的志愿者队伍建设——以邯郸市博物馆为例》，《文物春秋》2013 年第 1 期。

[6] 欧艳：《打造无边界共享平台——浅谈博物馆教育文化项目的策划》，《中国博物馆》2018 年第 2 期。

中小博物馆作为课后服务的学习媒介促进教育的"双减"和"双增"

——以东北民族民俗博物馆为例

冯雪 （东北师范大学东北民族民俗博物馆）

王欣宇 （东北师范大学附属中学）

摘要： 中共中央办公厅、国务院办公厅印发《关于进一步减轻义务教育阶段学生作业负担和校外培训负担的意见》正式拉开我国教育"双减"的序幕。博物馆作为社会教育平台，也有促进"双减"落地的责任和义务。本文立足中小博物馆的实际，通过理论和实践相结合的方式，探索建立了中小博物馆课后服务教学工作管理体系；实践了基于项目学习的中小博物馆课后服务学习路径；尝试建构了馆校结合的中小博物馆的课后服务教学评价体系。并从实践中总结出中小博物馆"增加丰富的深度学习情境""增加学生终身学习能力的培养"的"双增"教育理念，为中小博物馆充分发挥教育功能提供实践案例和路径借鉴。

关键词： "双减" "双增" 课后服务 中小博物馆

"双减"背景下，中小博物馆面临新的挑战。一方面是学生的学习问题，如学生受制于博物馆已有的教学资源，学生的个性化学习需求难以满足。另一方面是中小博物馆自身的问题，如与大型博物馆相比，自身提供教学的资源更加有限；课后服务经验相对缺乏、教育供给体系建构相对不足；教学评价体系相对不完善，而且没有与学校有效的互通机制。这种挑战也提供了中小博物馆发展的新的机遇。

一、"双减"是博物馆更好发挥社会教育功能的契机

博物馆的教育功能是在社会对博物馆需求变化的过程中不断迭代发展的。"双减"是社会对教育的需求，同时也是对博物馆的社会教育功能需求的新挑战。

（一）博物馆的教育功能逐步发展

1. 博物馆的衍生性教育功能

新中国成立后的很长一段时间，我国的博物馆按照博物馆的展陈逻辑或研究逻辑展出自身的展品。学习者能够获得什么样的学习是这

些逻辑的附带功能。这时的博物馆教学是以自身逻辑为中心组织教学。虽然此时博物馆也能够发挥教育功能，可是这种功能更多的是偶然性功能，不是为了实现这些功能而专门设计的。

2. 博物馆的限制性教育功能

我国的博物馆工作从 20 世纪后期，发生了从"以物为导向"到"以观众为导向"的转换[1]。此时博物馆发生了在教育领域的角色转变，博物馆成为博物馆教育的组织者和设计者。可是这时的博物馆教育更多是限制性教育，即博物馆拥有什么展品就设计什么样的教育活动。博物馆教育功能的发挥单纯依靠博物馆对自身藏品的教育功能的深度挖掘。此时博物馆可以设计良好的展览项目，从而促进这些项目中所体现知识的推广。

3. 博物馆的适应性教育功能

2020 年 9 月 30 日，教育部和国家文物局联合出台《关于利用博物馆资源开展中小学教育教学的意见》（以下简称"意见"）。博物馆的教育功能发生进一步深化转变。从博物馆能够提供什么教育发展到观众需要博物馆提供什么样的教育。从被动提供教育到主动提供教育。学生需要什么样的成长，博物馆基于这种成长需求，设计并实施相应的教育活动。博物馆成为教育的主动设计者和评价者。博物馆为了学习者的成长，一方面强化教育功能发挥，另一方面，结合自身特点，创造教育条件。

（二）"双减"对博物馆教育功能的发挥提出了新的挑战

1. "双减"是学生和学习环境的双向互动过程

一方面减轻学业负担，另一方面提高学习质量。"双减"不是学生不学习或少学习，而是减少低质量的学习，增加高质量学习。一方面单纯知识学习减少，另一方面突出核心素养

形成的学习、批判性思维形成、科学思维的形成等。一方面单纯对博物馆展品的参观减少，另一方面，作为综合学习媒介，发挥更大的作用。

2. 现有的博物馆教育功能不能充分满足"双减"的需求

博物馆为了更好地服务于社会教育，面临多方面的挑战。博物馆进行社会服务的动力机制是一个重要问题。博物馆在很长一段时间里都将教育功能的发挥作为一种附加功能。"双减"后，在进行传统博物馆活动的基础上，博物馆能够为课后服务提供一种博物馆解决方案。这种方案是在新需求下的博物馆教育功能创生的时机，可是也同时提出新的挑战。一是博物馆即使有了意愿，中小博物馆相对缺乏成体系的教育资源和高质量的教育者。二是博物馆的教育资源相对陈旧，资源更新不及时。教学内容、方法不能很好地适应发展学生核心素养的教育目标。三是学习者的多样化需求和核心素养发展需求通过统一的课程将越来越难以实现。

（三）"双减"为中小博物馆教育功能的发挥提供了新的视角和路径

1. 中小博物馆的内涵

从博物馆规模的角度看，"规模小、藏品较少、资金匮乏，人员稀缺，社会教育、科学研究、陈列展示等功能的发挥受到了一定的限制和制约"的博物馆[2]。从博物馆的归属来看，一般县级、市级的博物馆统称为中小型博物馆[3]。从博物馆的资源的角度看，中小博物馆从人财物方面都规模有限[4]。中小博物馆占到全国博物馆总数的 2/3 以上。截至 2020 年我国有 204 家一级博物馆，而同年的我国中小学及幼儿园共 51 万所。这中间的差距显而易见，单纯依靠大型博物馆进行教育服务力有未逮。此时，数量占绝对优势的中小博物馆可能发挥更大的作用，在更好地提供教育服务的基础上，发展自身。

2. "双减"是中小博物馆发挥自身优长的契机

大型博物馆往往已经具备相对完善的教育服务体系。可是这些教育服务无法满足所有学生的学习需求。为了说明中小博物馆在"双减"中的地位和作用，借用生物学中"生态位"的概念[5]：种的生态位是表征环境属性特征的向量集到表征种的属性特征的数集上的映射关系。或者可以简单认为生态位是物种与环境之间、物种与其他物种之间的关系的总和。不同的物种占据不同的生态位，从而能更好地利用环境。

中小博物馆虽然在很多方面不能与大型博物馆相提并论，可是中小型博物馆如果能够精准定位，积极拓展中小博物馆的特殊生态位，深耕区域服务，可能探索出一条适合中小型博物馆的独特的教育发展之路。如积极开展文化下基层等教育服务。如构建教育伙伴关系，结合学校实情进行特色教学。针对社区具体情况，整合教学力量共同推动学生成长。这种毛细血管式的教育是大型馆难以做到的。

制约中小博物馆更好地发挥教育功能的主要是人、财、物三个要素。在"双减"的驱动下，中小博物馆可以以此为突破口，将有志于教育的力量整合到一起，形成教育合力。如招募志愿者、与已有的教育机构联合、与学校形成教育服务共同体等。从而破解人财物限制的难题。

3. 中小博物馆的"双减"教学原则

（1）主动性

为了应对"双减"的"双增"，博物馆应该充分发挥主观能动性[6]，化被动为主动。一方面，到学校中去，到教育主管部门去，寻找着力点、发展点，使博物馆的教学活动是为学校解决问题，而不是添麻烦。另一方面积极进行调查研究，对各方需求有清晰的认识和研判。

（2）专业性

博物馆增加自身教学资源的广度和深度。前文已述，中小博物馆不是多点开花，而是一点专精。在专业支持的支撑下，结合自身的专精领域，通过与学校等教学机构联合，针对学生的个性化发展需求，建构专业的教学体系和组织优质教学资源。

（3）体验性

学生的博物馆学习不应该是学校学习的复制，而应该具备博物馆特色。博物馆学习具有多方面特点，在此不赘述，只突出其中体验性的特征。学生在博物馆中能够有具身学习。所谓具身学习是在具身认知理论指导下，思考身体在人类学习中的作用问题[7]。博物馆教学设计中更能体现为学生身体学习的教学设计，注重生成性而不是预设性；激发学生的学习渴求与动机；教学更要注重实践与情境化[8]。比如为了实现"立德树人"的教育目标，学校都要开设促进学生道德水平发展的课程，可是学校的课程往往是立足于课本的，很多是远离学生的。中小博物馆可以结合自身实际，挖掘立德树人的教学资源，如作为爱国主义教育基地、中华优秀传统文化教育基地等。让博物馆成为理论的实践基地和认识水平的发展基地。

(4) 合作性

中小博物馆由于自身的限制，在发挥自身教育功能时，自然要"团结一切可团结的力量"。主要包括以下几个方面。一是馆校合作，学校作为传统的教学机构有诸多教学经验值得吸取，加强馆校合作有利于博物馆提升教学质量，并可能更好地借助学校平台发挥自身教育功能。二是馆家合作，家庭是重要的教育阵地，中小博物馆寻求与家庭合作，可以共同创新家长满意、学生需求的教学资源、教学环境；可以得到家长的人力、物质支持, 形成学生发展共同体。

三是馆社合作，社区是学生生活和学习的重要场域。中小博物馆往往扎根社区，可以充分挖掘其中的教育支持。如志愿者组织、教育机构等都能够为中小博物馆提供人财物的支持。进而形成一个以博物馆为核心的学生发展共同体。

（5）定点性

中小博物馆不求全，但求"精"和"准"。中小博物馆具有更高的灵活性，这是对有限资源约束的恰当回应。灵活和智慧前提是明确自身的定位，任何博物馆的定位都是观众需求和自身目标的平衡点，清晰了解社会整体和个体的博物馆利用者对自身的期待，真正明确自身所拥有的资源[9]。如有的小型博物馆只发展了几个定点服务单位，逐步摸索经验，为将来进一步扩展打下基础。中小博物馆是为欠发展地区的学生提供定点服务的适宜载体。希望将来能够进一步发展这一机制，形成学生公平获得知识的机制。

二、"双增"是中小博物馆能对"双减"做出特有贡献

（一）"双增"的内涵和价值

"双增"是博物馆对"双减"做出的回应。主要包括两个方面，一是建构优质教学资源，二是建构优质教学服务体系。优质教学资源包括"增加丰富的深度学习情境""创设有利于学生核心素养形成和发展的学习项目""挖掘适合学生成长的思政元素资源，促进学生'立德'"等教育资源。优质教学服务体系包括教学设计体系、教学实施体系、教学评价体系、教育自发展体系等。

1. 优质教学资源围绕学生发展整合

建构优质教学资源是破除博物馆的教学活动经常流于形式；教学活动以博物馆为主体，而不是以学习者为主体；博物馆教学往往是固定内容的重复等问题。是以学生全面而个性化的发展为目标的教学资源整合。

首先，挖掘可供学生发展的资源。以立德树人为指导思想，以学生核心素养形成为导向，将有利于学生发展的教学资源进行整合。如博物馆的馆藏、博物馆的专家库、社区的历史文化遗迹、教育主管部门的讲座、竞赛等。以博物馆为核心将这些资源整合，然后基于学生的需求设计并实施教学。

其次，丰富学生多方面发展的路径。学习者到博物馆的目的不同，以文史类中小博物馆为例，有的参观者是对文史方面的知识有广泛的兴趣（博学取向）、有的是对某个特定时期的特定事件感兴趣（专精取向）。这两类学习者的需求明显不同。对于这两类学习者应该有不同的发展路径。博学取向者需要的是系统的丰富的知识，量是学习资源的重要指标。专精取向者需要的是关于一点的专业的高层次的知识，质是学习资源的重要指标。可见基于不同类型的学习者，博物馆需要能够提供多元的发展路径才能更好地发挥教育功能。

最后，培养学生终身学习的能力和意愿。博物馆作为学习者发展终身学习能力的良好场域。应该找准自身定位，在一个或有限的几个点有深入的研究和突破，从而能在特定需求的教学中发挥不可替代的作用。学生在这种教学中能够获得知识增长、能力提升、正确的价值观、道德观发展。并且能够以博物馆中的学习为范例，体会在真实情境中的问题解决式地学习。中小博物馆应该立足于深度学习的发生，不能沦为"写作业"的自习室，也不能成为只能"走马观花"的"步行街"。

2. 优质教学服务体系围绕学生发展形塑

"双减"中的减少作业负担和减少校外辅

导机构只是方法，而不是目的。"双减"的目的是学生能够拥有全面而持久的发展。为了实现这一目标，中小博物馆在丰富的教学资源上进行教学服务系统的整体升级。

首先，教学目标转型。博物馆教育的目标不是让学生来看看就结束，而是应该着眼学生的长期发展，从而有针对性、有计划地促进学生全面而多样的发展。

其次，教学策略选择。博物馆教学与学校教学本质是不同的，学校的教育相对功利化，博物馆教育相对着眼长期发展，而对短期成效的关注相对较低。于是在学校中存在可是相对较少被使用的教学策略可以在博物馆中蓬勃发展，如具身学习策略、文本分析策略、教育戏剧策略等。

最后，教学评价升级。博物馆中的学习也需要有价值判断。尤其是对学生多个方面发展的评价对于博物馆教学工作的开展有重要意义。从学校教育的经验来看，在博物馆中，质性评价和量化评价相结合、短期评价和长期评价相结合、自我评价和他人评价相结合的综合评价可能对博物馆教育评价更有意义。

（二）中小博物馆进行"双增"的优势和路径

1."双增"促进中小博物馆的资源整合

"双增"有利于中小博物馆内外的资源整合、意见统一。将中小博物馆的力量集中在一件或几件大事上，形成共识。从而在制度支持、认识提升、人员保障、反思实践等方面。"双增"有利于将中小博物馆相关的社会力量整合，对教育主管部门这是一种可资利用的资源；对于学校这是一种解决课后服务难点的解决策略；对于有心助学的企业，这是一种表现途径，同时也是宣传途径，进而营造一种"多赢"的局面。

2."双增"充分发挥中小博物馆的"精准"优势

船小好调头，中小博物馆更容易进行有针对性的改革。以某一方面为突破口，整合优质的教学资源；开设成体系的课程；探索特有的教学评价视角；促进文化传承、知识增长、能力形成、认知提升等方面的目标综合在一起。一般选择社区或学校亟待解决的问题作为突破口。如课后服务问题，中小博物馆就可以提出自己的解决方案，然后与学校和学生的需求对接。而且这期间中小博物馆更容易实现实践探索反馈，探索适合博物馆的教学模式，开辟多种教学理论的实践场馆和产生教学理论的场馆。中小博物馆将这种小而美作为特色。因地制宜作为方针，呈现和弘扬地方性知识作为安身立命之本。

3."双增"创造中小博物馆提升"内功"的空间

为了满足"双增"的需求，中小博物馆需提升社教人员教学水平。充分挖掘社区教育潜能对于社区中有志于对教育做贡献的人士，定期培训和专项培训结合。尤其中小博物馆讲解员（在中小博物馆中往往兼任教育人员）是社教活动的重要支柱之一。可是中小博物馆讲解员流动性比较大，于是相应机制以应对这种现状。

三、民俗馆对"双减"和"双增"的实践探索

以东北师范大学东北民族民俗博物馆（以下简称民俗馆）为例，民俗馆的展品、社教人员与省级博物馆相比，存在较大差距，可是对于东北地区的民族民俗相关知识的传播具有独特优势。大有大的好处，小有小的优长。中小

型的特色馆、专业馆，扎根某一个方面的专长，提供特色服务。一定区域的众多中小型馆合作，形成教学能力谱系，从而能够为学生的个性化发展提供支持。

（一）以民族民俗为主题组织多种"小而精"的教学活动破解"小"的难题

民俗馆组织了多个层次的固定区域内活动。如走进学校活动，民俗馆组织社教人员，定点联系、定内容组织教学、定时间满足学校需求，已经与十余家中小学建立起稳固的课后服务关系。提供课后服务上百课时。民俗馆不求大，不求全，只在自己的附近区域进行"四定"式的"深耕"活动。

民俗馆建立与朝阳区教育局等教育主管部门的紧密合作，积极探索民俗馆的教育服务之路。在理解教育主管部门需求的基础上，改造自身，不改变自身社教人员的工作时长的基础上，调整工作时段。从而更好地进行课后服务。

民俗馆欢迎和吸引家庭，组织适合以家庭单位的社教活动，促进学生的家庭与学生一起参与到教学活动中来。一方面增加学生来博物馆学习的意愿，另一方面增进亲子关系，对学生在家庭中的学习有一定的积极意义，是社会教育与家庭教育结合的高效途径。

（二）挖掘中小博物馆的专业领域优势创生教育活动破解"专"的难题

1.以"团体"为单位组织教学活动，增加学生黏性

如以家庭为单位吸引受众。民俗馆接待的游客，以城市的家庭为主，且多是"1+2+4"模式或者"2+2+4"模式。活动虽以孩子为施教中心，同时兼顾孩子的家人，提供家长观摩或参与活动的便利条件。如以朋伴小集体为单位，考虑到学生往往是团队行动的，民俗馆提供预约制志愿者免费讲解，采取带着问题参观，

表1.

活动类别	活动名称			
民族类	滚铁环大赛活动	围鹿棋活动	欻嘎拉哈活动	抽冰猴活动
节日类	放风筝活动	包粽子活动	中秋竹简活动	扣襻活动
饮食类	包饺子活动	椴树叶饽饽活动	辣白菜活动	制作驴打滚活动
老工艺	纺绳活动	草编包活动	蝈蝈笼子制作活动	桦皮日历活动

参观后以知识问答巩固教育成果的领学模式。

2.教学活动知识性和体验相结合

如针对小学生，民俗馆组织了四大类活动。

针对爱国主义教育目标，民俗馆开展了下列活动。不仅让学生们通过书本知识理解革命先烈，而且通过亲身感受，体会今天幸福生活的来之不易。

针对学生的多样性发展。民俗馆开展了小小讲解员活动，培养学生信息搜集整理能力、语言表达能力。开展了如果我是民俗学家活动，以专题形式为高年级学生搭设研究成果表达平台，创设项目学习平台。已经完成了《基于项目学习的校本课程——东北饮食民俗之辣白菜的旅程》[10]系列学习项目。

3.进行从博物馆向博物馆和教学融合发展的"五化"课程体系建设

（1）制度化

民俗馆创建制度化的课后服务保障机制，即定期、定量、定人的机制。作为朝阳区教育局的定点合作基地，学期内，民俗馆为区内学校提供可选的有关民族和民俗的教育课程，保

障每周一场活动的接待容量。每个学校有专门对接的讲解员和助教（替班讲解员），确保每个学习团队来馆的服务高效落实。寒暑假期间，民俗馆为全区设置统一的教育活动和定期免费讲解接待，由教育局组织学生统一报名，采取区内教师和民俗馆讲解员共同带队，讲解员主讲，学校教师辅助的教育模式。这种有固定性、有质量的课后服务课程得到教育局的高度认可。

（2）多样化

民俗馆在民族和民俗课程上下深功夫。经历 7 年的积累，开发了四个系列三十余项活动，每一项活动有稳定的材料来源、培训讲解员的教学视频、详细的教学 PPT、活动实施的教案、往期活动照片和视频等资料。且大部分活动已结合学校特点调整为适合中小学生的课程模式。可以初步提供超市式的课程自选机制，为学校提供丰富多彩，选择多种多样的课程体系。并且正在积极探索课程评价体系和课后知识巩固形式。

表2

活动类别	活动名称			
活动类	编草鞋活动	草编帽活动	制作斗笠活动	穿一穿革命先烈的装备
知识类	东北抗联知识大赛			

（3）规模化

民俗馆作为中小博物馆，力量有限，能够提供的教学服务也有限，可是同城有许多中小型博物馆，这些中小馆结合在一起形成的力量

不可小觑。民俗馆正在积极与其他中小型博物馆共同构建育人博物馆联盟。每个中小馆都形成和突出自己的特色，从而在整体上成为为教学服务的合力。例如，民俗馆正在协调，以蝈蝈笼子系列活动与省自然博物馆科普部的昆虫社团合作，开发"野外识虫，蝈蝈之家我来建"的研学项目。

（4）层次化

对于教学内容进行深入挖掘，一方面在知识背景上进行深入研究和积淀，另一方面在教学活动组织上进行多层次设计。面向不同受众，民俗馆开展知识深度不同的活动项目。例如面向 3-5 岁的幼儿园小朋友，开展捏六耳锅活动；面向 6-7 岁的学生，开展服饰贴画活动；而 7-9 岁的学生，有了一定的动手能力和组织纪律性，可以开展各类游艺活动和打糕制作等食品类活动；对于 9-12 岁的学生，编制类活动更有挑战性；针对 12-15 岁的中学生，民俗馆则采取辣白菜的旅程这类项目学习模式，激发学生探究和解决问题的能力。蝈蝈笼子系列活动中，五款难度递进的笼子款式，可以满足混龄活动的实施。

（5）网络化

为了进一步拓展教学空间，更好地为教学服务，民俗馆尝试扩展网络教学空间。首先，将固定展、临时展的介绍及时发布到博物馆社交平台上；其次，活动预告和往期精彩活动及时更新；然后把各大新闻媒体的采访视频、文章发布到社交平台上；最后开展多项线上社教活动，目前正在开发线上直播课程。

（三）多元整合破解"缺"的难题

民俗馆采取级联放大的机制，创建了一个相对有力量的社教队伍。民俗馆背靠大学，有充足的、有热情的大学生志愿者和有知识的、有丰富阅历的退休大学教师志愿者。以这些人

为志愿者骨干、形成类似社团的传承组织。以对外工作服务部为核心，建立讲解员、退休大学教师、勤工俭学的学生为骨干，大学生志愿者为主体的志愿者团队。按照志愿者的目标：志愿服务目的，自我提升、爱好文博、积累阅历、丰富生活[11]。进行志愿者工作的分配，从而提高志愿者的工作积极性。

建立教学资源库，确保人流动、课不流动。于是我馆尝试"三师"制，一个主讲教师，一个助教教师，和一名博物馆志愿者。主讲和助教老师能够营造出一个相对稳定的部分，保证教学活动的主体不会出现因讲解员和志愿者流动而引发断裂；一名志愿者作为可变部分，一方面是作为重要补充力量，另一方面是作为发展力量。这样保证社教活动的稳定性和连续性。而且通过这种方式，形成了一种"传帮带"模式，从而应对中小博物馆流动性大的难题。

在政策允许范围内，对区域内的教学服务资源进行整合。如与教育机构合作，由机构提供资金和人力支持，中小博物馆提供知识、场地、教学支持。在合作中不仅营造"双赢"的局面，而且在不断合作中，凝聚教育合力。

四、"双增"的保障

1. 资源配置

向教育倾斜，博物馆的知识支持资源、物质资源和人力资源在"双减政策"落地。博物馆如果要充分发挥教育功能，对于中小博物馆来说，可能要将更多的资源集中在这方面。上述三种资源能否支持学生在博物馆得到全面发展是经济问题，也是态度问题。

2. 中小博物馆的角色转变

促进博物馆特色发展，推动博物馆教学评价，尤其是馆校结合下的博物馆教学评价。中小博物馆众多，不同馆之间虽存在差异，却都有提供社区服务的便利优势。如果在制度配套上，按照能够为学生提供的教育价值来给予政策和资金上的支持，将促进博物馆教育改革。

3. 中小博物馆在多样性角度满足学生多样发展需求

学生综合发展的多样性需求能破解中小博物馆同质化难题，促进中小型博物馆藏品的阐释、扩张与地方文化特质的挖掘，并对中小型博物馆文化传播亮点的开拓[12]。每个馆都有亮点、有特点，多样化的存在能够通过集群效应，满足不同学生的个性化需求，从而促进学生全面而个性化的发展。

中小博物馆发展经常能够遇到瓶颈，在每一次国家有重大政策调整时，都是大卫挑战歌利亚的良机。

【注释】

[1] 宋向光：《博物馆教育的新趋势》，《中国博物馆》2015年第1期，第1-5页。

[2] 王启峰：《新时代中小型博物馆现状思考与发展对策——以平凉市博物馆为例》，《中国博物馆》2018年第2期，第122-126页。

[3] 许欣月：《中小型博物馆如何更好地走向未来》，《文

物鉴定与鉴赏》2022 年第 2 期，第 82-84 页。

[4] 陈惠荣：《免费开放下中小型博物馆的困境及思考》，《中国文物报》2019 年第 7 期。

[5] 王刚、赵松岭、张鹏云等：《关于生态位定义的探讨及生态位重叠计测公式改进的研究》，《生态学报》1984 年第 2 期，第 119-127 页。

[6] 苏雁：《"双减"后，博物馆如何释放潜能》，《光明日报》2021 年第 9 期。

[7] 张永飞：《具身化的课程：基于具身认知的课程观建构研究》，云南人民出版社，2017 年，第 11 页。

[8] 王靖、陈卫东：《具身认知理论及其对教学设计与技术的应用启示》，《远程教育杂志》2012 年第 3 期，第

88-93 页。

[9] 陈曾路：《更灵活和更智慧：中小博物馆的教育策略》，《中国博物馆》2022 第 1 期，第 10-14、127 页。

[10] 王欣宇、冯雪：《基于项目学习的校本课程——东北饮食民俗之辣白菜的旅程的教学设计》，《中学生物学》2019 第 1 期，第 63-64 页。

[11] 马海真、刘新国：《对我国中小型博物馆志愿者的思考——以山东省中小型博物馆为例》，《博物院》2021 年第 3 期，第 132-136 页。

[12] 周璞、肖宇：《同异之道：中小型博物馆的同质化与个性化，传承与创新——地方性博物馆变革与发展学术研讨会论文集》，2018 年，第 270-275 页。

流动博物馆在公共文化服务体系中的建设路径研究

——以泰安市为例

马文（泰安市博物馆）

摘要： 泰安的自然和文化资源丰富，拥有发展博物馆事业的迫切需求和天然优势。人民群众日益增长的美好生活文化需求拉动了流动博物馆事业，使其蒸蒸日上，发展迅速。本文通过具体分析泰安市各博物馆藏品数量、藏品类别、研究成果、社教开展、人才储备等要素，对泰安市流动博物馆的建设条件进行逐项分析，并针对流动博物馆面对的目标群体设计调查问卷，依据真实、可靠的数据分析，进行泰安市流动博物馆建设路径的研究。流动博物馆于泰安市博物馆机构内增设组建，并在展览实践中不断创新与升级，利用其独特的优势，探索适合泰安市时代发展的传播策略，不断优化自身的服务能力与文化价值产出，形成良好的发展态势，实实在在为民众文化生活服务。

关键词： 泰安市 流动博物馆 公共文化服务 建设研究

一、选题意义

流动博物馆是我国博物馆事业发展到一定时期延伸出来的一种新型的公共文化服务平台，基本功能就是教育和休闲，它以流动展览为手段，以传播博物馆文化知识为目的，将博物馆精心打造后的陈列展览内容借助机动交通工具运往乡村、学校、社区等各个基层单位及普通公众的家门口，最大化发挥博物馆的社会教育功能，是博物馆展览形式的一个突破。场地新、理念新、内容新、方法新，就像新建了一座多功能博物馆展厅，将展示的内容用全新的理念

移出博物馆，走进道路允许的任何地方，这是博物馆把"教育"作为目的和首要业务，践行"以人为本"教育理念的最佳方式。

流动博物馆改变了博物馆等客上门模式，而是主动送上门。这一形式改变了固有的建筑形式的展厅和展示空间模式，具有流动性强，展览内容广泛，展陈形式灵活多样，互动体验参与度高等特点，是新时期博物馆公共文化服务于基层的较好路径，也是拉近博物馆与大众距离的最佳平台。这种展览形式活跃了地域文化，也有利于博物馆之间的学术交流，对博物馆自身发展有着重要作用。开展对泰安市流动

博物馆建设路径研究，正是新时代对泰安市公共文化服务的要求，是对泰安市民众生活和文化现状调查分析，以及对泰安市各博物馆文化服务清醒认识后提出，借鉴各省流动博物馆的成功经验，在泰安市组建流动博物馆作为社会公益机构，满足观众渴望高品质服务的需求，完善博物馆教育功能。

二、现状分析

流动博物馆不是新事物。由于文博资源的分布不平衡、总量相对不充分的状况始终存在，早在十九世纪末，英国维多利亚及阿尔伯特博物馆就用巡回展览，来解决需求不足的问题。1903 年，美国圣路易博物馆用马车为学校送去展览；1947 年美国开始出现了由拖车改装成的流动展览室，继而世界各地都有类似的流动展览车出现 [1]。据有关资料记载，我国社会主义建设初期也已出现流动博物馆的展览模式。当时有地方博物馆模仿苏联的博物馆管理和展览模式，在国内举办各类流动展览。尽管当时，尚处于摸索探寻阶段，也受经济发展制约，但基本上形成了国内早期流动博物馆的雏形，这是博物馆体现对社会公众科普教育功能的开端，参观博物馆逐步成为广大人民群众丰富精神文化生活的一项活动。随着改革开放我国经济的迅速发展，博物馆事业也随之进入全新时代。政策支持、经费支持激发了文博单位活力，科学技术的发展又给博物馆的文物保护、研究、展陈形式注入新的能源。

进入 21 世纪以来，流动博物馆事业发展迅速，多以车船为载体，出展模式也是各式各样。比较有代表性的有：广东省博物馆 2004 年成立的"流动博物馆"和四川博物院 2010 年创建的"大篷车流动博物馆" [2]。2012 年，

联合国官员在考察四川博物院"大篷车流动博物馆"后就指出这种文化服务模式值得在全世界推行 [3]；2014 年内蒙古博物院建立了"全数字化流动博物馆"，展览形式和展示手段的创新，不仅拉近了观众与文物之间的体验距离，而且杜绝了文物安全隐患 [4]。中国博物馆协会 2016 年 9 月 16 日成立了流动博物馆专业委员会，为流动博物馆业务定位，为展览策划、社会教育服务明确目标和任务。各省市相继出现了"大篷车"博物馆、"无边界博物馆"、全数字化博物馆等等。

2019 年 12 月国家文物局根据《博物馆条例》相关规定，修订了我国博物馆定级评估标准，评分细则中增设了博物馆资源进乡村、进校园、馆际交流合作等多个方面的加分项目 [5]，鼓励博物馆找准定位，发挥各自的优势服务大众，这项改变更是加快了流动博物馆建设发展的脚步。根据国家文物局数据统计及各博物馆活动情况的媒体发布，截至 2021 年末，我国已备案博物馆已从建国初期 50 多座，年观众 1000 万左右人次，发展到 6183 家，去年受疫情影响，年观众仍有 7.79 亿人次。国家已定级博物馆总数 1224 家，占全国博物馆总数的比例达到 22.1%。这些博物馆，基本都已建立较为完善的流动和外出展览模式。

近年来，泰安市政府高度重视博物馆事业发展，泰安市自 20 世纪 80 年代的仅有的 3 家博物馆，发展到今天登记注册的各类博物馆 44 家。其中的泰安市博物馆现为国家二级博物馆，馆址在泰山景区内。景区共有 8 家博物馆，分别是国有博物馆 3 家，非国有博物馆 5 家。泰安市博物馆作为其中唯一一家国有综合性博物馆，也是建馆最早，发展最好的一家。馆内共设有历代碑刻陈列馆、历代石雕馆、汉化像石馆、东御座复原陈列、泰山世界地质公园博物馆、

青铜造像馆、古钟文化馆等七个基础展陈和常设的两个临时展厅。博物馆下设五个职能管理部门，文博专业技术人员43名，其中副高以上职称13人，中级职称22人，基本都在文物保管、研究、陈列、宣教岗位担任重要职位。博物馆建有一支20人的优秀讲解团队，负责每年研学教育、经济创收、志愿者培训以及公益社教活动。近年来，泰安市博物馆每年用于展览教育的预算资金约100万，平均每年举办5个外展和10个临展项目，在国内外30多个城市地区成功展出，并围绕展览主题开展社教活动近百场次。

根据上述，泰安市有着得天独厚的自然和人文环境，博物馆有着丰富的文物资源。展览内容足以涉及各个领域以及多个学科；泰安市博物馆作为综合性国有博物馆和泰安市各博物馆的领头人，研究成果及人才储备和经费保障方面，基本满足建设流动博物馆的需求。而且博物馆又经过近几年的研究和努力，在交流展和外展项目上积极推进，成功做到了让泰山文化走出泰安，走出山东，走到包括台湾在内的各个省市；走出国门，在韩国、日本多次成功办展。泰安市博物馆在扎实有效地推进区域文化交流和传统文化普及教育工作中，积累了丰富的外展经验，培养了一批集展陈、宣教为一身的综合型人才，成为流动博物馆发展强有力的支撑。

三、对策建议

（一）制度建设

流动博物馆建设，首先是构建完善的管理制度体系。

1.工作条例及各项工作制度，包括工作细则、管理制度、日常业务工作和出展规程等；

2.日常工作、学习、生活中必须遵守的行

为准则，包括作息时间、请假制度等；

3.岗内责任制，明确规定每个工作人员应当承担的具体责任、权限，包括考核制度。

流动博物馆日常工作都是围绕出展目的而做，一个环节不达标，都有可能延误展期或给出展的顺利进行制造障碍，应制定相应的奖惩条例。日常工作包括展览内容研究、主题项目研讨、社会调研、辅助展品及多媒体播放的制作、出展地的对接、志愿者培训等等；出展工作中明确带队人及各个项目具体负责人，按照流程做好前期准备工作，展览过程各司其职，做好组织、服务、安全及宣传等工作；展览结束展品归库、设备检修、总结汇报，档案整理等工作。具体责任明确，有职有责有权，避免责任不明，遇事推诿等弊端。

（二）队伍建设

在泰安市博物馆内增设一支分工明确、组织管理高效的工作队伍，让流动博物馆作为其常设机构，以确保工作有序开展。

根据泰安市博物馆内现有人员情况，抽调8人组建团队。总负责人由馆长兼任，流动博物馆常务副馆长一名，下设三个组：展陈组3名、宣教组2名、安保组2名。

配备工作人员要考虑身兼数职，一人多用。展陈组负责展览研究、策划、设计、制作、布置等工作；宣教服务人员负责外联、媒体宣传、活动组织、讲解、社教活动、业务培训等；安保组负责展览现场秩序、展品安全，包括司机和展览车日常维护、出行、路况等。

对于所负责工作，要求有两年以上实践工作经验，对于工作能力和素质要求不仅熟练掌握具体负责项目，还要了解团队的各项工作，能够做到相互协助，甚至替补。在队伍中尽量使用年轻人，通过活动开展，多些机会和实践，培养出懂得管理，有组织协调能力，有创新意识的人才,为流动博物馆的持续发展打好基础。

(三)项目规范

流动博物馆每一项出展计划,都必须经过广泛调研,反复论证后的结果,所以策划方案

的编写需具体、全面、清晰,在实施环节才能不出问题或少出问题。细化项目工作,规范流动博物馆展览项目方案编制流程,分区块明确分工职责。

表 1. 流动博物馆展览项目方案编制规范流程表

序号	展览项目程序	规范要求
1	时间、地点	明确展览出行的具体时间、目的地
2	确定展览主题	简要列出展览项目的主要依据。包括: 流动博物馆出行目的地的要求和规定, 主管部门的批复文件及内容, 展品、学术支持情况以及展览的必要性、预期价值
3	资料收集	简要列出内容文字、文物、图片、多媒体设备内置资料的研究储备
4	展览内容设计	围绕主题, 对展览内容进行设计, 编写展览大纲, 对文字内容和文物审定
5	上展文物辅助展品、文创产品落实, 互动方案的制定及其他备展工作	列出上展文物及辅助展品明细, 进行清洁、消毒、集中, 为展品出展做准备; 数字化影像资料设计制作, 对应文创产品销售方案; 依据展览主题思路制定互动方案, 互动环节工具制作采购技术人员服务人员讲解人员及志愿者掌握展览活动内容司机对车辆检修并掌握出行道路状况
6	展览形式设计	围绕陈列展览内容脚本设计展示形式, 合理运用现代科学技术配合实物类展品阐释展览内容, 阐述车外可利用的展示空间合理布局。
7	布展	招标、监理、车内展厅装修、展具制作、灯光影像调试, 制定布展方案, 实施布展
8	经费投入及资金来源	简述基础装修费、陈列布展费及其他费用等, 确保经费能完成整个项目活动
9	宣传	做好宣传草案, 包括: 前期在目的地的展览预热宣传、展览活动现场报道宣传、产生的文化效应等
10	出展活动档案	完善档案内容。活动期间的各项数据统计、图片资料收集, 整理汇总, 形成与展览活动相关的 全套档案资料

以泰安市博物馆的场馆为依托,组织展品、专业技术人员进行策展,围绕展览这一主业,将配套教育活动、流动文创送到群众身边,并将这个活动常态化,逐步形成多层次全方位覆盖的博物馆社教活动服务网络,形成社会认可的模式,打造好流动博物馆公益品牌,同时以公益品牌进一步吸引社会力量共同参与到博物

馆事业发展中来,不断开放,多方共建,资源共享,最大化实现自身与成员单位、群众和社会的共赢与多赢的运行机制。

(四)志愿者队伍

发展壮大志愿者队伍。按照国务院《志愿者条例》,制定泰安市流动博物馆志愿者服务章程及活动的宗旨:志愿者要热爱博物馆公益

事业，政治思想坚定，品行端正，有爱心，并自愿服从流动博物馆管理，愿意利用自己的业余时间，在流动博物馆参与所需要的多种工作，传播博物馆文化知识，无偿服务他人和社会。

根据博物馆具体情况设置不同的志愿者岗位，负责协助流动博物馆的讲解、现场参观秩序的维持、环境卫生的维护、展览及各项体验活动实施工作。

流动博物馆规范对志愿者的培训工作，分为服务培训和知识培训。其中包括每月半天时间的常规培训和参与本次出展服务人员的出展前培训。

流动博物馆出展工作的特殊性，决定了参与活动一般为外出一整天或几天，要求志愿者时间上要安排调整好。

建立志愿者档案及工作手册，作为工作考核依据，定期予以表彰并记入手册。

依据章程对志愿者服务队伍逐步完善，发展不同职业，各年龄段的志愿者，特别是大、中、小学生志愿者，乡村、社区志愿者，通过对其博物馆文化培训，参与到流动博物馆公益文化服务中。

有政策支持，媒体多方配合宣传，以及流动博物馆活动成功开展，会吸引具有专业知识的人才，充实到流动博物馆的志愿者队伍中来，他们可以分担流动博物馆部分工作，成为流动博物馆发展强有力的辅助者。

（五）优化服务

流动博物馆工作的展开必须与社会公众保持良好关系，它的需求和效益必须与其所面对的所有受众群体的需求和利益结合起来。展览活动开展前要对受众群体广泛调研，活动后要认真总结项目完成的每个环节。优化服务项目，提高服务能力。

（六）媒体宣传

树立流动博物馆品牌和形象是长期的工程，在创品牌过程中，媒体宣传是十分有效的一种方式。加强与各大媒体的联系和合作，对活动现场的新闻报道准确、及时。还要充分利用官网、官微、官博，自媒体平台以及二维码等远期发展阵地，多渠道宣传流动博物馆的活动开展情况，突出泰安市流动博物馆鲜明的特色，扩大影响力。

（七）经费保障

泰安市文化和旅游局以及泰山景区管委会应根据公共文化服务的财政事权和支出责任，将流动博物馆经费纳入预算，安排公共文化服务所需资金，优先保障流动博物馆的基本运行经费。

流动博物馆创建前期投入资金较大，根据《国家艺术基金章程》及资助管理规定，申报"传播交流推广资助项目"的相应资助基金，用以补充流动博物馆活动经费，另一方面，自我造血，持续发展。借鉴广东省流动博物馆的成功经验，进行商业化展览的有益尝试，与企业、集团结合，建立文创产业链，或推行特色流动展览以冠名赞助方式来广泛筹集社会资金。

由于流动博物馆开展流动展览的地点大多是在路途偏远地区，车辆的保养及更新换代费用、人员加班出差补助费用、相关专家及非遗传承人的临时聘用、展板展架及宣传品的制作、网络平台维护等长年基本运行是需要更好的经费保障，所以要吸引、鼓励和引导社会资金投入流动博物馆建设，给流动博物馆持续健康发展更多生机和活力。

四、以学校、乡村（社区）为主要受众群，实践、认识，再实践

（一）对受众群的调研

通过调查问卷和实地走访，一是了解民众对博物馆已有认知程度，二是掌握大众对博物馆文化的兴趣方向，三是易于接受哪些活动形式。目的是综合考虑客观条件、主观意愿，策划可行性展览活动。

调研结果显示，大部分人对博物馆文化基本都有了概念性的了解，特别是在校学生对博物馆展览的关注度，充分证明了现阶段我国学校教育对学生综合素质教育的重视，也为流动博物馆进校园活动起到了推进作用。对于更易于接受的展览形式，学校和居民均提出希望个人参与体验度高的项目，这也正符合了流动博物馆高度亲和力的自身的优势。

据泰安市教育局 2022 年 6 月发布的统计数字，泰安市学校包括民办学校共有中、小学校 980 所，中等职业学校及特殊教育学校 22 所，驻泰普通高校共有 12 所，幼儿园 626 所。根据以上统计，泰安市的学校与博物馆的数量比为 37.05:1，这个比例无法与发达国家或我国省级城市及发展较好的市级城市相比。另对馆校合作方面的调查显示：合作形式多为集体参观、讲解等活动，没有较深层次的研学、实践、志愿者服务等活动，更未普及到馆本课程、校本课程开发及展览进校园等，学生只是"走进了"博物馆，并未真正的了解博物馆，未能体会到博物馆深层次的文化内涵。

据泰安市统计局 2022 年 3 月 31 日泰安统计信息网发布《2021 年泰安市国民经济和社会发展统计公报》：乡镇、村（社区）按标准建了综合文化活动场所，设立了文化管理员。本文研究者实地观察、访谈后发现：问题一，泰安市公共文化服务体系建设虽然取得了一定成效，但城乡文化资源差距较大，资源匮乏的乡村自主开展好的文化项目活动较为困难。问题二，各乡村的文化活动项目如：文化下乡、自组的演出队、图书阅览等，都需要其内容的常换常新。同一曲目和不变的图书，对群众缺乏吸引力；问题三，新冠肺炎疫情期间，全国许多博物馆推出了在线产品与服务。但在研究者的调查中显示，近三分之二的人没有浏览过网络博物馆平台。也就是说，数字服务、网络远

表2.展览项目表

项目名称	策划基本思路
泰山石刻拓片展	实景影像配合拓片展出，欣赏泰山自然与人文的巧妙融合；讲解石刻背后的文化故事；学习书法鉴赏，对各种书体特征了解，学习拓片制作
生肖文化展	生肖文化在我国历史悠久，与我们生活息息相关。通过展览普及中国传统文化，学习民间剪纸艺术、陶塑艺术、面塑艺术
泰安革命文物展	展览内容借助革命前辈使用过的武器、立功捷报、军功章、生活用品等，以图片、影像、文字相结合的展览形式，现场讲解和专家讲堂配合活动，讲述老一辈革命者为民族解放所做出的光辉事迹。传承红色基因，弘扬革命精神。通过文化惠民，了解乡村文化历史，梳理村史发展历程，帮扶县区村史馆的建设工作。开展"为了明天收藏今天"社会变迁物证征集工作宣传
泰安革命文物展	利用馆藏文物，简述泰山宗教、封禅、民俗、石刻等泰山的人文历史。作为泰安人，了解家乡历史文化及生活民俗，热爱自己家乡。做文物保护法相关知识的讲授、宣传

程教育对于泰安地区的乡村、社区还需要有效的引导。

（二）流动博物馆实践

通过前期调研，整理出有针对性的几项外展，利用实物展品、展板、数字技术、讲座、现场互动的形式，走进校园、乡村（社区），为流动博物馆做初步实践活动。

（三）实践结果及对策分析

第一，参观目的明确。博物馆固定展馆考虑广泛的受众群体，所以推出的展览主题、展览时间及所开展的教育活动不能局限于某一级学校或某一项教学，也就难以符合学校教育的实际要求。所以，学校和博物馆的信息不对等，致使馆校无法有效融合，学生们接受知识缺乏教师的引导，也很难主动寻找博物馆在某一阶段某一项展览活动。流动博物馆从根本上解决了这一问题。

流动展览内容设计和展览时间选择，是由学校决定的。当流动博物馆把展览摆在眼前，不用学生考虑时间问题、看懂看不懂的问题、如何才能看懂的问题等，只需安静、细致的观赏、体验，博物馆教育和学校教育达到有效融合。博物馆展品涉及许多学科的有关内容，通过展品展出来解释背后的历史、文化、经济和生产等，这种直观教育易于接受，青少年应是最大的受益群体，所以流动博物馆教育的优势恰恰可以协助学校对学生综合发展的培养。

第二，现场互动频繁。对于固定的博物馆展馆，参与体验的主要问题在于，学生大多集中在周末或节假日参观，平时博物馆的互动参与人数稀稀落落，而节假日却明显感觉互动项目少，应接不暇。而相比较流动展览进校园是每个班级根据课程安排逐个班级进行，避免了上面现象。对此馆校双方真正要做的是建立稳定的沟通渠道，形成馆校交流常态化。

当前国家已意识到学校教育的不足，也意识到博物馆教育的意义重大，国家不断出台政策鼓励各级博物馆与学校合作，积极参与开展教育活动，例如 2020 年《关于利用博物馆资源开展中小学教育教学的意见》等。在素质教育理念下，学校教育在探究知识传播的新方式，博物馆教育也在完善其功能，双方都有着合作的诉求，流动博物馆作为馆校之间合作与沟通的平台，应是未来博物馆发展的重要环节。

第三，更加贴合学生需求。学生们面对面向博物馆提出问题及要求，因材施教的同时也为博物馆下一步工作指明方向。

具体分析学校教育，它是教师根据国家的教育要求和课程大纲进行的教育活动，是以课本为中心的理论学习。我国的这种计划教育，有利于学生系统、扎实地掌握理论知识，但缺乏实践。要想博物馆的实践教育与学校的理论教育结合，就要了解学校固定的教学模式，提前做好教育方案，纳入教学计划。学校与博物馆从属两个不同的管理体系，在政府的引导和规范下，二者互相沟通、融合施教。

首先，流动博物馆根据自身资源，针对受众群体，研究学生、学校需要什么，深入挖掘文物背后的文化内涵，设计适销对路的展览内容，汇编博物馆课程项目库，利用项目驱动流动博物馆进入学校。

第二步，流动博物馆进校园是一个双向互动活动，学校、教师要知道博物馆有什么，学校依据教学大纲内容，提取博物馆展览项目库中资源编入教学方案。根据学生不同的阶段性学习，合理安排流动博物馆不同主题展览进校园，配合同期教学实践活动。双方通过沟通协商和实践总结，逐步签订长期的合作协议，把馆校合作制度化。并在合作过程中及时地发现问题，及时调整，尽可能地使合作效果最大化，建立更加长期、良性、完备的馆校合作机制。

第三步，制定人才交流培养计划。博物馆将丰富的博物馆文化送进学校，博物馆教育工作者走进学校进行讲解服务。无论是进校园的博物馆教育工作者还是学校教师讲授博物馆知识，对彼此的要求都较高，应互派学习、共同设计展览主题及形式，加大彼此交流，实现双方教育者综合素养的提升。

第四，流动博物馆进乡村（社区）与进校园活动有共同点，而不同之处是：学校以教育为主，乡村文化以引导为主。流动博物馆进乡村（社区）活动首先要着眼乡村、社区的发展及群众文化需求实际，有针对性的选定展览主题，加强当地文化元素挖掘，配合泰安市的文化需求，突出时代特征；其次，流动博物馆出展都是有针对性的受众群体，到达的展览场地各异，展览方案设计要根据展出场地、受众群体，因地制宜、因材施教；再次要着眼于实际效果，与本地群众生产生活联系起来，内容文字通俗易懂，展览形式及体验活动有吸引力，观众喜欢看、看懂了才能达到以物教人的目的和效果，才能促使文化深入人心，逐步激发区域文化自身的繁衍和发展；最后要与乡村、社区建立人才培养计划。流动博物馆进基层需要有人管，有人抓，加强对基层文化工作人员的培养，熟知流动博物馆工作流程，配合宣传、组织、现场秩序维持等工作。

五、结语

综上所述，泰安市流动博物馆构建过程中，应扬长避短，在新的历史时期大潮变迁中，流动博物馆将会被赋予新的文化内涵，新的时代文化元素，新的历史使命，成为新的"流动式"文化"高速"列车。重点围绕十个突出：一是，突出地域性。展览内容地域特色鲜明；二是，突出可观性。展览形式设计包括展板展品陈列设计、空间利用、色彩、灯光、安全、技术、服务等设计"以人为本"；三是，突出大众性。展览主题是观众关心的内容，贴近社会、贴近人民生活，内容通俗易懂；四是，突出互动性。互动体验是流动博物馆的主要特征之一，是接受知识的最有效方式；五是，突出时代性。展览内容有时代特色，形式设计有时代感；六是，突出灵活性。把握流动博物馆展览空间、展览形式、展览现场的灵活性特点，把每一场展览活动做饱满充实；七是，突出前瞻性。展览内容和形式设计都是有引领作用的；八是，突出科学性。展览内容科学、准确；九是，突出创新性。内容有新意，展览形式有变化，才有吸引力；十是，突出针对性。针对受众群体设计特定的专题项目展，从而将博物馆优质特色资源送到大众面前，真正实现教育服务零距离。

【注释】

[1] 王宏钧：《中国博物馆学基础》，上海古籍出版社，1990 年，第 66 页。

[2] 胡锐韬：《流动博物馆运营模式探析——以广东省流动博物馆为例》，《中国博物馆》2017 年第 2 期。

[3] 张衡：《走进基层服务大众——四川博物院"大篷车"流动博物馆的实践与探索》，《中国博物馆》2012 年第 4 期。

[4] 张俊梅：《触摸历史让文化遗产动起来——内蒙古流动数字博物馆建设的探索与实践》，《中国文物报》2014 年第 9 页。

[5] 文物博发〔2020〕2 号《博物馆定级评估办法》，2019 年 12 月。

智造展览：中小博物馆的展示策略及创意旨归

周墨兰（太原市博物馆）

摘要： 陈列展览作为博物馆的核心文化产品，是博物馆学与博物馆业务的焦点问题，也是中小博物馆展示新形象的关键领域。为适应博物馆改革发展，中小博物馆应将策展能力作为博物馆的核心竞争力进行重点培育，不断探索多元化的线上、线下展示路径，把展览的价值和意义落实在文化育人上。在此基础上，践行"为公众策展"的理念，讲好身边历史文化遗产的故事，打造共建共享的文化空间，在促进可及性和包容性、多样性和可持续性等方面发挥更大作用。以展览及策展为突破口重新定位角色、改善公共关系，将促进中小博物馆更加多样化、个性化发展，推动中国博物馆事业向高质量发展阶段迈进。

关键词： 中小博物馆 展览 叙事 公众

中小博物馆分布于不同地域、隶属于不同层级，数量庞大、属性多元、类型丰富，是我国公共文化服务体系的重要组成部分，在博物馆系统中的基数性作用日益彰显，成为优化博物馆体系布局、推进博物馆改革发展的关键领域。然而，长期以来中小博物馆的发展面临诸多不利因素，如有限的资源条件、消极的文化生态等。这些客观存在于政策、经费、设施、藏品、人员等方面的问题，确实限制了中小博物馆的高质量发展，也在一定程度上影响其对自身使命及价值的认知。相对于外部环境而言，理念滞后或许是中小博物馆内部治理的症结所在。一些博物馆定位模糊、思维固化，缺乏明确的发展目标，对自身特点及资源优势认识不足，陈列展览缺乏新意，公共文化服务质量有待提升。

随着博物馆社会化程度的不断加深，新博物馆运动的浪潮自上而下影响至基层博物馆。社会政策指向、行业竞争压力以及文化平权诉求等因素改变了中小博物馆的生存环境，使其不能置身于社会变化之外，必须由内而外做出应对之举。陈列展览作为博物馆的核心文化产品，是博物馆学与博物馆业务的焦点问题，也是中小博物馆展示新形象的关键领域。为适应社会环境变化，推进新时代博物馆事业高质量发展，中小博物馆应在充分把握自身特质的基础上，转变观念、更新方法，以展览及策展为突破口重新定位角色、改善公共关系，不断探索多元化的线上、线下展示路径，形成个性化及创意化的表达。在展示创新过程中，践行"为公众策展"的理念，实现知识、情感、价值观的传播，充分激发中小博物馆的吸引力、创新力以及发展活力。

一、重思策展：中小博物馆展览的"破局"创新

现代博物馆正在经历从以藏品为中心到以观众为中心的转型，展览不再是文物的集合，而是以文物或展品为基础，可以被不断建构、解构的开放性的叙事体系和促进对话的场合[1]，"策展时代"已经到来。展览需要策划，策展即构思与组织展览。策展人把已有的文化事物按照某种认知逻辑组织起来并加以阐释，在展厅中形成供观众参观的展品序列或者空间形态，进而创造某种系统化的认识或者让展品组合产生全新的意义[2]。从逻辑层面分析，策展可以被理解为一种思维活动，是博物馆基于一定意图，围绕物（展品）、人（观众）、场（空间）三要素，重新构造叙述（展示）和受述（观看）之间新的可能性的文化生产行为。

在不同的策展思维导向下，博物馆对展品的认知及使用呈现差异化趋向，展览由此形成多种叙事路径与空间情境。面对不同的展示逻辑，观众亦将在观看过程中收获新知识、新意义以及全新的时空体验。张之洞与武汉博物馆的策展实践是一场突破程式化创作、拓展博物馆边界的行动，其创新性体现在对展品价值和叙事话语的重构，使展览成为引发观众思考的空间。运用主题性、故事性的策展理念，由此成为博物馆"破局"创新、彰显个性特征的有效方式。以此案例为中心展开思考，中小博物馆应破除传统观念束缚，以展览为契机重新发掘自身潜能。通过不断更新的策展思维，尝试对历史遗产的意义进行再调整、再协商、再创

造，在展示语境中推动历史叙事生成社会价值，回应观众诉求。

张之洞与武汉博物馆在已有相近题材展览、文物资源不足的情况下，变换叙事角度，以武汉为中心重构张之洞的遗产话语，为观众提供一种新的认识张之洞，也是认识博物馆的方式。展览打破传统的文物展示模式，根据内容与话题的具体特点，将知识转化为带有叙事性的空间装置，藉由"张之洞在武汉""全方位激活武汉近代工商业""兴办近代军事工业与军制革新""对张之洞的评价""一个改革者的孤独"等历史叙事空间，展示张之洞督鄂期间兴实业、办教育、练新军、修铁路等主要业绩。在此基础上，展览进一步从过去的历史中寻找与今天有关联的话题，邀请观众参与对话或鼓励观众形成自己的判断，让历史与今天的观众形成共振[3]。通过创新式策展设计理念，展览突破了近代历史人物教科书式陈列，成为以观众为中心的思考空间，博物馆的个性化特征亦由此而彰显。

二、策展的可能性：中小博物馆展览的叙事路径及优化策略

策展是一种事关文化传承与创新的文化生产[4]，策展本身并不制造展品，而是通过对展品的选择、组合及阐释，营造叙事语境，赋予展品新的联系及整体意义[5]。中小博物馆在展览实践中经常会面临藏品数量有限、同质化严重、地域特色不足等问题，博物馆如果因袭固有思维，将导致展览缺乏新意、观众反应平淡。为此，博物馆在开展藏品研究和地域文化研究的过程中即应有意识地以构造展览为导向，多角度、多层次挖掘藏品信息，丰富地域文化展示的实物资料及设计构想，为展览选题提供智

力支持。在此基础上，博物馆围绕特定主题进行展览策划，可以通过故事结构的变形、乡土意识的构建等方式，拓宽叙事路径、优化展示策略，让展品组合产生全新的意义，赋予展览内容全新的文化内涵。

（一）多元化的叙事结构

为解决藏品数量有限、同质化严重等问题，中小博物馆在展览策划过程中需要调整叙事策略，改变展品的组合方式以及展览的故事结构，使原本题材相近、文物相似的展览呈现更加多元的主题诠释和内容表达，优化展览传播质量。器物类展览是中小博物馆较为常见的展览题材，这类展览通常依托馆藏文物、以历史脉络为主线展示器物的发展流变。以古代铜镜为例，一些博物馆以此为选题策划馆藏铜镜展，如"镜鉴春秋——常熟博物馆藏历代铜镜展""铜华镜彩——宣城市博物馆藏铜镜展""饰容修性——临沂市博物馆历代铜镜展"等，这些展览基本遵循时间线索，展示上自战国、下迄明清的铜镜艺术及文化。那么在这种常规的线性叙事结构之外，策展是否存在新的可能呢？金华市博物馆"无穷·镜——古代铜镜中的微观世界"展览或许给出了另一种答案。

"无穷·镜——古代铜镜中的微观世界"坚持问题导向的策展思维——"什么是铜镜""铜镜与人有什么关联""铜镜文化对当下社会有什么意义"？展览打破了常规以单一的历史时间线为展览逻辑框架的叙事方式，尝试通过"物相-人格-文化"的递进关系，分别从铜镜的物质属性、社会属性、文化属性三个层面诠释铜镜承载的深厚文化内涵。据此展览分为"只是镜""不只镜""无止镜"三个单元，通过铜镜展现不同时代、不同社会群体的价值取向和精神世界，探寻古代铜镜中的微观世界。此外，展览运用多学科策展思维，在历史学、考古学

的基础上，融入人类学、社会学、艺术史等多学科视角及语境，并通过色彩、灯光、空间等多层隐喻手法，打造出神秘、深邃而浩瀚缥缈的观展氛围，帮助观众完成由物到人到文化的多元化解读，也向观众真正展示了面对一类器物的研究和展示其实可以如此多元。

（二）地方性的叙事话语

地方历史文化的书写和展示是中小博物馆展览策划的基本命题。为突显地域特色，博物馆需要跳脱传统展示思维，以"地方重塑"为核心，在展览中再现城乡历史景观和地域文化风貌，构建乡土意识的叙事话语，不断探索地域文化展示传播新的可能性。"世间乐土——吴县文物数字展"利用数字化的"可移动性"特点，以"吴县"整体作为舞台，再现了吴中地区历史名镇名村、历史建筑等大尺度景观以及千百年来吴人的日常生活风景。展览由"自得：我的厅堂""自适：我的宅院""自如：我的社区""自在：我的吴县"四个部分构成，"我"的视角贯穿始终，并从个体经验上升为地方认同，让观众透过"数字化的文物"看见乡野之中的吴门之美、江南之美，为观众解答什么是江南文化以及江南文化最核心的美和竞争力在哪里。

"上洛：新·乡土志系列展之一"聚焦中国传统社会的核心议题"乡土"，选取洛阳出土文物与当代艺术作品并置，通过"伊洛之间""华夏聚汇""世界同在"三个单元诠释乡土洛阳中的"本土洛阳""中国洛阳"和"世界洛阳"，以此致敬吾国吾民、吾乡吾土。展览对乡土志的表达做出突破性尝试，将中国人的乡土情怀以跨界融合的形式加以呈现。在博物馆的空间里，不同艺术形态之间的界限被打破，文物与艺术品、建筑、音乐、舞蹈等多领域的全新创作交相呼应，形成跨时空的碰撞与对话。展览

突破传统博物馆的展陈内容与形式，文物在全新的场域中呈现给观众多元的面向，历史的洛阳、现实的洛阳和想象的洛阳在此交汇，在展览中寻找"你的洛阳"成为可能。展览在唤起公众对"故乡""异乡""他乡"思考的同时，展现了当下博物馆在调用各种资源、讲述地方故事等方面的无限潜能，也昭示了博物馆的未来走向。

三、网上展览：中小博物馆发展新契机

陈列展览是博物馆核心的公共文化产品，由于受到时空及展陈形式等方面的限制，策展人的研究成果通过实体展览传递给观众的有效信息通常不足 20%，另有 80% 的信息无法得到有效释放[6]。网上展览作为博物馆长期以来数字化建设的重要成果，适应了新媒体时代知识传播和信息获取的发展趋势，并且通过超实物的信息传播形态打破了物理世界与虚拟世界的隔阂，在科技与文化跨界融合的过程中，促使传统文化焕发当代活力。中小博物馆应敢于利用网上展览的新契机，破除以往实体性资源的束缚，从观念到实践不断丰富线上传播的内容与形式，变实物劣势为创意优势。

（一）网上展览及其传播优势

网上展览是博物馆运用互联网思维和数字化技术，在网络空间构造的虚拟呈现实物状态、模拟现实参观情境、开放共享文化资源的展示形态。根据实现技术与呈现形态，网上展览可以分为三个类型：一是图文在线展，类似电子的展览宣传册，或是将博物馆现有的数据库开放部分权限给公众，可以浏览藏品的信息及图片；二是实景三维展，根据线下实体展览制作出网上立体空间，让观众置身其中参观；三是

三维虚拟展，这类展览并没有对应的线下实体展览，而是按类别或主题汇集藏品信息，通过线上空间建模、场景再现，让观众看到一个主题演绎式的展览[7]。

由展示形态进一步分析网上展览的传播特征，可将其归纳为以下三个方面。一是复刻性，即网上展览可以提供与实体展览相同的信息，确保线上线下知识传播的一致性和完整性；其次是延伸性，网上展览可以有效丰富和拓展空间实体的信息承载量，形成主题知识图谱；最后是无墙化，网上展览打破了时空界限和身份区隔，让更广泛的社群参与其中，实现资源共享和公共文化服务均等化[8]。综上所述，网上展览降低了观众参观博物馆的时间成本和空间负载，与当前数字新媒体所倡导的信息传播、大众传播相适应，在文化展示和社交互动等方面具有明显优势和生长潜力。

（二）中小博物馆线上策展路径

网上展览的策划与实施，建立在物、人、信息、空间、技术等要素基础之上。即博物馆运用数字技术，在虚拟空间按照特定意图，对实物所蕴含的信息加以提取、组合、阐释，为观众呈现"主题 - 形式 - 内容"的浏览模式。在网上展览体系中，展品进一步向信息让渡，展览对于实物的依赖性由此减弱。相较于传统展览，线上策展具有更多的灵活性和可塑性，成为后疫情时代博物馆服务社会公众的有益实践。运用数字技术呈现方式，展览从筹备到展出均在云端进行。在数字技术加持下，云策展、云布展、云观展趋势加深，这是策展理念及展示形式不断迭代的一种体现，也是博物馆未来值得进一步探索的方向之一。

中小博物馆应发挥网络技术优势，突破馆藏资源的束缚，以信息组建代替实物借调，围绕特定主题以互联网为媒介进行线上策展、尝

试新题材，实现众多在物理空间内难以达成的展览项目，为公众打造优质线上体验。例如"丽人行——中国古代女性图像云展览"即突破地方收藏限制，在线上汇聚国内 32 家博物馆的 1000 余件画作，通过数字化手段铺展古代丽人们的生活画卷，并引发关于当代女性社会价值的思考。类似案例还有"粟特人：丝绸之路上的使者"网上展览，弗利尔美术馆将分散于世界各地的粟特文物在网络上虚拟集结，通过文字解说、地图、文物图片、考古照片等全景展示粟特民族及其对周边地区的文化影响。凭借数字技术，网上展览让不在一处的展品荟萃一堂，让不在一处的观众同步观展，把"不可能"变为"可能"。

后疫情时代，随着在线公共文化服务的常态化，展示方式的生动性、互动性和开放性将成为网上展览未来发展的重要方向，这也为博物馆创新展览模式、企及观众心理创造出无限可能。在此背景下，中小博物馆应进一步发掘网络技术的媒介优势，拓宽设计思路，不断丰富线上传播的内容与形式，在参与式环境中增强与社区的凝聚力。"当盛世·忆英雄——郑成功传奇一生数字展"深度挖掘郑成功纪念馆藏文物资源，设置"海上世家""抗清与海上贸易""收复宝岛""经略台湾"四个章节，将58 件文物素材嵌入式展示在相关历史事件当中。通过原创动漫人物形象设计、原创手绘、原创视觉设计、原创主题音乐，辅以数字化手段，再现了民族英雄郑成功的生平事迹。二十多个互动响应式界面、郑成功文化知识小问答，满足观众在线学习及参与互动。展览实现了用文物讲故事，用故事串历史，为中小博物馆网上展览提出了一种崭新的呈现方式。

四、为公众策展："小"博物馆有"人"作为

中小博物馆的生存发展绝非易事，其面临的困难与挑战在一段时期内还将长期存在。但是以思辨性的视角分析，中小博物馆相比大型博物馆更易于做出一些新的改变，灵活地尝试一些新的想法，是博物馆改革的最佳试验田。在展示创新过程中，策展链接着社会公众，中小博物馆践行"为公众策展"的理念关系到地方社群的文化认同，因此要注意专业化与社会化、标准化与创意化之间的平衡。借由自信的态度、扎实的研究、平等的视角、主动的作为，激活博物馆发展潜能，在促进可及性和包容性、多样性和可持续性等方面发挥更大作用。

（一）讲好身边历史文化遗产的故事

博物馆通过讲述历史文化遗产的故事与观众建立联系，发挥社会教育功能。中小博物馆具有下沉式的、易接触的、可生长的特质，为讲述地方故事、凝聚思想共识积聚了力量。下沉式，指中小博物馆植根基层，与社区群众容易产生联系，形成稳固的社群基础；易接触，即博物馆广泛分布于乡村、社区，便于公众参与公共文化服务；可生长，指博物馆依托乡土资源发掘地方特色，进行文化展示传播，将获得个性化、差异化的生长空间。近年来，太原市文物系统依托富含文化内涵的古建筑、古遗存，布局了一批"小而精""小而美"的特色博物馆，打造具有地方特色的群众身边的博物馆，讲好太原文物故事。例如关帝庙举办了"古方志中的太原府展览"、同蒲铁路专家楼旧址举办了"黑金动脉——山西早期铁路旧影展"等。这些中小博物馆串联起城市历史文脉，塑造了"活着的城市记忆"，点燃了文化的"烟火气"。

通过展览让观众深入了解当地的历史、文

物及风俗,中小博物馆能够增进观众与当地居民的沟通了解,为观众提供精彩的故事和独特的体验。宁波市奉化区博物馆由奉化热电厂改建而成,盘活工业遗存是博物馆最大的特色。展馆巧妙利用原有建筑结构,将老厂房空间与新展陈需求无缝衔接,使废弃的建筑以一种全新的面貌重回公众视野。奉化博物馆基本陈列"山海交响——奉化历史文明展"以"工业遗存"的宁波故事为载体,运用文物、文献、历史遗存的组合,讲述了 6000 多年来的奉化历史,激发了本地居民的身份认同及文化认同。围绕"工业遗存"策展,博物馆实现了活化的改造和创新的设计,让曾经的旧建筑成功转型为城市文化新地标。展览开放以来,博物馆走进社区、走进市民日常生活,不断提升品牌价值、持续传播地域文化。奉化博物馆虽然是个小馆,小馆也有大文化、也有大故事、也做出了大格局。

（二）打造共建共享的文化空间

博物馆是关联遗产和社区的文化中枢,展览搭建起藏品与观众沟通对话的平台。中小博物馆植根基层、参与便捷,易于和特定的社区及人群保持更为紧密的联系。在博物馆公共化和民主化思潮的影响下,中小博物馆有望成为社区的活动中心和公众的社交中心,原先展览策划中观众立场的缺失也将在一定程度上得到改善。杭州博物馆建馆 20 周年推出的特别策划项目"粮道山 18 号计划",以开放共享的态度向社会公众展现博物馆的成长。该项目不只是一个展览,首先它是一个"振兴计划",通过线上展示、线下展览、公共艺术项目、公共教育项目等活动,构建全民参与的城市文化空间;其次它是一项"社会提案",让博物馆成为每一位在杭州的、喜欢杭州的人们,重新认识杭州的钥匙,以此表达博物馆的志向——开放共享,以待将来。

"粮道山 18 号计划"特展以创新式展览设计为观众提供了难忘的观展体验,所有展品以独立、碎片化、解构的方式呈现在展厅中,由参观者自行定义展品之间的联系。线上展示项目"人人都是策展人"更是吸引了大量用户参与体验。观众可以在欣赏展品的同时,扫码了解每件展品背后的故事,并选择喜欢的展品加入到自己的线上展览中,参观完展览后即可生成一个自己的策展。活动开展以来,已有 2000 多名用户参与,策展内容超 3.8 万字[9]。"古代美妆博主用什么""穿越时光的对话"等主题个人展赢得众多点赞。传统博物馆展览中观众之间交流较少,"人人都是策展人"项目汇聚了用户的奇思妙想,并通过分享、交流,营造了开放式、参与式文化空间,增强了博物馆与观众的互动,以及博物馆与社区的凝聚力。邀请不同群体参与展览设计,共建共享博物馆文化,成为中小博物馆"吸粉"的关键,未来亦将进一步拓宽博物馆的发展道路。

五、结语

国际博物馆协会第 26 届大会通过了新的博物馆定义,指出"博物馆是为社会服务的非营利性常设机构,它研究、收藏、保护、阐释和展示物质与非物质遗产。它向公众开放,具有可及性和包容性,促进多样性和可持续性。博物馆以符合道德且专业的方式进行运营和交流,并在社会各界的参与下,为教育、欣赏、深思和知识共享提供多种体验。"这一新定义与博物馆角色的变化相一致,也指明了未来博物馆的发展方向。在这一语境下,中小博物馆应认识到专业品质和社区参与对于博物馆可持续发展的重要性。为此,中小博物馆需要将策展能力作为博物馆的核心竞争力进行重点培育,优化展览策划制作流程，吸引社会力量参与展览创作，让更多优秀的展览作品为公众所了解、欣赏、认可。以"智造展览"为驱动，促进中小博物馆更加多样化、个性化发展，使博物馆成为名副其实的"城市不可或缺的机构"。

【注释】

[1] 史明立：《博物馆策展新实践与开放式展览》，《博物院》2022年第1期。

[2] 李德庚：《从"文物展示"到"历史叙事"：张之洞与武汉博物馆策展设计理念分析》，《博物院》2021年第4期。

[3] 同上。

[4] 曹兵武：《展览与策展——一个博物馆业务与博物馆学的焦点问题》，《文博学刊》2022年第2期。

[5] 许潇笑：《初探现代博物馆展示语境中的策展研究》，《博物院》2021年6月。

[6] 刘玉珠：《大力发展博物馆"云展览"》，《中国政协》2020年第12期。

[7] 黄洋：《博物馆"云展览"的传播模式与构建路径》，《中国博物馆》2020年第3期。

[8] 周墨兰：《文化再造：博物馆网上展览的新命题》，《中国文物报》2021年8月10日第5版。

[9] 王丽玮：《"人人都是策展人"》，《人民日报（海外版）》2021年11月23日第7版。

新时代，中小博物馆提升
公共文化服务质量对策研究

马晓辉（青岛市黄岛区博物馆）

摘要： 随着博物馆事业的发展，不少中小博物馆夯实发展基础，转变社会角色，提升服务效能，加强机制创新，有效盘活博物馆资源，积极探索公共文化服务方式多元化，让博物馆更好地发挥其社会功能，满足人民美好生活需要，让文化发展成果更多更好地惠及人民群众。

关键词： 中小型博物馆 公共服务 创新与融合

2008 年，全国博物馆免费开放以来，博物馆事业蓬勃发展，博物馆的数量和质量不断提升。截至 2021 年底，全国备案博物馆达到 6183 家。"十三五"期间，全国博物馆数量由 4692 家增长至 5788 家，平均每两天就有一家博物馆建成开放；博物馆年度参观人数由 7 亿人次增长至 12 亿人次，平均每年增加 1 亿人次[1]。随着文化事业的繁荣发展，很多中小城市、县区纷纷建立博物馆，成为当地的文化名片和艺术窗口。2021 年 5 月，九部委联合印发《关于推进博物馆改革发展的指导意见》，指出博物馆要坚持服务大众，提高博物馆公共服务均等化、便捷化、多样化、个性化水平，实现博物馆高品质、差异化发展[2]。中小型博物馆是我国博物馆的重要组成部分，其数量远远大于国家级综合馆和省级大型馆，这些中小馆是展示地域文化和地方特色的窗口，是文化百花园中绚丽的花朵。

博物馆免费开放以来，博物馆日益成为人们美好生活的一部分，博物馆里过假日受到追捧，一些大型博物馆变身网红打卡地，节假日人满为患，一票难求，但众多中小馆却门可罗雀，冷冷清清。中小型博物馆是展示地域文化的窗口，也是服务区域经济社会发展、体现城市文化软实力的重要标志。推动文化繁荣发展，让人民群众共享文化成果，推进我国博物馆事业高质量发展离不开数量众多的中小型博物馆的发展。

一、中小型博物馆发展面临的突出问题

（一）藏品种类单一，数量稀少

藏品是博物馆发挥其职能的前提和基础，博物馆的展览、研究、服务都是围绕藏品展开的。自 2008 年以来，国家文物局、中国博物

馆协会先后组织开展了四轮博物馆定级评估工作，国家一、二、三级博物馆总数达到1224家，占全国博物馆总数的比例达到22.1%，这其中三级博物馆565家，多数为中小型博物馆，还有为数众多的县区博物馆和非国有博物馆，在全国博物馆中占有相当大的比例，但由于各地历史文化遗产差异和藏品来源途径的不同，加之藏品收藏和展示条件限制，中小型博物馆藏品数量较少，品类单一，有的小型博物馆只有不到200件藏品。近年来，随着经济社会发展，各地博物馆建设如火如荼，但博物馆也面临不少现实问题，如今的新建场馆不缺少宏伟的建筑和良好的展览空间，但藏品数量较少，特别是一些中小型博物馆，建设之初缺少充分论证，藏品体系不科学、不完整，缺乏特色，偌大的场馆空空荡荡，有的在热热闹闹的开馆仪式过后一片冷清，甚至陷入运营危机，长期闲置。

文物是历史的见证，是珍贵的不可再生资源。大多数文物都对保存环境的要求十分严格。绘画、纺织品、木器漆等文物对温湿度、亮度等存储环境的要求非常高，必须处于恒温恒湿条件下保存，特别是书画、文献古籍类文物对温湿度和光照度都有要求，因此，库房温湿度测控系统对文物的保存十分必要，但是中小型博物馆，受资金、场地等原因所限，馆藏环境和设施不够完善，达不到恒温恒湿文物存放要求，不利于文物长期保存。

（二）原创性展览较少

展览是博物馆服务公众最核心文化产品，也是体现博物馆社会效益的主要方式。博物馆展览是在一定空间内，以文物标本为基础，配合适当辅助展品，按照一定的主题、序列和艺术形式组合成的，进行直观教育和传播信息的展品群体[3]。对于中小博物馆，由于藏品数量和种类所限，加上缺乏专业策展人员，少有推

出原创性的展览。2022年5.18国际博物馆日的主题是：博物馆的力量。博物馆拥有影响人类世界的巨大潜力和强大能力，创新力是博物馆的力量之一。对于中小型博物馆，发挥其公共文化服务职能，绝不是简单地把展品放到展柜里，早上开馆，晚上闭馆，那不能称之为真正意义的博物馆。新冠肺炎疫情暴发以来，公众对数字化精神文化的需求更加凸显，博物馆融合新媒体，推出云展览、云教育、云课堂等线上文化产品，为疫情期间居家的人们带去精神的慰藉和战胜疫情的信心。在我国博物馆事业蓬勃发展的背景下，中小型博物馆面临前所未有的发展机遇，为数众多的中小馆应加强藏品研究、创新藏品阐释方法，借助新技术、数字化传播手段，用优秀的展览传播传统文化，为区域经济社会发展凝聚文化力量。

（三）缺乏特色教育项目

2015年颁布实施的《博物馆条例》中指出，教育已经成为博物馆的首要职能。各具特色的博物馆教育活动拉近了传统文化与公众的距离，让人们在参与中体验文化魅力。中小博物馆也在开展丰富多彩的教育活动，但尚不系统，未形成体系，存在同质化、碎片化等问题，与学校、社区的合作还不够。缺少专业人员，专业队伍建设缓慢是中小博物馆面临的突出问题。教育活动是由讲解员在策划，文博、历史、公共教育、艺术专业人才较少。青少年是博物馆教育的重要对象，中小型馆应加强与当地中小学校合作，主动走进校园，通过建设校内博物馆、开发博物馆课程等形式，将博物馆资源引入校园，融入学校教育，同时以馆藏资源为依托，通过馆校合作开发设计博物馆综合实践课程，让少年儿童走进博物馆了解家乡历史，感受传统文化。

二、发挥博物馆力量，服务区域经济社会发展

不同于大型国家馆和省级馆，中小型博物馆主要面向所在区域公众提供公共文化服务，满足人民对美好精神文化的需求，因此要找准定位，立足地区资源禀赋，突出特色，传播传统文化，讲好地方故事，创新思路，发挥博物馆的力量，增强地区文化软实力，主动服务地方经济社会发展大局，赋能经济发展，推动产业升级。2021 年，国家文物局提出，支持有条件地区打造"博物馆之城"、建设"博物馆小镇"，北京、西安、大同、南京等地陆续拉开"博物馆之城"建设大幕[4]。在文旅融合的背景下，博物馆成为城市旅游的文化地标，也是展示地域形象的窗口，走进博物馆感悟历史，学习知识成为新风尚，博物馆热空前升温，人民群众的文化获得感幸福感倍增。博物馆在经济社会发展中的作用持续显现，中小博物馆要积极融入地区经济社会发展，融入社区、学校、企业、军队，为可持续发展服务。

中小博物馆数量较多、分布广泛，将中小博物馆资源融入地区公共文化服务，有利于丰富群众精神文化生活，提高人民群众文化获得感。推进博物馆与城乡公共文化的设施合作，走进社区、商圈、企业、街道开展文化服务，更好地为当地群众服务，助力各类公共文化新型空间的打造，加强文化艺术作品的展示推广，将独具特色的文化艺术在历史文化街区、公共空间等场所展演，增强文化活动体验感和互动感，推动博物馆数字化展览进入城市公共文化空间，融入城市生活圈，实现城市社区生活品质化，提升城市文化软实力。

2021 年，我国脱贫攻坚战取得了全面胜利，向着全面乡村振兴的目标迈进。乡村振兴，既要塑形，也要铸魂。文化是培育文明乡风、良好家风、淳朴民风的有力抓手。乡村文化振兴为美丽乡村经济发展架起了桥梁，农民生活变得有滋有味，农民的日子更有品质。在乡村振兴战略中，发挥文化的强大力量，传承传统文化，助力乡村振兴。乡村文化振兴，博物馆也应发挥其力量，文化活起来，乡村更美丽，增加博物馆展览和教育活动进乡村的频次，助力美丽乡村文化振兴，充分激发文化保护传承在乡村振兴战略中的活力和潜力，让文化传播与美丽乡村建设同行，引领振兴，推动农村和谐发展。文化的繁荣丰富了农村文化生活，"文化 +"的多种打开方式助推了乡村振兴，让美丽家园文化气息更浓，色彩更加艳丽。据第三方机构调查，2018 年，南京博物院对南京旅游知名度的贡献率为 9.7%，在全市 24 家主要景区中排名第一[5]。实践表明文旅融合拓展了博物馆的服务空间，扩大了博物馆的文化影响力和旅游吸引力，提升了博物馆的服务价值，为博物馆发展创造了机遇。

文物也是对外交流的重要载体，青岛因毗邻日韩区位优势，外商投资企业已超过 7000 家。通过建设文化旅游项目，为外商提供丰富的文化休闲体验，讲好地方故事，搭建企业文化交流平台，以文化赋能高质量发展，为营造优质营商环境贡献文化力量，服务地区经济发展。博物馆与城市发展互惠共赢，博物馆为城市凝聚奋进之力，城市的繁荣为博物馆创造更广阔的发展空间。以文化浸润城市，提升地域文化品位，推动公共文化服务融入各个行业，成为推动经济社会发展的新引擎。

三、中小型博物馆高质量发展路径探索

（一）转变观念，加强藏品征集管理

博物馆不仅是传承人类文明的殿堂，也是时代发展的见证者和参与者，收集、保存和展示承载中华民族精神和时代记忆的见证物，为明天收藏今天是博物馆的职责和使命。受传统观念影响，金石器、玉器、钱币等成为博物馆藏品的主要部分，但博物馆的藏品绝不仅是金银玉石等稀世珍宝，中小馆应结合馆藏特色，拓展藏品入藏渠道，制定科学的收藏计划，以灵活的方式提升藏品的系统性、完整性。2021年9月，沈阳博物馆推出"百万收藏计划"，面向市民征集展现生活履迹、具有浓重沈阳文化印迹、体现沈阳城市发展建设历程的物证和书证藏品，用藏品记录城市居民日常生活，展示城市历史发展，为城市保存记忆，这更加符合区域博物馆发展定位，贴近人民生活[6]。藏品征集是一项长期的、经常性的工作，中小馆可通过鼓励捐赠、馆内借用展示等方式面向社会公开征集文物。

为防控新冠肺炎疫情，在党中央的坚强领导下，全国人民同舟共济，共战疫情，涌现出了一大批感人至深的先进事迹，展现出了中国力量、中国精神和中国效率。为保存抗疫历史，弘扬抗疫精神，全国多家博物馆公开征集抗击新冠肺炎疫情见证物，出入证、工作证、测温仪等实物、影像照片、文字档案以及以抗击疫情为主题创作的艺术作品，有的馆结合抗疫征集图片资料，策划主题展览，展现战役力量，讲述最美逆行者的感人事迹。

2018年11月，"伟大的变革——庆祝改革开放40周年大型展览"在中国国家博物馆举行，展览中的"时光杂货铺"是一个以展现改革开放40年人民群众衣食住行巨大变化为主题的创意体验空间，再现了改革开放初期的日常生活，跳跳蛙、卡带、游戏机等展品勾起观众童年的美好回忆，电风扇、黑白电视、唱机等老电器虽然极其普通，但是记录着百姓生活巨变，讲述着小康故事，富有时代特征的场景、图片和展品呈现了改革开放以来人民生活的变迁，展览通过设计熟悉的场景带领观众穿越时空，重温美好时光，在博物馆里看到过去的生活画面让观众产生共鸣，从生活的变化中感受改革开放的伟大成就。这些反映特定时代生活的物件都可以用来讲述城市的发展变迁和生活品质的提升。

随着数字信息时代的来临，加之疫情对博物馆场馆开放的影响，数字化文化传播已经成为一种重要形式。互联网、5G通信技术、人工智能、大数据、云计算等技术应用于藏品管理，用数字化手段采集文物信息，将藏品数字化，实现文物的长久安全保存，也为文物资源活化利用提供基础资料。2022年5月，中共中央办公厅、国务院办公厅印发了《关于推进实施国家文化数字化战略的意见》，《意见》明确，到"十四五"时期末，基本建成文化数字化基础设施和服务平台，形成线上线下融合互动、立体覆盖的文化服务供给体系。到2035年，建成物理分布、逻辑关联、快速链接、高效搜索、全面共享、重点集成的国家文化大数据体系，中华文化全景呈现，中华文化数字化成果全民共享[7]。新冠疫情加快推进了博物馆数字化建设，数字科技为中小博物馆藏品管理提升提供契机，运用立体影像等数字技术建立藏品数据库，打破时间和空间的限制，为跨场馆、跨学科数据共享、业务协同提供可能，这也有利于中小馆在数字时代绽放光彩。以青岛啤酒博物馆为例，该馆以青岛啤酒百年前的老厂房为场馆,以青岛啤酒的百年历程及工艺流程为主线,讲述中国啤酒工业及青岛啤酒的发展史,一些老设备被当作展品重新利用,展示青岛啤酒的发展史,场馆还充分利用数字科技打造光影展馆和 1903 剧场,吸引大批观众前去打卡。

(二)多措并举,提升科研水平

学术研究是博物馆的基础职能,为展览展示和宣传教育提供支撑,学术影响力是树立博物馆文化形象的支柱。以学术为支撑的展览是博物馆发挥文物资源优势,发挥其社会功能最重要的载体。中小馆的藏品虽不能和大型综合馆相比,但地域性强、具有浓厚地方特色,要探索创新,立足馆藏,广泛开展合作,驻地高校文博专业师生、地方史志专家、文化志愿服务团队都可以参与博物馆工作,为文化传播汇集智慧。人才是科学研究的关键,中小馆应坚持开放办馆的理念,搭建人才培养体系,营造良好的人才发展环境,激励青年人深入研究,守正创新,讲好地方故事,借力国家和省级博物馆,积极开展学术交流,促进人才成长,关注最新的研究成果和前沿行业动态,潜心磨砺出精品,服务区域发展大局,用文物展示独具特色的地域文明,讲述尘封的故事,发挥博物馆的力量为公众提供文化滋养。青岛是一座历史文化名城,拥有丰富的历史文化资源,青岛大学等高校设有历史学院、艺术学院等院系,这都为青岛区域博物馆发展提供了良好的条件,博物馆也为这座旅游城市增添靓丽的色彩,用博物馆游精品路线串起城市记忆。

(三)广泛合作,策划精品展览

陈列展览是博物馆最核心的文化产品,是博物馆发挥公共文化服务功能的重要媒介。展览是博物馆直接服务公众的文化产品。中小博物馆普遍存在经费不足、藏品数量较少、专业人才匮乏等问题,展览缺乏特色,每年推出的

原创性展览也比较少。为吸引更多力量参与展览策划,中小博物馆要坚持开放办馆理念,采用"博物馆+"战略,促进博物馆与教育、科技、旅游、商业、交通、乡村等跨界融合,与驻地高校、企业、科研院所等开展项目合作,通过联展、巡展、借展等方式,举办丰富多彩的展览。

文旅融合背景下,中小馆应主动作为,盘活资源,通过空间结构改造,提高场地设施利用效率,比如增设文博书吧、非遗剧场、手工集市、儿童乐园等功能,丰富公共文化机构服务内容,让公众在博物馆感受城市魅力,增进对居住城市的情感认同。新媒体传播和三维虚拟展示技术的发展丰富了文化传播形式,展览的互动性、参与性增强,为公众带来沉浸式体验,也为中小博物馆提供了更多的发展空间。新冠疫情以来,云展览、云展播、云展演为疫情期间人们的生活增添色彩,凝聚抗疫力量。中小博物馆应适应时代发展,抓住机遇,推进智慧型建设,为群众提供高质量的线上线下文化产品。

(四)创新传播,激活传统文化新活力

教育已经成为博物馆的首要职能,博物馆研学、流动展览、宣教活动、在线教育平台等在提高人民文化素养、凝聚精神力量方面发挥着重要作用。中小学生是博物馆教育对象的重点群体,教育部、国家文物局联合印发《关于利用博物馆资源开展中小学教育教学的意见》,对中小学利用博物馆资源开展教育教学提出明确指导意见,进一步健全博物馆与中小学校合作机制,促进博物馆资源融入教育体系,提升中小学生利用博物馆学习效果。

中小博物馆应加强与当地中小学校的合作,将博物馆资源有机融入学校课程,以青少年喜闻乐见的形式呈现优秀传统文化,要为大中小学生利用博物馆学习提供有力支撑,促使博物

馆成为学生研学实践的重要载体，增强青年一代文化自信。深化博物馆与社区合作，融入社区和当地群众生活，增加展览、教育活动进社区频次，开展分众化教育活动，针对老年人、青少年、特殊群体等策划专属教育活动，满足不同公众文化需求。与科技深度融合，运用数字技术丰富文化产品，以更加开放的视野，加强人才队伍建设，除历史、文博、艺术等学科外，融入教育、舞蹈、音乐等多种学科，跨界融合让传统文化焕发新活力，让博物馆的研究、阐释、传播更具创新力和吸引力。

结语

博物馆是城市的名片、文化的地标，这里珍藏着历史的记忆和人类的文明。为数众多的中小博物馆是展示地方特色的窗口，也是别致的文化风景，要加强地域文化的研究、藏品征集、保护研究，通过展览、教育、展演、文创等多种方式展示地方风采，传承优秀传统文化，发挥博物馆的力量促进社会和谐、人民幸福，讲好地方故事，为城市的发展凝聚力量，以特色文化创新驱动经济高质量发展。

【注释】

[1]《"十三五"期间我国实现每 25 万人拥有一座博物馆的目标》，新华社，2021 年 07 月 25 日。

[2] 国家文物局.《关于推进博物馆改革发展的指导意见》http://www.ncha.gov.cn/art/2021/5/24/art_722_168090.html.

[3] 王宏钧：《中国博物馆学基础》，上海古籍出版社，2001 年，第 246 页。

[4]《国家文物局：支持北京、西安、南京等地建设"博物馆之城"》，《人民日报》2021 年 05 月 25 日。

[5] 王洋：《以人民为中心 全面推进博物馆事业高质量发展》，《中国旅游报》2021 年 08 月 09 日。

[6] 杨竞：《沈阳博物馆推出"百万收藏计划"》，《辽宁日报》2021 年 09 月 01 日。

[7] 中共中央办公厅、国务院办公厅印发《关于推进实施国家文化数字化战略的意见》，新华社，2022 年 05 月 22 日。

新政策新理念视域下行业博物馆
陈列展览的机遇与启示

朱广骊（民航博物馆）

摘要： 行业博物馆是我国博物馆事业发展进程中较为新兴且特殊的博物馆类型。虽有个别行业博物馆目前已发展成为国家一级博物馆，但其余大多数仍处于中小型博物馆阶段，依然面临着展览宣传力度小、展览数量少、实物展品少等陈列展览方面的问题。本文通过对近年来新政策与新理念的梳理，认为行业博物馆可通过发挥行业博物馆的独特优势、打破固定的展陈思维模式、加强各馆之间的交流合作等方式，在联合办展、以研带展、展教结合、展览内容与传统文化相连接、建立行业博物馆联盟等方面进行突破和创新，这样可在一定程度上盘活各行业博物馆的展陈资源，并在新时代博物馆事业高质量发展的进程中贡献行业博物馆力量。

关键词： 行业博物馆 陈列展览 政策理念 机遇 启示

行业博物馆萌芽于 20 世纪 60 年代至 80 年代左右，于 20 世纪 90 年代渐成规模，各行各业均开始有建立属于自己行业的博物馆的意识。在快速发展的同时，行业博物馆也面临着一系列的问题与困境，亟待解决。近年来，随着多方对行业博物馆的重视程度不断加深，以及近两年出台的各类新政策与涌出的新理念，行业博物馆需从新政策和新理念中探寻新的突破口，为行业博物馆的高质量发展寻求新的方向。

一、回望来时路：行业博物馆陈列展览现状与困境概述

截止 2020 年底，全国登记备案的博物馆达到 5788 家，其中 5214 家免费开放，定级博物馆达到 1224 家，非国有博物馆增至 1860 家，行业博物馆达到 825 家，类型丰富、主体多元的现代博物馆体系基本形成[1]。行业博物馆是我国博物馆事业发展进程中较为新兴且特殊的博物馆类型，其所策划的展览对保护和宣传本行业的历史文化与未来发展有重要作用。有些行业博物馆已发展成为国家一级博物馆，但其余大多数仍处于中小型博物馆阶段，依然面临来自陈列展览方面的诸多困境。

经费不足，展览形式受限。行业博物馆日常经费来源主要依靠行业主管部门拨款，受行业经济效益影响而发生经费多少的改变。后疫情时代行业博物馆面临资金不足的困境，其作为行业的非营利性文化单位，本就存在自身"造

血功能"不足的问题，而精品展览的推出又需要大量的资金投入。故出现展览形式单一、吸引力不足、展览宣传力不足等现象。展览形式多以图文版面呈现，并出现辅助展项少、互动体验少等伴随问题。

场地制约，展览规模受限。行业博物馆中展出的部分实物体积体型较大，如民航博物馆中陈列的飞机与中国铁道博物馆中陈列的火车等。大件实物占据博物馆较大面积，进而压缩了展厅面积，使得行业博物馆很难策划展线较长、规模较大的临时展览。

性质束缚，展览主题受限。行业博物馆是专门从事某一行业的文物标本的收藏、保护、研究和展示的机构，其用"特有的展示手段阐述该行业的历史发展和文化"[2]。但就目前多数行业博物馆举办的展览来看，其展览主题多局限于行业表面、外延不积极、深挖主题不够，多出现展览主题单一、原创展数量少等问题。

位置偏远，展览观众受限。行业博物馆因多数展品体积较大等各种因素，馆址距离市区较远。在展览展品吸引力不足的情况下，会降低观众的参观积极性。进而导致观众数量少，再次走进博物馆观众数量少等问题。

行业博物馆在面对如上困境时，"等靠要"绝非长久之计，"维持现状、不作为、不改变"更非行业博物馆未来发展之道。行业博物馆应在新政策新理念的指引下，认清方向、不急于求成，并依靠其专业性、行业唯一性等自身独有优势，循序渐进地完成蜕变。

二、《关于推进博物馆改革发展的指导意见》：助力行业博物馆陈列展览快速融入我国博物馆事业高质量发展行列

2021 年 5 月 24 日，中央宣传部、国家发展改革委、国家文物局等九部门联合发布《关于推进博物馆改革发展的指导意见》[3]（以下简称《指导意见》），该指导意见的提出为行业博物馆向高质量发展推进提供了有效的借鉴。

加强业内联系，建立共建机制。《指导意见》对行业博物馆未来发展方向的指导有特别指出，即在第二部分"加强分类指导，优化体系布局"中的"协调不同属性博物馆发展"提到"探索建立行业博物馆联合认证、共建共管机制，将高校博物馆、国有企业博物馆等纳入行业管理体系"。由此可见，《指导意见》扩大了行业博物馆的定义范围，将高校博物馆、国有企业博物馆也纳入进行业博物馆的管理范畴。这一指导意见可让行业博物馆、高校博物馆、国有企业博物馆等形成合力之势，各馆之间的优势也可进行互补。从一定程度上来说，高校博物馆、国有企业博物馆等并非是毫无关系的个体，而是拥有一定的内在联系。如民航博物馆为行业博物馆，中国民航大学校史馆为高校博物馆，广州白云机场企业文化展厅为国有企业博物馆。民航大学的学生可通过与之相对应的行业博物馆和国有企业博物馆，了解自己所属行业的发展历史、行业的发展动态、行业的未来规划等，甚至是自己未来的就业方向，或者也可去往自己行业所属的行业博物馆、国有企业博物馆等担当讲解员。民航博物馆已在 2022 年 6 月开展相关尝试。中国民航大学学生暑期会来到民航博物馆担任志愿者，主要开展三方面工作。一为模拟机体验展项带飞行员；二为给到馆参

观的小朋友们解答民航相关问题；三为参与科技周活动，为社会大众传播民航知识。模拟机是大学生志愿者们在校期间熟练掌握的设备，一些问题的解答也是日常所学。此种方式不仅让大学生群体有机会参与博物馆活动且可巩固日常所学专业知识，也让博物馆拓宽了"物"的阐释形式，提高博物馆公共服务的多样化与个性化水平，实现"展教结合"，博物馆与学生最终实现双赢。行业博物馆与行业高校积极开展馆校合作，并探索如何让大学生群体参与博物馆活动，这一群体常常被排除在博物馆活动的参与年龄之外，行业博物馆在此方面有先天优势。行业博物馆应抓住此优势，并在日后的展览策划与配套社教活动中将此种优势考虑在内，并探索如何才能更好发挥、最大限度发挥该优势。

加强展览合作，强化行业对外宣传窗口作用。上述三类博物馆之间还可进行联合办展、交换展览、巡回展览等，以此盘活行业博物馆资源，将行业历史、成就以及未来发展等信息传递给社会公众，为公众提供更为多元化的体验，更好发挥行业博物馆的社会功能。民航博物馆据此也开展相关展览活动，并取得了一系列良好的连锁反应。2022 年 7 月由中国民航工会、民航博物馆、中国民航报及中国民航大学联合举办的"平凡铸就伟大，劳动创造幸福——民航劳模工匠主题展"在民航博物馆开展，并在中国民航大学学术交流中心大厅同步推出。展览自筹备之初就向全行业广泛征集、深入挖掘历史资料素材，并在馆内盘点相关藏品。最终选择 40 余件藏品展出，有些藏品第一次走出库房，该展览的举办在一定程度上盘活了馆藏资源，提高了馆藏品的出库展示频率。关于展览宣传方面。在得到业内媒体宣传后，展览又得到了中国工会网等行业外媒体的报道。除此

之外，中工网还结合馆藏"新中国第一代空乘制服"，选取展览中的新中国民航第一批乘务员"十八姐妹"进行深入报道，增加了展览的宣传力度和宣传范围，吸引了大批业内外观众到馆参观。联合办展有群策群力之效，并使得展览宣传路径增多、社会影响力扩大、展览策划工作也可由此衍生出更为丰富的展览主题，同时也可发挥行业博物馆的行业内功能和社会功能，体现出行业博物馆的力量。

充实社会力量，探寻展藏共济之路。除拓宽行业博物馆的组成以外，《指导意见》还呼吁更多的力量来支持行业博物馆的相关工作。《指导意见》提出"要引导文物系统富余资源在运营管理、充实展品、保护修复、开放服务等方面支持行业博物馆"。本文在前文也提到，行业博物馆办展常因实物展品数量不够而苦恼，如果文物系统的富余资源可帮助行业博物馆充实展品，或者在征集文物时将征集到与某行业相关的物品时交由相关行业博物馆代为展示，以此来丰富行业博物馆的展览内容。目前各类博物馆的隶属关系比较复杂，这一路径实现有一定难度，还需在相关政策的颁布下、行业博物馆自身的不断发展中去探索更为适合、更为适当的博物馆资源共济方式。

许多行业与人们的生活息息相关，行业博物馆的展览有更为贴近现实的社会语境，更易与观众产生共鸣。行业博物馆的展览主题其他博物馆多不会涉及或极少涉及。行业博物馆应把握自身优势，与行业院校和行业相关企业协同创新、积极合作，以缓解展览数量少、宣传力度小、观众数量少等问题。国家九部门联合发文，足以见对我国博物馆事业未来发展的重视和支持，其中对行业博物馆的论述和指导意见让行业博物馆未来的展览策划和发展不再迷茫，知道做什么、怎么做，这也是从国家层面

上给予行业博物馆发展的启示与机遇。

三、《全民科学素质行动规划纲要（2021-2035 年）》：在提升全民科学素质行动中发挥行业博物馆陈列展览独特优势

《全民科学素质行动规划纲要（2021-2035 年）》[4]（以下简称《纲要》）由国务院于 2021 年 6 月印发，为我国未来十五年全民科学素质建设提供了一手参考资料。与此同时，《纲要》对博物馆从业者也有一突的指导作用，其在展览举办目的、展览主题设定及展览目标观众设定等方面给予博物馆工作者诸多启发和借鉴，其中较大一部分更是对行业博物馆陈列展览的未来发展方向有重要指导意义。

展教结合，利用校外资源助力青少年科学素质提升。在《纲要》第三部分"提升行动"中涉及较多内容。五项提升行动针对五类主体，其中的青少年群体和产业工人群体是行业博物馆日常的主要目标观众，其中所涉及的科学素质提升行动也与行业博物馆的展陈业务密切相关。何为"科学素质"，只有明确科学素质的具体内涵，才能由此入手开展相关提升工作。《纲要》在"前言"中明确了这一概念，即"公民具备科学素质是指崇尚科学精神，树立科学思想，掌握基本科学方法，了解必要科技知识，并具有应用其分析判断事物和解决实际问题的能力"。除此之外，《纲要》在提升行动中多次提到课外实践活动、开放式教学、体验式学习等词语，且特别提出要"实施馆校合作行动，引导中小学充分利用科技馆、博物馆、科普教育基地"。由此可见，青少年科学素质的提升，要注重精神思想的引领，也要注重实践能力的培养。同时，不仅要立足于校园之内，更应该重视来自校园以外的广阔资源。博物馆是传递科学精神的重要阵地，也是青少年进行科普教育的理想场所，尤其是科技类博物馆和行业类博物馆，对青少年的教育作用更加突显。科技馆对青少年科普教育的重要程度，自不必过多赘述。行业博物馆主要依托展览和相关的社教活动来对青少年进行科学素质教育，而社教活动多是基于展览的主题和内容设计而成，故展览的规划设计即成为社教活动的重要基石。《纲要》中所涉及的提升行动，为行业博物馆在策划展览时提供了展览目的、展览主题和目标观众的参考。展览目的确定后，展览主题可由展览目的进一步细化提炼获得。

展览的目的是为了提升青少年的科学素质，故还应注意以下几点。一是展览的目标观众在策划前要有所划分，这关系到展览大纲的编写和配套社教活动的开发；二是展览的内容要兼具通俗性和教育性，做到寓教于乐，展览的叙事方式也要从论文思维转变为故事思维；三是辅助展品的应用要较其他类型展览的数量多一些。因要倡导启发式、探究式和开放式教学，单一将展品陈列无法达到这一目的，故需要多元化的辅助展品参与，以提升展览的互动性和体验性。但对于中小型行业博物馆资金有限的情况来说，在选择辅助展品时要不以炫技为目的，应更加重视其背后的文化支撑；四是在有条件的情况下让社教部门的工作人员也参与到展览的策划工作中来。对于青少年来说，参观展览与参与社教活动是相辅相成的，通过社教活动可加深观展中的知识获取，进一步激发求知欲和想象力，也可将展览形成一个从展览——互动——知识获取等要素体系完整的闭环。

展览主题为行业发展服务，助力行业内职业理想信念塑造。除针对青少年群体，产业工人也是行业博物馆关注的主要对象之一。《纲

要》在"产业工人科学素质提升行动"中提到"提高产业工人职业技能和创新能力，打造一支有理想守信念、懂技术会创新、敢担当讲奉献的高素质产业工人队伍"。该类主体提升行动的第一条即"开展理想信念和职业精神宣传活动。大力弘扬劳模精神、劳动精神、工匠精神，营造劳动光荣的社会风尚、精益求精的敬业风气和勇于创新的文化氛围"，行业博物馆在助力这一行动方面当仁不让、义不容辞。产业工人所属产业其实背后代表的是整个行业，行业博物馆建立的初衷就是"利用特殊的行业文物，以其特有的展示手段，阐述该行业的历史发展和文化内涵，达到传播行业文化科学知识、为社会发展服务的目的"[5]。一些行业博物馆已经举办过类似的主题展览，且取得了不错的成效，彰显了行业博物馆的责任与社会功能。以民航博物馆为例。民航博物馆于 2022 年 7 月 2 日举办了"平凡铸就伟大，劳动创造幸福——民航劳模工匠主题展"，该展展出不同时期民航业内不同工作岗位的劳模工匠和先进集体代表的优秀事迹，用展览的方式推动劳模精神、劳动精神、工匠精神在民航广大职工中进一步发扬光大。该展览一经开展，在行业内引发强烈反响，吸引行业内诸多单位前来参观。行业博物馆的展览为宣传行业模范和行业精神提供了一个集中展示的窗口，这是其他类型博物馆所不具备的特殊之处，由此也可体现出行业博物馆存在的必要性和重要性。此类展览的举办，有助于增强行业内的凝聚力和向心力，激发行业内的工作人员向先进模范看齐的学习热情。与此同时，产业工人们的科学素质也随之得到提升。

重视业内口述史档案采集工作，助力原创型展览珍贵素材的留存。《纲要》中还多次提到要"弘扬科学精神和科学家精神，开展老科

学家学术成长资料采集工程，打造科学家博物馆和科学家精神教育基地，展示科技界优秀典型、生动实践和成就经验，激发全民族创新热情和创造活力"。行业博物馆相较于其他类型的博物馆有先天优势，各行各业从建立到发展壮大都有优秀的老一辈工作者，都有行业从无到有、从艰难起步到蓬勃发展的见证者，他们是活的历史。于理工类行业博物馆，可开展行业内老科学家成长及相关科研工作资料采集工作；于社科类行业博物馆可以以口述史的方式对老一辈工作者进行走访，将走访材料最终转化为成长资料档案。这一形式在一定程度上也可带动藏品征集工作的开展，在资料采集的过程中、在双方达成共识的情况下，要力求资料全方位穷尽收集，包括但不限于采访视频、录音，相关实物（如手稿、学习笔记、工作日记、工作用具、科研成果、荣誉证书、荣誉奖章等）或实物照片，其他渠道获得的文字材料和图影资料等，为未来的展览积累素材。如民航行业中的东航云南有限公司已开展"云南民航人口述历史项目"，并完成《我的民航岁月——云南民航人口述历史》的编辑工作，此类素材如最终转化为展览，则可从另外一个角度见证行业发展、宣传行业精神、激发行业内员工的历史使命感。综上所述，行业博物馆可以根据这一建议，利用自身优势，对行业内的相关人物开展资料采集工作，以此建立行业优秀工作者档案库，并在这一过程中优化博物馆征藏体系，再以征藏体系的变化带动展览项目的开发，最终形成良性循环。

四、新政策催生新理念：行业文化与传统文化在陈列展览中的链接

《指导意见》中提到"深入挖掘展示中华

优秀传统文化中跨越时空的思想理念、价值标准、审美风范，以古鉴今、古为今用、启迪后人"。中国自然科学博物馆2021年年会的主题为"创新与融合——建设中国特色的科普场馆"，其中"科普场馆发展的新机遇：科技与文化融合"为年会的三个分主题之一，在这一主题下进行发言的学者多来自行业博物馆。故笔者认为这一分主题的提出或许可为行业博物馆未来的策展方向和发展提供一些新思路和新机遇，使单一的展览主题逐渐走向多元化。

巧用对比，展览融合古今科技发展。现今一些科学技术所取得的成果并非一蹴而就，很多发明创造中还深深烙有古人的智慧，如将涉及当代与古代、科技与文化的"物"纳入博物馆的展览中，即为科普科技与文化融合展示的一个交汇点，这种较为新型的展览模式或许可为观众参观行业博物馆时带来更为多元化的观展体验。一些博物馆已经对此种展览模式进行了率先尝试，如在国家博物馆举办的"科技的力量"展览，该展览分为四个单元，即"格物穷理""天工开物""西风东渐""走向复兴"，涉及天文、纺织、造纸、印刷、航海、航空航天等多个行业领域。展览在选择展品和设计辅助展品时并未一味追求高新技术产品，而是先古后今、古今结合、中西结合，展示了多类科技成就发展的历程。此类展览是古代传统文化与现今科技发展的对话，是行业博物馆在未来策划展览时的有益借鉴。此种策展模式具有一定可行性，行业博物馆如引入此种策展模式，将会拓宽展览策划思路，丰富展览主题，让观众在获得科学知识的同时还可获得文化知识。科技与文化在行业博物馆中碰撞交融，使得参观行业博物馆有一举两得之效，由此也可更好发挥博物馆的教育功能。

本文在此以民航博物馆的未来策展方向和内容为例，探讨此种融合模式的可行性，主要聚焦探讨民航业的发展和民用航空器的制造如何与中国古代传统文化进行融合。与汽车、高铁等其他交通方式一样，民航业发展到今天并非一蹴而就，其中也凝聚着古人智慧。民航业的发展壮大见证了交通方式的历史变迁，也见证了千年来中国交通运输方式的不断变化、不断强大，更见证了中国人从飞天梦到实现飞天梦的艰辛历程。展览可以抓住这样一个点进行展览主题的策划及展品的征集和筛选，效法中国国家博物馆"科技的力量"展览，进行古今对比，让观众通过展览了解行业或行业中某项发明怎样从无到有、怎样从古到今，同时也可获得相应的传统文化知识。如法门寺地宫出土的唐鎏金双蛾团花纹银香囊，其内部所设的平衡环装置可使香囊内部一直保持平衡状态，香囊内所燃香料也不会掉落。这一平衡装置与现代平衡陀螺仪的工作原理极为相似，是保持飞机平稳运行的重要装置之一。以此为例，将唐代香囊与现代飞机的平衡装置放在一起展出，再配以相关的文字说明和细节剖析图，这样就可简单勾勒出现代平衡陀螺仪（或某一科技成就）的历史发展脉络，让观众从展品中获得更加多元化的信息。科普不仅要传播与普及近现代科学成果，更不能遗忘中华民族历史长河中的科学财富[6]。将可以把科技与文化融合进行展示的展品运用此种手段进行"合二为一"展示，既让观众获得科学方面的知识，又可同时获得人文方面的知识，也是一次较为完整的科普过程。

"科普科技与文化融合"新理念的提出，为行业博物馆在今后的展览展示方面提供了新思路。"科普科技与文化融合"的展览模式也为传统文化的展示增添了新内容与新手段，让文化生动起来、活泼起来，同时也激发观众进行深入探索和多次入馆参观的兴趣。

五、余论：建立行业博物馆联盟对于行业博物馆陈列展览的重要性

在前文所述的《指导意见》与《纲要》中均提到"协同创新""深化创新合作""经验互鉴和资源共享"等内容，由此可见"合作"对于博物馆未来发展的重要性。近年来，越来越多的博物馆以"联盟"的方式谋求共同发展之路，多以地域、性质等为联盟依据。对于行业博物馆来说，目前在国内还未有与行业博物馆相关的博物馆联盟成立。仅北京博物馆学会在 2018 年成立了行业博物馆专业委员会，但其并不是真正意义上的行业博物馆联盟，或者仅为一个联盟雏形。

目前我国各行业博物馆的规模均不是很大、发展速度快慢不一，发展质量亦参差不齐，在新政策新理念的助力下，需要以"联盟"这种形式来带动行业博物馆的发展。九部门指导意见中也提到，要"探索建立行业博物馆联合认证、共建共管机制"。博物馆联盟的可行性高、可操作性强、短时间内即可将分散的博物馆连接成群。联盟成立后要有所作为，要增加凝聚力和提升联盟单位影响力的最佳途径就是陈列展览。在联合办展的过程中，各馆可共同探寻展览主题、共同举办与展览相关的活动，以此扬长补短，使博物馆得到较为快速地成长。行业博物馆彼此的合作既是扩大交流，也是报团取暖，尤其能够解决行业博物馆藏品资源不足、展陈条件不均衡等问题[7]。

某些与待成立的"行业博物馆联盟"相似的博物馆联盟已经有了较为稳定的发展，以"8+"名人故居纪念馆联盟的建设和发展为例。"8+"名人故居纪念馆联盟结盟于 2000 年，

结盟时间较早，目前已经探索出了较为成功的博物馆联盟模式，具有借鉴意义和示范作用。"8+"名人故居纪念馆联盟从最初的 8 家名人故居到"8+"名人故居，从北京地区逐渐扩展到全国范围，联盟活动包括联合办展、联合出版文集、联合参与线下展会（如服贸会）以及

表 1."8+"名人故居纪念馆联盟 2017-2022 年巡展主题与出版文集

年度	巡展主题	出版文集
2017 年	与新时代同行——8+文化名人展	《名人 名作 名物——2017 年"8+"名人故居纪念馆活动纪实》
2018 年	为了民族的文化繁荣——文化名人与文化自信	《文化名人与文化自信——2018 年"8+"名人故居纪念馆活动纪实》
2019 年	穿越时空的对话：名人故居的过去与未来 连接传统与未来的名居·名人·名剧	《穿越时空的对话——2019 年北京"8+"名人故居纪念馆活动纪实》
2020 年	平等·多元·包容——文化名人的艺术世界	《平等·多元·包容——2020 年"8+"名人故居纪念馆活动纪实》
2021 年	追求与探索——文化名人的历史印记 传承文化名人之精神、点亮博物馆未来之光——8+名人故居纪念馆联展	
2022 年	开启新征程 博物馆的力量——文化名人与时代同行	

联合开发文创产品等。各馆在二十多年的结盟路上，共同发展、共同进步，巡展足迹遍布国内多个省市。与此同时，在国家"一带一路"的倡议下，联盟的巡展活动已走出国门，走向世界。近年来，联盟联合巡展的主题还与国际博物馆日的主题紧密相连，使联盟开展的活动更加与时俱进。2019 年、2020 年、2021 年及2022 年联盟巡展主题均呼应当年国际博物馆日主题，即"作为文化中枢的博物馆：传统的未来""致力于平等的博物馆：多元和包容""博物馆的未来：恢复与重塑""博物馆的力量"。

由上述可见，"8+"名人故居纪念馆联盟近年来所举办展览及所开展的活动均有"1+1＞2"之效，也彰显了联盟的力量，是个体独立发展无法达到的效果。名人故居纪念馆规模多小巧精致，展览主题指向性明确，行业博物馆在初期可以效仿此种模式，依托新政策新理念，先建立区域内的行业博物馆联盟，再逐步建立全国范围内的行业博物馆联盟。行业博物馆展览更新的速度要慢于历史类和综合类，选取展览主题的局限性也比较强。行业博物馆联盟的建立，会将分散在各地的行业博物馆结合成有机的整体，中小型行业博物馆也可通过此种方式获取一定资源、获得新的发展。

北京鲁迅博物馆的钱振文先生曾提到："在博物馆捆绑成一个整体后，联盟肯定还会从政策上引导博物馆的发展，推动一些博物馆的建设，对中小博物馆的扶植力度也会大幅提高。也希望联盟能给中小博物馆提供更多政策和资金方面的支持。"在新政策和新理念的共同支持下，建立"行业博物馆联盟"对行业博物馆在展览策划方面以及扩大知名度方面是一个新机遇，对中小型行业博物馆的整体发展来说也将大有裨益。

六、结语

行业博物馆在未来博物馆高质量发展的进程中大有作为，但目前一直处于方兴未艾阶段。近年来，通过新政策的支持与新理念的不断注入，社会各界对行业博物馆的重视程度在逐渐提高。新政策带给行业博物馆新的发展机遇，新理念也不断为行业博物馆的陈列展览寻找新的突破口。

行业博物馆等中小型博物馆在面对展览数量少、实物展品少、观众数量少等困境时，要从新政策和新理念中寻找新启示与新机遇，抓住高质量发展的大环境趋势，联合多方力量，突出"人无我有、人有我多、人多我好"等自身优势和特点，以提升陈列展览质量。并以此带动全馆各方面的发展，在新时代博物馆事业高质量发展的进程中贡献行业博物馆力量。

【注释】

[1]2021 年 5 月 25 日，国新办就博物馆改革发展指导意见有关情况举行发布会中国家文物局副局长关强的发言。

[2] 陆建松：《行业文化与行业博物馆》，《博物馆研究》2001 年第 3 期。

[3] 中华人民共和国国务院新闻办公室官网：《关于推进博物馆改革发展的指导意见》，http://www.scio.gov.cn/xwfbh/xwbfbh/wqfbh/44687/45691/xgzc45697/Document/1704721/1704721.htm

[4] 中国政府网：《全民科学素质行动规划纲要（2021-2035 年）》，http://www.gov.cn/xinwen/2021-06/25/content_5620863.htm

[5] 曹济南：《关于行业博物馆建设的思考和上海商业博物

馆筹建的几点建议》,《上海商学院学报》2014 年第 5 期。

[6] 韦旭:《科技与文化融合视角下推动科普文化创作与建设的几点思考》,《中国科普理论与实践探索——第二十一届全国科普理论研讨会论文集》,科学普及出版社,2014 年,第 392-396 页。

[7] 谷媛:《行业博物馆现状与发展的思考——以园林博物馆为例》,《中国博物馆》2019 年第 3 期。

中小博物馆讲解员的现状、问题和解决路径
——以安徽省博物馆协会讲解员专项调查为中心

王宇广（安徽博物院）

张鹏（安徽博物院）

摘要： 讲解员代表着博物馆的形象，决定着观众对博物馆的第一印象。随着博物馆事业发展，物馆讲解工作得到前所未有的重视，讲解员的形象气质、业务能力普遍得到提升，服务社会能力不断增强。同时，讲解员队伍也存着有编制讲解员少、聘任制讲解员流动性大、学术科研能力偏弱、志愿者讲解员工作未能充分展开等问题。因此，只有通过增加博物馆编制职数、提倡全员讲解、提高待遇稳定聘任制讲解员、打造志愿者讲解队伍、充分发挥博物馆协会行业组织的平台作用、建设智慧讲解系统等方式，才能满足公众对高质量讲解的需求，实现博物馆服务社会的职能和价值。

关键词： 安徽 博物馆协会 中小博物馆 讲解员

　　近年来，随着经济社会的发展以及生活水平的提高，人们在满足物质需求的同时，开始追求高品质的精神文化生活，博物馆开始得到越来越多人的关注。如今的博物馆，早已摆脱过去保存"人类活动和自然环境的见证物"场所的固有印象，开始向多元化方向发展，成为人们放松休闲、旅游享受、交友会客、学习知识、欣赏艺术、充实自我等集多种功能于一身的文化综合体。在提升全民素养、弘扬优秀传统文化、进行"四史"教育和爱国主义教育、提高地方知名度、增强地方软实力乃至促进地方经济社会发展等方面发挥着越来越重要的作用。一座优秀的博物馆已经成为所在地最靓丽的文化名片和精神地标。

　　"讲解是沟通博物馆与观众的桥梁，是社会教育工作中最直接、最重要的环节"[1]，也是观众亲近文物、感受历史、体悟文化、实现博物馆使命的重要方式和手段，对深化展览主题、丰富展览内容，"让收藏在博物馆里的文物、陈列在广阔大地上的遗产、书写在古籍里的文字都活起来"具有重要意义。讲解员是博物馆这所"大学校"里的"讲师"，站在博物馆最前沿的"风景"，直接影响着博物馆的整体形象，决定着观众对博物馆的第一印象。因口语讲解直接、便捷、高效、有亲和力、有温度和互动性，在信息技术

和人工智能日益发展的今天，讲解员依然发挥着不可替代的作用。因其重要性，业内对讲解员的角色定位、礼仪、讲解质量、讲解技巧以及讲解新业态等方面已有较多研究成果，但对全省博物馆讲解群体进行综合研究的成果尚不多见。

2022 年初，为了解全省博物馆讲解员和讲解工作基本情况，安徽省博物馆协会对全省博物馆讲解工作进行专项问卷调查。此次调查对象以市县级中小博物馆为主，兼顾行业博物馆、非国有博物馆。调查内容包括单位基本情况、讲解员人数、学历、年龄、聘任制讲解员收入、近五年离职人数、离职原因、社教活动开展情况、讲解员奖励性政策、学术研究成果、志愿者工作等。同时到铜陵市博物馆、马鞍山市博物馆、巢湖市博物馆、广德市博物馆、怀宁县博物馆、当涂县博物馆等单位进行实地调研。本文拟以此次问卷调查为中心，结合实地走访和往年全省博物馆评估申报以及年检材料，对全省博物馆讲解员群体进行整体研究，分析全省博物馆讲解工作和讲解队伍的现状，发现存在的问题，并对存在的问题提出解决方法。

一、讲解工作现状

（一）讲解工作普遍得到重视

在经济社会未发展到一定程度之前，政府和社会各界对博物馆投入少，人们对博物馆不够关注，藏品保管和研究是博物馆的中心工作，讲解未得到足够重视。博物馆免费开放以后，特别是党的十八大以来，国家博物馆事业蓬勃发展，博物馆数量和质量得到普遍提升，人们走进博物馆已经成为常态，参观人数不断攀升，博物馆的发展理念也开始从原来的以藏品和研究为中心向以教育为中心转变。如今安徽各级博物馆纪念馆普遍设置了诸如社会教育室、社会教育部、宣教部、宣传教育部等从事社会教育工作的专业部门，教育职能不断加强。同时建立了专业的讲解员队伍，将讲解作为展示自身形象、提升服务水平、弘扬地域特色文化的重要方式和途径，讲解工作得到前所未有的重视。

（二）讲解员素质形象得到提升

讲解员是讲解服务的提供者，是观众接触的博物馆"第一人"，其业务水平、形象气质、知识储备、应变能力直接关系到博物馆的形象和观众对博物馆的第一印象。为了提升讲解员的业务能力和整体形象，很多博物馆在讲解员招聘的时，都对讲解员提出了较高的要求，除形象气质佳、性格开朗、举止得体大方、五官端正，有亲和力和普通话标准等基本要求外，还对应聘者的身高、年龄、学历等提出具体要求，如安庆市博物馆、宣城市博物馆等对讲解员身高要求男性 170CM 以上（当涂县博物馆要求 172CM 以上）、女性 160CM 以上，年龄 30 岁以下，大学专科以上学历（安徽徽州历史博物馆要求大学本科以上）。滁州市博物馆除了以上要求外，还要求应试者在面试时进行才艺展示。为统一形象，展示风采，有条件的博物馆普遍会给讲解员统一定制服装，并对着装细节提出具体要求。有些博物馆还聘请专业人员对讲解员进行语言、形体、表达等方面的培训。讲解员已经成为博物馆一道靓丽的人文风景线。

（三）服务社会能力更强

随着从业人员整体素质的提高，博物馆服务社会的方式不断增多，能力不断增强，能够满足观众多层次的需求。作为讲解工作的延伸和拓展，很多博物馆会在春节、国庆等节假期根据自身特点开展丰富多彩的社教活动，如安徽省地质博物馆的地质研学游、安徽中国徽州文化博物馆的行走的徽州文化、亳州市博物馆的我在博物馆里画文物、渡江战役纪念馆的我为大军送物资体验赛、广德市博物馆的小小陶艺师、歙县博物馆的博物馆文化走进小圆桌厨房等，让参与者在活动中感悟历史、品味文化。很多博物馆还主动走出去，进社区、军营、学校，开展送展览下基层等活动，服务基层观众。

在疫情期间，很多博物馆都推出网上看展直播活动，创新博物馆讲解方式、扩大博物馆观众群体。近年来，短视频兴起，迅速走进人们的生活，获得广泛关注，给信息传播方式带来新的变革。因短视频具有轻量化、信息量大、机动灵活、形式多样、通俗易懂、表现力强、容易获取、能利用碎片时间观看等特点，成为人们获取博物馆信息、了解博物馆动态的重要渠道。如今，很多博物馆都开设短视频账号，开始尝试以短视频的方式向观众讲解博物馆知识，扩大博物馆影响力，懂策划、会讲解、善表演、能剪辑成为讲解员的新要求和基本功。

二、讲解人员构成

目前安徽全省文物系统共有各级各类博物馆纪念馆 232 家，从业人员约 3200 人，其中有编制工作人员约 1600 人，占比为 50%。在岗讲解员人数为 549 人，有编制讲解员占总编制人数的 6.3%，占讲解员总人数的比例约为 18%。目前，全省讲解工作主要由以下人员担任：

（一）有编制讲解员

有编制讲解员在讲解员群体中占比不高，却是讲解队伍的基础和骨干，起着稳定讲解队伍、示范讲解标准、培养新讲解员的作用。

（二）聘任制讲解员

为解决有编制讲解员人数不足、不能满足观众讲解需求的问题，很多博物馆通过单位直聘或劳务派遣等方式聘任一部分讲解员以充实讲解员队伍。目前，聘任制讲解员是讲解队伍的主体

和讲解服务的主要提供者。在此次调查的 30 家博物馆中，除安徽省农业博物馆、淮南市博物馆等少数博物馆没有聘任制讲解员外，其他博物馆都有数量不等的聘任制讲解员，如安徽名人馆有 30 名聘任制讲解员，是调查博物馆中聘任制讲解员最多的博物馆。阜阳市博物馆和安庆博物馆因新馆建成开放，招聘的聘任制讲解员分别为 16 人和 14 人。其他如安徽中国徽州文化博物馆、滁州市博物馆、安徽省地质博物馆、凤阳县博物馆、歙县博物馆等单位有 3 到 5 名不等的聘任制讲解员。

（三）志愿者讲解员

如今，志愿者已参与到博物馆工作的多个方面，成为推动博物馆事业发展的重要力量。志愿者讲解员是博物馆讲解队伍的有益补充，在提供讲解服务、有效缓解讲解员人手不足等方面发挥着不容忽视的作用。如界首市博物馆有近百人的志愿者队伍，参与观众引导、展览讲解、送展下基层等工作，一些有专长的志愿者还能提供绘画、摄影、展览文案、文物征集等服务。安徽博物院的志愿者团队 2021 年服务时长 13936 小时，开展免费讲解服务 1956 批次，受益观众超过 4.5 万人，并参与"鲁迅的艺术世界"展览讲解录播、安徽广播电视台科教频道《走进博物馆》之徽州古建筑展厅志愿讲解录制工作。2020 年，安徽省文物局、安徽省博物馆协会、安徽博物院志愿者工作委员会共同承办的首届安徽省博物馆"十佳志愿者"推介活动，渡江战役纪念馆、砀山县博物馆、皖西博物馆、安徽中国徽州文化博物馆等单位的志愿者荣获首届安徽省博物馆"十佳志愿者"称号。

（四）物业人员

一般来说，物业人员主要从事展厅巡视、观众问询、秩序维护、卫生保洁等工作，并不提供讲解服务。在此次调查中发现，有些基层博物

馆进行改革，除财务、安全保卫、藏品管理等核心业务外，其余工作进行外包，讲解工作由外包公司承担。需要说明的是，此种情况只存在于个别博物馆，不具有普遍性。

三、讲解员队伍存在的问题

（一）有编制讲解员人数少

有编制讲解员少是长期困扰中小博物馆讲解工作的难题。在调查的 30 家博物馆中，近半数没有在编专职讲解员。其余博物馆有 1 到 2 名讲解员有编制，在编讲解员超过 3 人的主要是部分市级以上博物馆和实力较强的县级博物馆，如安徽中国徽州文化博物馆、皖西博物馆博物馆、金寨县革命博物馆等。在调查中发现，在编讲解员人数和所在博物馆在编总人数、博物馆等级及所在区域没有必然联系，如安徽省地质博物馆共有在编职工 47 人，只有 2 人是专职解员；金寨县革命博物馆在编制职工为 10 人，有 5 人是专职讲解员。同样为市级博物馆，皖西博物馆 21 人的在编职工中有 4 人是专职讲解员，安庆博物馆 33 人的有编制职工中只有 1 人是专职讲解员，马鞍山市博物馆在编职工 15 人中则没有专职讲解员。

有编制讲解员人数偏少是基层博物馆人才短缺的反映。目前，市级博物馆有编制人员一般只有 20 人左右，县级博物馆普遍不足 10 人。在调查中发现，有些县域建设文化中心，将文化馆、博物馆、图书馆等文化场所集中建设、集中管理。调查的中的某县整个文化中心的管理机关只有 4 名有编制人员，除领导及财务、保管等核心业务外，其他事项均采用服务外包。如今，博物馆承担着藏品保管、学术研究、陈列展览、社会教育、送文化进社区、文创产品开发等越来越多的职能，工作人员却没有增加，有些文博机构

还在机构改革中进一步弱化。淮海战役总前委纪念馆作为国家三级博物馆，在编人员只有 3 人，太和县博物馆只有 4 人。此外，很多基层博物馆还会承担文明创建、借调、参加驻村扶贫工作队和乡村振兴工作、开展文明城市创建入户宣传、文明交通劝导等工作，有些博物馆还会接到规范摆放路边共享单车、冬季清理道路积雪、清洁社区卫生等任务。服务社会是博物馆的使命，但过多承担职能之外的工作无疑会使工作人员短缺的问题更加突出。

此外，在全省 100 余名在编讲解员中，具有专业职称的人员只有 50% 左右，中级以上职称人员约 30 人，高级职称仅 6 人，半数讲解员没有专业技术职务，职业上升通道不畅。

（二）聘任制讲解员离职率高

聘任制讲解员离职率高是困扰博物馆讲解工作的另外一个难题。以某市博物馆为例，该馆目前有聘任制讲解员 3 人，近五年离职的讲解员有 19 人，平均每年超过 3 人离职，也就是说招聘的讲解员在岗位上工作不到一年就会离职。其他市县博物馆的聘任制讲解员也存在流失率较高的问题，调查中聘任制讲解员流失率高的几家博物馆，新招聘的讲解员几乎在两年内都会离职。从调查中发现，皖北地区博物馆聘任制讲解员的离职率高于皖南地区博物馆的离职率。讲解员较高的离职率显然不利于讲解工作的长远发展，从近几年省内举办讲解员大赛的参赛选手也能发现，有些博物馆的参赛人员连续几届都是同一讲解员，而有些博物馆每次参赛的都是不同的面孔。

聘任制讲解员离职率高的主要原因在于：1. 待遇偏低。如前所述，各博物馆在招聘讲解员时对应聘者的身高、年龄、形象气质等方面提出了较高要求，但其待遇却没有得到相应提升。目前，各馆聘任制讲解员的待遇普遍在 3000 元左右，过低的待遇很难留住优秀的讲解员，很多应

聘者只是为解决工作有无问题，等积累了工作经验或是找到更好工作就会离职。很多博物馆反映，在省级以上讲解大赛中获奖的聘任制讲解员很快就因找到待遇更高的工作而辞职。在聘任讲解员中，也有部分人对待遇不敏感，到博物馆上班是出于对工作发自内心的热爱或只为找到一份"体面"的工作，但这两种情况都不普遍。2. 职业天花板低。因为体制机制问题，即便是业务出众、能力突出、得到观众认可的聘任制讲解员也不能转变为正式员工，不能评职称和担任领导职务，职业天花板低，这也导致一部分热爱博物馆讲解工作的聘任制讲解员为自身长远考虑离职。3. 其他。除此之外，考取事业单位和公务员、婚姻问题、家庭原因也是聘任制讲解员离职的因素。

（三）学术研究能力弱

由于聘任制讲解员流动性行大，加之工作繁忙、缺乏有效的学术信息、找不到研究方向等原因，以及职称评审降低了对论文数量的要求。同时，讲解员在培训时主要侧重于语言表达、发声方法、讲解技巧、形体礼仪等内容，缺少学术研究方法、学术成果转化利用等课程设置。以上因素导致讲解员队伍学术科研能力偏弱，承担各级课题、学术出版、论文发表等数量少、水平不高，参加各种学术会议的人员较少，各种学术活动几乎停滞。通过调查及往年评估材料来看，全省博物馆中除安徽博物院、安徽省地质博物馆、安徽中国徽州文化博物馆等少数博物馆学术成果较为丰富外，其他博物馆的学术科研能力普遍不强，有的博物馆近三年没有论文发表，讲解员更少发表学术文章。

学术研究是博物馆开展所有工作的基础，随着博物馆观众知识水平的提高，原来那种背诵讲解词式的讲解已经落后于时代，"传声筒"型的讲解方式早已不适应新形势的需求，观众渴望在思想性、观赏性、审美性上获得更高享受，博

物馆行业亟须专家型讲解员，学术能力不足导致讲解员不能在所在讲解领域进行深入钻研，限制了讲解工作的深度和广度。

（四）讲解员分布不均衡

主要体现在：1. 讲解员男女比例失衡。全省549人的讲解员中，女性讲解员约479人，而男性讲解员只有70人。2. 讲解工作年限分布不平均。现有讲解员中，从事讲解工作2年以下的222人、2～5年的131人、5～10年的135人、10年以上的61人。按照讲解员的培养规律，其成长一般需要经过5年左右的岗位历练，5～10年是较为成熟阶段，工作8～10年以上才能步入成熟期。工作5年以下讲解员353人，占比64.3%。高工作年限讲解员人数少其实是讲解员高流失率的间接反映。3. 国有和非国有博物馆讲解员分布不均匀。现有讲解员主要集中在国有博物馆，尤其是等级博物馆。全省110家国有博物馆有讲解员459人，机构数不到全省博物馆的一半，而讲解员占比却达到83.6%。非国有博物馆基本上没有专职讲解员，多为工作人员兼职讲解工作。

（五）志愿者工作开展不充分

如前所述，志愿者讲解员是讲解队伍的有益补充，有些志愿者讲解员能为观众提供专业的讲解服务。但从调查结果看，除少数博物馆外，很多博物馆志愿者工作并未有效开展，有些博物馆只有2到3名志愿者，有些博物馆因为安全等因素不愿招募老年志愿者，有些博物馆则完全没有开展志愿者工作等。

四、提升讲解工作水平的路径

为了稳定讲解员队伍，实现讲解工作的高质量发展，今后讲解工作应该从以下几个方面努力：

（一）增加在编讲解员的数量

增加有编制讲解员的数量可以从两方面努力：1. 积极申请增加编制。上一轮机构改革中文博力量弱化的现象得到社会各界关注，如今各地博物力量逐步得到恢复，有些地方较之改革前还有一定的加强。博物馆应抓住这一机遇，积极向主管部门和编制管理机关申请增加编制，将之充实到讲解员岗位。需要指出的是，在编制趋紧的大背景下，除非新建博物馆，否则当地编办不会大比例增加博物馆工作人员编制。但是，能争取到 1 至 2 个编制也能有效缓解博物馆人员紧张的局面。2. 增加兼职讲解员的数量。扩大讲解员队伍，需要做好增量，也要挖掘存量。这其中首先要做的就是打破"讲解工作就是讲解员的工作"这种固化思维，建立"大讲解"观念，力争博物馆中做多部门工作人员都能提供讲解服务。藏品保管、展览设计、学术研究等部门与展览关系最为密切，可以为这些部门的工作人员进行专业培训，作为本馆兼职讲解员，在节假日等观众流量较大、专职讲解员不能满足讲解需求时担当讲解任务。如今，国内很多博物馆都开始推行全员讲解，安徽博物院的策展人讲解员、马鞍山市博物馆的"本馆专家讲解员"其实就是兼职讲解员。金寨县革命博物馆是全省参观人数最多的县级博物馆，面对众多的讲解需求，馆领导也会承担讲解工作。

（二）适当提高聘任制讲解员的待遇

工作岗位能否留住人才的原因有很多，薪酬待遇无疑是最重要的因素之一。为了留住优秀的聘任制讲解员，可以适当提高他们的薪酬待遇。在调查中发现，有些博物馆近五年之所以没有聘任制讲解员离职，和其收入较高有很大关系。离职率高的博物馆讲解员的待遇相应较低。

为了提高聘任制讲解员待遇，有些博物馆也采取一些办法，如安徽省地质博物馆、安庆市博物馆、亳州市博物馆、李鸿章故居陈列馆等单位会给比赛获奖的讲解员发放一定的奖金，亳州市博物馆会给年底考核优秀的讲解员增加绩效工资。但以上举措奖励金额有限、覆盖面小，对提高聘任制讲解员的待遇没有决定性影响。为了建立长效机制，从根本上提高聘任制讲解员待遇水平，安徽博物院针对聘任制讲解员推出的星级制度值得借鉴。

目前，安徽博物院聘任制讲解员的收入为基本工资和星级工资两部分。星级工资分为五个等级，一星最低、五星最高，每个星级对应不同的星级工资，其中五星工资又分为三档。讲解员的星级由社教部门会同人力资源部等其他部门组成小组从讲解考核、讲解批次、日常工作表现、年度业务工作成果四个方面进行综合考评，如果讲解员能通过外语讲解考核并参与外语讲解工作，每个月还可给予一定的岗位津贴。星级工资制度的实行对稳定讲解员队伍、激发工作热情起到了重要的推动作用。

（三）发挥行业组织的作用

安徽省博物馆协会是 4A 级社会组织，致力于推动全省博物馆事业的繁荣与发展，在承接政府职能转移、构建沟通发展平台、致力业务培训等方面做了大量工作。近年来，省博协先后举办了"中国故事——全国博物馆优秀讲解案例展示推介活动"暨全省讲解员大赛、"讲述红色故事——大别山区革命文物优秀案例交流活动"安徽省讲解员培训暨选拔赛、全省博物馆纪念馆革命文物讲解培训及比赛、全省博物馆讲解员培训班等活动，对提升全省博物馆讲解员业务和素养起到了重要作用。

今后应继续发挥省博协的作用：1. 继续举办全省范围的讲解员培训及比赛，锻炼讲解员队伍，建立讲解员人才库。同时革新比赛方式、丰富比赛内容，除语言、形体、表达等培训内容外，增加讲解词编写、学术研究在讲解中的转化利用、观众心理研究等内容。2. 畅通全省讲解工作交流渠道。省博协应积极发挥自身协调作用，搭建讲解员学习交流平台，畅通讲解工作合作机制，为成员单位互派讲解员进行交流提供必要帮助。注重发挥发挥安徽博物院等省内国家一级博物馆的辐射带动作用，向有需求的博物馆派出经验丰富的讲解员赴展厅一线进行业务指导，同时输送基层博物馆讲解员到更高一级的博物馆挂职锻炼。3. 加强与江浙沪博物馆协会的合作。江浙沪等地是国内博物馆发展的第一梯队，其展览水平、讲解质量、服务能力得到社会的广泛认可。省博协应抓住安徽融入长三角一体化发展的契机，加强与江浙沪等地博物馆协会的合作交流，对标先进、查找不足，学习讲解工作的有益经验和先进做法，促进省内讲解工作高质量发展。

（四）充分发挥志愿者讲解员的作用

根据国际博物馆协会的最新定义，博物馆是"为社会服务的非营利性常设机构，它研究、收藏、保护、阐释和展示物质与非物质遗产。向公众开放，具有可及性和包容性，博物馆促进多样性和可持续性。博物馆以符合道德且专业的方式进行运营和交流，并在社区的参与下，为教育、欣赏、深思和知识共享提供多种体验"。从本质上讲，博物馆"既是为了服务社会公众而办，同时，它又必须依靠社会公众来办，而且它必须依靠社会公众的支持、赞助才能办好[2]"。自 2002 年原中国历史博物馆（今中国国家博物馆）开始向社会公开招聘志愿者讲解员开始，博物馆志愿者讲解员已经走过 20 年的历史。20 来，博物馆志愿者讲解员从无到有，队伍不断壮大。随着经济社会的发展和科技水平的提高，人们的寿命不断延长、学识素养不断提升，参与社会服务公众的意愿不断加强。博物馆要抓住这一时机，发挥博物馆志愿者讲解员的作用。首先要充分认识志愿者对于博物馆发展的重要意义，加大宣传力度，让公众知晓博物馆的职能、定位、价值，吸引更多的人参与到博物馆建设中来；其次要拓宽志愿者来源渠道，到社区、进学校，发展退休教师、公职人员、技术人员及大学生等多种类型的志愿者；最后要规范和完善志愿者招募、管理等各项规章制度，让有心服务社会的志愿者实现自身价值，使志愿者成为博物馆发展的重要推动力量。

（五）建立智慧讲解系统

近年来，科技与博物馆快速融合，智慧讲解系统开始成为博物馆提供讲解服务的重要工具，因其讲解内容丰富、翔实、信息量大，声音清晰、流畅，观众可以根据个人需要调节音量大小，讲解语言多样化、标准化，讲解系统内具有灵活性和可控性等优点，越来越受到观众青睐。

随着移动互联网技术的成熟，人工智能对个人消费习惯的影响越来越深入，移动应用与社交媒体成为博物馆导览的重要平台。微信的微网页导览平台和小程序出现后，观众无须单独下载应用程序，通过扫码或关注博物馆微信公众号即可获得导览内容。如关注安徽博物院共微信公众号，在主页面选择"在线看展"→"语音导览"，进入智慧导览页面，里面有"扫码讲解""编码讲解""展厅讲解""VR 观赏"选项，观众可以根据需要选择语音讲解方式，有效解决人工讲解人手不足的问题。

【注释】

[1] 单霁翔：《提升博物馆讲解服务质量的思考》，《敦煌研究》2013 年第 6 期。

[2] 王宏钧：《中国博物馆学基础（修订本）》，上海古籍出版社，2012 年，第 328 页。

民族地区中小博物馆构建筑牢
中华民族共同体意识研学旅行目的地研究

王克松（黔南州博物馆）

摘要： 在党和国家的关怀和支持下，民族地区建立了博物馆。这些博物馆充分利用自身优势开展收藏、展示和研究工作，发挥了宣传阵地的作用，特别是在教育引导各族群众共同维护祖国统一、维护民族团结上，作用更为突显。新时代，民族地区博物馆秉承让文物活起来，在保护传承、弘扬中华民族民族文化上积极主动作为，成为人们打卡地和研学基地。民族地区中小型博物馆应整合资源，建设好研学旅行目的地，充分发挥其在筑牢中华民族共同体意识阵地的作用。

关键词： 民族地区 中小博物馆 研学旅行目的地 筑牢中华民族共同体意识

在党的光辉政策照耀下民族地区建立了博物馆，5 个自治区和 30 个自治州均有博物馆，大部分自治县也建设了博物馆。这些博物馆建立以来，不断开展民族团结进步教育工作，在弘扬多元一体的中华民族文化，扎实推进加强铸牢中华民族共同体意识方面，取得了成效。如何打造筑牢中华民族共同体意识的研学旅行目的地，促进民族地区民族团结进步事业发展成为当今思考的课题。

一、民族地区博物馆是民族团结进步研学旅行目的地

新时代，秉承让文物活起来，教育引导各族群众共同维护祖国统一、在维护民族团结在保护传承、弘扬中华民族民族文化上成为博物

馆积极主动作为。民族地区博物馆利用自身收藏、展示和研究资源优势，打造民族团结进步研学旅行目的地，充分发挥宣传阵地的作用，使之成为人们打卡地。

（一）对研学旅行的再认识

1. 相关文件对研学旅行的概念仅仅提出了开展研学旅行和研学旅行的主体、内容及目的地等，但是未对研学旅行做出具体定义。

2013 年国务院颁布的《国民旅行休闲纲要(2013—2020 年)》、2014 年国务院出台的《关于促进旅游业改革发展的若干意见》、2015 年国务院颁布《关于进一步促进旅行投资和消费的若干意见》提出研学旅行、博物馆推行中小学生研学旅行、建立研学旅行基地等，但未作概念解释。2016 年《教育部等 11 部门关于推进中小学生研学旅行的意见》指出："中小学

生研学旅行是由教育部门和学校有计划地组织安排，通过集体旅行、集中食宿方式开展的研究性学习和旅行体验相结合的校外教育活动，是学校教育和校外教育衔接的创新形式，是教育教学的重要内容，是综合实践育人的有效途径。"[1] 给出中小学生研学旅行的概念，但是概念范围局限于青少年，重点是中小学生，具有一定局限性。

2. 有关专家学者对研学旅行的概念进行了研究。

周志宏、禹文婷认为广义上研学旅行定义为：人们短期离开自己生活的惯常环境，前往异地展开的旅行和逗留出，开展于文化求知、实践体验、研究探索和访问活动，并明确了广义研学旅行的外延，既包括中小学春游秋游、夏令营、冬令营，大学生专业实习、假期调研等校外实践教育活动，也包括其他年龄阶段人群以学习、研究或实践开展的旅游活动[2]。研学旅行的人群群体范围拓展了。同样，龙天麟认为：研学旅行，是指人们离开自己的熟悉的生活环境，前往研究目的地进行求知、探索和体验的不熟悉环境目的地，进行研究的旅行行为[3]。这一概念与周志宏、禹文婷的概念异曲同工。两概念都指出了研学旅行是研学者从熟悉的常住地到异地进行学习、探索、体验和研究，要素为学习知识、亲身体验和进行研究。

因此，我们得出研学旅行的综合概念与范围，即是：到旅游目的地进行考察、体验和学习，获取所需知识，接受教育，并对自己的思想理论进行完善和研究的行为。以研究和学习为目的，旅游为方式。其人群范围为不同年龄段、不同知识结构的群体，可以是幼儿园学生、中小学生、大学生、普通群众，可以是幼儿、青少年、中年人和老年人等。只是他们的学习目的、学习方式、研究方向和所需要的结果不

一样。

（二）博物馆研学旅行概念的认识

新时代，博物馆不仅是收藏、展示和研究的场所，同时也是人们学习、体验、研究文化，了解地域历史文化，人类历史文化的场所，也是为学习研究者提供实物资料、照片和影像资料、历史文献等的场所，也是人们休闲、放松身心的地方。其独有富集、奇特的文物及资料，厚重文化内容、新颖、妙趣横生、艺术陈列展览吸引了当地和外地旅游者到博物馆进行感觉旅游。同时，近年来博物馆携手建立了博物馆联盟，博物馆之间联系更加紧密，文化资源交流、共享日益密切，为博物馆组织开展馆际研学旅行增添路径。赵薇在《在新形势下博物馆文化考察类活动刍议》一文中，博物馆研学是指在学生到博物馆，在专职教育人员的指导下，自主地通过研究性学习方式获取知识，发现和提出问题，探究和解决问题的学习活动。周婧景、郭川慧在对赵薇、郑奕和教亚波、张雯颖等对"博物馆文化考察""博物馆教育旅程""博物馆研学""博物馆旅游""博物馆研学旅行"等概念进行分析、归纳后认为"博物馆研学旅行"的概念为：由教育部门等相关部门、学校、博物馆或其他有关社会机构有计划地组织安排中小学生集体在博物馆场景中开展的研究性学习与旅行体验的校外教育活动[4]。这一概念将博物馆界定为博物馆研学旅行的目的地，并列出博物馆研学旅行的内容有展览、教育活动、藏品、数字资源等，受众为中小学生。但是，到博物馆集体参观及旅游的不仅仅是中小学生，还有高校组织大学生、有关单位和部门组织单位党员干部和职工、旅行社和研学机构组织青年团队、老年团队等到博物馆开展的研学活动。同时，还有部分学生、专家学者单独到博物馆调研，搜寻研究资料等。

为此，博物馆研学旅行是人们离开熟悉的环境到本地或外地博物馆旅游目的地进行学习、探索和研究的旅游活动。这里的博物馆研学旅行可以是组织到本地博物馆开展，也可以组织到外地博物馆进行；群体按知识结构分，可以是幼儿园学生、中小学生、大学生，也可以是教师、专家学者。按年龄分，可以是幼儿、青少年，也可以是中年人和老年人。当然也可以按职业分是不同职业的人群。

（三）民族地区中小型博物馆是开展筑牢中华民族共同体意识研学旅行的目的地

民族地区的博物馆除五个自治区博物馆外多为中小型，它们地处民族聚居区，以收藏本区域民族文物和有关历史、革命文物为重点，举办展示该区域独特的民族文化、地方文化以及各民族之间文化相互交流、交融，共同建设民族地区政治、经济、社会各项事业的历程与成就展览，珍藏了丰富的民族文物及实物资料，并针对当地的民族民俗、民族文物、民族文化进行研究与探索，积累了一定的成果，在接待观众到馆开展研学旅行的经验，具备了开展研学活动的物、展、人资源，是当地学校组织学生、机关单位组织党员干部职工和其他群众及外地游客的研学旅行目的地。通过研学，为到馆进行研学旅行的观众认知民族地区历史、发展情况、民族优秀文化，认知各民族在中国共产党领导下，共同建设伟大祖国、建设民族地区的辉煌历史，以及在党的民族政策光辉照耀下，各民族共同团结进步、共同繁荣发展，民族地区面貌焕然一新，人民幸福感、获得感不断提高等，不断增强各民族文化自信、道路自信、理论自信、制度自信，培育中国特色社会主义的文化根基、文化本质和文化理想，共同为华民族伟大复兴而团结奋斗。黔南州博物馆（州民族博物馆、州文物研究所），收藏布依族、

苗族、水族等民族文物资料和革命文物资料等 4000 多件（套），举办过黔南州建州 30、40、50、60 周年成就展，黔南州民族服饰展、黔南州民族风情展、黔南州创建全国民族团结进步示范州展、黔南州历史文化综合展等展览。展示了在中国共产党民族政策照耀下，在中央、省的领导下，自治州州委、州政府带领全州各族人民的团结奋斗，经济跨越发展、社会各项事业繁荣发展，贫困地区和贫困群众生活蒸蒸日上，幸福指数日益增长的美好画卷。通过研学，可以进一步深入学习和研究黔南各族人民共同在这块广柔大地创造的历史文明，各历史时期历史杰出人物特别中为黔南解放事业英勇牺牲的革命先烈们的可歌可泣的革命事迹，激发他们感恩中国共产党的情怀，不断团结奋斗的信心。先后被命名为全国民族团结进步教育基地、"贵州省人文社科示范基地"，挂牌贵州民族大学文博硕士实践教学基地、黔南医学高等专科学校大学生第二课堂文化教育实践基地等。不言而喻，民族地区博物馆是开展筑牢中华民族共同体意识的重要研学旅行目的地之一。

二、政策支撑不完善、品牌吸引力不足、纵横连接不密切、自身宣传不强，成为建设好民族地区博物馆筑牢中华民族共同体意识研学旅行目的地的瓶颈

（一）政策支撑不完善

如前所叙述，国务院、教育部、国家旅游局等都出台相关政策、意见等，对开展研学和研学旅行做出了相关规定，但是对学校、旅行社及博物馆等如何规范、做好此项工作没有做出硬性规定和实施细则，没有具体指导、扶持和激励措施，实操性不够强，致使民族地区中小博物馆研学旅行思路不清、方向不明，学校、

研学机构、旅行社等以博物馆为研学旅行目的地积极性不高，博物馆研学旅行目的地发展先天不足，作用不突出。

（二）品牌引力不足

民族地区中小型博物馆有的建立较晚，大多为二十世纪八十年代以后建设，民族地区虽然经济社会跨越性的发展，但是与发达地区相比，差距还是很大，投入不能满足发展的需要，在支撑博物馆的发展上动力仍然不足，致使代表性文物资料少，陈展方式单一、互动性差、声光电及数字化等跟不上时代发展人们艺术的需求，导致品牌不响亮，吸引力差。

（三）纵横链接不密切

长期以来，民族地区中小型博物馆以自我为中心，部分认为只要做好藏品收藏保护，举办展览等待观众到馆参观的观念仍然存在。主动服务性不足，主动对接联系学校、单位、甚至于社会受众不够，对受众需要学习和研究什么样的内容、接受什么样的陈展形式认识不足、了解不透，只是从博物馆自身认为的主观方式进行内容选择和进行陈展，受众对举办了什么展览不知晓，兴趣不浓。学校、旅行社、其他研学机构也不清楚博物馆的展览？甚至于博物馆的工作范围不清楚，更不用说将博物馆列为研学目的地，组织学生、游客到馆进行感觉旅游。馆际之间交流仍然欠缺，导致业务提升不足，展览资源匮乏，吸引观众力较弱。

（四）自身建设不强

由于民族地区经济社会发展欠发达，部分中小博物馆投入有限，人员配置不足，专业配置不完善，如贵州省黔南州博物馆目前无博物馆学、考古学、文物保护与修复方面专业技术人员。对如何开展研学旅行理解、认识不足、研究不深，使开展研学旅行工作起步晚、发展不平衡，有的严重滞后。

（五）宣传力度不强

宣传意识还较薄弱、手段较为单一、持续性不够、宣传维度和宣传频次欠缺，没有反复给予受众留下深刻印象和心动的感觉。

三、构建民族地区中小型博物馆研学目的地，发挥其在铸牢中华民族共同体意识中的作用的路径

今天的民族优秀传统文化是各民族历史发展进程中不断传承、改革和发展的结果，是不可割断发展链，是民族的根基、命脉和特色所在，也是民族凝聚力和向心力所在。因此，民族地区中小博物馆研学旅行应以地方和民族发展为主线，因地制宜，充分利用民族地区博物馆资源特点与优势，充分体现地域特色和民族特色，通过政治、经济、文化等方面来综合反映，让研学旅行者感受各民族共同创造的地域历史与文化、风土人情，使博物馆成为对研学旅行者进行铸牢中华民族共同体意识、爱国爱乡和优秀传统文化教育研学旅行的目的地。

（一）制定和完善进一步推动研学旅行的政策，为民族地区建筑研学旅游目的地提供支撑与保障

在《关于促进旅游业改革发展的若干意见》《关于进一步促进旅行投资和消费的若干意见》《教育部等 11 部门关于推进中小学生研学旅行的意见》《关于进一步减轻义务教育阶段学生作业负担和校外培训负担的意见》等基础上，出台相关细则规定，要求、鼓励支持学校组织学生、研学机构和旅行社组织社会受众到博物馆开展研学活动的具体政策措施，出台支持博物馆建设研学旅行目的地的具体政策措施，促进和保障博物馆研学旅行目的地建设和推动学生、旅游者到博物馆开展研学旅行，使得博物

馆研学旅游具有更强的实操性。广东省教育厅、广东省发展和改革委员会、广东省公安厅、广东省财政厅等 12 部门出台《广东省教育厅等 12 厅部门于推进中小学生研学旅行的实施意见》（粤教思函〔2018〕71 号），各中小学要将研学旅行纳入学校教育教学计划，小学四到六年级、初中一到二年级、高中一到二年级灵活安排研学旅行，促进研学旅行和学校课程体系的有机融合[5]。将学校开展研学游行纳入了教育教学计划，并对学校学生年级段进行了规定，有具体的规定和可操作性。

（二）打造博物馆高质量研学品牌，使民族地区博物馆成为向往研学旅行目的地

民族地区的研学旅行工作对受众而言，主要一是通过展览展示，向研学者提供可视的实物、亲身体验、文字叙述介绍、文化背景讲解等；二是接受研学者咨询，向其提供相关研究需要的资料。民族地区博物馆要针对研学旅行，紧紧围绕地域文化和独特馆藏品，举办适应不同年龄、不同学历、不同职业等的喜闻乐见的体验式、探究式研学旅行展览和课程，打造出既有本地文化特色、又有文化精的独一无二的高质量研学品牌项目，做到展览、研学课程和研究基础资料人无我有、人有我特。如广西民族博物馆覃元励根据该馆的"霓裳羽衣"展，设计"拼凑的美——从小布头到大世界"的研学实践教育课，结合了展览、非物质文化遗产，介绍壮族拼布文化。让学生进一步了解壮族拼布技艺的形成和发展，加深对传统技艺的认识，激发他们爱祖国、爱家乡的社会情怀，增强民族自信心和自豪感，提升其对壮族传统文化保护与传承意识[6]。

（三）开启博物馆＋学校、博物馆＋旅游社、博物馆＋研学机构、博物馆＋协会研学合作模式

民族地区中小博物馆要加强沟通、互通有无、共同建设受大众欢迎的优质研学旅行目的地，建立有效的长期文化需求链接。博物馆、学校、旅行社、研学机构等在开展研学旅行活动中各有需要和优势，要充分发挥各自的长处，采取的整合资源、共建共享、优势互补，共同推进。学校、旅行社和研学机构有研学课程开发经验，知悉研学对象的知识结构、年龄段和他们想法、兴趣点、获取知识的行为特点、参加研学目的和方式，但是对博物馆展览内容了解不深、掌握不全面；博物馆以馆藏的实物作为教育的媒介，以展览作为"教材"，他们对自身的文物资料及其背后的故事和举办的展览了如指掌，但是对研学旅行者的了解不透，有的甚至为盲区。因此，博物馆在举办展览，展陈设计、展览解说等方面，要充分与馆外的这些机构进行交流、沟通，立足民族地区博物馆实际，资源共享、互通共融，共同为构建好研学目的地出谋划策。主要解决博物馆能为研学旅行需要的展览，以怎样展陈方式介绍了本地的地理环境、历史文化、民风民俗等，以陌生感、新奇感，激发研学者的他们浓郁兴趣，展览与研学区的划分，研学课程的设置等，取众家之长，补各家之短，使博物馆的研学旅行具有趣味性、参与性、互动性、长效性，通过实物资料、艺术展示，让书本知识变得更直观、更易于理解，让书本知识活起来，提高分析问题、解决问题的能力，研究解决无法从书本中寻觅到的答案，真正成为满足研学旅行者未知欲、对某一知识事象进行研究探索的目的地，使研学旅行者成为中华优秀文化的传播者和传承者，同时，也使民族地区中小博物馆资源开发利用的长期性和可持续发展性。

(四)讲解员＋教师＋导游模式＋专家，加强研学旅行专业服务人员队伍建设，确保研学旅行工作规范开展

民族地区中小博物馆研学目的地教学队伍的素质直接影响到研学活动开展的质量，影响到开展民族团结进步教育的成效。因此，要组建由讲解员、教师、导游和专家学者等组成研学旅行教师队伍，讲解员、教师和导游除了要熟知展览内容及相关知识外，还要了解和掌握一定民族政策、民族知识，同时，加上民族地区中小博物馆研学人员相对较少，在开发有关民族地区历史、共同推进民族团结进步事业研学旅行课程时，除了本馆工作人员与学校教师、研学机构教师和旅行社导游的合作外，还要主动邀请民族学方面专家参与，将研学旅行课程融入各学科专家力量，凸显特定主题，在研学活动中正确解读民族政策、民族理论、民族文化和民族知识，开展好筑牢中华民族共同体意识教育。通过"走出去"和"请进来"的方式对研学旅行研学教师、工作人员进行了多渠道、多层次、多类型的培训。为人才匮乏的民族地区中小博物馆提供的专业研究、课程开发、研学服务等方面优秀的人才保障。

(五)以喜闻乐见的受众易于接受使用的网站＋微信＋抖音等新媒体宣传方式，主动宣传推广

新时期博物馆的宣传形式、内容是多样的，既有传统的报刊、海报和电台、电视，也有新媒体的手机、平板电脑和电脑等。在传统媒体与新媒体共用的时代，新媒体具有较高的传播率、快速率和覆盖率，缩短了博物馆和观众之间的距离，增强了博物馆与观众的亲和力。"截至 2021 年底，我国移动电话用户规模 16.43 亿户，人口普及率升至 116.3 部／百人，高于全球

的 104.3 部／百人。其中，4G 和 5G 用户分别达到 10.69 亿户和 3.55 亿户，两者合计在移动电话用户数中合计占比达86.7%[7]。""2020 年、2021 年我国移动互联网用户占移动电话用户的比重分别为 84.8% 和 86.2%，渗透率分别较上年提高了 2.3 个和 1.4 个百分点，此前 2016-2019 年渗透率基本稳定在 80%-82% 区间。得益于手机终端功能提升、网络持续提速，短视频、网络直播等大流量应用场景更丰富，移动流量消费潜力进一步释放[8]。"说明手机在百姓生活中的重要性、依赖性以及人们利用手机观看视频和直播量在不断提升。抖音短视频、快剪、微信等 APP，以短时叙事形式，新、奇、快、趣的原创作品特色，帮助大众表达自我，记录美好生活，成为受众广泛欢迎和使用的 APP。2021 年，通过抖音了解博物馆及相关知识的受众达 380 亿次[9]。"截至 2021 年 5 月，抖音上博物馆相关视频数量超过 3389 万，播放超过 723 亿次，获赞超过 21 亿[10]。"新媒体对博物馆的作用不可小视。因此，民族地区中小型博物馆作为一种特殊文化传播媒介，担负着向社会人民传播中华民族优秀文化，进行民族团结进步教育的责任，要充分利用各种媒体，向受众展示相应的音频、视频、文字、图片和发布信息，听取到大众的建议等，特别是受众乐于接受的微信、抖音等移 app 新媒体，搭建藏品展示、研究及教育等情况的平台，加强宣传和传播正能量。通过直播、视频的形式，打破时间和空间的界限，使人们对各民族优秀文化的认知，让更多的人了解博物馆及其特色藏品，吸引受众前往开展带有目的性的研学旅行。同时，通过新媒体平台与受众互动，受众将自己开展研学的需要或者参加研学旅行后的想法、建议反馈给博物馆，博物馆根据馆的实际情况考虑吸收和改进，提升服务质量，满足受众需求，

更好为社会服务。可见，新媒体为博物馆的宣传教育活动提供了新的、更好的方式。利用新媒体技术促进博物馆工作人员、专家与学生、教师、研学机构人员、旅行社人员、其他受众的互动沟通，实现在线上交流、咨询、活动内容准备等，民族地区中小型博物馆要发挥出互联网技术实现自身宣传教育的功能，传播的宣传作用，以创新的方式满足受众的精神文化需求，持久深入地宣传党的民族理论、民族政策，宣传各民族共同团结进步、共同繁荣发展的时代风貌，进一步增强受众的"五个认同"，让民族团结一家亲入脑入心，不断为铸牢中华民族共同体意识、实现中华民族的伟大复兴做出新的更大贡献。

结论：当下，民族地区中小型博物馆要依托自身丰富的特色馆藏资源，充分发挥和调动学校、研学机构、旅行社等各方优势和积极性，加强与各个领域沟通、交流与合作，统筹安排，开设具有针对性、面向不同群体的研学课程，并不断总结完善，有效保证研学旅行活动的开展，构建独具特色的研学旅行目的地，充分发挥教育功能，宣传弘扬中华民族优秀传统文化，在筑牢中华民族共同体意识中做出应有的贡献。

【注释】

[1] 教育部网站：《教育部等 11 部门关于推进中小学生研学旅行的意见》，http://www.gov.cn/xinwen/2016-12/19/content_5149947.htm

[2] 周志宏、禹文婷：《研学旅行概念辨析及研究进展》《中南林业科技大学学报（社会科学版）》，2020 第 2 期。

[3] 龙天麟：《5G 时代研学旅行产品开发路径》《当代旅游》，2021 年第 2 期。

[4] 周婧景、郭川慧：《博物馆"研学旅行"定义及其理解》《博物院》，2020 年第 5 期。

[5] 《广东省教育厅等 12 部门关于推进中小学生研学旅行的实施意见》，http://edu.gd.gov.cn/gkmlpt/content/2/2103/post_2103594.html。

[6] 覃元励:《浅谈博物馆青少年研学实践教育课程的设计与实施——以广西民族博物馆壮族拼布民族文化研学实践课程为例》《民博论丛》，2020 年第 0 期。

[7] 中华人民共和国工业和信息化部：《2021 年通信业统计公报解读》，https://www.miit.gov.cn/gxsj/tjfx/txy/art/2022/art_e2c784268cc74ba0bb19d9d7eeb398bc.html

[8] 中华人民共和国工业和信息化部：《2021 年通信业统计公报解读》，https://www.miit.gov.cn/gxsj/tjfx/txy/art/2022/art_e2c784268cc74ba0bb19d9d7eeb398bc.html

[9] 《2021 年抖音数据报告》，https://www.csdn.net/tags/NtzaQgysOTEyODYtYmxvZw0000000000.html

[10] 《抖音博物馆数据报告披露十大最爱直播博物馆》，https://tech.china.com/article/20210519/052021_779628.html

县级博物馆质量提升路径探析

——以金华市七家县级馆为例

徐进 王晨辰（金华市博物馆）

摘要： 我国县级博物馆数量逐年增长，县级博物馆事业发展进入新时代。谋求高质量和进一步发展成为主要问题。2019年，金华市实施县级公共博物馆质量提升工作试点项目，以行政上市局政策扶持，业务上中心馆（市馆）指导帮扶为方针，探索出了优化管理体系、稳抓核心业务、谋求跨界融合的提升路径。成为浙江省县级公共博物馆质量提升试点工作城市之一，为全省乃至全国的省级博物馆质量提升工作积累了宝贵经验。

关键词： 金华市 县级博物馆 质量提升

　　"文物保护，基础在县[1]"县级博物馆是我国博物馆体系中的最基础的单位。截至2018年底，全国县级博物馆已达3691座[2]，县级博物馆发展进入新时代。在可喜的数字下，存在着隐忧。近年，伴随着中心化的城市化发展态势和产业经济的集聚效应，经济、人才等资源也向更高能级的城市集中。与此相对应，博物馆资源向城市能级更大的博物馆倾斜的情况日趋显现。

　　从百年前的"（博物馆）可渐推行与各行省，而府而州而县"；到半个世纪前的"县县办博物馆，社社办展览室"[3]。中国人对将博物馆推至县级基层单位，推向最广大基层民众的热情和信念从未改变。县级博物馆的建设也曾一度如火如荼，如今，在解决县级博物馆的有无问题后，机制固化、经费不足、藏品有限、馆舍缺少、人员不齐等成为县级博物馆进一步发展的掣肘。

一、现状及问题

　　截至2019年，金华市登记备案博物馆共32家（国有、行业性博物馆、纪念馆21家，非国有博物馆11家）。国有博物馆中包括地市级博物馆1家，金华市博物馆（以下称市馆）；县级公共博物馆7家（以下称县馆）：东阳市博物馆（以下称东阳馆）、兰溪市博物馆（以下称兰溪馆）、义乌市博物馆（以下称义乌馆）、永康市博物馆（以下称永康馆）、浦江县博物馆（以下称浦江馆）、武义县博物馆（以下称武义馆）、磐安县大盘山博物馆（以下称磐安馆）。金华地区7个县级市都拥有了自己的博物馆，实现了"县县有博物馆"的目标。县馆的主要矛盾也从有无问题转换为质量问题：

一是藏品不足。截至 2019 年，7 家县馆共有藏品 60189 件（套），县馆藏品平均数尚未过万。

二是人员不足。2019 年，7 家县馆在编总人数 68 人，正高职称 3 人，副高职称 12 人，中级职称 25 人。平均在编人数不足 10 人。

三是经费不足。2019 年，7 家县馆的年宣教经费共约 125 万元；年研究经费共约 84 万元；年展陈经费除武义馆外，其余 6 家县馆的均未超 50 万元。

四场地不足。截至 2019 年，除武义馆为新建馆舍，建筑面积达 10998 ㎡外，其余 6 家县馆的建筑面积均不过万。

可见，金华地区 7 家县馆在博物馆质量提升上面临着全国县级博物馆的共性问题。但想要改变现状，改善问题，依靠自身力量薄弱的一家县馆单打独斗。恐难见成效。于是早在 2017 年，在金华市文物局（机构改革后为金华市文化广电旅游局）倡议下，金华地区 1 家市馆联合 7 家县馆成立了金华博物馆联盟，建立金华文博藏品陈列展览交流平台，以促进馆藏文物资源和展览的线上、线下共享和交流。金华市在县级博物馆质量提升的道路上率先尝试了区域协同联动与资源整合的路径。

2020 年 2 月 19 日，《浙江省文物局关于印发 2020 年工作要点的通知》上提出"在湖州市、金华市启动县级公共博物馆质量提升试点工作，积极探索实现区域内公共博物馆办馆水平的共同提升的有效举措和路径。"时为金华地区文物主管单位的金华市文化广电旅游局（以下称市局）积极响应省局部署，召开市县博物馆馆长召开试点工作方案讨论会。分两组对 7 家县馆进行调研与实地走访，编制金华市县级公共博物馆质量提升工作调研情况汇总表。

二、提升路径

根据调研结果，2020 年 8 月，市局印发《金华市县级公共博物馆质量提升工作试点方案》的通知。方案中附上了县级公共博物馆质量提升试点工作重点项目清单（表 1）、县级公共博物馆质量提升"一馆一策"清单（表 2），明确了 2020-2022 三年工作计划。如今，2022 年过半，金华市在县级博物馆质量提升方面进行的探索与尝试初见成效，现将提升路径作以下探析。

（一）优化管理体系，发挥人的能动性

7 家县级博物馆的诉求清单上，如策划布展专业能力不强，学术研究能力薄弱、专业人员缺乏等，最终问题的指向都是人。优化管理体制，发挥人的能动性，成为解决此类问题的第一要义。

1.完善管理，推进法人治理结构改革

人员问题核心在管理，管理的核心在体系。金华 7 家县馆从行政层面皆属公益一类事业单位，严格遵循行政事业单位的管理体制。全额财政拨款、事业单位的性质曾经一度是县级博物馆正常运行的保证。同时也限制了公众对县级博物馆多元化的期待。县级博物馆需要一个更具活力、更多自主权的人员体系。

中共中央 7 部门《关于深入推进公共文化机构法人治理结构改革的实施方案的通知》指出："推动公共文化机构建立以理事会为主要形式的法人治理结构……明确政府的监管职责，进一步落实公共文化机构法人自主权……"博物馆理事会制度成为推进法治理结构改革的有效途径。2021 年，市馆率先成立了理事会，引入社会力量参与，形成多元治理结构，提高自身发展能力。随后，7 家县馆以市馆为经验，积极推进改革。截至 2022 年 8 月，7 家县馆均

已完成理事会成立工作。今后，理事会在引入社会力量，形成馆内多元治理结构，提高博物馆自身发展能力等方面将发挥重要作用。

2. 修炼内功，创新人员培训方式

县馆缺人，更缺"专业"的人。客观专业能力有限的问题在主观能动性发挥后更加显现。为此，市局精心设计一系列人员培训方式。以"培训＋竞赛"的形式组织全市博物馆讲解员业务培训，邀请金牌讲解老师进行"一对一指导"。组织全市博物馆业务提升专题培训班，一方面邀请专家学者开展讲座教学，另一方面组织全市业务骨干近40人走出金华，赴宁波博物馆、港口博物馆等进行学习，将理论授课和现场教学相结合，获得良好效果。

（二）稳抓核心业务，提升物的利用率

"博物馆的博物馆要发挥自己的作用，实现博物馆的价值与社会使命，还是要回到藏品、回到遗产这个问题。离开这个，博物馆就不是博物馆了[4]"。围绕博物馆藏品展开的收藏、展示亦是博物馆的核心业务。在藏品数量和质量上，县级博物馆毫无悬念难以与省级、国家级的博物馆相比。且藏品征集投入大、见效慢，难以一蹴而就，为弥补县馆在藏品、策展方面的短板，市馆以"共同策划、共同设计、共享藏品、共享成果"方针，带领县馆稳抓核心业务，提升物的利用率。

1. 建立展览联办机制

陈列展览是此次县级博物馆质量提升试点工作的主要推动点，建立展览策划联办机制，展览由市馆牵头，各县馆参与，实现"共同策划、共同设计、巡回展览"。

2020年，市馆选定以铜镜文化作为主题举办重点展览。在策划实施过程中，邀请博物馆学、镜鉴学专家指导，县馆骨干全程参与前期策划、文物甄选、设计方案讨论标准流程。各馆分头对文物清理、拓印，拓印工作由市馆派人协助开展。为规避铜镜展品时代、类型序列不全的问题，展览首次尝试单一类器物多学科策展的新路径。许多县馆的工作人员第一次参与了原创展览的策划实施全系列工作，提升了县馆自身举办原创性展览的策展能力。该展览"无穷·镜——古代铜镜中的微观世界"获浙江省博物馆陈列展览精品项目精品奖。

2021年，是中国共产党成立100周年。义乌作为陈望道先生的故乡，也是中国版《共产党宣言》的诞生地。有关陈望道与《共产党宣言》的内容义乌馆拥有深厚的研究基础，并草拟了以"望道之路"为主题的展览大纲。为举办献礼建党100周年的陈列展览，市馆在其基础上"二次策展"，形成了"望道之路——陈望道与《共产党宣言》暨中国共产党成立100周纪念展"，在市馆首展。后经兰溪、武义、永康、磐安等地结合自身革命斗争特色"再策展"，形成巡展。该巡展不仅提升了各馆对展览二次创作的能力，也大大增强了建党100周年主题展的宣传效果。展览入选中央宣传部、国家文物局发布的"庆祝中国共产党成立100周年精品展览推介名单"。

展览联办机制弥补了单个县馆馆藏数量、专业人才储备不足的问题，大大提升了县级公共博物馆办展水平，除上述两个展览外，涌现出"铁肩辣手——追忆邵飘萍先生'新闻救国'革命道路红色主题展""金银华彩——东阳·义乌·浦江三馆馆藏宋代金银器展"等一批高质量联办展览。

2. 构建区域文物研究主题

八婺各地同根同源，婺州窑、婺派建筑等主题都是各馆研究的主要方向。为集合各馆力量，提升文物研究水平，市馆联合县馆构建区域文物研究主题，组织各馆共同对馆藏文物进

行深入研究，以价值发掘唤醒馆藏"冷门"文物，让"传统"藏品获得文化"新诠释"。

2021 年，以铜镜文化展位契机，对金华地区所有馆藏铜镜进行了梳理研究，遴选出 99 件藏品作为展品。本次工作是对八婺馆藏铜镜第一次系统性整体性的梳理，为今后相关主题的研究提供了经验，扩展了金华地区地域文化的研究领域。

2022 年，市馆与复旦大学合作实施"武义江流域建筑遗产调查项目"，在县馆积极配合下，先后完成了雅畈镇、雅湖村、石楠塘村三个调研报告，对武义江流域传统村落的聚落历史、空间发展变迁、建筑特点和地域特色进行了深入分析，加深了对金华地域文化的研究程度。

（三）谋求跨界融合，扩展馆界外延

传统博物馆体系也正受到社会发展的冲击，公众对博物馆的期待从馆内空间向更广大的馆外世界延伸。博物馆在固守自身核心价值的同时，需要通过跨界融合，寻求更多发展。"博物馆＋科技""博物馆＋旅游""博物馆＋教育""博物馆＋文创""博物馆＋影视"等五大主流跨界融合创新成了推进博物馆事业高质量发展的新引擎[5]。县级博物馆质量提升路径也从"博物馆＋"的模式中获取了灵感。

1. 博物馆＋科技

让文物"活起来"，让文物从库房"走进百姓生活"。科技信息化的力量推动了这些口号实现的进程。2020 年，金华市博物馆联盟利用网站、APP、公众号、微博、微信等新媒体信息化平台，打造"让文物走进百姓生活"系列 IP。在抖音平台注册金华博物馆联盟账号，推送"我是小小讲解员"征集视频、8 家馆藏文物视频 20 条，单月粉丝增长 3 万余人，单条视频最高点赞量超 2 万。

依托金华新闻客户端直播平台，策划"博物馆奇妙夜"特别活动，市县馆 8 馆联动，8 位馆长齐聚，为"国宝"代言。直播视频点击量近 30 万，弹幕过万条。

2. 博物馆＋教育

博物馆在社区的参与下，为教育、欣赏、深思和知识共享提供多种体验。青少年是县级博物馆的主要目标人群，将博物馆与教育结合，不仅是博物馆可及性和包容性的重要体现，也是履行社会公共服务能职能。依托金华博物馆联盟，市馆推出"博物馆来啦"系列社教活动，将金华 8 县市的移动展览菜单式推向 8 县市的校园，送展览进校，送活动进校。将博物馆外延至校园，让青少年同时在学校里体验学校式教育和博物馆式教育。

3. 博物馆＋文创

2021 年，金华地区 8 家市县级国有博物馆，联合部分非国有博物馆，以金华市博物馆联盟为单位参加义乌文交会。整合全市文创产品资源，共展出文创产品 90 余件（套），实现了展览面积最大、展品最多、展位最精致的三个全面突破，成为文交会展区的亮点之一。特别是市馆配合铜镜文化展推出的涡云地四雷四凤纹托特包入选 2021 年浙江省文化和旅游 IP 创意产品设计展。

三、总结经验

从 2017 年到 2022 年，金华市以行政上市局政策扶持、业务上中心馆（市馆）指导帮扶为方针，探索出了优化管理体系、稳抓核心业务、谋求跨界融合的县级博物馆质量提升路径。2022 年 9 月，金华市首届全市博物馆公共文化服务十佳精品推介活动顺利举行，活动共评选出陈列展览精品项目 5 个，传播教育活动精品项目 5 个，标志着金华市县级公共博物馆质量提升试点工作完美落幕。

时至今日，县馆在体量、社会影响力、公共服务能力等方面，依然与高行政级别大馆相距甚远。然而，博物馆的价值不在于其规模的大小、级别的高低，而在于其发挥作用的大小[6]。

表1. 金华市县级公共博物馆质量提升试点工作重点项目清单 (2020-2022 年)

序号	项目内容	开展形式	量化指标
1	博物馆法人治理体系建设	各县级博物馆主导实施，市文化广电旅游局指导。	至2022年完成3家以上县级博物馆建设完成。
2	专业人才培训	市文化广电旅游局组织，各县级博物馆参与。	至2022年组织举办10场以上专业培训，培养10名以上文博中高级人才。
3	联合办展	市博物馆指导，意向县级博物馆参与。	至2022年共同举办1-2场文物联展，并向外输出。
4	宣传推广	利用市级宣传平台，各县级博物馆甄选文物参加，开展文物活化利用宣传推广活动。	至2022年共同参与2次活动。
5	研学游课程设计与推广	市博物馆主导，各县级博物馆选择活动和线路参加。	2021年设计路线并向学校和旅行社进行推广
6	新馆建设工程	市博物馆指导，推进义乌、浦江等博物馆建设，同时针对各馆在库房、展厅方面的需求协助建设。	2020年起长期协助。
7	可移动文物保护项目	市博物馆主导，各县级博物馆共同参与。	2021年起，协助包装可移动文物预防性保护项目。

表2. 金华市县级公共博物馆质量提升"一馆一策"清单 (2020 -2022 年)

序号	博物馆	当前问题	解决策略	实施内容
1	兰溪市博物馆	策划布展等专业能力不强	开展业务培训	全市统一开展年度业务培训，参与铜镜展、木雕展联合办展。
		库房、展厅基础设施落户	金华市博物馆提供技术指导	由市馆对库房和基础设施建设提供技术指导。
		学术研究薄弱	加强学术交流	共同开展学术研究，在论文撰写和课题研究方面进行合作。

表 2. 金华市县级公共博物馆质量提升"一馆一策"清单（2020 -2022 年） 续表

2	东阳市博物馆	学术研究能力较弱	加强学术合作	共同开展学术研究,熟悉课题选题、申报、撰写流程。
		展览策划布展能力不强	联合办展,专业人员共同 参与	由东阳博物馆牵头实施木雕精品展设计,金华市博物馆指导,全市有意向博物馆参与策展。
3	义乌市博物馆	新馆建设难度大	金华市博物馆提供技术指导	在明确施工单位后,由市博物馆对施工过程进行技术支持。
		展览策划能力不强	联合办展,专业人员共同参与	参与铜镜展、木雕展联合办展。市馆给予临时展览策划能力支持。
		宣教活动不够丰富	加强宣教合作	全市统一开展研学游合作和可移动文物、上山文化宣传。
4	永康市博物馆	专业人员缺乏	开展业务培训	全市开展年度业务培训
		展览策划能力不强	联合办展	参与铜镜展、木雕展联合办展。市馆给予临时展览策划能力支持。
		宣传手段不足	联合开展文物活化利用	利用市级宣传平台,县(市)馆甄选文物统一进行宣传。
5	浦江县博物馆	文化宣传能力不强	联合开展文物活化利用	利用市级宣传平台,县(市)博馆甄选文物统一进行宣传。
		上山考古遗址公园建设缺乏技术力量支撑	市馆提供支持	由市文物保护与考古研究所、市馆支持浦江开展上山文化发掘,支持遗址公园建设。
6	武义县博物馆	宣教水平不高	开展业务培训	全市开展年度业务培训。
		展览策划能力不强	联合办展	参与铜镜展、木雕展的联合办展。市博物馆给予临时展览策划能力支持。
7	磐安大盘山博物馆	宣教及展览策划人员缺乏	开展业务培训	全市开展年度业务培训。
		学术研究能力不强	加强学术合作	共同开展学术研究,熟悉课题选题、申报、撰写流程 。

【注释】

[1]国务院:《国务院关于进一步加强文物工作的指导意见》,http://www.gov.cn/zhengce/content/2016-03/08/content_5050721.htm。

[2]张晓云:《县级博物馆治理研究:基于现代公共文化服务体系视角》,科学出版社,2021年,第98页。

[3]理智:《论"县县办博物馆"》,《中国博物馆》1994年第2期。

[4]苏东海:《博物馆的沉思——苏东海论文选(卷三)》,文物出版社,2010年,第47页。

[5]刘玉珠:《在2019年"5·18"国际博物馆日中国主会场活动开幕式上的致辞》,https://www.mct.gov.cn/whzx/whyw/201905/t20190520_843618.htm。

[6]张晓云:《县级博物馆治理研究:基于现代公共文化服务体系视角》,科学出版社,2021年,第49页。

中小型博物馆如何举办切合实际的原创性临时展览

谭小荣 王翔 马萌（桂林博物馆）

摘要： 中小型博物馆举办原创性临时展览虽面临种种困难，但却很有必要。如何举办切合实际的原创性临时展览，笔者结合实践从博物馆和目标观众两个方面提出了一些建议。博物馆方面分自身条件和外部条件，自身条件从意识和实践两个方面提升，外部条件从顶层设计、政府解困、业内牵手、业外借力四个方面寻求突破。目标观众方面主要从定位目标观众，遵循目标观众观展时生理、心理、情感、行为等规律来策划设计，激发他们观展的欲望，鼓励他们积极参与互动，帮助他们探询未知，获取知识，提升素质，以实现展览教育目的最大化的角度来考虑。认为只要中小型博物馆"敢为""想为""肯为""会为"，一定能在原创性临时展览这片天地上有所作为。

关键词： 原创性临时展览 切实性 中小型博物馆

博物馆是公益类文化机构，教育是其主要职能。如何使教育功能发挥最大化，博物馆努力探索日常文化服务产出项目，其中展览是重中之重，原创性临时展览（下简称"原创临展"）是核心。因为原创临展是基本陈列的有益补充，是博物馆综合性最强的业务工作，在促进藏品征集、保管和利用，提高学术研究、陈列展览、宣传推广、安全保卫、后勤保障和人力资源管理等整体服务水平，推动博物馆对外文化交流等方面发挥积极作用。可以说，博物馆办不办原创临展，原创临展质量好不好，直接影响博物馆文化资源的合理利用和地域特色文化的有效传播，影响博物馆观众覆盖面和观众二次走进博物馆的概率，最终影响博物馆社会教育功能的有效发挥及博物馆的社会形象。

对于中小型博物馆如何举办原创临展的问题，笔者曾从点到面进行一些浅显思考。2018年，论文《桂林博物馆原创性临时展览的办展方向及思考》发表在《桂林博物馆文集》第四辑上，认为"整合地域文物资源，以'特色'办展，办特色展览"，应该是桂林博物馆原创临展的办展方向，并从九个方面给出了建议；2019年，论文《中小型博物馆举办原创性临时展览的思考》发表在《桂林博物馆文集》第五辑上，文章从强化特色办展理念，用好馆藏特色资源，明确办展方向，创新办展模式，改变运行机制，争取国家政策扶持，重视展览绩效等方面进行思考。2019年，笔者以自己具体负责策划、组织和实施的《一场没有硝烟的战争——桂林抗战文化城文学艺术展》、《恋恋银风——桂林博物馆藏南方少数民族银饰展》和《江作青罗带 山如碧玉簪——李培庚 宋克君 叶侣梅与桂林山水的对话》三个代表性原创临展为例，用《中小型博物馆原创性临时展览的实践与思考》为题，完成了近18万字的工作总结，很多操作性、实用性和指导性较强的意见或建议在实践中得到运用。比如，展览策划的五个主要原则（即需求性原则、延伸性原则、系统性原则、可行性原则和创新性原则）指导了日常展览的策划实践，使展览社会效益得到较好提高；"四位一体"的策展模式（即"为什么展""为谁展""展什么""如何展"）的总结和运用，较好提升了展览水平，实现了展览预期目的；形式设计"四原则"（即需求性原则、文本性原则、沟通性原则和切实性原则）的运用，使展览设计能紧扣主题、结合内容、关注观众需求，让文物更好说话，有效信息更好传达。2020年和2021年，笔者具体策划、组织与实施了"邮票中的党史——庆祝中国共产党成立100周年特展"和"诗意桂林——桂林山水文化展"两个原创临展，得到业界专家的肯定和观众的喜爱，分别在广西博物馆协会年会上做《谈谈原创性临时展览策划的主要原则》和《桂林博物馆原创性临时展览的探索与思考》的学术发言。

那么什么是原创临展？原创临展认定要素有哪些？中小馆如何举办切合实际的原创临展？笔者结合实践，对上述问题进行以下思考，有不到地方，请批评指正。

一、原创临展概念及认定要素

2010年《国家一级博物馆运行评估申报书》中对原创临展是这样阐述的：原创性临时展览是指本馆负责策展，内容及形式自主设计并组织展示的临时展览，所用藏品不局限以本馆藏品为主[1]。国家博物馆研究馆员侯春燕在《原创性临时展览刍议》中认为："原创性展览是指由展览展出方通过自主研究、策划和组织完成的、以具有藏品价值和特性的图片、实物为展示对象的展览，具有独创性、科学性和适用性等特征[2]"。笔者结合2015年至今，自己具体策划、组织与实施的5个代表性原创临展的实践，认为《国家一级博物馆运行评估申报书》对原创临展的阐述和侯春燕研究馆员对原创临展的看法是比较中肯的。从《国家一级博物馆运行评估申报书》对原创临展的阐述中可知，认定一个展览是否是原创临展，有以下两个要素：一是本馆负责策展，内容和形式自主设计并组织展示；二是所用藏品可以是本馆的，也可以是馆外的。从侯春燕研究馆员对原创临展的看法中可知原创临展的认定要素：一是展出方自主策划、研究、组织和实施，这个"展出方"即为展览主办方，不局限于本馆，可以是本馆和馆外机构的联合体。二是所用展品为具有藏品价值和特性的图片、实物，不局限于本馆的，也可以是馆外社会机构和民间收藏家的；三是展览具有独创性、科学性和适用性等特征。两者相较而言，在办展主体上，侯春燕研究馆员拓展了《国家一级博物馆运行评估申报书》对原创临展概念阐述中的主体范围，即由"本馆"拓展到了"展览展出方"，即不仅仅是"本馆"，还可以是"本馆和馆外机构的联合体"；在所用展品属性上，双方都认为不局限于本馆藏品，但侯春燕研究馆员的阐述更明确化，即具有藏品价值和特性的图片、实物；在展览的特性上，侯春燕研究馆员明确指出展览具有独创性、科学性和适用性等特征。笔者结合具体工作实践，认为候春燕研究馆员对原创临展认定要素更为具体、全面。同时认为在展览特征上还应强调切实性特征，既切合办展主体的实际，又考虑观展目标群体的需求。

二、中小型博物馆举办原创临展的瓶颈问题及必要性

（一）中小型博物馆举办原创临展面临诸多问题

一般来说，地市级（含）以下的博物馆都是中小馆，中小馆在全国博物馆数量中占比超过 80%，他们在性质、从业人员数、专业技术人才结构、文物藏品数、展览数量等方面都有差异，因此，举办原创展览所面临的问题也千差万别。

下面，笔者以桂林市区博物馆相关数据来进行说明。

截至 2021 年 12 月，桂林市区有博物馆 29 家，其中地市级馆 12 家，县市区馆 17 家；文物单位管理的国有博物馆 21 家，其他行业性国有博物馆 5 家，非国有馆 3 家；国家一级馆 1 家，国家二级馆 2 家，国家三级馆 3 家，未定级馆 23 家。从业人员总计 607 人，其中地市馆 324 人，县市区馆 283 人；文物单位管理的国有博物馆 382 人，其他行业性国有博物馆 159 人，非国有馆 66 人；国家一级馆 72 人，国家二级馆 54 人；国家三级馆 99 人；未定级馆 382 人。专业技术人才 223 人，地市馆 158 人，县市区馆 65 人；文物单位管理的国有博物馆 180 人，其他行业性国有博物馆 25 人，非国有馆 18 人；国家一级馆 66 人，国家二级馆 22 人，国家三级馆 49 人，未定级馆 86 人。其中正高级职称 19 人，地市馆 15 人，县市区馆 4 人；文物单位管理的国有博物馆 12 人，其他行业性国有博

物馆 2 人，非国有馆 5 人；国家一级馆 5 人，二级馆 3 人，三级馆 3 人，未定级馆 8 人。副高级职称 35 人，地市馆 26 人，县市区馆 9 人；文物单位管理的国有博物馆 29 人，非国有馆 6 人；国家一级馆 11 人，国家二级馆 6 人，国家三级馆 5 人，未定级馆 13 人。中级职称 99 人，地市馆 79 人，县市区馆 20 人；文物单位管理的国有博物馆 86 人，其他行业性国有博物馆 6 人，非国有馆 7 人；国家一级馆 30 人，国家二级馆 9 人，国家三级馆 29 人，未定级馆 31 人。文物藏品 65311 件 / 套，其中地市馆 50123 件 / 套，县市区馆 15188 件 / 套；文物单位管理的国有博物馆 64037 件 / 套，其他行业性国有博物馆 974/ 套，非国有馆 300 件 / 套；国家一级馆 39210 件 / 套，国家二级馆 10119 件 / 套，国家三级馆 2230 件 / 套，未定级馆 13752 件 / 套。临时展览 2021 年 38 个，其中地市馆 22 个，县市区馆 16 个；文物单位管理的国有博物馆 36 个，其他行业性国有博物馆 1 个，非国有馆 1 个；国家一级馆 14 个，国家二级馆 1 个，国家三级馆 6 个，未定级馆 17 个；参观观众 1059.39 万人次[3]。从上述博物馆地域分布、机构性质、隶属关系和定级情况来看，发展很不平衡：地市博物馆较多，县市区较少；文物单位管理的国有博物馆较多，非国有博物馆、行业博物馆较少；定级的博物馆少，未定级的博物馆多。

从从业人员数和专业技术人才情况来看，专业技术人才缺乏，尤其是高级职称人才。全市专业技术人才只占从业人员总数的 20.7%，而 23 家未定级博物馆专业技术人才也只有其从业人员数的 4.6%，其中高级职称人数只有 3.7%，每馆平均不到 1 人。

从文物藏品情况来看，藏品多集中在文物单位管理的地市级国有博物馆中，占比五分之

四，县市区博物馆只占五分之一，行业博物馆和非国有博物馆更是少之又少。在不同级别的博物馆中也极不平衡：1家国家一级馆文物藏品占全市六分之四，两家国家二级馆只有六分之一，三家国家三级馆才2000多件／套，23家未定级馆平均不到600件。

从临时展览举办数量来看，1家国家一级馆近三分之一，这说明国家一级馆办展条件和能力明显高于其他级别、其他行业博物馆及非国有博物馆，具有独立举办原创临展的条件和能力。两家国家二级馆只有一个，主要是受场地的影响，3家国家三级馆的办展数量也不过6个，藏品影响较大，23家未定级馆在全市29家博物馆中占比近80%，专业技术人才占比20.6%，高级人才占比39%，每个馆却不到一个展览，值得我们深思。究其原因，一是二、三级馆和23家未定级馆在藏品、展馆、研究成果、专业人才、业务部门、办展资金等方面不同程度存在缺胳膊少腿的情况，独立办展非常困难；二是这些博物馆未能联合起来，资源不能整合利用，发挥不了组合拳的作用；三是多数博物馆对举办原创临展的重要性认识不到位，加上自身条件的限制，缺少了办展的主动性和积极性。

如此种种，桂林区域博物馆在一定程度上陷入了数量增加、质量难以提升的尴尬境地，整个区域博物馆的活力未能呈现。虽然成立了区域博物馆联盟，桂林博物馆作为国家一级博物馆，是区域博物馆的龙头，自然负责联盟牵头工作。但由于自身人才、资金等各方面条件的限制，联盟工作并没有真正开展起来，对其他博物馆的帮扶只是面上的业务指导，解决不了其存在的根本问题，也激活不了他们办展的主动性和积极性，博物馆集群作用未能发挥。

这种发展不平衡、不充分的矛盾，绝不是桂林区域博物馆特有的，全国80%以上中小馆都存在类似问题。这种问题，从表面上来看，是博物馆自身主观原因造成的，从深层次来看，与国家顶层设计、政策支持、地方政府重视程度、博物馆之间互动和社会力量帮扶等方面有着密切关系，直接影响着中小馆办展的主动性和积极性，影响着原创展的数量质量和博物馆藏品利用率及观众二次走进博物馆的概率，一定程度上阻碍了博物馆教育功能的发挥。

（二）中小型博物馆举办原创临展的必要性

中小馆举办原创临展面临诸多问题，为什么还要办？从宏观来看，原创临展是架起观众与历史沟通的桥梁，是提升公众综合文化素质和推动社会可持续发展的需要。从微观来讲，是促进博物馆整体业务提升，发挥博物馆教育功能和履行博物馆职责使命的需要。

首先，原创临展是博物馆临时展览的重中之重，它不仅是基本陈列的有益补充，更是博物馆提高藏品利用率的主要途径，是充分发挥藏品服务于大众综合素质提升的重要手段，是帮助观众了解历史，了解地域文化的重要载体，是拓展观众群体，涵养观众品性，提高观众对地域特色文化的认同感和自信心的媒介。

其次，原创临展更好彰显中小馆特色收藏的历史价值、科学价值、人文价值和艺术价值，发挥藏品服务社会发展的作用。

再次原创临展可以促进博物馆在藏品征集保管利用、学术研究（包括展览研究、藏品研究和观众研究）、陈列展览、宣传讲解、社会教育、文创研发、安全保卫、后勤保障、人力资源管理等工作上一个新台阶，提高博物馆整体服务能力。

除此之外，原创临展还可以作为中小馆进行文化交流的媒介，促使其与规模馆、非国有博物馆和其他行业博物馆在办展理念、藏品利用、人才智力、研究成果和技术运用等方面的深度合作，更好发挥自身优势，弥补自身不足。

三、中小型博物馆举办切合实际的原创临展路径

中小型博物馆如何举办切合实际的原创临展，发挥自身优势，弥补不足，笔者认为可从办展主体实际和观展目标群体需求两方面去考虑。只有切合办展主体和观展群体实际的展览，才能达到展览预期目标，实现展览教育目的和社会效益的最大化。

（一）办展主体实际：

1. 自身条件

中小馆原创临展预期目标设立要充分考虑到本馆是否具备实现预期目标的自身条件，包括人才、智力、技术、场馆、设施、馆藏、经费等实际，否则，再好的预期目标也是难以实现的。

桂林博物馆是地市级一级博物馆，属于中小馆范畴。藏品近 4 万件，以"桂林出土明代梅瓶""桂林历史文物""外宾赠送礼品""南方少数民族民俗文物""桂林山水文化文物（山水画和石刻拓片）""桂林抗战文化城文物"等为收藏特色；设临时展厅 3 个，最大的面积近 1000 平方米，最小的面积 690 平方米；内设展陈业务部门，专门负责原创临展、输出展览、引进展览、社会单位办展和文创研发销售等工作；在人员配备上，承担展览策划、内容设计、大纲编写和文创策划任务的 3 人，负责展览形式设计、展览延伸宣传项目设计及文创产品设计的 8 人，负责展厅日常维护、工具档案管理、书画修复和文创产品制作营销的 4 人，其中高级职称 1 人，中级职称 8 人；办展资金主要来

源于免费开放资金，由全馆统一调剂使用。总体来看，研究人才和研究能力欠缺，经费拮据。

基于以上实际情况，桂林博物馆举办原创临展有一个不成文的规定，就是充分利用本馆馆藏、场馆、人才等资源，在自身力所能及的范围内，尽量降低成本，办好每一个展览。基于此，除了项目制作环节中的写真、喷绘、裱板等工作请社会相关机构协助外，展览策划、展览研究、大纲编写、展品挑选、形式设计、布撤展、宣传册设计和文创研发等一条龙工作基本上由陈列部工作人员独立完成。正常情况下，展览预算遵循"看菜吃饭，量体裁衣"的原则，办展模式以"独立办展"为主，展品为馆藏品，尽量不向外借文物，形式上不能根据

图 1. 展厅内主题墙

图 2. 大型户外主题宣传牌

展览主题对展厅进行重新装修和装饰，的确需要点缀和装饰的，也尽可能选择物美价廉的材质，并自己动手制作。如2016年度，荣获广西第一届博物馆陈列展览十大精品展的"一场没有硝烟的战争——桂林抗战文化文学艺术展"（图1）和荣获广西第一届博物馆陈列展览优胜奖的"江作青罗带 山如碧玉簪——李培庚、宋克君、叶侣梅与桂林山水的对话"（图2）造价均不超过4万元。2021年，在近1000平方米的展厅里先后策划组织实施的"邮票中的党史——庆祝中国共产党成立100周年特展"和"诗意桂林——桂林山水文化特展"，所需费用平均也没超过6万元。

从桂林博物馆原创临展办展情况来看，该馆具有了独立办展的自身条件，展览形式虽然简单一些，但展览预期目标的设立符合了该馆实际，并得到了很好实现，得到业界和观众的认可。由此可见，判断一个展览好不好，不是以高大上的形式决定的，节约、环保、健康且切合实际的展览已成为博物馆的主流。

中小馆在性质、类别、规模、级别、分布区域等方面存在差异，因此，举办原创展的自身条件也千差万别，或多或少会存在这样或那样的问题，应针对问题，从意识和实践两个层面去寻求解决问题的路径。

在意识层面上，首先，要有想办展、肯办展的意识。有了想办展、肯办展的意识，才会积极面对问题，想办法解决。比如，馆藏品不够支撑展览的，向兄弟馆借；没有场地、缺少资金的，主动联合兄弟馆或社会机构共同办展。其次，要有主动与地方政府、主管部门、编制部门、财政部门、人事部门等汇报工作的意识，争取地方政府、相关部门的支持，在经费预算、编制计划、人才匹配、部门设置等方面给予倾斜。

在实践层面上，争取能办展、办好展。一是开展特色系列文物的调查、征集、梳理、保管工作，在收藏"特色"上下功夫，解决有"物"办展的问题；二是组织开展学术研究，包括文物研究、展览研究和观众研究，解决展览"生命力"的问题；三是培养和组建自己的专业策展人和展陈队伍，策划切合自身实际的原创临展，解决"如何办"和"谁来办"的问题；四是培养大纲撰写人才，解决展览"有章可循"的问题；五是探索恰当的表达形式，关注目标群体的观展需求，解决"让文物说话"的问题；六是推出配套宣传推广延伸教育项目，解决"展览社会效益"的问题；七是保证展览基本费用，解决有"钱"办展的问题；八是制定组织实施方案，解决展览"工作指南"的问题。

2. 外部条件

外部条件可从顶层设计、政府解困、业内牵手、业外借力等方面寻求突破。

（1）顶层设计。目前，国家相关部委局在合理规划区域博物馆，统筹不同地域、不同层级、不同属性、不同类型博物馆，鼓励规模馆帮扶中小馆、社会机构民间资本参与办展和支持特色博物馆发展等方面给出明确的指导意见（下称《指导意见》），促进博物馆事业的发展。但由于属地管理等原因，《指导意见》的落地还未能打通最后一公里。建议国家相关部委局根据中小馆实际情况，出台《指导意见》具体实施细则，将规模馆扶持中小馆举办原创临展事项纳入评级评估范围，促使规模馆帮扶中小馆办展常态化；建立一套科学规范、切合实际的中小馆原创临展精品考核评选机制；出台国有博物馆与非国有博物馆、行业博物馆、民间收藏机构（个体）在研究、收藏、展示等方面进行合作的具体实施细则和鼓励社会收藏机构、民间资本等社会力量参与办展的相关优惠政策，增设中小馆举办原创临展专项扶持资金，给中小馆举办原创临展创造优越的外部条件。

（2）政府解困。国有博物馆一般归属于地方政府管辖，作为领导者、决策者的地方政府领导对博物馆职责的认识和重视程度直接影响着博物馆的生存与发展。一些领导者由于对博物馆功能及职责使命缺乏正确的认识，在博物馆硬件建设、人员编制、机构设置、经费预算等方面盲目决断。在场馆建设时不设临时展厅，在场馆运营时，不设展陈业务部门，不落实编制，不预算藏品征集和展陈专项资金。致使博物馆"轰轰烈烈地建""热热闹闹地开""冷冷清清地守""无声无息地关"的现象非常突出。面对此种局面，博物馆应积极向政府和主管部门汇报新动态、新业绩、新经验和新问题；主动给政府分管领导和相关部委局送去精神食粮，在新闻媒体上不断有声音和图像，让政府和相关部委局真正认识到博物馆在提升公众文化素质、构建社会和谐、促进社会可持续发展中所承担的职责使命及所起的重要作用，从而在场馆功能布局、人才结构配备、定编定人定岗、展陈业务部门设置、展陈专项经费预算等方面给予一定的倾斜，促进博物馆健康发展。

（3）业内牵手。地市一级博物馆一般在藏品系列、人才结构、场馆面积、经费预算上都比其他级别的馆有优势，进而在馆藏文物的研究与使用、策展人的培养、展陈队伍的配备、办展经费的落实上比较到位，可以走"自主办展"的路径。多数二级馆（含）以下的中小馆，由于馆藏文物、陈展队伍、研究成果、展览场地、办展经费等方面有欠缺，"自主办展"很难，建议与不同级别、不同行业、不同性质博物馆之间联合办展，以发挥各自优势，弥补自身不足。如，跨湖桥遗址博物馆联合银帝艺术馆举办的"纸上人生——银帝艺术馆馆藏元明清民国契约文书精品展"，荣获了2014年浙江省

陈列展览精品项目。从这一事例可以看出，该馆避开了自身文物藏品的不足，将本馆专业人才资源与银帝艺术馆丰富的馆藏资源有机结合起来，开创了国有博物馆与民办博物馆联合办展成功的新模式，成为中小馆成功办展的范例。在实践中，博物馆单方沟通联合办展，难度较大，建议同一地域博物馆抱团成立区域博物馆联盟，发挥博物馆集群作用。由龙头馆牵头，从各联盟单位精选人员组建展陈队伍，负责联盟成员单位原创临展的策划与实施，解决无"人"办展的问题；组织梳理各成员单位文物、场馆等资源，实现资源共享，解决缺"物"缺"地"办展的问题；成立区域博物馆联盟基金会，协调各成员单位办展资金，解决无"钱"办展的问题。这种抱团办展的模式，可充分发挥各成员单位自身优势，弥补不足，达到集中资源办好展的目的，最大化发挥博物馆集群效应。

（4）业外借力。以"特色"办展，办"特色展览"是中小馆的生命。一般情况下，社会收藏机构和民间收藏家的收藏都很有特色，有的甚至填补了国内规模馆的收藏空白，藏品具有很高的历史价值、人文价值、科学价值和艺术价值，在办展资金上也有可商榷的余地。中小馆可发挥优势，借其特色藏品和资金办展，更好发挥藏品服务社会发展的作用。如2021年，为庆祝中国共产党成立一百周年，由桂林市委宣传部统筹，桂林博物馆与中国邮政桂林分公司及民间收藏家合作，用中国邮政桂林分公司和民间收藏爱好者收藏的邮票为展品，成功策划并具体组织实施了"邮票中的党史——庆祝中国共产党成立一百周年特展"，通过601枚邮票讲述了中国共产党的百年奋斗历史，展览特色突出，得到社会各界肯定和观众的喜爱。同时，三方共同出资金，解决了资金短缺的问题，开创了跨界联合办展的新模式，积累了向社会

力量借物借资金办展的经验，锻炼了自身的展陈队伍，提高了办展水平。（图3）

（二）观展目标群体的需求

2007年，国际博物馆协会把博物馆定义修订为："博物馆是一个为社会及其发展服务的、向公众开放的非营利性常设机构，为教育、研究、欣赏的目的征集、保护、研究、传播并展出人类及人类环境的物质及非物质遗产。"[4]这一定义表明博物馆首要功能是教育。而"展览是博物馆发挥教育这一首要功能的主要手段，是博物馆满足公众精神文化需求的最重要途径[5]"。因此，"吸引公众参观是博物馆发挥传播与教育功能的前提"[6]。而吸引公众参观，首先要定位观展目标群体，只有充分考虑目标群体在观展时的行为、生理、心理、情感等因素，才

图3. 社会教育活动进展厅情景

图3. 社会教育活动进展厅情景

能"让他们'看得清''看得懂''懂得看''有兴趣看''看得舒心''有收获''受教育'"[7]。因此，"成功的展览不在摆出多少物件或展现了多少资料和知识信息，而在于展览有没有使观众完成一个'理解'的过程"[8]。"用物化的'往事'启发来者，哺育新生"[9]。从这个角度来说，"展览实质就是一个探索如何更合理地处理'人'和'物'的关系的展示，'物'的展示是为'人'服务的"[10]。

比如，2015年，桂林博物馆推出"一场没有硝烟的战争——桂林抗战文化城文学艺术展"以纪念中国人民抗日战争胜利暨世界反法西斯战争胜利70周年。为了逼真再现敌机轰炸时文学艺术工作者在岩洞内开展宣传的情景，筹展团队充分利用展厅坑道，把历史照片、民俗文物、手工制作作品等多种元素整合性地融入一个展示空间，在岩洞口上方及左右两侧分别张贴"岩洞就是学校""警报就是我们的上课钟""敌人在轰炸，我们在上课"的标语[11]。这个表现形式成功激发观众对未知事物的兴趣，满足他们获取岩洞教育相关信息的内在需求，帮助他们直观理解岩洞教育这种独特而又灵活的宣传方式及其产生的背景和意义。（图4）

可以说，展览所有的形式表达，展示道具，甚至整个展示空间，无一不是作为"物"特定的信息媒介而存在，而它们的存在是为信息传达服务的。从这个意义上讲，博物馆的展示设计不仅是传统形式的陈列设计，也不仅仅是解决空间、色彩、照明等单纯的技术问题，而是如何调动各种信息媒介，积极有效地完成展品信息的传达[12]。

四、结语

文物单位管理的中小馆多是公益类文化机

构，由于主客观因素的限制，举办原创临展的确存在很大困难。一些中小馆加强展览的通盘规划，在发挥自身优势的前提下，努力拓展合作办展对象，拓宽办展途径，探索国有博物馆与非国有博物馆、行业博物馆、民间社会收藏机构和收藏家之间合作办展的新模式，以弥补自身不足，真正履行了博物馆的职责，承担了博物馆的使命，发挥了博物馆教育的作用。但还有多数中小馆苦于各种各样难以突破的瓶颈问题，很难发挥博物馆为社会发展服务的作用。

为了解决多数中小馆举办原创临展存在的瓶颈问题，很多地方成立了区域博物馆联盟，但由于牵头馆人才、资金等有限，无法落实专人负责此项工作，也没有专项活动基金支持，再加上联盟单位不热衷，工作难以开展，博物

馆联盟所起作用并不大。而事实上，成立区域博物馆联盟，统筹共享区域中小馆资源，以发挥各馆优势，弥补各馆不足，是激发区域博物馆活力，发挥区域博物馆集群作用的好办法。因此，建议地方政府相关部委局重视区域博物馆联盟运行问题，切实解决区域博物馆联盟工作中存在的难题，将区域博物馆联盟运行情况列入年终绩效考核项目，促使区域博物馆联盟发挥应有的作用，激发博物馆集群活力，给观众奉上不同领域、不同行业同一类型或同一领域、同一行业不同类型的特色临展，以满足观众对博物馆展览的期待，发挥区域博物馆集群效应。

中小馆只要"敢为""想为""肯为""会为"，一定能在原创临展这片天地上有所作为。

【注释】

[1] 付万平：《博物馆原创展览与策展人团队建设》，《中国文物报》，2014 年 6 月 11 日第 8 版。

[2] 侯春燕：《原创性临时展览刍议》http://blog.sina. com.cn/s/blog_860940870101e8dl.html

[3] 数据来源：文旅部全国文化文物和旅游统计直报系统。

[4] 宋向光：《中国博协"博物馆"定义调整的解读》，2011 年 6 月 10 日，http://www.sdmuseum.com/show.aspx? id=3744&cid=49。

[5] 陆建松：《增强博物馆的公共服务能力：理念、路径与措施》，《东南文化》2017 年第 3 期。

[6] 单霁翔：《浅谈博物馆陈列展览》，故宫出版社，2015 年，第 115 页。

[7] 谭小荣：《博物馆展览研究探析》，《博物院》2018

年第 4 期，第 130-136 页。

[8] 唐贞全：《多元智能理论与博物馆展示信息传播手段的反思与重建》，《理论与实践月刊》2011 年第 8 期。

[9] 彭利：《博物馆引领时尚》，《北京日报》2010 年 2 月 21 日。

[10] 谭小荣：《"以人为本"理念在博物馆展示中的体现——以"东北第四纪哺乳动物化石展"为例》，《桂林博物馆文集》第 2 集，2015 年。

[11] 谭小荣：《桂林抗战文化城文学艺术展特征浅析》，《桂林博物馆文集》（第三辑），第 25-34 页。

[12] 谭小荣：《策划是一种生产力——"靖江遗韵一桂林出土明代梅瓶陈列"运营思考》，《中国博物馆》2017 年 4 期，第 116 页。

媒介变迁视野下的博物馆音频
传播策略研究

张珂（上海世博会博物馆）

摘要：博物馆的信息传播方式有多种载体，音频是一种常见形式。在线下场景，可以烘托展览氛围，通过自助导览传递展览信息，或者作为创新活动形式，为公众带来多媒体社教服务；而在线上，随着互联网音频平台以及"耳朵经济"的崛起，博物馆信息传播有了更大扩展空间，包括推出云导赏、云看展等线上服务，建设电台、微电台或播客节目，打造广播剧、教育文创或知识付费等产品。本文重在以媒介变迁的视野，梳理博物馆音频内容的使用场景，探讨不同场景下的不同传播策略。

关键词：博物馆 音频 使用场景 传播策略 内容运营 用户视角

前中国在线音频行业进入蓬勃发展期，随着大众对音频基础需求的提升及平台端资源的投入，"耳朵经济"得到进一步激发。因此有研究报告将 21 世纪以来的音频发展历程归纳为传统广播时代（2005-2011 年）、移动音频时代（2012-2016 年）以及"耳朵经济"时代（2017 至今）[1]。不同发展阶段呈现出不同的特点，但不论是传统广播还是移动电台，音频的声音属性都没有改变，内容的直给性和故事性也在持续加强，可随着技术及场景的变化，音频的传播策略却发生了重大的转变。

博物馆的音频内容有着丰富的应用场景，既有作为独立载体的应用，如博物馆电台、微电台及播客等讲述文物故事，也有辅助其他载体的应用，如展厅内烘托氛围的声音装置、作为展览补充的语音导览系统等；既有线上、线

下"声音博物馆"的打造，也有通过资源整合及二次创作开发的音频化产品。在媒介变迁的背景下，这些适合不同场景、不同受众的音频内容，又该如何进行高效的传播呢？本文将从线上、线下两大类场景，依次梳理博物馆音频内容及传播策略，最后从内容运营的整体视角进行总结。

一、音频传播的特点

（一）重新定义"伴随性"

相比于视频，音频调动的身体感官较少，一般只需要听觉感官的投入，而这也成就了音频的伴随属性。当用户的视觉感官被占据，或者时间极度碎片化的时候，音频便成为一种优质的传播载体。在广播媒体时代，这种伴随性

就是音频的本质属性。它主要包含两方面,一是指受众在收听广播时可边听边做其他事,这种状态下的广播是作为"背景伴随媒介"所出现的;另一方面是指广播可私人化地贴身收听,这种状态的广播是作为"贴身伴随媒介"所出现[2]。

而随着移动音频设备的便携化、智能化,音频不再是传统意义上的音乐、广播,它体现出与时代相匹配的智慧化、个性化。音频节目开始涵盖传统电台的非时效、非属地的所有节目品类,包括文化、生活、科技、时尚、财经、母婴、婚恋和情感等细分领域的各类音频产品;也突破了传统电台的时间维度限制,收听者可以不受时空限制进行订阅收听(免费或付费方式),各互联网音频平台如超市仓储式陈列、储藏音频产品。因此移动音频在很大程度上满足了音频用户的目的性收听需求,使移动音频的消费模式具有了强烈的目的定制性,于是声音媒体的伴随属性被目的性伴随重新定义[3]。

传统广播时代,听众的收听行为是"习惯性收听",也就是在固定时间收听固定频率的固定节目,是以时间轴为基本维度所进行线性传播的目的性选择行为。而到了互联网音频时代,这种陪伴性就被场景式陪伴所覆盖,互联网音频平台思考的问题是通过什么内容来聚拢什么听众,以及满足他们在何种场景下的何种需求。音频依然能满足使用者在做家务、通勤途中的"背景化"需求和在为使用者创造的"贴身化"空间需求,但它的"伴随性"已经从最初的单向度传播演变成交互性传播,对于深度内容的下沉也已经完全不同,这些是需要我们重新思考的。

(二)深度理解场景化

互联网音频的发展,始终伴随着更多类型智能硬件的普及以及智慧化的语音交互方式。

在这个阶段,是硬件制造商、系统研发商与内容服务商一起协作,通过构建音频场景生态,满足用户在特定场景特征下的音频收听需求。比如在移动场景、车载场景、客厅场景,用户的收听设备、收听需求都是不同的。智能硬件可以让用户在通勤、开车、运动、睡前等场景无缝切换,在更多场景满足不同用户群体的碎片化阅读需求。

除了智能设备相互打通外,在内容端也需以用户为中心,保持音频节目和有声书持续更新及精准推送。根据记录用户不同设备、不同场景下的收听历史,并通过机器学习算法,实现各场景的智能推荐,这是音频内容平台未来重要的竞争方向。

(三)"耳朵经济"的崛起

"耳朵经济"是指人们利用耳朵消费信息的能力[4]。在传统媒介中,广播作为具备强移动性的载体在一定程度上打破了地理空间的限制,而移动互联网的迅速发展使得广播又一次重获新生,"耳朵经济"诞生且迸发着活力。当前,手机、平板电脑、智能手表等智能移动设备已逐渐普及,在形成闭合的移动智能生态圈的同时,也将移动音频设备便携化、智能化。

据艾瑞咨询,2019 年中国网络音频行业市场规模为 175.8 亿元,同比增长 55.1%;2019 年中国网络音频用户规模达 4.9 亿,预计 2020 年中国网络音频行业市场规模达 272.4 亿元。近 6 成互联网用户明确音频内容付费意愿,超过七成互联网用户有音频付费行为。

"耳朵经济"对于永远在线的现代化社会,提供了较低的使用门槛,也提升了现当代媒介使用者的关注度,扩大与现实世界平行的"时空感",对于博物馆的信息传播而言,也是不容忽视的趋势。博物馆作为信息富集地,应提升对音频的利用,注重垂直领域的文化输出,将博物馆故事重新整合,打造碎片化可持续发展的系列节目,针对不同人群细化播出内容,在智能音箱和智能穿戴设备的辅助下,实现内容、服务、场景与观众需求的融合,抓住"5G+AI"的个性化、精准化的发展趋势,打造大众化、多元化、个性化的博物馆品牌形象。

二、博物馆音频内容线下场景及传播策略

观众在参观博物馆时,一般会接触到三种音频形式,一是作为展览展项,二是作为导览导赏,三是社教活动中的多媒体展示。在此分别梳理以上三种音频内容场景:

(一)展览展项

以音乐、音效、口述资料等形式出现在展览中,作为背景音烘托气氛,营造身临其境的氛围,唤起观众的情感共鸣或记忆。典型的有定点音箱、声音装置等。例如在侵华日军南京大屠杀遇难同胞纪念馆中,当观众在昏暗的灯光下观看展墙上日军暴行的照片时,耳边萦绕着绝望的尖叫声及战斗机在上空盘旋的声音,还有受害者回忆时痛苦的啜泣声,各种声音交织在一起,使人深切感受到死亡的恐惧,更能体会到当时人们的绝望。这里应用的多媒体音频技术有效衬托了展览氛围,增强展览的感染力。

再比如史家胡同博物馆的"馆中馆"声音博物馆,也是用声音记录原汁原味的老北京。在一个名叫"胡同声音"的小屋,顶部有五个环绕的音箱,屋子中央有台能展现30多种老北京特有声音的多媒体触摸屏,其中有卖雪花酪、粽子、糖葫芦、豆汁儿等叫卖声,也有盘旋在人们头顶的鸽哨声儿、"叮铃叮铃"的人力黄包车脚铃声儿等等。当声音响起,能让人回到记忆中的老北京胡同。这种精心设计的声音环境,是对博物馆传统展陈设计的"视觉中心主义"的突破,重视观众的多感官需求,打造全新的沉浸式交互体验空间。

这类音频内容是展览的重要组成部分,对于参观氛围的营造、参观体验的提升都有重要作用,而且在以视觉感官为主的参观过程中,恰当地使用音频有利于缓解观众在博物馆参观中的疲劳状态,解放双眼,同时进行知识的传递。近年来随着人们对于"体验感"的需求越来越强,展项中的音频使用应该充分重视和尊重观众的情绪与情感,通过声音等多媒体方式做好连接,从而在情感层面感动观众或引发共鸣,同时也能达到传递展品信息、实现传播目的的效果。并且可借助新媒体技术,如通过穿戴式设备,结合全息影像、虚拟现实技术等高新科技,使其与审美和文化相结合,建立线上线下联动的声音博物馆,将声音景观中的声音、空间和受众的听觉过程有机结合在一起,以声音为主要媒介促进遗产的保护与传播[5]。

(二)导览导赏

语音导览可以使参观者更加快捷地获取自己需要的信息,从不同层面了解展览的相关信息,从而有效弥补传统讲解的不足,减轻讲解员的工作量。目前博物馆的导览内容主要是以音频的形式来呈现的,既包括可供租赁的语音导览设备,也包括通过APP、微信公众号及小程序的扫码导览,部分博物馆还推出了AI讲解机器人和自助式语音导览。其中自助式语音导览又可根据不同的载体或具体的功能进行区分,如基于手机无线物联网技术的智慧导览系统,及博物馆内具备自动触发语音播报功能的固定式互动装置和移动导览设备,都可纳入自助式语音导览范畴。

随着信息化的普及与应用,观众更愿意使

用自助式语音导览协助参观，其在使用成本和使用效果上做到了较好的平衡，获得了较高的使用满意度和再次使用意愿，但在设备、播放形式和信息理解上仍存在缺陷。语音导览普遍存在着声音元素相对单一、设备及系统停留在功能性上的问题，缺乏对更高层次受众的审美及体验需求的满足。因此可以考虑适当增加文物和展品的声音景观元素，在注重藏品的物质性展示的同时，增强藏品的感官体验，提升展览的鲜活性，从视觉和听觉两方面给予受众刺激，加深受众印象，加强传播效果。

在语音导览的协助下，观众观察文物时注视的单次时间显著延长，同时在观看时间和观察范围上也显著提升，因此在获取文物外观时，在视觉观察信息和语音文字信息同时作用下，知识获取的效果也较仅有文字说明或无任何导览时更为优异[6]。使用语音导览能够提升观众观察展品时的注意效果和沉浸感体验，相较普通参观者可以获取更多的文物知识。但当观众接受有较多专业性词汇的语音导览时，仍需要一定的文字说明进行确认和核验。馆方可以提供多种导览方式供观众选择，从而营造出多样的博物馆参观体验。

（三）社教活动中的多媒体展示

传统的博物馆社会教育活动主要以文物、图板展示和讲解介绍为主：形式单一；缺少互动性；观众与展品间隔着玻璃或围栏，很难激发观众，特别是青少年观众的参观兴趣。由此，博物馆在进行社教工作策划时把当今观众的参观需求融入设计理念中来，同时更有效地借助各类多媒体技术，多维度吸引观众[7]。

让多媒体技术赋能社教活动，增强展览内容的互动性，让观众从传统的被动体验变为主动体验，使博物馆在普通观众及青少年眼中变得更加"有趣"。音频及多媒体影片是大多数博物馆为青少年提供的课件内容中较受欢迎的形式。例如上海科技馆推出的虚拟驯狗项目，观众对多媒体设备中的虚拟小狗下达各种命令，虚拟小狗会准确识别并依口令执行，这种基于声控设备的互动展项非常受观众欢迎。再比如敦煌研究院推出的儿童广播剧，通过音频的形式将趣味探险故事与文化知识做充分结合，从而探秘神奇敦煌，同时该广播剧也作为青少年线下研学的前置课程，皆发挥了重要作用。

因此通过创新社教活动形式，借助多媒体应用与传统文化内容相结合的方式以吸引更多观众，同时还能尝试运用多媒体技术协助乃至替代讲解员的重复性解说，从而解放传统人工讲解，将更多时间、精力分配在课程研发及创新突破，升级、转型传统社教职能，这是社教活动值得探索的方向。

三、博物馆音频内容线上场景及传播策略

相较于线下及馆内，博物馆线上的音频内容拥有更大扩展空间，大致包括以下三类：

（一）博物馆云服务

2020 年初，一场席卷全球的新冠疫情给社会带来了变化，也改变了各行各业的发展，对文博行业来说，也加速了一种"新业态"的形成。博物馆利用"互联网+"技术，为公众提供全新在线的公共文化服务，包括"云展览""云课堂""云直播"等。从最初简单地把线下实体展览搬到"云"上，到策划线上限定的"云展览"，再到打通"云上策展"、5G 直播导览、沉浸体验、线上互动等越来越多环节，多种线上线下相融合的传播方式，使博物馆与公众能够跨时空互动，为公众带来全新的博物馆体验。

音频在博物馆的云服务中发挥着独特的作

用，不仅在博物馆自媒体中作为云导览主体，而且在各互联网平台上也推出了专门的音频内容。互联网音频平台已经拥有超过6亿用户[8]，它的市场规模和公众需求也影响着博物馆重视其一起发展。在线音频一方面体现为对广播特性的延伸，保留了声音属性，同时也具有更强烈的伴随性及更宽广的收听场景；另一方面，作为一种新媒体形态，也呈现出用户可自主制作内容，有交互性、个性化、碎片化等新媒体传播特性，在很大程度上契合了大众在休闲娱乐场景上日益碎片化的需求。

以喜马拉雅平台为例，如今已有上百家博物馆入驻，提供了丰富的线上音频内容，有适合用户在展厅参观场景下收听的导览内容，也有不局限于展厅中收听的文物和博物馆故事。比如中国国家博物馆就将众多临时展览的导览内容、策展故事放在平台上，供互联网用户免费收听；成都博物馆将线下的公益讲座也同步在喜马拉雅平台上进行线上直播，每期都有相当不错的直播收听数据，直播内容也会自动生成音频，可供用户反复回听；而上海世博会博物馆策划的午夜档音频节目"听TA说世界"，则选用低频段的人声配以舒缓的背景音，把世博会上诞生的改变人们生活的发明故事摆上平台，提供知识的同时为用户助眠减压；广西壮族自治区博物馆则充分调动志愿者团队，推出了"小桂花之声"音频节目，分享馆藏文物、广西风貌，带领大家"云游"博物馆。

但是目前博物馆利用互联网平台提供线上文化服务的程度还远远不够充分，不论是量的积累，还是质的突破都离真正贴近用户有一定的距离。就更新频度来讲，大多数博物馆还做不到稳定更新和持续有效的供给；而从音频内容上来说，还是较为传统的导览内容，与在线音频受众喜爱的故事型内容还有一定的差距。

（二）博物馆电台、微电台及播客等系列音频节目

在传统广播电台时代，各地FM都参与过博物馆、文物相关的节目，甚至有专门的时段或者频道。而到移动广播时代，由博物馆主导的电台、微电台变得更加普遍。播客是数字媒体"以列表形式经互联网发布，然后听众经由电子装置订阅该列表以下载或串流当中的电子档案，从而接收内容"[9]。

如今不少博物馆都在做自己的音频节目，发布在APP、微信公众号上，为公众提供资讯及服务。比如首都博物馆于2020年疫情期间在官微发布"首博电台：闻 | 物之声"系列音频推文，首博讲解员们"代物发声"，用音频讲述首博的展览和藏品；上海博物馆的微信公众号中则有专门的音频栏目"Smartmuse Courses"，这是上博于2018年推出的系列音频节目，是一档播客节目，可以聆听到国内外一流学者关于艺术、历史、考古、博物馆等的对谈与真知灼见。

而值得注意的是，国外许多博物馆都有定期更新的音频节目，既可以是围绕博物馆各方面展开的介绍、访谈，也可以是讲座、课程的录音，甚至是与博物馆有关的趣谈和冷知识。国内能做到这点的博物馆为数不多，尤其是学术性和趣味性兼具的音频内容更是少之又少。在当前音频播客势头正盛的趋势下，上海博物馆的播客节目无论是创新性和内容质量都值得参考，其邀请海内外相关领域前沿的权威学者和专家以圆桌对谈的形式聊展览，并配有文字稿和参考资料，为自主学习者提供了一种有效途径。

但网络传播侧重娱乐化，娱乐的核心也就是"满足"，提供各种各样的物来供网民"满足"。在这个传播价值观下，移动音频平台作为音频

形式的网络传播不可避免地不断满足受众。这不应该是在知识传递过程中讲几个段子，更不是一板一眼讲解整个学科知识，而是在系统知识中提炼出趣味点，让用户心领神会，既高效率利用时间，又降低了知识的接受门槛[10]。所以不论是电台、微电台还是播客，博物馆应占主导且稳定更新，音频内容从展览出发，又不局限于展览和展厅，力求拓宽用户的眼界，增进艺术的感染力。这类节目的最高层次追求在于学术性和趣味性兼具，节目策划需放宽视野，在分享人选择时不仅仅局限在学术领域，尝试跨界多领域的更多碰撞，而分享的内容则与普通公众的日常生活相关联，从而容易产生情感共鸣。

（三）教育文创或知识付费等产品

随着互联网的普及和手机移动终端的发展，知识传播的形式越来越丰富。另一方面，人们消费结构不断升级，知识消费更加看重功能体验外的附加价值。音频以其伴随性、聚焦性及在碎片化场景中的优势，成为高质量内容的重要选择形式。如今，知识付费仍然处在增长的趋势中，其也是在线音频领域一种相对成熟的商业模式。

在线音频平台有为数众多的付费节目，它们满足了人们对于优质内容的需求，已超出信息的范畴，越来越接近知识和智慧层次。近年来，文博类知识付费内容也开始涌现，并形成了若干文博 IP，如国家宝藏、马未都、河森堡等等。目前博物馆以与第三方机构联合出品音频知识付费节目为主流形态，而且从播放和购买数据来看，博物馆参与出品的音频知识付费节目市场受欢迎度普遍较高，如《你好呀，故宫》系列、《神奇敦煌开讲啦》系列，以及近 50 家博物馆联合出品的《国宝来了：百大博物馆文物精品》拼盘课系列，均拥有数量庞大的粉丝群和良好

的市场口碑。

在提升博物馆文创产品的体验性、科技性、共享性、创新性、融合性的大背景下[11]，博物馆是有意愿将音频知识付费节目打造成教育文创产品的，可是目前不论是内容制作还是合作模式，都仍处于一个逐步摸索的阶段。内容制作与当前移动音频平台的知识传播的趋势应当保持一致，需朝着模块与体系、社群与共享、服务与消费的方向发展。这与前述的播客其实正好构成音频节目发展的两种方向：以播客为代表的节目目标为泛娱乐的方向；知识付费则是依托内容的深度和下沉，并需要在最短的时间做出最直接的信息输出。而合作模式是指博物馆与第三方机构、在线音频平台的分工与分润，各馆的运营情况千差万别，多方合作需发挥各自所长，而博物馆方做好内容的审核、把控是非常必要的。

四、博物馆音频内容创作及运营

不论是线上还是线下，场馆内还是场馆外，文字和视频都无法在所有场景中发挥作用，音频可以弥补和提升场景中的缺失和不足。而且随着在线音频和"耳朵经济"的发展，音频有了更大的上升发展空间。但归根结底，音频本质上是一种传播形式，它的传播机制也包含主体、内容、媒介、受众及效果五大要素[12]。

（一）主体多样化

在音频的传播过程中，由传播方和受传方共同构成传播主体，共同打造音频产品。传统广播在传播过程中是以线性传播模式进行的，在这个过程中传播方牢牢占据着信息传播的主导地位，而受传方一直在被动地接受信息的传送。随着新媒体时代的到来，信息传播的主动权向接受主体一方转移，受传者更多地参与到

内容的生产之中，传播者与接受者之间的界限被打破，形成了传者与受者共同成为传播主体的新局面，并且主体构成更加多样，体现出多元化、个性化和大众化的特征。比如上海中国航海博物馆在"大海就在那：中国古代航海文物大展"中选取了10件重点展品，通过微信公众号平台招募小学一年级至高三的青少年录制音频讲述文物故事，并精选其中有特色、具感染力的音频内容在官微中对公众展示，优秀音频作者还可获得一次免费参观该馆的机会。

（二）内容感性化

音频的传播内容也呈现出一定的特点。随着智能匹配、知识挖掘、社交网络技术的高度发展，在互联网上有海量免费的知识，移动互联时代的用户需要精准定位获取有价值的知识产品服务。而音频的知识付费产品更应当对知识进行演绎，使其娱乐化、人格化、互动化、社交化，这些应该成为当今时代知识服务的新特征。博物馆拥有大量的知识储备，内涵千年历史故事，将知识以故事的形式呈现，对于博物馆而言最为合适、有效。要实现教育职责和传播职责，就必须将内容感性化、故事化。而音频内容也需遵循一定的创作规律，使用户用最少注意力获得最直接的信息。比如开篇前置亮点，需迅速切入主题，在线音频平台的数据显示，前1分钟用户跳出率最高，所以从正文开头乃至节目贴片（在正文播放前的一种可听广告形式，一般是音频专辑的简介或 Slogan）就要吸引留住用户。此外听觉符号可以更加真实地表达情感，只需要一个单独的感官器官，就可以提供更私人化的情感共情场景，博物馆可以此尝试广播剧或者多人有声剧的形式，以融媒视野重现历史故事，多角度解读博物馆，深挖文物和博物馆背后的故事，以此呈现贴近公众的内容。故宫和敦煌在这方面已试水尝试，

推出了精品儿童广播剧。

（三）场景细分化

而在音频传播媒介方面，则需要重点分析用户的使用场景，比如以移动终端、车载及智能硬件为载体的音频，不论受众还是内容都有不小的差别。詹姆斯·W. 凯瑞曾经提到，传播媒介正在超越其工具属性而成为一种生活方式，公众从媒介信息中收获的"满足感"与其获取信息的难易程度直接影响着大众的媒介选择[13]。新时代背景下，数字化转型已成为博物馆发展趋势，博物馆依托科技手段与数字技术传播文化，运用各种新技术的同时也更加注重观众场景化的参与体验。比如将人们处于等车、坐车等移动场景时的大量"边角料"时间转化为"广播时间"，但这些场所具有开放、移动的特点，用户在这样的场景下注意力是分散的，容易受到外界干扰，收听时间短而零散，且随时可以终止收听行为。

博物馆需利用网络音频碎片化的传播特性，将音频节目内容在编播方式上作碎片处理，从解决实际问题的角度出发，并结合用户具体的场景需要，尝试用户视角思考在此地、此情、此景下想听何内容。比如当普通观众在展厅中观看展品时，语音导览内容是否需要对其一眼可见的外观信息做过多描述；而在互联网音频平台收听文博内容时，又究竟想听什么，是文物的故事还是文物的描述呢？这些内容都需结合不同场景下的用户实际需求而做出变更和调整。

（四）受众垂直化

除了收听场景外，细分受众也是必不可少的。比如同样是语音导览，面向普通观众和特殊人群就有很大差异。上海世博会博物馆推出的无障碍导览并没有用常规解说词作简单呈现，而是采用了口述影像（audio description/

descriptive video service）的方式，即透过口语或文字叙述，把展品"绘"声"绘"色表达出来，通过"说"帮助视障人群"看见"。世博会博物馆在为视障人群提供克服影像障碍服务时，对解说词进行重构，尽可能符合特殊人群日常获取信息的习惯[14]。

如今，受众的收听习惯也呈现出移动互联网的特征，收听的时间趋于碎片化，收听行为则向个人化转变。比如同在互联网音频平台，针对儿童的文物故事与面向成人的文物故事就存在较大差异，针对专业观众的知识付费产品与面向普通公众的音频产品也不同。即使对象都是博物馆爱好者，是做知识服务还是做泛娱乐化的节目，都需在立项前充分利用互联网平台数据做分析调研，整理用户画像，推出相适应的音频产品。

（五）运营导向化

还有重要的一点在于需要对传播效果进行分析总结，以结果为导向，推演整个内容运营策略。在这个海量信息的时代，优质的内容更需要完善的运营来保障。运营不能仅在内容完成后才开始实施，反而应该先行，优先将运营

的思路结合内容选题一起来作考量。

网络音频打造了新的传播模式，它打破了传统媒体传播者和受传者之间壁垒，将双向的人际传播与单向的大众传播高度地有机统一起来。受传双方共同为出发点完成传播，受众可以变成传播的主体，也可以成为内容生产者。所以更应当从整体视角布局音频内容矩阵，在自有平台和各互联网平台上根据不同使用场景，针对不同用户需求，提供不同精品内容。

五、结语

麦克卢汉认为听觉符号应该是人类沟通方式的首选，因为声音具有"不求助于任何外在性"的直接特点，是最接近自我意识的透明存在[15]，听觉感官在博物馆信息传播中还有极大地拓展空间，声音 + 想象正在成为全球博物馆的新亮点。博物馆的传播不仅仅只有在展馆内，在车内、通勤路上、客厅里等等场景都可以是"博物馆时间"。期待博物馆在音频这个领域，开出更多绚丽的花朵。

【注释】

[1] 艾瑞咨询：《2020 年中国网络音频行业研究报告》，https://report.iresearch.cn/report/202005/3576.shtml

[2] 栾轶玫、周万安：《传统广播转型新方向：移动付费"音频生态圈"》，《新闻与写作》2018 年第 10 期。

[3] 张俏妍：《网络音频的传播机制及传播特性研究》，辽宁大学硕士学位论文，2016 年。

[4] 刘涛：《变革与创新："耳朵经济"时代广播媒体的生态位选择》，《视听界》2021 年第 2 期。

[5] 郭琪、声音博物馆：《太原市文化遗产的声音景观保护与传播路径探析》，《大观》2020 年第 6 期。

[6] 杜博凡：《上海博物馆和南京博物院自助式语音导览使用现状及效果研究》，浙江大学硕士学位论文，2019 年。

[7] 燕京：《基于青少年社会教育领域中博物馆多媒体课件开发和实施——以孔庙和国子监博物馆多媒体课件开发项目为例》，《孔庙国子监论丛》，中国社会科学出版社，2017 年，第 278-285 页。

[8] 光明网：《喜马拉雅用户突破 6 亿》，https://it.gmw.

cn/2019-10/18/content_33245053.htm。

[9] 彭碧萍：《新闻播客本质探讨及其情境化的声音景观构建》，《中国广播》2021年第1期。

[10] 欧阳友权：《网络传播与社会文化》，《桂海论丛》2004年第3期。

[11] 张晓欢：《助博物馆文创"好物"涌现》，《中国文化报》2021年1月28日第7版。

[12] [美]哈罗德•拉斯韦尔著，何道宽译：《社会传播的结构与功能》，中国传媒大学出版社，2015年，第35-36页。

[13] [美]詹姆斯•W•凯瑞著，丁未译：《作为文化的传播："媒介与社会"论文集（修订版）》，中国人民大学出版社，2019年，第42-49页。

[14] 张珂：《如何让博物馆无障碍参观常态化》，《中国文物报》2019第3版。

[15] [加拿大]马歇尔•麦克卢汉著，何道宽译：《理解媒介：论人的延伸》，译林出版社，2019年，第112-118页。

中小博物馆微信公众号运营研究

——以西安博物院为例

张丽娟（西安博物院）

摘要： 新媒体时代微信公众号为博物馆对外宣传展示、优化公共服务提供了一种新途径。中小博物馆因知名度低、经费有限、专业人员缺乏等原因，其微信公众号与大型博物馆相比，在关注度、内容推送和服务功能拓展等方面存在一定差距，本文以西安博物院为例探讨中小博物在微信公众号运营方面的现状及问题，以期共同探索中小博物馆如何在信息化时代做好微信公众号运营，扩大传播效益，提升博物馆知名度和公共服务，吸引更多观众走进博物馆。

关键词： 博物馆 新媒体 微信

前中国在线音频行业进入蓬勃发展期，随着大关于中小博物馆概念的界定，学界主要有以下两种不同的划分方法。一种是，日照市博物馆的李玉在《对中小型博物馆几个问题的思考》一文中指出的，藏品 5 千至 3 万件，建筑面积 4 千至 1 万平方米的博物馆被称为中型博物馆。藏品不足 5 千件、建筑面积不足 4 千平方米的博物馆被称为小型博物馆[1]。另一种是，吉林大学硕士闫晓姣在毕业论文《张家口地区中小型博物馆现状调查及思考》中指出的，国家级和省级博物馆按照规模标准一般为大型博物馆，市级博物馆为中型博物馆，县级博物馆为小型博物馆[2]。

西安博物院作为一座展现古都西安 3100 多年建城史，1100 多年建都史的市级博物馆，于 2007 年 5 月 18 日建成对外正式开放，由博物馆、荐福寺遗址、小雁塔三部分组成，总占地面积 16 万平方米，其中博物馆建筑面积 1.6 万余平方米，馆藏文物 11 万余件。无论是按照博物馆建筑面积，还是按照所属地域行政级别划分，西安博物院均属于中型博物馆。因此本文选取西安博物院为研究对象，进行中小博物馆微信公众号运营研究，可为同类型博物馆做好新媒体运营，提升公共文化服务质量提供一些思路和建议。

一、西安博物院微信公众号运营数据分析

在新媒体时代背景下，西安博物院于 2014 年申请注册"西安博物院"服务号和"西安博物院小雁塔"订阅号两个账号，作为对外宣传

推广的重要方式之一。

做好微信公众号运营数据分析，有利于我们了解公众号运营好坏以及内容质量。"西安博物院"微信服务号，总用户数 32 万余人，截至 2022 年 7 月共计发布信息 218 篇。"西安博物院小雁塔"微信订阅号，总用户数 4.7 万余人，截至 2022 年 7 月共计发布信息 603 篇。

（一）内容分析

本次数据分析选取西安博物院微信公众号 2021 年发布的全部文章信息。"西安博物院"微信服务号共发布信息 28 篇，月均发布 2.3 篇文章，主要发布通知公告、节假日参观指南、展览宣传、院内重要资讯、转发信息等内容，总阅读数 385096。全年阅读数排名前 10 名的信息主要为疫情期间的开闭馆通知，说明用户对能否正常参观博物馆十分关注，微信公众号及时将参观通知发送用户，可方便其合理安排预约参观时间。阅读数排名后 10 名的信息主要为院内重要新闻、春节参观指南、转发信息、

表 1."西安博物院"服务号阅读数前 10 名文章

序号	标题	阅读数
1	通知	54612
2	公告	46354
3	西安博物院暂停线上门票预约服务的通知	35529
4	公告	22374
5	西安博物院恢复开放公告	19013
6	参观攻略｜这个五一，我们开园了	18292
7	西安博物院关于暂停开放的公告	16065
8	西安博物院临时闭馆公告	15734
9	西安博物院讲解员招聘指南	13636
10	西安博物院恢复开放公告	13615

展览宣传，说明用户对此类信息兴趣度较低，或者信息推送标题、内容等形式不够吸引人，让用户没有点击阅读的冲动。

表 2."西安博物院"服务号阅读数后 10 名文章

序号	标题	阅读数
1	展览预告｜千年人文·长安茶风——传统茶器文化展	54612
2	重磅! 中央审议通过《关于让文物活起来 扩大中华文化国际影响力的实施意见》	46354
3	"千年人文·长安茶风"传统茶器文化展开幕式暨西安博物院文创大赛颁奖典礼	35529
4	博物馆里过大年｜西安博物院春节假期接待圆满收官	22374
5	让文物"说话"，弘扬传承中华优秀传统文化	19013
6	参观指南｜西安博物院春节不打烊～	18292
7	荐福迎新｜大年初一, 拜年啦～	16065
8	我们的 2·15 纪念日｜嘱托常在心, 奋进阔步行	15734
9	中共西安博物院委员会开展庆祝中国共产党成立一百周年暨"七一"党员活动	13636
10	让文物活起来 扩大中华文化国际影响力 -- 西安博物院工作纪实	13615

"西安博物院小雁塔"微信订阅号共发布信息 148 篇，月均发布 12.3 篇文章，主要为通知公告、节假日参观指南、展览宣传、活动预告、文创上新、原创专题系列、院内资讯、转发信

息等内容，总阅读数 93894。阅读数排名前 10 名的信息主要为通知公告、西博抗疫、展览预告，说明用户对西安博物院参观服务、文博人抗疫事迹、陈列展览这些内容较为关注。阅读数排名后 10 名的信息主要为转发信息、展览文创系列、院内工作新闻，说明用户对非原创内容、展览文创、院内日常工作新闻这类文章关注度较低。

表 3."西安博物院小雁塔"订阅号阅读数排名前 10 文章

序号	标题	阅读数
1	参观攻略|这个五一，我们开园了	6992
2	西安博物院暂停线上门票预约服务的通知	3464
3	通知	3112
4	西安博物院教育专员招聘公告	2116
5	西博抗疫|抗疫花木兰，西博娘子军	2048
6	公告|西安博物院关于市民晨练登记的公告	1973
7	公告	1928
8	公告	1924
9	展览预告|千年人文·长安茶风——传统茶器文化展	1729
10	西博抗疫|疫情无情人有情，风雪无阻意更坚	1653

（二）用户分析

目前公众号的传播渠道主要分为：搜一搜、扫描二维码、文章页关注、名片分享、支付后关注、他人转载、微信广告、视频号直播、视频号、其他合计。"西安博物院"微信服务号 49.5% 的新增关注用户、"西安博物院小雁塔"

表 4."西安博物院小雁塔"订阅号阅读数排名后 10 文章

序号	标题	阅读数
1	西安博物院举办"安全生产月"安全知识讲座及消防救援演练活动	105
2	乐居长安系列文创|好运福气常相伴	92
3	乐居长安系列文创|撸猫撸狗撸神兽	92
4	携手共建·实践育人 西安博物院与碑林区教育局共建校外实践基地	89
5	新冠肺炎疫情防控小知识，一起来看!	85
6	西安博物院荣获省级文明单位标兵荣誉称号	81
7	乐居长安系列文创|凤兮凤兮 非梧不栖	79
8	九部门联合印发《关于推进博物馆改革发展的指导意见》的通知	61
9	疫情多点散发，我们倡议!	51
10	一图读懂"十四五"文物保护和科技创新规划	40

微信订阅号 59.09% 的新增关注用户来自"搜一搜"，说明西安博物院在社会中具有一定的知名度，或者借助第三方平台等渠道宣传相对到位。

用户通过二维码关注的渠道有很多种：在线上，通过公众号互推、文章末尾的二维码引导关注、线上活动海报的宣传、PC 端页面、视频等；在线下，通过直接扫码、活动海报等来进行关注。"西安博物院"微信服务号 16.33% 的新增关注用户、"西安博物院小雁塔"微信订阅号 5.78% 的新增关注用户来自"扫描二维码"，说明西安博物院在线上、线下进行活动宣传或添加二维码引导公众进行关注的做法有一定效果。

名片分享一般是用户主动将公众号推荐给朋友或者分享到群的口碑传播。"西安博物院"微信服务号 8.61% 的新增关注用户、"西安博物院小雁塔"微信订阅号 0.7% 的新增关注用户来自"名片分享",说明西安博物院微信公众号的内容质量得到了大家的一定认可。

图 1."西安博物院"微信服务号新增关注来源

图 2."西安博物院小雁塔"微信订阅号新增关注来源

"西安博物院"微信服务号 42.7% 的用户来自陕西省,女性用户占 54.84%,男性用户占 45.09%。26 岁至 35 岁用户占比 31.45%,36 岁至 45 岁用户占比 26.45%,18 岁到 25 岁用户占比 24.51%。

"西安博物院小雁塔"微信订阅号 53.49% 的用户来自陕西省,女性用户占 57.01%,男性用户占 42.94%。26 岁到 35 岁用户占比 36.03%,36 岁到 45 岁用户占比 30.26%,18 岁到 25 岁用户占比 19.76%。

整体来看,西安博物院官方微信公众号用

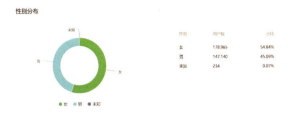

图 3."西安博物院"微信服务号性别分布

图 4."西安博物院"微信服务号年龄分布

图 5."西安博物院小雁塔"微信订阅号性别分布

图 6-"西安博物院小雁塔"微信订阅号年龄分布

户主要来自陕西本省,男女性别比例较为平衡,女性用户比男性略高,26 岁到 35 岁用户占比最高,用户年龄偏年轻化。

（三）菜单分析

"西安博物院"微信服务号一级菜单包括展览、服务、资讯三部分内容。二级菜单有展览 - 数字展厅、展览——基本陈列、展览——往期展览、展览——最新展览、服务——语音导览、服务——参观服务、服务——门票预约、资讯——西博院讯、资讯——最新公告 9 部分内容。

本次采取"西安博物院"微信服务号 2022 年 4 月 1 日至 7 月 31 日 3 个月的数据进行分析。点击次数最多的一级菜单是"服务"，点击次数最少的一级菜单是"资讯"；点击次数最多的二级菜单是"门票预约"，点击次数最少的二级菜单是"往期展览"。可见，用户希望通过关注公众号进行门票预约服务，这也正是"西安博物院"微信服务号的主要功能之一。

表 5.2022 年 4 月 1 日——7 月 31 日"西安博物院"微信服务号菜单分析

一级菜单	二级菜单	菜单点击次数	菜单点击人数	人均点击次数
展览	数字展厅	4406	3963	1.11
展览	基本陈列	6462	5649	1.14
展览	往期展览	1459	1358	1.07
展览	最新展览	6338	5470	1.16
服务	语音导览	5984	3876	1.54
服务	参观服务	12596	10547	1.19
服务	门票预约	162656	104500	1.56
资讯	西博院讯	2774	2590	1.07
资讯	最新公告	4155	3771	1.1

"西安博物院小雁塔"微信订阅号目前暂未进行菜单设置，所以此处不再对其进行菜单分析。

二、西安博物院微信公众号运营存在问题

（一）受群发次数影响，服务号、订阅号传播效果受限

微信服务号每个月限制发送 4 条群发消息，订阅号每天可发送 1 条群发消息。受群发次数限制，西安博物院将需要立即向公众告知的通知公告、具有新闻时效性的院内资讯、定期举办的社教活动、展览预告及深度解读等信息主要发布在"西安博物院小雁塔"订阅号上，方便用户及时接收信息，预约观看展览和参加教育活动。将能够宣传西安博物院知名度的重大新闻、开展预告等内容主要发布在"西安博物院"服务号上。

由此带来的问题，一是订阅号关注用户相比服务号数量少很多，导致一些具有时效性需要及时向用户推送的信息无法让更多用户接收到。二是运营人员平均每 2 天在订阅号上更新一次信息，但由于大多数用户倾向于关注具有菜单服务，且看名称"西安博物院"认为其才是唯一官方微信的服务号，导致订阅号最高文章阅读数也只有 6992，远低于服务号。三是由于大部分推送文章都在订阅号，服务号发文数量少、频率低，导致许多关注服务号的用户误以为西安博物院微信公众号信息更新不及时，内容不丰富。四是服务号推送内容多为订阅号已经发布过的内容经过筛选后机械搬运，缺乏原创性，不利于吸引用户，影响用户黏性。

（二）服务功能不完善，服务意识不强

微信公众号可进行自定义菜单栏设置，如果设置菜单数过少，易忽略用户的真正需求和感受，达不到宣传转化的效果；如果设置菜单数过多，则会导致用户浏览时麻烦费劲。中小博物馆在规划菜单栏时，缺乏前期调研和用户

思维，大多是站在自己的角度或参照其他大型博物馆公众号菜单栏进行设置，一经设置便长期不再更改，会造成菜单栏服务功能不完善的问题。"西安博物院"服务号自定义菜单栏服务是根据参观接待服务中长期积累的经验而进行设置的，没有通过问卷调研、随机现场走访等方式与观众进行交流，也未定期根据一级菜单和二级菜单点击次数进行设置更新。随着公众号功能不断完善，订阅号也可以进行菜单栏设置，"西安博物院小雁塔"订阅号并未及时设置服务菜单，导致订阅号的服务功能单一，仅用于信息发布。

公众号推送文章内容的选取、专题的策划全部由作为输出方的中小博物馆决定，未与关注用户进行实时互动，也未根据地域、年龄和性别进行用户需求细化分类，对用户感兴趣的阅读内容和形式缺乏深入研究和有针对性地推送，这就导致群发消息无法满足用户多样化的需求。

（三）缺乏专业运营团队

中小博物馆人员配置与国内其他大型博物馆充足的人才力量相比较为薄弱，这也是中小博物馆面临的普遍困境。目前西安博物院服务号、订阅号专门负责运营的管理员只有一人，另有两名机动人员用于临时调配。微信公众号作为与公众沟通的传播平台，管理员不仅要负责内容编辑、后台消息回复，还要负责视频号管理。由于个人精力有限，重心主要在内容推送上，面对后台繁多的互动消息，只能抽空回复，易出现超过48小时未回复无法与用户互动，或因未及时互动用户取消关注的情况，导致微信互动性低，影响用户体验。

从事微信运营的管理员所学专业虽为新闻传播学类，但并非文博类学科，在内容策划方面由于专业背景的局限性，很难将珍贵文物和古都西安地方历史文化资源策划出具有专业性、知识性、特色性的专题推送。在形式上，因缺乏视频制作、插图设计、音频录制等专业人员，导致文章内容多为图片和文字，较少出现视频、插图、语音等多种形式，缺乏趣味性，形式较为单一。

三、中小博物馆微信公众号运营建议

（一）多渠道宣传引流，做好双号运营

中小博物馆应通过举办特色鲜明的陈列展览、多元化的社教活动、内容丰富的讲座直播等活动，持续吸引公众号用户关注。加强与学校教育共建，进学校进行宣讲，为学生提供社会实践平台，在承担博物馆教育职能的同时，吸引广大学生群体走进博物馆、热爱博物馆，提升中小博物馆在学生群体中的知名度。借助电视台、新媒体平台、公众号互推等多种渠道助力宣传，提升博物馆社会知名度，为微信公众号更好地引流。

服务号消息可直接显示在微信好友列表，曝光率较高，主要功能是为用户提供服务。订阅号群发文章会被隐藏在订阅号消息中。中小博物馆应结合自身实际，主动注册服务号和订阅号，明确两种公众号的功能定位，进行群发消息的合理推送。服务号专门用来做游客服务，可根据菜单点击次数，及时添加或取消菜单设置，优化服务功能。服务号因受每月发送条数限制，内容推送一定要精品，能够充分展现中小博物馆特色，亦可形成规律的推送周期，让关注用户形成定期阅读的习惯。订阅号可通过及时发布消息，结合馆藏文物进行原创专题活动和推送内容策划，持续吸引用户关注。

（二）增强服务意识，完善服务功能

中小博物馆要借助微信公众平台提供的功能进行互动维持热度。通过回复用户消息、馆内留言本、网络问卷调研等方式及时收集意见和建议，贴近受众实际需求，进一步优化升级服务号和订阅号菜单栏设置，提供更好的线上功能体验和便捷贴心的服务。

公众号文章内容可根据公众平台运营数据分析，精准定位目标受众，结合社会热点，迎合不同地域、不同年龄段、不同性别群体信息和知识需求，投其所好推送感兴趣的内容。群发消息推送时间尽量选择在午饭、晚饭、晚上 9 点左右的公众号宣传黄金时间，吸引用户点击阅读。

后台私信消息要逐条认真回复，解答疑问，处理投诉和意见，增强互动性。开启留言功能，及时关注用户反馈，不断提升公众号服务水平。

（三）打造专业运营团队，提升专业化水平

注重公众号管理员业务培训工作。可安排运营人员到文化遗产（藏品）保管部、陈列展览部、教育推广部、公共服务部等业务部门轮岗锻炼，了解掌握中小博物馆馆藏文物、基本陈列、社教活动、公众服务以及其他与公众号宣传有关的工作内容，加深对博物馆藏品的了解和对展览的理解，培养复合型人才，有利于更好地宣传文物和展览。加强与大型博物馆新媒体运营人员业务交流学习，汲取先进运营经验。

中小博物馆可打破部门边界，从各部门中整合不同专业背景人才，实现优势互补，打造出一支高水平、高素质的微信运营团队，联合策划出特色鲜明、内容深入、形式新颖的原创性专题活动和内容，提高推送文章质量和形式，共同做好博物馆对外宣传工作。

四、结语

中小博物馆与大型博物馆相比，除了资金、人才、制度等方面的区别外，还在知名度上有一定差距。中小博物馆可通过做好微信公众号运营，以较低的成本进行对外宣传展示，扩大传播效益，提升博物馆知名度和公共服务。那么在面对多种困难的情况下，如何在信息化时代做好微信公众号运营，吸引更多观众走进博物馆，中小博物馆任重道远。

【注释】

[1] 李玉：《对中小型博物馆几个问题的思考》，《回顾与展望：中国博物馆发展百年——2005 年中国博物馆学会学术研讨会论文集》，2005 年。

[2] 闫晓姣：《张家口地区中小型博物馆现状调查及思考》，吉林大学硕士论文，2018 年。

探究中小型博物馆的研学之路

彭文娟（上海市青浦区博物馆）

摘要：近年来，党和国家高度重视发挥博物馆青少年教育功能，出台了一系列相关政策，推动中小学生利用博物馆资源开展学习，以全面提高学生综合素养。本文通过分析国内中小型博物馆研学的特点和现状，指出博物馆研学存在的一些问题，提出有关解决对策，进一步探讨了中小型博物馆研学的发展之路，并以青浦区博物馆的研学课程为实例，旨在探索更好的博物馆研学模式，提升博物馆在青少年教育中发挥的作用。

关键词：学校教育 博物馆研学 研学课程 馆校合作 教育形式 特色品牌

2020年，教育部、国家文物局提出了关于利用博物馆资源开展中小学教育教学的意见，包括资源开发、教育方式等，促进博物馆与学校教学、综合实践有机结合，提升中小学生利用博物馆学习效果。博物馆作为社会教育机构和校外教育的主要阵地，在青少年教育中承担着重要的职责。自2021年"双减"政策实施以来，博物馆成为中小学生参与社会教育和提升综合素质的重要场所，博物馆研学作为学生素质教育的一项内容被广泛开展，并且成了博物馆新的文化传播方式。

一、博物馆研学的定义与特点

（一）博物馆研学的定义

博物馆研学是博物馆依托自身藏品、展览、研究成果等独特资源开发的，面向学生群体，在博物馆场景中的探究性学习与实践，同时也可以设计延伸到馆外的参观体验类和课程类的教育活动。

（二）博物馆研学的特点

第一，博物馆研学是基于"物"的学习，是通过对具体文物、藏品的观察、描述及分析理解，将这些数据联系并凝练为信息，纳入特定的知识领域。强调了博物馆研学的实物性和直观性。

第二，博物馆研学是基于"研"的方式，是让受众亲身参与实践体验，通过对真实物品、场景的数据、意义及相互关系进行记录、分析和归纳总结，达到对知识构建和科学研究过程的理解。强调的是研学的体验性、探究性和归纳性的综合运用。

二、博物馆研学的现状

如今，青少年对博物馆教育的需求正在发生改变，从学校方面看，学校教育正从应试教育转变为核心素养教育，鼓励通过实践性活动培养青少年综合能力；从家庭方面看，更多年轻家长更加重视孩子的素质教育和亲子教育培养，他们期望博物馆能提供体验活动促进孩子的全面发展。随着市场上各种"研学游"的兴起，博物馆研学逐渐成为博物馆教育工作的重要组成部分。

三、中小型博物馆研学存在的问题

中小型博物馆是指相对于国家级、省级的大型博物馆而言的市、县级等博物馆，其规模、馆藏、人力、资金等相对较小的博物馆。很多中小型博物馆在研学方面都处于起步摸索阶段，存在各种问题和挑战，如何更好地开展青少年博物馆研学是博物馆教育工作者亟待探讨的。

（一）缺乏规范性

当前，国内研学市场火爆，一些旅行社、博物馆、纪念馆和教育培训机构是开展研学的主要机构，但是他们所提供的研学质量参差不齐。自 2008 年起，我国大多数国有博物馆作为公益机构已经向大众免费开放，但是各类机构却是蹭着博物馆免费的资源而收取观众昂贵的报名费用，美其名曰"研学"，但这些机构是否具有相关研学资质，或传授的知识是否具准确却不得而知。

（二）缺乏专业性

博物馆研学不同于传统的参观和教育活动，是一种新型的学习方式。博物馆虽然有专门的社教工作者，但面对全新的研学模式却比较陌生。开展研学的工作人员应该具备一定的沟通能力、协调能力、课程内容设计能力等，它需要一个综合性人才，这对博物馆教育工作者提出了新的要求。由于我国的博物馆研学行业尚处于起步阶段，对于中小型博物馆而言，都有人手不足和缺乏专业从事研学教育的人才，无

法高质量满足学生研学的需求。

（三）缺乏课程性

目前，很多博物馆把研学理解为"研学旅游"，学生团队主要以"科普"讲解为主，存在游而不学的问题。也有些博物馆把研学理解为常规的博物馆社会教育活动，侧重于动手体验，但思考性与探索性不强，"低幼化"严重。总而言之，没有充分发挥博物馆研学自身的特色与优势，缺乏优质的博物馆研学课程。

四、中小型博物馆研学问题解决对策

（一）建立制度，规范研学市场

中小型博物馆应联合当地政府、教育部门等对研学市场进行规范，共同制定监管机制，建立健全博物馆研学相关制度，包括学生反馈、家长反馈、老师反馈等评价机制，推进博物馆研学的良性发展。同时，家长和学生要甄选正规机构，保障自身权益。博物馆研学处于起步阶段，开展研学活动需要多方共同协调。一方面博物馆要联合当地教育部门，增强馆校合作，与学校签署共建协议，制定长期规范的博物馆研学计划，保证博物馆研学的公益性、安全性；另一方面博物馆专业人员要联合社会力量、学校老师等有针对性地开发相关研学课程，保证博物馆研学的教育性和实践性。

（二）整合人才，组建专业队伍

近年来，随着国家对博物馆研学的日益重视，各大博物馆应不断优化自身研学资质，打造专业的博物馆研学平台，满足青少年的教育需求。提升博物馆研学质量最有效方式，就是建立专业的研学人才队伍，既要对博物馆研学课程有高精深的把握，又要对研学对象有足够的了解。面对中小型博物馆人手缺乏问题，我

们可以组建一支由博物馆、学校、志愿者、社会机构等共同组成的研学团队，同时，要定期组织学习和培训，比如学习优秀博物馆的研学案例和经验等，培养博物馆研学团队的专业理论和实践技能。通过学校教师丰富的教学经验以及博物馆工作人员专业的文物研究，两者互为补充、相互配合，为学生提供高质量的博物馆研学服务，达到以文化人的目的。

（三）加强研究，推动课程教学

根据博物馆研学的概念可知，博物馆研学强调的是"研"+"学"，是以博物馆为主线，通过博物馆资源将教育内容以真实、立体的方式呈现给公众。科普和研学是完全不同的学习方法，科普是将科学知识通过教育的方式传达给受众，而研学不是简单的知识吸收和积累，是通过实践获得真知。研学课程注重培养学生的思考、探索、动手等能力，是真正打破了传统的教学模式。博物馆研学侧重强调研究性学习与趣味性游玩相结合，以此区别于馆内其他的社教活动，致力于打造"实物+探索"的博物馆研学课程教育机制。

五、中小型博物馆研学的发展之路

研学课程设计在博物馆研学的实施过程中是至关重要的，要想让博物馆研学真正"活"起来，就要做好博物馆研学课程的开发。与学校课堂相比，博物馆的研学课程更具有开放性、实践性和综合性，这就增加了博物馆研学的教学难度。博物馆研学团队要有针对性地计划、组织、备课等，针对学生的年龄特征，开展不同类型的研学课程，形成不同年龄段的系统化、层次化的博物馆研学课程，以此来推动博物馆研学课程的发展。

（一）中小型博物馆研学课程要与学校教学相关联

博物馆教育对学校教育具有补充和延伸的作用，两者共同承担着对青少年进行革命传统和爱国主义教育的责任。如何将博物馆教育和学校教育有机地融合起来，是博物馆工作者需要思考的。

博物馆研学课程要与学校课程相关联。结合学校新教材课程课标，制定相关研学课程，将博物馆课程纳入青少年教育体系，融入中小学教学计划。如何建立相关性呢？中小型博物馆应该主动联系当地教育部门，一方面要结合学校课本教材，建立学科相关性。设计博物馆研学课程要了解教师和学生需求，深入学校课程，比如有目的性地联系学校语文、历史、地理课本知识内容，贴近学校课程需求。另一方面要把博物馆研学课程纳入学校课程安排，特别是"双减"政策后，各中小学校安排了课外兴趣类的课后服务时间，中小型博物馆要主动把研学课程落实到学校课后服务课程时间，可以把学生带到博物馆中实地开展，学生以实地考察、现场体验、访谈等方式获得关联课标内容的拓展知识。也可以走进学校开展研学课程，利用PPT、校本教材、互动手册等多种方式和手段实现研学课程目标。总之，通过开展与学校教学相关联的博物馆研学课程，可以使博物馆研学课程在当地中小学校中广泛开展并普及，融入学校相关教学。

（二）中小型博物馆研学课程要注重教育形式选择

在博物馆研学课程的开展过程中，我们要明确学生是主体、教师是引导，学生可以自主选择学习重点，因此研学课程要注重教育形式。一是研学课程的启发性，博物馆研学课程根据不同年龄段设计不同的课程启发，把学生的好奇心调动起来，比如对于年龄较小的儿童要采用讲述故事或者绘图形式来引起他的兴趣；而对于中小学生可以采用提问的方式，在研学过程中激发学生兴趣并产生疑问，让孩子们带着问题去参观去思考。启发性是学生独立探索学习的开始，是自我学习的入门与起点。二是研学课程的体验性，要以学生感兴趣、愿意参与的内容为主题，在研学中充分调动学生的听觉与视觉，利用场馆展览优势，设计相应的体验活动，使学生获得沉浸式的研学体验。三是研学课程的互动性，在研学过程中老师要改变"说教式""讲解式"的教学模式，要多于学生进行互动，让学生"反客为主"主动参与。互动式学习的效果远远好过填鸭式学习法，老师只是引导，学生才是主角，做到在"问"中"学"，使知识融会贯通，博物馆研学课程不应该是沉默刻板的，而是有趣生动的。因此，博物馆研学课程要按照"重参与、重过程、重体验"的理念，让学生们通过文物、图片、表演、教具等，直观感受历史。

（三）中小型博物馆研学课程要以地方特色为品牌

大多中小型博物馆展示的是当地的民风民俗和地域性历史文化，是地方区域文化发展的展示窗口。因此，中小型博物馆开展研学课程应该紧密结合其自身特色资源。一方面要加强专业人员的业务研究能力，结合地方博物馆特色以及学校校本课程，为青少年提供个性化的博物馆研学课程。如根据本馆馆藏文物设计研学课程，或是根据本馆策划的展览配套开展研学，抑或是博物馆通过自身资源与传统节日、传统文化结合的课程，这些均要建立在挖掘本馆自身特色的基础上进行，最终形成具有自身专业性和特色化的博物馆研学课程。另一方面要发挥特色突破博物馆场地限制，多渠道开展

博物馆研学课程，比如出版博物馆教育读本、校本教材，提供在线网络教育资源等等。常态化、精细化提供博物馆研学课程，找准自身定位，避免博物馆研学课程的同质化，使博物馆研学课程成为展示地方特色品牌的一张名片。

六、中小型博物馆研学课程实例探究

博物馆研学课程区别于一般的博物馆参观活动，它的本质是"研"和"学"。一般观众参观博物馆关注的"是什么"，而研学课程注重的是由点及面的延伸扩展，要理解"为什么"，并在交流讨论中探究"怎么样"。以青浦区博物馆开展的研学课程为例，为了使博物馆研学课程由单一、零散的活动不断向结构化、系统化的课程方向发展，青浦博物馆设计了一套博物馆研学课程，从博物馆独特的学习环境出发，针对不同学龄阶段的学生设计专门的研学课程，结合场馆特色资源，弘扬和传播中华优秀传统文化。

（一）制定课程目标

青浦博物馆的每一件馆藏文物和展品都记录着青浦历史故事、民风民俗，体现青浦古人的智慧。为了让学生传承中华优秀传统文化，培育热爱家乡的品质，青浦区博物馆与区内相关学校协商和沟通，成立由学校老师和博物馆老师共同组成的研学团队，明确了研学课程的主要目标，以地方特色主题研学为载体，充分挖掘青浦的起源文化和江南文化，结合学校乡土历史教材，选择学校课后服务时间，面向区域内中小学开展"博物馆寻宝"研学课程，带领学生透过展品看家乡发展，育家国情怀。

（二）开展课前引导

"博物馆寻宝"研学前，博物馆研学团队

设计课程教学教案，根据研学内容提前给学生发放研学"攻略"，包括寻宝地图、探究任务、安全注意事项、项目评价表等。引导学生围绕研学主题查阅相关材料，以提问的方式调动学生的好奇心，使学生初步了解并形成基本的知识储备以便更好地开展研学课程，让孩子们带着问题去研学。

（三）设定课程内容

博物馆展厅是博物馆教育最好的实物课堂和探索基地，学生们通过讲解和探究在展厅近距离观察文物，了解文物背后的故事。青浦区博物馆"博物馆寻宝"研学项目主要分为四个主题内容，分别是"爱家乡历史""爱家乡的话""爱家乡的景""爱家乡的人"，按照不同路线开展探究，通过游"沧海桑田"观千年古港繁华景象，看当今一带一路发展；在"水乡人家"板块听、学、说青浦话，感受家乡语言魅力；在"桥文化"中体验家乡水乡特色，感悟人民智慧；在"人杰地灵"板块领略青浦自古钟灵毓秀，人才辈出的历史。设计不同的课程内容引导学生博古通今、知史明志，在观察、聆听、体验中开启博悟之旅。

（四）分组思考探究

学生在研学过程中按照不同研学内容组成不同的研学小组，根据"寻宝图""任务单"等事先准备的"攻略"，以小组为单位在博物馆开展研学探究。为了达到最优研学效果，学生可以通过小组分工法来共同完成研学任务。有人负责记录、有人负责咨询、有人负责补充知识……这样，学生在与同伴进行交流以及合作过程中，知识互补，更好地调整自己的知识结构。

（五）结合实践体验

研学过程中不仅要"用眼看"还要"动手做"，让学生利用博物馆的现代设施或手工课程亲身

参与互动体验，比如在青浦博物馆里有丰富的多媒体触摸屏，学生们可以随时查阅相关资料；在"桥文化"板块可以在了解古桥的历史和功能的基础上，对古桥的造型进行探究，动手合作完成一座泥塑古桥等。通过实践体验增强孩子们研学课程的参与度，加深他们的记忆力和理解能力。

（六）善于总结交流

研学课程最后，老师要引导学生做好研学课程的总结和分享，通过多种方式描绘出心中认为最美的或最值得推荐的文物，要求学生从真实的内心感受出发，使作品体现出青浦家乡人文美，指导学生以研学报告或者小报等形式展示研学成果，促进学生在探究历史中提升对家乡、对祖国的深切热爱。分享各个小组的研学方法和思路，既锻炼了沟通协作能力又提高了他们资料整理和综合分析的能力，进一步深化知识结构。

（七）设立评价机制

课程结束后，每位学生会填写一张研学评价表，评价内容包含对研学内容、研学老师和学生自我表现的评价，利用量化的评价方法来考察研学效果是否达成了课程目标，关注学生体验感和研学管理机制，从而更好地开展每一次研学课程。

青浦区博物馆的"博物馆寻宝"研学课程，从课程设计到评价实施，始终以学生为主体，在感知、实践、创造的过程中以多样、灵活的方式进行研学，旨在让学生感悟家乡文化的同时，促进学生探究学习意识以及在实际环境中发现问题、解决问题的综合能力，带领学生在文化传承与实践探索中遇见未来。

综上所述，博物馆是青少年增强文化自信的重要场所，如何利用好博物馆资源，把研学

与博物馆公众教育结合起来，是博物馆教育工作的新课题。深入研究博物馆在研学中存在的问题，加快中小型博物馆研学课程的开发与实施，对于丰富和完善研学课程有着至关重要的意义。各中小型博物馆要充分发挥文化教育资源，使博物馆成为学校教育的重要实践基地，促进学校、社会、家庭力量达到三位一体育人格局，形成有效工作合力。

【注释】

[1] 文宣：《教育部、国家文物局联合印发关于利用博物馆资源开展中小学教育教学的意见》，《中国文物报》2020 年 10 月 20 日第 1 版。

[2] 杨眍：《内外兼修：突破中小型博物馆教育工作困境》，《中国博物馆》，2021 年第 2 期。

[3]《博物馆研学不能"游而不学"》，《教学管理与教育研究》，2019 年第 17 期。

[4] 苏雁：《"双减"后，博物馆如何释放潜能》，《光明日报》2021 年第 9 期。

[5] 安陆一：《博物馆研学课程设计研究》科学教育与博物馆，2021 年 7 月第 3 期。

如何发挥区域优势，促进公众二次教育
——以湖北省中小博物馆为例

黄翀宇（湖北省博物馆）

摘要： 湖北省位于长江经济带"黄金水道"的核心区域，具有丰富的文化历史内涵和鲜明的地域文化特色。省内有全国八家中央地方共建国家级博物馆之一的湖北省博物馆和数百个中小博物馆，博物馆文化资源丰富。博物馆的教育职能肩负着传播科学文化知识，同时也肩负着提高公民科学素养的社会责任。如何充分发挥区域技术资源共享、人力资源有效利用、展品陈列互动的特点，来提高中小博物馆公共文化服务质量？从而提高中小博物馆教育职能所担负的社会责任。在"双减"政策的实施，减轻青少年的课业负担的社会环境下，博物馆教育的内容如何将博物馆资源与教学知识，学习方式与综合实践活动相结合，为青少年利用博物馆学习提供有力支持，能够让青少年在合理的时间和空间里，建立良好的学习氛围，减少社会层面上的教育焦虑，让教育做到"返璞归真"。本文以湖北省中小博物馆为例，从积极开创馆际之间区域性展览联动，打造区域特色文创品牌联盟，设计符合青少年教育需求的博物馆系列活动课程等方面，来思考中小博物馆如何盘活自身资源，通过展览、教育、文创等方式成为仅次于学校教育的文化机构，青少年课后教育活动资源库，学生研学实践的第二课堂，从而提高自身竞争力。

关键词： 博物馆教育 "双减"政策 学习条件

2020 年 10 月 19 日，教育部、国家文物局联合印发《关于利用博物馆资源开展中小学教育教学的意见》[1]，意见的颁布实施，说明博物馆不再仅仅是文化机构更是一种传播历史的媒介，是历史的缩影，更是公众二次教育的学校。伴随着博物馆事业迅猛发展，把博物馆作为非正规化教育场所使用成为近年来最为热门的话题。但博物馆发展过程中馆际之间资源配比不平衡的现象愈演愈烈，大部分中小博物馆出现藏品少、专业人员少、科研力量不足、资金短缺等现象，其公共文化服务质量大打折扣，发展举步维艰。由此衍生出的一系列问题，引发了观众的热议和我们的深思。

一、博物馆教育与学校教育之间存在区别

学校是对儿童发展和表现出的心理进行研究的场所，是寻求看起来最有可能实现和推进正常发展环境的材料和人选的场所[2]。博物馆

是以教育、研究和欣赏为目的，收藏、保护并向公众展示人类活动和自然环境的见证物，经登记管理机关依法登记的非营利组织[3]。博物馆与学校在教育对象、内容、时间、地点与方式等方面，存在共性的同时仍有相当多的区别。

从教育对象而言，博物馆未对观众进行类别区分，服务对象是针对全体民众的终生教育，所教育的对象层级更为分明且多元化。其中在庞大的观众群体内不乏各年龄阶层的学生观众，他们抱有不同的参观目的来到博物馆，利用博物馆所提供的公共资源进行自主性学习，寻求自我学习的目标。观众群体能够自由的根据自己意愿来到博物馆，观众的自主意愿显得更为重要。反观学校则是以学生为主要的教育对象，以编班制度为形式进行结构化的教学活动，教学目标明确，学生自主意愿受到限制。

从教育内容而言，学校教育有固定的教学内容与程序，根据学生所在年级安排学习内容。而博物馆教育没有事先计划好的学习目标与考核，更多的是将抽象的理论知识转化成个人具体的经验，帮助人们能够更为直接的认识世界。教育内容更为宽泛，富有弹性，是一种非正式学习。

从教育方式而言，学校教育侧重制定翔实的学习计划与目标，重视思考与练习，而博物馆并没有与学校类似的教学课程。博物馆教育更加强调实物的体验，配以参观、实验操作等一系列方式，给予观众更为直接的感官经验，运用各式各样的展示与学习资源，重视个体经验的学习以启发式、探索式的学习模式提供观众愉悦的学习经验，以三度空间的立体物品传达意念给观众，促使观众在参与过程中潜移默化的进行学习。

二、"双减"政策下，博物馆作为教育场所的优势

2021 年 7 月 24 日，中共中央办公厅、国务院办公厅印发了《关于进一步减轻义务教育阶段学生作业负担和校外培训负担的意见》[4]，随着"双减"政策的实施，减轻了青少年的课业负担，但减负并非"放任不管"，更多的是为了让青少年能够在合理的情境下，建立良好的学习氛围，减少社会层面上的教育焦虑，让教育做到"返璞归真"。博物馆与学校虽在教学内容、时间与方式上有所不同，但两者之间仍然有相当多的共通性，博物馆与学校所拥有共同的教育对象——青少年观众，在"双减"政策背景之下，减轻义务教育阶段青少年作业负担和校外培训负担，优化教学方式，全面压减作业总量，鼓励并支持学校开展各种课后育人活动，满足青少年的多样化需求，是博物馆教育和学校教育共同的奋斗目标。

早在 1991 年美国博物馆协会在发表《卓越与公平——教育与博物馆的公共层面》的报告中强调教育是博物馆公共服务的核心，而博物馆的教育任务，已逐渐获得博物馆界的认同[5]。博物馆相较于一般教育场所而言最大的优势在于，它是以"物"为依据，强调实物体验过程，所进行的各种展示和组织教育活动。它的长处在于能够透过实物，呈现出更为生动活泼的教育内容，以具体的形象如文物、标本、模型、场景复原等恰当的展览语言来展示，帮助观众快速认识与理解某种现象的本质。博物馆教育为观众提供各种展示与学习资源，引发观众学习欲望，提供可思考且直观的学习条件，以启发引导为目的，给予观众愉悦的学习体验，促使观众能够主动构建自己的认知构架，帮助观众学习。

博物馆的教育职能促使其肩负着将藏品研究成果通过恰当的展示语言与观众进行沟通的责任，给观众提供了一种自我教育和非正式教育的机会，观众能够自己决定学习的范围、顺序及程度并利用博物馆中所设计的展览手册、讲解语音导览、VR眼镜设备在开放自由的环境中观看展览，来有意识或无意识学习到文物信息及蕴含的内容。观众还可以通过博物馆设置的小小讲解员、节令活动及各种调研学术课程，系统地学习到以观众经验增长为目的的主体性教育内容。博物馆责无旁贷的扮演了所谓非正规教育机构的角色，同时也肩负着传播科学文化知识提高公民科学素养的社会责任。博物馆成为教育场所变成了可能，展览与教育服务变得具有开放与包容性，对观众的影响力在潜移默化中产生。

所以博物馆和学校并不存在矛盾，并且在教育方面能够进行有机地融合。博物馆教育活动丰富，教育方式多样化，包括：固定陈列展览、临时展览、展览配套讲座、座谈会与学术研讨会、导览服务、咨询服务、研学活动、教育推广活动、文创衍生品开发、博物馆出版物等。囊括了各群体在不同时间及空间学习方式的需求，成为能够促成个体自我导向学习，负有丰富资源学习新环境。博物馆教育的内容始终秉承着将博物馆资源与教学知识，学习方式与综合实践活动相结合的宗旨，能够补充学校教育的不足，通过设计配合学校教育课程的教育活动，与学生日常生活相关联，与以往学习经验产生共鸣，提升学生对博物馆的新奇感激发学习欲望，让"双减"下的青少年拥有更多自由的选择与灵活的方式来接受教育，真正做到"玩中学，学中玩"愉快的教育氛围。让博物馆成为仅次于学校教育的文化机构，成为青少年课后教育活动资源库。

三、打造地域特色文化品牌联盟，成为文化教育传播的探路者

湖北省作为长江经济带"黄金水道"的重要枢纽，具有丰富的文化历史内涵和鲜明的地域文化特色。无论是在地理位置，还是悠久的历史文化都具有得天独厚的区域优势。荆楚文化主要是指以当今湖北地区为主要辐射地的古代荆楚历史文化[6]，具有鲜明地域特色的文化形态，一方面它主要是指以当今湖北地区为主体的古代荆楚历史文化；另一方面，它还包括从古到今乃至未来湖北地区所形成的具有地方特色的文化，其内涵可概括为九大系列：远古文化、炎帝神农文化、楚国历史文化、三国文化、名山古寺文化、江河湖文化、近代工业文化、首义文化、红色文化[7]。湖北省中小博物馆应把握时代契机，不断挖掘荆楚文化地域特色与自身馆院特点，在日积月累的探索发展过程之中，逐步摸索经验探索出一条具有特色的文化品牌联盟发展道路。

（一）建立"传帮带"大馆带小馆模式，组建区域优质展览文化资源

2010年10月30日，在国家文物局和湖北省委、省政府的重视与支持下，湖北省博物馆协会在湖北武汉成立，这标志着湖北省博物馆事业取得长足发展，步入了历史上最好的发展机遇期。

湖北省博物馆协会充分发挥地域联盟优势，帮助中小博物馆克服发展受到文物资源、学术研究、专业人员配置、运行经费紧张等自身条件先天不足的影响，建立"传帮带"大馆带小馆模式，整合省内优质展览资源，将展览资源、专业人才资源整体打包送到县、区级中小博物馆，以文化资源共享，观众平等性为目的，实现丰富人民群众精神文化生活，促进经济社会

全面可持续发展的重要作用。

2014 年 6 月以"六一国际儿童节""中俄青年友好年"为契机，湖北省博物馆与俄罗斯国家普希金造型艺术博物馆进行合作，共同策划了"礼乐中国——湖北省博物馆馆藏商周青铜器特展"的延伸展览："长翅膀的鹿——俄罗斯儿童眼中的中国青铜器展"在湖北省博物馆内展出，展览透过俄罗斯儿童的视角来对青铜时代的中华民族悠久文化的理解为出发点，展示俄罗斯儿童眼中中国青铜器的绘画作品，展览一经推出反响强烈。在同年 7 月，此展览进行了区域性的拓展延伸，将这份来自万里之外俄罗斯小朋友的礼物送到了湖北咸宁，在咸宁博物馆三楼进行巡展[8]。同一展览在俄罗斯国家普希金造型艺术博物馆、湖北省博物馆、咸宁博物馆三地展出，体现了中俄友好的愿景，更体现文化交流的力量。实现文化资源跨区域共享，观众能够在自家门前的博物馆与相距千里之外的国际友人产生文化上的沟通与交流，是充分利用好本地特色文化资源加速博物馆文化产业发展的需要，更是全人类共享精神财富的需要。（图 1，图 2）

图 1. 俄罗斯小朋友绘画现场（图片来源俄罗斯国家普希金造型艺术博物馆提供）

图 2."长翅膀的鹿"在咸宁博物馆展出现场效果（图片来源网络）

（二）发掘荆楚文化特色，建立教育联盟试点

近年来，馆际之间加大了资源共享合作，将省内文物资源、展览资源、教育资源、人力资源、技术资源等进行整合，形成"1+n"博物馆联盟可持续发展模式，此项举措是帮助中小博物馆摆脱自身资源受限、发展迟缓的重要抉择，也是博物馆社会职能最大化的必然趋势。

2016 年湖北省被国家文物局确定为完善博物馆青少年教育项目试点省份，省文物局把握发展时机，研究制定 "让文物活起来"全省博物馆青少年教育项目实施方案，并组织湖北省博物馆、辛亥革命博物院、武汉博物馆、武汉革命博物馆、江汉关博物馆等 5 家单位开展试点工作。按照"项目成熟、体现本馆特色、兼具示范性"原则，精选出全省 10 家 50 个优秀教育项目，例如：湖北省博物馆"楚国漆器""楚国饮食""楚人姓氏""楚国青铜器""楚国乐器"等结合地域文化特点课程项目；湖北省博物馆"文物与成语""郭家庙墓地的音乐考古"等为大中小学校课程制定的专题项目；武汉博物馆"华服之美礼仪之邦：感受中华'及笄礼'互动体验活动"，孝感市博物馆"'孝礼雅塾'传统文化系列之抓周礼"等民俗亲子项目；江汉关博物馆"出彩江汉关"，鄂州博物馆"鄂字的故事"等体现本馆特色的教育项目；武汉革命博物馆"红色小课堂——表演体验课""'忆峥嵘编草鞋'红色基因代代传"，辛亥革命博物院"首义寻踪"红色革命类主题教育项目；及湖北省博物馆"'让我的声音做你的眼睛'关爱盲人课程"，"'礼乐伴你快乐成长'关爱留守儿童""候鸟筑巢"等关爱社会特殊群体的教育项目，课程设计类别繁多，能够满足各类观众人群教育需求，逐渐形成完整的教育联盟体系。

湖北博物馆教育联盟试点的建立，是全省博物馆正在努力发掘地域文化特点和馆藏文物资源相结合的实践探索；是配合学校基础教育，积极寻求有效途径使博物馆教育资源利用最大化的表现；是让青少年能够利用博物馆达到自我学习目标的新方法。仅 2021 年度湖北博物馆教育活动高达 12057 场次远超过 10396.35 全国博物馆教育活动平均值，区域教育联盟已成为中小博物馆发展盘活自身经济的助推器。博物馆教育联盟课程吸引更多的观众走进博物馆，接受中华优秀传统文化浸润，不仅是中小博物馆发挥自身文化特点，盘活文化资源的表现更是文博工作者义不容辞的社会职责。

（三）创立文创联盟，带动全省博物馆文创发展

2018 年，在原湖北省文物局支持下，湖北省内 8 家博物馆和 2 家高校、2 家文创企业发起成立了湖北博物馆文创联盟"楚博汇"，并以湖北省博物馆为牵头单位，联合省内中小博物馆联盟成员的文创精品在联盟内进行销售实现经济共赢新局面。湖北博物馆文创联盟在带动省内中小博物馆认真梳理文物核心资源，深挖文物价值找准定位、做好规划实现文化资源共享的同时，重视非遗项目申报，开展非遗项目合作，盘活省内文化资源利用。形成大馆带

动小馆，馆际之间信息互通、互惠互利的良性竞争，文创研发水平得到进一步提升。

2021 年，湖北省博物馆协会成立了文创发展专业委员会，湖北省博物馆为主任委员单位，首批吸收 22 家博物馆、企业参与。湖北博物馆文创联盟与湖北省博物馆文创发展专业委员会为湖北省内博物馆的文创发展搭建了平台，中小博物馆不再为文创产品的研发和销售渠道担忧，真正实现发展共赢新局面。现如今，湖北博物馆文创事业进入"大文创"模式时代，主动跳出单纯文创产品研发的小圈子，结合展览和教育项目、教育活动开展系列文创工作外，引导与鼓励观众参与博物馆文创开发过程，将从博物馆中学到的知识，掌握的技能能够学以致用、用以促学、学用相长真正做到博物馆教育职能最大化，教育经济双向发展。

湖北省中小博物馆在自身文化产业发展的同时，还充分考虑自然环境与人文环境所形成的自然人文特性，将人们对于自然人文的认知资源价值转为成为文化生产力，产生强有力的区域品牌识别度，将品牌的建立与区域品牌联盟相结合，优势的文化产品、强有力的区域市场、特色性的品牌性能三个维度，进行品牌性扩张，利用品牌的转让、品牌授权等活动，提高观众对于品牌的心理认知，从而追求资源有效配置，满足观众精神文化需求，形成长江经济带文化产业集群中最为强劲的文化产业品牌。

四、取众馆之长，丰荆楚双翼，中小博物馆持续教育的再思考

中小博物馆应以展品实物为基础，以"人"为中心思维，重新理清适合本馆发展的教育理念，要从自身的区位、场域、藏品的实际情况出发，对自身拥有的资源主要是文物资源进行

深入研究和挖掘，梳理出具有自身特色的 IP 资源。大胆引进外部资源力量增强博物馆竞争实力，主动作为找寻自我闪光点，"借篷使风"借他人优质教育资源形成持续教育新模式。

（一）主动作为营造良好的博物馆学习环境

博物馆教育的首要目标是培养观众建立好奇心、自信心以及能够持续学习的兴趣。博物馆教育是为了协助观众进行自我导向的学习，并具备自我导向学习能力而存在。中小博物馆可以依据观众心理与生理状况完善观众的观展经验，改善整体形象来吸引更多的观众，尤其是无学习目标的观众。建立温和、亲民、轻松的观展学习氛围，设计启发性的展览与教育活动，激发观众产生持续学习的动机，打破观众对于博物馆刻板、单调、严肃的印象，充分利用本馆地理区位优势，研究社区观众生活习性与学习需求，制定符合当地社区观众生活和学习的办馆模式，让博物馆能够成为更为生活化的教育场所。

浙江自然博物院在服务"双减"，助推"双提"政策环境下，通过对观众"喜好"的深入研究，总结出观众"喜好"新变化：信息获取渠道广，"碎片化"阅读新常态，长短视频与移动视频更容易被接受，推崇个性化、互动性强的项目，夜间消费和生活方式增长等年轻人新的消费与生活模式。结合自身场馆特点，在挖掘和活用自我场馆的文化与场地资源方面进行突破性实践，率先提出"中小学生下午三点半后去哪儿？"的问题，在市中心西湖文化广场率先在全省博物馆中开展 8 小时之外服务市民游客的"24 小时博物馆"。丰富人民群众精神文化生活，推动夜间经济，服务市民、游客。满足观众夜间参观博物馆的新期盼的同时，也为外地游客提供共享文化新空间新体验。（图 3）

（二）将情感融入展览设计当中，与观众建立学习链接

图 3. 浙江自然博物院，24 小时博物馆现场（图片来源于浙江自然博物院提供）

博物馆展品是人类历史痕迹的遗留物，与人类的经历息息相关，在这当中可能有各种故事，将我们和时间、经历联系在一起。相较于大馆，中小博物馆在情感融入方面更有优势，展品能够帮助我们来分析观众的情感，馆内的藏品与展览所讲述的故事都是与观众自身息息相关，观众能够快速的与展品搭建情感链接。所谓情感式设计并不是说要在展览陈列之中必须一比一的场景真实的堆砌，也许只需要截取历史时间的片段虚构场景，即使是虚构的，情感的表述却是真切的，也能够让观众在情感达到认同。所以在日常展览陈列时融入真诚的情感投入要比题材的新鲜、场景的庞大、装饰的富丽堂皇更重要。展览与观众既有的经验产生联系，唤起观众的历史记忆，帮助观众产生自主学习的冲动，搭建学习链接的桥梁。

以香港历史博物馆的《香港故事》展览为例，该展览内容包括香港区域的考古发现、珍贵文物及资料等。涵盖自然生态、民间风俗及历史发展，向参观者呈现香港四亿年来的自然生态环境及历史故事。在民间风俗部分为能够勾起观众的回忆，在展览设计中搭建了漫画书摊（图

图4.香港故事：看"漫画"场景（图片摄于香港历史博物馆）

图6.香港故事——穿梭在香港街头的叮叮车（图片摄于香港历史博物馆）

图5.香港故事：抢包山场景（图片摄于香港历史博物馆）

图7.香港故事——香港木偶皮影戏又称"傀儡戏"（图片摄于香港历史博物馆）

示，激发观众的深层次的记忆。通过情感式陈列与观众达到共鸣。

（三）运用参与式的展示教育，帮助观众融于场景了解身边的故事

正如法国安德烈·焦尔当在其论著《学习的本质》中叙述学习上取得的进展并不像建构主义者反复强调的那样仅仅是个人的事，也不像行为主义者说的那样是环境的事，它来自个体与环境的互动[9]。观众的参观行为受到博物馆的展示环境的影响，这种影响进而直接产生观众对于博物馆的印象与期待。尤其是青少年观众若在参观过程当中无法与博物馆学习环境产生直接的联系，他的注意力很难与博物馆实现学习链接并容易产生情感上的转变。

4)、民间岁时风俗的抢包山（图5）、穿梭于香港街头的叮叮车（图6）、香港木偶皮影戏又称"傀儡戏"（图7）等等场景对展品进行辅助阐释。用虚实结合的叙事陈列手法来丰富展品的故事内容，场景选取的幅面点小却准确，直入人心。从生活的点点滴滴当中收集、精炼提炼出符合展品与展览需要的设计元素进行展中小博物馆在展示教育方面，文物藏品缺乏是阻碍其发展的瓶颈，应加大对本馆文物藏品的研究与分析，避免一味追求恢宏巨制的"大题材、大体量"脱离实际需求的大展览。可根据本馆自身条件与观众实际需求挑拣出贴近观众的藏品，以"四两拨千斤，以小力胜大力"的方式，用小展览讲大故事增加观众参与性与自身价值认同感达到建立情感链接的目的。以宁波帮博物馆固定陈列为例，展览以"宁波帮"发展为切入点，从"筚路蓝缕""建功立业""赤子情怀""群星璀璨""薪火永传"五个层面展示宁波帮发展历程。在展览的陈列设计过程中不仅考虑到展品与区域性观众视觉的感受，更多地考虑到情绪化的激发。在单元展板的部分，当观众仔细阅读展板文字内容的同时，耳边会不停环绕播放宁波当地儿时的民谣："大海洋洋，忘记爹娘"（图8，图9），"小白菜，嫩艾艾，丈夫出门到上海，十元十元带进来，上海末事加小菜，邻舍隔壁分点开，介好老公阿里来。""一双皮鞋美国货，二块洋钿买来个；三日穿过贼贼破，四穿凉棚洞眼多；五（嗯）看罪过勿罪过，六（落）去还要重买过；七（切）记勿买外国货，八（百）样东西拆烂屙；九（够）竟要买啥个货，十（实）实在在中国货。"一首首民谣反映出宁波帮发展的历程，是一段历史也是一种不可磨灭的记忆。在陈列设计过程中，不仅通过视觉展示更加上听觉的冲击，通过听觉刺激观众，让观众感受到少小离家老大回的情感共鸣，瞬间缩短观众与藏品的距离。(图10) 观众与展品之间产生一种双向互动的情感交流，实现情感式的参与，激发观众对知识的渴望，被好奇心所驱使尝试更多的新鲜事物与新奇经历，提高欣赏水平，探索藏品从而获得灵感，知识和享受。良好的陈列设计更多的是一种情感设计，是激发观众的情绪化，引发观

图8. 宁波帮博物馆筚路蓝缕展板（图片摄于宁波帮博物馆）

图9. 宁波帮博物馆展厅内部陈列效果（图片摄于宁波帮博物馆）

图10. 宁波帮博物馆展厅内部陈列效果（图片摄于宁波帮博物馆）

众对展品的想象，将自身经验与新经验结合在一起，利用展览的辅助措施，通过五官去感受学习，通过思考使知识产生连续性，从而完成新知识的获得。在满足观众的参与感的同时，还提高了自我学习兴趣。

（四）博物馆教育与社区教育相关联

博物馆现如今之所以如此受到欢迎，是因为博物馆的专业人士能够运用美学上的感受力给予观众一种生存信度的依据，是一种自我实现价值的肯定[10]。在展览陈列中通过合理的陈列设计进行视觉与情感的引导，能够给予观众一种无穷的力量，是一种情感上的传递、想象、联系；一种对展品情感的感动；一种被重视与尊重的心理需求。合理的选择展览陈列的方式和工艺，符合展品的自身的气质，能够给予观众心理上的安全感。

每件展品不仅有美学价值，更多的是它附有内在的艺术价值，这也是我们在设计展览与教育活动时效果呈现的关键点。如何运用美学手段呈现展品的故事，这需要我们与当地的社区进行接触，只有不断的接触才能够了解当地社区范围内博物馆藏品背后的故事。博物馆文化属于社区文化，尤其是中小博物馆更是社区文化传播的核心力量，博物馆中收藏与展示的都是社区文化的代表，是知识更是情感。作为博物馆的专业人士需要从博物馆走进社区，与当地的人建立联系，建立情感上的信任度，收集展品的相关信息来帮助我们设计出更好的展览。在展览陈列的过程之中，应当充分考虑社区教育问题，紧密地与社区联系，了解观众对于知识信息的诉求，通过情节性陈列方式，用展品美学的眼光和教育的社会职能，将展品信息准确直观的传达至观众，提高展览的社会教育职能。如俄罗斯国家历史博物馆在展览陈列设计过程中充分考虑观众群体的教育问题，考

察中小学、高校教学课程，将课程中涉及到的展品在展览陈列设计中，在相应的展柜上标记不同的色彩符号，以便方便书本与实物相参照加深了记忆，深化了教育职能。（图11，图12）

中小博物馆虽体量小，但见微知著，作为"物"与"人"之间文化传播媒介中最基层的环节，如何克服制约自身发展的客观因素，还有许多

图11. 俄罗斯国家历史博物馆陈列效果（图片摄于俄罗斯国家历史博物馆）

图12. 俄罗斯国家历史博物馆陈列效果（图片摄于俄罗斯国家历史博物馆）

奥秘需要我们不断的探索和完善。中小博物馆应明确自身文化特色优势，建立区域品牌意识，联合博物馆周围优势资源，充分利用文化产业资源形成区域品牌识别系统。所谓的区域品牌

是"集群区域品牌"的简称，指以某一地域及其内部的优势产业而合作命名的特定区域[11]。区域品牌系统的建立能够形成效益规模化，整个文化产业集群在日常运作中，能够产生公共资源共享、知识产权得到保护、共享收益的良好局面，从而提高中小博物馆整体的经营素质和文化产品服务品质。

中小博物馆还应尝试与社区教育的有机结合，激发观众对展品的热情和记忆。用陈列艺术手法来丰富展品的故事内容，由"小故事"折射"大道理"，将人类历史遗留的宝贵财富通过一个个展览、教育活动、文创产品传递给观众。展览陈列方面，中小博物馆应选择接近观众群体的题材与方式，在设计过程中充分考虑观众群体的教育问题，考察中小学、高校教学课程，将课本的理论知识与展览实物相参照加深了记忆，深化了教育职能，强调学习的过程经验的累积将社会教育、家庭教育、学校教育紧密联系，使博物馆成为学习资源的提供者，学习兴趣的促进者，真正成为社区教育的大课堂。

【注释】

[1] 国家文物局：《教育部、国家文物局联合印发关于利用博物馆资源开展中小学教育教学的意见》，http://www.ncha.gov.cn/art/2020/10/19/art_722_163678.html。

[2] [美]约翰·杜威著，刘时工、白玉国译：《杜威全集·中期著作（1899-1924）第一卷（1899-1901）》，华东师范大学出版社，2021 年，第 49 页。

[3] 国家文物局：博物馆条例，http://www.ncha.gov.cn/art/2015/3/2/art_2301_42895.html。

[4] 中华人民共和国中央人民政府：中共中央办公厅国务院办公室印发《关于进一步减轻义务教育阶段学生作业负担和校外培训负担的意见》，http://www.gov.cn/zhengce/2021-07/24/content_5627132.htm。

[5] 美国博物馆协会编，湖南省博物馆译：《博物馆教育与学习》，外文出版社，2014 年。

[6] 百度百科：荆楚文化，https://baike.baidu.com/item/%E8%8D%86%E6%A5%9A%E6%96%87%E5%8C%96/1471962?fr=aladdin。

[7] 万全文：《博大精深的荆楚文化》，https://www.scuec.edu.cn/mzmsart/info/1067/1296.htm。

[8] 刘玉关：《〈长翅膀的鹿〉"飞"进咸宁博物馆》，http://szb.xnnews.com.cn/newb/html/2014-08/29/content_72997.htm。

[9] [法]安德烈·焦尔当著，杭零译：《学习的本质》，华东师范大学出版社，2015 年，第 140 页。

[10] 黄光男著：《博物馆新视觉》，文化艺术出版社，2011 年，第 7 页。

[11] 胡大立、湛飞龙、吴群：《企业品牌与区域品牌的互动》，《经济管理》2006 年第 5 期，第 44 页。

"参与式博物馆"视角下公立小型美术馆公共教育策略研究

——以徐汇艺术馆为例

唐丽青（徐汇艺术馆）

彭心睿（武汉大学国家文化发展研究院）

摘要： 中小博物馆因资源匮乏而面临的发展瓶颈日益凸显。经文献梳理发现，个性化定位、观众调查和公众参与是我国中小博物馆实现可持续发展的三个关键点。徐汇艺术馆在极其有限的条件下不断尝试，在过去几年筹办了系列专题特展，逐渐摸索出更符合小型场馆工作实际的公共教育策略。小馆公共教育需避开自身短板，借助观众调查了解核心参观群体的特点及需求，确立适合自身条件的个性化目标及定位；运用展教融合的策展思路，在空间营造上融入启发性的教育元素，在时间维度上通过"生长型展项"注入多层次文化内涵；开展有效而深入的现场阐释活动，通过深度导览塑造展示内容与观众的深层联系；着力策划参与式展项，以"社交实物"为媒介建立美术馆与观众的持续互动。立足实践创新，为观众提供有参与感、获得感、可持续的文化体验。

关键词： 博物馆教育 公众参与 文化参与 观众研究 文化体验 展览策划

博物馆从以"物"为本、重视收藏转向以"人"为本、重视教育已成为世界范围内的普遍共识。我国博物馆作为公共文化服务体系的重要组成，其根本宗旨也在于满足人民文化需求和增强人民精神力量。2021年国家有关部门联合印发的《关于推进博物馆改革发展的指导意见》指出，我国博物馆建设在取得重要成就的同时，"发展不平衡不充分与人民美好生活需要之间的矛盾仍很突出"。美术馆作为博物馆一个重要类型，在完成基础阶段的建设后，同样面临发展不均衡的问题。与大型美术馆相比，小型美术馆受困于定位不明、藏品局限、资金及人力匮乏，大多陷入运营推广效果不佳的窘境，难以提供优质的公共文化服务。近年来，徐汇艺术馆在小型馆极其有限的条件下，经过不懈尝试，筹办了"乐者敦和 大音煌盛——敦煌壁画乐舞专题展""乌金千秋照——徽墨专题展""前行之歌——庆祝中国共产党成立100周年特展""妙像焕彩 化境入微——西藏日喀则地区13-15世纪壁画专题展"等系列专题特展，逐渐摸索出更符合小型场馆工作实际的公共教育策略。本文将基于我国中小博物馆发展问题研究的梳理，从"参与式博物馆"的理论视角切入，借助系统的观众调查，归纳徐汇艺术馆近年来的实践经验，论述公立小型美术馆更为适用的公共教育策略。

一、我国中小博物馆发展问题研究的梳理

立足我国中小型博物馆的实践经验，国内学者已开启了相关专题讨论，分析了中小博物馆发展问题，并探讨化解路径。王丽明（2015）认为"个性是中小型博物馆的生命力"，提议将中小博物馆及专题馆与综合性大馆区别评估，建立中小博物馆评估体系，引导和支持中小馆走个性化特色化的发展之路[1]。邢千里（2015）基于"新博物馆学"理论视域，梳理了中小物馆的三类误区，强调深入了解目标公众、生动专业的引导阐释和展厅有效管理之于中小馆的重要性[2]。刘迪（2015）认为中小馆与大型博物馆博弈的首要问题在于准确定位目标公众并开展有针对性的教育活动，应从一味追求覆盖公众的数量转向公众关系质量的提升，通过构建"情感认同"使公众关系从一般参观发展为深度参与[3]。关战修（2017）提出中小博物馆改变现状应坚持错位运营、成为"社区文化的引领者"，建议从"讲好自己故事，明确自身定位"做起[4]。张金凤（2018）在讨论中小博物馆展陈问题时强调了观众调查的重要性，然而"许多中小博物馆缺少调查研究，使陈展内容缺乏吸引力"[5]。赵慧君（2020）认为地方馆的"独特性是其立身之本，参与性则是其成事之要，两者相互结合应成为其未来发展的共识"[6]。综合既有论述，我国中小博物馆发展的核心问题大体有三个关键点，即个性化定位、观众调查和公众参与。

针对我国中小馆（特别是美术馆）公共教育这一具体问题，仅有个别研究作了专门论述。李方露（2016）基于某中型美术馆 2012-2015 年公共教育活动的受众分析发现，该馆公共教育活动存在品牌活动难以持续发展、观众持续流失、受众缺乏粘附性等困境[7]。陈曾路（2022）认为中小博物馆公共教育的前提是明确自身定位，需坚持"更灵活"和"更智慧"的总体策略：一要精准聚焦目标对象，将公共教育嵌入建筑本体、馆舍空间等全流程的博物馆体验；二要聚焦阐释体系的建设，将阐释体系作为中小馆公共教育的重要基础和关键环节[8]。

国际上，公众参与已成为当下博物馆可持续发展的核心议题。"参与式博物馆"是妮娜·西蒙提出一个重要概念，其著作中所概括的四种参与模式成为博物馆公众参与项目的重要参考[9]。喻翔（2015）进一步阐释了"参与式博物馆"的概念，明确了其并非某种博物馆的新类型，而是要把参与作为办馆理念及运营方式，而由于西方国家的国情差异，我国"参与式博物馆"的建设也不能一蹴而就，需探索符合国情的"参与式博物馆"发展模式[10]。"参与式博物馆"也"不仅仅意味着在博物馆中使用一系列互动设计工具或开展参与式活动"，其根本策略在于"鼓励观众在展览中构建与个人相关的意义"[11]。常丹婧（2021）就把博物馆学习的参与类型归纳为"态度参与""行为参与"和"混合参与"[12]。李颖翀（2021）基于美国克拉克艺术中心的案例分析认为，参与式公众项目的开发实施应降低观众参与门槛、以观众需求为导向、设置参与限制条件、创造共享型学习空间[13]。

通过文献梳理发现，已有研究对我国中小博物馆发展存在的若干痛点问题已趋于形成共识，并积极探索以公共教育为导向的破题策略。

21 世纪以来，"参与"已成为博物馆发展关键词，2022 年新版的博物馆定义也将"群体参与"添作核心要素。然而，对我国中小博物馆问题的关注，至今还未从公众参与的角度展开深入讨论，故本文尝试以"参与式博物馆"为视角，具体探讨小型美术馆的公共教育策略问题。

二、以观众调查为依据，明确公共教育的个性化目标及定位

博物馆个性化的第一步在于以观众为中心，而以观众为中心的第一步则在于"找出谁才是有兴趣的观众，什么样的体验、信息和策略才能引起他们的共鸣[14]"。徐汇艺术馆在早期公共教育实践中，也曾尝试追随大型美术馆步伐，力求做到活动类型齐全、受众广泛。但由于资源、经费和人力有限，除针对未成年人群的"美育卡"项目取得一定成效外，面向其他观众群体的活动质量平平。近年来，徐汇艺术馆不仅通过深入参观群体积累了一些经验思考，还结合最新的专题展开展了较为系统的观众调查，重新审视和明确了适合小型美术馆公共教育的目标及定位。

（一）徐汇艺术馆核心参观群体特征

专题特展观众调查的首要目标是了解核心参观群体的基本特征，对核心参观群体的需求能做出初步研判。调查持续近半年，采集核心参观群体的有效样本共 1347 人。经统计分析，样本年龄中位数为 38，约三分之二的参观者在 25 至 49 岁之间（表 1）。样本中，女性参观

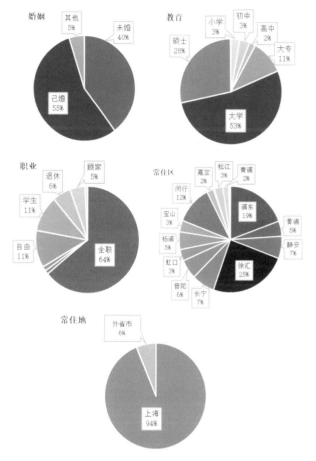

图 1. 专题展核心参观群体调查样本的基本特征分布

群体的有效百分比高达 84.9%，2021 年家庭人均收入超过上海市居民人均可支配收入水平的有效占比达 88.3%。综合教育、婚姻、职业和常住地区的分布（图 1）可推知，徐汇艺术馆的核心参观群体大多为享有较好生活水平、取得了较高学历的中青年群体，其中女性占绝大多数，区域上以徐汇区、浦东区、闵行区的上海本地居民为主体，但同时已延伸覆盖至上海市各行政区乃至外省市地区。

表 1. 专题展核心参观群体调查样本的年龄分布

	有效数	无效数	平均值	中位数	众数	全距	标准差	方差
年龄	1315	32	36.87	38	40	72	11.39	129.77

除了上述人口学基本特征，调查还初步观察了参观群体是否具有一定黏性。统计发现，47.5% 的观众表示近两年（2020 年至今）至少参观过 1 次徐汇艺术馆，意味着样本中近一半是重复到访观众，且整体平均值达 1.3 次。此外，样本中 37% 的观众为非首次参观专题特展，占比超三分之一，而此前参观过至少 2 场专题特展占比 18.1%。由此推知，经过近几年的探索，徐汇艺术馆已积累一定规模的粉丝观众，而这对于资源匮乏的小型美术馆来说意义非凡。

此外，从核心参观群体的构成要素来看，尽管样本的主体构成表现出上述分析的若干鲜明特点，但同时也呈现一定的多元化倾向，特别是在年龄、教育、婚姻、职业、区域等方面的人群分布几乎涵盖了所有细分类型，表明徐汇艺术馆的核心受众兼具一定的广泛性。

（二）小型美术馆公共教育的目标及定位

美术馆的参观者在进入场馆后，参观体验过程是一个有机整体，而非依照各职能部门工作所切割的板块。事实上，相比于进入馆内参观的人群数量，独立开展的公教活动其受众面十分有限，有机会参与的观众只是少数，特别是在小型美术馆，展陈内容的重要性及受众人群远超专场活动。对于绝大多数观众来说，场馆内每处的展示内容都可直接间接地发挥公共教育的作用。从观众查询美术馆信息开始，到抵达时看到的外部环境、进入美术馆的过程、接触到的工作人员、看到的展陈内容、购买的文创产品，全都在潜移默化地进行着公共教育，方方面面都有可能为观众的美术馆之旅提供话题、建立感受、积累文化艺术信息、甚至启发思想。

徐汇艺术馆的观众调查进一步印证了，中小馆可持续发展的关键并非取决于面积大小、活动种类及其数量多少，而是能否找到适合自身条件的目标及定位，发现本馆的核心参观群体，深入了解其特点和需求，构建可持续的互动及参与机制，在此基础上方能不断拓展受众范围。具体而言，为观众打造具有参与感和获得感、可持续而非一次性的文化体验是徐汇艺术馆为自身设立的公共教育核心目标。公共教育的定位则包括教育理念、参与群体、教育方式三个方面。在教育理念上，不再一味扮演权威角色，而以开放的态度重视与观众的交流对话，通过参与及合作，实现彼此启发、共同成长。在参与群体方面，徐汇艺术馆现阶段以稳固和持续吸引核心参观群体为基础，不断拓展至更多元更广泛的人群。教育方式上，尝试打破仅以专门活动作为公共教育的主要方式，基于展示空间的整体参观体验，将公共教育融入场馆参观的全过程。

三、以展教融合的策展思路，打造多感知多层次的参与体验

小型美术馆通常难以开辟专门的空间开展公共教育活动，绝大部分空间都需留作展览之用，有限的空间不仅仅意味着展示空间和展示内容的束缚，还预示着有限展示所带来的参观时长的局限，故小型美术馆公共教育策略须突破空间和时间的双重桎梏。展陈设计与公共教育的深度融合不失为化解该痛点的一种有效方式。一方面在展览策划和展陈布局时就须同步考量公共教育目标，可将所有展示空间都视为促进观众学习的空间；另一方面运用"生长型展项"注入多层次文化内涵，将参与时间延伸至参观前后。

（一）在空间营造上融入启发性的教育元素

小型美术馆在动线设计上的施展余地并不

图 2. 徐汇艺术馆外观及展厅基本情况

图 4. 跨越两层的高展墙所带来的不同视角

图 3. 西藏壁画专题展布展后效果

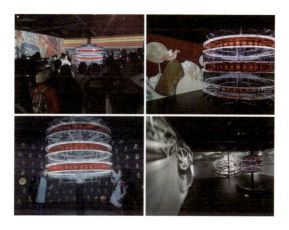

图 5. 多媒体艺术展项《藏轮》

大，只能基于建筑结构本身进行布局。徐汇艺术馆的建筑为一幢清水红砖的三层小洋楼，一、二层为展厅，且内部空间还有层高偏低、展墙琐碎、立柱较多等不利因素（图 2）。面对这些不利因素，展陈设计主要采取了以下因地制宜的措施。

为尽可能避免空间不利因素导致观众和展品之间联系的断裂，一是可根据展览各部分内容，结合展墙、立柱本身的特点，将空间划分为动线连贯但又相对独立的数个空间，单个空间中的展品组成局部的小单元，并且将不同观看方式融入各个空间（图 3）。如，在西藏壁画专题展中，在不同空间里为观众打造丰富的

观看体验，有环视、仰视、凝视、翻阅式观看、浏览式观看、拾阶而上式观看、带有原始空间尺度的观看、交互式观看等。

二是充分利用空间的特殊条件，使部分展品借助空间形成不同位置上的二次观看，分别起到不同的展示作用。如，借助展厅中庭挑空区域，在立柱之间搭建跨越两层的高展墙，观众在一层观看时主要关注壁画的风格演进，走到二层观看时主要感受视角不同带来的不同效果，这样的观看过程其实也是在还原壁画在原始空间中的观感，提供沉浸式的观看体验（图4）。又如，将特殊的参与式展项作为整个参观动线的起始展品也作为结束展品，让观众从意

想不到但又容易解读的角度开始切入展览主题，最后又以自身的参与和讨论而结束参观。

（二）在时间维度上注入多层次的文化内涵

博物馆的参观体验过程开始于正式参观之前，参观完成后也并未结束，而会延续到观众的生活经历之中[15]。然而展览开幕后，因主题内容和绝大部分展品都已固定不变而成为一种静态的延续。如果一直维持此种静态延续，将难以持续吸引观众重复参观。徐汇艺术馆探索出"生长型展项"策展方法，在整体的静态延续中加入局部的动态变化，通过嵌入多层次的文化内涵而兼具观赏性、互动性、延续性和启发性。随着展出时间的推移，"生长型展项"能激发观众在反复体验和参与中生发更丰富的感受和更深入的思考，从而更好满足重复到访观众群体的需求。西藏壁画专题展中设计的展项《藏轮》即为其中的典型代表。

多媒体艺术展项《藏轮》（图 5）为开放式交互装置，根据观众不同的观看视角及互动行为，由浅入深隐藏设计了三个层次的展示内容。展项初级层次的内容是根据观看视角的不同，设计了内部和外部双重影像展示，且两者通过程序设计的链接而达到形、音、色联动的效果。装置由上下三层可转动的红色转轮组成，内部每层分别安设了三组不同的定格图像，而外部的展示空间则在展墙上设计了与每层图像主题相对应的三组多媒体作品。观众触发某一层转轮开始旋转后，若观看装置本身，可观察内部定格图像形成的动画，若环顾周围展墙则能欣赏与之对应联动的多媒体作品及音效设计。展项二级层次的展示内容是当不同转轮被观众拨动并同时保持旋转的情况下，展示空间的多媒体作品则由速度最快的转轮所调控，哪一层转速最快即触发对应的影像及音效。展项的更

深层次则是根据观众操作的特殊情况而设计的"隐藏彩蛋"。若三层转轮都同时旋转且达到某一程序设定值时，设备将播放一段特殊的音效设计，转速高低还可控制该音效片段的音量大小；而当三层都停止旋转时，装置将进入待机设定，内部呈现待机灯光设计，外部空间播放记录创作故事的视频。此外，装置在视觉及音效上所呈现的内容也都取材于展览内容中的文化元素，经过设计团队的二次创作和制作，与展览主题互为呼应、相辅相成，实现了传统与现代的融合。

这套艺术装置可由观众自由触摸和转动，任凭他们自己去探索发现作品所呈现的文化艺术影像、各种变化关系和所蕴含的哲理，并在阐释上给观众以充分的想象和讨论空间，给重复到访的观众不断发现新内容的可能。观众从"不敢触碰展品"到"试着推动转轮"，从"不知道这是什么"到"哇原来可以这样"，再到与其他观众的互动协作而发现更多变化，逐渐由浅层次的视觉观看进入深层次的多感知体验，可以不断探索自身与艺术作品的关系、与周围他人的关系。随着展出时间的推移，许多已参观的观众在社交媒体上写下自己的观感、分享自己的照片后，一批批的观众带着最初的印象来到展厅探索，在体验过程中或印证，或疑惑，或感叹，激发出基于个人体验的新解读，又进一步在社交媒体上分享新的感想，形成具有正螺旋效应的话题传播。截至展览对外开放的 136 天，参与装置互动的观众累计 43000 余人次。

四、以有效深入的现场阐释，塑造展示内容与观众的深层联系

中小馆在藏品方面存在先天劣势，"阐释

能力"成为了决定展览最终呈现效果和观众学习收获大小的关键因素，理想的展览不仅能让观众更好地吸收策展人的理念和思路，还能使参观者拥有足够空间进行知识整合和迁移，构建起新的知识结构[16]。除了藏品质量，小型美术馆还因展览面积极为有限，展示内容无法将展品所隐含的丰富信息完整地呈现出来。要持续吸引本馆观众群体中黏性较高的人群多次参与，则要满足他们对展出内容深度学习的需求，让展品成为具有话题性和刺激性的"社交实物[17]"，并采用"适时反应策略[18]"，抓住观众站在展品前的宝贵时机，通过专业人员的现场阐释建立与观众的对话机制，鼓励观众通过展览及展品构建与个人生活有关的意义。徐汇艺术馆在实践中发现，就展示内容向观众进行面对面的深入解读是非常必要的公共教育手段。公共教育的成效也取决于参观体验中个人意义的建构，当展品的文化信息通过导览而具有个人意义时，参观才真正有效[19]。徐汇艺术馆的现场阐释以高频次的策展人深度导览为主，经反复试验、调整之后，笔者总结归纳了现场深度导览需注重的要点。

（一）导览受众的多样性

美术馆的公益属性决定了导览应面向最广泛的公众，因此现场导览往往同时包括不同年龄、不同知识背景和职业背景的人群。徐汇艺术馆策展人导览单场 20-100 人不等，受众组成可分为两种类型：一是由参观者个人预约而成的随机组合，另一类是常见的团队预约组合。在徐汇艺术馆专题特展中，第一类更为多见。观众调查发现，样本中选择导览为主要参观方式的观众群体除了在行政区域的维度上浦东区的占比最大、超过徐汇区，其余维度的结构组成和整体样本几乎一致。可见，深度导览的主要受众是与本馆核心参观人群极为类似的群体。

然而，选择导览为主要参观方式的观众之中，从未参观过专题展的人群占比却高达 62.3%。可见，深度导览也吸引着大量新观众的参与。参观经历的不同可能使他们对导览的期待和需求存在较大差异。因此，深度导览虽然以核心观众群体（特别是重复到访的老观众）的特点和需求为基础而规划，但还需留有足够的"缝隙"或空间，让新观众也深度参与其中，充分享受跟随导览的全过程。

（二）教育人员的自我定位

深度导览有别于常规讲解工作，其对教育人员在知识储备、观察能力、组织应变和语言技巧等诸多方面都提出了更高要求。导览的内容重在阐释展览的策划思路和展品多维度的文化信息，需要相关教育人员在接触观众前有扎实的知识储备。同时，常规的讲解方式以单向信息灌输为主，因常带有说教性而难以吸引观众的深度参与。导览教育员则应避开这一误区。如果是从认为自己"拥有很多信息可以输出"的认知出发，围绕"我要告诉你什么"规划导览内容，则带有明显的说教性而拒绝了观众的参与。好的深度导览应该从观众的视角出发，充分重视"你想知道什么"，让观众的自我意识参与进来。因此，教育人员应将自身定位为参观过程中的陪伴者、学习过程中的辅助者、学习内容的引导者和思维观点的启发者。

（三）阐释切入点的选择

一个广为人知的主题，可能在观众观念中已形成某种刻板印象，而一个观众熟悉程度不高的主题，又存在陌生感和距离感的问题。美术馆导览是开放自主、自由灵活的，观众可随时根据自身感受自主调整参观安排。在面对新观众时，教育人员所面临的重要挑战是如何获得他们的信任、吸引他们的注意进而激发他们跟随学习的兴趣。大多数观众很大程度上会根

图 6."妙像焕彩 520"众筹计划活动的呈现过程

据导览开场的感受来决定是否继续跟随，所以须从观众熟悉的角度或与之生活相关的事物切入，提供话题上可参与的入口，通过衔接"已知"和"未知"帮助他们与展示内容建立联系，才可能使观众顺利进入主题并深度参与其中。

（四）阐释脉络的铺陈设计

好的深度导览并非口若悬河般随性发挥，而是有清晰的阐释脉络和结构组织的。常规讲解内容一般都以展陈大纲的框架为铺陈，而展陈设计背后的考量却常常被忽略。策展思路、展品的选择、展品间知识点的关联等隐含在展陈背后的思考，似乎被默认为专业性内容，是一般公众不需要了解的。然而，对这些观众不易"看见"之处的解读恰恰也是吸引观众参与的重要内容。"参与"不应纯粹指代某种活动形式，也不只是外在的行为表现，更是情感、态度、思维等内在精神层面的。在目前实践中，由于现场人数众多、构成多样，一味追求形式上自由讨论式的参与互动是不切实际的，更需着力调动观众在注意力和思维层面的深度参与。

让观众深入了解展陈背后的故事，同样是观众参与展览意义建构的重要手段。导览铺陈应综合运用适时的提问、节奏的变换、前后内容的呼应、深层信息的引导、观众多感官体验的调动等技巧，为主动学习者提供内容的框架和信息点的连接，为被动学习者提供个人经验的关联和兴趣的激发。这样即便观众在行为上并未发言，但在精神层面可以把自身的既有知识及经历与展览的内容相联系起来，全身心地跟随展览内容及导览节奏，从中获得有强烈参与感的文化体验。

五、以参与式展项为媒介，建立场馆与观众的持续互动

西蒙在《参与式博物馆》中鲜明提出"人们之间是靠实物才能联系在一起"，具有个性化、话题性、刺激性和关联性特点的"社交实物"，能把创作者、拥有者、使用者、评论者和体验者相关联而产生对话交流[20]。近年来，徐汇艺术馆取得的实践经验与上述理论观点不谋而合。要塑造观众与展品的关系、与其他观众的关系、与美术馆的关系，需精心设计特殊的参与式展项，使其成为"社交实物"而吸引观众的深度参与。经过多年尝试，西藏壁画专题展中的重点展项"妙像焕彩 520"成为其中最为成功的代表之一（图 6）。

西藏壁画对于上海的普通观众来说相当陌生，理解上有较大难度。为帮助观众深入感受壁画的色彩和细节并获得更丰富的体验，策展团队启动了"妙像焕彩 520"众筹计划。该展项的设计灵感缘于展览策划过程中的一铺经典壁画因高清图像缺损而无法展出，策展人通过搜集资料临摹出了该壁画的线描稿。此时策展人萌生了让观众从观看者转换为创作者的想法，

于是选定一整面空白展墙将其设计为特殊的参与式展项。团队将线描稿放大至展墙的尺寸，恰好分割成 520 块 11cm×11cm 的小局部，定名为"妙像焕彩 520"，采用众筹形式邀请观众参与绘制、共同完成这项展品。参与者自愿报名，在对壁画原貌不知情的情况下，随机抽取一片局部，卡片上只有线描没有颜色，并附说明书标注了各个区域的基本色彩，不限材料和制作方法，两周内归还。归还的卡片逐渐按预设位置贴上展墙，空白的墙面随着归还局部数量的增加，逐渐显现原貌。该展项一经推出便得到观众热烈反响，原计划 520 份卡片在展览开幕仅一个月时便发放完毕，活动调整为继续发放第二、三批。展览期间，共发出卡片 1253 张，收回 913 张，同时还收到观众自发记录的创作过程及感想 209 份。展览结束时，参与者还可参加"撤展"取回属于自己的特殊纪念。

为了完成领到的壁画局部，有的观众自主学习藏地古代壁画的延伸知识，有的在现场导览中认真学习壁画的绘制步骤、规划自己如何着手。在参与过程中，有的亲身体会了古代画师的"投入"和"静心"，有的发现通过这张小小的卡片瞬间拉近了自己与壁画及古代画师的距离。通过深度参与，观众逐渐发现了自己与他人的关系，有的会观察周围已经完成的卡片、试图用接近的颜色与之融为一体，有的则竭力与周围卡片形成反差、以别出心裁的创意凸显自己，有的是跟家人共同进行创作，有的被意外隔离也不放弃在线上与朋友合作完成。观众们还在材料运用上各显神通，有的翻出了"小时候的彩笔"回忆童年，有的用上眼影、口红、指甲油等化妆品，有的使用米粒、辣椒、麻绳、丝带、亮片、包装纸等物料拼贴，有的

运用电脑绘图打印而成，有的仿照古代壁画而使用矿物颜料，甚至还有的用模型、非遗技法等特殊技艺进行创作。

该参与式展项取得了超乎预期的参与效果。缺失的壁画在众人跨越时空的协作下，从零星散落的局部逐渐完整，又逐渐变幻拼出不同的形象。活动过程中，展项不仅让参与者实现了与自我的对话、收获了个性化的体验和记忆，还塑造了参与者与其他个体的关系。参与者会自发关注他人的作品和不同的想法创意，互相猜测和讨论每块创作局部的内容，与亲朋好友、甚至是陌生人一起体验共同创作的乐趣。最终，以这一"社交实物"为媒介，场馆得以与观众建立有效而持续的互动，即场馆及展陈内容和观众生活产生了更为深刻的意义连接。

结语

小型美术馆的可持续发展是建立在公众深度参与之基础上的。受制于资源条件方面的劣势，小馆公共教育策略应避开自身短板，开展有效的观众调查，确立适合自身条件的个性化目标及定位，在"参与式博物馆"理念的指导下，运用展教融合的教育方式和有效深入的现场阐释，着力策划参与式展项，打造有参与感、获得感、可持续的文化体验。另一方面，公立小型美术馆的可持续发展同样离不开政策的引导和支持，徐汇艺术馆的实践进一步证明了个性化特色化对于中小馆发展的重要性，建立适用于中小馆的评估考核办法和政策激励机制将有力推动更多中小博物馆开展丰富多样的教育实践。

【注释】

[1] 王丽明：《中小型博物馆在现行评估体系下的个性化坚持——以泉州海外交通史博物馆为例》，《中国博物馆协会博物馆学专业委员会 2014 年"博物馆个性化研究"学术研讨会论文集》，中国书店，2014 年，第 128-133 页。

[2] 邢千里：《我国中小博物馆践行新博物馆学理论的误区与前景》，《中国博物馆协会博物馆学专业委员会 2015 年"致力于社会可持续发展的博物馆"学术研讨会论文集》，中国书店，2015 年，第 134-138 页。

[3] 刘迪：《关系建构与情感认同：中小博物馆公众关系发展研究》，《中国博物馆协会博物馆学专业委员会 2015 年"致力于社会可持续发展的博物馆"学术研讨会论文集》，中国书店，2015 年，第 178-182 页。

[4] 关战修：《中小博物馆的战略逆袭》，《博物院》2017 年第 2 期。

[5] 张金凤：《中小博物馆的陈展之痛——简议中小博物馆的陈展问题与解决之道》，《文物鉴定与鉴赏》2018 年第 13 期。

[6] 赵慧君：《独特性与参与性：面向未来的地方博物馆》，《博物院》2020 年第 1 期。

[7] 李方露：《以观众拓展为视角探究美术馆公共教育的发展》，华东政法大学学位论文，2016 年。

[8] 陈曾路：《更灵活和更智慧：中小博物馆的教育策略》，《中国博物馆》2022 年第 1 期。

[9] 妮娜·西蒙：《参与式博物馆：迈入博物馆 2.0 时代》，浙江大学出版社，2018 年，第 3、200-201 页。

[10] 喻翔：《参与式博物馆理论的内涵及可行性研究》，浙江大学学位论文，2015 年。

[11] 妮可·默惠志森、张瀚予：《对美术馆参与和展览实践的一些质疑》，《民艺》2020 年第 5 期。

[12] 常丹婧：《博物馆学习中的观众参与：概念、特点与对策》，《东南文化》2021 年第 5 期。

[13] 李颖翀：《博物馆参与式公众项目开发理念与策略——基于美国克拉克艺术中心相关实践的思考》，《博物院》2021 年第 3 期。

[14] 妮娜·西蒙：《参与式博物馆：迈入博物馆 2.0 时代》，浙江大学出版社，2018 年，第 40 页。

[15] 约翰·福克、林恩·迪尔金：《博物馆体验再探讨》，社会科学文献出版社，2021 年，第 273 页。

[16] 同 [8]。

[17] 妮娜·西蒙：《参与式博物馆：迈入博物馆 2.0 时代》，浙江大学出版社，2018 年，第 139-144 页。

[18] 彼特·萨米斯、米米·迈克尔森：《以观众为中心：博物馆的新实践》，科学出版社，2018 年，第 18-19 页。

[19] 郑勤砚：《美术馆公共教育的反思——兼谈美国艺术博物馆的教育经验》，《美术观察》2011 年第 2 期。

[20] 同 [17]。

中小型专题博物馆展陈设计的个性化表达
——以南通中国珠算博物馆为例

王丹丹（南通中国珠算博物馆）

摘要： 在我国博物馆事业迅猛发展的今天，中小型专题博物馆以其专业性、独特性、趣味性等特点，赢得了广大观众的青睐，但其体量决定了在展览方面有一定的局限性。如何紧扣中小型专题博物馆自身特点，进行个性化展陈表达，增强展览的看点和记忆点，满足不同观众群体日益增长的参观需求，成为目前中小型专题博物馆的重要课题。本文以南通中国珠算博物馆为例，从"一点突破、双线并举、三面兼顾、整体考虑"这样的"点、线、面、体"四个维度，具体阐述了中小型专题博物馆个性化展陈设计的具体实践与做法，让观众在独具特色的专题展中，"透物见人"，链接古今，做到让文物"活起来"，让博物馆变为一所大学校。

关键词： 专题博物馆 展陈 珠算

根据最新国际博物馆协会（ICOM）的定义，博物馆是为社会服务的非营利性常设机构，它研究、收藏、保护、阐释和展示物质与非物质遗产。向公众开放，具有可及性和包容性，博物馆促进多样性和可持续性。博物馆以符合道德且专业的方式进行运营和交流，并在社区的参与下，为教育、欣赏、深思和知识共享提供多种体验。

当前我们已进入新时代中国特色社会主义文化建设新时期，以收藏历史、记录文明、传承文化为己任的博物馆，成为不可或缺的中坚力量。随着我国博物馆事业的迅猛发展，各类有特色的专题博物馆如雨后春笋般不断涌现，它们与综合性博物馆一道，汇成了中国博物馆事业蒸蒸日上、蔚为大观的喜人景象。专题博物馆选题涵盖科技、自然、民族、民俗、生态、遗址等各个学科和各个行业，其主体也并非隶属于文化旅游系统，有财政系统的、审计系统的、水利系统的、农业系统的，有国有的、非国有的，企业的、个人的……呈现百花齐放的繁荣发展景象。如果说综合类博物馆是"包罗万象"的话，专题博物馆则是"术有专攻"。

如何以专题文化特色为核心，使专业术语简单化、专业展品形象化、专业历史通俗化，让观众进得来、看得懂、解得明、留得住，从而在不知不觉中看完展览，在潜移默化中接受教育，这便对专题博物馆展陈设计提出了更高要求。本文就以中国珠算博物馆为例，从展陈内容、展陈形式、展陈受众、展陈空间四个方面，谈谈如何充分展示专题特点、恰到好处地运用多种形式、统筹兼顾受众层面、营造独具特色的参观氛围，为观众呈现个性鲜明、形式多样、雅俗共赏、和谐统一的个性化专题展览。

一、一点突破——展陈内容的个性化设计

所谓"一点突破"，是指在进行专题博物馆展陈设计时，从专题博物馆自身独有的历史文化内容加以突破，提炼出特点鲜明的展陈内容。具体可以从三个方面来表现本专题特点：

（一）挖掘最能表现本专题特点的知识内容

专题博物馆都有着区别于其他博物馆的内容属性，这是专题博物馆的最大亮点。设计展陈内容，就是讲好本专题独有的历史文化故事，让观众真正得到在其他博物馆不一样的收获。

中国珠算博物馆是以"珠算"为专题的博物馆。关于珠算的特点，联合国教科文组织在将中国珠算列入人类非物质文化遗产名录时评价道："中国珠算以算盘为工具，是一种历史悠久的传统运算方法，它是中国人文化认同的象征。"这段话中列出了中国珠算的三大特点，即以算盘为工具、历史悠久、是一种文化象征。因此，策展团队提炼出"上下进退计千秋——中国珠算历史展""框梁档珠亦生动——中国珠算文化展""大珠小珠落玉盘——中国算盘精品展"三个主题进行展示。历史厅涵盖算盘的起源与发展、珠算在社会经济发展中的作用、中国珠算走向世界等内容；文化厅撷取了与人们生活密切相关的内容，包括生活习俗、文艺作品中的算盘文化等；精品厅通过大小不同、形状各异、材质多样的算盘精品，为观众创设了一个琳琅满目、丰富多彩的算盘世界。

（二）挑选最能表现本专题特点的文物展品

"物"，既展品，是一个博物馆的灵魂。专题博物馆的"物"本身就与众不同，展览中更需要挑出最能服务于个性化内容的文物进行展示。

策展团队在中国珠算历史厅，挑选并重点展示了出现存最早用来计算的圆珠——西周陶丸、最早记载"珠算"一词的书——汉代《数术记遗》、最早的算盘雏形——游珠算板、最早绘有算盘图的宋代名画《清明上河图》、最早的算珠——巨鹿算珠、最早记载"算盘"一词的书——《谢察微算经》、我国第一部珠算著作——明代王文素的《新集通证古今算学宝鉴》等，这些展品是珠算发展史关键节点的物证，借助于其可以很好地诉说珠算的历史。同时，策展团队还挑选了明代户部尚书卢维祯使用过的算盘、清代天文学家用来进行天文历算的天三算盘、清代周懋琦设计我国第一艘钢甲巡洋舰平远号使用过的两把算盘、新中国成立后工农商等行业会计人员使用过的算盘、我国原子弹研制过程中使用过的手摇计算机和算盘等，重点表现算盘的历史地位和作用。此外，选取了算盘吉祥挂件、手镯算盘、耳环算盘、项链算盘、帽饰算盘、发卡算盘、不求人算盘、水烟台算盘等，让观众欣赏这些独特展品时，进一步体会到对算盘情有独钟的人们，如何以算盘丰富自己、美化生活。

（三）开创最能表现本专题特点的展陈思路

如何将提炼出的内容和挑选出的展品，有条理地呈现给观众，这便需要精心设计展陈思路。展陈思路要根据展陈内容和展品特点进行构思，有的以历史为脉络构思，有的以不同属性和类别构思等。无论是怎样的思路，都必须

围绕本专题的内容，体现本专题的特色。

策展团队在设计珠算博物馆历史厅、文化厅和精品厅时，分别按照历史脉络、文化属性、展品材质设计展陈思路。历史厅根据历史沿革，通过"源深流远——萌于商周、名成理就——始于秦汉、形简意丰——成于唐宋、物竞天择——盛于元明、器利技长——传于清代民国、古珠新声——兴于新中国"六个单元，全面展示了中国珠算的千年历程和深厚底蕴；文化厅根据算盘文化在不同领域的表现，分为"寓意——民俗中的珠算文化、阜财——商业中的珠算文化、传神——绘画中的珠算文化、流韵——音戏舞中的珠算文化、谐趣——语言中的珠算文化、风雅——文学中的珠算文化"六个单元，多角度、多层面展示了丰富多彩的珠算文化；精品厅则分为两个版块，第一版块根据算盘的材质，分成"木风——木质算盘、金相——金属算盘、玉质——玉算盘、骨气——骨质算盘、瓷韵——瓷算盘"五个单元，展示了材质各异、精美绝伦的算盘精品，第二版块按"人乐——饰品算盘、年丰——蔬菜水果算盘、家安——八卦算盘"三个单元，展示了百姓生活中如歌的算盘风情。

二、双线并举——展陈形式的个性化设计

所谓"双线并举"，是指在进行专题博物馆展陈设计时，要正确处理好内容和形式两条线，以内容为本，运用恰到好处的形式设计，以增强本专题博物馆的辨识度，加深观众对专题内容的理解及参观印象。策展团队在选择多种多样的展陈形式时，要正确把握好以下三个方面的关系：

（一）要把握好主要展品和辅助展品的关系

专题博物馆的陈列，要根据展陈内容及主题选择合适的展品进行展示，做到主要展品重点突出，辅助展品恰到好处。

策展团队在珠算历史厅展示明代科学家朱载堉时，认为朱载堉是一位集天文、数学、音乐、舞蹈、珠算于一身的大家，被誉为"世界历史文化名人"，其在各方面的成就斐然，但在此展览中应重点表现其对珠算的贡献。因此，策展团队提炼了其"用一把八十一档算盘进行开平方和开立方计算，将中国珠算的运用扩展至科学研究领域"这一重要成就，将一把八十一档算盘作为重点展品展示，同时将其音乐、舞蹈著作《乐学新说》作为辅助展品相呼应，向观众呈现了朱载堉完整的文化名人形象。同样，在展示清代爱国名臣周懋琦时，将其制作并使用的 25 档上四下五珠和 49 档上二下五珠子玉款算盘作为重点展品，将其在台湾期间撰写记载钓鱼岛的《全台图说》作为辅助展品，以衬托其爱国名臣的形象，做到了专题特点突出，人物形象立体全面。

（二）要把握好静态展示和动态展示的关系

动静结合是当前博物馆展陈设计的基本原则。静态展示如独立柜展示、场景复原、主题雕塑、沙盘模型、大型壁画等，动态展示如视听欣赏、幻影成像、互动游戏、沉浸式影院、电子翻书台、示范表演等。专题博物馆往往会因为"物"不够丰富而借用更多的动态展示手段，但有时会因此形成"喧宾夺主"的情况，即主要展陈内容淹没在辅助手段中，同时可能存在后期维护困难的状况。因此，设计专题博物馆展陈时，要根据展陈内容需要，适当把握好动态展示的"度"。

策展团队在设计珠算历史厅时，根据展陈需要，制作了古人计数、珠算口诀两组三维动画，以吸引儿童参观学习；设置了音频自动播放系统，根据观众需要播放朗朗上口的加减口诀。设计珠算文化厅时，围绕珠算文化这条主线，对其中的四个点位运用了多媒体展示手段：一是运用幻影成像技术，表现民国时期南通一条商业街——南大街的繁华景象及算盘在商业中的应用；二是运用沉浸式影院技术，展示音乐、舞蹈、戏曲中精彩的珠算文化元素；三是运用互动一体机技术，让观众在互动答题游戏中了解趣味横生的算盘语言；四是运用电子翻书台技术，让观众学习精彩的文学中的算盘文化。

（三）要把握好专业需求和设计效果的关系

展陈形式是让展品说话的方式，当展陈设计效果与专业需求出现不一致时，原则上应该以专业需求为主，设计效果服务从于专业需求。

珠算博物馆内展出的镇馆之宝——紫檀大算盘，是世界上最大、最珍贵的紫檀算盘，设计安排在文化厅。原先文化厅顶部中间有一排玻璃天窗，设计师极力建议保留，认为能够更好地表现紫檀大算盘的光影效果。但专业人员认为紫檀大算盘不可以受阳光直射，紫外线会对紫檀木造成不可逆的伤害。最后专业人员说服了设计师，仍然采取了展示空间全封闭方式，但合理设计了人工光源来呈现展品。再如为表现内容的需要，仿制了一块刻有类似算盘图案的汉画像石。设计师专门为这件展品设计了一个独立展示区域进行重点展示，但专业人士考虑到此展品为仿制品且图案刻画模糊不足以说明问题，如此强调不妥当，后经与设计师沟通达成一致，放弃了这一设计。

三、三面兼顾——展陈受众的个性化设计

所谓"三面兼顾"，是指在进行专题博物馆展陈设计时，要分别兼顾到一般的普通观众、本专题行业内的观众和学生观众三个层面的参观需求，进行个性化展陈设计。针对一般观众，可以设计一些入门级的浅显内容，辅之以动态演示、动手操作等较为直观的展陈方式，增加观展记忆点和愉悦感；针对本专题行业内的观众，可以通过触摸一体机、查书台等项目的设置，为他们提供了延伸学习专业知识的途径；对于学生观众，则要根据不同年龄、不同知识基础进行个性化展陈设计。下面重点介绍如何分别针对小学生、中学生、大学生参观群体，进行符合各自年龄特征、知识基础、理解能力的展陈设计。

（一）针对小学生的个性化设计

小学生具有好奇心强、活泼好动等年龄特点，策展团队在进行专题博物馆展陈设计时，一方面要找到展陈内容与其学习内容相关联的点，唤起参观学习兴趣；另一方面要通过动画演示、动手操作等方式，激发其参与热情。

策展团队在进行内容设计时，根据小学数学教材中关于计数的内容，结合"计数源流"一节，专门为小学生设计石子计数、树枝计数、结绳计数、契刻计数等古人计数场景；根据小学教材中的数学口诀，结合"歌诀韵长"一节，制作了加法、减法、乘法、除法等卡通珠算口诀的展板；根据小学数学名题"鸡兔同笼"，结合"算经集萃"一节，专门设计了用算盘题解的方法及互动操作平台；根据小学数学圆的面积内容，结合"古算撷英"一节，专门设计了祖冲之与圆周率等相关展项内容。在展陈形式方面，通过小学生喜闻乐见的动画演示、儿

歌播放、竞答游戏等方式进行展示，相关点位成为小学生的高频停留点，取得了良好的展陈效果。

（二）针对中学生的个性化设计

中学生具有一定的文化知识基础，对问题具备一定的理解能力。在进行专题博物馆展陈设计时，重点搜集中学生知识储备中与展陈专题内容相关联的内容，在帮助扩充某一方面知识储备的同时，拉近其与展览的距离。

在进行中国珠算历史展陈设计时，根据中学生数学教材《九章算术》相关内容，结合"算经集萃"一节，扩充介绍了《九章算术》的主要内容及其在我国古代数学中的成就和地位；根据中学数学教材中的勾股定理、圆周率、解不定方程、一次同余式等内容，结合"名成理就"一节，介绍了最早记载勾股定理的《周髀算经》，最早记载联立一次方程解法的《九章算术》，最早提出正负数概念及加减法的《海岛算经》，最早进行不定方程研究的《张丘建算经》等。在展陈形式上，则通过实物展示、视频讲解、动画演示等方式，帮助其参观学习，加深理解。

（三）针对大学生的个性化设计

大学生不同于中小学生，主要是通过自发地学习研究来提升自己，更多时候是确围绕某个课题开展学习和研究活动。因此，策展团队在设计专题博物馆展陈时，尽可能地为其提供课题研究导向及相关素材。

大学生在中国珠算博物馆展陈中，可以总结提炼出多项相关课题进行研究，如在"源深流远"一节中介绍了古巴比伦的楔形文字数码、玛雅数码、罗马数码、阿拉伯数码以及中国算盘珠码，大学生可以据此提出《中国珠算数码与外国数码的比较研究》；在"清初四算"一节中，介绍了明末清初西学东渐各种算法传入中国的情况，大学生可以据此提出《笔算、纳

皮尔筹算、尺算与珠算的比较研究》；在"民俗中的珠算文化"一节中，介绍了与珠算有关的各种民俗，大学生可以在此基础上进一步开展《中国算盘与民俗文化研究》等。在展陈形式上，通过触摸一体机和图书阅览机的形式，为大学生们学习研究提供内容更加丰富的参考资料，得到了前来参观大学生的认可。

四、整体考虑——展陈空间的个性化设计

所谓"整体考虑"，是指在进行专题博物馆展陈设计时，要把展陈空间与博物馆自身建筑、公共空间等看作一个整体，要将空间、结构、色彩、文化等各方面的要素和内涵相互融合，为观众营造一个和谐统一的参观环境。

（一）展陈色彩与建筑色彩和谐统一

色彩是一种极为丰富的无声的情感语言，对博物馆展陈效果有非常大的影响。策展团队在考虑色彩运用时，特别注意到观众是往往将建筑色彩和展陈色彩一并摄入眼中进而在脑中形成整体印象。所以策展团队的专题博物馆展陈色彩设计，一定努力做到兼顾建筑本身的色彩进行整体设计，以达到和谐统一的目的。

中国珠算博物馆整体建筑具有江南园林风格，结合现代抽象建筑手法，新颖独特。特别是在色彩搭配上，蓝灰色的屋面、灰白色的大理石墙面、加上深黑色的花岗岩基墙，呈现在观众眼前的是江南园林水墨画般的意境。鉴于此，选取内部展陈色彩方面，选择公共空间地面为中国黑线花岗岩、墙面为灰白色大理石，顶部为白色漆；在展厅内板块之间以透光软膜、仿真竹、水墨画、书卷元素隔断或链接，展陈内部空间地面为深灰色的地胶、墙面为淡灰色肌理漆、展板为青白色渲绒布，这样的黑、白、

灰色彩搭配，与建筑色彩互为呼应，和谐与共。为了不给观众带来色彩视觉上的审美疲劳，在设计展陈空间的标识铭牌时，采取了黑底金字的色彩搭配，形成了色彩上的变化感和跳跃感，于清新淡雅中透出一丝明亮。经过色彩设计，创造了一个宁静、和谐的水墨画般的意境，通过"俗物雅展"的方式体现"俗物不俗"，收到了意想不到的视觉效果。

（二）专题元素与公共空间相得益彰

每一个专题博物馆都有与众不同的文化特征元素。在进行空间设计时，要巧妙地将该专题的文化特征融入公共空间的设计中。例如可以通过大型主题雕塑的设计，为观众创造出个性化的空间；也可以在公共空间的一些细节部分，穿插设计与专题有关的文化元素，让观众在不经意间与专题文化来一次接触。

策展团队在珠算博物馆的序厅，以大理石为材料，设计了一组以珠算为主题的雕塑。雕塑分为前后两部分，前面是一把整石雕成的算盘的一角，古朴凝重的石雕算盘，深深扎根在这里，象征着中国珠算文化博大精深；石雕算盘的背面是集合珠算历史元素的浮雕墙，有第一部珠算古籍，有寓意中国珠算通过海陆丝绸之路走向世界的驼队和帆船，有代表中国珠算在天文历算中发挥作用的北斗七星等，浮雕墙的顶端还有南通的狼山与濠河造型，整个雕塑的主题为"珠算选择了南通，南通让中国珠算更精彩！"此外，还在楼梯公共空间设计了一个不锈钢圆形抽象算盘雕塑，在楼梯扶手上设计了可以拨动的小算珠，在电梯轿厢的内壁上设计了菱形算珠的图案，在主题展板上水印着算盘的图案等等，让观众能时刻置身于算盘的世界，得到珠算文化的感染与熏陶。

（三）自然光与人工光有机结合

为保护展品，博物馆界的传统做法是将整个展陈空间设计成密闭式，通过人工照明渲染展厅气氛、烘托文物展品。但是不是博物馆一律不能引进自然光呢？个人认为也不尽然，可以根据各博物馆的具体情况来考虑。因为自然光与人工光源相比，有着独到的优势，它在建筑空间中有着别样的魅力，当自然光进入馆内，不仅能够提供空间照明、引导动线，也有助于提升空间格调，并让展览、建筑链接让大自然，这是人工照明无法比拟的。出于文物安全的考虑，策展时可以避开展陈核心区，在公共空间做文章，如可以在顶层设置玻璃天窗，引入自然光，也可以将公共过道外墙设计成玻璃幕墙，构成展厅内富有韵律感的光影效果。

珠算博物馆大门引廊和门厅挑空的高大空间之间，采用透明的玻璃幕墙，内外景致自然过渡，融为一体。博物馆二楼走道，采用两片高大的大理石实墙笔直到顶，顶部敞开处采用玻璃斜面屋架，类似于江南园林建筑的小巷。太阳光从顶部倾泻下来洒落在墙面，并随着太阳的位移产生更加独特的效果。此外，在运用自然光时，可以适当地在自然光和展陈空间之间用一个过渡空间去削弱自然光对于展厅的影响，营造一个适合展品光照的柔和室内空间。例如珠算博物馆大厅顶部为玻璃幕墙，自然光照充足，在大厅与历史厅之间，插入序厅，在序厅顶部斜面玻璃屋顶增设了帷幔，弱化了自然光，然后将部分弱化后的自然光引进历史厅的入口，显得自然和谐，使自然光与人工光的结合运用恰到好处。

综上所述，在专题博物馆展陈个性化设计活动中，可以从"点、线、面、体"四个维度，为观众营造特有的专题文化氛围，吸引更多的观众走进专题博物馆参观学习。当然，此次研究只是抛砖引玉，希望有更多关注的目光投射到中小型专题博物馆建设与发展上来，促进各类博物馆协调发展，真正使我国博物馆事业百花齐放、春色满园。

【注释】

[1] 王宏钧：《中国博物馆学基础》，上海古籍出版社，2001 年，第 247-253 页。

[2] 王兴田、潘方勇：《黑、白、灰的意境：江苏南通珠算博物馆设计》，《建筑学报》2005 年第 11 期。

中小博物馆深度融合
"社区文化服务体系"的思路探索

陈晨（天津师范大学）

摘要： 在我国现有博物馆数量中，中小博物馆占有较大比例。这些中小博物馆在规模、馆藏、资金、人员等方面都相对较弱，没有形成自己的特色与品牌，不能发挥更大的社会效益，甚至不能自给自足。所以中小博物馆需要找准自己的文化品牌定位，还需要有可以发挥社会效益的平台渠道。与社区合作，深度融合到"社区文化服务体系"当中，是中小博物馆发挥社会职能最行之有效的方式之一。本文从中小博物馆与"社区文化服务体系"深度融合的视角，分别从思想维度、活动内容与运营模式三个角度进行探讨，以社区需求为主导为出发点、开展形式多样的"博物馆化"活动，与客观实际的运营模式是本文的讨论重点。

关键词： 博物馆 中小博物馆 社区 社区博物馆 志愿者

2022 年 5 月 18 日，国家文物局公布了截止 2021 年底全国博物馆数量为 6183 家，而其中 70% 的博物馆属于"中小博物馆"或者"基层博物馆"。其实，关于"中小"这个概念的界定一直是比较模糊的，只是被普遍认为"规模小、藏品较少、资金匮乏、人员稀缺"的市县级博物馆。根据我国行政区域划分，可以分为省级、地级、县级、乡级四个级别的行政区。其中，省级博物馆应该算为"大馆"，而"乡级"几乎没有博物馆，所以"中小博物馆"应该指的是地级和县级行政区的博物馆，也就是所谓的"市县级博物馆"。

我国的地级行政区共有 333 个地级区划，包括 293 个地级市、7 个地区、30 个自治州、3 个盟。在地级博物馆中，各省会城市和一线、

新一线城市博物馆的资源比较多，甚至很多超过了省级大馆，比如成都市博物馆、苏州博物馆等。所以无论从规模、藏品、资金和人员来讲都不能算为"中小博物馆"。所以中小博物馆实际上应该指的就是二线以下城市的地级县级博物馆、规模较小的行业博物馆和非国有博物馆。这些博物馆的共同点就是在规模、馆藏、资金、人员等都相对较弱，没有自己的特色与品牌，不能发挥更大的社会效益，甚至不能自给自足。所以中小博物馆需要在找准自身文化品牌定位的同时，还需要一个可以发挥社会效益的平台渠道，最行之有效的方式就是与社区合作，深度融合到"社区文化服务体系"中去。

其实博物馆与社区的联系合作已经是博物馆社会教育中的常态化工作，而且自上世纪

八十年代"社区博物馆"概念开始进入我国博物馆学界视野，经过多年实践，国内已经出现了多家典型案例，如北京史家胡同博物馆、建国门社区博物馆，福建福州的三坊七巷社区博物馆等。这些社区博物馆不仅可以保存社区内居民的生活记忆，还能满足人们日常的文化需求，属于公共文化服务体系中的重要内容。无论是从博物馆学还是社会学角度，都具有重要的意义。虽然我们国大部分的博物馆并不属于社区类型的，但是对于其他中小博物馆来说，与社区融合确实是可以最大化的发挥社会职能。

一、以"社区"为主导的思维理念

（一）从社区工作和社区居民需求出发

在博物馆的社会教育工作中，经常会举办"进社区"的方式，将本馆的临时展览或者讲座活动在社区举办。比如四川博物院和内蒙古博物院的"大篷车"，广东省博物馆的"流动博物馆"等。这种"流动"的形式虽然能够起到一定的宣传效果，但依旧是从博物馆自身的角度出发，所谓"我有什么，就给你什么"，而并不是"你真正需要什么"。如果中小博物馆想要与社区深度融合，就要与传统形式上的"博物馆教育进社区"有所区别，要从基层社会治理与社区工作的需求角度出发，了解在哪些方面能够与社区融合赋能，这就需要先对社区工作有一个基本的了解。

目前我国各城市的区县在所辖的乡镇街道下属社区都建立"党群服务中心"，并且在此基础上开始纷纷建立"新时代文明实践站"，并配有专门的站长和社工。实践站的社工通过开展各类丰富多彩的活动来招募社区志愿者参与到新时代文明实践之中，具体的工作主要包括理论宣讲、应急安全、环境治理、助老扶困、

矛盾调解、心理疏导、文娱健身、科普教育等。博物馆要从文明实践志愿者的管理模式和工作内容等与之相融合，使得社区文化特色能够充分彰显，博物馆教育职能可以充分发挥。

（二）"社区特色"的深入挖掘与"社区品牌"的树立

中小博物馆与社区深度合作的关键点在于社区本身需要具有特色与品牌。每一个社区都可以有自己的特色，无论是在历史文化内涵上，还是在社区居民达人的挖掘上。只有找到自己社区的特色，才能树立自己的"社区品牌"。中小博物馆与社区的深度融合就是要帮助社区从自身的历史文化内涵入手，将社区的历史传承、建设治理、社区居民、未来规划等做出深入的研究与梳理，通过传播展示与教育活动等形式表现出来，并且在此基础上要凝练出与其他社区不同的文化特色或重点打造方向。如天津市河东区大直沽街道社区可以以"大直沽"的历史文化入手，主打"先有大直沽，后有天津卫"品牌；津南区的葛沽镇是以节日民俗为特色，这都是具有历史文化特色的街道社区。对于新建设的社区而言，可能没有深厚的历史，找不到自己的特色，这就可以从社区居民特色入手，调研小区内居住的居民是否存在共同性。比如上海的虹桥机场新村社区，居民很多都是机场的工作人员；北京史家胡同也从北京人艺的宿舍楼来讲故事，这都是在找准社区特色定位，树立社区品牌。

如果社区真的没有可以挖掘的历史文化或社区居民达人，那就只能以中小博物馆的文化特色来赋能社区。一个城市内的每个中小博物馆都可以与周边社区"结对子"，用自己的文化来为社区进行文化赋能。比如天津市河东区的大直沽街道，就可以与"元明清天妃宫遗址博物馆"结成对子，以"大直沽文化"与"妈

祖文化"来融合周边居民；西青区杨柳青镇可以与"杨柳青博物馆"结对子，主打天津杨柳青木版水印年画特色。河北区的望海楼街道，除了著名的文保建筑望海楼之外，还有李叔同故居纪念馆，它的文化特色就不言而喻了。这种"结对子"的模式，既能使得社区找准了自己的文化特色，又能使得这些中小博物馆增强了公众服务力。

（三）社区居民的"参与式"思维模式

美国女博物馆学家妮娜·西蒙在《参与式博物馆：迈入博物馆 2.0 时代》一书中已经提出了"参与式"的模式与方法。虽然书中的案例都与我国行政体制不同，但是这种"参与式"的思维确实是未来博物馆事业发展的方向。由于我国博物馆体制的特殊性，不能完全照搬书中国外的案例，但是在中小博物馆与社区的深度融合中，可以将社区居民参与到各项活动之中，达到社交需求，积极参与文明实践活动。比如举办社区展览，社区居民可以贡献"故事"和"展品"，这就是妮娜西蒙女士提出的"贡献者"。策展人根据遴选出的居民故事撰写展览大纲，并由居民负责"展品"的征集工作。社区展览的主题可以选择与居民生活相关的内容，所以展品并非是国宝级文物，而是"生活记忆"，像全家福、家书等。居民也可以自己动手创作或者合作完成"展品"，而在观展的过程中，也要尽可能的设计与观众互动的"参与式"环节，让社区居民享受一起合作创造的乐趣，实现社交功能，并对社区有一种"主人翁"意识。

二、形式多样的"博物馆化"社区活动

中小博物馆深度融合社区文化服务体系，

需要举办多种不同形式的活动。这些活动的内容都是以博物馆的核心内容而设计，但同时还要满足社区需求，在没有博物馆的社区中实现"博物馆化"的活动开展。

（一）系列化的"文物学"课程

博物馆有自己独特的文化属性，即使是中小博物馆也具有很多文物资源。博物馆可以根据这些文物藏品，设计一套系列化的"文物学"课程。既能将藏品资源盘活，又能使得这些深厚的文化被社区居民所了解。比如可以根据博物馆中常见的文物类型划分，可以形成绘画、书法、青铜、瓷器、玉器、漆器、珐琅器、金银器、竹木牙角器、文房器、玺印、钱币、家具、织绣、甲骨、古籍等多类专业课程。每套课程都要以通俗易懂的讲授语言上课，符合社区居民不同年龄层面的受众。为了避免讲授教学的枯燥单一，每次活动最好都要有专门的手工体验，以家庭为单位制作一件艺术品，而制作内容与制作工艺要符合本节课文物类型的主题，让居民在制作艺术品的过程中增强了对该类文物的收藏与保护知识。

（二）博物馆"主题化"讲座沙龙

讲座是博物馆教育活动中最常见的模式之一，一般都是配套博物馆展览或者当下时事热点展开。社区的博物馆讲座可以根据不同阶段定制不同主题，尽量要从社区居民生活的角度出发，比如古人的餐具、古人的服饰等等。同时，由于疫情防控与空间局限，参与讲座的社区居民人数是有限的。为了让更多居民都能参与进来，覆盖面更广，可以采取了线上直播的模式，然后通过社区官方媒体平台向本社区居民同步直播。

（三）"社工策展人"培养模式

在博物馆中一般都有专门的陈展部门，而社区展览也需要专业的"社工策展人"。中小

博物馆应该利用自己的人才专业优势，与社区文化特色相结合，不仅要策划专属社区的展览，还要为社区培养专业的"社工策展人"。近两年我国社区的社工招募人数不断增加，社工的工作职能也不断地细化。博物馆可以组织社工和社区志愿者进行专业培训，一起对社区展览进行策划，让他们成为"贡献故事"和"讲故事"的人。

（四）生活实用美学为导向的文创产品

博物馆的文创产品已经成为当下的热点，年轻人都喜欢购买设计精巧的文创产品，或自用，或成为伴手礼。博物馆与社区融合也可以从文创产品的角度入手，社区可以开发属于自己的文创产品，虽然不太容易经营，但是可以充分发挥社区居民的创造力，成为社区品牌名片。但是这种文创产品的设计是以生活实用美学为导向的，比如生活中常用的物品。博物馆和社区可以通过文创产品的设计制作，发掘出社区达人艺术家，与其合作设计开发文创产品，将其艺术品在博物馆的文创商店和社区的跳蚤市场中经营销售。并且请社区达人为居民志愿者进行培训，让居民参与制作过程之中，社区统一收购成品，作为伴手礼赠送参观来宾。

（五）口述史的整理与个人回忆录撰写

博物馆的职能之一就是留存人类生存记忆，而社区群体中以老年人为主体，他们经历了时代的变迁，是时代的见证者，所以应当对他们进行采访，作为口述史进行采集保存。博物馆可以帮助社区从"口述史"的角度对社区居民进行采集整理，作为居民个人回忆录的撰写资料，还可为学术研究增加新的资料支持。

三、关于运营模式的探讨

一个好的内容更需要好的运营模式，中小

博物馆与社区深度融合可以开展各种活动，但是这些活动都要有实际的场地开展，都需要主办组织来统筹安排，更需要经费的支持。所以就这一系列运营模式问题进行一些探讨。

（一）"新时代文明实践站"空间的融合与利用

博物馆走进社区开展活动需要实体空间，最好的方式是中小博物馆可以在社区内建立一个"分馆"。但是社区的公共用房都比较紧张，无法提供独立的空间专门作为博物馆使用，所以这就需要对现有空间进行合理的规划利用。

随着我国基层组织"新时代文明实践"工作的推动，目前国内很多城市的街道社区纷纷成立"新时代文明实践中心、所、站"，就是发挥居民的自身力量，成为志愿者，带动身边居民，完成各种社会治理与社区服务。虽然每个社区的具体情况不同，但是都具备新时代文明实践站的实体空间。而新时代文明实践工作的痛点在于社区工作者缺乏策划活动的经验，导致很多空间闲置，活动敷于表面，仅仅只是为了完成工作任务。所以，中小博物馆可以利用这个实体空间来开展博物馆展览或教育活动，不仅解决了硬件场地问题，更重要的是为社区的新时代文明实践站增添了很多文化内容。

（二）依托第三方社会组织机构运营

博物馆与社区开展各类融合项目，专业人才与资金经费的支撑是最大的问题。社区工作人员没有博物馆运营的经验，而博物馆的工作人员虽然相对专业，但"进社区"只是众多工作中的一项，又没有太多时间和精力完成。而在经费方面，博物馆和社区的经费也都相对紧张，所以这就需要专门进行项目立项，并且由专业的团队来进行项目运营。民政部门每年都会有专业的公益创投项目，一旦立项成功就会有专项经费支持。但是经费预算把控较严，报销程序也较为复杂。项目申报主体为公益的社会组织，属于"民非"性质，专业承接政府项目。

（三）社区志愿者"积分兑换"服务

为了让中小博物馆可以与社区工作深入融合，调动群众参与的积极性，可以采取了"积分兑换服务"的模式。比如天津市津南区双新街的志愿者积分制度，社区居民想要参与任何活动，都要首先成为社区志愿者，积极参加新文明实践活动，在每次志愿服务之后由社区工作人员记录积分，可以通过积分兑换各种服务。志愿服务的内容可以多种多样，可以"金牌宣讲团"成员到社区进行理论宣讲，也可以成为"小巷管家"，负责街道"创文创卫"工作等等。每次志愿服务一个小时积一分，可以享受的服务都有不同的分值，比如参与主题讲座 5 分，参与一套系列课程需要 50 分等等，每项服务都有不同的分值。这种积分兑换模式已经成为津南区双新街新时代文明实践激励表彰机制"爱心循环服务套餐"中"教育培训"奖励重点菜品，居民志愿者人数日益增加，居民们对社区工作的积极性和热情程度极高，形成了良性循环。

（四）博物馆、高校与社区的"三方联动"模式

在以往博物馆工作的研究和实践中，关于博物馆与高校的"馆校合作"非常密切，博物馆教育应如何变为专业的课程走进学校，成为很多学者和从业者关注的热点。但是高校的文博专业与社区的联系非常少。根据近几年文博专业毕业生就业现象来看，能够从事文博行业的毕业生比重很少，大部分学生选择改行。究其原因，除了文博行业的就业岗位确实相对较少之外，文博学生的思路视野相对狭窄也是一个很重要的原因。当博物馆无法提供更多的策展实践岗位时，社区的新时代文明实践站太需要有专业的人才来设计运营。

中小博物馆与社区深度融合的同时，把高校资源也同时引入。对于社区而言，挖掘了社区文化内涵，丰富了社区文化活动，激活了新时代文明实践站的活力，调动了居民的积极性和参与性。而对于高校学生而言，与社区建立实践基地，能够将所学知识运用在社区实践之中，锻炼了文案撰写能力、组织策划能力、团队协作能力、语言表达能力等等，对于认清社会形式与推动就业都具有非常积极的作用。博物馆、高校、社区"三方联动"，实现三方受益。

中小博物馆深度融合社区文化服务体系，可以真正意义的发挥博物馆的社会职能，盘活文物资源，提升公共文化服务质量。中小博物馆与社区可以开展更多的活动，来促进双方的深度融合。但是无论什么形式的活动，都是要从双方需求出发，并且需要一个切实可行的运营模式，这样才能具有持续性。

印象·体验·情感
——地方性中小博物馆的机遇与探索

李红（中国妇女儿童博物馆）

摘要： 地方性中小博物馆作为中国博物馆的主体，如何在与观众的交流中，扬长避短，挖掘利用本地有限的文化资源，最大限度发挥博物馆公共文化服务质量呢？本文以观众为中心，以观众对于博物馆的"印象""体验""情感"为切入点，从挖掘地方历史文化资源的特色，对藏品阐释的科学拓展与合理组织，制作出独特展览，给观众留下深刻印象，组织新颖独特的社教活动，让观众体验地域文化的精髓和内涵，使观众对于地域文化特征进行进一步认知，得到陶冶和熏陶，激发出观众的文化认同与爱祖国爱家乡等情感，探讨地方博物馆如何通过展览展示、社教活动等途径，激发观众对于乡土和祖国的情感认同，把地域文明成果收藏保护好，让乡土文化记忆和优秀传统不断传承下来，逐步提升博物馆公共文化服务质量，承担起博物馆共享区域文化的职责，真正提升中小博物馆业务水平，盘活基层博物馆资源。

关键词： 印象 体验 情感

博物馆，蕴含着一座城市有趣的灵魂，既是一个城市记忆的守护者、也是城市历史的收藏者。当我们到达一个陌生的地方，渴望探索和发现更多时，当我们想要最快最有效地了解一座城市、一种文化或是一种生活时，博物馆，都是必选之一。截至 2022 年 5 月，我国博物馆已经达到 6183 家，超 90% 博物馆免费开放，类型丰富、主体多元的现代博物馆体系基本形成。

如果说大型博物馆是我国博物馆事业的领军者的话，中小型博物馆就是主力军了，它们承担了为我们大多数人口进行科学文化普及教育的任务。中小型博物馆多数为市、县、区级

地方性博物馆，通常被视为地方区域文化发展的窗口平台和关键坐标，承担着该地域收藏、保护、研究、展示各种记忆载体的职能，并由此增进大众对该区域的认知和热爱。展示本地区历史文化、风土人情、自然生态的变迁和特色是地方性中小型博物馆最为核心的任务。

地方性中小型博物馆，作为中国博物馆的主体，如何在与观众的交流中，扬长避短，挖掘利用自己有限的文化资源，最大限度发挥博物馆公共文化服务职能呢？

博物馆的传统打开方式是"以物为本"，以展品收藏、研究和展示为主，当无法产生丰富的感官和认知体验时，参观者会产生无聊的

感觉。于是，越来越多的博物馆已经开始尝试"以人为本"的表达方式，观众的参观不再基于观众与展品的关系，而是基于与叙述系统的关系，展览阐释如何给观众留下深刻印象开始变得重要，社教体验活动及其为观众带来的综合情感获得都成为了博物馆中极其重要的部分。

本文尝试在地方性中小型博物馆有限的资源条件下，以观众的需求和动机为核心，以观众对于博物馆的"印象""体验""情感"为切入点，从挖掘地方历史文化资源特色，寻找展陈亮点与特点，进行合理有效的展览阐释，给观众留下深刻印象；到社教活动中精准灵活设计新颖的活动，进行全新尝试与突破，为参观者提供别样的认知和情感体验，让观众特别是青少年亲身体验更多地域文化的精髓和内涵；到引领观众理解博物馆所在的故乡、他乡及其背后的故事，让人们有参与感和归属感并获得精神上愉悦，激发出观众的文化认同与爱国爱家的情感。探讨地方博物馆如何通过展览陈列、社教活动等途径，激发观众的情感，承担起博物馆展示、教育、知识共享空间的职能，为社会公众服务，真正提升中小博物馆业务水平，盘活基层博物馆资源。

一、印象

博物馆的表达方式除了建筑、藏品本身，还有他的叙事方式。合适的展览选题、合理的内容阐释可以增加观众对展览内容、展出文物的理解与认同感，将展陈内容有效地传达给观众。一个好的叙事空间要有"人情味"，让观众能够找到把自己代入进去的角度，使观众积极地参与展览的教育与传播，形成良性互动，使展览富有的生命力。

相比于大型博物馆，地方性中小型博物馆

是一个地区历史文明和现代文明的形象代表，其展览以地方遗址或文物资源为基础，展览陈列具有细致、详尽、地域性强、专业性强等特点，其基础陈列以宣传区域地方文化为目的，勾勒出城市的历史发展与传统风貌。这些博物馆的展览很大程度上映射出地区观众的共同记忆，观众在观展的同时从记忆中搜寻到故乡或是他乡的历史记忆，进行比较或是认同，留下对于这个区域文化的"第一印象"。其展览亮点主要在于其主题和内容的典型性与独特性的展示，在进行展览叙事时寻找展览中能与大多数人所认同或是接受的认知价值，观众被其内容吸引，才能留下深刻印象。这就需要深入挖掘地方历史文化特质，对展品进行合理组织与科学阐释，与观众进行有效沟通。展陈策划者要对本地文物资源的价值、意义以及地方与全局、本地史与全国史的关系等有着深刻理解和认识。

作为大部分地方性中小馆来说，尽可能全面展示本地特色的地方史基本陈列是各馆必备展览，天津博物馆也不例外，"中华百年看天津"作为天津博物馆的大型地方史基本陈列，主要展示了自鸦片战争到共和国成立这段历尽沧桑的百年历史。为了避免观众不熟悉天津本地史而对展览缺乏兴趣，此展不落窠臼，直接从观众较为熟悉的中国近代史入手，展示近代天津的历史风貌，展览涉及的事件、人物以及用于展示的文物、文献等都尽可能具有全国影响，使来自全国各地的观众在了解了这些人尽皆知的历史事件、历史人物的同时，能更详尽地了解其在天津发生时的前因后果。如第二次鸦片战争中的三次大沽口保卫战、李鸿章在天津的洋务活动、外国租界的历史影响、袁世凯在天津的"新政"、严复、梁启超、李叔同在天津的贡献以及《大公报》的诞生和中国话剧、曲艺在天津的发展与繁荣、近代中国第二大工商业城市的历史地位、李人钏、周恩来、刘少奇、彭真等人在天津的革命业绩和中共北方局、顺直省委的活动等。

此展打破了以往地方史陈列追求全面、系统及过于强调"地方特色"的思路，提升站位，从整个中国近代史的视角找出天津近代史中地方史叙事的亮点，突出和强调了天津在中国近代史上举足轻重的历史地位，充分表现了天津作为近代中国缩影的历史特色。同时，随着全国史视角下的天津本地史的逐渐熟悉，观众对于展览中提及的天津市丰富的近代史文化遗址、历史建筑等也产生了浓厚的兴趣，天津市丰富的建筑文化遗产、民俗特色等也逐渐进入观众视野，由点及面，天津这座城市的历史文化魅力凸显逐渐出来。

对于历史考古类的展览来说，传统文化要和今天的人发生关联，才能继续生长下去，展览才能富有生命力，给观众留下印象，这也正是博物馆需要提供的那部分。

杭州博物馆的"行在"山水间——南宋视野下的杭州：临安城特展中，以"京城""山水城市"为核心概念，以杭州近40年南宋临安城考古发现为主线，展开叙述了南宋临安城"城市设计"的特点和城中的社会生活，展览除了展示考古发现，展现临安城的城市布局与功能，以及作为典型南方山水城市的特点，"再现"南宋视野下与杭州城相关的历史之外，还以士大夫、商品经济与世俗生活、美学、海外贸易等南宋艺术文化的亮点，铺陈了今天对于临安城中人的生活状态与精神世界的想象，将展览分为临安城的历史与再现以及临安城的历史与再想象两部分，对于无法具象描述的历史部分以历史研究成果与考古成果为依据进行了想象力延展，一个学术感满满的考古展就这样使得历史与今天连接了起来，给观众一种历史代入

感，使观众沉浸其中，留下深刻印象。

展览还肩负起传承推广宋韵文化的使命，在陈列展览、藏品研究等各方面呈现南宋临安城的文化全貌，透过穿越千年而来的历史文物讲述着历史的进程中——尤其是在南宋这个曾属于杭州的高光时刻，这个城市发生的变化以及原因。这些历史经验和文化遗址都具有极其珍贵的历史与文化价值，时至今日仍在源源不断的给我们提供能量与精神滋养，让我们与这个城市更加亲近。

通过天津博物馆和杭州博物馆两个地方性中小型博物馆的展陈叙事方式，我们发现，要想与观众进行有效沟通，都要善于寻找与发现自身优势、展品特色，在展陈阐释上要能找到通往观众心灵的"共同语言"。同时，根据展品特点，营造出差别化的文化语境和文化属性，体现不同时空观念、地域特性下的生活元素，满足观众了解新鲜事物，体验不同生活的需求，使展陈阐释成为"一种既能激发观众兴趣又能解释资源意义的情感与思想的交流过程"[1]。

在博物馆，提供知识是容易的，但未见得能给观众留下印象，只有提供有价值或是有看点的知识，能给予观众精神部分的连接，才是展览中最难的，才能引起观众情感上的共鸣。

二、体验

对于地方性中小型博物馆来说，每个博物馆都有属于自己的历史文化传统、地域民俗特色等，盘活自身资源，需要根据馆藏特点，以观众需求为中心，精准、灵活打造特色社教品牌，做到小而精、小而美，注重趣味性，可持续性，探索打造独具特色的地方特色博物馆之旅。让广大游客特别是青少年在不同的博物馆感受不同的人文风情，在社教活动中获得丰富热烈的情感体验，

感受到传统文化与现代文化相结合所迸发的永久魅力与时代风采，共同传承和弘扬中华优秀传统文化精髓。

辽宁省博物馆的儿童体验馆，突破了传统博物馆以'物'为媒介的设计理念，在儿童体验馆的设计中秉承了'以儿童为中心，为儿童而展示'的理念，馆内的各项设施均可触摸。在这里，小朋友可以亲手复制牛河梁遗迹出土的玉凤，体验钻木取火，在炕头上玩一把欻嘎拉哈（满族传统骨子儿游戏），这些都是儿童体验馆的特色项目。

在"石器王国"单元，小朋友们可以通过高科技电子设备，现场感受钻木取火和原始捕鱼。这个捕鱼游戏就是'石器王国'单元的亮点，博物馆以辽宁地区石器时代查海遗址为原型，通过情景再现、互动体验的形式，让孩子们了解自己脚下的土地在原始石器时代的自然环境风貌，动植物种类、古人类捕鱼等生活方式，形成对石器时代的初步认识，并激发孩子们的兴趣和求知欲，培养他们的观察力、想象力、行动力和创造力。

北京市大葆台西汉墓博物馆充分挖掘利用本馆丰富的汉代历史考古资源，借鉴国内外博物馆界和学校实践活动的成功经验，进行"历史模拟教育实验"，探索创新博物馆教育模式。它通过"表演汉代历史短剧""模拟考古小奇兵""书写竹简""投壶礼仪"等系统的"历史模拟教育实验活动"，来整合博物馆的馆藏文物、历史内涵、历史场景，使学生与老师形成互动，构成一种快乐学习的氛围和效果。

在"表演汉代历史短剧"中，博物馆结合展览内容，选取历史典故由同学们自己编写、自己出演如《东方朔与汉武帝》等汉朝历史短剧，为学生与观众提供一个很好的展示舞台。在布置成汉朝宫廷室内模样的展厅里，学生们身着大葆台西汉墓博物馆提供的仿制汉服，有板有眼的重现着历史片段，一招一式间让人有回到汉朝的错觉。在讲解老师的带领下，学生们有组织，有步骤地进入汉代历史，身临其境地感受西汉皇朝的盛世和雄伟。

不管是在儿童体验馆"钻木取火"，还是在历史剧中的模拟实验，孩子们完全地投入一个"真实的历史场所"，直观感受，亲自触摸，动手实践，体味历史，通过模拟历史的各个场景，真切地感受历史文化，特别是自己身边，脚下的土地的历史，在快乐中主动学习，突出了博物馆教育中体验历史的核心意义，孩子们的学习积极性极大提高，学习兴趣不断被激发，知识增长和文化熏陶的同时也得到了情感上的愉悦。

中小型博物馆作为当地青少年教育的"第二课堂"，对学生们学习兴趣的培养，对他们接受历史文化传统教育，增强文化自信，促进青少年形成正确的人生观、价值观和世界观同样具有重要意义。与大型博物馆相比，中小博物馆社会教育功能可以采用更为灵活的方式和策略，如打造原创教育项目、实行特色实践课程等多种手段，提供"精细化"和"个体化"的教育服务，并积极主动设计更加生活化、更具亲和力的活动，让文化遗产融入日常生活等。让他们在亲身体验博物馆各类社教项目的同时，接受国情、省情、县情教育，加深对民族、地域历史文化和自然环境等的了解和尊重，促进优良历史文化传统的保护与弘扬，增强他们对祖国，对家乡，对自然，对生活的热爱。

随着观众对博物馆体验要求的不断提升，沉浸体验逐渐进入博物馆策展人的视野，越来越多的个性、极致的体验内容不能只用静态的、理性的形式去呈现，形式单一，缺乏与观众互动性的将被淘汰。思考如何让情感和情绪流动起来，用更多丰富的内容，新颖的形式给观众带来精彩的社教产品，给博物馆人提出了更要的要求。

三、情感

地方性中小型博物馆为当地民众提供了一个集中了解本地区历史文化、自然生态的场所，对营造当地文化生态、推动文化城市的建设有着举足轻重的作用。在这里，博物馆是大而全的百科全书，同时也是当地民众的精神家园，他属于社区和公众，充满了人文关怀，能让更多的人体会到归属感，这才是博物馆公共服务功能的本质。除了提供教育，他还提供滋养，能够凝聚，成为一地的灵魂，这里有"人之常情"，有态度、更有温度。基层的博物馆人需要转变思路，提供多元化的方案，提供和输出真正的价值，让公众拥有实实在在的获得感和参与感，让他们在获取知识的同时情感也能得到升华和感悟。

博物馆作为公共文化服务的重要阵地，担负着文化传承、文化传播和文化创新等重要职责，要引领地域文化风尚，传承地域文化遗产。博物馆通过精心讲述的展览故事和精彩的社教活动内容，加深观众对于地域历史文化的认知度，使观众深刻感受到自己所在之处在历史文化演进过程的地位和意义。成年人在博物馆吸收的良好教育通过代际传递，能够使下一代从小深耕精神基因，形成热爱历史文化的自觉意识，优秀传统与文化根脉也才能代代传承下去。"知来处，明去处，只有让人们了解历史，才能有奋斗的力量。"在博物馆，不仅可以了解过去，了解现在，更可以打开心灵探索无限可能的未来。

对于本地观众来说，这些博物馆中的展览和社教活动常常带来更多样化、更深刻地解读本土历史文化的不同视角，体现着当地社会的发展导向，突出了乡土教育，丰富了人民群众文化生活需求，这些跟自己生活地域息息相关的内容，也更容易被接受。这里不仅是当地孩子的第二课堂，也是当地成年人的社交场所、休闲中心、兴趣爱好所在地，这里充满了他们对家乡文化的认同和热爱。对于外地观众来说，博物馆是旅游发展的重要载体，是一个可以快速了解一个地方历史和文化的好去处，在这里可以欣赏艺术、学习知识、交流和感悟，尤其是那些跟自己生活地域历史文化内容迥异的展览和活动，给他们带来了不同地域历史文化共同建构民族记忆与文明传承的全新展览观感，开阔了他们的眼界，增加了他们对于多元文化的对比与了解，满足了他们对新鲜文化的好奇心，同样具有重要的意义。

哲学家赫尔曼·吕伯曾说："因为 20 世纪工业文明的社会和文化的快速转变，以及社会发展越来越多地依赖于科技，人们正在经历着因熟悉的事物的流逝而带来的缺憾感，而展馆恰恰能弥补这一缺憾[2]。"博物馆提供的可接触、可感知性是观众参观的吸引力。博物馆所在的地域空间、激发的记忆和情感、观众在博物馆参观中的对照和体验共同作用，调和着不同地域人们的疏离感。当观众进入博物馆空间，生动的场景更容易让人有代入感，过去的客观真实的物件或模拟场景引发了人们对于过去的回忆，情感被激发。在博物馆的体验中，观众排遣着异化导致的乡愁，才能更好地回归当下。

【注释】

[1] 美国国家阐释协会（National Association of Interpretation）将"阐释"定义为"一种既能激发观众兴趣又能解释资源意义的情感与思想的交流过程。

[2][德]乌韦·J. 赖因哈特、菲尔普·托伊费尔著，韩晓旭译：《博物馆、艺术馆、展览馆：展览和陈设设计》，中信出版社，2013 年，第 16 页。

浅议革命类流动纪念馆开展红色教育的存在问题与提升路径

——基于中国人民抗日战争纪念馆原创展览国内巡展实践经验

王业鑫（中国人民抗日战争纪念馆）

摘要： 革命类流动纪念馆的红色教育是发挥纪念馆职能，走出纪念馆场馆，输出馆藏资源与教育成果的重要手段。虽然近年来中央各部委连续印发文件，鼓励引导纪念馆开展流动红色教育，但当前流动纪念馆红色教育实践仍面临诸多问题。中国人民抗日战争纪念馆近十年来，一直深耕流动红色教育工作，通过分享在原创展览国内巡展实践领域的成果与经验，探寻革命类流动纪念馆红色教育在增加输出力度、吸纳社会力量参与、共建共享流动机制、打造红色精品课程、构建评估体系等方面提升的工作路径。

关键词： 革命类纪念馆 流动红色教育 流动博物馆 中国人民抗日战争纪念馆 路径研究

革命类流动展览走出场馆，将红色教育送至中小学校、乡村、企事业单位等基层已成为创新纪念馆职能的重要手段。纪念馆的红色教育从过去的被动接待，到如今主动走出场馆输出教育成果，这是纪念馆转变服务理念的重大突破。红色教育不应仅停留在纪念馆、烈士陵园、革命遗址遗迹等红色场馆中，而是让红色故事和革命精神融入生活，激励我们为实现中华民族伟大复兴勇毅前行。

一、革命类流动纪念馆红色教育概述

（一）流动博物馆实践

顾名思义，"流动博物馆"是相对于有固定的展出场所的传统博物馆而言的，通过流动展览的形式，配套博物馆的其他职能，让博物馆文化走出场馆，开展社会教育的形式。相较于传统博物馆，变被动为主动的流动展览手段在很大程度上弥补了传统博物馆服务领域狭窄的不足[1]。将博物馆观众"引进来"和把博物馆文化"送出去"置于同等重要的位置，共同成为博物馆开展社会教育的两大举措。

流动博物馆现象的出现与人民日益增长的文化需要密不可分，传统的博物馆教育因覆盖面的制约，已经不能满足人民的诉求，尤其是近十年来，国内流动博物馆实践如雨后春笋般飞速发展：2004年在广东省文化和旅游厅指导下，广东省博物馆启动"广东省流动博物馆网"，并于2014年成立内设机构"广东省流动博物馆"，运营省内的流动展览与社会教育；2010年四川博物院的流动展览大篷车，载有低级别文物、复仿制文物、展览展板，配合讲解人员及研究专家，到偏远乡村、矿区、学校等地配合社会教育活动进行展出；2014年内蒙古博物院的数字流动展览车投入使用，运用科技展示手段，提升了观展体验。随着愈来愈多的国内博物馆开展了"流动"实践，2016年，中国博物馆协会流动博物馆专委会成立，把热衷流动博物馆这项拓展博物馆展览教育手段的博物馆聚集起来，推动中国流动博物馆事业再上新台阶。

（二）革命类流动纪念馆的红色教育发展实践

进入2022年，中央各部委对红色教育连续做出部署，中共中央办公厅、国务院办公厅印发了《关于加强新时代关心下一代工作委员会工作的意见》中指出："实施传承红色基因工程，讲好党的故事、革命的故事、英雄和烈士的故事，把红色故事中蕴含的革命精神和时代价值讲出来"。文化和旅游部、教育部、国家文物局印发《关于利用文化和旅游资源、文物资源提升青少年精神素养的通知》中指出："推动红色旅游资源进校园。结合青少年特点，遴选适合进入校园的红色旅游资源，推动红色教育和学校课程有机融合。"中央文件重点强调了红色教育对当前的时代价值，尤其是对青少年的思想引导，加大对红色文化走进校园的

支持力度，革命类流动纪念馆开展红色教育实践有了理论支撑和方向引领。

在政策的指引下，革命类流动纪念馆的红色教育输出如火如荼地展开：适逢2022年开学季，以"开学第一课"为主题，发挥红色教育资源资政育人作用，中国人民抗日战争纪念馆联合中国人民大学附属中学丰台学校充分践行馆校合作，开展抗战馆讲解员学习党的十九届六中全会精神进校园宣讲活动；湖南党史陈列馆开展了"重温红色故事 争做时代新人"红色故事进校园主题活动；新四军苏浙军区纪念馆"铁军宣讲团"成员进长兴县煤山镇槐坎中心小学，为同学们带来了"开学第一课"——《永远的小战士—徐昌胜》。配合3.5雷锋纪念日，"讲好雷锋故事 传承雷锋精神"主题宣讲活动在抚顺市雷锋纪念馆启动，将组织百名学雷锋典型，深入机关、校园、社区、乡村、企业，开展百场宣讲活动；毛主席率领红军攻克漳州纪念馆到漳州市福乐幼儿园开展了学雷锋志愿者口活动；福建省革命历史纪念馆组织本馆红领巾志愿者开展"学雷锋月省革红色小骑兵外出宣讲"活动等丰富多彩、形式各异的流动红色教育。根据全年重要时间节点，策划组织相关主题红色宣讲、课程进基层，已成为革命类纪念馆主动输出红色教育资源的重要抓手。

二、革命类流动纪念馆开展红色教育面临的问题

（一）中小型纪念馆人才力量相对薄弱

目前制约中小型纪念馆发展的最主要因素是人才的匮乏，尤其是地处偏远山区的红色场馆，具有丰富博物馆从业经验人员很难留下。笔者在从事原创展览国内巡展时便有切身体会：部分中小型革命主题纪念馆，编制人数仅有7-8

个人，一个人要承担传统纪念馆一个部门的工作，加之上级主管单位还经常借调人员，基层中小型纪念馆工作人员人手短缺，人才问题更是无从谈起。为解决工作人员短缺，中小型纪念馆经常使用劳务派遣等灵活用工等方式，但因工作稳定性差，人员流动性较大，限制了业务水平的进一步提升。

（二）对流动红色教育的财政支持不足

从政策层面看，步入 2022 年，国家对红色教育的发展导向不断清晰，如前文所述，连续发文指导红色教育资源进学校、走基层，但在后疫情时代，财政相对吃紧的地方政府，能否持续加大对流动红色教育的支持力度也面临挑战。从空间层面看，集富红色资源的革命老区多处于经济发展水平不高的农村地区或偏远山区，地方财政又有多少资金能投入到红色流动教育上来也是个未知数。

（三）红色教育区域发展不平衡

纪念馆的红色教育水平也呈现出东西部发展不平衡，城乡发展不平衡的特点。解决博物馆区域发展不平衡，实现社会资源的优化配置，博物馆教育及服务更应努力向社区和农村延伸[2]。经济发展水平较高的地区，红色教育水平发展也普遍较好。在红色教育发展上，东部地区要带动西部地区，城市要带动农村，教育资源应适当向相对落后的地区倾斜，缩小现有差距。四川博物院的流动博物馆就采取流动展示车的形式，将博物馆展览等教育资源送到省内偏远的乡村及山区，取得了较好的社会效益。

（四）流动红色教育效果欠佳

当前流动纪念馆开展的红色教育方式还存在诸多问题，主要体现在：

1. 课程形式单一

红色教育课程主要还是通过对红色故事进行宣讲，抑或是对纪念馆的流动展览进行讲解，教育形式相对单一。

2. 课程未区分受众群体

流动的红色教育课程主要面对中小学生、企事业单位的工作人员及普通群众等，由于受众年龄段及知识背景不同，理解能力有所差异，教育的形式也需有所区别，当前针对不同受众群体的红色课程还未进行区别与细化，红色教育效果会收到一定影响。

3. 课程体验度不足

红色文化教育最忌讳的莫过于对革命思想"干瘪"的"说教"，革命精神和革命故事不单需要有血有肉、感人至深的故事，更需要设身处地的体验，感受革命先烈面对民族大义的无畏选择，让教育内化于心。

三、案例分析：中国人民抗日战争纪念馆原创展览国内巡展实践

（一）中国人民抗日战争纪念馆概况及国内巡展成果

中国人民抗日战争纪念馆是全国唯一一座全面反映中国人民抗日战争历史的大型综合性纪念馆，肩负传播抗战历史、弘扬抗战精神、开展和平教育的崇高使命。是全国百家红色旅游经典景区，是国际二战博物馆协会倡议发起成立单位及秘书处常设单位，是中国抗日战争史学会秘书处所在单位、中国博物馆协会纪念馆专业委员会主任委员单位及秘书处所在单位。

2014 年至今，中国人民抗日战争纪念馆已与 55 家单位开展合作举办国内巡展 66 个，已走遍 24 个省、自治区、直辖市。巡展进校园、下社区、走军营，为国内近 40 家博物馆、纪念馆提供展览内容素材，支持各地革命红色文化教育，共同策划爱国主义教育活动，已形成国内革命类主题巡展中独树一帜的文化品牌[3]。

（二）中国人民抗日战争纪念馆国内巡展经验

1. 确立"图片展"为主的"流动范式"

图片展的展出形式有成本低、易运作、周期短、可复制的优势，较适合中小型革命类纪念馆普遍场馆规模小、纪念馆研究能力及财政资金相对薄弱的发展现状。此外，革命类主题展览的开展时间多选在某历史事件的纪念日，带有文物（含文物复制件）的流动展览模式并不能满足在某纪念日多地同时开展的情况，故此，图片展的流动模式较为适合革命类纪念馆使用。抗战馆的国内巡展资料包含展览的文字大纲及图片，将资料输出给借展单位，由借展单位基于本单位展出的场地、预算费用、展览档期等情况进行设计制作，兼顾流动展的定制化与灵活性的优势，弘扬抗战文化。

2. 与国内文博场馆合作办展

文博单位在策划、制作展览方面，相较普通借展单位在博物馆业务上经验更为丰富。革命类纪念馆在开展流动展览工作时，特别是多地同时举办流动展览时，展览输出单位要对接不同的单位，有一个懂博物馆业务的承办单位，会让共同举办展览的工作对接难度降到最低。中国人民抗日战争纪念馆多年来的国内巡展大多与各地革命类纪念馆合作，举办展览和策划红色教育活动时，能将展览的红色文化更好地挖掘与传播，产生 1+1 大于 2 的效果。

3. 因地因时策划展览

根据地域文化背景策划革命流动展览，依据重大纪念日举办革命主题流动展览，更能激起观众对红色教育的文化认同，给予在参与者熟悉的环境空间中营造出特定的主题文化空间[4]，会起到更为突出的教育效果。中国人民抗日战争纪念馆在开展国内巡展工作时，注重借展单位的地域文化特色，2019 年与福建闽台缘博物馆合办"台湾同胞抗日史实展"主题巡展，回顾了台湾同胞五十年来的抗日斗争，谱写了气壮山河的民族史诗，架起了大陆与台湾文化交流的桥梁。

4. 探索实践"巡展 +"模式

流动纪念馆输出红色教育的核心资源是展览，与展览配套的纪念馆其他相关业务职能也应该成为流动纪念馆的一部分。红色教育的输出不仅限于流动展览，对革命史、革命文物研究，丰富多彩的社会教育活动，能把"博物馆文化带回家"的文创产品都可以成为巡展的有力支撑。中国人民抗日战争纪念馆在迎接建党百年之际，配套"为抗战吹响号角——中国共产党与抗战文化"巡展，推出《中流砥柱 民族先锋》《中国共产党早期北京革命活动和旧址遗存》等主题讲座，成为深化党史学习教育的有力抓手。

四、革命类流动纪念馆开展红色教育的提升路径

（一）加大纪念馆红色教育资源输出力度

目前纪念馆仅做好革命文物征集保护研究及展览陈列展示的老观念仍占据主导地位，主动输出红色教育的力度还不够，应该倡导国内革命类纪念馆分层级开展红色流动教育。

1. 发挥大型纪念馆红色流动教育的示范引领作用

大型纪念馆在人员编制、研究能力、文物史料馆藏、财政经费等方面都有中小型纪念馆不可比拟的优势，发挥大型纪念馆的示范引领作用，积极在全国范围内输出红色展览资源及研究成果，为中小型纪念馆提供流动红色教育的素材，解决研究能力薄弱的纪念馆"有馆无展"的痛点，重点延展红色教育的广度。

2. 发挥地方纪念馆红色流动教育区域辐射带动作用

地方纪念馆开展流动红色教育输出时，应"守土有责，守土尽责"，将自身打造为区域红色文化研究与教育的主阵地，深挖地域红色文化资源，唤起区域人民群众对本地域红色文化的认同，提升红色教育的效果，重点挖掘红色教育的深度。

3. 发挥中小规模纪念馆基层红色教育实践作用

我国的中小型纪念馆星罗棋布，数量众多，纪念馆的流动红色教育应发挥中小型场馆的数量优势，加强向中小学校、企事业单位、驻地部队、街道社区等输出，要向经济水平发展相对落后的农村地区倾斜，重点突出接受红色教育的均等化。

（二）吸纳社会力量参与流动红色教育

社会力量参与纪念馆教育事业，重点解决资金不足和人才匮乏问题。社会资本的公司化运作，拓展了红色教育的资金来源，依托更为灵活的用人机制，提升红色教育的品质与服务。

1. 凸显国有企业的社会责任

很多国有企业的发展历史可以追溯到革命年代，在企业的不断发展壮大的过程中，红色文化与革命精神一直伴随着企业的成长。国有企业作为党的企业，人民的企业，应当把社会责任置于首位，主动参与到红色流动教育中来，践行国企的初心与使命。

2. 焕发民营企业的运营活力

民营企业参与到纪念馆建设与服务已很普遍，在展览设计与制作、文物保护修复利用、文创产品开发、纪念馆场馆的物业运维等方面处处可以看到他们的身影。在红色教育领域，近年来火热的红色研学成为纪念馆与民企合作的典范。民营企业应利用其运营灵活的优势，

填补了纪念馆输出红色教育在差异化、精品化上的短板，提升了红色教育的品质，已成为一股不可或缺的力量。

（三）盘活红色教育资源，共建共享流动机制

推进国内红色教育资源跨区域、跨空间整合利用。搭建国内红色流动展览共享平台，互通研究成果。

1. 发挥不同主题红色文化资源合力，"穿点连线，由线及面"

我国纪念馆类型众多，从历史分类，有涉及抗战史、党史、建国史、军史等；从专题分类，有事件类、伟人故居类、战役类等，分类繁杂。相似主题的纪念馆展览资源可以加强交流，以抗战主题的八路军驻各地办事处为例，抗战期间八路军先后在全国 15 个地区设立了 17 个八路军办事处或通讯处（站），目前在兰州、西安、洛阳、桂林、南京、重庆、长沙等地都在旧址建有相关主题纪念馆，所以上述"八路军办事处"主题纪念馆加强联动，一方面可以多个同主题的纪念馆共同策划举办展览，另一方面，加强同类型各纪念馆间展览的流动，共同分享研究成果。此外，如长征主题场馆，也可以连线红军长征路上的各长征主题纪念馆，切实做到"穿点连线，由线及面"。

2. 打通"大型馆——中小型馆"与"中小型馆——基层"的流动双循环。

在我国革命类纪念馆领域，行政级别较高，研究、财政、人员编制等实力较强的场馆数量相对较少，需最大化发挥"关键的少数"纪念馆的引领带头作用，如中国人民抗日战争纪念馆、中国共产党党史展览馆、中国人民军事博物馆等，以及大型专题馆侵华日军南京大屠杀遇难同胞纪念馆、重庆红岩革命历史博物馆、中共一大会址纪念馆等在红色教育中的示范引

领作用，加大对中小型纪念馆以展览为核心的教育资源输出，构建国内革命主题展览的"一次流动"。中小型革命类纪念馆在引进外展、丰富自身临时展览的同时，再将引进的大型纪念馆输出的巡展送至当地学校、军营、社区等基层，进行"二次流动"，并形成"大型馆——中小型馆"与"中小型馆——基层"的流动双循环，扩大红色教育的覆盖面，推进革命精神教育的均等化。

（四）针对不同受众人群策划红色教育精品课程

推动由红色教育事业向红色教育产业的转身，通过区分受教育人群特点与需求，为受众群体提供差异化、品质化的红色教育课程。

1.针对中小学生人群：寓教于乐，感受红色文化

面对中小学生人群，应注重红色教育课程的的知识性、故事性、趣味性，通过寓教于乐、沉浸式、代入感强的教育方式，让红色文化不再是抽象的代名词，革命精神是真实的，更是具体的。

2.针对大学生人群：守正创新，赓续红色精神

面对大学生群体，开展红色教育时，应注重对革命精神的思辨与理解。大学生是充满活力、激情、想象力的群体，回望红色文化的发展历程，五四运动、一二·九运动都少不了他们的身影。作为新时代中国特色社会主义的建设者和接班人，要让红色精神内化于心，更要外化于行。

3.针对企事业单位职员人群：躬身实干，践行红色精神

面对企事业单位在职人员的受众群体，强调红色教育课程中革命精神联系工作实际，牢记初心与使命，坚定理想信念，要在学习中领悟中国共产党人精神谱系的丰富内涵和时代意义，让流动纪念馆的红色教育成为政治引领、思想淬炼、精神洗礼的重要着力点。

4.针对普通群众：普及推广，传承红色文化

普通群众是红色教育的最大的受众群体，在开展流动红色教育时应以朴实的语言、真挚的感情、接地气的传播方式，让红色文化走进到人民生活之中。革命年代虽已远去，但革命精神永不褪色，依旧焕发着时代的光彩。

（五）建立流动纪念馆红色教育评估体系

针对流动红色教育的成果应出台相应的评价与评估体系，一方面检测红色教育的成果和效果，可进行横向比较与经验借鉴。另一方面对现有教育的评价也可以敦促流动红色教育水平的再提升。评估体系的构建可以解决当前红色流动教育社会效益无法进行量化评价的痛点。

1.构建红色教育课程评估体系

以优化课程为指引，依照纪念馆社教工作的规律，对流动红色教育课程本体进行评估，兼容常规的手段，如讲解、宣讲、讲座等，创新寓教于乐、深度体验的课程形式，挖掘以小见大、感人至深的故事背后的精神内核，引导红色流动教育课程内容与形式推陈出新。

2.构建红色教育效果评估体系

以教育效果为导向，促使纪念馆创新教育理念与教育手段，强化革命精神的故事性、体验式、情感化特点，摒弃说教式的思想填鸭，让红色文化生动、具体、活化，强调奋进新时代启航新征程下革命精神的赓续与传承。

结语

革命类纪念馆的红色教育资源深厚，让红色文化走出展厅，将红色教育"流动"起来，

成为盘活纪念馆红色资源的重要抓手。此外，革命类流动纪念馆也为打破区域、城乡教育壁垒，推行红色教育均等化，让红色文化与革命 精神成为我们实现"两个百年"奋斗目标的不竭动力源泉。

【注释】

[1] 单丹：《流动博物馆在社会教育中的作用》，《长春师范大学学报》2018 年第 37 卷第 12 期。

[2] 段佳薇：《关于"流动博物馆基层行"发展的几点思考》，《才智》 2018 第 29 期。

[3] 王业鑫：《赓续红色血脉 传承抗战精神——以中国人民抗日战争纪念馆原创展巡展实践为例》，《中国文物报》2021 年 12 月 7 日第 8 版。

[4] 杨莹：《流动博物馆走进社区：博物馆与社区的文化交融》，《大连城市历史文化研究》，2018 年，第 274-280 页。

中小型博物馆进社区对策研究
——以"六朝青"博物馆课堂进社区为例

尹知博（南京市博物总馆六朝博物馆）

摘要： 社区是一个集合体，博物馆是社区的一员，同时博物馆还承担着为社会发展服务的职责，博物馆和社区之间密不可分。近年来，全国范围内的新时代文明实践中心建设为中小型博物馆与其所在城市社区的深层次合作提供了重要契机。六朝博物馆在这一契机下策划推出了"六朝青"博物馆课堂进社区项目。该项目依托馆藏资源，突出南京"美丽古都"的城市内涵，深入挖掘地域文化的特点，结合街道所在地六朝文化（遗迹）和城市历史，走进新时代文明实践所（站）。项目截至 2021 年，已走进 70 多个街道社区，开展活动 300 多场，线下受众近 2 万人次。本文通过剖析"六朝青"博物馆课堂进社区的策划方案和实施内容（"四个一"模式），还原一个中小型博物馆策划实施进社区活动的思路和途径，再现项目从博物馆到社区，再从社区回到博物馆的良性循环和传播闭环，并就中小型博物馆进社区活动的内涵、目的和方式进行讨论。

关键词： 中小型博物馆 博物馆进社区 策划方案 实施路径

一、博物馆与社区关系的发展

博物馆和社区之间的关系很早就受到业界的关注， 2001 年国际博协将国际博物馆日的主题确定为"博物馆与建设社区"。近年来，博物馆与社区的深度合作再次成为博物馆界的热点。2018 年国际博物馆日的主题为"超级连接的博物馆：新方法、新公众"。该主题强调博物馆创新发展理念，发挥与当地社群、文化景观、自然环境之间的纽带作用，通过技术、方法的进步，不断拓展观众群体并增强与他们的联系，提升公共文化服务水平，促进社会可持续发展。2019 年国际博物馆日的主题为"作为文化中枢的博物馆：传统的未来"，该主题将博物馆置身于社区参与者的角度进行解构。这两年的国际博物馆日主题充分显示了社区是一个集合体，博物馆是社区的一员，同时博物馆还承担着为社会发展服务的职责，博物馆和社区之间密不可分。

"社区"一词传统意义上是指一定区域范围之内的城市行政管理单位。20 世纪 30 年代，费孝通等一批燕京大学社会学系的青年学者首次将 Community 翻译成"社区"。博物馆面对的社区相对传统意义上的"社区"则更多复杂，除了基于一定具体空间之外，还有"文化共同体"的意味，是基于一定共同记忆和价值观的文化共同体。正如赵丰先生所说，"如果博物馆所服务的邻里空间并不具备共享历史，并不享有认同和归属感的话，那博物馆所服务的社区，则更大可能是有着行业归属和文化认同的群体和个人组成的社区"[1]。

近年来，博物馆在对社区的定义进行新的认识和诠释的基础上，也进行了一系列实践活动。其中 2020 年上海大学博物馆"三星堆：人与神的世界"特展进陆家嘴东昌新村社区的实践具有一定典型意义。上海大学博物馆的这次社区活动作为"三星堆：人与神的世界"特展的组成部分，由上大博物馆联合陆家嘴社区公益基金会＋社区枢纽站、上海市浦东新区陆家嘴街道东昌居民委员会共同策划，是特展的时空延展[2]。此次进社区相关展览活动在陆家嘴街道东昌居民区的星梦停车棚举办，也是通过博物馆展教项目对社区进行的一次"微更新"，给国内博物馆进社区相关活动以重要启示。

博物馆加强与社区之间的关系，其目的实际上就是使社区居民的文化需求得到表达。这点上，与社区关联更为密切的中小型博物馆有着潜在的优势。博物馆走出场馆空间，把公共文化延伸至社区，让博物馆资源在居民家门口或在线上展示，与此同时又将社区观众吸引到博物馆之中，形成良性的互动。这就要求博物馆特别是中小型博物馆要更贴近社群，在当下把满足人民群众日益增长的美好生活需要作为根本出发点和落脚点，加强与社区的联系，实现资源的共享互通，建立博物馆服务社会发展的长效机制。

二、新时代探索博物馆与社区深层次合作的必要性与可行性

党的十九大将"加强文物保护利用和文化遗产保护传承"作为坚定文化自信的一个部分写进报告中。2020 年，十九届中央政治局也曾专门以考古为主题举行集体学习，提出要通过考古展示中华文明起源和发展的历史脉络、展示中华文明的灿烂成就、展示中华文明对世界文明的重大贡献、发扬光大伟大民族精神和优秀传统文化。博物馆作为保存展示文物的重要场所，有必要在对文物进行妥善保管的同时，对其进行一定诠释。除了在博物馆举办展览、社教活动等方式外，与社区开展深层次合作，可以让更大范围的公众认识源远流长、博大精深的中华文明。

传统博物馆被认为是精英的殿堂，随着时代的发展，博物馆理念也不断更新，现今博物馆则更深地植入社区群体。伴随这一理念的变化，博物馆作为公共文化服务平台不断为社区服务就是明显的特征。公共文化服务是国家文化治理模式转变过程中政府着力推动的一项措施，伴随着社区治理体系的现代化和公众化，社区文化的公共化也应提上日程。博物馆作为当下我国公共文化服务的重要组成部分，其文化服务有着多元性、普世性和全年龄段覆盖等特点，这与社区文化发展公共性的需求有着高度重合的部分。

2018 年 7 月 6 日召开的中央全面深化改革委员会第三次会议审议通过了《关于建设新时代文明实践中心试点工作的指导意见》。新时代文明实践中心是指整合现有基层公共服务资源，通过志愿服务的形式，宣讲党的方针政策、培育主流价值、活跃文化生活、推动移风易俗的宣传思想文化活动和精神文明建设中心。在城市中以区、街道、社区三级为单元，农村中以县、乡镇、村三级为单元，分别称为新时代文明实践中心、新时代文明实践所、新时代文明实践站。

过去博物馆与社区的合作以博物馆送展进社区为主，传播渠道单一，缺少双方的互动和深层次的交流，很难对社区文化产生影响，达到传播的目的。这两年，全国范围内新时代文明实践工作相继展开，社区对社区文化的重视和塑造达到了前所未有的高度。新时代文明实践活动为中小型博物馆与社区的深层次合作提供了重要的契机。六朝博物馆正是在这一契机下，在原有志愿者进社区活动的基础上深化完善，形成了"六朝青"博物馆课堂进社区服务项目。

三、"六朝青"博物馆课堂进社区的策划方案

"六朝青"博物馆课堂进社区项目依托六朝博物馆馆藏资源，突出南京"美丽古都"的城市内涵，深入挖掘南京地域文化的特点，结合街道所在地六朝文化（遗迹）和城市历史，走进新时代文明实践所（站），通过举办微展览、专题讲座走访、社教活动和博物馆参观等方式，打通文化志愿服务的最后一公里，使社区百姓了解身边历史，感悟家国情怀。该项目曾获 2020 年第五届江苏志愿服务展示交流会银奖。同年被中央文明办评为全国学雷锋志愿服务"四个 100"先进典型最佳志愿服务项目。

（一）方案实施的主体和对象

"六朝青"博物馆课堂进社区项目实施主体是六朝博物馆志愿者。在中小型博物馆人力资源有限的情况下，通过志愿者团队实施相关项目也是对社会资源的深挖和应用。六朝博物馆"六朝青"志愿服务社成立于 2014 年，奉行"尚青"的文化理念，"奉献"的服务宗旨。截至 2021 年，志愿者累计服务时长近 9 万小时，每年人均志愿服务时长超过 150 小时，为观众提供志愿讲解服务 3500 多场，开展各类公益讲座活动 300 余场。身穿青色马甲的志愿者是六朝博物馆的一张名片。"六朝青"志愿者作为项目实施的主题符合新时代文明实践中心的志愿服务属性，是对志愿者馆内志愿服务的拓展，充分发挥了志愿者的专长，同时对博物馆志愿服务起到了很好的宣传作用。

"六朝青"博物馆课堂进社区项目实施对象是博物馆所在城市的社区公众。每个月在所在城市的不同社区开展活动，使得项目尽量惠及尽可能多的公众。对每个社区的实施客体采用博物馆常见的分众传播的方式，在同一社区进行的系列活动中，尽量照顾到社区中的各个年龄段成员。在每个月进入社区开展活动时，针对不同年龄段成员，设置不同的活动项目，采取不同的授课方式。例如，重阳节当月进社区之时，就会设置一场专门针对社区老年受众群体的社教活动。正因如此进社区不仅是走进住有居民的社区，也会根据匹配的年龄段和项目，走进社区里的企业、事业单位、学校等地，并且组织社区里的单位职工来到博物馆进行参观。在 2021 年项目实施中，"六朝青"志愿者们就先后走进过社区内的南师附中仙林小学、雨花外国语小学、玄武中专、南理工实验小学等学校和单位。

（二）方案实施社区的选择标准和传播渠道

"六朝青"博物馆课堂进社区项目每个月在所在城市南京市的某一社区开展，对接到社区的新时代文明实践站。每个月所选社区都是在深入挖掘南京地域文化的基础上，结合南京目前六朝遗址所在区域和馆内文物出土区域，有针对性地选择与社区目标公众有一定共同记忆和价值观的社区进行方案实施。在所有社区实施的具体方案都结合了街道所在地的六朝文

化（遗迹）和城市历史。2021 年 3 月走进仙林街道杉湖路社区，仙林地区是南朝皇室的家族葬地之一，集中分布南朝陵墓石刻，所以当月选择南朝石刻作为主题。4 月走进雨花街道南站社区，此地区临近六朝博物馆"镇馆之宝"青瓷釉下彩羽人纹盘口壶出土地长岗村，故以此件文物作为活动主题。

除了走进社区进行系列活动的线下传播方式之外，"六朝青"博物馆课堂进社区项目还灵活采用了线上传播模式。2021 年夏天南京疫情来袭之时，"六朝青"博物馆课堂进社区项目无法在线下进行，在对馆内资源进一步整合的基础上，通过开展各种形式的线上"进社区"活动，推进博物馆领域线上传播的应用，推动博物馆公共服务进一步延伸和覆盖。在这一背景下，"六朝青"博物馆课堂进社区项目 2021 年 7 月、8 月两个月的活动选择了六朝博物馆所在社区——梅园社区和地表六朝文化遗存最集中的社区——五福家园社区，在线上持续开展相关活动。

（三）方案实施的频次

"六朝青"博物馆课堂进社区项目实施频次为一月一次，在博物馆部门工作安排的基础上，尽量配合社区的工作安排。在联络具体开展时间时，充分考虑到每个项目的四项子活动尽量分散，并在一个月内完成。2021 年度先后走进了仙林街道杉湖路社区、雨花街道南站社区、玄武湖街道、华侨路街道五台山社区、梅园街道梅园社区（线上）、栖霞街道五福家园社区（线上）、湖熟街道耀华社区（线上）、沙洲街道莲花嘉园社区等。

（四）方案实施的资源

"六朝青"博物馆课堂进社区项目由六朝博物馆公共服务部门策划实施，项目也是对博物馆公共服务内容的打通与串联，其资源主要

来源于博物馆公共服务内容，与博物馆的日常工作结合紧密。首先该项目实施的主体是公共服务部门负责管理的志愿者群体，管理部门熟知每位参与项目志愿者的特长和专业，便于分配安排。每月进社区项目的子项里有公共服务部门日常组织开展的社教活动和科普讲座等内容。最后组织社区人员回到博物馆进行参观讲解，也是博物馆日常讲解服务的延伸。进行回顾和宣传时，则利用了博物馆日常宣传运营的新媒体平台。利用博物馆日常公共服务资源进行项目实施，不仅体现了项目的公益属性，也节约了项目对人力等资源的消耗。在博物馆工作人员有限的局面下，最大限度地保障了项目完成质量，做到活动项目系统化、菜单化，可复制、可拼接。

（五）方案实施的内容

根据博物馆公共服务工作的主要内容，结合博物馆现有资源，项目计划时就确定了符合实际的项目目标和具体实施的"四个一"模式。"四个一"模式即每一个月走进社区时完成的四项子项目，分别是一次微展览、一次走访或讲座、一次社教活动和一次博物馆参观。微展览介绍六朝博物馆和该社区特色的六朝遗址或六朝历史文化，现场由"六朝青"志愿者负责讲解推介。走访和讲座则由资深志愿者带领深入遗址现场或进行深入解读。社教活动由志愿者曾参与设计并在馆内实施的《岁时有约》《六朝科学堂》等系列活动转移到社区合适场地进行。一次博物馆参观是在完成前三项子项目后再邀请社区公众走进博物馆，实现博物馆课堂回到博物馆的闭环。

四、"六朝青"博物馆课堂进社区实践途径——"四个一"模式

（一）一次微展览

每个月进社区的"微展览"有部门专业骨干参与并全程把关，资深志愿者组成小组具体实施。微展览内容深度结合此社区的六朝遗迹和历史文化。从效果评估角度，在整个项目中微展览充当了"知识储备"的作用，扩充公众对六朝相关的社区历史的了解，建构起社区成员与社区的共同体意识，提升其对所生活区域的自豪感和认可度。六朝博物馆根据馆藏文物、六朝遗址和相关历史文化，策划了历史、考古、文物、艺术等主题的微展览主题库，走进相应社区时，在主题库的基础上进行扩充，做到内容与博物馆及社区双结合。在线上开展的活动会采用微信公众号图文集中推送形式进行，让参与者在家中便可以进行了解。

（二）一次走访或一次讲座

根据所进社区的遗迹情况，会针对性安排走访或讲座活动。如社区内存在六朝历史遗存，便会安排资深志愿者带领进行现场情景式教学，给参与者带来沉浸式深度体验。如该社区不便于开展走访活动，会相应调整为深度讲座，在微展览知识储备的基础上，让参与者深层次了解所在社区和六朝历史的关联。主题讲座由资深六朝青志愿者组成讲师团队，层次丰富多样。根据社区参与活动受众层次不同，从学术讲座到知识普及讲座进行相应调整，提供相匹配的讲座内容，与参与者进行深度的沟通交流。在线上开展时候，走访或讲座子项目会采用音频或视频形式进行传播，同时在传播过程中设置相应互动程序，让参与者随时收听、收看并与讲师进行交流。

（三）一次社教活动

根据每个月所进社区的主题不同，会在相应社区进行一场主题相关的博物馆社教活动，课程由志愿者团队社教组担任。在博物馆内开展过的相应社教活动基础上根据具体主题调整或重新策划相匹配的社教活动。以志愿者社教组在博物馆内开展的《六朝科学堂》系列活动为例，活动已开发了9个不同主题不同风格的课程，角色扮演、手工活动、互动游戏等内容均包含在内。根据不同主题、不同受众，在博物馆课程基础上，策划实施相应针对性活动。社教活动是博物馆公共服务部门日常业务工作，活动中动手实践的过程寓教于乐，是对展览、讲座等很好的补充。在线上开展时，会链接到博物馆线上社教课堂，采用音频或视频形式开展相应活动。

（四）一次博物馆参观

博物馆课堂进社区开展微展览、走访、讲座以及社教活动，目的是为了方便社区公众第一时间在身边就可以参与和享受博物馆的公共文化服务。社区参与者一般很少能走进博物馆进行参观，在社区三个子项目结束之后再组织社区参与者到博物馆进行一次参观，从博物馆到社区，再从社区回到博物馆，形成良性的循环和传播的闭环，加深博物馆与社区及社区公众之间的连接。

五、中小型博物馆进社区活动的思考

（一）中小型博物馆进社区活动的内涵

博物馆作为公共服务机构，在当下社会有职责帮助公众塑造正确的历史观和社会观。社区公众尤其是中老年公众面对现代社会纷繁复杂的信息时，往往难以甄别，这一类公众也极

少去到博物馆进行参观。因此与社区更为接近的中小型博物馆实施博物馆进社区的项目实际上是承担了去除当下博物馆精英化、小众化包装，突出其服务功能的任务。中小型博物馆主动向外延展业务，进行下沉合作，成为大众化的公共文化中心，从而真正做到为大多数人提供公共文化服务。通过走向社区，成为社区的文化元素之一，中小型博物馆可以获得跨越"精英文化"和"大众文化"之间的能力，承担起这一层次博物馆的义务，才能使得博物馆真正成为社会的公共文化中心。

（二）中小型博物馆进社区活动的目的

中小型博物馆进社区活动的目的是连接博物馆与社区文化日常，让社区公众真正有所收获。这就涉及博物馆如何走向社会，走进公众。这其中的重要一点就是对社区公众进行动员，让社区公众真正参与其中，而不是把博物馆进社区变成博物馆的自娱自乐。因此从开始策划进社区活动就要考虑到参与问题，策划主题要贴近社区公众生活，又要具有博物馆文化特色，

并时刻保持和社区的沟通。只有公众主动参与其中并有所收获，进社区活动才是博物馆有效的实践。在博物馆进社区的过程中应当始终贯彻以让公众有收获为目的，提升社区公众的文化参与，通过提升文化参与，提高社区的凝聚力，最终达到打造社区文化，塑造社区成为拥有共同记忆和价值观的文化共同体的深层次目的。

（三）中小型博物馆进社区活动的方式

博物馆进社区不是简单地复制博物馆的课程或活动到社区去展示，而是依据博物馆向大众化、公共化转型的内涵，以让社区公众真正有所收获为目的，因地制宜地开展相关活动。这就要求中小型博物馆灵活运用，针对不同的社区公众群体采取不同的博物馆课堂呈现形式，博物馆进社区活动要能够科学化、大众化地进行传播，利用中小型博物馆贴近社区的优势，对博物馆语言体系进行一定转化，使得传播内容通俗易懂，让社区公众更方便理解，从而达到期待的传播效果。

【注释】

[1] 赵丰：《文化中枢和遗产链：丝绸传统的传承和创新》，《中国博物馆》2019 年第 3 期。

[2] 马琳：《博物馆与社区参与研究》，《上海艺术评论》2021 年第 4 期。

博物馆幼儿教育协同路径构建与机制研究
——基于协同教育视阈

陈晖（杭州西湖博物馆总馆）

摘要： 博物馆博物教育与幼儿教育的协同，能从个体的教育初期激发其长期可持续潜能。本文深度研究我国现阶段博物馆与幼儿园协作方式，剖析现阶段博物馆幼儿教育协同作用机制，构建博物馆幼儿教育协协同模型。通过分析驱动、目标、系统、能力与执行等五个协同机制序参量，进一步梳理系统路径，并分析其机制，从而进一步完善博物馆幼儿教育协同理论。

关键词： 博物馆幼儿教育 协同教育 路径 机制研究

博物馆教育往往采用自然主义、以儿童为中心的探索式学习模式，这种模式适合幼儿的认知水平，能够通过真实的展品、沉浸式的展览和熟悉的环境促进幼儿形成兴趣，培养创新精神，实现个性化培育。同时，中国博物馆教育内容囊括科学与人文关怀、传统文化的渗透，更有助于幼儿启迪智慧、陶冶情操。因此，将博物馆教育与幼儿教育紧密联系起来，并通过协同的方式能够使得幼儿教育更符合幼儿个性需要和教育规律，能够更好地帮助幼儿实现有助于终身学习的素质启蒙。

一、博物馆幼儿教育协同作用机制

20世纪70年代，德国赫尔曼·哈肯教授创立协同学，为博物馆与幼儿园通过协同机制发挥耦合效应奠定了理论基础。2013年，美国博物馆和图书馆服务学会（IMLS）颁布了"发展幼儿智能"行动指南，将早期学习与博物馆联系起来，初现博物馆幼儿园协同的教育规划。随后，美国建立了诸多成熟的博物馆幼儿园，例如迪科尔多瓦雕塑公园和博物馆附属林肯托儿所、沃斯堡科学与历史博物馆附属幼儿园、印第安纳波利斯儿童博物馆附属幼儿园等，这些博物馆幼儿园通过实践展示了基于博物馆理念下的实物研究促进幼儿深度学习与探索的优势与魅力，展现了博物馆与幼儿园协同教育的可行性。

在我国，由于公办博物馆和幼儿园的公益性，致使博物馆幼儿园的双生创新发展领域实践上尚属于空白。2016年以来，在"一个博物院就是一所大学校"的指引下，各省市不断开展博物馆学校以及学校博物馆协同教育的探索，致力于学校教育和博物馆教育两者协同对于学生的终身引导。南京第一幼儿园、泉州市温陵实验幼儿园等在幼儿园内开设博物馆、博物空间以及课程，南京江北新区南京金地皇家文法学校等学校逐渐开设博物馆支持课程，从中可以窥见国内外国情的不同，同时可以感受到博物馆与幼儿教育事业的密切联系的趋势，这一趋势也是博物馆与幼儿园协同发展成为新的增长点。2021 年，苏州博物馆西馆作为我国首家博物馆学校的开放，是我国博物馆为主体的博物馆幼儿园协同教育的里程碑事件。双林儿童博物馆岛研学基地等的建设，也逐步构建儿童与博物馆教育协同的初步格局。

随着我国博物馆教育与幼儿园教育协同的不断实践与探索，博物院幼儿教育协同系统开始组建形成，在这个过程中，幼儿园为主导作用的协同子系统在发展中首先通过引入博物馆知识开始按照自身特色实践教育理念，寻求帮助，促进合作。紧随其后的是博物馆协同子系统，在事件和理论的共同促进中尝试通过协同课程科研、协作开展课程等合作活动促进幼儿园与博物馆的整体协同，在此过程中，教育机构、新闻媒体、科研院所等外部力量进一步优化协同系统，在多方协调下不断协同、整合、迭代，最终实现有序的博物馆幼儿教育协同系统的内部结构，符合协同学伺服原理，经过整体系统初期的混乱期，子系统之间不断地进行寻找协同、调整方式，不断激发序参量的产生，最终促进新的合作结构产生，形成了整合效应。由幼儿园协同子系统、博物馆协同子系统、外部支持协同子系统组成的博物馆幼儿教育协同系统在相互探索整合，最终形成动态平衡。

（一）幼儿园协同子系统

其中幼儿园协同子系统以幼儿园自身为主体，通过内部教研、人才、管理等创新要素和资源的合理有优化配置来实现幼儿园幼儿教育

目的的子系统。该子系统由幼儿园主导其博物馆教育资源和科研。常见的方式有幼儿园内嵌入成熟的配套博物馆区，以北京丰台区芳庄第二幼儿园珠江骏景园、北京师范大学珠海校区幼儿园、南京市第一幼儿园为例，独立馆区内采用独立博物馆分区模式，以观察与探究为核心，结合幼儿认知，对纸、沙土、线等常见材质进行探索，南京市第一幼儿园"主题探索馆"另设安全自护主题馆、创意馆，增强展品开放性。这类幼儿园内设博物馆常设馆区常常依托于教师对于博物馆理念的深入理解，动态馆有更高的更新速率，因此在激发幼儿好奇心产生探索动机方面具有优势。内设博物馆与幼儿课程更加深度融合，每周有固定时间和课程安排，在利用率上表现更有优越，能够提升幼儿持续性探索、社会性能力。

建立学校博物馆项目专属展厅、班级博物角、临时性博物馆展区等是非正式的博物馆展区的主要形式，且这一形式更加便捷可行。泉州市机关幼儿园 2009 年创建"宝宝博物馆"利用幼儿园宽敞的走廊、劳作室、美工室等园内空间，采用便捷可行地专门为幼儿设立带有博物馆属性且与幼儿园课程建设密切相关的园内儿童活动和学习场所。班级博物角是班级装饰的组成，部分有博物理念的教师将博物角与观察与探索联系起来，实现了一定的"博物意识"培养的功能。宁波市鄞州区钟公庙街道金地幼儿园"回忆博物馆"是学校统一建设的博物馆区域，将儿童画展、作品展等具有博物性质的活动会利用走廊、厅室墙壁等方式实现，这种临时性展区的方式既是固定博物馆元素的补充，也是拓展与渗透，它能够维持幼儿的好奇心与热情。

杭州市人民政府机关幼儿园的《初·蕴——丝绸博物馆之旅》课程，《伞扇博物馆

之旅》课程，南京市第一幼儿园纸博物馆课程等一系列《儿童主题博物馆》、南昌格林皇家幼稚园《儿童主题博物馆》、儿童主题博物馆课程《儿童主题博物馆——不一样的探究和艺术表征》等园本课程以体验、探索与分享为核心，囊括绘画、剪纸等更多种的形式。这类课程场所以幼儿园为核心，以教师为科研主体，更重视学生的教育规律，以博物馆作为场地、主题、方式媒介开展教育活动。其中丰台区方庄第二幼儿园珠江骏景园尝试"走班制"，让幼儿根据自身兴趣选择合适的博物馆课程，并通过幼儿的参与反馈进一步提升博物馆课程质量，形成良性发展循环。

此外，利用春秋游、博物馆日等契机，幼儿园带领孩子走入博物馆进行体验与社会实践。黑龙江大庆利民苑幼儿园参观大庆博物馆、乌沙镇中心幼儿园组织学生参观兴义地质博物馆、临漳县第一幼儿园小朋友参观佛造像博物馆等选择的博物馆有浓郁地域特色。相比，民办幼儿园更加青睐自然博物馆、汽车博物馆、动物博物馆等自然科学类博物馆。除幼儿园自身带领孩子进入博物馆区，也有以寒暑假活动作业形式安排走进博物馆活动。

（二）博物馆协同子系统

博物馆协同子系统是以博物馆教育功能为核心，与幼儿教育深度融合，直接或者间接支持幼儿园校内外工作。主要表现在博物馆为核心的幼儿园教育功能上，博物教育更加专业，具有更加强指导深度和专业广度，但往往是阶段性课程或者活动性课程，在持续性上欠佳。

博物馆幼儿园主要以附属幼儿园、内设幼儿园、独立幼儿园为主要形式。附属幼儿园采用的是直接隶属、合作关系等形式。直接隶属型附属幼儿园在办学经费和保教理念上受到一定制约。部分幼儿园以文博幼儿园或博物馆幼儿园为名，如杭州文博艺术幼儿园实属学校幼儿园，中牟县百花路幼儿园文博分园主要因为所在街道名称而定名，山东省平邑县博物馆小区幼儿园是根据小区命名，这些幼儿园与博物馆幼儿园并无关联。

馆内博物馆地理位置位于博物馆内或历史街区内，例如汉口江岸区鄱阳街幼儿园、常德博物馆幼儿园等。这些博物馆一般是中等或者小规模，以常规教学为主。部分在地理位置上接近博物馆的幼儿园和重视博物馆教育的幼儿园也会组织参观博物馆学习，但其中鲜有与博物馆深度融合的幼儿园。

独立博物馆主题幼儿园在我国处于探索和不断发展时期，这些民办幼儿园引入博物馆幼儿园概念，探索和追求博物馆幼儿教育的实践。佛山市南海区大沥布鲁森国际实验幼儿园采用博物馆式情景教学，全园有绘本馆、美术馆、科学馆、生活馆、体能馆、舞蹈馆、音乐馆七处场馆，采用可操作、可交往、可体验、可互动的方式实现博物馆探索教与学。临沂市爱弥儿国际幼儿园同样采用美式儿童博物馆幼儿园理念，设置科学体验 STEM 中心、CRR 全球绘本中心、ACT 美术创意中心、CDF 梦工厂、WCF 水工厂、CMF 乐工厂以及各种功能教室、创意工坊等区域，教师采取引导型、反思型方式。而在各方合作中，一些独立博物馆也以政府、公益组织、民间机构多方合作开发博物馆特色幼儿园，如呼和浩特市儿童探索博物馆。

此外博物馆立足幼儿的认知水平和心理特征，研发幼儿教育课程，也吸引幼儿来到博物馆参与幼儿学习，同时也走进幼儿园带来来自博物馆的课程。中国国家博物馆"稚趣博物馆"等专业面向幼儿的馆内课程与活动丰富了幼儿教育的场景和方式。同时，博物馆在引进幼儿以外，也尝试走出去，进入幼儿园开展课程。

浙江自然博物馆"昆虫的模样"课程、濮阳市博物馆"移动博物馆"课程活动、山东博物馆"爱在博物馆"等系列课程不断深化幼教领域博物馆的教育功能。此外，线上直播等新方式有效突破了时间和空间的屏障，拓展了受众面，上海博物馆、世博会博物馆《世博小讲堂》利用网络直播间向全国 150 所乡村小学逾万名孩子传播博物馆课程。博物馆教育的深度、广度在科技和教研支持下不断拓展，但由于幼儿的注意力时间短、情景与互动性需求较强，博物馆很少开设在线幼儿教育课程，资源也较为短缺，仍有较大发展空间。

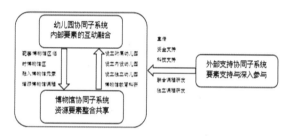

图 1. 博物馆幼儿教育协同模型

（三）外部支持协同子系统

外部支持协同子系统由企业、科研机构、高校、中小学校等外部相关主体组成，为实现共同的教育目标，开展协同支持。以教育机构、科研院所、社会机构等为媒介，以幼儿园和博物馆为着力点，不断深入合作与实践，同时尝试创新方式开展幼儿教育新模式。例如四川博物院、绵阳红苹果一迪教育、四川省教育科学研究所三方共同合作开展幼儿教学科研合作是幼儿园与博物馆深度交流的案例。学而思网校与上海天文博物馆合作，在"超级蓝血月全食"等契机打造相关课程；作业帮一课推出《探秘博物馆》在线精品课等是社会教育机构与博物馆开展合作开设的教育模式。第三方机构的技

术、资金、平台、资源等要素的加入为博物馆、幼儿园协同系统带来了更多创新点与创新可能，博物馆幼儿教育中最有前景融合协同方式之一。同样的，第三方机构中有非盈利和盈利两种合作方式，在协同过程中会出现利益与文化的冲突，更依赖于协同系统的调和。

二、博物馆幼儿教育协同路径探索

博物馆幼儿园教育协同中需要子系统中各个主体内部与外部进行协同，根据于徐绪松教授探索图的绘制过程，分析协同系统的多重影响因素与作用，从而取得驱动、目标、系统、能力与执行等五个参序量。埃利洛 .D. 格洛尔认为，内在动机产生的创新比外部动机驱使具有较高的实施容易度，因此由博物馆幼儿园协同系统内部出发的驱动要素能够有效避免由政策造成的回应、考核式协同，由此，能够进一步促进目标参序量的统一。博物馆与幼儿园作为独立机构，在研究导向、行为风格都有所区别，因此，在幼儿教育方面的目标也有所侧重，但是基于各自的发展需求能够有效取得求同存异的统一价值目标能促进系统要

素进一步稳固与协调。在子系统内部与外部协调中，具有开放性与同一性对系统内部各

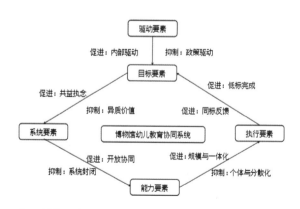

图 2. 博物馆幼儿教育协同系统参序量关系

要素与能力的整合和高效协同有一定促进作用，而个体的内部分散化会抑制执行要素参序量。执行要素是形成目标要素的关键，在同一标准，正向反馈的闭环中，能够融合博物教育与幼儿教育双方优势，促进教育之间的进一步发展与强化，实现协同体系目标。

（一）寻找内部驱动，克服协同梗阻

协同系统中博物馆、幼儿园、其他机构专业领域不同，其组织战略、思维、行为会存在差异，因此多元结构导致协同梗阻。博物馆主要重视其博物教育、文化传播，幼儿园更重视幼儿培养、综合教育，而其他机构在经济效益为主，公益性与宣传性为辅，部分支持机构如高等院校与科研

机构对于科研与技术更为看重，由于各个子系统中在协同中政策制定。驱动力量会受到不同的组织价值观、政策等影响，致使各个子系统内部机制建设、系统构建上存在相对封闭的孤岛，缺乏有效地深入协同，进一步导致教育、科研服务功能存在裂解性。同时，由于个体博物馆、幼儿园等机构的独特个性和优势，统一协同系统需要能够充分发挥个体自身优势错位发展，避免同质化竞争。因此，联盟与协同组织的发展需要基于共性的发展需求和共同利益的根本契合点，赋予协同系统统一布局结构与规划。通过构建良性的顶层设计、充分吸收各个子系统利益诉求、实现协作整合规范化，最终从内部激发各子系统内在驱动力，实现可持续性发展。

（二）塑造共赢目标，建立文化要素

多方面利益共同体需要通过统一的愿景、价值观，使得组织内部形成协作的心智模式，从而形成共赢的行为模式。在同一长期、整体规划下设定近期发展方向和目标，对于短期具体目标进行结合现阶段实际工作的梳理，个体

博物馆、幼儿园、教育机构需要在梳理后通过对话表达自身诉求与愿景，通过个体的目标的整合协调，最终形成短期共赢目标。共同目标是在民主与对话的基础上产生的，因此可以减少冲突和矛盾，且在形成目标后发挥系统的整合优势，通过联盟式的推广与宣传为共同目标形成文化氛围。利用大至规范计划、小至标语文创的方式使得共赢目标成为根植于系统内部大多数个体的协同纽带，从而形成凝聚力和推动力。

（三）开放边界系统，动态耦合调整

学者 Etzkowitz 和 Leydesdorff 提出法人三螺旋理论认为政府、大学与产业相互作用能够共同推动知识的生产、转化、应用及升级，在动态过程中提升创新水平，同样，基于政府、博物馆、幼儿园以及其他子系统成员的合作可以整合组织设置的多元重叠关系，形成更为密切集中的组织关系，从而能够克服单一型组织在效率、资源和设备等方面的劣势，进而发挥规模经济、风险分担等优势。在构建子系统中，子系统中的单位动态变化的，根据需要可以再具体项目中搭建与大学、信息开发、宣传媒体等多机构的协同态势，并通过开放性无边界的系统构架，开发系统交流平台，鼓励创新思考和优质反馈形成动态体系，最终形成以博物馆、幼儿园、支持机构三者为核心的开放且动态的三螺旋结构，博物馆以知识的开拓性供给为资源支持，推动幼儿园通过专业化设计最终实现实践，反馈中不足进一步寻求支持机构提供平台、技术等要素协同发展，从而进一步促进博物馆知识性创新，形成同一目标的螺旋式发展，实现同频共振。

（四）黏和协同能力，整合教育功能

在协同教育过程中，博物馆、幼儿园等个体会有具体的计划、方式，在教育地点、教材

支持、教学目的、教学方式等细节的不同会导致子系统之间存在一定的随意性和不确定性。在制度上确保沟通的顺畅，同时为了取得有机团结，避免机械团结，实现人力资源、资金资源、科研资源等教育力量要素的流动机制，突破体制障碍，最终实现教育功能的整合。以人才资源为例，可以通过建立博物教师协同平台，构建人力资源协同培训体系，帮助人才资源彼此之间增进了解，实现更高强度的黏合力。场地资源能够深度融合，可以在博物馆藏品和科研教育资源以及幼儿园幼儿教育能力和实践融合的过程中可以尝试双师协同教育的方式，进一步开展主题鲜明的博物馆特色幼儿园，实现与沃斯堡博物馆和科学中心幼儿园等博物馆幼儿园，利用展区参观、专家对话、发现式探索、跨学科学习等博物教育的方式实现真正意义上协同。同时产出可供博物馆、幼儿园、机构参考的博物馆教育教材以供相关教育机构选择。

（五）厘清评估机制，实现高标反馈

基于协同系统目标一致性、系统开放性、作用的非线性要求，在协同成果产出上需要有适合软科学类的评估机制，以确保子系统各成员能够持续性、高效协同。在评估体系建立过程中，需要根据实践进行动态调整，有一定的地方性特点，给予个体个性化特色化发展的可能。幼儿教育不同于中小学学科教育，其基于必要学习内容外的学习部分可供教育者因材施教提升学习深度、广度、关联度，联结文化馆、博物馆、图书馆等公益文化团体力量完善系统教育体系。以香港特别行政区《表现指标（幼稚园）》评估指标为例，可将博物馆幼儿教育从管理、教学、支援、发展四方面开展，在教学上强化博物性教育方式——探索性、多学科综合、以观察实践为核心等，在支援方面强化子系统间协同的博物教育融合，从而确保幼儿

德智体美劳的全面发展。根据执行情况，进一步促进具体目标的动态化进展，实现整体的共同发展。

三、博物馆幼儿教育协同机制研究

不同于分工明确的协同体系，博物馆能够在馆内开展幼儿教育，幼儿园、第三方机构都可以基于自身平台开展幼儿教育，存在一定的竞争关系。但是由于其公益属性，能够实现相互合作和促进。在有效整合多方优势资源，减少信息不对称导致的利益博弈后，能够以政府导向、社会导向的共同驱动要素实现利益共享和一定程度上的风险共担。因此，在协同机制上，博物馆幼儿教育协同要经历四个阶段：（1）起步阶段：驱动要素目标化，构建开放式体系。（2）发展阶段：目标要素制度化过程，实现各个子系统内部协同。（3）成熟阶段：形成人才、资金、知识等要素协同路径，有稳定系统。（4）可持续阶段：系统内部演进协同，形成动态、开放式发展。

（一）起步阶段：战略协同

明确的共同目标是多元行动者开展协同的逻辑起点，而目标甚至是冲突则成为协同惰性生成的诱因。在战略协同阶段，各子系统成员首先需要把握战略性机会窗口期，这一时机可以基于有形关联、无形关联、竞争性关联三种类型，有形关联例如博物馆教程设计完善后通过幼儿园渠道、博物馆渠道、培训机构渠道组织活动，能够增强教育的覆盖面和影响力，同时降低人力资源等成本。无形关联往往与有形协同相关，以科研为例，幼儿教育其基础的心理、教育学方式是相同，关键控制点、价值活动的共享能够带来无形协同的机会。竞争性关联也较为常见，例如疫情期间，博物馆、幼儿

园、机构课程线上开展，其教育功能和对象上存在相似性，为了取得更好的宣传和教育效果，各方会存在竞争行为，同在竞争性活动中双方会相互借鉴理论与实践从而优化教育质量。为实现共治共享的局面，需要把握合适时机，以政府引领，出具一定政策导向的机构考核制度、企业税费优惠等具体导向性机制予以达到主题利益统一化的目标。同时，以某一博物馆或幼儿园集团为主体力量，多元化、民主化、合作化吸引更多机构入驻松散式的协统系统中，逐步形成文化氛围促进战略协同。

（二）发展阶段：制度协同

子系统内部主体的增量、功能的跃升后，需要形成适配的制度保障，为协同机制完成从感性到理性的跨越。基于个体具体事务立场、意识的差异，需要尽可能求同存异，减少摩擦，减少由于系统内部内耗，导致的统一目标难以达成、单位运行效能低下、协调困难等表现。在制度规则体系的制定后，逐步从外界刚性指标转化为约定俗成、共同认同的内部柔性价值约束。在制度协同方面，既要注重正式、显性规章制度，建设系统内部的教育科研方针与政策、实施逻辑和框架，以强制性、普适性为特征。同时也需要重视在发展中逐步积累沉淀非正式、隐性的氛围制度，建设非正式组织内部彼此交流和行事的风格特征和准则意识，以非强制性、即时性为特征。在制度协同过程中，首先制度本身需要根据地区特色构建权责清晰、界定明确的管理体系，主要牵头角色可以有科学合理的授权规则，在具体项目和情况下，幼儿博物教育的主体能够在各个阶段获得权责相当的配置。其次，完善制度中民主环节，由于各个子系统间相对的封闭性，容易引发猜忌与隔阂，通过公开的信息系统以及开放性交互系统等支持，确保环节内外的主体能够充分了解情况，

从而消散误会、有效共同，形成非正式的文化共识。再次，重视系统间舆论氛围，引导各个系统成员充分了解博物馆幼儿园协同系统中共性目标，将良好的教育推广实践方式利用"案例—习惯—惯例"上引导，使之成为分正式的心理行为定式，从而实现软硬兼备的制度协同。

（三）成熟阶段：系统协同

明确权责、表达、参与、合作等机制后系统以内在共同目标为驱动，程序化流程为导向，形成较为成熟的系统协同，其中包含人才、资金、教育创新等子要素的协同，也包含以项目为核心的活动协同，最终实现集成优势，发挥出溢出效应。以人才子要素系统协同为例，教师与教育博物馆科研人员需要深入互动，博物馆科研人员对于幼儿教育的理解更加趋于理论，实践较少，而教师更多的是教育实践经验，且多数有现有教学方式惯性思维，对于博物教育不甚了解，在人才培育上可以采用交流、师徒结对、协同系统内进修、旁听讲座、翻转课堂等多彩方式，也可以专门培育部分科研人员专门从事综合性博物教育，开展在博物馆区域、幼儿园区域进行送教送学，在条件允许的情况下开创博物馆幼儿园的实践模式。教研人才与实践教师的身份可以互化和更迭，形成人才队伍的建设。此外，资金要素也是重中之重，根据美国博物馆幼儿园的实践经验，除了政府层面的拨款以及合理教学收费以外，基金会的捐赠、售卖教学材料、社会机构资金支持等方式结合了被动和主动两种获取资金的方式。在要素协同以外，各个子系统间也逐步稳定协同也同样重要，意味着有切实可行的一条研究——协同——教学——反馈的线路，并通过既定路线进行拓展开发，形成社会支出下的体系同步。

（四）可持续阶段：演进协同

"创新动态能力—创新网络构建与演化—

外部知识内化—创新绩效—创新动态能力"是系统动力学演进协同的路径,通过这一路径,协同系统可以不断进行提升与演化,其中动态能力和创新网络知识内化具有边际递增效应。动态能力是指系统内部个体通过知识整合、技术整合等方式不断整合协同系统内部资源,利用知识、实践的更新与创新来适应对于幼儿个体和群体的动态性变化,从而获得更加的教育绩效的能力。动态能力能够及时反馈、动态创新,但不可变化过于剧烈,以致超越幼儿接受能力、体系的承受能力,因此在适当的变动下实现合理的动态程度以发挥幼儿博物教育科研的优质产出,能够更好地驱动系统协同,实现博物馆幼儿教育成果的共享、流动以及扩散。创新网络知识内化在自身内部知识存量以及自身知识获得动力的双重影响下通过个体影响组织对知识进行积累、并最终实现能力演进,在确保研究和教育实践者精力的前提下,也就是协同约束和制度未过阈界值的情况下,加强系统内部知识内化,有利于幼儿教育协同的动态演化提升。能力——协同——内化——绩效——能力的良性动态演化,最终实现了可持续的协同系统发展。

四、结语

现阶段博物馆幼儿园协同已经初见端倪,但是其分界明显,更多的还是传统意义上的交流参观以及馆内教育。不设限的深度个性化教育能够为幼儿赋予更多能量,从博物馆与幼儿园本身出发为社会需求做出回应,无论是建造这样的幼儿园、开发教程、暑期课程实践等方式,都为博物教育、幼儿教育添能、积累。打破隔阂的博物馆幼儿教育协同的理论和实践对于幼儿教育是进一步打造新时代人才的启蒙,对于幼儿教育的变革和探索能够进一步改善中小学教育绩效和成效,将各个不同的教育主体融为一体,进一步为终身教育营造可能。

【注释】

[1] 蒋臻颖:《我国博物馆学前儿童教育问题探析——以史密森早教中心为例》,《博物馆研究》2015 年第 2 期,第 3-7 页。

[2] 杨雪冬、陈雪莲:《政府创新与政治发展》,社会科学文献出版社,2011 年,第 48 页。

[3] 周婧景、高子涵:《试论美国博物馆幼儿园及其对中国的启示——以教育生态学为视角》,《博物院》2019 第 6 期,第 116-124 页。

[4] 赵东霞、张璟:《基于三螺旋理论的官产学协同创新机制探究》,《高教论坛》2014 年第 12 期,第 45 页。

[5] Kopell J. G. S, "Hybrid organizations and the Align-ment of interests: the Case of Fanne Mac and Freddie Mac". Public Administration Review, 2010 (4).

[6] 赵英:《协同创新:教师教育改革有效推进的必然路径》,《贵州师范大学学报(社会科学版)》2012 第 3 期,第 143-147 页。

[7] 香港特区教育局:《表现指标(幼稚园)初稿》. 香港:香港特区教育局,2017 年。

[8] Huxham C. Theorizing, "Collaborative Practice". Public Management Review, 2003 (5).

[9] 迈克尔·波特:《竞争优势》,华夏出版社,2005 年,第 33-57 页。

[10] 王昌林:《创新网络与企业技术创新动态能力的

协同演进——基于系统动力学的分析》，《科技管理研究》2018 年第 21 期，第 1-10 页。

[11] 石海心：《农村小学附属幼儿园数学课程实施个案研究——以河南省 Z 县为例》，西南大学，2015 年，第 25 页。

[12] 鄞州教育网：《人生中第一次毕业尤其值得记忆！宁波这个幼儿园为孩子们设计了"回忆博物馆"》，https://www.nbyzedu.cn/jyxx/mtjj/202007/t20200701_575163.html。

[13] 搜狐网：《孩子们的"博物馆＋"——市府幼园本课程建设 2.0》，https://m.sohu.com/a/214940178_744186。

[14] 香港格林皇家教育集团南昌格林皇家幼稚园官网：《儿童主题博物馆》，http://www.glhjedu.com/html/lmy/ABOUT/Characteristiccourse/791.html。

[15] 北晚新视觉网：《北京这家幼儿园被打造成"博物馆"？"走班制"让孩子自主选课》，https://baijiahao.baidu.com/s?id=1653054838039695525。

[16] 红缨教育：《黑龙江大庆利民苑幼儿园参观大庆博物馆》，http://www.hoing.net/news/34604.html。

[17] 义乌之窗：《乌沙镇中心幼儿园组织学生参观兴义地质博物馆》，http://www.xyzc.cn/article-141004-1.html。

[18] 网上京津冀：《临漳：走进佛造像博物馆 培养娃娃文化自信》，https://www.sohu.com/a/234612830_798118。

[19] 大众网 - 鲁南商报：《临沂有这样一座国际"儿童体验式博物馆"，你还不知道吗！》，https://linyi.dzwww.com/edu/news/hot/201808/t20180831_16622882.htm。

[20] 巨呼市：《老牛呼和浩特市儿童探索博物馆上手指南，精彩内容应该这么玩》，https://www.sohu.com/a/271062849_100118426。

[21] 人民网：《绘本"话"历史 国家博物馆打造"稚趣系列课程"》，http://edu.people.com.cn/n1/2018/06

22/c1053-30075513.html。

[22] 兰国英：《自然博物馆研发幼儿园教育课程的实践与思——以浙江自然博物馆为例》，《自然科学博物馆研究》2016 年增刊（1），第 51-55 页。

[23] 弘博网：《博物馆在线直播课程，为更多边远地区孩子提供学习机会》，http://www.hongbowang.net/news/yj/2019-03-21/12081.html。

[24] 弘博网：《四川博物院与绵阳一迪幼儿园合作开展幼儿教育科研》，https://www.sohu.com/a/81927706_426335。

[25] 科学中国：《学而思网校携手上海天文博物馆 打造天文学知识盛宴》，http://science.china.com.cn/2018-02/02/content_40214110.htm。

[26] 中国新闻网：《苏州博物馆西馆 2021 年建成开放：打造国内首家博物馆学校》，http://www.chinanews.com/cul/2019/05-06/8829143.shtml。

[27] 荔枝网：《培养小小"科学家"！南京有了属于儿童的博物馆》，http://news.jstv.com/a/20180425/5ae01b4fb831891c0972d524.shtml。

[28] 福建省学前教育公共服务平台：《名园长后备人选培训班赴温陵实幼观摩》，http://baby.101.com/news/09282019/230516272.shtml。

[27] 扬子晚报网：《在博物馆中办学校，在图书馆中办学校……英国皇家文法学校落户江北新区，2020 年秋季开始招生》，https://news.yangtse.com/content/832684.html。

[28] 北京晚报：《北京这家幼儿园打造成"博物馆"，去哪个班上课孩子说了算》，https://www.takefoto.cn/viewnews-1989082.html。

[29] 南方都市报：《珠海首家！北师大投资 1.4 亿，珠海校区建国际级儿童博物馆》，https://www.sohu.com/a/431823645_161795。

[30] 南京日报：《南京迎来首家儿童博物馆》，http://jsnews.jschina.com.cn/nj/a/201804/t20180426_1559133.shtml。

[31] 叶俊萍主编:《幼儿园课程资源建设新思路——"宝宝博物馆"建设的理念与实践》,福建人民出版有限责任公司,2016 年,第 5 页。

"文化民主化"语境下中小博物馆
文创工作的困境与思考

陈航宇（平凉市博物馆）

摘要： 博物馆正在从"高雅"越来越走向"通俗"，并迎来了"文化民主化"的转向，在文化形式多元化和增加文化参与程度方面进行了各种实践，开发文化创意产品正是文化民主化的重要方式之一。我国博物馆的发展方向一直以国家政策为主导，而缺乏市场基础，文创工作更是如此。在这样的背景下，并不利于中小博物馆开展文创工作。现行的文创政策与事业单位改革政策之间的矛盾，及中小博物馆抵御政策风险和市场风险的能力弱，是中小博物馆文创开发陷入困境的根本原因。要走出困境，需要认清博物馆的公益性与特殊性，为文创开发工作自上而下联合各部门制定更为精细具体的政策和措施。中小博物馆也要拓宽思路，将文创开发从"物"延伸到更多特色文化服务。

关键词： 中小博物馆 文创 文化民主化 政策冲突 文化服务

中小博物馆在文创开发工作中面临着各种困境，还有不少从业人员对博物馆作为公益性质的文化机构，为什么要开发文创、要从事经营活动存有疑问。本文首先从博物馆开展文创工作的原因和背景进行学理性探究，再具体分析中小博物馆的困局所在。

一、博物馆"文化民主化"的转向

博物馆有两种起源，"一个是以缪斯的名义出现的对知识和哲学的冥思，一个是以收藏柜为表征的对器物的收藏[1]"。对知识和哲学的冥思传统可以追溯到托勒密（Ptolemaic）的亚历山大图书馆[2]；对器物的收藏传统起源于欧洲贵族的私人收藏室，是资本主义文化发展下，私有财产高度集中化的产物。这两种传统一个来源于哲思和研究层面，一个偏重物质和经济层面。但两种传统都体现出了早期博物馆展示财富、权力和文化特权的属性。现代博物馆从一开始的收藏、保管、陈列、研究功能，到后来逐渐增加了教育、传播功能。20世纪末到21世纪初以来，博物馆的服务功能越来越受到重视，博物馆被视作服务社区、服务公众、服务社会的文化场所。越来越多的普通大众走进了博物馆，博物馆所代表和传达的文化，正在从精英主义向着民主化的方向发展。

（一）从"高雅"走向"通俗"

英国阿什摩林博物馆(Ashmolean Museum)

于 1682 年向公众开放，被视为第一座对大众开放的公共博物馆。卢浮宫于 1793 年从法国的王宫变为向大众开放的博物馆，从此开启了博物馆"属于大众"的时代。在近两个世纪的时间里，博物馆虽然对公众开放，但是大量的实证调查研究反映出，博物馆的大多数参观者仍然来自中产阶级，而且已经受过良好的教育。博物馆依然是高端文化的一部分，从古至今彰显着贵族内涵[3]。

20 世纪 60 年代末开始，"后现代主义"（Postmodernism）文化思潮于西方社会产生，并持续影响至今日，其核心内涵是多元价值取向，且强调对人的思想的彻底解放。这样的思潮对各个学科都产生了深刻的影响，直接和间接地推动了新博物馆学（New Museology）运动的产生。法国博物馆学家瓦西纳（Hugues de Varine Bohan）认为，"新博物馆学的宗旨是为人类服务，而不是相反 ...[4]"今天，"博物馆需要思考的是如何鼓励不同阶层的社会公众更多地参与博物馆[5]"。在后现代主义思潮和新博物馆学运动的影响下，"二十世纪八十年代以来，博物馆在欧美的转变，基本上属于高雅文化民主化（Cultural democratization）的过程[6]"。

在中国，"当代博物馆已经走完了从秘藏到上层开放到社会开放的历史进程，进入博物馆整体外化的新阶段[7]"。国有博物馆从 2008 年开始向社会免费开放，到现在已经走过了 15 个年头。越来越多的群众走进了博物馆。据统计，2019 年，全国博物馆共接待观众 12.27 亿人次，同比增长 17.53%[8]。从日常生活的转变来看，到博物馆参观旅游也成了居民休闲活动的重要组成部分。种种理论与实践都说明，博物馆已经从高雅的精英文化走向大众的通俗文化。

（二）"文化民主化"内涵的外延

不可否认的是，博物馆虽然早已面向公众免费开放，但仍有大量人群很少参观博物馆，甚至从未去过博物馆。法国学者布尔迪厄（Bourdieu）认为，博物馆是区分人的文化资本的场域。文化资本指的是一个人所拥有的教育背景、家庭出身、社会阶级、审美能力、品味、举止、气质等的总和。文化资本决定各人所进行的文化活动，文化资本丰厚的人才会进入博物馆参观。虽然博物馆免费开放解决了经济方面的障碍，但文化资本仍是阻碍博物馆文化民主化的因素。从这个角度来看，要想让博物馆的文化更加民主化，一方面全社会的教育水平、美育水平都要得到全面提升；另一方面博物馆需要努力降低观众的文化资本门槛，增加文化的层次，让不同阶层的公众都能够在博物馆里得到精神享受。

中国台湾博物馆学者朱纪蓉认为，"文化民主化有两层意义：一是透过文化形式的多元，达到文化民主化，二是透过参与文化活动人口的增加，达到文化民主化[9]"。博物馆在文化形式多元化和增加文化参与程度这两方面进行了各种实践，如举办多种主题的展览、举行各种形式的文化活动、馆藏资源数字化展示、开发文化创意衍生品等等。通过再利用与活化馆藏资源开发文创衍生品，让观众把看得见的文化带回家，已经成为博物馆文化形式多元化的重要方式之一。

从更广的社会层面来看，在文化民主化的趋势之下，文化旅游、文创衍生品已经以无孔不入的趋势渗透于日常生活之中，带动了更多人群的参与，根据英国政府 2018 年底的官方数据，"2017 年，英国创意业产值已突破 1000 亿英镑，是仅次于金融业的第二大支柱产业。伦敦创意经济相关就业人数已达约 312 万人,成为给英国带来最多就业机会的领域"[10]。在国内,博物馆文创也迎来了井喷之势。2019年,"在线上逛博物馆的人首次超过了去博物馆参观的人,仅在淘宝天猫逛博物馆旗舰店的累计访问就达到 16 亿人次,是全国博物馆接待人次的 1.5 倍"[11]。文创产业在经济层面上全面带动了"文化消费"的态势,文创产品及文化活动、文化服务成为博物馆传播媒介的延伸,同时也成为与商业市场互动的连接点。

二、中小博物馆文创开发的迷思

(一)博物馆文创在中国

1. 以政策为主导的发展背景

中国现代博物馆的产生不是随着我国历史的演变而来的,而是伴随着资本主义经济、文化的发展孕育而来的"舶来品",从 1905 年中国人创建第一座博物馆到 1937 年,中国共创建了 42 座博物馆。这些博物馆基本上都是政府创建的[12]。新中国成立以后,博物馆"建设、管理主体一直以国有化为基础,由此也决定了其整体的行业发展有着很强的国家政策主导性,即不同阶段下所设定的主要发展目标,决定了中国博物馆发展的阶段性方向"[13]。

中国博物馆的历史和特性决定了博物馆的文创工作也以上层政策为主导。从 2006 年的《博物馆管理办法》开始,到 2021 年,中央八部委联合印发《关于进一步推动文化文物单位文化创意产品开发的若干措施》的通知,国家多次出台相关政策,引导、鼓励博物馆参与文化创意产品研发、生产、经营等活动(表一),甚至将文创指标纳入了博物馆免费开放绩效考评的评价体系中,要求所有博物馆必须开展文创工作。"开发经营文化创意产品早已列为博物馆免费开放工作的内容之一,不是可做可不

做的事,而是必须做好的职能工作之一"[14]。

从这些政策内容可以看出,"我国博物馆文创工作开展的背景与西方国家博物馆本身就有多渠道合法收入来源、进入了文化市场、适应市场规律不同"[15],是完全以上层政策为推手,自上而下进行推动的,并仍处在起步阶段。"实际上社会主义国家文化事业并不完全受市场机制的支配"[16]。当下博物馆文创工作主要依靠试点单位在实践中探索,培育市场、扶持企业、创造需求。虽然公众有"文化民主化"的需求,国家为了促进社会主义文化繁荣发展,也有促使"文化民主化"的愿望,但中国博物馆文创工作从一开始就是在缺乏市场土壤的情况下启动的,在这样的环境下,就暴露出了很多问题。

2."两极分化"的现实

在公众对"文化民主化"的现实需求下,在国家政策的大力推动之下,我国博物馆的文创开发也出现了火爆的态势。故宫博物院截至 2020 年底,累计研发 14328 件文创产品[17],引领着我国博物馆文创行业的发展;《2017 年上海市博物馆年报》数据显示,截至 2017 年底,上海市所有博物馆开发的文创产品总数超过了 1.2 万种,仅上海博物馆一家就取得了 3862 万元的销售额;依苏州博物馆官网数据,2017 年苏州博物馆的文创产品销售额达到 1400 多万元,年增幅达 40% 以上[18]。广东省博物馆 2018 年的文创收入为 1941 万元[19]。但我们也能清楚地看到文创销售的火热绝大部分都来自于故宫博物院、上海博物馆、南京博物院、苏州博物馆等大型博物馆。这些博物馆符合文化经济学家弗瑞(Bruno S. Frey)提出的"巨星博物馆"(Superstar museum)特征,即(1)旅游人群必到之处(2)参观人数众多(3)馆藏举世闻名(4)建筑特殊。其普遍拥有极高的知名度、广泛的人气、丰富的文化资源,这些

巨星博物馆的先天优势是其文创工作成功的决定性因素，并且无法复制到不具备相似条件的中小博物馆身上。于是相应的，在文创开发的调查统计中，中小博物馆所占份额极低。"就全国范围来说，全国博物馆文化产品开发总产值近半数来自东部博物馆；就同一区域来看，呈现出核心城市与地方县、市发展不平衡的问题，文化产品开发较好的博物馆大多位于省会城市"[20]。根据《艺术市场》杂志的报道，截至 2016 年 12 月，全国 4526 家博物馆中被国家有关机构认定具有文创产品开发能力和产业规模的有 2256 家，而这其中实现盈利的，只有 18 家，不到 1% 的比例[21]。我国博物馆文创开发呈现出严重的"两极分化"态势。

（二）中小博物馆文创开发为何所困？

我国博物馆文创开发为何会出现巨星博物馆如火如荼，中小博物馆却举步维艰的"一边倒"形势？

1. 政策主导遭遇政策冲突

在以政策主导为背景的发展环境下，"我们既不善于创收又不善于开支，因为我们轻视博物馆的经济研究，这是计划经济留给我们的一种弊端"[22]。公益类博物馆具有市场经验的只有文物商店，并且文物商店"基本都属于文物部门，经营文物及其复制品"[23]"卖的东西千篇一律，做工不精，没有多少有价值的东西"[24]。在事业单位分类改革中，大部分文物商店也被当作企业而关闭或剥离。中小博物馆在开展文创工作时缺乏相应的市场基础，也缺乏主动发展的内生动力。在各地的博物馆免费开放绩效考评指标体系中，"文化产品推广"一项都占有一定分值。2020 年 1 月，国家文物局公布实施新版《博物馆定级评估办法》《博物馆定级评估标准》《评分细则计分表》，在《评分细则计分表》中涉及文化产品的指标分值共 42 分，

占所有指标分值总和的 4.2%，其中"文化创意产品研发和经营"指标分值 40 分[25]。中小博物馆开展文创工作多为迫于完成免费开放绩效考评和博物馆评估定级的需要。

虽然国家有大量的文化政策支持鼓励博物馆研发和经营文创产品，并强调"文博单位和文化创意设计企业是文创产业发展的主体，开发的过程中，可以广泛吸收社会资本，参与到研发、经营等环节中，政府以及相关部门需要提供指导和便利条件"[26]。这些政策都指出博物馆与企业是文创产业发展的主体，应该承担开发与经营文创产品的职责。但"博物馆在事业单位改革中被划为公益一类事业单位，即全额拨款事业单位，由国家或所属地的各政府部门负责进行年度考核，博物馆的运营费用、人员的开支等由国家提供，不产生收入"[27]。

国有博物馆的公益一类事业单位属性就决定了博物馆的非营利性质，与市场之间更加有一道难以逾越的鸿沟。这也为文创工作带来了现实难题。如果要进行文创开发，那么就得有经营销售，否则只投入无回报的开发，只能是为了完成考核要求的权宜之计，无法持续发展。要经营销售，就需要有经营的主体，由于博物馆是公益单位，这个经营主体无法是博物馆自身。国家要求"对划定为公益一类事业单位不得从事生产经营性活动，按规定取得的非税收入和教育收费收入严格按照'收支两条线'规定全部上缴国库或财政专户"[28]。如果博物馆按照"收支两条线"的规定将文创经营收入全部上缴财政专户，在"现行预算方式下，上缴财政的资金可能会返还部分，但为控制预算支出总额，实际上财政或多或少会用返还的收入抵扣下年的预算，导致下年的财政拨款收入会减少"[29]。文创开发是需要成本的，如果销售所得反倒会影响博物馆正常的财政拨款额度，

那么开发文创产品对于博物馆来说将是一项赔本的生意。

在博物馆无法担当经营主体的情况下，还有一种方式是博物馆下设文创企业，并派驻人员在企业全职或兼职来运营企业。《关于推动文化文物单位文化创意产品开发若干意见》指出，"文化文物事业单位要严格按照分类推进事业单位改革的政策规定，坚持事企分开的原则，将文化创意产品开发与公益服务分开，原则上以企业为主体参与市场竞争。"这个表述虽然同意设立企业，但也强调文化文物事业单位要严格按照分类推进事业单位改革的政策规定，坚持事企分开的原则。《关于事业单位分类的意见》指出："公益一类事业单位不得从事经营活动，其宗旨、业务范围和服务规范由国家确定。"可见事业单位既无法作为经营活动的主体，投资设立企业"并不符合现行分类推进事业单位改革政策规定，也不符合有关部门掌握的政策尺度，一旦追责，就需要主管部门和博物馆分别承担一部分责任"[30]。就算博物馆获得地方政府支持，设立了下属文创企业，企业的经营所得也没有合法合规的政策依据能够转移到博物馆的账户中，为博物馆进一步发展所用。在激励人员积极性方面，为"在开发设计、经营管理等方面做出主要贡献的人员"[31]发放绩效工资的政策，更是与纪委与审计部门的政策相违背，只能是纸面上的"画大饼"。

现行政策下，巨星博物馆一般有三种方式来开展文创工作。第一种方式严格执行公益一类事业单位的政策，文创收入按照"收支两条线"上缴财政，开发成功的博物馆会有大量盈利，但多少也会影响来年的财政拨款，这种模式难以持续激发馆方工作人员的开发热情和创意；第二种方式大都作为试点单位先行先试，并有容错机制，试点博物馆可以设立下属文创企业，

并积极探索收入分配机制，地方政府和政策都会予以支持。这种方式下产生了较为成功一些案例，但是并非所有的博物馆都有条件能成为试点单位，暂时不具有可推广性；第三种是采用文化（知识产权）授权的方式，将文创开发和销售全权委托给第三方企业，与第三方企业协议约定分成，分成所得仍用于文创事业的经营发展。这种方式是在现行的文创政策与事业单位改革政策的矛盾之间找到了暂时的平衡，但是也存在馆方贡献程度和自主性不足的问题。

目前大多数的中小博物馆，由于难成为试点单位，采取了两种措施来应对政策冲突。一部分中小博物馆采取所谓"权变"的执行方法来保证政策的执行，比如将文创的相关经营收入统一纳入门票收入中管理，或是将开发出的文创产品只作为赠送之用，不作账务处理，从而用权宜之计暂时回避了政策冲突；另一部分博物馆则选择不执行文创政策，以保证事业单位改革政策的执行[32]。

总之，现行的文创政策与事业单位分类改革政策之间的矛盾，给所有博物馆都带来了发展的迷思，更是中小博物馆陷入困局的最根本原因。

2. 抵御风险能力弱

除了难当经营主体、收入途径不畅通的问题之外，中小博物馆在文创开发过程中还面临着抵御风险能力弱的问题。这里的风险主要来自于两个方面，一方面是上文提到的政策风险，各地对文创工作支持力度不同，对政策的理解也有出入，在大部分中小博物馆所处的中小城市，由于地方财政本就薄弱，再加上在政策执行中普遍偏于保守，"博物馆所有收入不计其研发及销售成本都要上缴财政，且财政没有实际上的返还资金，这样一来导致其经营和服务无法长久维系"[33]。如果财政返还资金不能得

到保障，不仅博物馆的文创产品可能因缺乏资金无法继续支撑下去，同时维持正常运转和公益活动的资金也会受到限制。这对本就捉襟见肘的中小博物馆来说是难以承担的风险。

另一方面是来自市场的风险，中小博物馆的文物资源不如巨星博物馆丰富，甚至没有高知名度的藏品。在文物同质化的情况下，同类型文创产品的销售市场必然会受到巨星博物馆的挤压。再加上城市的人口集聚效应[34]，中小博物馆的人流量偏小，在开发文创产品的时候会受到很大的市场压力。由于区域经济发展不平衡，地方财政资金差距大，中小博物馆可以用于投入文创开发的资金与巨星博物馆相差甚远，所能抵御市场风险的能力也很弱。

中小博物馆在这样的政策和市场环境下，缺乏发展文创的客观条件和主观积极性，也缺乏改革探索的能力，目前大多只能用"权变"来自保，被动完成国家的文创政策。

三、对中小博物馆如何走出困境的一些思考

（一）认清博物馆的公益性与特殊性

2022 年，经国际博协各委员会主席投票产生的博物馆定义的最终提案是："博物馆是为社会服务的非营利性常设机构，它研究、收藏、保护、阐释和展示物质与非物质遗产。它向公众开放，具有可及性和包容性，促进多样性和可持续性。博物馆以专业、道德的方式，在社区的参与下进行运营和交流，为教育、欣赏、深思和知识共享提供多种体验"。[35] 该定义仍然强调了博物馆的非营利性，也就是公益性。荷兰著名博物馆学家彼得·冯·门施谈到"博物馆不是为了营利的机构，但并不一定是一个非营利机构。西方博物馆都是营利的，但它的收

入不同于商业收入，而是转入博物馆使用"[36]。我国学者易玲、王静从博物馆的基本功能、馆藏文物、法律定位三个层面分析了博物馆的公益性本质。博物馆作为公益一类事业单位的定位是完全正确的，不以营利为目的也是符合公众利益的。但是不以营利为目的不是不能盈利，如果博物馆都不能盈利，只投入、无产出，那博物馆文创工作就属无稽之谈。博物馆的公益性决定了其不可能以营利为目的，文创收入也不是博物馆主要的收入来源，无论文创收入多少，文创经营所得都应在国家和政府的监管之下，用于更好地开发文创产品和更好地开展公共文化服务，所以博物馆相应的免费开放经费与财政拨款不能减少。"表面上，博物馆的公益性与市场化行为处于截然对立的位置，且存在不可调和的矛盾；但实际上，博物馆的公益性与市场化行为应当是相辅相成的关系"[37]。可以利用市场获得更多资金，反过来加强公益服务。《公共文化服务保障法》也明确规定公共文化服务"由政府主导、社会力量参与"，说明现阶段我国公共文化服务接受和鼓励多渠道的资金投入。现下的当务之急是要打通博物馆合法收入的体制，改变公益一类博物馆"入账难"的问题。

多个文创政策的出台，说明国家早已支持博物馆合法收入、合理利用资金。但是在政策执行过程中，不能只是文化部门这一头火热，而缺少财政、审计、工商、税务等各部门的支持。要解决这个问题首先要国家多部委共同商议对博物馆重新定位，承认博物馆的公益单位性质，保证其提供必要公共服务的财政资金不能减少。在承认博物馆公益性的同时要看到博物馆需要开发文创产品、提供公共文化服务的特殊性，不能让其被事业单位改革意见"一刀切"，"需要的是从上至下、从国家制定标准政策的精细

化、分级化^[38]"。在各部门制定具体政策的时候，尤其需要为中小博物馆保留相应的文创收入渠道，赋予中小博物馆更大的发展空间。

（二）文创开发不只是物，也是服务

在解决了收入通道的难题之后，中小博物馆要考虑就是如何开发文创产品和面向市场的问题。对于中小博物馆来说，馆藏的高知名度藏品少，地方文化特色却较为鲜明。在藏品与本区域内巨星博物馆藏品同质化的情况下，本馆的文创产品要在市场中竞争和生存，要把创意点多放在本地文化特色上。

文创是文化创意的简称，一般指的是文化创意衍生产品（Cultural and Creative Product）。目前大众对文创产品的理解主要是具体放在商店里销售的"物"。其实文创产品的内涵早已在不知不觉中扩展。故宫近年通过新媒体等手段推出了数字产品、数字文化体验、教育课程等新形式的文创产品。故宫博物院副院长王跃工提出："对文创的认识和定义，不应该局限于物，为社会提供优质的文化、教育资源也应该是文创的重要组成部分^[39]"。这个思路对中小博物馆的发展也很有启发，中小博物馆开发文创不应局限于衍生产品与巨星博物馆竞争市场，而应打开思路，积极利用自己的地方特色，为公众提供特色服务、特色体验、特色课程，开发极具特色的文化产品，全方位提高公共文化服务质量。这既是中小博物馆谋求自身发展的方向，也是实现文化民主化的探索路径。

【注释】

[1] 严建强：《缪斯之声：博物馆展览理论探索》，浙江大学出版社，2021年，第1页。

[2][英]彼得·弗格：《新博物馆学》，北京师范大学出版社，2021年，第69页。

[3] 同[2]。

[4] 李一春：《"以人为本"——后现代主义批评理论对新博物馆学学科转型的影响》，《中国美术馆》2012年第8期。

[5][法]多布莱姆：《博物馆的旧价值还是新价值》，艺术博物馆，2022年，https://mp.weixin.qq.com/s/b2WU6FBL0u4Jg1RMZskYnQ。

[6] 朱纪蓉：《博物馆发展中的国家力量——台湾经验讨论》，《博物馆学季刊》2014年第1期。

[7] 苏东海：《博物馆的沉思——苏东海论文选》，文物出版社，1998年，第87页。

[8] 钱益汇《博物馆蓝皮书：中国博物馆发展报告（2019～2020）》，社会科学文献出版社，2021年。

[9] 朱纪蓉：《博物馆发展中的国家力量——台湾经验讨论》，《博物馆学季刊》2014年第1期。

[10] 中国文化报：《英国创意产业产值突破千亿英镑》，2018年，http://www.ce.cn/culture/gd/201812/17/t20181217_31047875.shtml。

[11] 央广网：《新文创的黄金时代来了》，2020年，https://baijiahao.baidu.com/s?id=1654669802525131057&wfr=spider&for=pc。

[12] 苏东海：《博物馆的沉思——苏东海论文选》，文物出版社，1998年，第5页。

[13] 许潇笑：《从"文化消费"到"文化民主化"——关于经济环境变化中博物馆发展的思考》，《中国博物馆协会博物馆学专业委员会2017年"经济环境变化与博

物馆应对"学术研讨会论文集》，中国书店，2017 年。

[14] 刘栋：《博物馆文创产品开发经营体制机制问题研究》，《中国博物馆》，2020 年第 3 期。

[15] 苏东海：《博物馆的沉思——苏东海论文选》，北京：文物出版社，1998 年，第 327 页。

[16] 苏东海：《博物馆的沉思——苏东海论文选》。

[17] 参考消息：《新时代故宫文创的新作为：让传统文化与时代精神契合》，2021 年，https://baijiahao.baidu.com/s?id=1709142875220725620&wfr=spider&for=pc。

[18] 叶其跃、李飞群：《中小型博物馆文创产品开发困境和发展对策》，《浙江海洋大学学报（人文科学版）》2019 年第 5 期。

[19] 第一财经：《故宫一马当先，博物馆文创开发井喷》，2019 年，https://baijiahao.baidu.com/s?id=1651720128121663960&wfr=spider&for=pc。

[20] 钱倩：《基于市场环境下的博物馆文创发展途径探索》，《中国博物馆》2020 年第 1 期。

[21] 吉芊融：《博物馆文创与文化遗产保护》，《盐城师范学院学报（人文社会科学版）》2019 年第 1 期。

[22] 苏东海：《博物馆的沉思——苏东海论文选》。

[23] 楼锡祜：《论博物馆商店》，《中国博物馆》1995 年第 3 期。

[24] 苏东海：《博物馆的沉思——苏东海论文选（卷二）》，文物出版社，2006 年，第 297 页。

[25] 刘栋：《博物馆文创产品开发经营体制机制问题研究》，《中国博物馆》2020 年第 3 期。

[26] 国务院：《国务院关于进一步加强文物工作的指导意见：国发〔2016〕17 号》2016 年 3 月 6 日。

[27] 新华社：《中共中央国务院关于分类推进事业单位改革的指导意见》，2011 年，http://www.gov.cn/jrzg/2012-04/16/content_2114526.htm。

[28] 财政部：《财政部关于深化地方事业单位改革做好财政相关工作的通知：财综〔2016〕14 号》，2016 年 4 月 13 日。

[29] 吴红梅：《公益一类博物馆文创产品收入的账务处理与分配使用问题探讨》，《行政事业资产与财务》2020 年第 8 期。

[30] 刘栋：《博物馆文创产品开发经营体制机制问题研究》。

[31] 文化部、国家发展改革委、财政部、国家文物局：《关于推动文化文物单位文化创意产品开发若干意见的通知：国办发〔2016〕36 号》，2016 年 5 月 11 日。

[32] 潘思捷：《公益事业单位在政策冲突情境下的政策执行——以 J 市博物馆为例》，吉林大学硕士学位论文，2020 年。

[33] 吴红梅：《公益一类博物馆文创产品收入的账务处理与分配使用问题探讨》，《行政事业资产与财务》2020 年第 8 期。

[34] 根据 2020 年全国第七次人口普查数据显示，人口的集聚效应进一步显现，流动人口 3.76 亿人，十年间增长了将近 70%。人口持续向沿江、沿海地区和内地城区集聚。

[35] 国家文物局：《国际博物馆协会章程》，2015 年，http://www.ncha.gov.cn/art/2015/5/12/art_2303_42828.html。

[36] 苏东海：《博物馆的沉思——苏东海论文选（卷三）》，文物出版社，2010 年，第 346 页。

[37] 易玲、王静：《博物馆的公益性与市场化平衡研究》，湖南工业大学学报（社会科学版)2019 年第 4 期。

[38] 史婕：《基层博物馆发展文创产业的困境与突围》，《文物鉴定与鉴赏》2021 年第 22 期。

[39] 聂檠：《对文创的认识和定义不应局限于物——专访王跃工》，《美术观察》2021 年第 2 期。

小成本＋创意
中小博物馆原创展览策展路径
——以唐山博物馆为例

鲁杰（唐山博物馆）

摘要：受资金、藏品、人才等方面制约，中小博物馆原创展览策展难度大。唐山博物馆从"小成本＋创意"的角度出发，就如何突破中小馆原创展览策展瓶颈进行探索和实践。在"小成本"方面，通过公众参与论证、形式设计去奢求俭、低成本互动传播、多方合作补充展品等进行论述；在"展览创意"方面，从选题创意、内容创意、传播创意等方面进行诠释。

关键词：中小博物馆 原创展览 策展路径

受"人、财、物"等资源制约，中小博物馆原创展览可谓心有余而力不足。一般情况下，中小博物馆的基本陈列多为原创，由本馆策展或者聘请专家策展，而临时展览的原创作品数量极少。中小馆的临时展览多通过馆际交流引进或者以出借场地的方式举办一些艺术类、政务类展览，数量可能不少，但是缺乏原创性。而临时展览展期短、办展频率高，恰恰是原创展览的策展重点。近些年来，唐山博物馆从"小成本＋创意"的角度出发，策划了一系列小型原创临展，取得显著社会效益，现将一些实践心得与同仁分享，并期指正。

一、关于小成本

展览作为艺术作品，其艺术效果与投入成本无法进行等价比较，二者既不是正比关系也不是反比关系。例如，美国911事件后独立艺术家徐冰先生收集了一包曼哈顿的灰尘，用这包灰尘制作了一件艺术品。作品很简单，就是把灰尘铺在地上，用英文写了一句话：何处惹尘埃。此作品一经问世即轰动世界。这件作品除了灵感和创意，几乎零成本，但是却不妨碍它的艺术价值。此外，"小成本"是一个相对概念。相对于投资过亿的展览，几千万、几百万就是小成本，相对于几百万的展览，几十万就是小成本。唐山博物馆小成本原创展览实践，以30万元作为额度限定，且只限于临展，不包括临时展厅备用的展柜、展托、恒温恒湿、特殊照明等基础设备设施以及图录、专著等相关书籍的出版。

近五年来，唐山博物馆重点推出的原创临展主要有：2018 年策划《乡音·乡情——韩溪艺术成就展》（以下简称《乡音·乡情》），展出面积 700 平方米，展品 700 余件（多为手稿、书籍），成本约 10 万元。韩溪先生是根植于唐山的艺术家，获得中国民乐终生成就奖。"乡音"指音乐之音和韩溪先生崇尚的乡土之音，"乡情"指他对家乡的热爱之情和对乡土文化"腌深泡透"之情；2019 年策划《瓷艺一甲子——胡长连 60 年陶瓷艺术成就展》（以下简称《胡长连展》），展出面积 700 平方米，展品 150 件，成本约 15 万元。胡长连先生获得中国陶瓷艺术终生成就奖，瓷绘中以画虎著称，被称为"胡老虎"；2020 年策划《皇宫·皇陵——清东陵文物珍品展》（以下简称《皇宫·皇陵》），展出面积 1000 平方米，展品 230 件，成本约 30 万元，200 余件展品第一次从清东陵文物库房中提取出来，对公众亮相；2021 年策划《红色精神·唐山华章——庆祝中国共产党成立 100 周年特展》（以下简称《红色精神·唐山华章》），展出面积 1000 平方米，以图片为主，实物展品 61 件，成本约 25 万元。展览从唐山这片土地衍生的五种红色精神为线索诠释唐山人民在中国共产党 100 年波澜壮阔的革命征程中做出的贡献，这五种红色精神即大钊精神（唐山是李大钊的故乡）、开滦特别能战斗精神、沙石峪当代愚公精神、三条驴腿闹革命穷棒子精神以及抗震精神；2022 年策划《开新启昧——民国唐山"启新瓷"特展》（以下简称《启新瓷》），展出面积 800 平方米，展品 260 件，成本约 25 万元。这一展览主要展示启新瓷短暂而辉煌的 30 余年历程。民国时期，在中国诸多窑口衰落

之际，启新瓷却悄然绽放，创造了中国陶瓷史上的几个第一：中国最早使用倒焰窑、中国最早使用石膏注浆成型工艺、生产出中国最早的卫生瓷、中国最早使用花纸贴花装饰技法等等。其中，《红色精神·唐山华章》展览荣获 2021 年度河北省十大红色题材精品展览。这些展览从策划、大纲撰写、内容和形式设计、布展、与展览配套的社教活动实施均由本馆员工独立完成。

（一）让公众参与展览论证

展览论证是策展中的重要环节，不可忽略、不可舍弃，所谓"磨刀不误砍柴工"。唐博的小成本原创展览，采取的是多层次论证方式，包括公众论证和专家论证。公众论证是策展第一步，目的是集思广益。主要邀请志愿者和观众，参与展览主题策划、内容构建，提高公众的参与性，避免博物馆单方面"闭门造车"。在策划《红色精神·唐山华章》展览时，有的观众是李大钊研究会会员，在公众论证阶段为展览提出了很多建设性意见。在《启新瓷》策展时，邀请了唐山陶瓷企业员工、中国陶瓷艺术大师、唐山陶瓷收藏界人士参与论证。他们从唐山陶瓷的历史溯源、工艺流程、鉴定鉴赏等多角度提出建议，使展览大纲得以进一步完善。此外，公众论证还包括与展览配套的社教活动策划。就《启新瓷》展览的社教活动，有人提出依托展览到启新工业遗产旧址研学；有人提出拉坯成型工艺与注浆成型工艺现场演示、动手操作；有人提出能否拿出可以触摸的展品近距离讲解等等，博物馆再进行归纳、提炼，策划出不同组合的系列社教活动。正应了那句话：高手在民间。

（二）形式设计去奢求俭

展览的创作是从内容到形式的过程，但是观众对展览的认知却是形式先于内容。随着社

会的发展，现代化科技手段和声、光、电等辅助设备在陈列展览中的运用越来越广泛。这有助于展览内容的诠释，也使形式设计更加新颖、新奇，但是也造成展览的高额成本。受资金制约，"小成本"展览的形式设计力求去繁求简、去奢求俭，在展览日益"重形式、轻内容"的趋势下，反其道而行之，尽量少用科技手段和辅助设备，只用展柜、展板、展品进行展示，以朴素的形式传达展览的文化内涵与艺术魅力。形式设计减少了辅助设备的表现力，需强化版式设计和色彩语言予以弥补。版式设计在展览形式设计中常常被忽视。事实上，版式设计是体现展览整体美感的一部分。通过版式设计把二维平面中的图画、文字、符号进行创造和组合，如何把这些版面元素赋予节奏，赋予立体感，令人舒适，对展览极其重要。唐博的设计师对构图的角度、文字的位置、版面的留白、色彩的搭配均力求精益求精。同样，在色彩语言方面，对展厅的整体环境、展览的色调、每种颜色的色阶均力求极致。因为色彩是传递展览信息的视觉信号，烘托气氛，为展览提供和谐的环境。以《启新瓷》展览为例，使用草绿色为主色调，搭配一些淡粉和赭色，把展厅营造成初春的氛围。春天的新绿代表了启新瓷厂的求新、创新，同时也与启新瓷主打产品——釉下五彩的色调相契合，使展览氛围与展品协调辉映，相得益彰。

（三）展览传播主推低成本互动

互动已经成为当今博物馆展览设计的必要内容。通过互动体验，将传统的单向陈列平台变成公众参与的互动空间，将原本静态的艺术"动"起来，将原本被动地接受方式转变为主动的信息获取。互动形式从传统到现代、从朴素到奢华、从匠人匠心到数字化创新，可谓"五花八门"。但小成本展览受资金制约，主推低成本互动体验。

在《启新瓷》展览中，观众参与互动的项目主要有四项。一是"注浆成型工艺"体验。启新瓷厂是中国最早使用注浆成型工艺的瓷厂，其所有产品均为注浆而非拉坯成型。这也是鉴定民国启新瓷的一个要点。我们与唐山"亚洲时代"陶瓷公司合作，开辟注浆成型体验区，陶瓷公司提供注浆石膏模型和泥浆，并且抽调技术工人对博物馆员工和参与观众进行培训指导，无论技术性还是艺术性均达到专业水准，受到观众热烈欢迎。二是举办"赏瓷、学瓷、画瓷、制瓷"夏令营。赏瓷，欣赏精美的瓷器展品；学瓷，学习瓷器鉴定；画瓷，在瓷胎上绘画；制瓷，从泥浆的构成、注浆成型、瓷器绘画再到浇釉、烧制。三是推出"寻找100年前唐山陶瓷的足迹"徒步研学活动。徒步从唐山博物馆参观开始，步行到汉斯·昆德故居（汉斯·昆德为德国人，曾任启新瓷厂厂长），再到启新1889工业园区。四是举办学术讲座。就此展览举办了"100年前的唐山瓷"和"陶瓷注浆成型"两场讲座。此外，展厅内把每件展品进行编号，由观众评选你最喜欢的10件展品。开展专题讲座，制作线上微课，同时还在节假日开辟"专家讲解时段"。这样的活动，除了一些人力成本，资金投入极少，是"小成本"原创展览的优选项目。

（四）多方合作弥补展品不足

藏品是展览的基础，如果有丰富的藏品基础，那么策展则比较容易。大多数中小博物馆藏品匮乏。策展人首要解决的就是"少米之炊或者无米之炊"。为解决藏品问题，唐山博物馆主要采取了三种办法。第一，日常征集。征集具有地方特色的文物及资料，积少成多。《启新瓷》展览就是唐博历经10年，征集了数百件民国时期唐山陶瓷，从中遴选200余件策划了展览。第二，合作办展——我出创意，你出展品。《皇宫·皇陵》展就是这样的例证。展览全部由唐山博物馆进行策划、撰写展览大纲、形式设计，展品则从清东陵库房遴选、报批。第三，民间借助展品。《红色精神·唐山华章》展览，原本策划的是一个图片展，但是展览布置完成后，没有实物的展览缺乏博物馆的力量。但是唐博馆藏革命文物数量非常少，无法满足展览需求。我们决定从民间收藏家手中借展品。唐山民间有"唐山大地震"专题收藏者、有"冀东抗日"专题收藏者、有"李大钊"专题收藏者，他们的藏品曾在中国人民抗日战争纪念馆、河北博物院等地展出，通过与民间收藏家合作，使展览内容更充实、展品更丰富。

二、关于创意

所谓"创意"是对人人尽知的事物或者见解衍生出的一种新思维，进一步挖掘和激活潜能，进而提升资源价值的方法。说白了就是你想到了别人没想到的。就如前文提到的"何处惹尘埃"作品，收集灰尘的行为是创意，创作的形式也是创意。

（一）选题创意

1.选题突出特色

中小博物馆多为地方性博物馆，他们是地方文化的载体，是城市历史的收藏者也是城市记忆的守护者。一般情况下，中小博物馆的基本陈列已经赋予了丰富的地域文化内容。因此原创临展需另辟新径，或者对基本陈列没有深化的内容进行补充和拓展，或者对没有进入基本陈列的地域文化内容另行展示。唐博的原创临展均围绕"唐山人、唐山事、唐山的文物"进行选题策划，讲好一方故事，服务一方百姓。

2.选题思路不拘一格

在策划"唐山人"系列展时，"唐山人"

可以是地方名人，也可以是平凡的小人物。《乡音乡情》和《胡长连展》均为地方名人系列作品。但是，我们的选题不拘于"名人"。为平凡的小人物策展，也是唐山博物馆的又一策展方向。预备筹划《唐山一家人》系列展览，通过不同时代、不同境遇下的不同家庭，歌颂生命个体的力量和尊严。

（二）内容创意

小成本原创展览在形式设计上已经做了减法，内容设计应尽最大努力做加法，特别要强化创意，以创意来弥补形式的简朴。

1.文字表达之创意

文字在展览中是最直接的信息传递。关于展览文字多少的问题，一直存有争议。有人说，文字太少，传达的信息不够；有人说文字太多，观众没有耐心长篇累牍地阅读。这两种观点从表象看似乎不可调和，但实质却是一个问题的两个方面。展览文字的问题不是多和少，而在于文字的表现力，也是观众的认可度或者说打动观众的感染力。"小成本"展览既然已经弱化了辅助设施设备的渲染表现，那么强化文字表现成为必然。如果展览文字的表现力强，文字在编织过程中，达成与观众心灵的沟通，那么"少"不是粗略而是精炼，"多"不是冗陈而是全面。从展览角度讲，展览标题、前言、部题、结束语是整个展览中关键的文字展现点。

以《乡音·乡情》的前言为例。按照传统的前言模式，应该在前言中介绍韩溪先生的生平，哪年出生，哪里人，从事什么职业，取得什么成就。韩溪先生本人也为我们提供了参考文字。但是，我们在内容设计时，没有按部就班，而是提炼了几句话作为前言：

他是一名初中毕业生；

他是一名小学音乐教师；

他带领乐队走进中南海；

他是唐剧创始人之一；

他是中国民乐艺术终身成就奖获得者；

他是一名文艺理论家；

他是根植于唐山的文化名人；

他是——韩溪。

再以《启新瓷》展览的部题为例。此展览共分三个部分，分别讲述启新瓷厂从建立到更名转产的几十年历程。在文字上，我们选用了灵魂追问的三个哲学问题用于每个部分标题：第一部分，"我"从哪里来——启新瓷开篇；第二部分，"我"是谁——启新瓷绽放；第三部分，"我"到哪里去——启新瓷归宿。这些文字均言简意赅，一目了然，但是给观众留下了深刻印象。

2. 内容情节之创意

展览如同一篇文学作品，无论诗歌、散文还是小说，逻辑、情感、节奏都是必备的要素。

第一，讲故事。把展品蕴含的文化内涵进行充分的挖掘，把零散的展品个体编纂成"故事"注入展览之中。以《皇宫·皇陵》为例，虽然展品均为清东陵珍藏的清宫文物，但是如果只是把文物摆放在展柜，展览就变成了文物艺术展。而我们策划这一展览，除了让观众欣赏到宫廷用品的精美，还要展示文物蕴含的故事。例如我们在对大批宫廷日用盘、碗的遴选中，按照使用规制进行选取。依次选取了里外黄釉、里白外黄、黄地绿龙、蓝地黄龙、绿地紫龙、绿地红龙等藏品，在文字说明中，指出哪类是皇太后、皇帝、皇后所用，哪类是皇贵妃所用、哪类是嫔妃所用、哪类是答应所用。虽然还是那些盘、碗，因为有了故事，有了情节，观众看起来就津津有味，不再枯燥。

第二，抓亮点。通过一个又一个亮点把握展览的节奏。节奏是艺术形式必须具备的基本要素，陈列语言赋予韵律，节奏为波频。通常

讲的博物馆疲劳就是因为等幅等频，缺少节奏变化带来的疲惫感。展览节奏依据内容进行不同的设计，可平稳开始、高潮结束；也可先声夺人、再平铺直叙；或者中间再安排一些跌宕起伏环节。重要的是形成了整体的韵律，而不是杂音、噪音。抓亮点是把握展览节奏中的关键。

在《乡音·乡情》展览中，韩溪先生的马鞭和指挥棒成为展览中的亮点。这两件展品摆放在一起，看似风马牛不相及，实则蕴含了韩溪先生的一段生命历程。韩溪与马有一段不解的缘分。20世纪70年代初，已步入中年的韩溪，被下放到唐山东矿区干校赶马车，"长鞭一甩"定格了艺术家在特殊年代的"车把式"形象。他买了一匹小马，在回干校的路上，小马受了惊，韩溪奋力拽住，才没逃脱。不久，小马便在韩溪的精心呵护下，与他产生了感情，它一直陪着韩溪工作了两年多。1972年春，韩溪调回市里工作。离开这匹马三个月后，在唐山巧遇这匹马，它鸣叫着向韩溪跑过来，韩溪扔下自行车，任由马头在他身上蹭，他顿时"泪落如雨"。唐山画家马福庆以"车把式"为题，为他创作了一幅肖像画，画面上神采飞扬的韩溪并不是拿着马鞭，而是乐队指挥棒，上面题词质朴，却代表着这位老艺术家的心声："扬响鞭驾长车，深入沃土曲高和众；挥银棒指三军，声震云霄白雪阳春！"

第三，重逻辑。《启新瓷》中，关于启新瓷厂的建立，如果要叙述清晰，需要洋洋万言。我们在浩瀚的史料中紧紧抓住了三个逻辑关系，用三句话表达了启新瓷厂怎么来的。第一个逻辑：洋务运动促成了唐山近代工业的兴起；第二个逻辑：唐山近代工业的兴起促成了启新洋灰公司的建立；第三个逻辑：启新洋灰公司派生出了启新瓷厂。三连环的逻辑，从国家背景、地区背景、瓷厂背景层层深入，宏观到微观，

把启新瓷厂建立的前因交代清楚。

(三) 传播之创意

展览传播除了展览本身之外，还包括与展览相关的社会教育活动，这也是展览链条的延伸。社教活动丰富多彩，形式多样，是从馆内到馆外、从线下到线上，从官方到民间等不同空间的拓展。但是无论衍生多少类型、拓展多少空间，如何博人眼球、触及灵魂才是传播的关键。博物馆也应适时"放下身段"取悦观众，彰显博物馆的包容性与创新性。策划《皇宫皇陵》展览时，恰逢电视剧《延禧宫略》热播。电视剧里的女主角是魏璎珞，原型是乾隆皇帝时期的"令贵妃"，后被嘉庆皇帝追封的孝仪皇后。展览中有关"令贵妃"展品引发了观众的兴趣，给予观众更多的代入感和亲和力。唐博趁热打铁聘请清史研究专家、百家讲坛主讲人李寅、赵英健老师分别做了《正本清源话"延禧"》《中国皇陵的绝唱》讲座。

此外，展览传播的创意还体现在展览撤展之后，打造"后展览"时代的文化传播。展览从策划、设计、布展、开幕到撤展是一个展览流程。一般情况下，截至撤展，一个展览的使命就此结束。但是，唐山博物馆则在展览结束之后，展览的传播却没有结束。因为临展展期短，一个原创临展最多半年展期。对已经撤展的展览进行再利用，不仅是对展览资源的珍惜，同时也可以进一步降低展览成本，体现"小成本"展览的价值所在。《红色精神·唐山华章》展览结束后，我们从原有展览中提取精华、压缩规模，制作流动展览进社区、进校园。《皇宫·皇陵》展览结束一年以后，再次邀请李寅、赵英健老师来唐博举办《清东陵地宫寻宝》《慈禧陵寝之谜》《清东陵孝文化探析》《是非成败转头空——康乾反腐惩贪制度的判断》等讲座，从专业角度以正电视剧的视听。《乡音·乡情》展览在结束两年后，2021 年唐山大地震 45 周年之际，再次请来韩溪先生，为观众讲述他带着交响乐作品"烈火中再生的凤凰"三进中南海演出的盛况。"后展览"时代的文化传播，打破原有展览的时间和空间边界，使展览不再局限于"展期"内，不再局限于"展厅"里。展览不仅是博物馆内的展览，还是公众生活的一部分。

除"小成本＋创意"外，中小博物馆突破原创展览的策展瓶颈，还需要多向国家级、省级馆学习。唐山博物馆每年通过引进展览、学术讲座、社教活动等都与省级馆学习和交流，学习他们的先进理念、策展经验、操作规范，不断对自身业务改进和提升。同时，中小博物馆也可尝试联合办展，弥补人、财、物资源的不足。此外，中小博物馆亟待加强对策展人的培养。在人、财、物三大资源中，人是最关键的因素。一个优秀的策展人，不仅在藏品充裕的情况下可以策展，还应在藏品匮乏情况下具备策展能力。总之，中小博物馆在中国博物馆总数中占据绝大多数，并且独具特色，亟待提升创新能力，创作更多更好的原创精品，引领公众的精神追求，彰显博物馆的力量。

中小博物馆的科学研究

承古融今 服务当下：
新时代背景下中小型博物馆的创变之路

覃思捷（怀化市博物馆）

摘要： 以时代发展、社会需求为线索，及时调适社会角色、履行社会职能，主动承担社会责任，是当前博物馆急需进行的能力提升和实践创新。面对机遇与挑战并存的新发展阶段，中小型博物馆需将其事业发展尽快融入现代社会进程之中，在瞬息万变的社会环境中找准自身定位、明确发展方向，为社会进步不断自我革新，走出一条属于自己的创变之路。

关键词： 新时代 中小型博物馆 发展 社会 公众

一、新时代背景下博物馆发展面临的机遇与挑战

自 1683 年英国阿什莫林博物馆对外宣告成立，其适应社会变化、尝试服务公众的办馆理念就迅速革新了早期博物馆一直以来"秘而不宣"的特权形象，并以先声夺人的姿态为后世博物馆树立了"社会公共性"的价值标杆。纵观近现代博物馆发展史，其收藏、研究、展示、教育等工作的相继开展无一不是围绕着社会不断变化的客观需求而逐渐完善的。近二十年间，在政治、经济、文化、科技等广阔且复杂的社会因素的共同作用、交互影响下，博物馆在数量、类型、结构、功能上均发生了急剧变化，不能再与几个世纪之初同日而语。这也有力印证了博物馆自身的发展始终需要与社会的变化同频共振。

对于当代中国博物馆而言，2008 年以后，为积极响应时代呼声，依据国家政策积极落实了免费开放工作，使博物馆能面向更广泛的社会公众服务。"十三五"期间，免费开放深入推进，馆藏文物不断丰富、服务效能显著提升、社会影响持续加强，博物馆的社会职能得到了空前提升，我国博物馆事业在与社会协同发展的基础上稳步、高效迈进。2021 年不仅是我国"十三五"全面总结之年，也是"十四五"顺势开局之年，全新的时代使命感扑面而来。5 月，国家九部门联合印发《关于推进博物馆改革发展的指导意见》，更是从多方面论述了在新的历史阶段中，博物馆的未来发展目标和工作任务。不容忽视的是，随着 2020 年新冠疫情在全球范围内大爆发，这已成为继第二次世界战以来全球范围内最严峻的社会、经济和健康挑战，它正在并将继续给包括博物馆在内的所有

公共文化机构带来现实和潜在的影响，甚至可能带来整个博物馆生态系统的深刻变革。面对此次公共卫生危机，我国博物馆表现出了与非常时期高度黏合的协同态势：博物馆与民众共情相伴、共克时艰；博物馆文化疗愈及福祉功能迅速觉醒；与科技深度融合下的博物馆构筑起了线上线下新的文化体验模式……

可以说，眼下我国博物馆正处于全速发展的迅猛势头之上。以时代发展、社会需求为线索，及时调适社会角色、履行社会职能，主动承担社会责任，是当前博物馆急需进行的能力提升和实践创新。因此，如何实现上述功能的升级转变，正日益成为新时代背景下博物馆发展之路上面临的机遇与挑战。

二、新时代背景下中小型博物馆的发展现状

在新时代使命的感召下，尽管全国博物馆总体发展态势喜人，但不可否认的是，"强者愈强，弱者更弱"的馆际分化现象却日益突出：作为影响省内甚至周边区域的"文化高地"博物馆，它们自带流量的辐射力常常引发"众星拱月、一票难求"的社会效应。此外，这类博物馆还具有较强的社会敏感度及参与感，能根据社会新现象、新问题、新热点及时调整工作节奏，以推陈出新的亮点工作对社会需求做出积极回应。但这种现象级的博物馆只属于"少数派"，更多的博物馆却因乏人问津，而苦于运营、生存艰难，面对瞬息万变的周遭环境，更是无力招架。

我国博物馆依据行政级别被划分为四级：国家级、省级、地市级、县级。如果把国家级、省级博物馆归为大馆，那么地县级博物馆显然就属于中、小型博物馆。据统计，截止到 2020 年底，在全国 5788 家博物馆中，省级以上大型博物馆仅为 440 余家，占据九成左右的则以藏品数几百至数万件不等、建筑面积不足一万平方米的市县级中小型博物馆为主。它们数量大、分布广，主要集中在国内小型城市，这类地区人口基数小、经济发展相对落后、文化资源利用率较低，当地博物馆影响力及社会效应较弱。

二十世纪八九十年代，随着城市化进程提速，不少当地政府热衷拆旧馆、建新馆。这类地方中小型博物馆运转从一开始就由政府包办，工作思路参照行政视角，工作开展依循体制流程。长年累月的"按部就班"造成了自身发展与社会环境相脱节，工作方向与公众需求也存在着诸多不适应。

此外，不少地方政府在追求"建馆兴市"的过程中，只求尽快"平地起楼"，为政绩加码，重建筑、轻功能，无视博物馆行业规律与发展规划。当前期的热闹稍纵即逝，后续的工作瓶颈就随之而来：文物征集来源不足、馆藏类型数量有限、资金人才技术匮乏、研究转化成果薄弱、宣传教育形式单一、公众服务观念落后等长期困扰中小型博物馆的问题会以层出不穷的态势持续显现。因此，上述各类因素导致了不同体量博物馆之间两极分化日益严重。

当前，我国博物馆事业正处于深化改革、高速发展的历史进程中。尽管不到一成的大型博物馆在行业发展上占据了绝对优势，但从空间布局、受众普及、成果共享上而言，分散在全国各地的中小型博物馆才是发挥社会公共职能不容小觑的行业主力军。倘若中小型博物馆还继续以这样一蹶不振的步调迟迟不前，就不能顺利搭乘文化振兴的政策快车。而发展滞后带来的社会效应的缺失，则会让中小型博物馆在本地公共文化服务体系中形同虚设，长此以

往，就更得不到相关部门的重视与支持，最终陷入恶性循环的泥沼之中，难以前行。如此，中小型博物馆就与为社会及其发展服务的初心渐行渐远。

因此，处在机遇与挑战并存的新发展阶段，中小型博物馆亟须将其事业发展融入现代社会进程，在瞬息万变的社会环境中找准自身定位、明确发展方向，为社会进步而不断自我革新。让更多的人通过走进、亲近博物馆，收获文化体验、感知文化魅力、共享文化硕果，努力发挥促使社会进步的积极作用，践行为社会发展服务的使命与担当！

三、新时代背景下中小型博物馆的创变之路

（一）作为社会多元角色的思考与塑造

博物馆曾为近代以来学科知识体系的建立、传播做出了卓越贡献。几百年间，它以信息传授者的身份将智识惠及千家万户，人们在收获知识的同时，也维护起了博物馆的公信力。但这一情况随着后期博物馆收藏日益细分、展示趋于学究、教育走向刻板而逐渐变得适得其反。面对博物馆长期以来耳提面命的工作方式，公众的不断流失，是不得不正视的紧迫问题。对于中小型博物馆而言，在诸多劣势显现的情况下，如何在世人固化观念下完成社会角色的"华丽转变"，就显得尤为紧要了。

1. 地方历史的传播者与城市形象的塑造者

城市作为包含特定人群及其关系的社会空间，承载了这一区域长时间的生产方式、生活习俗、审美标准、宗教信仰等多重文化涵养。我国中小型博物馆多分散在全国各地的城市中，因而，博物馆的"在地性"决定了它应积极承担起本地区文化的存续、保护、传播与认同的

社会职责。

德国学者阿斯曼认为，文化是一种记忆，是集体记忆和集体意识的体系。单霁翔指出，城市是靠记忆而存在。因此可以这样理解，一座城市的文化沉淀，就是生活在这座城市中的世代民众共同的一类记忆构成。地方中小型博物馆在其发展历程中，珍藏了许多承载城市记忆的历史物证，是保存与展示城市文化的最佳场所。因此，观众通过参观博物馆，可以解读与体悟地方文化，寻回其中蕴含的集体记忆和文化共性，在此基础上，确认并强化自我认同与归属感。

中小型博物馆不仅忠实保存、记录了所在城市的往昔历程，同时也参与了当代城市的建设发展。过去，多数中小型博物馆在最初的城市规划中并未占据区位优势，错失了与其他旅游资源相互融合的大好时机。随着现代城市规划日趋合理，专门的休闲旅游区凸显重要。因此，藏匿一角的中小型博物馆应审时度势、有自觉意识，找准在城市发展中的功能定位，加快社会服务领域拓展的速度，将自身培育成引领优质生活风尚、并为公众提供多元服务的综合文化场域。另外，还可因地制宜的参与城市旅游资源整合、旅游景观构建，从传统的收藏、保管、展示的单一社会机构，逐步向融合地方历史文化与现代发展需求的复合文旅景观转变，助力塑造好城市新形象。

2. 后疫情时代下文化驱动力的持续供给

2020 年以来在全球范围内爆发的新冠疫情给人们生活的各个方面都造成了余震不断的持续冲击，并且它的发展走向及影响远超预期。时至今日，恢复发展与疫情防控同时成为我们生活、工作中常态化的内容之一，这对博物馆界而言也不例外。2021 年 4 月 13 日，UNESCO 数据显示：总体上全球博物馆在疫情

爆发一年依然十分脆弱，新冠疫情给全球博物馆的社会开放、财政状况、业务布局、社会心理的影响是深刻而长远的。为积极应对疫情及其影响，在防控的早期阶段与目前所处的"后疫情时代"，我国各类博物馆、特别是不少中小型博物馆均表现出了异常迅速的应对机制：场馆服务设施的消杀升级、员工防控工作能力强化、疫情见证物的搜集展示、数字技术应用异军突起……博物馆之间不再以资源、地域相区分，而是主动聚合、化为危机、迎接挑战。中小型博物馆通过人文关怀与文化输出，同样以坚韧且强大的文化感召力对一方民众进行了心灵安抚与疗愈。

未来，中小型博物馆还应当继续以强劲的文化感召力、驱动力去为社会公众服务。除上述内容外，还应深耕所在社区、城市，切实将应对突发公共事件融入博物馆日常管理之中，规范突发公共事件应急处理机制。做到居安思危、常备不懈、服从大局、适时应对、积极导向。让人们通过参观博物馆，切身体会到文化体验对公众心理健康和福祉的积极作用，使之成为大家普遍信赖、亲近、共享的公共文化机构。

（二）构建中小型博物馆的特色藏品体系

博物馆藏品征集工作的开展需全面客观的考量文物或标本的综合价值与文化意义。但不可否认的是，在目前市场价值的驱动之下，不少学者专家、从业人员、普通民众对博物馆藏品，特别对历史文物的"稀缺性"与"珍贵性"趋之若鹜。因此，在这种主流观念体系中，不乏各类以量大质优藏品充实其间的大型馆藏及展览；然而，更多的则是文物数量缺失、品相平平的中小型博物馆。因此，传统认知下的藏品征集对于大型馆来说自然不在话下，但精品藏品的有限性在一定程度上决定了大型馆对其占有的垄断性，这意味着拥有更多文化展示的

话语权。这对中小型博物馆而言无疑是长期显性的"藏品危机"。如何实现困境突围，可从以下三方面予以考虑。

1. 从物质文化遗存到非物质藏品

时至今日，无论是官方组织还是普通博物馆工作者，越来越多的人都意识到"博物馆的资源从广义上而言包括了人类的文化遗存，无论它们是有形的（物质的），还是无形的（非物质的）"。现行的《国际博物馆协会章程》更是将博物馆藏品范围定义为"有关人类及其环境的物质的与非物质的遗产。"

可以看出，尽管物质文化遗存是证明历史发展的可靠物证，但不可否认的是，它们经过时间漫长的拣选，不利保存的遗物湮没殆尽，易于保存的物证已然无法自证历史全貌。这对博物馆客观研究、展现历史的工作要求而言，无疑增加了诸多不确定性。其次，入藏的物质文化遗存已经脱离了其原生环境。这类缺失历史语境的遗存无疑也增加了博物馆研究工作的困难。美国学者 Russel B.Nye 曾一语中的："我们对历史的考察永远做不到十全十美，这是因为博物馆不能陈列声响。绝大部分的历史声响已永远的消失了。"因此，博物馆藏品征集工作就不能还仅局限于对"物"的迷思上。

中小型博物馆应该把传统认知下的藏品构成从单纯实物形态拓展到图文、影音等非实物文化资料上。近年来非物质文化遗产的保护与传承也可为博物馆藏品征集工作提供有益启示。"非遗"工作重视在"人"这一要素参与下的社会实践、观念表达、表现形式、知识、技能及相关的工具、实物、手工艺品和文化场所。如果说，以实物为主的文化遗存偏重对历史结果的记录、再现，那么"非遗"则更倾向于关注"结果"背后"人"的动因及传承至今的过程性保护。因此，中小型博物馆藏品工作可在

传统实物征集的基础上，注重非物质资料的及时兼顾，更要结合时代所需，主动记录、收藏延续至今的文化创造过程，客观、全面的展现社会延续不断的多层面发展历程。

2. 从稀缺价值文物到地方信息负载物

如前文所述，中小型博物馆"在地性"的特征使其承担着关于这片土地区域文化、集体记忆的收藏、研究与阐释的职责。但实际上，目前不少地方中小型博物馆，它们在筹建初期并未认识到在地关系的重要性。藏品征集工作被市场价值和观念裹挟，在竞相追逐"精品文物"聚拢的过程中，以有限经费孤注一掷。那些包含关于这片土地与人民记忆的物品，以及它所具有的证明事件、人物真实确凿的可能性，都被忽视了。最终呈现给市民的馆藏展示往往热闹有余，影响甚微。

我们根据区域文化特色，可将具有高超艺术、审美价值的文物列入收藏范围；但是，那些能反映当地人生产、生活典型文化特征的日常之物同样也应引起足够重视。中小型博物馆的藏品清单上不应仅仅是依据材质分类的玉器、青铜器、瓷器，还应该完善起能反映人们生产、饮食、服饰、交通、战争、教育等生存状态与生活方式的藏品体系。正如《威尼斯宪章》指出：文化古迹不仅适用于伟大的艺术作品，而且亦适用于随时光流逝而获得文化意义的过去一些较为朴实的艺术品。因此，只要征集之物能真实、客观的纳入到区域文化的大语境中，让观众通过观看寻回集体记忆，确认并强化自我认同与归属感，就应该认真对待、合理征集。

3. 从历史逝去之物到现代社会发展见证物

博物馆是保护和传承人类文明的重要殿堂，是连接过去、现在、未来的桥梁。字里行间中强调了博物馆"鉴往知来"的特殊时代使命。对于立足本地的中小型博物馆而言，关照当下、服务社会，不仅是应有之举，更是当务之急。事实上，1996 年的国际博物馆日主题就确定为"为了明天收藏今天（Collecting Today for Tomorrow）"，要求加强对当代物证的征集力度。因此，中小型博物馆不能仅仅是历史逝去之物的储存地和"完成时"语态下的历史代言人，更应该广泛征集当代物证，以此建立起与当下社会的直接联系，成为"进行时"语态下的社会见证者和参与者。

在新时代背景下，中小型博物馆藏品征集工作需及时留意、关注当代社会发展。这体现了博物馆工作者应有的文化包容性和当代人文关怀。早在 2003 年，首都博物馆就开展了抗击 SARS 物证资料的系统性征集和入藏工作，开启了国内博物馆"收藏今天"的先河。在实际工作中，中小型博物馆应把握时代脉搏，以包容开放的姿态融入社会发展进程，关注社会新诉求。以系统、发展的视角去观察当代社会、文化现象。在此基础上，扩容传统的藏品征集体系，全面网罗现代社会发展见证物，以其正面意义为公众树立正确的当代价值观。

（三）多维视角、多方协同助力中小型博物馆藏品解读研究

一般而言，博物馆藏品研究的视角依据历史、艺术、科技三大维度，公众在这类编织的意义之网中，不难理解藏品作为历史产物、美学成果、发明创造的信息输出。但不可否认的是，上述研究方式往往从"实物外观"出发，围绕着视觉认知，带给公众的多为一种"结果"式呈现。这类研究方式对于藏品量大"质优"的大型博物馆而言，似乎得心应手；反观多数"家底不足"的中小型博物馆，若继续勉强以传统视角予以研究，则有些心有余而力不足了。因而，如何根据自身藏品特色、拓宽研究方法，是目前多数中小型博物馆藏品研究面临的实际问题。

1. 藏品解读研究中的多维视角

藏品曾在人类社会中发挥了时代见证物的作用。在反复流转中，由于社会观念的转向与自身形态的改变，逐渐被裹挟了多层附加意义。比如，古人皆以美石者为玉，或用于祭祀或用于装饰，春秋战国以后，儒学大行其道，上行下效，国人皆以玉比德，附加在玉器上的人文意义愈发明显，这就是属于特定时代下新的附加信息。因此，对于博物馆藏品而言，其本身就是一个具有历时性的多重意义负载体。

基于此，中小型博物馆在进行藏品研究时，可考虑从其多重意义形成的"时间轴"上寻求解读，这样就避免了常规视角的干扰。一般而言，可将"时间轴"大致划分为"历史""现实""未来"三个时段区间。在"历史"区间，可着重考虑该藏品的初始功用及其在流转过程中形态、用途、价值的演变情况，这类藏品意义具有具象直观、易感知的特点。通过研究这类属于特定时段的意义构成，就可以找准该件藏品明确的历史坐标，为后续研究提供翔实基础。

其次，在"现实"区间，需注意藏品对于现代社会适用意义的挖掘。2016 年，加拿大皇家安大略博物馆发起了针对文化遗产理解与利用的《多伦多宣言》，其中明确指出，"结合当代社会的需求和关注社会焦点来平衡对过去的理解，才是保持过去与当代社会关联性的根本。"同理于藏品研究，需注意结合当代社会与时俱进、继往开来的时代需求，把握公众对藏品的理解诉求，建立藏品与当下社会的关联性，使解读能融入现代生活。具体而言，以符合现代人理解的途径，去探讨影响藏品最终形态与价值形成的社会、文化、传统、观念等抽象、隐性的深层人文因素，从而唤起当代人内心深处的共情，被公众认可与内化。

最后，着眼于"未来"区间，对藏品可能潜在的多层意义，采取开放包容、求同存异的研究态度，不轻易取舍、决定藏品的意义导向，在尽可能全面解读的基础上为今后的深入研究提供参考性思路。此外，研究人员要积极"走出书斋"，关注社会发展趋势，适时做出预判，在为"明天收藏今天"的基础上，广泛思考"为明天解读今天"。最后，及时记录阶段性研究，全面总结研究成果，为未来的深入研究奠定坚实基础，以此体现出当代博物馆人的使命担当。

2. 多方协同助力藏品解读研究

对于大部分中小型博物馆科研工作而言，人员不足、水平有限，后续活动缺乏理论支撑、研究成果转换率低等诸多问题长期存在；此外，由于多数中小型博物馆并未设置独立研究部门，因此专业人员难以借助平台发挥专业优势，更无法将个人成果融入本单位事业规划、发展之中。

我们应该将博物馆科研工作置于整个社会公共文化服务体系中。一改往日"单打独斗"的工作方式，秉承优势互连、协同研究的原则，逐步推动藏品资源以不同形式在馆际、高校、科研机构中有序流动与整合，构建外部协作网络，探索长期合作机制，实现良性互动、互惠共荣。

具体来说，根据中小型博物馆实际情况，可考虑两类合作模式。其一为馆际之间资源互通互融。以地方中小型博物馆群为统筹范围，建立线上、线下资源共享平台，整合区域内的馆际信息资源。支持区域内藏品标准化录入、藏品大数据分析、藏品信息共享、藏品研究互助等。2014 年，安徽省博物馆联盟成立，共有77 家成员单位（包括 10 家民办博物馆）加入。该联盟举全省文博系统之力，盘活藏品资源、弥补资源不均，以共商、共享、共建的合作平台带动全省博物馆藏品管理、学术研究的全面提升。

其二，以社会科研机构为着力方向，盘活博物馆馆藏资源，建立联合科研基地、科研中心。结合双方研究诉求，逐步开放藏品数据库，设置完善藏品对外提用、研究的审核审批制度。针对区域特色文化进行联合研究，使研究成果具有本地适用性与对外展示性。此外，还可设立短期专业合作项目。针对藏品信息化管理、文献考证、文物修复等业务需要，借助科研机构中的学科专长、人才优势与硬件资源，开展周期性的互助研究、专业培训。一方面，馆方专业技能借助外援将得以快速增强；另一方面，科研机构人力资源在馆方的流动也能促使其得到实践提升。

（四）搭建以地方特色展览为核心的多层活动体系

对于多数中小型博物馆来说，由于研究薄弱、人手不足、经费有限，展览效果往往差强人意。部分地方展览在没有明确主题定位的前提下，以其他馆"模板"为设计思路强行套用本馆展示。参观者在走马观花中扮演的是被动、机械、易被操纵的角色。因此，展览效果不出彩、同质化、单向性是多数中小型博物馆展览工作中面临的实际问题。

事实上，展览远不是由展品组合、搭建起来的简单呈现。我们在观看优秀的展览时，会更多地体会到其背后思想、态度、情感的延伸与传达。在与观众目光所至的交互融合中，展览应被视为信息的载体与沟通的媒介。它不仅是工作成果，也应该是博物馆可调整、可优化的行为过程，更应该是博物馆工作人员与社会、公众探索合作、加深交流、共同提升的综合表达。

1. "看什么"——关注展览立意中的区域文化与当代视角

如前所述，作为本土历史文化的传播者与

城市形象的塑造者，中小型博物馆有责任向本地居民叙述自己赖以生存的这片土地的故事。具体而言，就是通过展览与宣传让他们认识、理解和热爱这片土地，以此激发文化认同与文化自信，使本地居民自觉接纳和传承区域文化。

因此，中小型博物馆需及时调整办展理念，将过去热衷于先搭建"通史框架"，再嵌入"零星展品"的思维定式适时转换成撷取、展示区域文化亮点的地方模式。这样不仅规避了长期以来把藏品作为历史"注脚"的既定逻辑，又能创造性提升"久居深闺"的藏品的利用率。例如，怀化市博物馆《五溪往事——怀化历史文物陈列》中以一组（7 件）汉代滑石兽面展示怀化在汉代的独特文化特征。该器类多出土于怀化境内，其他地区罕见，为汉代先民驱邪镇墓、安抚逝者之用。滑石兽面反映了本地区两汉时期独有的文化习俗与精神信仰，为我国傩文化的溯源研究提供了区域性诠释思路。

在侧重展示本土历史文化的基础上，如何加深认知、认同，引发观众的高情感卷入度？除了立足本地，梳理区域历史脉络，还需考虑将其根植在当代社会的沃土中，让现实"照进"历史，主动探寻古今有机联系，根据现实需要展现历史，让展览成为沟通历史与当下的有效媒介。

对于观众而言，如果将展览比作一面镜子，那么透过近距离观赏，不仅能解读到历史故事，还可通过正面凝视，深窥到自己思想、生活、阅历与往昔之间产生的默契与共鸣。这就需要我们在展览呈现中，格外关注展品背后的人群、人性与情感因素。我们或许无法即刻理解展品跨越千年之后的模样，但如果将展品所负载的信息以当代视角为切入点，试图以今人视角解读古人观念，或许，我们就可以尝试理解古人在特定历史环境中面临的各种际遇、挑战与选择，以及前九古人的创造力。

图 1. 张之洞与武汉博物馆

以张之洞与武汉博物馆为例，该馆围绕张之洞生平展开叙事呈现。在展厅内设置了一独处空间，仅能容一人站于台阶之上俯视前方的提示语："我们看历史人物，由于时间久远，往往能从远距离看到历史的整体脉络，所以可以轻易地评价他的功与过，褒贬他的善与恶。但如果我们跟当事人一样，被困在历史的'此时此刻'，又将如何抉择呢？"该展以"抉择"——这类当代人普遍感到困惑的问询直击内心，让人不得不调动起记忆和经验，与百年前的先贤进行一场跨越时空的古今对话。可以说，以当代视角串联历史解读，使历史被今人感知与理解，或许是中小型博物馆在展览策划中避免同质化、寻求新立意的一条可行之路。

2."给谁看"——探索平等沟通、包容分享的展览诠释模式

费门·提尔顿（Freeman Tilden）曾在他的《诠释我们的遗产》一书中指出："诠释的主要目的不是教导，而是启发。"山姆汉姆（Sam Ham）则认为"诠释从根本上说就是一种交流沟通的方法"。以上表述为展览工作提供了重要理论依据。对于一般观众而言，仅凭普通认知是难以理解展品深意的，因此，正是展览通过自身特殊的诠释方式，赋予了展品秩序、逻辑、情节、故事，以此构建起了有表达欲的双向沟通机制。

在目前信息获得日趋便携化的今天，展览已经不能再以部分学科的专业性占据智识传播的制高点。这意味着如果继续以学术领地、专家视角凌驾于沟通机制的一端，会让普通人在观看时感到无所适从。因此，中小型博物馆要主动舍弃传统表达中居高临下的知识给予者姿态，学会换位思考、亲近观众。

其次，更需将大部分模糊艰涩的展示内容重新"编码"，以深入浅出、喜闻乐见的形式丰富诠释模式。施罗德（Fred E.H.Schröder）曾针对展品的内涵及外延提出 7 类进阶诠释法则，归纳起来，涉及展品的生产、使用、材料、设计、纵横联系、功能价值等方面。这些问题指向了展品的多重意义与相互联系，且易被观众理解。在此基础上则可将诠释视角延伸至观众：你还知道它的其他用途吗？你还知道其他类似物品吗？你还知道什么东西与这件物品有相同的功能？你家里有类似的物品吗……上述问题的设计在于使展览的沟通模式跳出单向的思维局限，以更具包容、分享、开放的视角去联动观众主动探索展览意义。

再次，中小型博物馆展览还需适当关照普通市民在知识获取之外，寻求休憩、娱乐的观展目的。因此，在展览传统理性色彩浓厚的图文符号之下，需兼顾起使人产生积极乐观、愉悦情绪的表达方式。我们知道，展品标签（说明牌）是大部分观众在参观时会留意的信息提示。除此之外，标签的撰写或许还可以专注在与观众的感性互动上。以"展览标签写作卓越奖"为例，该奖由美国博物馆联盟（AAM）于 2008 年设立，旨在认可与鼓励优秀的展览标签

撰写者与编辑。2014 年，评选出的 10 类获奖标签中，来自密歇根大学自然历史博物馆的"鸟类的秘密生活"展览中，一则描述鸟类的标签如是表达："这只鸟知道女人要什么——雄性鹌鹑通过快速地献上一点食物来吸引伴侣。这种仪式叫作'珍馐博佳人'，好似一场比赛，献食速度最快的鸟儿通常能赢取雌性的芳心。"评委认为这类标签"五花八门读起来十分有趣。……就像冷天气里一杯可爱的热巧克力，让人愉悦而兴奋。"因此，即便是普通的图文呈现，我们也可在细节中做文章、显关怀。在与观众建立对话、达成沟通的过程中，将部分内容表达侧重在回应观众休闲的心理诉求上。

3."如何做"——构筑贯穿展览始终的互动参与体系

美国博物馆学者妮娜·西蒙（Nina Simon）曾提出"参与式博物馆"（participatory museum）。她认为博物馆是一个观众能围绕内容进行创作、分享并与他人沟通交流的场所。同理于展览策划实施，作为博物馆工作的重要构成，可以说承担了大部分参与式活动的开展，且贯穿始终。具体而言：

在策展初期，中小型博物馆可针对本地观众组织、开展策展参与性项目。如，定期记录观众参观行为、精准投放调查问卷、开展展览主题商讨会、公开征集展览主题等。其中，在汇总统计阶段，需重点留意观展动机、心理预期、路线选择、观看时间、行为表现、学习模式、达成目的、策展建议等关乎新策划导向的信息；在此基础上，归纳、概括出本地博物馆观众的基本构成与观展意向。只有全面搜集、认真对待来自公众的内心呼声与企盼，才能使展览的呈现效果、社会效益真正被公众"买单"。

此外，还可尝试将公众的身份从"参与者"向"操作者"上转变。馆方可考虑增设学术顾问、

策展人团队、社区推广大使等工作小组，让更多愿意助力博物馆展览工作的公众切实参与、主动作为。在项目实施期间，馆方尽可能提供技术指导、支持，以实际行动增强他们的博物馆话语权与归属感，努力办好"人民的展览"。

杭州博物馆于 2021 年正式对外推出"粮道山 18 号计划"，包含了线下展览、线上展示、公共艺术装置、影像、出版物和公共教育项目等，以向社会公众全面展现杭博 20 年的成长。其中，"线上展示"部分策划了"人人都是策展人"活动，让广大公众通过线上浏览杭博展品，根据个人理解，自由选择、组合，最后生成策展海报。其间，根据分享频率，用户能不断升级账号，获得不同"策展"身份标签和"文物宠物"logo，最终拿到"高级策展人"头衔。该活动自发布之日起，就备受关注。它的线上参与形式不仅迅速拉拢了博物馆与观众之间的距离，也让参与者们通过即时分享、高频互动碰撞出了区别于传统策展思路的奇思妙想。而最终呈现出的"私人订制"款线上展览，更让公众的个性化体验得以实现和尊重。

图 2．杭州博物馆"粮道山 18 号计划"

目前，多数展览中的参与项目都与数字技术紧密结合，不管是声像呈现还是沉浸体验，都被赋予了越来越强烈的科技感。一方面，观众借助科技力量加深了对文物及历史的理解；另一方面，科技加持下的展览也为博物馆带来了新活力。然而，多数地方中小型博物馆长期以来迫于经费压力，并未在这场日趋热闹的视听盛宴中斩获一席之地。

参与项目不应仅仅理解为上述科技互动，对于展览而言，如何通过内容设计，主动引发公众进行"透物见人见精神"的互联思考，这本身就是立足于观展本质上的"参与互动"。对于中小型博物馆而言，首先要避免在展览中"罗列"展品，更不能将图文解说与文物展示割裂开来自说自话。这样会导致观众在观看之时，寻求不到传达之意与自身的连接点，更无法达成思维互动。

因此，需要建立起展品之间的逻辑线索，让长期处在"失语"状态下的展品能够"集体发声"，以寻求对话的姿态面向观众，将本地历史故事娓娓道来。以福建博物院"福建文明之光"展览为例。该展在诠释史前人类生产生活时，并未将石器、陶器等史前工具以类别、大小一字排开，而是以积极沟通的阐释视角进行了详细的步骤图解。观众在浏览这类展示内容时，就不会再迷失于过去封闭单向的信息授予中不知其意，而是主动参与到个人经验与展览之意的串联、互通、共建中去。

除了深挖展览内容上的互动性，寻求与观众达成意义互通、情感共鸣，在观看之外，还可结合中小型博物馆特色与实际情况，利用重大纪念日、配合重大活动或选择热会热点话题，适时组织策划一系列跟展览主题相关的参与互动活动，扩大公众参与的辐射面。

展览除了一般展示功能，更应该是与展艺、展演、展销、宣教等各种活动相结合的有机组合。早在 2012 年，江西省文化厅就下发了《关于在全省博物馆实施"六个一"工程提升博物馆陈展质量的通知》，即制作一个高品位的陈列展览，培养一批高素质讲解员，编写一份有分量的陈列讲解词，制作一个高质量的专题宣传片，开展一系列有影响的社会实践教育活动，研发一件有特色的文化产品。在此基础上，我们还可因地制宜的增加其他互动项目：如一系列线上宣推活动、一部主题小剧目、一套展览内容出版物、一千份观众调查问卷……

对于中小型博物馆而言，举全力办好一次展览已非易事。但展览的开放之日并不意味着展览工作的完结；正好相反，我们该认真思考如何利用现有资源、积极谋划，将展览的社会效益发挥到最大值，使博物馆对公众能产生持续不断的吸引力。

（五）因"馆"制宜——制定系统化、可持续的中长期人才培养计划

如前所述，我国博物馆事业已进入新的高速发展阶段，科技迭代、知识更新，成为这一时期的显著特征。因此，中小型博物馆工作者身处其中，需结合本馆特点，及时调整、自主学习，优化专业技能结构、提高业务工作效率。

首先根据本馆工作任务、人员结构等实际情况，制定人才培养计划，尤其需要注重复合型人才培养与提升。其一，不少中小型博物馆机构设置、岗位分配并不能完全实行细分，在人手不足的前提下，单个专业技术人员往往需承担多项工作任务。因此，为了能胜任工作要求，中小型博物馆工作人员在专业培养、业务提升上需打破学科壁垒、着眼大局，拓展与精进并行不悖。除继续深耕考古、历史、艺术、藏品管理等专业领域，其他相关理论，如信息技术、心理学、传播学、教育学等也需得以重视与应用。

只有强化不同学科之间的知识互渗，才能适应不断变化着的博物馆生存环境。其二，需及时关注行业和专业发展动向。培养自身对理论研究热点的敏锐度，使业务工作始终紧跟社会发展节奏。

再次，针对培训计划，积极组织培训活动。其一，安排专门培训工作小组，负责培训活动的策划、实施与评估，保证培训活动有制度可循、有经费可用、有师资可靠。其二，培训内容要尽可能覆盖行业发展、学术前沿、经验分享、实地观摩和技能实操。多项并举，才能保证工作者顺利将理论付诸实际工作，完成培训既定任务。其三，根据培训内容，制定中长期培训课程。这一点对于许多中小型博物馆中"半路出家"的专业技术人员而言，尤为重要。由于早期缺乏系统、全面的专业学习，以至于在具体操作中，多倚靠业务骨干、退休前辈言传身教。因此，不管是对个人技能提升还是为单位提供专业支撑，培训时长都需根据实际情况合理设计。特别当涉及考古发掘、藏品管理、文物研究、展览策划等相对专业的博物馆工作内容，则需制定分时段、分层级的中长期、系统的培训课程，以保证学员能在保证正常工作的基础上，兼顾

好可持续性的专业学习，真正做到学以致用。其四，培训形式上，应尽可能完善线上、线下双向模式。特别是要充分利用数字媒介，建立线上培训平台，汇总地方多家博物馆可用资源，以菜单式内容面向广大工作者个性推介，为兄弟博物馆间的业务交流、经验分享提供互惠渠道。

四、结语

30 年前，苏东海先生感言："观察一个国家的博物馆，不能光看几个知名的大馆。评价一个国家的博物馆也不能光靠几个知名的大馆。知名的大馆可以提高一个国家的博物馆声誉，但一个国家的博物馆声誉光凭大馆是支撑不起来的。特别是像我国这样国土辽阔，人口众多的国家要树立具有中国特色的博物馆整体形象，非努力把众多的小馆办好不可。"30 年后，我国中小型博物馆纷纷认真审视起自身与社会的密切关系，在这个最好的时代中选择勇立潮头、谋求创变。它们终将深深根植乡土、维系民众，以多重身份的塑造、强大功能的拓展，重新定义新时代背景下的地方博物馆认同与发展。

【注释】

[1] 安来顺：《恢复和重塑博物馆的文化驱动力——2021 年国际博物馆日主题讨论之一》，《中国博物馆》2021 年第 02 期。

[2] 刘社刚、李琼璟：《中小型综合博物馆发展研究》，《辽宁省博物馆馆刊》2009 年。

[3] 单霁翔：《博物馆的社会责任与改善民生》，《南方文物》2011 年第 1 期。

[4] 同 [1]。

[5] 王巨山：《遗产·空间·新制序》，商务印书馆，2018 年，

第 117 页。

[6] [美]Russel B.Nye 著，梁晓艳译：《人文科学和博物馆：定义和联系》，《中国博物馆》2000 年第 3 期。

[7] 严建强：《策展的挑战：从符号观念到故事思维》，浙江大学出版社，2021 年，第 24 页。

[8] 沈辰：《众妙之门》，文物出版社，2019 年，第 148 页。

[9] 黄洋、陈红京：《博物馆陈列展览设计十讲》，上海交通大学出版社，2019 年，第 126 页。

新时期提升中小博物馆科学研究能力的路径探析

康京京（宁波博物院）

摘要： 我国中小博物馆数量众多、发展迅速。提升中小博物馆科学研究水平，将有效赋能博物馆整体创新活力的提高，也将最大程度激发文博事业助力社会进步、经济发展的潜能。总体而言，当前中小博物馆科学研究的总体水平与其数量不相匹配，普遍面临着研究的深度广度不足、成果同质化严重、成效影响有限等问题，究其原因则是发展路径不明、发展思路受限所致。鉴于此，本文提出纵向的阶段化研究体系和横向的主题化研究体系两种发展思路，并从顶层设计、馆藏资源数字化建设、国际传播与应用等方面，提出提升中小博物馆科学研究能力的几点对策建议。

关键词： 中小博物馆 科学研究 路径

近年来，我国博物馆事业发展迅速。截至2021年底，全国备案博物馆总数达6183家，排名全球前列。在数量不断取得突破的同时，各类博物馆发展不平衡的情况依然存在，特别是在博物馆科研能力方面表现尤为突出。科学研究是博物馆的主要功能之一，做好科学研究是促进博物馆高质量发展、履行传承文化使命的必然要求，是博物馆研究、办展水平的具体体现，也是博物馆可持续发展的重要增长点[1]。当前，大型博物馆已拥有完善的科研体系，通过学术机构、学术活动、学术成果的综合发力，保持着较高的科学水准和科学形象，持续为社会公众提供更高层的文化享受。但对于数量众多的中小博物馆来说，迈入科学研究的"高阶门槛"还有一定难度，诸如科学研究与其他业务间联动性不强，社会协作度较低；科学研究特色品牌不足，辨识度不高，"千馆一面""千展一面"情况较为普遍；激励机制不够完善，研究人员的积极性受到制约，等等。原因主要是中小博物馆不仅受到人员、经费、藏品这类规模相关问题的制约，还普遍面临着博物馆事业体制机制、发展战略等因素的影响。

2022年8月，中共中央办公厅、国务院办公厅印发《"十四五"文化发展规划》，提出"统筹不同地域、层级、属性、类型博物馆发展"。中小博物馆作为文博事业的一线阵地，占据我国博物馆数量的大多数，在展示历史文物、丰富基层群众生活方面发挥着重要作用，从某种意义上看，未来中小博物馆的质量实力决定着我国博物馆事业发展的整体水平，提升它们的科学研究能力是时代语境下的重要课题，亟需引起广泛重视并加速推进落实。鉴于此，本文在分析影响中小博物馆科学研究能力提升因素的基础上，基于"特色中心化思维"，提出纵向的阶段化研究体系和横向的主题化研究体系，以期通过两种不同的发展路径为文博界提供有价值的参考。

一、提升中小博物馆科学研究能力的路径研究

《"十四五"文化发展规划》明确提出，要支持省级、重要市地级博物馆特色化发展。中小博物馆的科学研究工作，应在遵循博物馆事业发展规律和社会发展趋势的基础上，深挖特色优势，为实现可持续发展提供不竭动力。

（一）纵向阶段化研究体系

纵向阶段化研究体系以时间阶段为划分标准，具有渐进性，通过科学研究联盟建设、专题型研究建设、复合型研究建设三个发展阶段，实现中小博物馆科学研究水平的递进式发展。

1. 第一阶段，中小博物馆科学研究联盟建设。

通过专项的博物馆科学研究联盟机制来搭建中小博物馆协同发展平台，进一步赋能中小博物馆科学研究水平的提升。具体来说，可以采用地域类联盟和主题类联盟的方式。

地域类联盟主要是指以地理因素或空间因素为纽带的联盟，其指向是博物馆的地域特色。地域特色是中小博物馆最重要的特色之一，科学研究应聚焦突出地域文化、彰显地域魅力，着力推动区域文化事业发展。《"十四五"文化发展规划》以地理要素为划分标准，提出推进国家文化公园建设，具体包括长城、大运河、长征、黄河、长江沿线等，明确了通过整合文

化资源，系统推进包括研究发掘在内的重点基础工程。此外，2022 年国家文物局等部门联合印发《黄河文物保护利用规划》，聚焦黄河流域这一地理范畴，指出要通过文物资源调查、文物全面研究、文物系统保护和文物展示利用等途径，加强黄河流域文物保护利用工作。中小博物馆应把握此类政策方针出台契机，结合重大项目、重要规划的推进落实进程，推出一批地域特色明显的科研成果。如长三角区域的博物馆已经在通过联盟方式扩增合作新渠道，近年来成立了"长三角文化和旅游联盟""长三角博物馆教育联盟""长三角科普场馆联盟""长三角红色博物馆合作联盟""长三角红色文化旅游区域联盟"等 [2]，很多成员单位间已经开展了包括联合办展、研讨会等形式的交流合作。

主题类联盟主要聚焦某一特定文化因素和历史因素，其指向是博物馆的类型特色。不同类型的博物馆，在藏品、展示内容等方面存在显著区别，如综合类博物馆馆藏大多是考古文物，研究、展示内容更多地聚焦于文物的器形、细节、年代等，专题类博物馆则有更多社会人文类藏品，不仅展示物品的基本信息，还重点突出其所蕴含的历史、科技、文化相关要素，甚至以讲故事的形式映照历史。可以说，类型特色是中小博物馆科学研究的基础定位，抓牢这点也就抓住了与其他类型博物馆的重要区别，有利于中小博物馆特色化和品牌化的打造。如组建于 2020 年的大运河博物馆联盟，以"大运河"为主题，通过理念"创新"、信息"互通"、资源"互换"和机制"互联"，打破地缘阻隔，促进文物合理利用，创新文物"活起来"的方法途径，是主题类博物馆联盟建设一个很好的例子。

总体而言，博物馆联盟建设主要特点是"抱

团式"发展，整合联盟内成员单位的力量来实现整体实力的提升，进而推进成员单位个体能力的发展。不同类型的联盟建设有助于中小博物馆发挥自身特色，通过联盟的平台优势和资源优势，打造新的文化标识，同时也有助于加强区域内或相同主题博物馆的协同发展，形成相互促进、优势互补、融合互动的中小博物馆事业发展体系，赋能文博科学研究事业整体水平的提高。

2. 第二阶段，中小博物馆专题型研究建设。

博物馆的科学研究应该是多层次的、多学科的综合研究。在联盟建设的基础上，中小博物馆必须苦练内功，加强学术研究队伍的建设，通过挖掘自身馆藏资源，打造特色化的科研品牌，构筑高辨识度的学术话语体系。

藏品是国家宝贵的科学文化财富，是博物馆一切业务活动的物质基础，研究藏品，也就成为博物馆科学研究的重点内容[3]。除此之外，藏品还是构筑科学研究核心竞争力的关键所在。鉴于此，在这个阶段的中小博物馆应全面盘点、挖掘特色馆藏资源，形成科学合理、主次明确的科研目标体系，尤其要提炼出能突出自身核心价值、与社会发展相关联的藏品资源。这一阶段联盟的主要作用是提供博物馆及博物馆之外的资源和平台，促成合作，提升博物馆个体科研水平。例如地域人文类主题的博物馆，可以基于馆藏资源，尝试与当地高校的社会、人文类院系合作，借助高校的人才优势和科研优势，实现1+1>2的学术产出。此外也可以通过和智库等社会研究机构的合作，加强多学科协同，实现资源交流共享，赋能多元提升，不仅能促进跨学科研究，也能带动文博、教育、文化产业等相关领域的突破性提升。

位于浙江宁波的宁波帮博物馆，属于人文专题博物馆。该馆系统展示了明末至今宁波帮艰苦奋斗、玉汝于成的发展史诗，以此弘扬宁波帮的财智文化、桑梓情怀，通过营造"情感地标、精神家园"，倡导寻根谒祖、慎终追远的人文主题。开馆以来，宁波帮博物馆通过开展自身藏品研究和社会联合研究(与专家学者、高校和相关部门合作)，持续推出反映浙东地域历史、宁波城市人文和宁波帮人文的专著和期刊，形成"宁波帮人文系列"，不仅成功打造了高辨识度的学术品牌，成为宁波帮研究的一方重要阵地，而且通过科学研究的发展也带动了博物馆在征集、展览、社教等方面的提升。

在专题型研究建设阶段，各馆自身才是主体、主角，通过充分挖掘馆藏资源，寻求更精准高效的对外合作路径，以此形成博物馆自身的研究体系，构筑学术话语权。这一阶段将有效避免博物馆在联盟机制下存在的过分倚重外部而忽略自身、倚重政府而忽视市场的情况，能通过科学研究形成强大的内生动力。

3. 第三阶段，中小博物馆复合型研究建设。

博物馆科学研究的内容主要有三个方面：博物馆学、藏品、与博物馆性质、任务关系密切的有关专业学科[4]。在复合型研究建设阶段，中小博物馆的科学研究工作则是在综合了三大类研究内容基础之上，所形成的自成体系、各有侧重、具有独特话语权的科学研究景象，不仅探索与不同职能部门、组织的协作方式，深入参与到社会进步、经济发展的过程中，更向专门的研究型博物馆迈进。

研究型博物馆概念的提出，主要基于博物馆学术研究与业务、社会愈发分离这一现实背景，有专家认为它"是以学术性收藏为基础，将学术研究及知识传播贯穿博物馆基本业务及社会活动的博物馆"[5]。值得一提的是，由于研究型博物馆是博物馆发展过程中的新现象，因此对这一领域的探索实践，需要形成更多的业内共识，也需要政策的因势利导。我们需要认识到，研究型博物馆的命名不是对传统博物馆要素和功能的强调，而是对发生在博物馆与公众接触地带的新现象的关注，是对博物馆社会化发展和公众参与知识构建活动的描述，是在新的社会条件和技术手段支持下博物馆知识构建和传播核心业务的新形态[6]。

位于宁波的天一阁博物院是以天一阁藏书楼为核心、藏书文化为特色的专题性博物馆，科学研究底蕴丰厚。其近年的藏书访归工程，就为中小博物馆推进科学研究的融合发展路径提供了很好的思路。2021 年，天一阁博物院召开"天一阁与流散书籍访归"中外学术研讨会，来自全国的各大古籍收藏单位、高校院所、出版社、拍卖公司等机构，就天一阁流散古籍的下落、现状及回归，以及如何加强各国及各馆文化交流与数据共享进行了深入研讨，不仅研讨出原件回购、再生复制及数字化等多元化的典籍回归路径，更为学者联系了古籍界、图书馆界、出版界、拍卖界，搭建了一个关于文献学、藏书史、出版等各种研究与实践的交流平台。

复合型研究建设阶段，在规划层面，可以推动几个在科学研究方面已有所建树的博物馆成立研究型博物馆建设试点，最终建立科学完善的研究型博物馆体系，需要注重体系内各组织联动的广度和成员数量的增长，保持合作交流的活跃度，以确保体系的可持续发展。在行动层面，中小博物馆应密切关注不同学科的发展趋势，从自然科学或社会历史等不同维度，推进融合研究，不仅促进文博事业的发展，同时也为相关学科的进步贡献力量，做出大文化，彰显大格局。

（二）横向主题化研究体系

横向的主题化研究体系聚焦于博物馆的特色，依据所属的不同类型，倡导加强同一类别

博物馆的协同发展，最大程度上凝聚主题优势，提升科学研究的实效。

博物馆类型的划分，是一个需要研究的课题，它既要符合博物馆事业的现实情况，又需适当考虑今后的发展趋势[7]。结合科学研究这一主题，笔者借鉴《北京博物馆年鉴》中的分类模式，将横向研究体系的博物馆分为地方综合类、人文历史类、自然科学类和其他类。此外，为区别于纵向阶段化研究体系的"联盟建设"（同样需要考虑到博物馆类型），横向体系将从科学研究成果的类型上提出对策。

1. 地方综合类博物馆

这类博物馆是综合展示地方自然科学和社会科学的博物馆，地域性和综合性是其明显特征，在科研成果的形式上，主要是文物展览、藏品图录、展览图录、学术会议（论文集）等形式。总体来看，这些成果在信息传达上都存在传播模式和渠道单一的情况，无法与受众达成"有效沟通"，实现传播价值最大化。可以在科学研究的过程中，进一步创新文物故事讲述的方式方法，注重除考古、文物基本信息之外的人文阐释和传播，例如讲述文物挖掘、文物征集背后的故事，更易在公众心中建立起情感关联，从而培育情感共鸣度。另一方面，进一步注重利用大众传媒、新媒体等形式进行内容生产与再开发，提高社会关注度。

2. 人文历史类博物馆

该类博物馆主要展示人文历史内容，如历史纪念馆、民族民俗馆、名人纪念馆等等。在科研成果上以专著为主要载体，并通过形成研究系列来积累学术底蕴。但专著性质上偏重理论化，与现实社会联结度不够高。博物馆的科学研究不应只追求量，还应积极谋求由量向质的发展、由科研过程向科研成果的转化，这就需要密切联系社会发展的实际，探索如何通过

文化的力量带动文化旅游、文化产业的提升。建议不断深化博物馆相关主题、文化的时代价值研究，形成文化内涵、历史内涵和时代内涵并重的研究逻辑，真正让文博力量成为助力共同富裕建设的动力源泉。相较而言，人文历史类博物馆天然具备与公众之间的情感关联，易于激发公众的认同感甚至参与意愿，因此与社会发展的充分结合，一方面可以规避博物馆科学研究中"同"有余而"异"不足的问题，使地方特色得到更为充分的阐释和体现，另一方面也可以使博物馆蕴含的历史文化焕发出当代核心价值风采。

3. 自然科学类博物馆

主要指反映自然科学及人类科学研究内容的博物馆，如天文馆、航天馆、地质馆、科技馆、自然博物馆等等。相较而言，自然科学类博物馆具有更多的数据优越性，可以通过自然的或者科技的观察、分析、研究，得到某一方面的数据，建议加强与社会组织、研究机构的合作，通过整合研究，挖掘新思路、推出新成果。

4. 其他博物馆

笔者将除上述三类之外的博物馆归为其他类，这类博物馆大多为非国有性质，例如技艺类、非遗类博物馆。非国有博物馆为保护传承传统文化、完善现代公共文化服务体系、促进社会主义文化繁荣等做出着重要贡献。由于具有鲜明的技术性或者产业特征，这类博物馆的科学研究工作不仅应着重参与到文化传承、非遗体系构建中，更要进一步立足自身馆藏特色，致力于与经济社会发展的良性互促，将自身各类资源禀赋积极转化为创新发展动能，为推进城市进步、乡村振兴贡献力量。此外要注重研究成果的转化利用，深入产业价值研究，在文化市场拓展、文化产业竞争中形成集约效应、吸附效应。同时，以科学研究为推动力，也将

改善非国有博物馆行业普遍面临的藏品质量、陈展水平、服务功能相关问题。

浙江宁波拥有分布平均、类型均衡、特色鲜明的博物馆体系。截至 2022 年 6 月，全市正式备案的博物馆共有 79 家，其中国有博物馆 24 家，非国有馆 52 家，行业馆 3 家。其中的非国有博物馆受益于宁波发达的民营经济和深厚文化底蕴，不仅发展较早、数量较多，形成群体化发展，而且门类覆盖广、类型多元，涉及历史文物、书画、家具、服装等十余个门类，是国有博物馆的有益补充。在实践上，宁波的民办博物馆走出了自己的特色路子，除积极与文化遗产保护、旅游景区建设相结合外，还特别注重与生产基地展示相结合，通过从一些大型企业产品陈列馆向博物馆的延伸，做到企业产品的陈列与产品的历史展示相结合，还具有展卖、广告等功能，从而在发展机制上，实现走出企业、走向社会。与企业的密不可分，为此类博物馆的科学研究提供了独一无二的特色化发展路径，其学术成果也不仅局限于展示、手册等物化的载体，也为提升企业经营效益和地方经济做出了贡献。

二、提升中小博物馆科学研究能力的相关建议

面向未来，在博物馆的战略选择中，科学研究是"必须"做的，而这件事"应该"怎样做，答案则是多元的，不仅需要中小博物馆立足于新时期背景去思考、去实践，锻造出最大比较优势，也需要相关政策、机制、理论的宏观引导。

（一）完善中小博物馆发展的顶层设计

科学研究是博物馆履行各项职能的基础，为发挥社会效应提供理论、技术等全方位的支撑。中小博物馆数量庞大，无论从发展方向、

功能定位还是实际业务层面,更需要政策引导。当前,在各类文化和文博规划中已明确提出中小博物馆建设的相关内容,例如《"十四五"文物保护和科技创新规划》《关于推进博物馆改革发展的指导意见》等,都从整体布局高度提出了"盘活基层博物馆资源"这一具体要求。特别是《关于推进博物馆改革发展的指导意见》,针对科学研究具体提出了"强化科技支撑,推动智慧博物馆和研究型博物馆发展"的意见。但总体而言,中小博物馆的科学研究工作仍缺少详细的专项规划和科学指导,鉴于此,建议制定整个文博行业科学研究的专项规划或指导意见,系统谋划、通盘统筹,尤其注重指明中小博物馆科学研究的具体任务、重点方向等,构建中小博物馆科学严谨的研究发展体系。

此外,应进一步明确博物馆复合型人才培养的具体规划。当前,博物馆事业的发展面临着与多元学科的紧密结合,业务行为跨学科或多学科是当代博物馆发展的重要趋势。因此,必须注重对中小博物馆复合型人才的培养,建立广纳贤才、跨学科队伍建设机制,锻造文博 + 多元学科的人才队伍,注重创新跨学科跨领域的文化阐释,真正想出有效法子、走出特色路子。

(二)进一步推进中小博物馆馆藏资源数字化建设

《"十四五"文物保护和科技创新规划》中明确提出,"建设国家文物资源大数据库",其中包括了"系统整合全国不可移动文物资源数据库、国有可移动文物普查数据库、革命文物数据库等,加强文物资源大数据应用""推进相关文物信息高清数据采集和展示利用""健全数据管理和开放共享机制,加大文物数据保护力度"等。《"十四五"文化发展规划》中,更明确提出了"实施中华文物全媒体传播计划"

的目标。这些远景目标的实现,都离不开数字化建设。

对于中小博物馆来说,充分利用科技手段,完成馆藏资源数字化建设,对于包括科学研究在内的多项业务都具有重要意义。多数博物馆都在第一次全国可移动文物数据普查中建立了藏品数据库,建议在此基础上,进一步推进应用转化,第一是加快推进省域博物馆藏品数据库建设,实现藏品档案全面数字化,采集一批馆藏珍贵文物三维数据,完善博物馆藏品数字管理系统的应用,加强使用指导;第二是探索建立藏品数字资源的开放共享机制,通过社会共享、共同研究,进一步实现馆藏资源的文化价值、社会价值和经济价值;第三是注重中小博物馆近现代纸质、图像类资料的数字化建设和保护工作,这类史料实物很多属于未定级藏品,甚至未进入藏品体系,通过建立完善的数据库,可以将中小博物馆馆藏中大量不属于藏品的珍贵资源保护起来,做到"为明天收藏今天",这也符合当前我国版本资源保护工程的战略思路。值得一提的是,由于数字化体系建设将从根本上打开博物馆整合和开放研究资源的能力,令馆外的学术机构、公众更便于参与进博物馆的科学研究,因此,数字化体系建设将十分有助于构建中小博物馆学术研究网络。

(三)强化中小博物馆科学研究的国际传播与应用

博物馆可以为增进不同国家间的对话和理解,为中华优秀统文化走出去、走进去做出独特贡献 [8]。受疫情影响,全球博物馆事业普遍面临着"如何走出去"的挑战,鉴于此,必须突破固有的工作模式,创新国际传播策略,借助新科技、新理念打破物理空间的局限,推出更多云展览、云直播、云论坛、云讲座,举办线上国际交流交往活动,发挥文博力量讲好中国故事，为推动构建人类命运共同体提供持久而深厚的动力。

一是要强化中小博物馆科学研究的大局定位。要主动深刻融入国家外交战略大局，充分发挥自身特色与资源，加强中华优秀传统文化的研究阐释。通过深入开展各种形式的人文交流活动，借助博物馆协会等专业平台，积极面向不同国家和区域开展文明对话。精准把握、认真借鉴国际文博领域的最新发展趋势与研究成果，完善中国特色的博物馆学基本体系，促进文明互学互鉴、共同发展。例如进一步发挥"一带一路"沿线广大中小博物馆的资源优势，深入开展馆藏等层面的研究，落实"加强与共建'一带一路'国家文化交流合作"的规划目标，加深人类对公有遗产的共识共知，助力树立命运共同体意识，让沿线地区博物馆丰富的馆藏文物活起来，促进文化遗产价值最大程度的传播与共享，助力文明互鉴取代文明对抗与冲突。

二是要强化各类涉侨、涉海外博物馆的科学研究工作。我国数量众多的涉侨、涉海外博物馆，是对外宣传的重要载体。可以在持续丰富联盟力量的基础上，进一步加大扶持力度，通过立项课题、合作结对等形式，推动其科学研究的进步；搭建专属平台，鼓励加强中华优秀传统文化、历史故事及其当代应用的研究、阐释与传播；通过专著、展览、教育等多元化的载体，利用人际、组织或海外文化阵地平台等资源优势，促进合作办展、学术交流、人才交流等各类合作；打造对外宣传品牌，有效提升中华文化国际影响力，提升国际社会对中国的文化认同、情感认可，助力我国重大战略方针的国际传播，凝聚国际共识。

当前，在世纪疫情的冲击下，百年变局加速演进，博物馆事业也面临着前所未有的挑战和机遇。在这种形势下，中小博物馆应充分依托自身特色，积极融入文博行业发展趋势，通过加强科学研究培养出最大比较优势，实现社会效益和文化效益的叠加，为发展文博事业、为建设社会主义文化强国不断做出新贡献。

【注释】

[1] 曹璐：《博物馆科研工作的现状与思考》，《文物鉴定与鉴赏》2021 年 19 期。

[2] 郑奕：《长三角博物馆协同发展机制研究》，《东南文化》2022 年第 2 期。

[3] 王宏钧：《中国博物馆学基础》，上海古籍出版社，2001 年，第 354 页。

[4] 王宏钧：《中国博物馆学基础》，第 352 页。

[5] 宋向光：《研究型博物馆的特点和意义》，《科学教育与博物馆》2021 年第 06 期。

[6] 宋向光：《研究型博物馆的特点和意义》，《科学教育与博物馆》2021 年第 06 期。

[7] 王宏钧：《中国博物馆学基础》，第 56 页。

[8] 安来顺：《关于博物馆高质量发展的认识和实践问题》，《浙江非遗》2021 年第 1 期。

科研力量激发县级博物馆发展活力

——以桐乡市博物馆为例

张倩红（桐乡市博物馆）

摘要： 桐乡市博物馆是一座历经46年岁月洗礼、坚守7000多年文明成果的人文类县级博物馆。多年来始终秉承"保护文物，传承文化，活跃平台，以文化人"的办馆理念，立足当下，崇尚科研，充分发挥馆藏资源和平台宣传优势，以数字化改革为抓手让文物"活"起来，以多元化表达为手段让展览"靓"起来，以品牌化运作为方向让活动"响"起来。注重地方历史文化研究，加大文化遗产保护力度，打造一批标志性文化地标，培育特色产业，着手建立一批高标准的乡村博物馆，提高活化利用展示水平。持续擦亮马家浜文化、良渚文化、蚕桑文化、运河文化、古镇文化、名人文化等文化金名片，盘活文化资产，推动文旅融合。通过编写历史文化丛书，开发文创产品，开设文博讲堂，组织研学活动，送课送展走基层、策划原创主题展览等高质量的文化内容供给，传播优秀传统文化，提升公共服务效能，增进公众的文化认同感和归属感，增强公众的幸福感和获得感。在奋斗中铭刻守护历史文物，守好文化根脉的初心，在奋进中践行博物馆让公众生活更美好的使命。

关键词： 博物馆 科研 文物 地方文化 公共服务

博物馆是收藏古老文物、保护文化遗产、研究历史脉络，展示文明成果的文化窗口和文化服务机构。文物在这里得到滋养、焕发生机，文化在这里得以传承、开出文明之花。这不仅得益于博物馆优越的文物保存环境和专业的文化宣教职能，还得益于博物馆人在保护研究文物和挖掘阐释地方历史文化道路上夜以继日的坚守和孜孜不倦的探索。博物馆人每一次科研高地的攻坚克难都少不了文物守护者和文化传承者的奋进身影，他们用专业、用使命为新时代博物馆工作开展增砖添瓦。

县级博物馆由于受到馆藏、资金、人才等方面的条件制约，发展相对滞后。唯有强化科学研究，在馆藏资源上精耕细作，在寻找特色地方文化、历史脉络上狠下功夫，在资源整合、深度融合方面积极思考，才能弥补先天不足，补齐职能短板，提升博物馆展陈水平和服务质量。桐乡市博物馆是一座历史悠久、藏品丰富的县级综合性文博场馆。现设《凤栖梧桐——桐乡历史文化陈列》《琢玉良渚——良渚文化玉器精品展》《翰墨撷英——馆藏书画精品展》三个常设展览和两个临时展览。通过实物＋图片、多媒体设备＋互动体验的展览方式，生动展示了桐乡人民在这片美丽沃土上的生产生活及文化创造，使我馆成为研究地方历史、传播传统文化，进行爱国主义教育的高品位文化休闲活动场所。经过多年的接续奋斗，我馆也取得了一定的成绩和荣誉。顺利通过国家三级博物馆复核，先后荣获"桐乡市中小学生校外德育基地""桐乡市关心下一代教育基地""嘉兴市国防教育基地""嘉兴市红色教育长廊青少年教育基地""浙江省青少年爱国主义教育基地"等荣誉，助力桐乡市在浙江省文博事业发展水平评估中连续七年（2015-2021 年）位列全省前四。当然，作为一座县级博物馆，先天资源短缺，后续发展乏力，唯有创新、唯有钻研，才能让文物家底更加殷实，文化资源更加丰富，为策划更有深度更有温度的展览和社教活动注入新鲜血液和精神力量。

一、加大力度深挖馆藏资源，强化科研唤醒沉睡文物

文物承载灿烂文明，传承历史文化，维系民族精神，是老祖宗留给我们的宝贵遗产。多年来我馆始终坚持"探索未知、揭示本源"的学术精神，加强文物研究，让文物开口说话，为文化拂尘增辉，丰富展览内容，创新文创产品，打造"资源整合，科普教育，可持续运营"的文物价值实现新平台。以丰厚馆藏为基础，拓展研究领域，创新研究方法，深入挖掘历史文化资源，把弘扬中华优秀传统文化和发展当代文化有机统一起来，在继承中创新，在创新中发展，在发展中提升，讲好中国故事，为增强民族文化底气和文化自信笃行不怠。

（一）搭建文物云脑，数字赋能，让文物资源活起来

博物馆具有科学研究的职能，围绕博物馆本身、藏品及相关学科的研究成果非常丰富，

数字博物馆也是博物馆学术成果交流分享的重要平台[1]。以数字化改革为引领，围绕不可移动文物和可移动文物资源，联合杭州淘艺数据技术有限公司等专业单位共同开发我馆数字藏品和展览导览系统，完善云文物云展览线上数字分享平台，向纵深推广云上博物馆。深入文物研究，对文物分门别类把脉问诊，存疑部分巧用专家资源破解难题，确保文物数据库资源质量，逐步建立覆盖面广、文化内涵深的藏品共享体系。并尝试开发"桐乡文物地图"和"桐乡宝藏"微信小程序等数字化应用，加强线上数字化体验产品的传播推广效果。今年计划每季度遴选一件精品馆藏，在总结线下文物讲座经验和润色打磨文物讲稿的基础上，录制文物宣介视频，开设文博课堂。秉承"专业性、便捷性、趣味性"的原则，用通俗易懂的语言向公众介绍文物信息及其背后的故事。尝试从多群体视角探索文物背后的故事，主推对话形式的儿童版、故事陈述的青少年版、历史再现的成人版。一件文物对应设计三个版本的宣教内容，有利于不同年龄的观众对文物的识别与解读，链接文物与观众间的无障碍沟通，增添博物馆宣教职能的人文关怀。对数字产品注重知识的体系化与多层次挖掘，看重多维度、广视角的表现，需要有较高的立意和更高的观察视野[2]。未来，我馆将加大科技创新投入，聚焦沉浸式体验、虚拟展厅、高清直播等新型文旅服务，推动文物数字化产品体验升级。

（二）依托展览媒介，加强研究，让文物故事讲起来

策划、运营、推出陈列展览是传输传统文化、启迪现代文化的重要手段之一[3]。我馆始终以弘扬时代主旋律，讲好地方文化历史故事为宗旨，深入挖掘、广泛传播文物蕴含的文化精髓和时代新义，推出更多以江南文化、宋韵

文化为主线的原创性主题展览。学术支撑展览，立足馆藏，潜心策展，疏通与链接过去与现在的文化根脉，全方位弥合时代割裂，为原创展览打好展品展线根基。特色展览不仅需要表达的内容包含文化深度还需要表述的方式体现生活温度，以打造接地气、贴近生活的亲民展览为目标，让历史照进现实，使古今文化对话碰撞，引领公众汲取古人智慧，享受当下的美好生活。今年我馆准备在已有策展经验中不断完善展览配套项目，力求展览质量，回应公众看展需求，包括展前的宣传册页、宣传片制作，展中的语音导览录制播放、沉浸式互动体验，展后的专场讲座、文创产品开发等环节。在展览现场增加文物触摸、头脑风暴、互动体验环节，旨在全方位调动公众感官，带给他们独一无二的观展体验。同时加快同名展览图录和文物故事的出版工作，以此满足公众"展览结束，文物犹在"的观展需求和学习要求。往年我馆基本每个月都有新展推出，但是今年我馆将根据公众调研结果和年度计划，减半展览数量，提升展览质量，延长展览时间，扩大宣介范围，设计多彩活动，用现代语言诠释古老文明，让文物立体化、可视化，让展览个性化、生活化。从一半书香，一半烟火式的展览中，让观众深切感受文物肌理和璀璨光芒，全新体验历史智慧和文化力量。

（三）挑选文物精品，提炼精华，让文创产品火起来

文物原型是衍生品设计之本，是创新的根本素材[4]。我馆一直秉承"尊重历史、以人为本、贴近生活、提高品位"的文创产品开发理念，从文物中提取纹饰、铭文等文化元素，收集藏品背后的故事和历史意义，提炼江南文化、桐乡韵味，注重创意与实用并存，设计多款有桐乡辨识度，迎合社会潮流的文创产品。选材上突出地方文化特色，首选桐乡本土的蓝印花布、

桑蚕丝等织物载体，充分展示文物所蕴藏的人文精神和传统文化的博大精深。为了精准定位市场需求，阐释文物精髓，定期开展"博物馆里找文物"我喜爱的文物评选活动。根据原创展览现场调研和观众意见反馈，挑选出精品馆藏中的人气王。拟计划联合浙江传媒学院设计艺术学院和桐乡市旅游行业协会等单位共同发起博物馆文创设计大赛，打造有市场竞争力的文创产品，并对获奖作品授权生产与销售[5]。尝试以 IP 授权等方式与公交公司、银行、学校、景区等联名合作开发文创产品，面向社会发售印有文物元素的公交卡、银行卡、校园卡、门票等特色通票，创造性转换文物利用方式。通过传播载体的创新，实现文物的价值转化，让更多的文物走进百姓生活，与"风雅桐乡"的人文气质一起走向未来。今后我馆将利用数字化手段，对藏品、观众进行精细化管理[6]，分龄聚焦观众主流思想，设计更直抵人心的产品，以此弘扬传统文化，扩大文物的社会影响力。

二、加强当地历史文化研究，激发地方文化持久活力

聚焦地方文物资源和文明传承，加大文化遗产保护力度，以文化发展带到产业兴旺，推进地方文化要素系统性整合，开辟了一条"文化赋能，管理导入，资源活化"的文化价值提增新通道。切实做到在保护中发展、在发展中保护，让珍贵文化遗产和文明之花在新时代焕发新生，成为增进全民族历史自信与历史认知的重要源泉。

（一）开辟文化通道，挖潜增效，盘活地域文化资产

以"用传统文化滋养当代精神"为价值取向[7]，深入挖掘优秀传统文化基因，擦亮崇文

尚德的人文底色，桐乡市博物馆以乡镇、街道为单位，开展文化调查，梳理乡土风情，考证文物史料，系统开展历史文化研究工作，编写桐乡历史文化丛书，现已参与出版三套。在充分调研的基础上，培育特色产业文化，创新展示内容与展示手段，考察评定一批符合标准的乡村博物馆，为保留传承传统文化提供科学的保护环境和运转体制。经我馆帮扶，首批申报 7 个具有地方特色的乡村博物馆，其中桐乡市苏作红木博物馆获评浙江省首批乡村博物馆，为桐乡着手建立一批高标准的乡情村史博物馆起到引领示范作用。推进文化遗产合理适度利用，强化遗址公园、文化礼堂、革命遗迹、名人故居等文保单位的展示教育宣传作用。讲好文物故事，提高文保意识，宣传革命事迹，传承历史文脉，加强爱国主义、集体主义、社会主义和党史学习教育，更好发挥历史文化遗产以史育人、以文化人的优势作用。举办一系列传统民俗义化活动，提升城乡居民文化和旅游参与度。以节日之名，寻根融于血脉的文化乡愁，盘活地方文化资源，加强非物质文化遗产的保护与利用；以活动之举，拓展文化传播途径，做好做足马家浜文化、良渚文化、蚕桑文化、运河文化、名人文化、古桥文化等地域鲜明的文化功课。为擦亮历史文化金名片，加大地方文化引领作用，我馆结合自身资源和地方文化优势，积极打造博物馆文旅 IP，通过文创、展览、教育活动、研学旅行等载体系统阐释传统文化蕴含的丰厚内涵和时代新义，实现 IP 价值转化，推进博物馆工作创造性转化和创新性发展，全面助力风雅桐乡人文名城建设。

（二）筑牢文保基础，加强管理，保护利用成效显著

据统计，桐乡第三次全国文物普查登记不可移动文物共 831 处。截至目前已公布文物保护单位 228 处，其中全国重点文物保护单位 5 处，省级文物保护单位 10 处，市级文物保护单位 213 处。桐乡市博物馆（桐乡市文物保护管理所）负责这些不可移动文物的日常巡查和监管工作，指导属地开展文物修缮工程。近年来，桐乡市博物馆（桐乡市文物保护管理所）全面贯彻"坚持保护第一、加强管理、挖掘价值、有效利用、让文物活起来"的新时代文物工作方针，以聘请文物保护专管员、签署领导属地责任制的监管机制切实加大文物保护力度。制定《桐乡市古镇、古街、古村、古宅、古桥保护利用三年行动计划（2020-2022 年）》，持续跟进古镇文脉保护工程、古街活化利用工程、古村乡愁记忆工程、古宅古桥优化利用工程。目前，共指导完成崇福横街徐自华故居、崇福湾里村张家老宅、洲泉坝桥礼堂、洲泉中市路地下党联络点、高桥街道骑力村文化礼堂等维修利用项目 24 个，正在实施项目 40 个。计划通过三年行动，指导完成 165 个项目，全面提升全市古镇、古街、古村、古宅、古桥的保护利用新局面。

（三）活化宣教载体，文旅融合，助推村镇振兴发展

近年来，桐乡市博物馆立足文旅融合的时代背景，精准研判、活化利用文物宣教载体，一大批文保单位经过保护修缮后绽放新颜，改造提升罗家角考古遗址公园内的罗家角遗址展示馆，保护整治活化利用崇福横街历史街区，保护修缮夏氏府第建成桐乡市吴蓬艺术院对外开放，依托大运河历史底蕴和沿线资源，建设大运河国家文化公园，在保护中开发，在开发中保护，让文化遗产历久弥新，让旅游资源焕发活力。同时，我馆利用文物巡查间隙为古镇旅游开发建言献策，集中连片保护、统筹科学开发历史风貌完整、人文底蕴深厚的古镇，实现文旅融合发展。助力乌镇打造成江南枕水人家，濮院建设成历史与时尚交相辉映的理想度假地。复兴崇福千年古城、魅力蝶变石门古镇，这一系列举措都在加快运河聚落遗产水乡古镇的振兴发展步伐，着力构建以"一河四镇"为重点的全域旅游发展格局。做到保护与开发相结合、历史与现代相融合，推动文化遗产保护利用与美丽乡镇建设、民生改善融合发展。加强乡镇历史活化、加快文化产业发展，串联文化遗产，研发特色路线，因地制宜打造红色印记、古镇记忆、美丽乡村、运河文化等精品线路。加大乡镇旅游与中小学生研学实践、大学生社会实践和职工主题教育活动的结合力度，推进文旅融合，提升旅游新体验，增强文化认同，坚定文化自信，提高历史使命感和责任感。

三、充分发挥文化资源优势，显著提升公共服务效能

积极挖掘历史文化内涵，创新共享模式，抱团经营，让分散的资源聚起来。以"整合资源文化惠民"为落脚点，创新一套"社教提质，服务升级，品牌化引领"的文化价值共享新模式。博物馆阐释是一种非正式教育，完全取决于观众的兴趣。人们的文化需求不仅要求文化内容上的丰富多彩，而且追求形式上的多样化、趣味性、可参与性[8]。随着 2019 年文化和旅游部职责的合并，文旅部的组建直接推动了文博旅游的发展，为运用文化的内容支撑提升旅游内涵、运用旅游的方式传播传承文化要素提供了制度支撑[9]。在全国上下掀起了一股博物馆参观热的同时，也对文旅融合时代背景下的博物馆公共服务提出了更高的要求。桐乡市博物馆始终以公众需求为导向，把社教工作的互动性、灵活性、流动性、教育性作为工作中心，

形成常态化公众教育、传统节日文化教育和特色研学教育三位一体的博物馆教育工作格局，显著提升公共服务效能。

（一）创建品牌活动，增强博物馆社会影响力

为搭建博物馆与公众沟通互动的平台，加深公众对博物馆的了解与认同，桐乡市博物馆通过丰富的文物藏品和展览展示资源，搭建了数个在全省乃至国内外影响深远的活动品牌。每年围绕 5·18 国际博物馆日主题，桐乡市博物馆联手君匋艺术院、茅盾纪念馆、丰子恺纪念馆、钟旭洲钱币艺术博物馆、桐乡市档案馆五大场馆共同推出年度重磅展览——桐乡宝藏之"镇馆之宝"文物展，迄今已成功举办五届，形成了良好的品牌效应。这类大型联展不仅向公众呈现一场高规格的文物盛宴，全面展示各文博场馆的珍贵藏品，还普及历史文物知识，彰显深厚文化底蕴，可以说意义非凡，深受观众喜爱，因此展览期间参观人数屡创新高。配合展览组织"桐乡宝藏——近距离'触摸'镇馆之宝体验活动"，通过触摸文物肌理，感受厚重历史，增强公众观展的代入感、立体感、愉悦感。这个年度大展极大满足了公众多样化的观展需求，也更好地展现博物馆在社教服务升级上的引领示范作用和职能发挥空间。此外，"'徐肖冰杯'中国纪实摄影展"至今已经走过了十年，吸引了来自全国各地包括港澳台地区的一万名以上的作者投稿，累计作品约十万件，成为极具社会意义和学术价值的中国纪实摄影展览品牌。另外，三届"浙江纪实摄影展"、两届"'徐肖冰杯'中小学生摄影作品展"以及"青年摄影工作坊桐乡采风活动""研学浙江·风雅桐乡"全省研学体验活动等一批有着广泛社会影响力的品牌活动的开展，极大丰富了我馆作为"青少年研学活动基地""嘉兴市科普教育基地""浙

江省爱国主义教育示范基地""中国女摄影家协会采风创作基地"的活动内容，不断擦亮"风雅桐乡"文化品牌，为加快打造新时代文化高地，高质量发展建设共同富裕示范区源源不断地贡献文化力量。特别是在当下，随着《国家宝藏》《如果国宝会说话》等一系列电视综艺节目将公众与博物馆进行了高度连接，随着故宫文创成了"网红"，大家越来越认识到博物馆和馆藏文物所具有的巨大文化魅力和社会影响力[10]。因此我馆凝聚学术的前瞻性，对接公众的文化需求，将展览和配套活动进行品牌化运作，确保社会影响力和观众辐射力，持续打造永不落幕的博物馆活动，以此提升自身文化服务职能。

（二）加强馆校合作，共同开启品质研学旅行

桐乡市博物馆保存有一批极具历史价值的红色文物，为把红色资源利用好，把红色传统发扬好，把红色基因传承好，定期举办"城北小学'我自爱桐乡'摄影研学旅行活动"。带领同学们了解波澜壮阔的革命历史，感受老一辈无产阶级革命家的伟大风范，体会革命先烈们英勇不屈的革命精神。鼓励他们用快门记录美好瞬间，用镜头描摹光阴，用照片诉说故事。通过摄影挖掘家乡文化底蕴，推动摄影艺术在桐乡这片土地上得到进一步的传承和发扬。为丰富青少年假期文化生活，传播优秀传统文化，宣传文保知识，我馆还定期组织"博物馆展厅'寻宝奇兵'暑期青少年研学活动""博物馆奇妙夜研学活动""'寻古踏今'保护文化遗产研学活动""游基地·学党史——喜迎党的二十大红船精神体验营"开营仪式等精彩纷呈的研学旅行。研学旅行通过组织学生集体旅行的方式走出校园，加深与自然和文化的亲近感，拓展中小学生的自理能力、创新精神和实践能力[11]。近年来这种体验式学习受到社会各界的普遍关

注，也取得了一定的实效，研学旅行模式的成功实施是国家政策导向、学校落实、教师参与、家长支持等综合因素作用的结果[12]，但在具体的课程开发与实践的过程中还存在不少问题，需要多方磨合。博物馆作为活动中的领头雁，不仅需要推出吸睛的研学单，很大程度上他还起到调和各方角色、整合资源的作用。因此，我馆与学校教学联手互动，紧密结合学生兴趣，突出地域文化，共同开发系列课程，科学设计研学旅行精品线路，把周边文物保护单位、纪念馆、遗址公园、景区等文旅资源融入研学课程，让收藏在博物馆里的文物、陈列在广阔大地上的遗产、书写在古籍里的文字都"活起来"；规范社会机构的准入机制，与旅行社、旅游景区签订合作协议，健全研学机构，落实活动责任和教学目标；自主培养专业的研学导师和服务团队，提升教育力量和课程效果；重视个体差异，主导体验学习，切实提高未成年人思想文化素质；加强体系设计，注重精细化管理，强化旅行预算和安全保障，让研学活动在制度规范中行稳致远。

（三）下基层送文化，开展文化志愿服务活动

桐乡市博物馆持续组织送展、送讲座文化走基层活动，社会各界反响热烈、好评如潮。把"徐肖冰、侯波摄影作品展""凤栖梧桐——桐乡历史文化陈列展""琢玉良渚——良渚文化玉器精品展""翰墨撷英——馆藏书画精品展"等常设展览搬进乡镇、学校、社区、企业、机关单位，使更多观众在家门口就能领略辉煌灿烂的桐乡七千年文明史，感受近代以来波澜壮阔、跌宕起伏的峥嵘岁月。此外为切实提高公众文化素质和文保意识，我馆成立"桐博有讲"宣讲团。从馆长到讲解员，深挖革命历史和文物信息，到群众身边宣讲抗日战争和解放战争

时期的英勇故事和爱国情怀，宣讲桐乡丰厚的历史底蕴和宝贵的文化遗产。把经典展览和历史故事带到群众身边，不仅让群众受教育、得实惠，也激发他们的家乡自豪感和文化归属感，增强实现伟大中国梦而不断前行的自信心。

（四）推动资源共享，交流共建原创精品展览

我馆与省内和国内各大博物馆积极接洽，长期保持良好的合作关系。用精品馆藏充实浙江省博物馆、中国茶叶博物馆、杭州市博物馆、长兴太湖博物馆、苏州吴中区博物馆、嘉兴地区兄弟馆等场馆的展品，完善原创主题展览的展陈信息，拉动了馆际间的跨学科业务合作和数据资源共享。与衢州市博物馆、金华市博物馆、邯郸市博物馆等场馆进行展览交流，向文物爱好者分享桐乡水陆道场画精髓，提供零距离品鉴书画的宝贵机会。基本陈列是无法经常性调整和改变的，因此博物馆必须在临时展览上用劲和发力[13]，多年来桐乡市博物馆精心策划原创展览，积极参与系列大展，值得一提的是 2018 年承办的"我自爱桐乡——丰子恺艺术省亲展"吸引了近 10 万"丰迷"的参观欣赏，展览效果颇丰，社会反响热烈。展览汇集世界各地的子恺作品，勾勒出这位从桐乡石门镇走出去的少年，如何成长为一位文化大家的生动过程，并充分展现其终生热爱家乡的浓浓情意。这是一场策划已久的展现丰子恺先生艺术人生、作品的系列展览，桐乡市博物馆作为承办者之一，与香港、杭州、北京三地一同宣发造势，先后进行了 5 场不同主题的巡回展览，只为呈现出一个立体的丰子恺。在当下对策展人制度的研究中，强调策展人的学术品味和其所策划展览必须具有引导社会文化价值的呼声越来越高。未来，我馆将着重培养专业的策展人，一方面加速科研成果转化，另一方面使临展呈现更丰满更立体更直观的观展体验，打造触碰心灵、引领时代价值的精品展览。

四、结语

县级博物馆虽然家底薄、资源少，运营压力大、发展后劲不足，但是馆藏资源文物价值丰厚，地方历史文化特色鲜明，文化底蕴深厚，资源禀赋凸显，具有较高的研究价值和挖掘潜力。因此多年来，桐乡市博物馆一如既往坚守初心，保持对历史的敬畏和文物的珍爱，通过强化科研力量，加强科研成果转化，发掘好运用好传承好宝贵的文化遗产，让文物保护成果惠及更多的群众，让城市文明记忆得到更好的传承。充分发挥博物馆在传播文化、陶冶情操等文化惠民方面的平台优势，积极打造博物馆文旅 IP，不断满足公众多样化、多层次、多方面的精神文化需求，践行博物馆赋能美好生活的使命。以接地气的文创产品，高质量的精品展览，多彩的社教活动，显著的服务效能，让公众文化体验触手可及，提质增效风雅桐乡发展的精神力量和内在动力。破解小馆发展难题，厚植文脉发展优势，借文物之魂，叩问传承千年的文化密码。

【注释】

[1] 郝静：《数字博物馆在专业教育中的应用探析》，《文物鉴定与鉴赏》2022 年第 4 期。

[2] 刘健：《博物馆数据可视化的探索与实践——以上海博物馆数字化建设为例》，《博物院》2019 年第 2 期。

[3] 吴艳春：《博物馆展览策划中的瓶颈问题及化解途径探讨——如何开启传统文化与现代文化通融的"命门"》，《中国博物馆协会博物馆学专业委员会 2015 年"致力于社会可持续发展的博物馆"学术研讨会论文集》，中国书店出版社，2015 年，第 341 页。

[4] 杨蕾：《博物馆经典藏品资源的文创产品开发——以曾侯乙编钟文创系列产品的开发为例》，《东南文化》2018 年第 1 期。

[5] 郝黎：《恭王府博物馆文旅融合探索》，《中国文物报》2021 年 10 月 26 日第 6 版。

[6] 安来顺：《数字化时代之超级链接的博物馆》，《中国博物馆》2018 年第 3 期。

[7] 段颖：《浅议〈国家宝藏〉"以人为本"策略对博物馆展览策划的借鉴意义》，《中国博物馆》2019 年第 2 期。

[8] 同 [7]。

[9] 陈庆荣：《文旅融合视角下的博物馆公共服务提升研究——以天长市博物馆为例》，《文物鉴定与鉴赏》2019 年第 11 期。

[10] 刘小梅：《文旅融合背景下的基层博物馆——以河南巩义博物馆为例试述基层博物馆与地方文旅产业发展的关系》，《中国博物馆协会博物馆学专业委员会 2019 年"新时代博物馆专业能力建设"学术研讨会论文集》，中国书店出版社，2019 年，第 71 页。

[11] 王珊：《博物馆研学旅行课程开发与实践——以内乡县衙博物馆为例》，《文物鉴定与鉴赏》2021 年第 23 期。

[12] 柴源：《研学旅行模式在初中历史教学中的应用研究》，渤海大学硕士学位论文，2021 年。

[13] 毕然：《浅谈文旅融合下的国有公益性博物馆公众服务与观众拓展——以湖南省博物馆为例》，《中国博物馆协会博物馆学专业委员会 2019 年"新时代博物馆专业能力建设"学术研讨会论文集》，中国书店出版社，2019 年，第 256 页。

古今对谈：中小型博物馆馆藏活化利用
——以"印·象大秦：封泥中的大秦帝国"展览为中心

裴佳玮 （西安中国书法艺术博物馆）

王腾云（西安唐皇城墙含光门遗址博物馆）

摘要： 2021 年，我国博物馆规模继续保持快速增长趋势，类型丰富、主体多元的现代博物馆体系基本形成。在此繁荣发展的背景下，博物馆行业仍存在发展不充分、不均衡的问题，尤其是中小型博物馆在发展定位、体系布局、功能发挥等方面有所欠缺，因此，其创新、高质量发展成为博物馆更好地服务社会发展与文化事业问题的关键所在。目前，我国博物馆普遍存在藏品利用率不高的问题，对于中小型博物馆而言，提高藏品利用率、活化利用藏品可以一定程度上打破其特色缺乏、藏品数量有限的发展局限，从而实现高质量、差异化发展。秦封泥作为秦代历史研究的重大发现，是西安中国书法艺术博物馆（西安唐皇城墙含光门遗址博物馆）的重点藏品。博物馆于 2020 年"国际博物馆日"当天推出"印象大秦：封泥中的大秦帝国"主题展览。该展览基于序列完整的特色藏品，摆脱了单一、静态的陈列方式，避免了因为原本语境剥离而导致的对文物功能价值的曲解，以语境化阐释、可视且具象的数字化展项将封泥中所体现的秦代国家政治、宫廷管理、社会生活的各方面信息呈现给观者，让文物重新"说话"；展览空间以现代艺术的设计元素对冲封泥的古朴厚重，同时暗合展览内容所营造的"穿越感"，实现今人与秦人的时空对话。该展览虽一定程度上受到经费、场地等客观因素限制，无法与国内现象级展览比肩，但其以特色馆藏为基础的策展经验仍有值得中小型博物馆反思借鉴之处。

关键词： 中小型博物馆 策展理念 语境化 活化利用

一、引论

（一）中小型博物馆发展的紧迫性与重要性

党的十八大以来，我国博物馆在场馆建设、文物保护、藏品研究、陈列展览、公共服务等方面不断取得新成就。"十三五"期间，全国博物馆数量由 4692 家增长至 5788 家，平均每两天就有一家博物馆建成开放[1]。但是，数量居多的中小型博物馆在发展定位、体系布局、功能发挥等方面的薄弱，制约了博物馆行业总体发展水平和社会贡献率的提高。中小型博物馆在发展中存在的主要问题包括：布局不合理、定位不明确、藏品数量少、运营经费投入不足、专业人才相对短缺，理念上缺乏竞争意识、创新意识，缺乏资源共享理念。为了满足人民群众的获得感、幸福感以及发挥博物馆在经济社会文化发展中的作用，提振中小型博物馆发展水平成为一项重要的任务。

（二）作为中小型博物馆活化利用方式的陈列展览

2021 年 11 月 24 日，《关于让文物活起来、扩大中华文化国际影响力的实施意见》审议通过，其中明确提出要准确提炼并展示中华优秀传统文化的精神标识，更好地体现文物的历史价值、文化价值、审美价值、科技价值、时代价值[2]。活化利用不仅是提升中华文化国际传播能力、影响力的要求，也是博物馆功能的转变与经营理念革新的产物。

《历史之径模式下的城市文化遗产保护与活化研究——一武汉为例》[3] 一文以建筑、工业遗产为主要讨论对象，认为活化利用中的"活化"指的是其从静态保护到动态保护，以及更新再利用的过程。许潇笑在《让文物"活起来"：策展再塑博物馆的社会表达方式》中认为，文物"活起来"强调的是文化遗产的社会利用，是新博物馆学视角下实现博物馆从"出世"到"入世"角色转换这一核心价值观的本土实践[4]。

对于博物馆而言，陈列展示以文物、标本、辅助陈列品的合理组合，以展示空间、设备、技术为平台，依据相应的主题、序列、形式，对社会、历史、科技、自然等发展过程中的规律或者某一类型的知识进行展示，让大众在观察中实现文化传播[5]。可见，展览陈列是基于对展品信息的深加工，找出其规律线索、揭示其内在的精神标识的过程，是博物馆业务中最有可能实现文物活化利用的环节。

二、"封泥中的大秦帝国"：以展览手段盘活馆藏资源的一个案例

（一）机构概况

西安中国书法艺术博物馆与西安唐皇城墙含光门遗址博物馆分别位于西安市大明宫遗址国家公园、西安城墙含光门内。西安中国书法艺术博物馆创建于 1989 年 12 月，是西安市人民政府批准的中国第一座书法艺术专题博物馆，是免费向公众开放的非营利性社会文化服务机构，是传承和保护人类非物质文化遗产中国书法和篆刻的重要基地。

西安唐皇城墙含光门遗址博物馆位于全国重点文物保护单位明清西安城墙墙体之内，是为保护隋唐含光门遗址而建的专题性博物馆，博物馆于 2008 年正式对外开放，2013 年获评为国家三级博物馆。馆内展示有隋唐含光门门道遗址、城墙断面遗址和隋唐过水涵洞遗址。

西安中国书法艺术博物馆与西安唐皇城墙含光门遗址博物馆虽然展示主题、发展沿革有所不同，但其作为一个整体共享互通展示空间、机构建制、馆藏藏品的平台，并与西安城墙景区达成有效的联动，这是本次封泥展览策划的基础。

（二）展览概况

古代文书囊简多加绳捆扎，在绳结处以胶泥加封，上盖玺印，谓之封泥。19 世纪末，即有大量齐鲁封泥出土于山东。西安中国书法艺术博物馆收藏的这批秦封泥 1996 年在西安汉长安城遗址区出土，1997 年春，西安中国书法艺术博物馆收藏了其中 350 多个品种的 781 枚精品。其中 100 枚被定为国家级文物，"右丞相印""廷尉之印""四川大守"等 5 件为一级文物；"阳陵禁丞""骊山飤官""内史之印""蜀左织官"等 15 件为二级文物；"少府榦丞""芷

阳丞印""上林丞印""高章宦丞""白水之苑""公车司马丞"等 57 件为三级文物[6]。秦封泥因为其体量较小，其上的秦小篆及其背后所反映的秦代社会、政治、经济状况等信息难以通过普通展示手段呈现，因此西安中国书法艺术博物馆（西安唐皇城墙含光门遗址博物馆）于 2018 年策划了"印象大秦——封泥中的大秦帝国"展览。

本次展览展出了馆藏 86 枚秦代封泥，展览分为"统一的秦国""严谨的秦国""高效的秦国""艺术的秦国"4 个单元，以"小文物、大视角""双线并行"为策划理念，采用以物讲史、图史结合、数字互动等方式充分展示其历史文化内涵。此次展览，宏观呈现了大秦帝国集权制度、职官制度、驿递制度及书法艺术等文化成就，透过封泥，让观众看到背后的秦朝人物、城市、遗迹与故事，汲取古人的历史智慧、启发未来。

（三）展览成效

1. 藏品利用率提升

本次展出的 86 枚封泥在西安中国书法艺术博物馆封泥藏品中占比为 12.6%，在等级文物中占比为 31%，其中包含多件未曾展出的封泥，提升了藏品的展出率。

2. 宣传教育活动成效显著

展陈全景漫游 VR 展示以"指尖博物馆"小程序挂载公众号，通过 720 度全景观察锚点，观众可在线上实现沉浸式虚拟游览，截至目前小程序浏览量已超过 2000 次。

展览期间举办宣传教育活动 3 场，其中"含光赋彩 Qin 凉一夏——文化惠民活动"在文化遗产日之际举办，参与活动的 20 位，以遗址参观、"把信送给秦始皇"飞行棋竞技游戏等环节延伸展览内涵。

3. 对外巡展提升影响力

2022 年国际博物馆日之际，继展览于 2020 年 9 月在含光门遗址博物馆闭幕之后，展览又于宝鸡青铜器博物院开幕，迈出了博物馆对外巡展的第一步。

2020 年展览在四个月展期中共接待观众 5.5 万人；展览于 2021 年、2022 年展出期间共获得包括澎湃新闻、腾讯网等 15 家媒体的报道，入围 2020 年度十大陈列展览精品推介境内展览评选。

三、启示：中小型博物馆盘活馆藏藏品的启示

（一）以序列完整、并具一定价值的藏品为基础

西安中国书法艺术博物馆所收藏的一批封泥品相较好、数量较多，虽然封泥作为展品在审美特性上并不占优势，但馆藏封泥序列完整、研究成果不断涌现，为本次展览的文本策划提供了坚实的理论基础。

秦代国祚短促，从秦始皇一统六国到秦二世胡亥亡国，存在时间仅有十五年。对于秦代历史、地理、法律等当时的实际情况，盖因"汉承秦制"，仅能通过《史记》《汉书》等典籍文献以及有限的出土文献材料来了解秦代当时的面貌，存在典籍文献与出土文献难以印证的弊端，原因是有些典籍未记载、有些记载有误、有些在后世学者中一直存在争议，秦封泥的出土相当程度上弥补了这一缺失。

西安中国书法艺术博物馆（西安唐皇城墙含光门遗址博物馆）馆藏秦封泥是国内目前各家博物馆所藏封泥中品相最好、数量最多的博物馆。其中，博物馆常设秦封泥特展陈列区，静态展示馆藏秦封泥中的精品 246 枚，内容涵

盖左右丞相、三公九卿、宫殿苑囿等秦代中央及皇帝私人管家的职官以及关中、四川、山东等秦代疆域的郡县一级的职官，全面展示了秦代中央集权制的职官框架及地理疆域，"颇有秦代百官表和地理志的意味[6]"。

"封泥中的大秦帝国"就是以馆藏序列完整、品类丰富的秦封泥为基础，按职官、地理、艺术等模块选取具有较强代表性的封泥作为展览藏品展示。

晚近以来，学者们对封泥的研究与探索未曾止步，如王国维《简牍署书考》就对封泥进行了介绍与考证，其他如吴世芬、陈介祺的《封泥考略》、刘鹗《铁云藏陶》、周明泰《续封泥考略》等等著作虽然内容中断代或识读仍有错误，但是毋庸置疑的是这些学术研究推动了封泥研究的发展。

封泥研究发展至现代，孙慰祖的《古封泥集成》、周晓陆路东之的《秦封泥集》、傅嘉仪的《秦封泥汇考》等著作与时俱进，吸纳了最新出土的封泥并集结成册，以供研究。近年来，高校硕博论文关于秦封泥的研究也不断涌现，如赵梅娟《秦封泥集存文字编》（2022）、张润锴《秦封泥研究》（2019）、张宁《秦封泥历史地理研究》（2012）、杜小钰《秦职官考》（2012）等或从古文字入手，或研究秦代地理，又或研究秦代职官，均从不同角度对秦封泥的价值进行考证与探索。

本次展览的知识框架就是基于目前所见的已出版的封泥学术研究成果，并形成展览文本理论基础，成为展览内容强有力的支撑。可见，中小型博物馆在馆藏规模上的困境虽不能完全解决，但可通过有特色、成序列、学术价值高的馆藏精品以特定主题开展展览陈列工作，仍可取得良好效果，对藏品内涵的发掘是盘活藏品并实现活化利用的基础。

（二）展陈设计：现代艺术元素与历史文物的相融与碰撞

1. 现代元素的引入：历史类展览的新趋势

传统的历史类展览在设计中多提取文物的形制与色彩元素，使展览整体在视觉风格上协调统一。近年来，策展理念的转变使展览空间的视觉语言愈加多元，历史类展览设计中也逐渐引入现代艺术及其风格元素。这既是出于对观众游览体验提升的考量，也是对新博物馆学多元、包容理念的践行，更暗含着社会对博物馆功能转型的期待。

"玉见你——周代与当代关于玉的对话"将山西博物院、山西省考古研究所藏周代22件/组的玉器与11位当代设计师围绕玉文化展开的设计作品放置在同一展陈空间，且打破常见历史类展陈的时间/线性叙事顺序，展开一场古今之间有关玉文化的对话[7]。

展览"摩梭Moso：婚姻·家庭·对话"以介绍摩梭传统的婚姻、家庭形态作为主题，其中采用两种方式引入现代艺术：一是与"玉见你"一样，引入现代艺术作品，拓展主题的深度与广度，以现代艺术中的抽象符号作为提升展览观念性、概念性的探索；另一种方式则是在表现主题时借用现代艺术的形式，以彩色亚克力装置及其上的问题作为开篇，映射外界对于摩梭文化的误读误解[8]。

以上两场展览作为具有革命性的对话型展览，将古今两种时空与风格的内容、形式元素并置，制造强烈的感官冲击，同时也更好地达成对展览主题的诠释。

作为一种新型策展理念主导的叙事手法，历史文物与现代艺术品的并置存在的潜在问题是，两种展品对展览叙事语言、展示环境等要求有所不同，因此产生的互相干扰[9]。

2. 现代艺术元素在设计中的应用

"封泥中的大秦帝国"展览中现代设计元素的引入主要体现在色彩与整体的氛围营造方面。

展览的设计语言中，特定的色彩能对展览的组织结构系统的氛围产生影响，从而引起观众一定的情绪反应，最终形成观看者对展览空间的感性认识，也影响着他们观展过程中注意力的分配[10]。

"封泥中的大秦帝国"展览运用了橘色、古蓝色为背景，以白色字体穿插其中，米色展板作为展柜和封泥展示的背景。橘色象征着生命的气息与活力，古蓝色则代表沉淀与古雅，观众能在进入空间后产生较为积极的情绪反应。

在展厅整体的色彩协调的前提下，现代的色彩与封泥古拙的本色构成冲突，兼有审美的协调性与认知上的矛盾感，带给观者强烈的视觉冲击，同时也与展览中秦国的"严谨""艺术"主题相呼应，形成感性认知的同时调动观众的兴趣。

展览形式设计中现代艺术元素的介入，使封泥在当下的审美体系下拙朴自然的审美特性得以凸显，实现了活化的目的；展览展出后，配套封泥文创饼干"佰礼加急"面世，在模仿封泥形制特征的同时、将封泥的历史文化内涵融入产品名称中，达到了使文物走进、融入生活的效果，实现了文物的活化利用。

（三）内涵阐释：语境化与群组化

1. 语境化诠释与展览理念

"语境"一词除了语言学概念所指的语言环境，还包括了时空、情景、对象等非语言因素。文物是其在自身特定的历史时期与环境下流传下来的"遗迹"，正如"艺术品很难永久保持其最初的语境"[11]，文物也是如此。古代文物被放进博物馆展出时就已与原始语境脱离。

语境化阐释是让展览中的文物结合文本内容与展陈设计，尽可能回归其原始语境的过程。运用语境化、多角度诠释是文物在现代实现"古今对谈"与活化利用的重要手段。同时，单一的展览主题与设计脉络使观众在参观中失去"节奏感"，进而产生博物馆疲劳[12]。展览理念的语境化诠释则在一定程度上解决了这一问题。通过原生语境的还原，文物的内涵与信息得到最大程度的发掘；通过不同角度的转换，能够吸引不同层次的观众，使处在现代中的他们"回归"到古代的境况中去，这正是文物"活起来"让文物走入大众日常生活、融入日常生活的本质要求。

2. 多元语境化阐释方式的运用

有效运用多元化语境能够拉近观众与文物之间的距离，达成文物与观众之间的对话。展览"封泥中的大秦帝国"在文本内容与形式设计两方面以不同视角运用语境化阐释，实现了"古今对谈"，也展示了文物活化利用的新面貌。

（1）文本信息的语境化

从文本信息来看，展览将封泥置于其历史语境中。本次展览不是以传统的时间线索叙事，而是结合微观与宏观的原生语境，从封泥最基本的封缄保密作用出发，以职官、地理等分类为模块化单元，希望贴近历史真实，使观众能够在封泥历史语境下看到秦代社会、制度的方方面面，从而带领观者探索"严谨、高效"的秦代中暗含的现代意义及其对当代的启示。

"乐府丞印""左乐丞印""外乐"四枚乐府职官封泥作为整体共同构成一个模块，而补充秦国的音乐艺术，包括乐府钟、石磬，秦始皇帝陵的青铜水禽陪葬坑均作为辅助信息对乐府背后的秦代音乐与艺术内容进行补充，"大音希声"互动装置中，观众还可听到一组秦代乐器钟、镈、石磬演奏的音乐。在这一单元中，乐府相关的四枚封泥被置于秦代社会文化传统（音乐）、观念信仰（视死如生与陪葬坑）、技术范式（秦公镈的铸造工艺），职官制度（乐府及乐工的职责）多重元素构成的宏观语境中，全面地展示出秦代音乐发展的信息及其与社会多个互动的图景。

以故事性演绎为依托的语境化。基于对博物馆基础游客数据的调研，本次展览针对青少年观众提供了部分趣味性的内容。故事性常体现在文学性作品中，"故事语境化"有助于丰富展览的内容，激发人的好奇与探索。在本次展览中运用故事语境，兼顾不同层次的群体，对了解秦史的观众来说，增强了观看展览的体验性，同时使不了解秦史的观众依托故事语境增强观展的趣味性，达到双重的效果。

"秦国养马人的一天"展项正是通过故事化的语境呈现增强趣味性。短片围绕"中厩"封泥，以来源于张家山汉简中的"公士孔"为原型创作了以养马人"孔"工作日常为主要内容的动画短片。透过"孔"作为"宫厩皂者"的视角，短片从"孔"对马匹的饲养、照料以及上级对他的考绩等细节、"以小见大"，从封泥看到秦代严谨的车马管理制度

（2）视觉信息的语境化

展览在形式设计方面运用互动展项，实现视觉信息的语境化。文物作为距离现代久远的历史遗迹，如何拉近古今之间的距离，实现今人对于古人社会生活的理解与感悟，可视化手段与具象展示的数字展项为我们提供了一个答案。

以时间、时序为线索的语境化。秦小篆是秦代官方通用的字体，在秦封泥出土之前，我们所熟知的大多为秦代碑刻文字，如《峄山碑》《泰山刻石》等。秦封泥的出土使我们看到秦代文字的另一种面貌。"大美华夏"展览运用

可视化手段，将小篆置于文字演变发展的"动态"历史中，带领观众读懂汉字发展的来龙去脉。

以空间为线索的语境化。在"你从哪里来"互动展项处，观众可基于对已参观内容所获知识，根据秦代地理寻找自身所处地域，增强参与感。

就时间线索而言，秦封泥是历史长河中某一段历史的印证，而从空间上看，其实我们所能看见的遗迹又都同我们处在同一空间中。在同一空间的距离2000多年的观者与被观物，只有采用技术手段，才能通过对历史文物的复原，使其回到原生语境，实现古今对谈。

3. 信息群组化作为一种特殊的语境化方式

信息群组化是指将展览中分散的单个展品或信息通过某种归类方式、以引导性的视觉框架，形成信息团块。作为一种展示语境的构建方式，信息群组化可以通过组合的方式使视觉信息传达更为有效[13]。

"封泥中的大秦帝国"展览采取了封泥文物与展板高度融合的展陈形式，在深入挖掘封泥文物内涵基础上，将封泥文物展陈与展柜展板相结合，封泥分散于秦国版图之内、秦人九都八迁路线中、三公九卿政体结构图中，这种语境化的信息团组使观众更容易了解封泥上的文字及其所代表的含义，使封泥的内涵、秦代的历史得到活化延伸。

四、结语

对于中小型博物馆而言，如何利用展览陈列活化藏品、服务观众并扩大影响力、达到高质量发展的目的，是其平衡社会责任、致力于中华文化影响力提升并维持自身永续发展三者关系迫切需要解决的关键问题。

面对中小型博物馆藏品规模数量受限、资

源共享意识不足，场地、经费、专业人才短缺等制约发展的问题，西安中国书法艺术博物馆（西安唐皇城墙含光门遗址博物馆）在机构平台提供了解决资金、人才短缺契机的前提下，利用一批序列完整、内涵丰富且富有深厚研究基础的特色藏品封泥举办了"印象大秦：封泥中的大秦帝国"。展览以展览设计对现代元素的融入作为形式的突破，以文本与视觉上的语境化呈现、借助数字化展陈手段，以小见大，呈现出一个生动、高效、严谨而艺术的秦国。虽然在场地等客观因素方面仍受到一定局限，但作为中小型博物馆，西安中国书法艺术博物馆通过一系列展陈方面的新举措实现了对特色馆藏的活化利用，其策展经验值得反思与借鉴。

【注释】

[1] 王珏：《在博物馆遇见未来》，《人民日报》，2022年 05 月 18 日，第 5 版。

[2] 钟国文：《博物馆"让文物活起来"的内涵、价值追求与尺度要求》，《博物馆管理》2022 年第 2 期。

[3] 文晓菲：《历史之径模式下的城市文化遗产保护与活化研究》，华中科技大学硕士学位论文，2021 年。

[4] 庞任隆：《秦封泥入藏西安中国书法艺术博物馆二十年学术理论研究成果综述》，《书法》2017 年第 10 期。

[5] 李姣：《我国博物馆藏品利用效率研究》，西北大学硕士学位论文，2021 年。

[6] 傅嘉仪：《秦封泥汇考》，上海书店出版社，2007 年，第 6 页。

[7] 源流工作组：《"有约丨展览：玉见你——周代与当代关于玉的对话"》，《源流运动》，https://mp.weixin.qq.com/s/jFBFHs-bIr867erewi3UBQ.

[8] 源流工作室：《"观展丨看见不一样的生活——云南省博物馆'摩梭 Moso：家庭·婚姻·对话'"展览访谈"》，《源流运动》，https://mp.weixin.qq.com/s/JdifOzuBGyOuMQPRW9aoaw.

[9] 王思渝：《当代艺术与历史文物在博物馆展览中的并置：新博物馆学的视角》，《艺术评论》2021 年第 3 期。

[10] 郭佳雯：《展览组织结构视觉传达系统的建构研究》，浙江大学硕士学位论文,2018 年。

[11] 孙淼：《中国艺术博物馆空间形态研究》，文化艺术出版社，2013 年，第 72 页。

[12] 郭佳雯：《展览组织结构视觉传达系统的建构研究》，浙江大学硕士学位论文,2018 年，第 193 页。

[13] 郭佳雯：《展览组织结构视觉传达系统的建构研究》，浙江大学硕士学位论文,2018 年，第 193 页。

浅论地区博物馆
在区域社会史实践中的可能作为

柳婷婷 （恩施土家族苗族自治州博物馆）

摘要： 于博物馆而言，田野调查是基础业务工作的重要组成部分，调查过程中，博物馆工作者可以获得大量的信息，如文物、地质等，亦可获得一些非书面信息，如祖辈相传的记忆传说、无法书于文字的风俗习惯。这些所获信息成果通常会有所保存或展示，这些信息也提示着地区或者文物是否具有保护价值，而大多信息利用价值仅限于此。与传统宏大史学相对比，区域社会史从微观研究角度出发，更注重个人、地区，其研究方法与博物馆田野调查方法部分重合。以地区博物馆为例，其调查所涉地区诸多于文献并无记载，在博物馆进行的田野调查工作中，若能嵌入史学思考，这或许能对区域社会史研究有所补充，也能让博物馆本身的历史叙事变得更加立体，深化自身职能。

关键词： 地区博物馆 区域社会史 田野调查

自新史学萌芽并发展之后，史学研究者们对于历史的研究角度不再仅仅执着于精英范畴，越来越多地关注到民众，从社会史的角度出发，研究普通民众的生活、行为、习俗、群体以及各类变迁，这种"向下"的视角让历史学更加接近普通民众。而由于民众的普遍性和广泛性，地区差异极大，见一叶并不能知全秋，研究者尝试将社会史的研究方法与视角纳入特定区域内尝试，诞生出了区域社会史。将区域视作整体，以社会史的研究视角和方法进行探索研究，这使得研究视野扩大，能够更加全方位、立体地考察地域社会，同时也可以反过来对传统史学进行反思。博物馆作为文物收藏、保护的重要机构，需要执行文物调查的工作，田野调查

是文物调查中一项重要的工作方法。这种工作方法与现今社会史重要的研究方法一致，常规来说，虽然二者调查的方式、目标并不相同，但都能获得许多非文献记载的资料，或者所获取资料与文献能重合互证。若博物馆工作者在进行田野调查时，能纳入史学思考，这或能对区域社会史的研究实践有所作为，也能更进一步深化自身职能。

一、国区域社会史脉络

区域，是与整体伴生的名词，如同"小"与"大"，"微观"与"宏观"。如果仅从"区域"二字定位，中国的研究实践可以算是发轫于古

代地理志、地方志。自《汉书》开始正史多著录《地理志》，主要以记录自然地理、人文地理为主，以王朝管辖当下划分的政治空间为纲，尤其注重记载各地区的地理沿革。后代又出现以地理为纲记录的专著，传世最为著名的属唐代的《元和郡县志》，所记山川地理、历史沿革、户赋、名胜等十分详细，后又有北宋《太平寰宇记》《方舆览胜》、南宋《舆地纪胜》等。进入明清以后，除中央王朝编修《一统志》之外，各地方所编纂的方志亦层出不穷。与地理志不同，地方志多由本地官员针对任期所在地所编修，"是针对相应空间的历史书写，并非简单的地理沿革或政区盈缩记载，也不是罗列风俗、名胜、交通人文，而是要承担'裨风教'的功能[1]。"各地府、州、县均有编纂志书之好，至近代、当代，编写志书的风潮仍有余热。

与单纯的资料整理、编纂不同，作为现代学术研究方法，区域社会史基于地方史、区域性研究与社会史相结合而逐渐发展起来。区域社会史研究的范式中，最负盛名的应是 20 世纪 30 年代萌芽于法国的年鉴学派，受其影响，国际上出现诸多区域史学研究成果，如日本以森正夫为代表的学者提出的"地域社会论"，美国史学研究实践所进行的区域研究，中国的区域社会史研究学者们也深受国际史学理论的影响，如国家与社会、大传统与小传统等理论被广泛采纳。

中国近代的区域社会史研究是伴随着社会史的复兴而开始的，最初（20 世纪 80 年代）学者们的研究兴趣主要在经济方面，这可能与彼时的社会关注密切相关。20 世纪 90 年代中期开始，学者们对"区域"的史学关注从经济转向更多方面，出现了华北（魏宏运、朱德新等）、江南（傅衣凌、洪焕春等）、徽州（周少泉、栾成显等）、闽越（陈支平、郑振满等）、

两湖（张建民、鲁西奇）等不同区域社会史研究的代表学者。[2] 在此之后，区域社会史的研究成为中国社会史研究的主流，实践至今已经拥有了诸多研究成果。

中国社会史对于"区域"的关注，最主要的原因是国家幅员辽阔，从小范围展开，更能取得研究进展。但从区域展开研究并不意味着割裂，因为研究者的初衷和目的最终还是"整体"。赵世瑜先生以"小历史"与"大历史"来区分"区域"与"整体"的历史，他认为"所谓'小历史'，就是那些'局部的'历史：比如个人性的、地方性的历史，也是那些'常态的'历史：日常的、生活经历的历史，喜怒哀乐的历史，社会惯制的历史。这里所谓的大历史，就是那些全局性的历史，比如改朝换代的历史、治乱兴衰的历史，重大事件、重要人物、典章制度的历史等等[3]"。对区域的研究，最终还是为了解释整体，从"地方性"以理解"全局性"。

二、田野调查之于区域社会史实践

"走向田野"是区域社会史研究者们采用的重要研究方法，这个方法最早是来源于人类学、社会学，随着史学关注范围的扩大，如年鉴学派所提出和主张的"作为整体而存在的历史"，纯粹的文献研究已经不能满足这样的需求，于是研究者发现，对于社区研究中的"参与体验"能很好地实践"整体史"，人类学的田野调查方法得以被借鉴。"在田野调查工作中，可以搜集到极为丰富的民间文献，包括族谱、碑刻、书信、账本、契约、民间唱本、宗教科仪书、日记、笔记等等……更为重要的是，在调查时可以听到大量的有关族源、开村、村际关系、社区内部关系等内容的传说和故事，对这些口碑资料进行阐释，所揭示的社会文化内涵往往

是义献记载所木能表达的[4]。"关注田野调查，这是 20 世纪 80、90 年代的社会史研究学者就发出的呼声。

在区域社会史的田野调查中，"区域"一词并不完全是政治划分，学者们会根据姻亲、文化、聚居、血缘、信仰等划分不同的区域，然后走进其中，亲身体会，如对于山西地区的研究重点以"水"划分，赵世瑜考察了晋水流域在明清时期形成的不同分水传说，他认为这些传说即是一种象征资源，其变化反映了当地不同地区势力的变化[5]。通过深入田野调查更好地去搜集、了解民间材料，获得一种"历史现场感"，可以让历史学者"直接获取经验事实，并且从一个较小地理单元的经验事实出发，去理解中国社会的深层结构与内在脉络[6]"。研究者们相继深入田野，通过亲身调查进行区域社会史的研究实践，最终取得颇多成果。以知网搜索为例，"区域社会史"词条下的论文数据有近 200 篇，除理论归纳之外，有不少是以具体区域实践研究的成果，如白云、郭艳花《区域社会史视角下的晋方言特征演化与形成》（《山西大学学报（哲学社会科学版）》2021 年第 3 期）；王磊、冯筱才、李世众《浙江畲族文书与区域社会史研究》（《历史教学问题》2020 年第 3 期）；周祥森《创伤经验的符号化与假设性历史的多重建构——关于华北移民社会祖根传说研究的思考》（《史学月刊》2019 年第 12 期）；潘天波《汉广陵漆物与地方社会——一项漆物的区域社会史研究》（《民族艺术》2019 年第 2 期）；邱源媛《华南与内亚的对话——兼论明清区域社会史发展新动向》（《中国史研究动态》2018 年第 5 期）等，此处仅列举发表时间较近的几篇研究成果，从标题即可看出，其研究视野颇广，语言、书写、传说、记忆、器物以及族群对话都在关注范围，

而这些资料许多是文献所不能记载和传达的。

区域社会史的研究者们越来越多地呼吁大家"走向田野"，这既是学术传承，也是直接经验，"那些文献上死的历史在田野中就变得活生生的，而且在田野中还会发现文献上没有记载的内容，并且看到它们原本就不是孤立存在的，而是与周围的事物联系在一起，历史就变成立体的[7]。"

三、博物馆与田野调查

除设有专门考古研究所的地区外，博物馆，尤其是地区中小博物馆，通常承担着本地区范围内的文物调查、勘探职能。工作内容主要源于：一受本地大型建设方委托，独自承担调查工作；二受上级单位委派协同承担部分本地区调查勘探工作。田野调查是文物调查过程中的重要方法。

常规来说，博物馆进行田野调查的对象主要是"物"，是以评估对象是否具有文物保护价值为目的的调查工作，或者说"以物证史"。如福建博物院文物考古研究所与泉州市博物馆共同进行的泉州市东海石头街文物考古调查，详细调查了泉州石头街及与其密切相关的文兴宫、美山天妃宫、海印寺、长春妈祖宫、真武庙、王用汲墓、美山渡、文兴渡、法石沉船遗址、马可巷、马可波罗井、三王府以及其周边现存的陈氏宗祠旧址、清同治六年（1867）示禁碑等遗存，最终得出石头街宋元时期已经存在，并可能为宋元时期海岸线边界的结论，为"泉州：宋元中国的世界海洋商贸中心"申遗项目提供了大量科学、可靠、翔实的历史信息[8]。又如恩施州博物馆（恩施州文物调查勘探工作队），由馆内勘探与文创部负责日常文物调查与勘探的工作，以近年工作为例，分别进行了

恩施州高新技术产业园区（2019 年 9 月）、恩施市经济开发区（2019 年 12 月）、建始县易地扶贫搬迁配套产业园（2019 年 12 月）、湖北鹤峰经济开发区（2020 年 1 月）、来凤经济开发区（2020 年 1 月）、野三关经济开发区（2020 年 1 月）、恩施高新区利川生物医药产业园（2020 年 4 月），协助进行了恩施柳州城遗址（2021 年）、恩施—宜昌朝阳 500 千伏电力线路恩施段（2022 年）、湖北省长江文物资源调查（恩施地区）（2022 年）等文物调查和保护评估工作，可以看到，博物馆的日常工作亦是深入田野。

如果仅仅以"物"为对象来考虑博物馆田野调查的成果，那不一定每次都是有收获的，尤其是考古基础较薄弱的地区，田野调查所能发现具备保护价值的文物或遗址遗迹较少。以恩施—宜昌朝阳 500 千伏电力线路恩施段调查为例，工作人员在沿线调查时仅发现三座清代墓葬、一座民国墓葬，并不具传统意义上的考古发掘和文物保护价值。但是这些墓葬墓碑完好，其上铭文清晰，这或可对该地区某家族谱系研究提供支撑。

博物馆的另外一项重要工作也需要以田野调查的方法进行，那就是获取文物藏品，地区博物馆的文物主要来源于考古发掘、捐赠、购买，对于地区中小博物馆来说，由于资质的缺少、文物保护修复技术的局限，考古发掘并不是文物藏品最主要的来源，而多以捐赠和购买为主。与民间私人收藏购买藏品"不问过往"的守则不同，博物馆在获取文物藏品时，负责相关工作的人员需要明确调查文物的渠道来源，为文物写明"出身""经历"，这就使得这项以"物"为主的工作，需要与人进行足够的沟通。恩施州博物馆于 2022 年购入一批巴东县籍清末民初的花户执照，上有较为清晰的姓名、时间、完税印章，并加盖了注明庚子赔款均摊的钱额、

时间信息的印章，数十张执照信息连贯，非常具有保护和研究价值，然而仅从文物角度，或许并不能完全发挥其研究价值，若能嵌入社会史角度的思考，或可对恩施巴东地区清末民初地区经济进行一定研究，若能通过文物调查完成谱系追溯，更能对区域社会历史进行补充。

博物馆的田野调查工作能获得大量的信息，这些信息并不仅限于文物、地质，也可获得一些例如传说故事、风俗习惯等书面不可得的资料，文物调查的常规目的是了解地区或者文物本身是否具有保护和收藏价值，但在这过程中所获取到的其他信息也不应被忽视，它们于区域社会史研究实践来说具有重要价值。

四、小结

历史学和文物博物学所关注的都是过去，历史学研究更偏向书面文字和语言记忆，而后者则更关注过去的物质遗迹，但是随着跨学科的发展，这样的界限愈来愈模糊。区域社会史和文物博物馆的工作都涉及田野调查，虽然在常规的工作方法使用中，二者的偏重点不同，但博物馆的日常工作决定了其参与田野的频率，若能在日常田野调查中嵌入史学思考，或可在区域社会史研究中有所作为。最新的博物馆定义指出"博物馆……研究、收藏、保护、阐释和展示物质与非物质遗产……并在社区的参与下，为教育、欣赏、深思和知识共享提供多种体验"，这与区域社会史研究所关注的记忆、习俗、族群，"历史在场感"不谋而合，博物馆工作者们通过田野调查，展开区域社会史的研究与思考，也能将其展现在面向观众的展示中。国内地区博物馆最常规的展览陈列就是本地区的线性历史展陈、革命历史展陈，这两条展线最能引起本地游客群众共鸣，观众在观展

过程中也十分想要找到一种的"亲切感"以验证自己的情感记忆,将区域社会史研究所能关注到的传说、记忆等融入展陈,并借由讲解者传输向观众,这也有机会让"博物馆的历史书写走出狭隘而扁平的机构叙事,从而将博物馆与公众置于广泛的社会——历史情境中予以考察[9]",更有助于博物馆探讨自我与公众之间的关系,深化共享和提供体验的职能。

【注释】

[1] 张功、吕红梅:《区域史的范式》,《石家庄学院学报》2019年第2期。

[2] 唐仕春:《心系整体史——中国区域社会史的研究的学术定位及反思》,《史学理论研究》2016年第4期。

[3] 赵世瑜:《小历史与大历史:区域社会史的理念、方法与实践》,北京大学出版社,2017年,第10页。

[4] 陈春声:《中国社会史研究必须重视田野调查》,《历史研究》1993年第2期。

[5] 赵世瑜:《分水之争:公共资源与乡土社会的权力和象征——以明清山西汾水流域的若干案例为中心》,《中国社会科学》2005年第2期。

[6] 黄国信、温春来、吴滔:《历史人类学与近代区域社会史研究》,《近代史研究》2006年第5期。

[7] 史克祖:《追求历史学与其他社会科学的结合——区域社会史研究学者四人谈》,《首都师范大学学报(社会科学版)》1999年第6期。

[8] 福建博物院文物考古研究所、泉州市博物馆:《泉州市东海石头街文物考古调查、勘探报告》,《文博学刊》2021第2期。

[9] 尹凯:《试论博物馆与公众关系的四种研究路径》,《东南文化》2022年第1期。

关于博物馆学术研究工作的一些思考

段君峰（辛亥革命博物院）

摘要： 学术研究是博物馆的一项基础性工作，是做好展览、社教、文创、文物保护等业务工作的基础。但由于受到研究力量不足、学术资源有限、学术成果发表等因素的限制，很多中小博物馆的研究工作面临诸多困难，研究力量分散、研究视野狭窄、部分成果学理性探讨不够、研究成果发表困难等现象不同程度地存在，影响到博物馆学术研究的广度、深度，也不利于充分发挥研究工作对推动博物馆业务工作与事业发展的作用。如何化解博物馆研究工作面临的困境与难题，是博物馆管理者需要着重思考的问题。

关键词： 博物馆 学术研究 困境 化解

研究工作是博物馆的基本职能，也是博物馆基础业务工作之一，与文物藏品的保护、展示与利用等工作密切相关，甚至某种程度上决定了文物藏品保护、展示与利用工作的广度、深度与实际效果。博物馆是个舶来品，中国博物馆的发展深受西方博物馆理论与实践的影响。中华人民共和国成立后，在改革开放前，博物馆理论与实践又受到苏联模式的较大影响，注重博物馆的教育功能，对观众的反馈不够重视。改革开放以后，中国博物馆的发展从理论到实践逐步与世界博物馆界接轨，但很长一段时间内，对博物馆的理论重视不够，理论落后于实践的现象一直存在。进入 21 世纪，在党和政府的重视与领导下，中国博物馆事业蓬勃发展，博物馆数量大幅增加，类型更加多元，博物馆的社会影响力与日俱增，在建设中国特色文化强国方面发挥着日益重要的作用。但相比其他业务工作，研究工作仍是博物馆相对薄弱的一项，特别是广大中小博物馆，面临研究力量不足、学术资源有限、学术水平不高、成果发表困难等难题，影响到众多中小博物馆学术研究的广度、深度，也不利于充分发挥研究工作对推动博物馆业务工作与事业发展的作用。如何破解中小博物馆研究工作面临的困境与难题，直接影响到博物馆的可持续、高质量发展，本文结合博物馆研究工作实际，谈谈笔者的一些思考。

一、高度重视研究工作在博物馆发展中的作用

学术研究是博物馆的基本职能之一。在传统的博物馆学理论中，收藏、研究、展示是博物馆的基本职能，是联系博物馆文物收藏管理与展示的桥梁与纽带。随着社会的不断发展，文化建设越来越受到重视，近年来，博物馆的社会教育职能越来越受到关注，博物馆成为学

校教育的有效补充。特别是在建设社会主义文化强国的过程中，传承、弘扬优秀传统文化，满足人民群众日益增长的精神文化需求，讲好中国故事、增强公众的文化自信，增强人民精神力量，成为博物馆的重要使命，也是实现其当代价值的重要形式。但不论博物馆的社会职能如何扩展，时代使命如何变化，博物馆要实现其社会价值、完成其时代使命，学术研究都是其一项基础而重要的工作内容：只有在对馆藏文物全面深入研究的基础上，文物的历史文化信息才能被有效提取；只有对观众需求进行客观研究评估，针对性优化展陈设计，才能有效提升陈列展览和社会教育活动的吸引力；只有不断发现、优化管理工作存在的问题，才能不断提高综合管理能力和公共文化服务水平。在此基础上，博物馆才能推出高质量的展览和社会教育活动，才能更好地对优秀传统文化进行创造性转化、创新性发展。

学术研究是博物馆可持续发展的动力。博物馆要与时俱进、不断推出符合时代需要的陈列展览与社教活动，就需要不断深化对馆藏文物、时代需要、观众需求的研究工作，唯有如此，博物馆的陈列展览、社教活动才能不断推陈出新、适应不同时期社会发展需要，才能具有较强的吸引力。当前，文博行业不同程度存在着千馆一面、千展一面的问题，究其原因，在于一些博物馆的建筑设计、陈列展览、社教活动等同质化现象严重，很多博物馆的相关业务工作缺乏自身特色，或者主题不够突出，或者特色不鲜明，或者陈列展览等更新较慢、跟不上时代发展的步伐，归根结底，是博物馆学术研究工作进展缓慢，对馆藏文物缺乏系统、深入的研究，对时代需要、观众需求缺乏深入的认识，未能将馆藏文物资源与时代需要、观众需求进行有机结合，推出相应的公共文化产品与服务。

一般认为，陈列展览的水平体现了一家博物馆的运营管理水平，殊不知，陈列展览水平的高低，取决于一家博物馆对自身主题认知、馆藏文物管理与研究、对时代需求与观众需要的综合研判与研究水平，归根到底取决于博物馆研究能力与水平的高低。

学术研究是彰显博物馆文化品位与特色的需要。百花齐放、百家争鸣是文化繁荣发展的标志，在多元化发展的时代大潮中，突出自身特色、彰显博物馆自身文化品位，是避免文博行业同质化现象的需要，也是博物馆实现高质量发展的必由之路。在信息技术高速发展、各类媒体高度发达的当下，各类海量信息充斥着社会与网络，如何在这种海量信息中凸现自身特色，是获得广泛关注与好评的关键。博物馆作为传统文化汇集与展示之地，是弘扬中华优秀传统文化、满足人民群众日益丰富的精神文化需求、增强公众文化自信的场所；在文旅融合发展的今天，博物馆也是进一步提升旅游事业发展内涵、增强旅游景区吸引力的重要渠道。博物馆要充分实现上述功能与作用，就要在扎实做好学术研究的基础上，结合自身主题与馆藏文物特点，推出特色鲜明、高品位、高质量的陈列展览、社教活动、文创产品等，从而不断扩大、提高自身社会影响，更好地实现自身的时代价值。

二、充分认识博物馆学术研究的特点

博物馆学术研究是应用型研究。与高校、科研机构的不同，博物馆的学术研究更多地倾向于应用型研究，主要表现在，研究的主要内容是文物保护与修复、陈列展览、社会教育等与业务工作紧密相关的内容，研究的出发点与落脚点是更好地做好相关业务工作、不断提高业务工作水平。当然，博物馆也不乏纯学理性的探讨，比如博物馆学、部分历史类博物馆也有对相关史实的考订等内容，但这类学理性研究目前不占主导地位，更多的是博物馆研究工作的一个补充。需要指出的是，博物馆学术研究的对象往往是实体性的存在或具体的工作，比如对文物的研究，出于展览的需要，会研究梳理研究文物的制作年代、制作工艺、当时的时代背景、其反映的历史文化信息、具体文物的价值与等级、文物流转信息等，对破损的文物还要研究如何修复延长其寿命，这些都是出于对具体文物的保护与利用的需要。

博物馆学术研究是跨学科研究。与博物馆的业务工作相对应，博物馆的研究方法注定不是单一学科领域的研究，而往往是跨学科领域的研究，当然，这也是从博物馆学术研究涉及的学科领域而言的，具体到不同的业务工作，其研究方法可能也会专注于某一个领域，如文物鉴定、文物保护与修复、展陈设计、社教活动策划、史学研究等。因为博物馆工作的特殊性，很多工作往往涉及不同的学科领域，比如藏品管理，这是博物馆的基础性工作之一，出于文物保护与利用的需要，在对单一的文物历史进行研究时，往往更多地遵循历史研究的方法与原则，求真、求实，力求全面、准确掌握文物承载的历史文化信息。在此基础上，为了更好地向观众展示、传递文物背后的历史文化信息，博物馆的研究重心便会转移到如何让观众更容易接受博物馆通过某一件文物或展品所传达的历史文化信息，从对文物的历史研究转向传播学、形式设计、传播学等领域，博物馆学术研究的跨学科性在这个时候得到了较好的呈现。当然，博物馆学术研究的跨学科性，并不要求每位研究人员都要成为跨学科人才，但作为博

物馆的管理者，需要考虑到这个特点，在人才配备上作相应的规划部署。

理论研究与博物馆实际业务工作未能同步。一般而言，理论是实践的先导，实践是在理论的指导下进行的。但一个有趣的现象是，在世界范围内，博物馆的实际发展往往先于理论出现，特别是在现代博物馆出现之前，人类有意识的收藏活动就已出现了很长时间。即使在现代博物馆出现之后，博物馆的实践活动还是走在了理论的前面，造成了博物馆的学术研究或者依赖于其他学科的研究，或者滞后于博物馆实际工作需要。一个突出的表现是博物馆学方面，理论研究未能与实际工作同步，准确地说是理论落后于实践。比如，对博物馆的定义，因为博物馆职能与内涵的不断拓展，学界众说纷纭，很长时间内难以达成共识[1]，造成博物馆快速发展缺乏足够的学理支撑，一定程度上影响了博物馆创新与发展。理论研究落后于实践，说明博物馆学作为一个学科的发展，仍然任重道远。

三、博物馆学术研究应该遵循的基本原则

着眼于服务博物馆的事业发展。文物是博物馆工作的基础，因此，做好与文物保护相关的研究工作，理应成为博物馆学术研究的内容之一。同时，博物馆作为公共文服务机构，其主要的职能是通过一定主题的展览、社教活动等向公众展示优秀传统文化、弘扬优良传统，因此，博物馆的学术研究应该服从、服务于博物馆的这一职能，着眼于不断挖掘本馆主题的历史文化资源、深化对相关历史的考察研究，为举办高质量的展览、举办富有吸引力的社会教育活动服务，为社会公众了解优秀传统文化、

满足公众日益增加的精神文化需求服务。博物馆的学术研究应紧密结合藏品保护与利用、陈列展览、社会教育等业务工作，着眼于更好地保护文物、推出更高质量的陈列展览、开展更具特色更高质量的社会教育活动，唯有如此，博物馆学术研究才能体现其应有的价值与作用。

着眼于具体的文物（人物）或历史事件。文物是博物馆工作的基础，是博物馆举办展览的物质条件，在做好文物保护的前提下，考证、梳理与某一文物相关的人物、事件等历史文化信息，是有效利用文物的基础。从这个角度来说，实证研究，或者说个案研究，往往更符合博物馆学术研究目标的实际，是讲好中国故事、弘扬优秀传统文化的前提。只有把馆藏的每一件文物相关的人物、事件等信息考证清楚，才能让这件文物活起来，才能让这件文物说话，从而发挥这件文物的价值。当然，仅仅做好文物的个案研究还不够，还应该在这个基础上扩大研究范围，将馆藏文物分类、成系列地加以研究，连珠成线，从而更好地挖掘馆藏资源、充分利用馆藏讲好文物背后的故事。

着眼于历史文化信息的传播。博物馆的学术研究与高校、科研机构等从事基础学科的纯学术研究不同，既要坚持求真、求实，还要考虑如何更好地被观众接受，怎样才能让观众感兴趣，要考虑如何覆盖更多的观众群体。以往一般强调展览讲解词的通俗性，但仅仅通俗还不够，还要生动、富有感染力，这也对博物馆学术研究提出了更多、更高的要求，不但讲的故事要严谨、不能无中生有、捕风捉影，而且要研究观众的需求，尽可能用生动活泼、能引起观众共鸣的语音、形式将研究成果呈现出来，要当好文物和观众之间的翻译官，让优秀传统文化能够与时俱进、不断得到传承与弘扬。

四、客观认识中小博物馆研究工作面临的问题

研究工作未受到应有的重视。研究工作是一项周期长、见效慢的工作，需要研究人员投入大量的时间与精力，但受制于当前单位绩效考核等体制机制的影响，加上较高的研究门槛，这种需要坐冷板凳的工作在文博行业长期以来并未受到应有的重视。一方面，单位对研究工作投入不足，导致博物馆研究条件相对简陋，职工没有条件从事研究工作；而且现有大部分研究人员都有很多业务或行政工作要做，能用于学术研究的时间非常有限。另一方面，很多博物馆学术氛围不够，职工从事研究的兴趣不高，没有个人研究方向与研究规划，很多工作人员将论文等成果作为职称评审的敲门砖，往往在评定职称前临时抱佛脚，随意找个题目，参考相关资料便开始写作，待职称评定后又会将研究工作抛之脑后。近年来，研究工作的受重视程度虽然有所改善，但由于主、客观条件的限制，中小博物的研究工作仍然任重道远。

专业人才缺乏。博物馆工作是一项跨专业的综合性工作，涉及考古学、历史学、广告设计、新闻传播、管理学等学科领域，而在实际工作中，博物馆几乎不可能拥有这样一支专业化的人才队伍，即使有，其人才规模与研究实力相比高校等专业科研机构也要逊色很多。对一些大型综合类博物馆来说，他们可能会有专业文物鉴定人才、文物修复人才、展览策划团队、社教工作团队，但对绝大多数中小型博物馆来说，拥有部分此类专业人才多是可望而不可即，更不用说跨学科人才了，也就是说，博物馆现有人才结构不能覆盖或满足博物馆的专业研究需要。因为高校学科设置等原因，博物馆所需的很多专业在高校中并无相应的专业课程，这

从源头上决定了博物馆所需专业人才的匮乏；另一方面，历史学、考古学专业毕业生，很多毕业后又不愿意到博物馆工作，使得博物馆专业人才的需求难以满足；同时，一些博物馆的人才招聘往往单位本身自主权较小，招聘岗位专业范围过大，导致岗位竞争激烈，使得很多不是岗位本身所需要的非专业人员最终进入了博物馆。上述因素的存在，加上博物馆的学术研究氛围不浓、工资待遇不高，往往使得博物馆招录不到自身所需要的专业人才，或者即使一时招录到了，又留不住专业人才，从而影响博物馆学术研究工作的长远发展。

科研条件有限。与社会科学研究相比，文物部门对文博行业的研究工作在政策、资金支持力度方面都不如教育部门对高校等科研机构的支持，一定程度上限制了博物馆推进研究工作的积极性与主动性。同时，学术研究虽是博物馆的一项基础性工作，但相较于展览、社教活动，需要一定研究能力的人才队伍和较长的周期才能出成果，受制于人才、资金方面的限制，很多博物馆并不重视或者难以支持并推动这项工作。我国目前对博物馆实行分类分级管理，对不同级别的博物馆在研究工作方面有着不同的要求。国家一级博物馆学术研究水平相对较高，除了拥有相对稳定的研究队伍，也拥有规模不等的图书室，定期不定期采购图书资料及一定的电子资源。即使如此，很多以及博物馆的科研状况也不尽如人意，科研成果产出率不高是普遍现象。对大多数中小博物馆来说，因经费不足，购买图书资料的预算有限，对一般价格在十几万甚至几十万的数据库资源更是有心无力，因而科研条件更加有限。总之，在现有的体制机制下，博物馆所能提供的科研环境、工资待遇等，无法与大部分高校或科研院所相比，其对专业人才的吸引力也较弱，引不来、

留不住专业人才，是很多中小博物馆面临的困境。

成果发表困难。一方面，文博专业期刊相对较少，从而造成文博研究相关成果发表僧多粥少的局面，很多研究成果找不到合适的发表平台，虽然近两年这种情况有所好转，但总体上而言，博物馆相关研究成果的发表渠道仍然偏少。另一方面，博物馆相关的历史类、考古类研究成果，与高校等专业学术机构的研究成果相比，研究深度与广度都相对较弱，竞争力不足，也造成博物馆相关工作人员的科研成果发表困难。吴昌稳先生在对 2015-2017 年 96 家国家一级博物馆的学术论文发表情况统计后发现，这些博物馆的科研成果整体产出率不理想，"96 家一级博物馆的年人均发表论文数在 0.13-0.16 之间，放大至 10 倍才能达到 1.3-1.6 篇，产出率未免过低""一些博物馆 3 年总的论文发表数居然是个位数，3 年论文发表总数低于 30 篇（含 30 篇）的博物馆数量达 40 家，占比 96 家一级博物馆数的 42%，3 年论文发表总数为个位数的共 10 家"[2]。这还是总体科研实力较强的国家一级博物馆的大致情况，数量更多的中小博物馆的学术研究情况更是不容乐观。

五、对推动博物馆研究工作的一些建议

科学制定科研发展规划。凡事预则立，博物馆的研究工作同样需要制定科学合理的规划。博物馆应根据自身展览、社教、文创等不同时段工作需要，统筹馆内各种资源，制订相应的长、中、短期研究计划，比如藏品保护、基本陈列的改陈、临时展览的策划、年度社教工作、文创产品计划等，根据不同的时间安排，制订相

应的研究计划。需要注意的是，不同业务工作所需研究的时间不同，在制订科研规划时要充分考虑时间因素，对某些需要较长时间的研究工作要预留足够的时间，提前谋划、提前安排，不能赶工期、急于求成；同时，对于需要长时段的研究工作，要持续不断给予关注与支持，不能因人而异或中途改变目标，从而导致此前的研究前功尽弃。

加强对科研人员的引导。博物馆的研究工作应该服从、服务于博物馆业务工作及发展需要，这是博物馆研究工作的基本原则。在现实中，由于受各种因素的影响，加上研究工作较强的主观性，很多中小博物馆研究人员往往仅仅从个人兴趣出发开展研究，忽略了单位业务及发展需要，其研究领域往往与所在博物馆的主题关系不大，这种研究对所在博物馆来说没有什么意义。因此，博物馆的领导及相关部门，应当引导并鼓励研究人员在工作期间，从单位业务工作需要出发，结合个人兴趣开展研究工作，从事相关研究；对做出较大贡献的成果作者给予适当的奖励，从而吸引更多的研究人员结合本职或者单位工作需要开展针对性的研究，增强博物馆学术研究的针对性。

注意保护并调动职工从事研究工作的积极性。学术研究不同于一般的业务工作：首先，一般业务工作职工学习一段时间后基本都能很快上手；但研究工作不同，不是所有的人都能做研究，需要从业者具备一定的研究能力，从这个角度而言，科研工作者属于稀缺资源，不能等闲视之；第二，研究工作不是短期行为，往往需要研究者付出艰辛努力才能出成果，要做到这些，除了个人能力与兴趣之外，还需要

坚强的毅力。从上述两点可以看出，研究工作有其特殊性与规律性，强迫不来，也急不得，有很强的主观性。因此，博物馆要从研究工作的特殊性出发，主要保护并调动相关人员从事研究工作的积极性、主动性。一是要尊重科研工作规律，科学制订科研规划，不能急于求成、求多贪大。二是要尊重研究人员的劳动成果，为其成果发表或者应用创造一定的条件，保证其署名权等合法权益。三是要为加大科研经费投入，适应现代科研发展需要，除了建立图书室外，还应采购一定数量的数据库等电子资源，方便职工查找所需资料。

加大协同研究与创新力度。博物馆不是一个孤立的个体，其跨学科特性决定了博物馆的学术研究不能局限于一隅，要坚持学术立馆、开放办馆，以开阔的视野推动博物馆学术研究工作，除了要加强博物馆内部不同专业人员的协同研究力度，围绕本馆主体合作开展系统性研究，博物馆还应当加大与其他行业的协同研究力度，在突出自身特色的基础上，加大与相关高校、科研院所、文博机构的沟通交流与合作，通过这种合作，不断提升博物馆自身的研究能力与水平，凝聚更多的力量，推动博物馆事业繁荣发展。

综上所述，学术研究是博物馆的一项基础工作，对博物馆事业的可持续发展有着不可或缺的重要作用；博物馆学术研究有其自身的特点和规律，要充分认识这些特点与规律，坚持正确的工作方法，有的放矢，科学部署推动；客观认识博物馆研究工作面临的问题与困难，有针对性地为研究工作力所能及地创造条件。

【注释】

[1]2022 年 8 月 24 日，在布拉格举行的第 26 届国际博物馆
协会大会框架下，国际博物馆协会特别大会通过了新
的博物馆定义："博物馆是为社会服务的非营利性常
设机构，它研究、收藏、保护、阐释和展示物质与非
物质遗产。向公众开放，具有可及性和包容性，博物
馆促进多样性和可持续性。博物馆以符合道德且专业

的方式进行运营和交流，并在社区的参与下，为教育、
欣赏、深思和知识共享提供多种体验。"

[2]吴昌稳：《国家一级博物馆学术研究现状与能力建设研
究——基于中国知网学术论文的检索结果》，《中国
博物馆》2019 年第 1 期。

其他

中小型博物馆教育沟通的表现与策略

周博（北京中轴线遗产保护中心）

摘要： 近年来公共教育成为各中小型博物馆的重点发展领域，教育活动如火如荼，虽然很多教育活动现场热热闹闹，但最终知识传播的"有效性"并不高，知识传播的最终结果远不如预期。究其原因，大多数施教者在教育过程中过于注重内容和形式设计，而往往忽视了与参与者的沟通问题。参与者接受知识程度是衡量一个教育活动成功与否的标准之一，因此重视沟通问题，改进沟通策略，特别是针对低龄段儿童的教育沟通问题进行研究，是中小型博物馆当下提升教育质量要特别注重的。本文通过对沟通表现、沟通影响因素等方面的探讨，得出建立有效沟通的方法策略。

关键词： 中小型博物馆 教育 沟通表现 沟通策略

近年来，中小型博物馆数量陡增，在文博行业中所占比重很大，逐步成为文博大军中的重要力量。在中小型博物馆发展过程中，公共教育愈发受到博物馆的重视，究其原因在于中小型博物馆在政策、资金和藏品方面都相对匮乏，而教育活动资金投入小，可操作性强，是博物馆人能够最直观、便捷、经济地自我实现公众认知，提高自身知名度的有效方式。正是基于此，形形色色的教育活动在中小型馆中遍地开花。根据笔者观察，很多博物馆教育者绞尽脑汁开发不同主题、各种形式的教育活动，但实际教育成果却良莠不齐，真正能做到将知识和理念有效转化入受教育者心中，并产生反响的教育活动为数不多，很多结果是事倍功半。同为中小型博物馆，相同的主题或类型的教育活动，活动现场都是热热闹闹，为何有的参与者一来再来、赞不绝口，而有些馆的活动却是"一锤子买卖"，为何教学活动的输出效果大相径庭？笔者带着这样的疑问进行了阶段性的观察和思考，最终发现这与施教者现场教学的沟通方式和沟通策略有着重要关系。

在博物馆教育各类型受众中儿童观众是很大群体，儿童是祖国的未来，越来越多的博物馆教育开始重视儿童课堂，当下的博物馆互动式教育活动中，无论是讲解、动手课程，还是讲座、冬夏令营等模式，更多地需要教师同孩子面对面的交流。而面对儿童如何有效地进行沟通交流，恰恰是很多中小型博物馆在教育过程中所忽视的问题。教学效果是衡量一个公共教育活动成功与否的重要指标之一，沟通则是传授知识的桥梁环节，某种程度上决定着最终输出的有效性。针对儿童，特别是学龄前儿童而言，如何能与孩子产生共同语言，最终达成有效沟通是需要研究的课题。

一、沟通的表现

（一）沟通的分类

管理学大师彼得德鲁克曾说过这样一句话："一个人必须知道该说什么，一个人必须知道什么时候说，一个人必须知道对谁说，一个人必须知道怎么说。"这句话精炼地道出了沟通的时机、对象、内容几个重要因素。沟通的目的是传达信息，具体来说可分为"无效沟通"、"有效沟通"和"高效沟通"三类。

所谓"无效沟通"一般是指沟通刺激不到位，无法引发及时有效的反馈，导致沟通陷入困境。与无效沟通相对应的是有效沟通。有效沟通是指表达的一方准确传达了信息，而接收信息的一方也准确接收，了解了内容，并且做出适当回应。"高效沟通"是沟通里的最高境界。如果说有效沟通代表了信息的顺畅和互动，那么高效沟通不仅是信息层面的沟通，还带有一些感情上的联系和互动。在高效沟通的状态下，沟通双方往往有着默契稳定和谐的关系。作为博物馆教育者，做到"有效沟通"是基本要求，而在实际工作中"无效沟通"的情况却比比皆是。

（二）无效沟通的表现

1. 沟通内容错位

首先，我们要懂得对于低龄孩子来说，教育者说的不等于孩子想听的。3-7 岁孩子特点是"自我中心化"表现突出，只从自己的想法、观点去认识、理解、描述事物，而不管他人是否感兴趣和理解。特别是一些低龄孩子还没有建立起课堂意识，在上课时沉浸于自我世界，这是他们的正常状态[1]。在这种前提下，博物馆教育者与孩子在沟通上的错位是天然存在的。所以通常会出现"鸡同鸭讲"的情况，教育者卖力讲着自己的知识，而孩子要么心不在焉，要么沉浸在自己的世界里，自顾自说着其他话

题。这种情况下的沟通是完全无效的。

2. 问话的时机和方式没有把握好

很多时候我们会发现，小朋友不愿意和大人交流。这不仅仅针对陌生关系，有时候往往慢热被动的孩子连家长的询问也不愿意回答。在博物馆教学过程中，我们不乏见到这样的情形：孩子不回答老师的话，家长在一旁不断督促，可孩子是越问越不说，家长满脸尴尬。这种情况和孩子的表达能力、个性特征都有关。性格外向、喜爱表达的更倾向于积极和老师陌生人沟通，性格内向的往往慢热被动，看似这是孩子认生不爱说话，但这仅仅是表象，深入分析，成人和孩子聊天的时机、文化方式、语气态度、沟通技巧等都对孩子的"表达欲望"有颇多影响。比如，刚进入博物馆课堂，成人就开始发问："你看到什么了？对哪个文物最感兴趣？"一连串的问题并配以一张等待回答的脸。仔细想想，这个时机和问话方式并不适合。孩子刚到了一个不熟悉的展厅环境，既兴奋又陌生，面对琳琅满目且离自己生活很远的义物展品时，都会有各种疑问。一连串的"追问"带给孩子的只有焦虑和不安，又怎能苛求孩子瞬间进入思考学习状态呢。

3. 问题本身就是"无效沟通"

很多教育者，特别是非师范专业出身的博物馆教育者，他们本身就存在理论基础不足的弊端，因此在沟通和提问上会出现不严谨，甚至让孩子难于回答的情况。大体归类为：问题太过泛泛，不具体；全靠主观判断，很难印证真实性的问题；答案封闭且缺乏延伸性的问题；本身有情感导向的问题。举例如：你今天在博物馆有收获吗？开心吗？就不如改成：你今天在博物馆课堂上都收获了什么知识？什么人或事情让你觉得最开心？这样提问会更加具体，便于引导孩子主动描述出更多具体内容，而不

是仅仅回答"有或无"没有后续的延展。提问是一门学问，是需要精心设计的，很多时候并不是孩子什么也说不出来，而是我们没有给孩子制造继续说下去的"话茬子"。

二、影响沟通的因素

（一）沟通内容

在语言中,内容是第一位的,沟通的信息量、用词和深度都是教育者需要体现做出衡量和准确判断的。

（二）沟通方式

沟通不仅仅靠语言，眼神交流、面部表情和肢体动作都是沟通的组成方式。特别是面对小孩子，真诚微笑，摸摸头、握握手，小孩子立刻就能和你成为朋友，遇到压力，一个大大拥抱就能缓解孩子各种不良情绪。

（三）沟通语气

同样的一段话，不同的人、不同的态度讲出来后产生的影响是不同的。丰富的语气变化更能加吸引孩子兴趣。在这点上笔者深有体会，同样一段讲解词，在听完了老教育专家绘声绘色的讲解后，自己就对比出差异了。语气、呼吸、停顿、情感、音调等是差异所在。

（四）沟通时机

和孩子沟通要注意"察言观色"。较小的孩子在困倦、饥饿、发脾气等的时候，情绪是不稳定的。又比如孩子刚刚进入陌生的展厅环境，教育者应该给孩子几分钟观察熟悉的时间，不能上来就滔滔不绝的开讲，有的甚至开始连珠炮般的发问，这都会让还没有适应的孩子产生焦虑，此时就不是适当的沟通时机。

三、与儿童建立有效沟通的策略

想要与儿童建立有效沟通，策略方法是很重要的。

（一）建立安全感

打破陌生感，建立信任感是沟通交流的前提。

信任是人与人打开心扉的钥匙，对儿童尤其重要。博物馆教育不同于学校幼儿园学校，属于非常规教育，是随机的，不具规律性的。因此孩子和教育者的相遇都是建立在陌生的基础上。很多孩子是在参观过程中偶然间参与进入教育活动的，即便有些是专门为接受教育而来，也是全新的认知。且由于参观博物馆为非日常常规行为，面对孩子绝大多数教育者只有一次沟通机会，如果不能在仅有的机会中形成有效沟通顺利完成教育活动，很可能给孩子留下不好的印象，更严重的会导致孩子对博物馆产生抵触心理，一旦出现这种后果，严重违背了教育者的初衷。因此，在短时间内，打破陌生感，让孩子对教育者建立起信任感和安全感是非常关键的一步。

快速建立信任感的步骤：

第一步：主动交流。面对陌生环境，大多数孩子都会被动，不会主动说话，产生警惕甚至有害怕心理。教育者首先要具备真诚的情感，热情地、面带微笑地主动和孩子打招呼，同时结合握手、轻抚头、弯下腰同孩子视角相平等肢体语言与孩子拉近距离，尽快让他们因陌生而警惕的心放松下来。

第二步：耐心倾听。沟通是双方面的。当孩子愿意和施教者开口说时说明他（她）已经逐步开始接纳教师和环境了，接下来，倾听是最重要的步骤。当孩子想表达时，教育者都要表现出相当的关心和浓厚的兴趣，无论孩子一开始说出的是不是成人想了解的内容，哪怕孩子重复或表述不清晰，也应在过程中保持耐心微笑，尽量不催促和打断孩子，给其足够的表达空间。只有这样才能让孩子感觉到这次沟通是安全的、被重视的，才能鼓励孩子继续说下去，最终说出有效信息。

值得注意的是，年龄越小的孩子越需要耐心。如果孩子表达内容颠三倒四，教育者要帮助其理清逻辑，这样既能表现"感兴趣"，也能让孩子对自己的表达更有信心[2]。

（二）"引导式"沟通法

作为一名教育者，会面对形形色色的孩子，有配合的就有叛逆的。面对"叛逆"不愿交流的孩子，就要从他（她）愿意说的，也就是孩子感兴趣的话题下手，逐步积累沟通"素材"，进而用引导的方式让孩子自发道出有用信息，再慢慢引入需要的主题。在教育过程中一个有效的方法就是利用孩子喜欢的动画片、卡通人物等为孩子讲解故事，把想要告诉孩子的知识和道理融进故事中，再引导到现场里，这样孩子接受知识会更自然。如讲解商代青铜鸮尊，就可引入哈利波特的小猫头鹰，比一比像不像？再告诉孩子们它是一只雪鸮，孩子们自然会兴趣十足地记住"鸮"这种生物，进而导入青铜鸮的更深层知识。

"引导式"沟通法对教育者本身素养要求比较高，需要教育者对孩子的世界有足够了解熟悉，才能得心应手，运用自如。想要成功引导，教育者平时需要多关注孩子的兴趣范围，积累资料，要对自己的教学内容和目的逐层分析，提前设计好问题，环环相扣、步步为营，才能精准抓住孩子的兴趣点。同时还需要具备随机应变的能力，孩子的关注点五花八门，能够把孩子奇怪的关注点或问题在短时间内灵活接住，迅速做出反应，并能巧妙的融入既定主题，这需要教育者敏捷的思维、较高的情商以及积累的课堂经验。

（三）"情景还原"沟通法

"情景还原"也可以理解成"游戏"沟通法，是将课堂设置成特定的情景，让孩子以角色扮演的身份进入。游戏是孩子的天性，此法对于低幼年龄段儿童尤为适用。在博物馆课堂开启阶段，很多孩子不能快速适应上课模式，如果老师以做游戏的方式开始，几乎所有孩子都可以快速融入进来，哪怕性格内向不爱开口说话的孩子，也会积极进入游戏状态之中，在一段"预热"后，开始的焦虑和紧张情绪就消失了。例如在一个关于丝绸之路的主题教育活动中，涉及海上丝绸之路内容，这些文物和知识本身远离孩子的生活，为了引起孩子们的兴趣，拉近主题与孩子们的距离，教育者把课堂设计成为一条大船，老师是船长，孩子们是船员，由此开启了航行之旅。伴随着这种身份带入感，孩子们全程听从"船长"命令，课堂秩序良好，兴致勃勃，"海上丝绸之路"上的所见所知自然地代入了"航行"旅程中。所以利用好"情景还原"游戏带入法，可以加速孩子适应新环境，沟通也变得更为自然顺畅。

（四）"积极提问"沟通法

提问是所有课堂学习中都要涉及的环节，高质量的提问可以成为促进沟通的催化剂。教育者在设计问题时，要多采用积极、正面的提问方式，尽量避免出现"消极情绪"，这同时也是家长特别需要注意的。在博物馆课程中，我们会常常遇到类似情形。家长一："老师问你问题呢快点回答，你是害怕还是不会？"家长二："认真听课，想什么呢？"这种说话方式，本意是为了让孩子更好，但家长带着负面情绪，已经从关心变成了责备和贬低。作为成人想要搞清楚孩子"问题行为"背后的原因，却忽略了这样的提问其实带有很强烈的消极暗示，潜移默化中就给孩子贴上了"内向胆小""不努力"等等之类的标签。长此以往，孩子会在成人这种消极提问下形成负面的自我暗示，久而久之"我不好"就真的成了现实。特别是在大庭广众之下的责问，会让孩子没面子，更加加重孩子的消极情绪，很容易形成或自卑逃避或抵触反抗的行为。

同样是说话提问，说把负面词语转换为正面，消极变为积极的方式，效果就截然不同了。例如问孩子"有没有人欺负你？"就不如问"今天有没有和小伙伴之间打闹，是不是哭鼻子了？""有没有被老师批评？"就不如改成"今天有没有做的不符合老师要求的地方？"积极肯定的词语和语气才能给孩子带来更多的正能量。总之，要成为一名会提问的教育者，需要自身具备阳光向上的心态，以及积极面对问题的勇气。

四、教育者提高沟通技能的途径

（一）细心观察

细致观察是每个教育者都应该具备的素养之一。语言只是沟通的方式之一，只要有心，语言之外的"沟通"方法也有很多。孩子的表情、动作、行为等都是内心活动的外在投射，作为一名合格的教育者，应该多学习行为心理学，通过观察外在行为预判孩子当下的内心世界，以便及时了解，根据实际情况调整教育方式。

（二）角色转换

教育者的角色不仅仅是教师，也应该成为孩子的家长、朋友。放下自己作为权威的身份，同孩子弯下腰来交流，蹲下身去沟通。

瑞士教育学家裴斯泰洛齐说过，父母蹲下来和孩子说话，不但拉近了与孩子的物理距离，

更拉近了与孩子的心理距离。博物馆教育也同理。这体现了平等和尊重的态度。具体表现为：其一，与孩子说话时，尽量弯下腰，在展厅等公共讲解场合，适时适度微微低头，特别是回答小孩子问题的时候，更要接近孩子，有真诚亲切的目光交流。其二，与孩子沟通时，要尽量站在孩子的角度看待问题，多使用孩子语言，耐心倾听，共同分析讨论得出结论。其三，在孩子独立参加活动，紧张害怕、情绪不稳定时，要转化角色如同爸爸妈妈一般进行陪伴，给予呵护，拉手、摸头、拥抱等，让孩子感到温暖放松。

（三）借助外援

了解是沟通的基础，了解越深入沟通就越顺畅。对于博物馆教育者来说，参加教育活动的孩子基本都是陌生的，基本没有了解基础。在这种情况下，和孩子家长沟通是最方便快捷的了解途径。孩子的性格、喜好、特殊习惯等，只需要三言两语老师就能够掌握基本情况，也就能够迅速避开孩子的"雷区"，比如有的孩子喜欢红色，分发材料时就专门给他红色工具等。在短暂时间内，依靠收集更多信息是达成事半功倍的"快捷通道"。

（四）随机应变

在孩子的世界中千奇百怪的想法随时涌现，十万个为什么的神奇问题分分钟丢给成人。作为一名博物馆教育者，要具备不被问倒又能快速接住问题，最终还能把话题引入主题的快速应变能力。因此，随机应变的反应力是考验一个博物馆教育者实践经验强弱与否的重要指标。

举一个典型案例说明：在一堂欣赏西方画家莫迪里阿尼人像作品的博物馆课堂中，教师带领孩子们了解这位大师的绘画风格，抓住特点，在实践环节自己完成一幅相应的画作。然

而在实际课堂上，突然有个孩子提出"我不喜欢画人"并拒绝跟着老师进行。孩子的消极抵触行为对整个课堂氛围和其他孩子有很大影响。此时就考验到老师的应变能力，授课教师没有以施教者的身份强制要求，也没有任由孩子想法肆意，而是紧接着发问孩子"你为什么不喜欢？"得知孩子觉得"它（人物风格）太丑了！"后，教师便基本了解了孩子的心思，抓住孩子的思路开始引导。"你觉得哪里丑？"当孩子回答出具体原因后，老师顺势将孩子的答案进行总结，进而得出画家的风格特点，"正是这位同学发现了大画家人物绘画的风格特点！"随之对这个孩子提出肯定和大力表扬，孩子意外地获得了尊重和褒奖，瞬间变得自信自豪。此时老师乘胜追击，让这个"不喜欢画人"的孩子把自己发现的"真理"画出来让更多人知道，孩子兴高采烈地接受。一场课堂危机，在施教者一步步的沟通引导下成功化解，让抵触变成了热爱。这除了老师扎实的专业知识外，还有赖于对现场灵活把控以及对孩子心理活动准确地拿捏。

结语

教育沟通是一门实践课题，是技术和艺术的结合。中小型博物馆教育活动成果要更入人心，要深入研究教育沟通问题。博物馆教育工作者只有在实践中不断总结、用心积累才能与孩子的思想诉求达成一致，使沟通从无效到有效，最终达到"高效沟通"。

【注释】

[1] 罗伯特·S·费尔德曼：《儿童发展心理学》，机械工业出版社，2018 年。

[2] 阿黛尔·法伯、伊莱恩·玛兹丽施：《如何说孩子才会听，怎么听孩子才肯说》，中央编译出版社，2014 年。

基于城市历史文化热点关联度视阀下的长江中游城市群文物系统中小型博物馆互动现状及发展研究

吕昌霖（武汉市中山舰博物馆）

庄松燕（盘龙城遗址博物院）

摘要： 2015 年 4 月国务院批复《长江中游城市群发展规划》，长江中游城市群成为国家批复的首个跨区域城市群规划。2022 年 2 月国务院进一步批复同意《长江中游城市群发展"十四五"实施方案》。以武汉为首的 31 座长江中游城市群历史悠久，文化积淀深厚，造就了独特的人文情怀和文化特色。随着长江中游城市群经济发展的总体向好的趋势，以及公众不断提高的物质文化需求，越来越多的主题鲜明、具有地域特色中小型博物馆被改造和新建成为城市历史文化的热点，中小型博物馆正在成长为长江中游城市群文化脉络传承和宣传教育的重要阵地，承担着愈发重要历史使命。文章通过以城市历史文化热点下的中小型博物馆藏品、展览、社教活动、科研能力和宣传力度的关联度进行 SWOT 分析并结合相关数据运用灰色预测的方法进行分析，结合数据分析探索长江中游城市群的中小型博物馆积极参与所在城市的历史文化热点创造，在不改变资源权属情景下拓宽中小型博物馆资源概念与范围，积极利用现有政策环境探索长江中游城市群区域范围的同种特色的中小型博物馆的资源共建共享互动合作，探索中小型博物馆进行公共文化服务新路径。

关键词： 长江中游城市群 中小型博物馆 城市文化热点 SWOT 分析 灰色关联度

一、绪论、中小型博物馆的定义、范围

自党的十八大以来，我国博物馆进入新时代发展的快车道，规模和效益大幅攀升，各个城市和地区的博物馆在场馆建设、文物保护、藏品研究、陈列展览、开放服务、教育传播等方面不断取得新进展，日益成为各城市和地区人民群众文化休闲娱乐的新去处，业已成为展示城市悠久历史、灿烂文化新的城市名片。

在展示城市悠久历史、灿烂文化新的城市名片的博物馆大家庭中，不仅仅有湖北省博物馆、湖南省博物馆等中央、地方共建国家级重点博物馆。数量更多的是文物系统所属的特色鲜明、主题突出、小资源优势明显、关注地区

和局域文化的中小型博物馆。

关于中小型博物馆的定义和范围目前有两种认识：一是按照博物馆所属行政级别划分。另一种是根据博物馆建筑规模的大小和藏品的多少，将博物馆划分为三个等级，即"大、中、小"个级别。根据上述两种观点并结合博物馆定级评估标准中关于二级及以下博物馆等级的认定中："藏品总量300件/套以上、藏品总体价值珍贵，具有很高的历史、艺术、科学价值，其中一类价值具全国意义。"与当下中小型博物馆的举办宗旨相一致。故本文在中小型博物馆数量数据采集和分析中使用中国博物馆协会2020年12月公布的最新二级及以下博物馆等级为中小型博物馆定义和范围。

二、长江中游城市群中小型博物馆发展概况

随着中部崛起、新型城镇化和长江经济带建设等国家重大战略方针的提出，长江中游城市群逐步成型。2015年4月国务院批复《长江中游城市群发展规划》，长江中游城市群成为国家批复的首个跨区域城市群规划，正式确定了长江中游城市群规划范围，即以武汉城市圈、环长株潭城市群、环鄱阳湖城市群为主体，包括：湖北省武汉市、黄石市、鄂州市、黄冈市、孝感市、咸宁市、仙桃市、潜江市、天门市、襄阳市、宜昌市、荆州市、荆门市，湖南省长沙市、株洲市、湘潭市、岳阳市、益阳市、常德市、衡阳市、娄底市，江西省南昌市、九江市、景德镇市、鹰潭市、新余市、宜春市、萍乡市、上饶市及抚州市、吉安市的部分县（区），国土面积约31.7万平方公里。2016年12月《促进中部地区崛起"十三五"规划》中提出应"壮大长江中游城市群，打造支撑中部崛起的核心

增长带"。2018年11月18日，《中共中央国务院关于建立更加有效的区域协调发展新机制的意见》明确要求，以武汉为中心引领长江中游城市群发展，长江中游城市群战略地位愈加凸显。2022年2月25日，国务院批复原则同意《长江中游城市群发展"十四五"实施方案》。旨在加快构建新发展格局，打造长江经济带发展和中部地区崛起的重要支撑、全国高质量发展的重要增长极、具有国际影响力的重要城市群。

长江中游城市群从建设完成由战略构想到国家战略的升格后，从历史上的长江中游地区的荆楚文化、湖湘文化、赣都文化。到近代以来从汉口、沙市、九江开埠历史乃至八七会议、南昌起义、秋收起义等大革命时期后期至土地革命时期的红色革命历史文化。湘鄂赣三省具有一脉相承的历史文化特征。为长江中游城市群中小型博物馆利用文化相通、资源相同的丰富历史文化资源，高质量发展博物馆事业成为可能，寻求区域范围内中小型博物馆的协同发展，以核心城市武汉、长沙、南昌为中心的中小型博物馆聚落向周边城市中小博物馆进行示范和辐射，带动城市群区域范围内中小型博物馆的高质量发展，超越传统产业发展的路径依赖，提升长江中游城市群区域文化软实力，促进城市群转型升级，既可行又应景

（一）长江中游城市群中小型博物馆事业现状

根据国家文物局公布的可移动文物信息和中国博物馆协会2020年登记在案的按照地域属于文物系统长江中游城市群二级及以下博物馆总数为88个，其中二级博物馆37个，总藏品数量436461件/套；三级博物馆51个，总藏品数量394023件/套（详见附表一），概况见表1。

占湖北省同等级博物馆 83.3%（二级博物馆），82.7%（三级博物馆）；占湖南省同等级博物馆 69.2%（二级博物馆），88.8%（三级博物馆）；占江西省同等级博物馆 72%（二级博物馆），90.4%(三级博物馆)。具体详见图 1。

表 1. 长江中游城市群中小博物馆数量藏品信息表

省别	博物馆等级	数量	藏品数（件/套）	珍贵文物（件/套）
湖北省	二级博物馆	10	245190	14275
	三级博物馆	24	288419	5087
湖南省	二级博物馆	9	75935	6461
	三级博物馆	8	44223	3659
江西省	二级博物馆	18	115336	10404
	三级博物馆	19	61381	6000

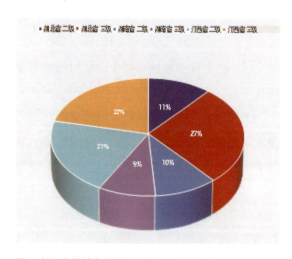

图 1. 长江中游城市群文物系统中小型博物馆数量

从博物馆设立的名称上看，长江中游城市群文物系统所属中小型博物馆在种类上涵盖了社会历史类、自然科学类和综合类等三种基本类型等。

在博物馆资源密集程度上看，在近代以来长江中游沿岸城市逐步的开埠和近代化历程中，特别是反对帝国主义、封建主义和官僚资本主义的压迫中形成的红色革命文化遗存尤为丰富。而进一步从地理区位上看，这种红色革命史和纪念类博物馆主要集中于武汉城市圈、环长株潭城市群、环都阳湖城市群中，形成地理区位上的革命史和纪念类博物馆聚落雏形。

由于长江中游自古物产丰饶，为人类历史活动提供了充裕的物质基础，进而形成极具地域特色的人文历史文化。从反映人类早期活动的屈家岭遗址（荆门市博物馆）到樟树吴城遗址（樟树市博物馆），到人类发现自然改造自然的黄石铜绿山遗址（黄石市博物馆）和吉州窑遗址（吉安县博物馆）及其过程文化中的人类行为过程，例如：民俗类博物馆（九江市民俗博物馆、景德镇陶瓷民俗博物馆）等各个历史时期均保留有大量的物质文化遗存，也形成极具长江中游人文特色的人类认识自然、改造自然的历史类、遗址类、民俗类博物馆群。

上述这些博物馆绝大多数是关注小众资源、关注地域文化、关注特定时间段、关注特定人物的中小型博物馆。它们在特定领域类存有较多藏品优势和珍贵文物优势。

（二）长江中游城市群城市历史文化热点来源检索

数据主要来源长江中游城市群中小型博物馆所拥有的历史文化资源与国内主要文旅 APP（大众点评等）进行热搜对比。部分指标数值在统计数据的基础上进行了合并、分解、整理、计算。

按照关键词"辛亥革命""红色旅游"革命老区""城市历史""文艺""民俗""考古""遗址保护""展览展示"可将关键词所划分为城市资源类（各个地市（县）博物馆）、历史资源类（湖北明清古建筑博物馆、澧县城头山文化遗址博物馆）、革命历史资源类（大悟县革命博物馆、麻城市革命博物馆、八七会议会址纪念馆、彭德怀纪念馆、秋收起义文家市会师纪念馆、南昌新四军军部旧址陈列馆、永新湘赣革命纪念馆）、文化艺术民俗类（安化黑茶博物馆、江西客家博物院、景德镇陶瓷民俗博物馆、景德镇民窑博物馆），分为物质型和非物质型两大类，再以历史文化主题为分类标准，选取部分特色鲜明、内涵深邃、保存完整且在历史发展中具有一定影响力的历史文化资源进行分析。

三、基于城市历史文化热点关联度下的长江中游城市群文物系统中小型博物馆数据分析

为了考察长江中游城市群文物系统中小型博物馆情况。附表一、附表二、附表三给出了所列长江中游城市群中小型博物馆（包含长江中游城市群文物系统中小型博物馆）2020年当年博物馆的全部可移动文物信息、基本陈列和临时展览数据、学术科研能力、对外传播能力汇总数据。重点考察2020-2021年的情况，并将其作为截面数据，进行横向分析。

（一）城市的文化氛围对长江中游城市群中小型博物馆形成呈正相关

湖南省是中国近代革命的摇篮和发源地之一，涌现了一代伟人和众多将帅英雄，有光荣的革命传统，也留下众多的革命文物史料，为各个城市文化氛围中积淀了大量的精神财富，对红色文化的传承保护和纪念成为各个城市设置诸多专题纪念性博物馆（纪念馆）的初衷。

江西省与湖南省一样，拥有数量众多的中小型红色文化主题博物馆，究其起源是是在江西这片地理范围内，有革命运动打响"第一枪"的南昌；孕育中国革命摇篮的井冈山；孕育共和国摇篮的瑞金；工人运动的发源地萍乡；三次召开中共中央重要会议的庐山。这些城市历史文化氛围和对外宣传中均以红色文化此为荣耀，故而因城市的文化历史热点建立起来中小型博物馆则多位数。

湖北省则和上述两省在城市文化氛围热点有所不同。原因在于2013年湖北省省会武汉市在全市范围内开始打造"博物馆之城"的文化建设热点氛围，也呼吁武汉城市圈内各个城市积极响应。经过近十年的发展更迭，使得湖北省省域形成了较为浓厚文化建设和博物馆建设城市文化热点。且城市文化热点氛围主要围绕地区性文明展开如孝感市博物馆基本陈列"孝感动天"的孝文化展览，长江中游城市群的湖北省城市的综合类中小博物馆在陈列展示和社教活动等博物馆主要功能传播上均是如此。故热点上则更多的是体现综合型博物馆的发展建设。所以几乎在长江中游城市群中的湖北省城市都有综合型二级博物馆，县级市（区）都有综合型三级博物馆。

（二）长江中游城市群文物系统中小型博物馆中综合类博物馆的科研产出与城市历史文化热点呈正相关

科学研究是博物馆的重博物馆综合竞争力的主要指标之一。科学、合理地评估博物馆科研活动，对于认清博物馆科学研究活动的规律，优化配置博物馆科学研究资源，促进博物馆科研成果产出和转化，对推进博物馆和经济社会

发展具有重要意义。

通过在 CNKI 文献检索 2017 至 2021 年长江中游城市群文物系统中小型博物馆的学术成果情况发现：综合类博物馆在科学研究中学术成果展现出主要关注本地域历史文化，在学科方面主要集中在考古学研究，在领域方面集中于文物保管保护研究和陈列展示研究。例如：荆门市博物馆共计产出学术成果 66 篇，其中核心期刊成果 42 篇，多数关键词为"屈家岭""沙洋县新石器时期考古""战国时期考古""文物整理与研究"，与其类似还有襄阳市博物馆、天门市博物馆、常德市博物馆、樟树市博物馆。

（三）长江中游城市群文物系统中小型博物馆中专题和纪念类博物馆的科研产出与城市历史文化热点关联度缺失

通过在 CNKI 文献检索 2017 至 2021 年长江中游城市群文物系统中小型博物馆的学术成果情况发现：专题和纪念类博物馆在科学研究学术成果上普遍存在数量上的劣势。虽然部分综合类博物馆也存在科学研究学术成果上的缺失，但是这个现象在专题和纪念类博物馆体现了较为明显，相当多数专题和纪念类博物馆 2017 至 2021 年没有一篇科学研究学术成果论文，且相对于综合类博物馆科研成果与城市历史文化热点存在正相关外，专题和纪念类博物馆的科研成果则更多呈现了博物馆内部职能发挥上，例如"革命遗址现状调查""红色文化资源开发"等热点关键词上。

（四）长江中游城市群文物系统中小型博物馆更善于在利用新媒体工具对自身进行宣传扩大城市历史文化热点影响力

相比于传统媒体在传播博物馆作为城市历史文化热点的时效性和被动性等问题，亦受新冠肺炎疫情和常态化疫情防控影响，长江中游城市群文物系统中小型博物馆更乐于通过建立自身的自媒体平台进行对外传播宣传。

利用博物馆自身可以掌控的自媒体平台进行宣传扩大城市历史文化热点影响力上，湖北省域范围内的文物系统中小型博物馆在传播频率和数量上优势更为明显，这也从侧面印证了新冠疫情对湖北省文物系统中小型博物馆的转型发展和网络空间格局观进行良性刺激。在疫情常态化防控大环境下，自媒体平台被赋予更多的使命和职能，包括场馆预约、活动人数限流和临时闭馆通知的发送。

湖南省文物系统中小型博物馆则更热衷于建立自身的微信公众号平台，17 家博物馆中仅 1 家未申请微信公众号。

（五）长江中游城市群中小型博物馆 SWOT 分析

1. 优势：相对集中的红色革命文化资源

与全国其他地区相比，城市的文化氛围对长江中游城市群中小型博物馆形成呈正相关中可以发现，在鄂湘赣三省中，红色革命文化资源相对集中，这个集中既是时间上的集中也是空间上的集中。以第二次国内革命战争时期红色革命文化资源为主体，例如从八七会议到秋收起义，从文家市到三湾改编乃至到井冈山革命根据地。还有黄麻起义、湘南起义、桑植起义所形成的湘鄂西（贺龙）、湘赣、湘鄂赣（彭德怀）革命根据地，这些反映了中国共产党早期领导者独立运用马克思主义原理探索解决党对政权军队、党的建设、统战路线领导过程，在时间轴中紧密关联。在地域上又恰恰集中出现在湖北、湖南、江西三省。形成在时空上紧密相关联的独特且具有唯一性红色革命文化资源（这个红色革命文化资源包括名人故居类专题博物馆，如：湖南彭德怀纪念馆等）。

2. 劣势：碍于理念的体制机制障碍

与长江下游地区和华南地区博物馆相比，

长江中游城市群中小型博物馆对于博物馆的知识产出和知识传播功能，即博物馆作为研究机构属性的认识尚显不足（科研产出能力不足），需要进一步强化。在发展方式上，博物馆的开放性和包容性尚待进一步增强。博物馆在如何整合馆际资源、实现协同发展，探索共享共建、强化社会参与，还有许多需要解放思想、大胆探索、开拓创新之处。

长江中游城市群中小型博物馆普遍存在外部管理体制的束缚。目前88家中小型博物馆作为公益一类事业单位，在公开信息渠道尚未见以理事会制度为核心的现代博物馆管理制度公布，博物馆尚未真正实现管理运营的科学化、规范化，这是制约社会力量参与博物馆发展的瓶颈所在。

3. 机遇：国家和地区政策的支持和日益旺盛的需求

党的十八大以来，博物馆工作特别是革命文物工作得到党和国家高度重视，受到了社会的广泛关注，博物馆工作乃至革命文物工作得到了空前的发展，在新的时代的需求下，长江中游城市群中小型博物馆将搭乘时代春风为事业发展带来前所未有的机遇。

从2016年国家文物局印发《关于加强革命文物工作的通知》，经2018年中办、国办《关于实施革命文物保护利用工程（2018-2022年）的意见》，到2019年国家文物局印发《革命旧址保护利用导则（试行）》，再到2021年国家文物局印发《革命文物保护利用"十四五"专项规划》和《国家文物局 财政部关于加强新时代革命文物工作的通知》密集的国家政策，凝聚着国家认同、增强文化自信、推动文化交往，迫切需要发挥博物馆特别是长江中游城市群中小型博物馆在红色革命文化资源上的独特作用。

在《国家文物局财政部关于加强新时代革命文物工作的通知》专门提到"按照整体规划、连片保护、统筹展示、示范引领的原则，依托革命文物保护利用片区，以在党和国家、军队历史上具有重大意义的革命文物为引领，高起点规划同一区域、同一主题的革命文物保护单位集中连片保护项目和整体陈列展示项目，强化片区工作规划的科学布局。"以及《长江中游城市群发展"十四五"实施方案》也支持跨省域片区工作规划由一省牵头、联合编制，借此长江中游城市群中小型博物馆发展以红色革命文化资源为例的博物馆资源联合将获得国家和省级层面的政策支持。

4. 挑战：对自身城市历史文化热点的研究和外部同类型组织挑战

对于自身的知识产出和知识传播功能，即博物馆作为研究机构属性的认识尚显不足（科研产出能力不足）既是当前长江中游城市群中小型博物馆的劣势，同时也是对自身城市历史文化热点研究提出的挑战。同时在长江中游城市群中小型博物馆在接待观众的时候，其他公共文化服务机构也在时空上与长江中游城市群中小型博物馆存在竞争关系。若观众在选择上不存在明显的博物馆文化消费偏好时，博物馆又不能成为历史文化热点和公共服务亮点时，则很有可能被其他公共文化服务机构占领先机，赢得公众关注和市场。如何将博物馆主流科研产出与城市历史文化热点结合起来成为卖点，成为当前长江中游城市群中小型博物馆需要面临的挑战，哪些因素可以被利用，哪些指标被忽视，哪些工作成为无用功，都需要进行较为精准的预测和分析。

四、基于城市历史文化热点藏品与观众人数的灰色关联度分析

邓聚龙教授于 1982 年首次提出了灰色系统理论，灰色关联分析便是其中的一种计算量小、数据要求较低的定量研究方法，揭示评价对象与评价标准之间的关联次序和关联强度。各评价对象与评价标准之间发展态势越一致，排名越靠前，关联度则越大。

灰色关联分析法的数学模型具体分析计算步骤如下：

首先，确定数据系列，参考数据列记为 X_0，有关公式如下。

公式为：

$$x_0 = \{x_0(1), x_0(2), \cdots, x_0(n)\} \quad (1)$$

比较数据系列记为，有关公式如下。

公式为：

$$x_i = \{x_i(1), x_i(2), \cdots x_i(n) i = 1, 2 \cdots, m\} \quad (2)$$

其次，对数据进行无量纲化处理。再次，求参考数列与比较数列的灰色关联系数，有关公式如下。

公式为：

$$\varepsilon_i(k) = \frac{\min_i \min_k |x_0(k) - x_i(k)| + \rho \max_i \max_k |x_0(k) - x_i(k)|}{|x_0(k) - x_i(k)| + \rho \max_i \max_k |x_0(k) - x_i(k)|} \quad (3)$$

最后，计算关联度，有关公式如下。

公式为：

$$R_i = \frac{1}{n} \sum_{i=1}^{n} \varepsilon_i(k) \quad (4)$$

本文根据已经公开的长江中游城市群 88 个中小博物馆可移动文物信息和该博物馆自身官网、微信公众号等自媒体平台以及 CNKI（中国知网）以博物馆名称为检索关键词进行信息检索（详表见附表一）。选择以各个博物馆安身立命的本源馆藏藏品数为母数列，以珍贵文物数、展览、教育活动、参观人数、2017-2021 年学术科研情况（篇数及核心篇数）、2021 年传统媒体报道频率（电视新闻、报纸）、

2021 年新媒体宣传报道频率（抖音、自媒体微信公众号、自媒体微博）等能够反映与城市历史文化热点的博物馆指标作为比较数列，采集的数据来计算长江中游中小博物馆与城市历史文化热点的关联度，从而揭示其内在联系及协调性。（图 2：关联系数图）（表 2：灰色关联度结果）

通过运用灰色关联分析发现（详见附表二：灰色关联系数），珍贵文物数量、展览个数、

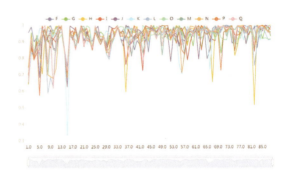

图 2. 关联系数图

表 2. 灰色关联关联度结果

评价项	关联度	排名
珍贵文物数量	0.947	1
展览数量	0.938	2
微信公众号发布数量	0.932	3
科研学术发布数量	0.932	4
参观人数	0.931	5
报纸报道频次	0.931	6
核心期刊发布数量	0.931	7
微信公众号有无情况	0.931	8
抖音发布数量	0.93	9
教育活动数量	0.93	10
微博发布数量	0.929	11
电视新闻报道频次	0.921	12

微信公众号发布的数量、科研学术的情况对基于藏品的城市文化热点影响显著，关联度分别达到 0.947、0.938、0.932，位居第一、第二位和并列第三位。

由此可见，其实长江中游城市的历史文化热点就在博物馆藏品和对藏品的展示利用研究方面上。也就是在博物馆的主责主业上，并不在过多的宣传作用上，生动的体现"酒好不怕巷子深"。这是明确了中小型博物馆在自身发展上的定位，亦是抓好主责主业，心无旁骛做好文物展示利用和研究工作，也是自身成为城市文化热点的核心引擎。这也从源头上解释了《我在故宫修文物》等一批反映博物馆日常文物保护与研究展示利用的纪录片火爆的因素。

城市历史文化热点的形成与博物馆互动还与参观人数、核心期刊数量（即较为强劲科学研究能力）、报纸（传统纸媒）、微信公众号（自媒体平台）呈现较强相关性，关联度均在 0.931，表明博物馆成为城市历史文化热点过程中参观博物馆的人数、自身对博物馆学科（文物保管与保护研究、陈列展览研究、社会教育研究、观众行为研究乃至博物馆学的研究）研究、报纸（成熟的线下宣传和发行渠道）、微信公众号（运行良好的自媒体平台，适应疫情防控常态化下的博物馆功能体现）成为重要的因素。

在选取的指标中电视新闻和微博的关联度排名靠后。说明电视新闻的实时性和较大的信息载量以及关注方式的局限性影响了中小型博物馆成为新闻历史文化热点的形成。而微博的实时性很强，很受年轻人的欢迎，但是受制篇幅和格式乃至功能渠道，无法进行预约功能导致相当多数中老年人可以拥有微信却没有微博，也是导致微博成为中小型博物馆形成城市历史文化热点过程中较为鸡肋工具之一。

五、根据数据分析结论的策略

（一）中小型博物馆在满足文化消费的同时因结合所在城市的历史文化特色试行差异化竞争策略

从灰色关联分析中发现，中小型博物馆在成为城市的历史文化热点中，自身的藏品特别是珍贵文物始终是优势明显且具有显著排他性的公共资源。

可以旨在通过博物馆产品差异化竞争，其中包括精神产品差异化（例如：提供具有显著人群参观特征的展览，如专业观众参观、青少年教育专场、一代人的青春等等）和物质产品差异化（例如：通过自媒体平台预约个性化需求博物馆的文化创意产品，这种模式可以借鉴学习逐渐成熟 BOD 模式。即是面向版权人（博物馆），面向制作机构和面向博物馆文化创意产品需求者的服务。博物馆可以作为三块间的"结点"，将需求有机整合起来，并从资源的优化配置中诉求盈利点——这正是差异化服务背后的业务逻辑所在）通过自媒体平台预约的方式，精准掌握需求所在，然后组织博物馆产品服务。博物馆产品需求者在消费博物馆产品的全过程和结果中的互动体验则自然成为为博物馆进行扩大宣传形成热点的推介者。

同时开展博物馆服务差异化竞争（例如为特殊人群开通专门服务，为视力障碍观众提供盲文图册，为色觉障碍观众提供和老年观众提供专门网站页面、在特殊时间节点上开展文物仿品的触摸历史的活动服务）和博物馆运营模式差异化竞争在既满足观众公共文化消费的同时又逐渐成为所在城市的历史文化特色热点。

（二）拓宽中小型博物馆馆藏资源的概念与范围，盘活资源本身

长江中游城市群的中小型博物馆馆藏资源

在单体资源上不能构成优势，但适当采取一些集群方法，例如形成区域性同类型博物馆联盟，通过举办原创性历史文化展览等方式将各馆馆藏进行互借共享，形成集团优势，拓宽藏品资源优势。例如盘龙城遗址博物院举办全国首个中国古代绿松石文化展览"色如天相器传千秋——中国古代绿松石文化展"，即是集合长江中游流域乃至全国相关博物馆藏品资源进行整合举办的原创展。既能带动博物馆自身的发展又能推动行业类同质题材博物馆的发展。

同时由于长江中游城市经济的发展，不少城市的中小型博物馆建筑通过新建、改建、扩建的形式正在成为城市新地标和摄影打卡地。可以尝试探索举办博物馆地标建筑摄影展和社教活动等方式，将博物馆建筑空间资源变为与观众互动的热点，扩大博物馆在空间资源与观众的互动体验。

（三）积极参与所在城市的历史文化热点的创造，变被动为主动，引领历史文化公共服务消费

文化消费可以被引领和创造。从"故宫雪糕"到"考古盲盒"。博物馆与观众互动乃至和自身城市文化历史热点互动从来都是可以被创造。中小型博物馆在充分研究自身资源特色基础上，积极主动融入所在城市的大环境中，结合自身城市特点研发一批既具有城市历史文化气息又具有博物馆藏品资源标识的产品，形成具有博物馆元素的城市礼物、打卡手信等。变被动开发为主动引领公共文化消费。在这个过程中探索与所在高等院校、创新企业进行合作，通过举办博物馆文创创意设计大赛等形式，鼓励高校和社会企业乃至民间人士参与，旨在利用高校和企业平台为博物馆文创产品增添人才和技术优势，同步引领城市与区域公共文化消费。

（四）探索在地方制度层面鼓励国有和非国有博物馆之间资源共建共享合作，扩大区域内特色相同的博物馆的深度融合

探索设立"文物银行"概念。长江中游城市群中的 88 家中小型博物馆可以积极与正式备案设立的非国有博物馆和有正规合法来源藏品社会收藏家加强合作。通过采取"权属不变、无偿代管、提用方便、确保安全"的保管原则，向非国有博物馆和社会收藏家提供国有博物馆专业保管场地和专业人员保护即"文物银行"概念。进而获得非国有博物馆和社会收藏家藏品信息使用权。同时中小型博物馆在这个过程之中也可以提高馆藏文物管理水平能力，为博物馆履行文物保管义务提供了有益经验和借鉴。力图形成"不为所有，可为所用"的大藏品资源概念。

同时结合区域民俗相近，民风相通的长江中游历史文化区域特色，可以根据区域内中小博物馆陈列及藏品特色推出，红色革命文化资源【如：整合土地革命战争时期区域资源形成八七会议旧址纪念馆（湖北）、秋收起义文家市会师纪念馆（湖南）、秋收起义铜鼓纪念馆（江西）、永新湘赣革命纪念馆（江西）】博物馆研学红色旅游荆路线。整合荆楚文化资源类博物馆形成楚文化研学旅游路线，结合考古学最新成果整合目前长江中游反映考古学类型陈列展览和藏品资源的中小型博物馆新资源推出适合考古学专业观众(大专院校考古学本科学生、研究生及相关领域工作者)和对考古感兴趣的普通观众的博物馆研学旅游路线。争取做到观众层次细化分类，通过区域内特色相同的博物馆的深度融合讲博物馆观众进行有效引流至相关主题其他博物馆扩大博物馆在文化研学旅游中的影响力和传播力。

六、结语

从关注城市历史文化热点出发，来提升长江中游城市群文物系统中小型博物馆对公众的吸引力，就要准确把握自身资源与社会文化生活的热点特点和观众的需求的关联度，立足于区域内博物馆间独特富态资源与日益多元的观众兴趣。拓宽资源概念和运营策展思路，创新传播途径在展览、宣传方式、宣传手段、服务理念上，把博物馆科研专业知识产出与所在城市乃至社会关注的文化历史热点巧妙结合，形成文物系统中小型博物馆核心竞争力，在市场竞争中脱颖而出。为促进博物馆事业发展，发挥博物馆功能，满足公民精神文化需求，提高公民思想道德和科学文化素质做出新的积极探索和贡献。

附表一.长江中游城市群文物系统中小型博物馆基本情况一览表

序号	省份	博物馆名称	质量等级	藏品数	珍贵文物	展览	教育活动	参观人数	2017至2021年科研学术情况		2021年传统媒体宣传报道频率		2021年新媒体宣传报道频率			
				（件/套）	（件/套）	（个）	（次）	（万人次）	篇数	核心期刊	电视新闻	报纸	抖音	微信公众号	微信公众号发布数	微博
1	湖北	鄂州市博物馆	二级	80121	4758	7	50	50	8	3	56	59	121	1	109	36
2	湖北	湖北明清古建筑博物馆	二级	25387	1330	15	20	28	0	0	32	33	57	1	60	36
3	湖北	黄冈市博物馆	二级	41254	1500	11	56	32	6	2	41	53	35	1	32	37
4	湖北	黄石市博物馆	二级	28822	1034	16	36	12	4	2	23	50	43	1	71	27
5	湖北	襄阳市博物馆	二级	35448	5235	14	48	55	9	5	21	64	73	1	586	23
6	湖北	咸宁市博物馆	二级	3163	37	6	283	15	0	0	1	29	24	1	62	16
7	湖北	孝感市博物馆	二级	17139	115	10	36	16	1	0	1	73	26	1	67	43
8	湖北	江汉关博物馆	二级	3847	94	14	15	55	7	0	256	207	194	1	68	109
9	湖北	武汉大禹文化博物馆	二级	752	26	10	21	35	2	1	163	37	194	1	96	17
10	湖北	辛亥革命博物馆	二级	9257	146	13	82	87.1	14	0	234	109	231	1	92	226
11	湖北	八路军武汉办事处旧址	三级	4742	383	3	30	50.9	13	0	37	102	167	1	88	54
12	湖北	大悟县革命博物馆	三级	1720	48	6	5	15	4	1	17	7	32	1	19	4
13	湖北	监利县革命历史博物馆	三级	5267	348	5	11	15	0	0	6	14	18	1	15	9
14	湖北	京山市博物馆	三级	24137	133	2	4	10.5	1	0	4	1	5	0	0	0
15	湖北	荆门市博物馆	三级	62112	1061	5	30	23	66	42	3	22	8	1	51	35

附表一. 长江中游城市群文物系统中小型博物馆基本情况一览表　　　　　　　　　　　　　　　续表

16	湖北	罗田县博物馆	三级	8883	179	1	3	8	4	0	0	0	0	1	25	0
17	湖北	麻城市革命博物馆	三级	12634	134	3	10	34	5	0	3	7	12	0	0	9
18	湖北	蕲春县李时珍纪念馆	三级	334	128	2	28	87.6	2	1	5	66	9	1	8	59
19	湖北	潜江市博物馆	三级	15460	189	4	4	12.3	0	0	7	28	2	0	0	11
20	湖北	潜江市曹禺纪念馆	三级	420	44	4	10	10	1	0	2	5	3	0	0	5
21	湖北	屈原纪念馆	三级	5411	49	2	68	100	9	0	3	16	1	0	0	60
22	湖北	天门市博物馆	三级	13226	164	4	20	30	4	4	0	11	1	1	71	6
23	湖北	武穴市博物馆	三级	14750	140	4	56	11	1	1	1	2	6	0	8	1
24	湖北	浠水县博物馆	三级	22983	525	3	4	6.2	2	0	1	4	11	0	0	6
25	湖北	浠水县闻一多纪念馆	三级	5897	31	4	12	14	1	0	5	28	13	0	0	16
26	湖北	宜城市博物馆	三级	11213	337	2	10	11.7	5	3	0	6	16	0	0	12
27	湖北	宜都市博物馆	三级	17118	147	9	40	17	2	1	1	10	9	0	0	14
28	湖北	枝江市博物馆	三级	10488	152	2	4	9.3	1	0	7	0	7	0	0	0
29	湖北	钟祥市博物馆	三级	26896	456	5	3	14	5	3	1	23	9	1	16	19
30	湖北	八七会议会址纪念馆	三级	714	7	7	109	54.51	15	1	94	97	89	1	70	76
31	湖北	武汉市新洲区博物馆	三级	394	138	12	12	11.6	1	1	43	57	45	1	13	30
32	湖北	宜昌市夷陵区博物馆	三级	9772	0	12	18	51.65	0	0	3	1	5	0	0	0
33	湖北	云梦县博物馆	三级	2157	239	4	3	10	0	0	7	8	4	0	0	0
34	湖北	通山县博物馆	三级	11691	55	5	30	10.5	0	0	13	18	21	1	24	11
35	湖南	常德博物馆	二级	11461	1650	3	16	10.5	12	0	23	23	14	1	72	11
36	湖南	彭德怀纪念馆	二级	2094	37	1	447	171.6	1	0	21	53	35	1	58	27
37	湖南	任弼时纪念馆	二级	2269	78	6	62	81	0	0	57	65	43	1	25	84
38	湖南	湘潭市博物馆	二级	10188	301	12	30	105.2	19	1	22	137	65	1	89	55
39	湖南	益阳市博物馆	二级	18000	2247	4	121	37	14	0	38	19	57	1	80	10
40	湖南	岳阳市博物馆	二级	5414	1016	8	22	50	1	0	23	58	24	1	74	31
41	湖南	株洲市博物馆	二级	21047	215	3	11	19.6	8	1	13	56	13	1	62	36
42	湖南	秋收起义文家市会师纪	二级	1009	454	1	48	201.3	4	0	39	96	45	1	28	99
43	湖南	蔡和森纪念馆	三级	947	20	3	4	6	7	0	36	47	14	1	0	51
44	湖南	衡阳市博物馆	三级	17208	2327	15	16	76	4	0	24	53	24	1	36	31
45	湖南	醴陵市博物馆	二级	4453	463	6	10	27.6	3	0	12	0	0	1	20	2

附表一 . 长江中游城市群文物系统中小型博物馆基本情况一览表　　　　　　　　　　　　续表

序号	省	博物馆名称	级别													
46	湖南	临澧县博物馆	三级	5048	222	4	12	39.57	0	0	3	0	0	1	8	0
47	湖南	攸县博物馆	三级	11828	355	2	72	12.8	0	0	6	0	0	1	26	0
48	湖南	津市市博物馆	三级	2170	163		3	0	0	0	3	9	12	0	0	5
49	湖南	澧县城头山文化遗址博物馆	三级	1246	0	1	14	50.5	0	0	27	104	25	1	7	50
50	湖南	安化黑茶博物馆	三级	5037	458	3	4	60	0	0	21	8	13	1	26	6
51	湖南	娄底市博物馆	三级	739	114	9	16	11.6	4	0	14	21	22	1	5	15
52	江西	江西客家博物院	二级	12087	276	7	126	92	23	0	14	14	28	0	0	12
53	江西	婺源博物馆	二级	10541	1012	16	22	75	2	0	32	11	12	1	37	8
54	江西	宜春市博物馆	二级	11391	1154	20	55	50.6	2	0	13	44	31	1	123	18
55	江西	樟树市博物馆	二级	4735	1301	4	35	6.2	10	6	9	28	21	1	44	20
56	江西	南昌市博物馆	二级	7090	657	2	10	38.9	9	8	54	49	195	1	133	62
57	江西	南昌新四军军部旧址陈列馆	二级	1047	0	9	13	40.14	7	3	72	104	93	1	128	42
58	江西	庐山会议旧址纪念馆	二级	830	394	12	95	142.5	0	0	25	30	24	1	37	13
59	江西	江西贤母文化博物馆	二级	5018	0	9	14	79.6	0	0	32	28	14	0	0	17
60	江西	修水县黄庭坚纪念馆	二级	6030	80	19	15	48	0	0	43	45	24	1	59	38
61	江西	德安县博物馆	二级	5010	187	4	36	19.8	1	1	21	26	24	0	0	12
62	江西	上饶市博物馆	二级	15005	1018	15	31	35.26	23	2	73	70	53	1	67	48
63	江西	玉山县博物馆	二级	1591	44	17	12	5.7	2	1	21	17	12	1	110	15
64	江西	靖安县博物馆	二级	5532	163	8	21	42	1	1	16	14	9	1	0	4
65	江西	高安市博物馆	二级	7666	2226	7	30	21.87	6	0	3	20	16	0	0	17
66	江西	吉安市博物馆	二级	6279	1545	10	10	59	10	7	4	6	3	1	52	2
67	江西	吉安县博物馆	二级	5150	137	8	361	71.2	0	0	0	1	0	0	0	0
68	江西	景德镇陶瓷民俗博物馆	二级	188	34	8	3	54.5	0	0	6	26	14	1	25	11
69	江西	鹰潭市博物馆	二级	10146	176	10	10	42.92	1	1	4	27	17	1	73	24
70	江西	抚州市博物馆	三级	2276	424	22	20	26.5	3	1	1	15	12	1	227	9
71	江西	吉水县博物馆	三级	666	81	5	4	3.86	0	0	0	3	0	1	28	0
72	江西	景德镇民窑博物馆	三级	343	23	3	30	9.9	2	1	4	34	21	1	23	10
73	江西	乐安县博物馆	三级	1797	144	4	4	11	0	0	3	3	0	0	0	0

附表一. 长江中游城市群文物系统中小型博物馆基本情况一览表　　　　　　　　　　　　　　续表

74	江西	南昌县博物馆	三级	2979	1037	5	7	15.8	0	0	9	18	9	1	29	13
75	江西	秋收起义铜鼓纪念馆	三级	23594	751	6	263	63	0	0	23	70	37	0	0	30
76	江西	秋收起义修水纪念馆	三级	1898	352	14	98	41.7	0	0	3	6	3	1	12	6
77	江西	万载湘鄂赣革命纪念馆	三级	1856	507	6	6	36	0	0	0	16	11	1	6	6
78	江西	新干县博物馆	三级	2164	131	4	12	11.4	2	2	0	0	0	0	0	1
79	江西	新余市博物馆	三级	8646	430	19	78	50.2	12	1	5	14	9	1	58	11
80	江西	永新湘赣革命纪念馆	三级	603	140	6	12	35.8	0	0	6	0	0	0	0	0
81	江西	九江市民俗博物馆	三级	5106	1	5	6	28.6	0	0	32	20	24	1	20	19
82	江西	抚州市汤显祖纪念馆	三级	276	2	10	600	73	1	0	114	75	56	1	111	45
83	江西	高安市吴有训科教馆	三级	1550	1230	5	7	12.8	1	0	47	29	24	0	0	9
84	江西	上高县博物馆	三级	2239	309	3	5	19.68	6	2	11	7	9	1	16	5
85	江西	宜丰县博物馆	三级	1304	288	10	7	24.7	2	0	14	18	7	1	5	12
86	江西	永丰县博物馆	三级	2174	17	4	4	10.05	1	0	22	13	16	1	18	13
87	江西	浮梁县博物馆	三级	810	80	2	8	8.020	0	0	37	20	19	1	31	17
88	江西	莲花一枝枪纪念馆	三级	1100	53	8	6	20	0	0	36	23	24	1	0	21

附表二. 灰色关联系数

博物馆名称序号	珍贵文物	展览	教育活动	参观人数	2017 至 2021 年科研学术情况		2021 年传统媒体宣传报道频率		2021 年新媒体宣传报道频率			
	（件/套）	（个）	（次）	（万人次）	篇数	核心期刊	电视新闻	报纸	抖音	微信公众号	微信公众号发布数	微博
索引项	F	G	H	I	J	K	L	O	M	N	P	Q
1	0.955	0.642	0.645	0.653	0.668	0.689	0.681	0.654	0.668	0.744	0.695	0.659
2	0.990	0.956	0.856	0.873	0.834	0.834	0.903	0.910	0.888	0.939	0.914	0.919
3	0.900	0.825	0.809	0.792	0.816	0.830	0.829	0.817	0.829	0.806	0.789	0.827
4	0.927	0.940	0.855	0.831	0.862	0.903	0.862	0.888	0.897	0.889	0.907	0.875
5	0.683	0.881	0.831	0.853	0.885	0.982	0.821	0.849	0.880	0.904	0.574	0.828
6	0.981	0.965	0.705	0.996	0.976	0.976	0.979	0.930	0.962	0.969	0.923	0.976
7	0.894	0.968	0.928	0.906	0.894	0.882	0.884	0.967	0.973	0.932	0.983	0.998

附表二.灰色关联系数 续表

8	0.983	0.899	0.993	0.930	0.922	0.971	0.588	0.935	0.700	0.701	0.919	0.766
9	0.998	0.913	0.974	0.942	0.974	0.949	0.685	0.914	0.929	0.689	0.861	0.956
10	0.951	0.944	0.947	0.913	0.864	0.932	0.627	0.973	0.856	0.680	0.919	0.616
11	0.983	0.993	0.990	0.943	0.850	0.964	0.936	0.941	0.841	0.738	0.896	0.886
12	0.993	0.955	0.994	0.985	0.950	0.956	0.966	0.920	0.998	0.942	0.981	0.999
13	0.992	0.991	0.977	0.988	0.960	0.960	0.976	0.944	0.990	0.999	0.985	0.987
14	0.854	0.855	0.845	0.855	0.853	0.841	0.849	0.841	0.842	0.849	0.841	0.841
15	0.748	0.696	0.694	0.693	0.627	0.333	0.676	0.721	0.695	0.681	0.715	0.725
16	0.958	0.944	0.939	0.949	0.996	0.935	0.935	0.970	0.935	0.935	0.975	0.935
17	0.926	0.936	0.923	0.967	0.983	0.910	0.917	0.910	0.923	0.934	0.910	0.933
18	0.985	0.983	0.960	0.858	0.971	0.946	0.988	0.911	0.874	0.982	0.989	0.848
19	0.914	0.925	0.897	0.911	0.892	0.892	0.908	0.892	0.944	0.896	0.892	0.920
20	0.997	0.964	0.988	0.984	0.987	0.997	0.998	0.997	0.992	0.996	0.997	0.988
21	0.966	0.978	0.940	0.870	0.905	0.959	0.967	0.959	0.993	0.961	0.959	0.875
22	0.926	0.941	0.933	0.956	0.963	0.883	0.906	0.997	0.926	0.908	0.980	0.921
23	0.913	0.930	0.973	0.914	0.910	0.947	0.899	0.985	0.900	0.908	0.908	0.899
24	0.904	0.870	0.852	0.856	0.872	0.847	0.849	0.847	0.854	0.866	0.847	0.861
25	0.960	0.994	0.973	0.981	0.971	0.956	0.969	0.956	0.984	0.985	0.956	0.997
26	0.961	0.937	0.933	0.939	0.994	0.918	0.919	0.919	0.931	0.952	0.919	0.952
27	0.898	0.959	0.933	0.908	0.908	0.930	0.884	0.882	0.899	0.898	0.882	0.916
28	0.943	0.942	0.929	0.940	0.938	0.924	0.941	0.924	0.924	0.938	0.924	0.924
29	0.872	0.862	0.829	0.845	0.886	0.968	0.828	0.900	0.862	0.841	0.845	0.868
30	0.995	0.938	0.858	0.910	0.806	0.949	0.792	0.914	0.827	0.831	0.896	0.814
31	0.984	0.894	0.985	0.981	0.987	0.947	0.893	0.911	0.890	0.907	0.981	0.918
32	0.929	0.957	0.954	0.978	0.929	0.929	0.936	0.929	0.931	0.939	0.929	0.929
33	0.983	0.977	0.988	0.998	0.983	0.983	0.997	0.983	0.999	0.993	0.983	0.995
34	0.923	0.961	0.957	0.933	0.916	0.916	0.948	0.992	0.951	0.959	0.952	0.945
35	0.874	0.944	0.939	0.935	0.903	0.918	0.976	0.990	0.963	0.946	0.966	0.947
36	0.989	0.994	0.594	0.761	1.000	0.984	0.958	0.923	0.908	0.938	0.922	0.937
37	0.993	0.959	0.926	0.879	0.983	0.983	0.873	0.924	0.888	0.923	0.975	0.806

附表二.灰色关联系数

续表

38	0.964	0.960	0.968	0.891	0.812	0.980	0.983	0.980	0.817	0.932	0.930	0.918
39	0.849	0.909	0.954	0.935	0.919	0.876	0.968	0.961	0.910	0.993	0.998	0.901
40	0.908	0.963	0.992	0.949	0.975	0.959	0.977	0.945	0.921	0.986	0.920	0.950
41	0.881	0.881	0.871	0.887	0.967	0.904	0.887	0.939	0.961	0.881	0.946	0.949
42	0.947	0.998	0.937	0.725	0.945	0.992	0.906	0.916	0.830	0.911	0.961	0.771
43	0.995	0.977	0.999	0.996	0.903	0.993	0.913	0.915	0.912	0.975	0.993	0.870
44	0.837	0.983	0.901	0.989	0.935	0.881	0.938	0.966	0.983	0.927	0.933	0.962
45	0.970	0.975	0.981	0.982	0.986	0.966	0.999	0.939	0.966	0.966	1.000	0.972
46	0.992	0.999	0.980	0.965	0.962	0.962	0.970	0.943	0.962	0.962	0.975	0.962
47	0.959	0.932	0.980	0.936	0.915	0.915	0.930	0.993	0.915	0.915	0.955	0.915
48	0.994	0.946	0.988	0.983	0.983	0.983	0.992	0.983	0.997	0.989	0.983	0.998
49	0.990	1.000	0.988	0.920	0.990	0.990	0.937	0.917	0.819	0.953	0.998	0.874
50	0.975	0.991	0.968	0.930	0.962	0.962	0.980	0.943	0.979	0.991	0.994	0.979
51	0.990	0.921	0.981	0.984	0.944	0.994	0.967	0.914	0.961	0.956	0.997	0.961
52	0.947	0.977	0.907	0.924	0.780	0.913	0.948	0.913	0.940	0.972	0.913	0.945
53	0.943	0.926	0.954	0.942	0.953	0.924	0.991	0.983	0.945	0.948	0.982	0.945
54	0.931	0.898	0.997	0.992	0.947	0.918	0.950	0.989	0.992	0.984	0.889	0.967
55	0.871	0.996	0.983	0.975	0.887	0.759	0.989	0.941	0.976	0.988	0.962	0.976
56	0.964	0.966	0.962	0.981	0.916	0.705	0.910	0.957	0.950	0.713	0.850	0.881
57	0.992	0.923	0.988	0.936	0.904	0.855	0.835	0.916	0.818	0.826	0.823	0.892
58	0.953	0.896	0.875	0.789	0.994	0.994	0.939	0.914	0.943	0.952	0.945	0.968
59	0.962	0.950	0.983	0.898	0.962	0.962	0.951	0.962	0.978	0.994	0.962	0.987
60	0.965	0.873	0.977	0.957	0.955	0.955	0.930	0.950	0.950	0.991	0.947	0.935
61	0.987	0.999	0.983	0.999	0.978	0.980	0.980	0.962	0.982	0.983	0.962	0.998
62	0.974	0.966	0.935	0.952	0.794	0.999	0.917	0.983	0.964	0.993	0.999	0.971
63	0.994	0.862	0.994	0.998	0.980	0.955	0.955	0.919	0.975	0.984	0.848	0.967
64	0.980	0.963	0.990	0.964	0.974	0.984	0.998	0.946	0.988	0.978	0.958	0.970
65	0.796	0.989	0.987	0.982	0.963	0.943	0.951	0.943	0.984	0.978	0.943	0.992
66	0.855	0.950	0.968	0.940	0.897	0.732	0.964	0.952	0.965	0.960	0.960	0.959
67	0.979	0.961	0.656	0.912	0.961	0.961	0.961	0.961	0.963	0.961	0.961	0.961

附表二.灰色关联系数　　　　　　　　　　　　　　　　　　　　　　　　　　　　续表

68	0.997	0.926	0.997	0.906	0.999	0.999	0.985	0.910	0.947	0.970	0.960	0.969
69	0.948	0.978	0.940	0.997	0.941	0.980	0.936	0.980	0.981	0.962	0.955	0.994
70	0.959	0.829	0.987	0.968	0.970	0.960	0.985	0.924	0.985	0.990	0.726	0.990
71	0.994	0.956	0.999	0.998	0.995	0.995	0.995	0.913	0.999	0.995	0.958	0.995
72	0.999	0.973	0.958	0.984	0.971	0.947	0.991	0.911	0.932	0.955	0.964	0.973
73	0.994	0.974	0.992	0.993	0.986	0.986	0.995	0.986	0.993	0.986	0.986	0.986
74	0.890	0.973	0.988	0.993	0.977	0.977	0.998	0.929	0.984	0.998	0.974	0.984
75	0.927	0.890	0.815	0.940	0.844	0.844	0.893	0.844	0.971	0.911	0.844	0.915
76	0.966	0.887	0.878	0.939	0.985	0.985	0.994	0.921	0.998	0.992	0.994	0.996
77	0.946	0.956	0.995	0.948	0.986	0.986	0.986	0.92	0.980	0.989	0.996	0.996
78	0.998	0.977	0.998	0.995	0.984	0.908	0.983	0.983	0.983	0.983	0.983	0.986
79	0.993	0.889	0.948	0.972	0.886	0.991	0.949	0.969	0.965	0.955	0.968	0.967
80	0.985	0.947	0.986	0.940	0.995	0.995	0.988	0.995	0.995	0.995	0.995	0.995
81	0.962	0.989	0.970	0.985	0.962	0.962	0.951	0.943	0.996	0.984	0.995	0.982
82	0.998	0.909	0.516	0.879	0.986	0.998	0.756	0.911	0.859	0.885	0.839	0.880
83	0.860	0.963	0.999	0.988	0.996	0.988	0.891	0.988	0.950	0.958	0.988	0.985
84	0.974	0.987	0.990	0.980	0.925	0.908	0.986	0.924	0.998	0.996	0.990	0.998
85	0.970	0.916	0.999	0.964	0.978	0.990	0.971	0.917	0.971	0.994	0.999	0.974
86	0.986	0.977	0.989	0.998	0.999	0.983	0.956	0.923	0.988	0.980	0.986	0.978
87	0.995	0.986	0.994	0.991	0.994	0.994	0.910	0.914	0.963	0.963	0.955	0.956
88	0.999	0.932	0.999	0.971	0.991	0.991	0.914	0.916	0.959	0.954	0.991	0.947

【注释】

[1]《关于推进博物馆改革发展的指导意见》,《中国文物报》2021年第3版。

[2]王晓妮:《新形势下山东地区文物系统中小型博物馆现状及发展研究》,山东大学学位论文,2010年。

[3]《博物馆定级评估办法》,《中国文物报》,2020年1月21日,第2版。

[4]《国务院关于长江中游城市群发展规划的批复》,《中华人民共和国国务院公报》,2015年,第22-23页。

[5]《国务院关于促进中部地区崛起"十三五"规划的批复》,《中华人民共和国国务院公报》,2017年,第94-95页。

[6]《中共中央、国务院关于建立更加有效的区域协调发展

新机制的意见》，《中华人民共和国国务院公报》，2018 年，第 11-17 页。

[7] 张蕊：《长江中游城市群历史文化资源产业化发展的基础、问题与对策》，《理论月刊》2020 年第 457 期。

[8] 张书慧：《博物馆的科研评估》，吉林大学学位论文，2011 年。

[9] 焦丽丹：《SWOT 分析法在我国博物馆应用的宏观视角》，《博物院》,2019 年第 14 期。

[10] 环境保护部、国家旅游局、中国科学院地理所：《全国生态旅游现状调查与评估报告》，2010 年。

[11] 王万茂：《土地利用规划学》，科学出版社，2006 年。

[12] 郭若雪：《首创"文物银行"保护模式在全国推广》，《绵阳日报》2016 年 4 月 18 日第 2 版。

共同富裕视域下
浙江公共博物馆的使命与担当

李温棋（浙江师范大学）

摘要：共同富裕是中国特色社会主义的本质要求，更是浙江肩负党和国家重责的使命与担当。同时，共同富裕不单是物质生活的富足，而且也是精神生活的富足。在浙江推进精神生活富足的道路上，浙江公共博物馆扛起了这具有历史意义的使命与担当，通过以物教人、以史育人、以文润人的方式，融物、史、文三者于一体，让公共博物馆内的文物、史料、文化遗迹变得有温度、有情感，成了浙江通向共同富裕道路上的眼中宝、心中爱。而只有达到以物教人、以史育人、以文润人的目的和效果，才能真正让公共博物馆活起来、动起来，发挥出它本来的面目，从而让中华文化更加深入人心，增强浙江在共同富裕道路上的文化自信心和自豪感，为浙江的共同富裕贡献出公共博物馆的力量。

关键词：共同富裕 浙江公共博物馆 以物教人 以史育人 以文润人

我们要好好把博物馆的价值利用起来，使其能够在中华文化的发展中起到良好的推动作用。党中央反复强调，博物馆作为保护中国历史文化遗产的宝库，要认识和发挥其内部文物遗产中物、史、文的价值。而当前浙江公共博物馆充分发挥博物馆自身的力量，通过以物教人、以史育人、以文润人的方式，盘活当下公共博物馆的文物，使其展现出新的生机与活力，更为浙江开展共同富裕提供公共博物馆的文化力量。

一、以物教人：领略文化魅力

以物教人是要将公共博物馆中的物的形态真实、准确、合理地展现出来，让人们在观物、识物、赏物的过程中，既能看到物的形态特征，也能感受到物的本质属性，还能体会到物的生命灵性。在这一过程中，让观众们由物及物，由物及理，由物及人，并从中获得知识，体会美感，陶冶性情，领略中华文化的魅力。物是浙江公共博物馆的基础所在，也是浙江公共博物馆的本质内容，更是浙江历史与文化长存的载体。物的搜集、甄别、筛选、保存、陈列都有着基本的规范及其内在的逻辑顺利，这既是一项系统的专业工程，也是一项体现审美价值的艺术工程。而这一重要工程则是需要依靠政府部门以强有力的手段不断推进的。近些年来，绍兴市各地已先后创办各类乡村公共博物馆 200 余家，场馆面积达到 8 万多平方米，拥有各类藏品 2 万余件，大大丰富了乡村地区博物馆文物的数量与质量[1]。乡村公共博物馆也已成为绍兴市博物馆体系的重要组成部分，在丰富人民群众文化生活方面做出了有益的探索，成了绍兴市打通公共博物馆"最后一公里"的重要途径。同时，为了进一步丰富公共博物馆，助力浙江共同富裕道路，在 2021 年绍兴市政府又推出了"助推乡村文化振兴，做精做强百家乡村博物馆"活动，计划要在 3 年时间内，做精做强 100 家乡村公共博物馆，进一步提升公共博物馆文物的质量。绍兴市政府大力推进乡村公共博物馆的行为，为文物最终能够教育人民提供了良好的前提条件，让深处乡村的广大人民也能得到精神上的教育。而绍兴上虞的越窑青瓷博物馆就深深地体现了这一点。越窑青瓷博物馆陈列着各类青瓷器皿、窑具、瓷片和铭文标本，墙上的展板上展示着凤凰山窑址群的简介、考古发掘时的照片和各式器具的图片，而且还摆放着各类当代越窑青瓷作品。正是有了这些丰富的展品，越窑青瓷博物馆每年总是能吸引一大批游客和学生前来观看，领略越窑青瓷的魅力，感悟先人手工技艺的精湛。同时，越窑青瓷博物馆也已经成为绍兴中小学生研学基地。越窑青瓷博物馆讲解员陈宁，曾讲到"每逢节假日，这里就要迎来许多年轻人，特别是暑假的时候，村里几乎成了大学生们的研学基地，青瓷馆里也是人头攒动[2]。"此外，越窑青瓷博物馆还通过定期举办瓷器制作小活动，让学生们亲自参与到瓷器的制作中来，身临其境地感受瓷器制作的过程，使其进一步得到精神上的教育。可以说，越窑青瓷博物馆作为一家不求回报的机构，将原本冷冰冰的瓷器盘活了，原模原样地将瓷器的价值与意义讲述给当代学生，让其接受精神上的教育。

而除了政府层面对于物的大力推进之外，还离不开一批热爱公共博物馆事业的社会人员的支持。浙江温兄控股集团董事长姜瑞玉就是其中之一。当年姜瑞玉为创办白水民俗博物馆，不仅毅然决然地放下企业的经营，全身心地投入到白水民俗博物馆的建设中来，而且还亲自带头投资 500 万元用于建设，将自己珍藏的老物件也全部捐献了出来，与此同时他还前往温州各地的藏品市场，收罗并购买了各种老物件，不断充实博物馆藏品。一些温州农户得知姜瑞玉要牵头创办民俗博物馆，纷纷将自家珍藏了几十年的柜、桌、箱等经典老物件免费捐赠给了白水民俗博物馆，以示支持。2013 年 6 月 6 日，白水民俗博物馆举行了开馆仪式，宣布从此正式对外开放参观。白水民俗博物馆的开放，让温州人有了一个民俗文化传承和交流的活动场地。自开馆以来，白水民俗博物馆接待了来自政府部门、学校、民间团体等参观人员，获得了良好的社会效益，唤起了人们对乡土风情的旧时记忆，增强了生养地域的文化认同感，以及保护传承文化遗产的自觉性。2021 年 9 月，姜瑞玉在接受记者采访时，语重心长地讲道："开馆以来，已接待参观者逾 8 万多人次。不少温州老城区的市民也慕名而来，找寻温州老味道。"[3] 同时，白水民俗博物馆也受到了各级部门的关怀和爱护，被授予"龙湾区未成年人教育实践基地""龙湾区科普教育基地""龙湾区社会科学普及示范基地"等称号，更被评为"温州市未成年人思想道德建设工作优秀阵地"。2013 年 7 月 13 日，白水民俗博物馆举行了"寻找龙湾文化记忆"主题夏令营活动，吸引了一大批中小学生前来参观，领略温州传统文化的魅力。此举不仅让中小学生们感受到温州龙湾发展的翻天覆地的变化，更让他们了解到寺前街和钓跳鱼、榨蔗糖等温州龙湾本土的民俗民风、先民的伟大智慧及温州龙湾农耕文化的代代传承，可谓是收获颇丰。在数年的创办过程中，白水民俗博物馆还与温州博物馆展开了形式多样的合作，在藏品借展、藏品保护、合作办展、陈列展览等业务活动上签订了帮扶共建意向，广泛开展全方位交流与合作，间接引流了不少游客、学生到白水民俗博物馆参观。现如今，白水民俗博物馆已拥有 1200 平方米的规模，展出了多达 500 件民俗物件，设计了农耕渔盐、百工商贾、生活习俗、婚庆礼俗、岁时风俗、祭祀礼俗 6 个场馆[4]。可以说，白水民俗博物馆通过展示这些老物件，为当代人提供了一个接受文化教育的场所，让他们身临其境般地感受到文化的魅力。

二、以史育人：触动文化命脉

以史育人是要将公共博物馆中物背后的历史，以原本的模样呈现出来，让人们在倾听历史故事中学史、懂史、明史，提高鉴史能力和欣赏水平，又在触动和感动中汲取正能量。公共博物馆的物，它并不是孤立存在的，在物的背后是有其独特的历史与故事。要尽可能还原历史真实，在不违背真实的前提下，将故事讲得生动形象，这样才能更好地起到教育人民，启迪人民思想的作用。而要把这些历史和故事尽可能真实地挖掘出来、准确清晰地描摹出来、形象生动地讲述出来，这是需要知识水平，也是需要智慧能力，更是需要付出艰辛劳动的。在这一过程中，公共博物馆就起到了决定性的作用。公共博物馆本身就是一座保存历史文化的场所，有能力将文物背后的历史淋漓尽致地展现出来。而坐落于浙江嘉兴南湖之畔的南湖革命纪念馆，就将中国共产党的建党岁月与光辉历程完美地展现给了世人。南湖革命纪念馆

由"开天辟地"和"光辉历程"两个展览区所组成，重点突出中国共产党创建的整个历史背景和过程，同时又将展览内容向后延伸至现代，较为完整地展示了中国共产党一百年的光辉历程，现已经成为广大党员干部、人民群众和青少年进行革命传统教育、爱国主义教育的重要阵地。整个南湖革命纪念馆里面充满着中国共产党当年革命的岁月，每年更是接待多达 100 余万人次的群众前来参观与欣赏。他们在领略中国共产党历史的同时，也不断接受着党史方面的教育，进一步提升了他们对党、对国家的热爱之情。这种热爱也催生出一批群众投入到宣传过程中来。现在南湖革命纪念馆的 90 后讲解员富稚钧就是其中之一，她从小就参观过南湖革命纪念馆，是听着红船故事长大的。正是这种耳濡目染的环境，推动着她最终踏入南湖革命纪念馆成为一名光荣的讲解员。她也通过自己的方式，不断地将党的革命史传播给一个又一个青少年。她曾说道："在我接待的参观者中，越来越多的青少年从党史学习教育接受者转变成为解说'红船精神'的志愿者，让我更加理解'薪火相传，精神传承'的深刻内涵，也让我更加领悟到做好讲解员这份工作的意义[5]。"此外，南湖革命纪念馆还深深地教育和影响了党员同志们。来自上海的陆慧文是一位有着 47 年党龄的老党员，他已先后 5 次参观过南湖革命纪念馆，每次参观总有不同的感受与收获，他曾讲到"虽然我已经退休，但始终牢记自己是一名共产党员，生命中的每一天都会尽力履行好一名党员应尽的职责[6]。"可以说，南湖革命纪念馆通过以史育人的方式，影响和教育了一批批的人民群众，使他们接触到了革命文化的底蕴，从而推动着他们投身于此，不断发挥自身的力量。

而公共博物馆除了展示中国共产党的革命

历史之外，还将中国共产党人带领中国人民致富的岁月也展现了出来，引导当下的人们回顾中国人致富的艰辛与坎坷。世界温州人博物馆就是其中之一。世界温州人博物馆内部展览着近千件史料、文物、档案资料、实物等，其中不乏近现代温州社会各界名人有纪念意义的档案资料和实物，以及改革开放四十年来温企、温商、温侨、各类社团及各界人士有代表性的珍贵物品。这反映出温州人在中国历史进程中的贡献，尤其是在改革开放以来所取得的成就，给我们提供了一个重要的以史育人的场所。世界温州人博物馆自筹建初就受到无数温州同仁的帮扶，终于在 2018 年 11 月 9 日正式开业。开业至今，得到了海内外广大温州人的热烈欢迎，他们争先恐后地前去参观，收获颇丰。"2019 年时间内，世界温州人博物馆共接待观众约 7.5 万余人次，讲解接待 500 余场次[7]"，还吸引了温州 40 多个基层党支部前来参观。在每年 7 月至 8 月的暑假期间，世界温州人博物馆总会迎来学生团队参观的热潮，至今已接待过温州商会会长子女鸟巢回归夏令营、在外温籍学子夏令营等学生参观团队，有效地培养了他们热爱家乡、热爱祖国的情怀。一位 "00 后" 参观者曾在面对《解放日报》记者采访时，答复到本人 "自幼就感受到父辈'走出去'的强烈愿望，敢于冒险、不怕困难的精神……看到温州人自唐代就首开日本值嘉岛到温州的新航线，此后又有更多温州人出海从事贸易、出使外邦，自宋代就出现了第一批侨居海外的温州人，内心依然受到巨大震撼"[8]。同时，世界温州人博物馆通过展示这些文物，使得新生一代能够更加真实地认识到祖辈们创业致富的艰辛与挑战，能够深深触碰到他们心灵的深处，激励他们要将温州人精神继续发扬光大。此外，一些温州晚辈们在看到父辈们拼搏的创业史后，自

己也不断发愤图强，开创出属于自己的新天地。葡萄牙 "中国城" 集团董事长、葡萄牙华人企业联合会会长陈坚就曾在世界温州人博物馆内，指着墙上的照片说道："这照片里的中国包产到户第一人戴洁天就是我的父亲。"[9]1956 年，一介书生的戴洁天在温州的燎原公社做了件 "胆大包天" 的事——包产到户，而他也把这种敢为人先的精神遗传给自己的儿子陈坚。2000 年，陈坚独闯葡萄牙，在当地创办了最大的中国小商品市场——葡萄牙中国城，成为中国人在西欧开设的首家集中式专业批发市场。可以说，世界温州人博物馆的文物、遗存全都是非常鲜活的史料，是能够起到以史育人作用的，可以让人在观看、倾听历史故事中学史、懂史、明史，提高鉴史能力和欣赏水平，又能在触动和感动中汲取正能量，提升自己的精神境界，推动着自己继承先辈们的精神，不断践行与发展。

三、以文润人：陶冶文化价值

文指的是深藏在文物中的文化，文物的背后总是有历史有故事，历史故事背后就蕴含着浓厚的文化。以文润人是指由物、史所体现出来的文化来引导人、熏陶人、感化人，使人们的心灵、思想得到浸润和滋养，得到进一步升华。文化，它既客观存在的，又抽象无形的。以文润人的方式得到了浙江公共博物馆的重视。文化蕴含于文物之中，人们在观物、品史的过程中，潜移默化地受到感染，起到了润物细无声的效果，既带给人精神的愉悦和享受，也能领略并感知文化遗产的精髓和力量。位于杭州的中国丝绸博物馆，是当前全国性的丝绸专业博物馆，也是世界上最大的丝绸博物馆，内部展示了中国五千多年来的丝绸历史及文化，共划分了序厅、历史文物厅、蚕丝厅、染织厅、现代成就

厅等五个展厅，馆藏丝绸文物达到了 67866 件，其中的珍贵文物就有 4642 件。而这些丰富多彩的丝绸文物将中国的丝绸历程与发展动态描绘得淋漓尽致，更是将其背后的中华文化展现了出来，启迪着当下的国人好好领悟中华文化的精华，树立热爱中华文化和塑造民族自信心。中国丝绸博物馆成立至今，为将中国丝绸文化传播和发扬出来，做出了许许多多的努力。中国丝绸博物馆通过依托原有儿童馆等特色场馆资源的优势，将丝绸与服饰文化通过分众化的设计呈现给不同年龄段的观众，使得他们都能得到适当的认识。在儿童馆，通过丰富多彩、生动活泼的体验式活动让孩子们在心灵深处埋下丝绸文化的种子。中国丝绸博物馆社会教育部主任楼航燕曾说到，"基于低幼龄观众群体的认知特性而特别开辟的儿童馆则将蚕桑科普、丝绸知识、服饰文化穿插在趣味互动与探索游玩的交替空间里"[10]。此举让孩子们在这里既感受到互动式参观的乐趣，也让公共博物馆成为孩子们接受丝绸文化洗礼的绝佳体验场所。此外，中国丝绸博物馆还特别策划推出"我来国丝过暑假"特色夏令营活动，吸引孩子们前来学习中华文化。中国丝绸博物馆拥有包括天然纤维、天然染料等纺织服饰相关的原材料。在这里，孩子们通过光学显微镜观察、区分不同纤维，参与互动体验，跟随老师了解这些材料背后的历史故事和科学故事，学习其背后蕴藏着的中华文化，将丝绸文化做到内化于心。可以说，中国丝绸博物馆以丝绸为脉络，将中华文化润物细无声般地表现了出来，影响了中国的孩子们，陶冶了他们的情操。

文化蕴含于文物之中，通过外化于形的方式，使得人们在观物、品史的过程中，潜移默化地受到感染，起到润物细无声的效果，既给人带来精神的愉悦和享受，也能更好领略并感知文化遗产的精髓和力量。而除了中国丝绸博物馆是这样的之外，浙江余姚河姆渡遗址博物馆也是如此，它通过展示一系列河姆渡出土文物，真实地还原了中华文化的根脉，让前来参观的游客们领略到了家乡的味道，唤起了他们对国家的热爱。2009 年端午节，浙江余姚河姆渡遗址博物馆邀请了以中华国际观光协会理事长、中国艺术协会前副会长刘宗明为团长的台湾同胞寻根之旅参访团，共计五十余人前来参观、寻根谒祖。他们在参观过程中，无不震撼于 7000 多年前的中华古文化遗址，发自内心地佩服华夏先人的智慧，更加坚定了自己寻根的初心。刘宗明在参观后热泪盈眶，发自肺腑地讲道："我们中华文化在整个世界占有非常重要的地位。台湾很多出土的东西跟大陆类似，可见两岸历史文化同族、同源、同宗。我期盼分散在全世界各地的华人都能共同分享中华历史古迹和文物。"[11] 参访团中一位头发花白，但还很俏皮地头系带有台湾当地少数民族风情的彩条布带的张维新，在参观浙江余姚河姆渡遗址博物馆后，满脸兴奋地说道："我来河姆渡，就是来看看咱们中华民族的根。"浙江余姚河姆渡遗址博物馆通过让台湾同胞感受和了解光辉灿烂的河姆渡文化，增强了台湾同胞和大陆同胞的同宗同源意识，加深了同胞亲情，增进了对中华文化的认同感。此外，浙江余姚河姆渡遗址博物馆还被浙江省侨联确认为浙江省华侨国际文化交流基地，让中华文化进一步影响到全球华裔中。2017 年 7 月 23 日，来自美国、意大利、香港、加拿大等国家和地区的八十余名华裔青少年前往浙江余姚河姆渡遗址博物馆，去感受七千年前中国长江流域下游地区古老而多姿的新石器文化，探寻自己最原始的"根"，领悟中华文化的价值。河姆渡七千年前的文化成果，让华裔青少年感受到了中华文化的源远流长和持续不断燃烧着的生命力。这样历史悠久且富有生机的文化在世界上是屈指可数的，华裔青少年也对自己的"根"在华夏土地上感到自豪，不知不觉中增强了对自己的民族认同感。在游览完浙江余姚河姆渡遗址博物馆后，华裔青少年纷纷激动地表示，"回到自己异国他乡的居住地之后，要将自己的'根'——河姆渡文化传播给外国朋友，让他们感受中华文化的魅力，让他们也更了解、更喜爱中华文化"[11]。可以说，浙江余姚河姆渡遗址博物馆通过展现文物，让台胞、侨胞和华裔深深地感受到中华文化的魅力，探寻到了中华民族的"根"，也陶冶到了文化的价值。

四、小结

当前浙江进入到共同富裕示范区的时代，浙江公共博物馆更应要以高标准、高要求来对待，要以不断满足人们的精神追求、欣赏水平和需求层次为导向，助力共同富裕在精神层面上的发展。浙江公共博物馆要发挥自身优势，抓住物、史、文三者，融三者于一身，大力推进以物教人、以史育人、以文润人的方式，真正做到让公共博物馆的文物活起来、灵起来，让国人、港澳台同胞和海外华侨都能感受到文物背后的奥秘，领略到中华文化的魅力，触动到中华文化的根脉，陶冶到中华文化的价值。而这一方式的具体落地，则是需要依靠浙江各地公共博物馆因地制宜，以灵活般的形式展现出来，把中华文化的本来面貌淋漓尽致地展现出来，让中华文化以潜移默化、深远持久的韵味影响到世人，激起他们内心的所感、所思、所悟。而这些最终都会为浙江建设共同富裕示范区提供文化上的力量，更为其他省市贡献出浙江智慧和浙江经验。

【注释】

[1] 周能兵：《绍兴文化"三百工程" 为建设共同富裕示范区塑形铸魂赋能》，浙江新闻网，2021 年 09 月 01 日，https://zj.zjol.com.cn/news.html?id=1721266。

[2] 吴阳杰：《"乡村博物馆"珍藏"村宝"唤起乡愁》，《绍兴晚报》2019 年 11 月 25 日，第 08 版。

[3] 李阳阳：《从富口袋到富脑袋，这位民营企业家在家门口建博物馆》，浙江新闻网，https://zj.zjol.com.cn/news.html?id=1730496。

[4] 张银燕：《搭乘龙湾号"幸福列车"奔向美好生活》，浙江新闻网，https://zj.zjol.com.cn/news.html?id=1834914。

[5] 吴敏：《嘉兴南湖革命纪念馆：让"红船精神"飞入寻常百姓家》，中国文旅网，https://baijiahao.baidu.com/s?id=1704078713442128075&wfr=spider&for=pc。

[6] 严红枫：《南湖革命纪念馆：一座红色新坐标》，《光明日报》2017 年 11 月第 04 版。

[7] 张银燕：《博物馆讲解员的初心：把温州故事讲给世界听》，浙江新闻网，https://zj.zjol.com.cn/video.html?id=1352964。

[8] 柳森、吴越：《从"温州模式"到"温州人精神"》，《解放日报》2021 年 04 月 16 日，第 06 版。

[9] 张晨：《世界温州人博物馆正式开放 来看看部分展品故事》，《温州商报》2018 年 11 月 10 日，第 05 版。

[10] 连晓芳：《来博物馆过暑假吧》，《中国文化报》2021 年 07 第 08 版。

[11] 王鑫方：《台湾同胞寻根浙江河姆渡 参观先人印迹》，

中国台湾网，http://www.taiwan.cn/sy/rdxw/200905/t20090529_908618.htm。

[12] 陆春艳：《华裔青少年参观浙江余姚河姆渡遗址博物馆》，中国侨网，http://www.chinaqw.com/hwjy/2017/07-24/154379.shtml。

基于元宇宙虚拟元素探索中小博物馆的创新发展

仇婧（中国电影博物馆）

摘要： 科学技术的进步，元宇宙概念的提出，给中小博物馆带来了新的机遇与挑战。加强中小博物馆的科学研究，不断探索元宇宙虚拟元素博物馆场景的漫游构建，中小博物馆可以充分利用现有资源，打破空间限制，满足人们自由参观博物馆的需求，增强博物馆的交互性，发挥博物馆的职能，提升博物馆的知名度，从而达到中小博物馆的可持续发展目标。本文运用理论与实践相结合的方式，以元宇宙世界中的虚拟元素为切入点，分析国内外虚拟现实技术以及虚拟博物馆的发展现状，通过对元宇宙虚拟元素应用于博物馆场景漫游构建的集中阐述，为未来中小博物馆提供一定的研究思路和创新发展途径。

关键词： 中小博物馆 元宇宙 虚拟元素 可持续发展

进入新时代以来，我国博物馆始终保持快速稳健发展的趋势，"十三五"以来我国平均每 2 天新增 1 家博物馆，截至 2021 年底，全国备案博物馆 6183 家 [1] 伴随博物馆事业的蓬勃发展，产生了博物馆间发展的不均衡现象。众多中小博物馆受到资金匮乏、地理空间限制以及藏品数量质量的制约，与大型博物馆 / 博物院的差距越来越明显。科学技术的进步，元宇宙概念的提出，给中小博物馆带来了新的机遇与挑战。

一、元宇宙概念的溯源与解析

2021 年是元宇宙的元年，当代人越来越喜欢通过各大社交媒体平台来展示自己的生活，也会通过互联网去进行娱乐和学习，而元宇宙概念的提出正是人类在追求极致体验的过程中对技术更高要求的必然产物。

元宇宙概念源自美国著名科幻作家尼尔·斯蒂芬森于 1992 年著作的科幻小说《Snow Crash》（《雪崩》），书中提出了"metaverse"的概念，翻译为"超元域"，即我们现在所讲的"元宇宙"。小说将元宇宙描述为："主人公在一个由电脑生成的世界里：电脑将这片天地描绘在他的目镜上，将声音送入他的耳机中，这个虚构的空间叫作超元域。" [2] 理解认识"metaverse"要从组成他的两个词根 meta 和 verse 谈起，meta 表示"超越""元"，verse 是 universe 的缩写，表示"宇宙"。《Snow Crash》向人们启蒙了元宇宙的概念，描绘了一个庞大的虚拟现实世界，所有现实世界的人在元宇宙里都有一个网络分身，人们用数字分身来进行活动，并相互竞争以提高自己的地位。元宇宙象征着一个平行于现实世界的、人造的虚拟维度，参与者能做的事和经历不会受到任何现实因素的影响，仅仅只会受到想象力的限制。

"元宇宙"是基于区块链孕育起来的。随着 Decentraland、Cryptovoxels、Sandbox 以及 Opensea 等以太坊虚拟游戏、交易平台逐渐成长，形成了元宇宙的开端；世界最大的多人在线创作游戏 Roblox 的出现，标志着真正意义上的元宇宙平台开始逐渐走入大众的视野；Omniverse、微软 Mesh 平台、Meta、TwinMaker 等平台紧随其后、相继兴起，使得元宇宙基础平台日渐厚重。与此同时，很多以"Meta"为前缀的元电影相继上映，诸如《黑客帝国》《安德的游戏》《头号玩家》《失控玩家》《西部世界》等影视作品均出现了元宇宙的理念元素，并为人们所广泛接受和喜爱。无论是在虚拟中寻求真实，还是想从真实中探究虚拟，当人们打破边界，对常识之下的认知进行挑战和探索的时候，"Meta"的自反性、超脱性思维就出现了，这也是其真正的价值。而元宇宙，可以说是一个关于超越和回溯的虚拟世界。

2021 年 12 月 23 日，中央纪委国家监委网站发表文章《深度关注：元宇宙如何改写人类社会生活》，给出关于元宇宙的定义：世界上没有称为"元宇宙"的单一技术，元宇宙是现有各种技术的组合和升级，可以理解为"3D 版的互联网"；元宇宙是基于互联网而生、与现实世界相互打通、平行存在的虚拟世界，是一个可以映射现实世界、又独立于现实世界的虚拟空间；其不是一家独大的封闭宇宙，而是由无数虚拟世界、数字内容组成的不断碰撞、膨胀的数字宇宙。同时，清华大学新媒体研究中心执行主任沈阳指出元宇宙具有三种最核心的技术，即扩展现实技术（XR）、数字孪生技术及区块链技术[3]。

二、虚拟元素应用在博物馆中的发展历程

元宇宙是与现实世界紧密链接、平行存在的虚拟世界，因此探索博物馆的元宇宙，可从虚拟博物馆着手。其实早在上世纪 90 年代，各国就开始着重筹备虚拟博物馆的建设工作。据资料记载，"美国记忆"(American Memory) 计划于 1990 年启动，美国国会图书馆将馆内的文献、手稿、照片、录音、影像等藏品进行系统的数字化处理和存储，并制作成系列专题；1995 年，美国建成博物馆互联网系统，将博物馆藏品信息在互联网上传播，打破了时空的限制；英国大英博物馆于 1997 年推出了多媒体藏品查阅系统；日本一直以文化建设为国家战略，在博物馆数字化这一领域，提出著名的"全球数字博物馆计划"支持自助访问和检索，同时支持浏览馆藏信息[4]；此外，像新加坡、韩国等都涉足数字虚拟博物馆，虚拟博物馆已经形成了多种形式的展览形态。

经调查分析，国外博物馆关于虚拟博物馆的研究在强调探索创新的同时，更加重视信息技术与理论在博物馆领域中的实际应用，其相关测试与实验的研究成果为我国博物馆领域的研究提供了重要的参考依据。据悉，1998 年 8 月河南博物院国际网信息中文站点建成并开通，推动了中国博物馆从实体博物馆向虚拟化、数字化博物馆转型的发展。再如，百度百科于 2012 年上线的"百度百科数字博物馆"，在

2014 年进行了全面的改版、升级，成了聚集全国各地博物馆的互联网平台，并于 2018 年正式更名为"百度百科博物馆计划"，其利用最新技术处理将实体博物馆搬到了互联网上，截至 2022 年 7 月 22 日，共收录 672 家博物馆，参观访问量为 164421537 人次 [5]。

虚拟博物馆不断采用新的可视化技术来改进方法和实践，在合理利用科学技术保护文化遗产的同时，让文物真正"活"了起来，让公众以游览的方式欣赏和了解其文化内涵和价值。博物馆数字化打破时间和空间的限制，初步实现了展馆的虚拟化、拓展了展厅的空间、缩短了展馆与游览者的距离，将我国的优秀展馆通过互联网展示给全世界的用户。与此同时，在日益信息化与智能化的生活中，人们每一个方面、每一个领域都离不开使用电子设备，我们可以利用手机、电脑、VR 眼镜等电子设备"置身"于任何地方，欣赏真实世界或沉浸虚拟空间。可以说人们沉浸在大数据时代的同时，使自身成为数字化社会的一部分，由电子设备通过数字化的形式对现实社会全面虚拟模拟，促进虚拟现实技术的不断走向成熟。

三、元宇宙虚拟博物馆场景构建三阶段

（一）数字孪生博物馆

数字孪生可以简单理解为双胞胎，即全面复制。目前，许多虚拟博物馆仍然停留在传统的平面网站模式中，或者博物馆中的场景是三维虚拟展示，其中包含展品的二维图片、视频和文字介绍。参观者在浏览博物馆时只能被动地选择技术人员构建的路径，这就减少了他们的主动性。借助互联网技术、交互式多媒体技术和模拟技术，虚拟博物馆将能够更好地在人

们面前展现虚拟场景的漫游 [6]。此时的虚拟场景不再是简单的陈列二维平面展藏品的三维虚拟博物馆展馆，而是显示三维动态博物馆展品的三维虚拟博物馆场景。在虚拟博物馆里，参观者可以和在实体博物馆一样去想去的地方，随意看他们想看的东西。他们可以欣赏展品的整体 360 度外观，还可以在局部不断扩展的基础上研究展品的细节。不仅让人们体验到三维逼真的视觉效果，而且还带有特殊的音乐和声音，真正做到让人身临其境的感觉。

（二）数字原生博物馆

数字原生博物馆就是在现实世界中有一个博物馆，同时在网络里面也有一个虚拟博物馆。在虚拟原生博物馆中我们可以打破空间界限，无限拓展空间，布置在实体博物馆中没有的展览。虚拟原生博物馆场景的绝大多数漫游仍基于视觉感知，视觉感知是由人体收集外部信息的主要方式的。但是，除了视觉感知之外，人类还有许多其他感知方式，例如嗅觉感知、力觉感知、触觉感知、运动感知等。虚拟博物馆的未来漫游方式可以搭配一些能收集其他感知的设备，利用设备的反馈信息，充分调动人们的感知器官，发挥人们在视觉、听觉和触觉上的优势，构建一个真实且完善的虚拟博物馆世界，让参观者有身临其境的沉浸体验。参观者可以直接通过键盘、鼠标、声音传感器或触摸屏与展览品进行交互，以使展览品的形式朝参观者期望的方向发展。

（三）虚实共生博物馆

虚实共生则是虚中有实、虚实结合，人们分不出何为现实博物馆、何为虚拟博物馆，如在科幻电影《黑客帝国》里所表现的，人们以为自己是生活在一个现实世界里，但是其实只是大脑皮层的脑电波。此时的博物馆场景沉浸感、交互性更强。交互性是指用户互动过程中

所呈现的特质，交往交流、积极互动、共同发展的过程，博物馆虚拟场景构建不是一个封闭的系统，模式应该是具有活力的，人们用手触碰虚拟环境中的物体时，就会有手握东西的感觉，并感觉到物体的重量，视觉场中的物体也会跟着手的移动而移动，观众在交流中碰撞出思维的火花，提高文化素养。虚实共生博物馆通过交互式媒介实现，其是一种新型媒介方式，允许信息接收者控制信息并且能够做出反应，达到人机对话，其中媒体的输出来自用户的输入，注重用户的参与合作。

四、元宇宙虚拟元素为中小博物馆带来的机遇与挑战

（一）顺应趋势，开拓创新

元宇宙虚拟元素的应用是发展趋势。近年来，我国计算机应用技术与世界先进水平的差距不断缩小，博物馆在数字化、智能化领域的研究也取得了长足进步，各种层次、各种类型的网上博物馆、数字博物馆亦纷纷建立，像故宫博物院、中国国家博物馆、首都博物馆、上海博物馆等大型博物馆/博物院先后推出数字博物馆、数字展，北京数字博物馆、北京语言文化数字博物馆等也相继上线。

这些上线的虚拟博物馆除了结合自身的特点之外，部分还采用了 VR 技术、互联网技术以及多媒体技术等。例如，故宫博物院推出的数字全景故宫，参观者不仅可以拖动画面看到3D 全景，还能听到各主要建筑的语音讲解，让故宫走向世界；上海市历史博物馆运用数字孪生技术将博物馆变得更加"聪明"，全面提升观众的参观感受；中国电影博物馆作为国家级电影行业博物馆，近年来致力于数字虚拟博物馆的建设，先后推出《北京国际电影节成果回

顾展》《永葆初心 砥砺奋进——庆祝中国共产党成立 100 周年电影影像专题展》等线上主题展览，亦是得到大众的一致好评。

博物馆的虚拟化构建尚处于起步阶段，中小博物馆应着眼于市场需求，顺应数字化、虚拟化发展趋势，跟上大型博物馆/博物院的步伐，转变固有的思想观念，利用体制机制相对灵活的优势，吸引社会资源、社会力量。中小博物馆应着力开发运用大数据技术，做到博物馆的基础信息化、数据采集分析、精细化运行管理以及线上线下融合一体化建设，推出数字化应用场景、沉浸式互动体验，并且在藏品管理、展览展示、信息传播等方面让文物藏品活起来，从而实现让博物馆自身更有温度。利用虚拟现实、增强现实、三维重建、全景技术，基于文物和藏品打造线上虚拟博物馆，不仅让参观者在疫情"常态化"下足不出户即可全方位浏览参观，也使中小博物馆借助互联网提高其传播度和关注度。

（二）精益求精，稳步提升

元宇宙虚拟元素打破时空界限。博物馆作为传播文化信息的关键场所，因为文物保藏和展示对时间、空间和环境有着严格要求，所以它的文化信息传播能力受到限制。2021 年是博物馆虚拟化、数字化飞跃成长的时期，受新冠疫情影响各家博物馆借助前期数字化建设基础推出云展览、云课堂等网上服务。网上参观、学习模式逐渐成为主流，虚拟现实技术因其独特的沉浸式体验和交互逻辑能够更好地增加文化信息的传播。博物馆借助虚拟现实技术可以实现参观者在家就能身临其境地欣赏博物馆内的藏品，更方便快捷地接受文化信息。

中小博物馆多存在建筑空间小，展览和活动的举办受到限制；藏品少甚至没有藏品，展览主要依靠图片文字和再造场景；陈列主题相

对小众冷门，难以让大众产生兴趣；活动及互动少，宣传力度不足等等制约发展的因素。元宇宙虚拟元素结合创新技术在中小博物馆中的全面应用，必将开创传播新模式，带给人们极致沉浸的交互体验以及"超元域"般的感受。

利用增强现实、虚拟现实、人机交互及全息投影等技术手段，将现有文物和展品生成虚拟的三维空间，提升博物馆线下陈列品质和展览效果，使参观者能沉浸其中，带来真实的体验、感受和思考。利用神经网络、深度学习等人工智能技术，以及人流量、浏览行为、兴趣点等大数据分析，激活中小博物馆累积的丰富资源数据和用户数据，让中小博物馆未来的服务更加个性化、精准化和智慧化。利用电子标签、二维码、传感器等物联网技术，促进博物馆资料的科学整理和数字化保存，同时监测博物馆内环境，确保文物展品的安全，实现博物馆场馆的智能化和精细化管理。

（三）合作共赢，优势互补

元宇宙虚拟元素实现博物馆间的优劣互补。2021 年中央宣传部、国家发展改革委等 9 部委联合印发的《关于推进博物馆改革发展的指导意见》，提出要"探索在文化资源丰厚地区建设'博物馆之城''博物馆小镇'等集群聚落""实施中小博物馆提升计划，加强机制创新，有效盘活基层博物馆资源"，实现统筹不同地域博物馆发展，整合不同层级博物馆发展[7]。打造博物馆之城，中小博物馆应借势使力。

打造"博物馆之城"，其目的就是充分整合资源，形成集群发展优势，使博物馆融入人们的生活，为群众提供更优质的公共文化服务，满足群众多样化、多层次的精神文化需求[8]。可以看出，打造"博物馆之城"初衷与元宇宙的产生不谋而合，即都是以人为本、满足人们的需求。

凭借元宇宙虚拟元素迅猛发展的契机，中小博物馆间应加强馆际交流与合作，打造中小博物馆联盟，整合优质资源联合办展；充分利用已有数字虚拟平台优势，如百度百科博物馆计划、公众号、直播平台等，建造线上虚拟博物馆，扩充自有资源；同时，中小博物馆要善于挖掘自身价值，找准自身定位，突出博物馆特色，将创意产品、IP 外延产品与虚拟元素结合销售，因地制宜，注重融入地域文化，打造沉浸式场景，成为人们喜闻乐见的网红产品＋打卡胜地。

五、结语

科技飞速发展的时代背景下，虚实融合已成为互联网发展的大趋势，传统的博物馆面临着转型，元宇宙虚拟元素应用于博物馆的场景漫游融合了虚拟现实技术和新型交互元素，改变了以往单一的博物馆游览方式，使人们从旁观者、被动接受者转变成为核心传播者，在亲身经历的过程中实现历史文化知识的学习和情感需求的满足。中小博物馆要利用这一发展契机，加速构建虚拟博物馆场景，打破时空的界限，增加展示展览的方式，拓宽文化传播的途径，增强用户的体验感和沉浸感，从而实现中小博物馆的可持续发展。

【注释】

[1]《国家文物局：2021 年全国备案博物馆达 6183 家接待观众 7．79 亿人次》，人民网客户端，https://baijiahao.baidu.com/s?id=1733131125546107047&wfr=spider&for=pc。

[2][美] 尼尔·斯蒂芬森著，郭泽译：《雪崩》，四川科学技术出版社，2018 年，第 29 页。

[3] 中央纪委国家监委网站：《深度关注：元宇宙如何改写人类社会生活》，https://www.ccdi.gov.cn/toutiaon/202112/t20211223_160087.html。

[4] 陈苗、肖鹏：《元宇宙时代图书馆、档案馆与博物馆 (LAM) 的技术采纳及其负责任创新：以 NFT 为中心的思考》，图书馆建设，2022 年。

[5] 百度百科：《百科博物馆计划》，https://baike.baidu.com/museum?fr=ctyttmu。

[6] 杨君君：《基于 VR 虚拟现实技术的生态博物馆展示平台设计探究》，《环境工程》2021 年。

[7] 国家文物局网站：《关于推进博物馆改革发展的指导意见 》，http://www.ncha.gov.cn/art/2021/5/24/art_722_168090.html。

[8] 赵子义：《打造"博物馆之城"让文物资源"活起来"》，《中国文物报》2019 年 05 月 17 日。

数字博物院时代的 e 捐赠

刘育红（北京服装学院民族服饰博物馆）

摘要： 2020 年突如其来的新冠疫情，令博物馆数字化进程加速，越来越多的博物馆充分利用各类网络平台和社交媒体，借力数字创新技术的应用，从有形的建筑实体中挣脱出来，拓展更加丰富的展示空间与多样的宣传推广方式。线上展览不仅不再受到传统陈列的时空硬件限制，弥补了观众无法到现场参观的遗憾，还可以杜绝展品损坏失窃的风险。以博物馆数字化发展作为背景，博物馆接受捐赠的范围也由传统的以实物为主，转换为实物捐赠与数字捐赠并行的新局面。数字捐赠不仅有效扩充博物馆资源，同时建立起博物馆与普通观众，博物馆与民间收藏者之间平等参与、开放共享的新型关系。本文以北京服装学院民族服饰博物馆近年实际接受的捐赠为例，重点讨论数字捐赠的类型、特点与有效利用，讲述博物馆与数字捐赠人之间的良性互动。

关键词： 博物馆数字化 线上展览 数字捐赠 开放共享

引言

经过耗时两年的修订，2022 年 8 月 24 日，国际博物馆协会正式公布了博物馆新定义。对比 2007 年版定义，新定义对博物馆自身运作提出"符合道德、专业方式"的职业要求，并首次出现"可及性和包容性""多样性和可持续性""社区的参与"及"知识共享"等关键词，对博物馆的服务内容提出了紧跟科技发展、契合时代要求、重视公众体验的全方位期待。如何响应这些期待，结合 2022 年博物馆日主题"博物馆的力量"，挖掘资源潜力，提升服务能力，激发创新活力，进而增强博物馆整体影响力，成为摆在每位博物馆人面前的课题。

一、数字博物馆浪潮中，博物馆面临的机遇和挑战

数字博物馆是建立在数字空间之上的博物馆，因此，数字博物馆也具有实体博物馆的收藏、研究和教育功能。只不过数字博物馆收藏的是数字藏品，即以数字形式保存的文字、声音、图像等数据信息[1]。构建数字博物馆的意义，在于以新一代信息技术推动博物馆自身运营智慧化，以数字技术保存延续文物信息，同时利用无所不在的互联网和各类终端设备拉近用户距离，突破博物馆实体的空间局限和传统展览陈列的时间限制，拓宽文化资源传播的边界，以虚拟展示、网络直播、沉浸式体验、在线教学等多种方式提高传播的有效性，实现博物馆与观众的高度互动，开放共享。已经成功上线

的博物馆网上展览平台、百度百科博物馆计划、数字敦煌、数字故宫等典型案例，便是我国在数字博物馆领域做出的探索与实践。

新冠疫情发生以来，全球博物馆的现场展览和线下活动均遭遇到前所未有的挫折，在这种不利的事件背景下，数字博物馆持续发挥资源共享、文化输出、教育展示、沟通交流的重要职能，其不可替代的线上传播优势得到充分验证。国务院印发的《"十四五"文物保护和科技创新规划》（以下简称"十四五"规划）中，要求进一步激发博物馆创新活力，具体举措包括了"加快推进博物馆藏品数字化，完善藏品数据库，加大基础信息开放力度"和"推动博物馆发展线上数字化体验产品，提供沉浸式体验、虚拟展厅、高清直播等新型文旅服务"，将数字博物馆的建设提升到了国家文化发展战略的高度。

2021 年中宣部等九部门发布的《关于推进博物馆改革发展的指导意见》（以下简称《指导意见》）中特别提到博物馆发展不平衡不充分的问题，提出实施中小博物馆提升计划。博物馆的数字化转型，弱化了博物馆之间原有的地理位置、建筑规模、历史沿革、藏品数量等诸多方面有形的差距，对众多中小博物馆来说是难得的历史机遇。

随着疫情得到缓解，博物馆重新开放，借力政策支持，各级各类博物馆的数字化进程驶入快车道。对内以博物馆数字化趋势为依托，乘着新兴科技发展的驱动，立足自身现有资源，因地制宜，挖掘潜能，巩固强项，弥补弱项，制定差异化发展战略；对外坚持"以人为本"，鼓励社会参与，深化社区合作，提供高质量的文化产品，不断满足人民日益增长的文化生活需要。

二、当传统藏品征集遭遇瓶颈，数字捐赠另辟蹊径

以保存为导向的时代曾有一句格言：不获取藏品的博物馆是死博物馆。博物馆的构成要素中实物藏品占据首要位置，藏品的数量和历史、艺术、科学价值是评价博物馆的重要指标。目前，我国相当数量的中小博物馆都面临藏品不足的难题：或数量不多，或品类不全，或缺少较高等级文物，导致难以形成叙事完整、特色鲜明、能够吸引观众的展陈序列和文化输出。与此同时，民间收藏热的持续令博物馆收购渠道日趋狭窄，加之经费支持不足，其它如考古发掘、调查采集、交换调拨等途径机会渺茫，使得博物馆扩充藏品，进而建立科学收藏体系的工作步履维艰。接受捐赠几乎成了现阶段博物馆操作性最强，最便利且付出经济代价最小的文物征集方式[2]。由于税收减免等激励政策滞后，影响了对博物馆进行公益捐赠的积极性，而本就有限的捐赠资源，往往偏好更具社会影响力和美誉度的著名大型博物馆，面向基层博物馆的社会捐赠并不踊跃。

数字博物馆的核心藏品是数据或称为数字资产。数字资产可复制、可共享、无限增长和供给的禀赋，使可持续发展和永续发展成为可能，将为博物馆创造更大的价值[3]。数字博物馆中的数字藏品不仅包括实物藏品的数字化信息，还涵盖与博物馆主旨相关的其他各类具有教育、研究和欣赏价值的数字资源，形式更加丰富，内容更加广泛，获得的途径除了自主采集制作、征集购买以外，同样可以争取社会捐赠。

物质性的文物具有稀缺性，独特性和不可再生性，将文物无偿捐赠给博物馆意味着捐赠人让渡有形资产的所有权。数字捐赠的对象是无形资产，既可以是相关权利的让渡，也可以

是授权受赠一方按照约定方式无偿使用。捐赠人付出相对较小的代价便可以参与社会公益，为博物馆文化事业做出贡献，体验价值实现的满足，而这对于处在数字化转型期的博物馆来说，无异于开辟了一条新的资源增长渠道。

北京服装学院民族服饰博物馆于 1988 年开始筹办，2000 年经北京市文物局批准正式成立，是中国第一家服饰类专业博物馆。馆内收藏有中国各民族服饰类藏品一万余件，现有七个常设展厅，展厅面积 2000 平方米。民族服饰博物馆设有"中国少数民族艺术"和"文物与博物馆"两个专业硕士点，同时还是学院博士项目的科研、实践基地，现有全职工作人员 12 名，是比较典型的集收藏、展示、科研、教学为一体的中小型高校博物馆。民族服饰博物馆自有统计记录以来截至 2022 年 11 月，共计接受来自社会各界无偿捐赠的各类实物藏品 732 件（套），而自 2015 年民族服饰博物馆官网和微信公众号上线至今接受的各种类型数字捐献，按保存文件数量计已达到 2539 件。数字捐赠在民族服饰博物馆数字素材库已发布的全部影像文件中占比 3.1%。

捐赠人的普遍愿望是捐赠品受到博物馆的重视、得到妥善保管，能够善加利用，获得机会向公众展示，相比留在个人手中实现更大的社会价值。传统的实物捐赠通常需要等待机会入选恰当的陈列，或达到一定的积累举办捐赠专题展，这往往是一个比较长的周期，而数字捐赠可以方便快捷的通过网站、公众号等多种媒体平台发布，达到更大的辐射面，带来良好的激励和示范效应。数字捐赠不会增加藏品库房的保管成本，在数字博物馆语境中所体现的价值和意义不亚于实物捐赠，更加贴合中小博物馆的实际情况，有机会成为博物馆数字化转型过程中新的增长点。

三、围绕数字捐赠展开的尝试与思考

《指导意见》提倡博物馆特色化发展，为中小博物馆提升计划的实施指明了差异化的战略方向。博物馆怎样才能突出各自特色？简单地说就是"因地制宜"。具体一点说，就是创建博物馆要抓准，抓住一个国家、一个民族、一个地方在自然、历史、文化、艺术、考古、民族、民俗、生产、科技等各个方面的特点或优势作为本馆特有的内容，做到观众只有到这个馆才能欣赏到这个馆所独有的内容。特点越典型，内容越丰富，博物馆的特色越突出，博物馆的社会效益也会越大[4]。特色鲜明的博物馆通过数字化转型，有效拓宽传播渠道，从被动等待转变为主动推送，积极建立联系，提供多样化服务，便有机会接触更广泛的线上观众群体，即使是路途遥远从未谋面，也能发展成兴趣相投的忠实粉丝，进而转化为线下观众，反哺实体博物馆。同样的，博物馆的特色越突出，越容易吸引捐赠，捐赠人更愿意选择一家专业对口的博物馆，期望捐赠品所蕴含的文化价值得到最充分的挖掘阐释。

民族服饰博物馆坐落于北京服装学院之内，由于校园安全管理等客观条件，在面向社会公众开放现场参观方面没有优势，因此能够打破地域与时间限制，灵活机动，形式多样，主动为观众提供服务的数字化平台就显得尤为重要。自 2015 年正式上线至 2022 年 11 月，民族服饰博物馆电脑端网站累计访问量 1343 万，移动端网站累计访问量 73 万，微信公众号关注人数 3.3 万，其中 10% 来自使用非简体中文的海外地区。这组数字并不庞大，但数字背后聚集的是与民族服饰博物馆办馆特色高度契合的黏性用户群体，平等交流，双向互动，他们不仅仅是观众和聆听者，也是深度参与者、志愿宣传员，甚至有机会成为主角。

下面根据北京服装学院民族服饰博物馆的真实案例，围绕几种不同情景下的数字捐赠展开分析。

（一）难以割舍的老照片

民族服饰博物馆工作人员曾经走访一位捐赠民国旗袍的北京老人，她将母亲年轻时的衣物慎重托付，交流中提及一张老照片，记录的正是老人儿时和母亲身着其中一件捐赠衣物的合影。征得同意后，工作人员将这张老照片进行了翻拍，得到的数字信息与该件捐赠衣物一同入藏。2020 年 10 月，它们一起出现在了"新帖绣罗襦 | 清代·民国汉族女性传统服饰馆藏展"当中，成为该次展览唯一一套有实际穿着照片与藏品对照陈列的展品，实物＋老照片的展陈模式为讲述服饰背后的故事增添了一抹情感的温度。老照片对于记载近代历史，还原真实背景，研究服饰演变具有难能可贵的实证价值，从民族服饰博物馆的办馆理念出发，更加看中承载这些关键信息的影像画面，而非物化的纸质照片。老照片仍由个人保存，只需授权博物馆使用影像就可以为民族服饰文化的繁荣发展添砖加瓦，了解到这种方式后，更多普通观众带来家中珍藏的老照片，加入到数字捐赠的行列中。民族服饰博物馆为此专门在官网开辟出老照片板块，迄今已陆续发布七百余幅高清图片，其中 94% 来源于数字捐赠。

提取老照片的数字信息，可采用翻拍、电分扫描、高清扫描等方式，考虑到博物馆数字化技术迅速更新迭代，应当具备前瞻性思维，制定放眼未来的可持续发展战略，在条件允许的情况下，尽量选择最前沿的技术路线。

（二）与民间收藏者合作

《指导意见》提出鼓励社会参与，发展壮大博物馆之友和志愿者队伍。民族服饰博物馆的观众朋友之中有一位民间荷包爱好者，他的收藏数量多，品类全，工艺精美，并且本人十分乐于参与互动交流。经过近距离参观博物馆使用数字后背相机拍摄藏品高清照片的工作场景，这位藏家决定提供全部个人收藏进行拍摄，将所得数字照片无偿捐赠给博物馆用于展览展示，教学科研和宣传推广。这批荷包照片经由民族服饰博物馆数字化平台面向社会公开后，很快便有外地的同好慕名而来，引发了新一批数字捐赠，两位志趣相投的藏友也因博物馆而结缘，相见恨晚。与民间藏家实现信息共享，将其纳入博物馆数字化的大格局之中，民族服饰博物馆从这个点切入，以实际行动响应"十四五"规划提出的应做好民间收藏文物调查的指导意见。

需要特别指出的是，博物馆拥有科学研究机关、文化教育机关等多重身份，肩负收藏物质文化和精神文化遗产或自然标本的重大使命。严格执行入藏之前的鉴定程序，坚持去伪纯真，坚持传播正确文化导向，维护博物馆的严谨性、专业性，是博物馆伦理道德的红线，也是博物馆树立良好社会形象，提升学术水准，获得公众信任的基石。无论是收购还是接受捐赠，入藏标准不可打折，尤其是在与民间收藏人士的交往过程中，应当本着善意的目的，秉持审慎的态度，严格审查背景，客观评价藏品，辨别对方真实意图，谨防被别有用心之人蒙蔽利用。

（三）高手在民间

民族学调查是博物馆藏品的征集途径之一，同时也是民族服饰博物馆下设硕士专业"中国少数民族艺术"的重要实践课程内容。博物馆收购藏品必须严格遵守政府采购程序，并不适合在调查过程中实施，所以民族服饰博物馆在田野调查中重点征集的不是实物藏品，而是采集整理传统民族服饰影像素材，拍摄记录非遗手工技艺，为数字资源库积累宝贵的一手资料。在民族服饰博物馆开展田野调查的过程中，曾经遇到苗族老人拿出小心收藏的数十幅绣花图样，提供给博物馆翻拍保存，也有山西的捐赠人不仅捐赠了虎头鞋实物，还为了配合拍摄而耐心的一针一线演示制作全程。他们为博物馆的征集工作提供了无私的帮助，由此获得的素材也充实了博物馆的数字资源，这样的行为等同于数字捐赠，理应褒扬，并给予数字捐赠人应得的礼遇。将这类以往容易被忽略的奉献纳入数字捐赠的范畴，既表达对文化遗产的尊重，同时提升捐赠人荣誉感，还可以起到带动效应。

（四）捕捉文化热点

2020 年 5 月下旬，一篇题为"我在外婆留下的相册里，发现她的歌星往事"的微信在朋友圈流传，其中包含多张 40 年代上海歌星梁萍女士（1927-2020 年）的生平照片，反映出 20 世纪中叶中国女性中西合璧的着装风貌，对于研究我国近代女装的变迁极具参考价值。民族服饰博物馆工作人员辗转联系到该文的首发原作者美国华裔青年 Johnny Quan，获得了全部 150 余幅照片的原始数字文件与授权，经过整理编辑后由官网和微信公众号对外发布。敏锐追踪如流星般稍纵即逝的互联网文化热点，从中挖掘符合博物馆收藏宗旨的优秀素材，变被动等待为积极争取，主动邀约，将其定格转化成为博物馆数字资源，发挥长久稳定的社会效应，这是民族服饰博物馆做出的另一种类型的尝试。

（五）数字捐赠引发的多米诺效应

正所谓"予人玫瑰，手留余香"，一次捐赠也许就会引出连锁反应，形成社会效益与正能量的良性循环。一位观众朋友收藏有一本珍贵的晚晴私人相册，其中的照片从各个侧面呈现了一位身份不详的满族青年，衣着华贵，看上去家境优渥，他将这些照片的数字影像捐赠给了民族服饰博物馆。照片公开发布不久便收到留言提供线索，后经多方史料印证，最终确认该人系清末贵族，北京早期集邮家裕崧霆。一组尘封多年的老照片重见天日，为民族影像、清末男装、中国近代集邮史、历史人物等多个领域提供了宝贵的研究素材，捐赠人也因这意外的收获而倍感欣喜。

另外一个典型案例要从前文提到过的荷包照片捐赠人说起，在他众多的藏品当中有一件带有立体装饰结构的鱼戏莲花纹样烟荷包尤为特殊，其制作方法十分罕见，工艺成谜，咨询了多位业内人士均无法破解。在民族服饰博物馆公众号推出的《锦绣荷包》系列微信当中，重点详细介绍了这件烟荷包的特别之处，并将未解之谜留给观众。大约五个月之后，一位身在江苏盐城的民间女红爱好者经过坚持不懈的探究终于揭开谜底，并为制作方法申请了作品登记证书，随后将其郑重捐赠给民族服饰博物馆。后由博物馆牵头，与烟荷包原件藏家、制作方法著作权利人三方共同协商，决定由博物馆专业技术人员复原该项特殊工艺，详细制作教程通过公众号发布与社会公众共享。这篇微信一经推出便引发热议，有对传统工艺的惊艳折服，有对无私捐赠的赞许鼓励，也有对研究解密的高度评价，接踵而至的惊喜是从反馈的留言中得知了这项工艺的专属名称"拽蜂"。遍寻专业文献，提及"拽蜂"的文字凤毛麟角，也找不到制作过程的记载。依托民族服饰博物馆的数字化平台，数字捐赠的善举与传统工艺的挖掘传承深度融合，开花结果，复活了一项已经失传的特殊工艺，多方共赢，有效弘扬传播了中华优秀传统服饰文化与和谐向上的正能量。

四、数字捐赠应避免的法律风险

民族服饰博物馆围绕数字捐赠开展的实践尚处在小范围试行的初级阶段，随着案例的积累，总结经验的同时也发现了一些可能出现的法律风险，需要做出预见和防控。

首先，数字捐赠与传统的实物捐赠一样，需要在实施捐赠行为前明确捐赠协议的法律效力，具体包括：捐赠协议的签订主体适格，捐赠协议的意思表示真实，不违反法律、行政法规的强制性规定及公序良俗[5]。其次，数字资产这一新兴事物的包容性很强，既可以是可视化的图像视频，也可以是无形的著作权、发明专利，创意策划等等，涉及的相关法律内容条目繁多，权利关系错综复杂。以肖像照片为例，涉及图片的著作权、信息网络传播权、被拍摄人物的肖像权和照片的物权，许可使用权又分为专有使用和非专有使用两种，还有许可使用范围的地域和期间约定。以首都博物馆2008年接受美国西德尼·D·甘博中国研究基金会捐赠的中国摄影作品为例。双方在捐赠协议中约定：因为此批照片的版权已由该捐赠者捐赠给了美国杜克大学，首都博物馆受赠的仅仅是这些照片洗印品本身。这些照片作品可以用于非营利性的公益性展览和宣传，但只要涉及盈利，就属于版权收益范畴而被禁止。同样原因，协议还约定了首都博物馆如果需要按专题系统出版有关这批捐赠作品的部分或全部照片册，也

必须取得版权所有者杜克大学的书面同意[6]。

博物馆捐赠不仅需要社会习尚的倡导推动，也需要法律法规的指引规范。博物馆工作者应具备冷静的法律意识，尤其是面对数字资产这一崭新的收藏对象，学法知法，依法办事，以法维权，使数字捐赠以及博物馆各项工作都以法律为准绳，稳固健康的持续开展。

结语

数字博物馆的建设不可能一蹴而就，数字藏品的征集是一项长期的工作任重道远，其中数字捐赠已经显示出旺盛的增长能力与良好的社会效应，十分值得推广。运用政策法律法规有效防控风险，鼓励公众无偿捐赠数字资源，取之于民，用之于民，有望加速走出一条既符合博物馆自身特色又对接国家文化大数据体系的数字化路线。

合作如兰，扬扬其香，采而佩之，共赢四方。数字捐赠天然携带公益属性和新技术特征，在博物馆数字化过程中可以发挥不可或缺的正面示范作用。实物捐赠由来已久，业已形成相对成熟的既定流程与配套法律法规，而数字捐赠则是方兴未艾，本文意在抛砖引玉，希望引起博物馆各界的关注和讨论，多方协同，探索实践，群策群力，积累经验，分析总结并出台一套理论完备、适合实操的规范化流程，使博物馆数字捐赠推进发展的步伐走得更快、更远、更稳健。

【注释】

[1] 陈刚：《数字博物馆概念、特征及其发展模式探析》，《中国博物馆》2007年第3期。

[2] 高德智：《谈新时期博物馆接受捐赠规范化问题》，《首都博物馆论丛》2011年。

[3] 沈业成：《关于博物馆数字化转型的思考》，《中国博物馆》 2022 年第 2 期。

[4] 于坚：《论博物馆特色》，《中国博物馆》1988 年第 1 期。

[5] 王璨：《民法典时代下博物馆文物捐赠的法律风险研究》，《中国博物馆》2021 年第 3 期。

[6] 高德智：《谈新时期博物馆接受捐赠规范化问题》，《首都博物馆论丛》，2011 年。

新时代国有中小型博物馆
高质量发展省思

张明利（清远市博物馆）

摘要： 进入新时代，特别是"十四五"新发展阶段以来，广大国有中小型博物馆的快速发展，已经成为博物馆事业整体繁荣的最主要增长主体之一。面临新时代的使命呼唤，从根本上对国有中小型博物馆当前症结困境进行剖析非常必要，并应抓住最核心最根本的发展战略、治理体系、打造特色精品工程和人才科研等主要几方面为切入点深入探究破题之策，为国有中小型博物馆进一步开拓思维和科学创新，实现高质量发展提供资鉴。

关键词： 中小型博物馆 国有 高质量 破题

国有中小型博物馆学界较早便有关注。结合前人观点基础上[1]，大体可以归纳为以国家为引领，由地方政府实际来管理和运营的博物馆群体，它区别于国家级和省级等大型馆，也不包括营利性和私人收藏性质的博物馆，广泛分布在各地市、县（区）、乡、村等由政府文博部门专门负责运营并免费向公众开放，它相对于大型博物馆数量众多、分布广泛、文化渗透性、传播性、延展性强，是一个地方博物馆群的核心主体，也是我国博物馆体系中的主体部分，更是新时期推进博物馆事业高质量发展的新阵地，展示、传承、深化民族文化的新窗口，在新时期博物馆战略发展布局中角色关键、使命艰巨，任重道远。

实际上，对于中小型博物馆作为我国博物馆事业发展体系中重要角色及公共文化服务框架中的主力军，这也早已是文博学界的广泛共识。长期以来，学术界和文博界一直十分关注和关心中小型博物馆的成长与发展，尝试从多方面、多角度来撬动中小型博物馆的巨大潜力和充分发扬其独特的文化亮点，构建起大型馆与中小型馆同步共进、众星闪耀、厚重博大的中国气派的博物馆事业发展格局。特别是改革开放以来，许多学者撰文有提到过相当多的符合国有中小型博物馆发展的指南和策略[2]。

然而，令人稍有遗憾的是，被学界几十年前就关注到的大多数问题时至当下仍未寻得上佳的解决方案，许多阻碍中小型博物馆发展的问题仍旧是学者们研究中难以避开的话题。大多研究中提出的方案依然未能触及中小型博物馆发展问题的根本，使得中小型博物馆发展常常落于举步瞻前顾后，创新突破和改革破圈受制受限之局面。站在新时期博物馆事业发展高度，重新梳理和深入思考这些问题无疑至关重要。因此，本文将以国有中小型博物馆主体为抓手，以作为国有中小型博物馆第一线工作人员视角所闻所见的实际情况为切口，通过进一步探寻影响国有中小型博物馆发展之根源为线索，着力研究如何盘活国有中小型博物馆资源、突出内涵品质，从而为推动博物馆事业总体高质量发展提供一点参考。

一、新时代国有中小型博物馆之使命与担当

（一）传承发扬地方和城市文化及了解外界的多重载体

国有中小型博物馆作为所属地域内重要的文化机构，是对外塑造本土文化形象和发扬城市建设中形成的新文化元素的一个重要窗口和名片。据相关研究可知，博物馆的"地方"意识最早兴起于 20 世纪 30 年代前后[3]，到 21 世纪以来随着全球化浪潮和外来文化对于本土文化的巨大冲击影响，催生了本土文化对自己民族身份及认同的自觉与反思[4]，这种身份认同从国家认同逐步拓展到地方认同，在各个地方形成了独具特色的文化圈，构成了一个个以城镇为中心圈向外辐的地域文化概念。而立足于地方的国有中小型博物馆便承担着整理、研究、传播、展示地方社会文化和人文精神的职能，充当着收集、唤醒、承续地域内独特社会记忆的重要载体，建设好国有中小型博物馆能够引导人们关注地方文化，从文化共情中提升凝聚力和文化自信，实现传统的、优秀的地方特色人文精神得以存续和持续繁荣。

除承续地方社会的过去，解读过去之外，国有中小型博物馆还承担着承上启下发扬城市成长崛起中形成的新文化精神的重任。新的城市文化精神发源于地方社会的悠久文化，在城市化日新月异的过程中与现代社会文明融合更新。如将工业文明、改革开放、信息变革等人们所亲身经历和正在参与的城市历史与文化带进博物馆，它们所产生的强大亲切感和吸引力，成为发扬城市新文化的重要堡垒，同时为契合现代人们对于生活环境和精神文化空间越来越高的需求，大力引进外界的高端知识分享和进行多元历史文化展示也十分重要，代表着城市发展的包容性和新时代气息与魅力。因此，国有中小型博物馆既是了解一个地方或城市历史的开始，也作为认识一个地方或城市的新文化和展示外来多元文化的浓缩地，有着举足轻重的地位。

（二）优化城市文化空间布局和建设城市新文化带的中心点

一个地方的现代城市发展模式一般都是由多个核心构成互有重叠的发散式城市格局。它区别于传统城市发展的核心往往以政府行政机关为中心点的一元化城市文化建设布局，正在逐渐形成"一体多翼"城市建筑空间和主要包括博物馆在内的城市公共文化设施综合体的城市新文化带。实际上，自"十五"计划起我国就把发展博物馆文化作为完善城市功能的基本要素，并把博物馆建设纳入到各地城市经济、文化发展的总体规划，纳入城市基本建设规划之中[5]。随着现代人们的观念变革、更为丰富的精神需求和国家对于城市化的战略转变与调整，政府早已意识到城市未来的核心将不再围绕政府的行政办公为核心，而将以博物馆等文化综合体建设所形成的城市新文化带为中心点。

近年来，由于国家和地方政府在政策和经费上的大力支持，各地博物馆、图书馆等城市重点规划的新文化地标建筑往往被整合到一个区块内进行建设。如广州市的珠江新城，自 2003 年始进入全面建设，到 2010 年基本建成，

广州博物馆、广州图书馆、广州大剧院等公共文化设施罗布其间，现已成为了全国城市建设的示范区和广州乃至岭南的文化中心。在深度融入粤港澳大湾区建设背景下，清远市积极布局燕湖新城建设，其中最核心的包括城市馆与博物馆、图书馆、科技馆、青少年活动中心为主体的"四馆一中心"预计将于2022年底竣工交付。随着"四馆一中心"的城市新文化带的建成，它将势必打破旧有的文化空间布局，构成城市文化展示的全新舞台和中心，博物馆也将成为清远市的新文化标识和新的形象代表之一，最终共同实现"一轴双翼、一心四片、蓝绿交融城市空间格局"规划目标[6]。

（三）带动地方社会和城市经济圈建设持续繁荣的重要力量

经济发展保障博物馆繁荣，博物馆增效赋能经济增长。对于地方城市经济圈建设和经济社会发展全局而言，博物馆的驱动与赋能主要体现在无形影响和有形支撑两个大方面[7]。无形影响是广泛深远和潜移默化的，如很多国有中小型博物馆除选址新建外，是在历史古迹或名人故居等历史遗迹的基础上进行改造扩建而成，历史遗迹被赋予新的历史任务和价值。这类博物馆的特点便是最大化地保留和传承了一个地方一座城市的历史原貌和文化底蕴。尤其以博物馆为中心进行的老旧街区更新改造给陈旧的历史街区带来了新气象，展现了城乡发展变革中的和谐共生，传统元素融合现代文明的氛围环境也能够有效地提升营商环境，提高知名度，从而更好地来振兴地区和城市的商业和经济发展。

有形支撑具体表现为博物馆作为文化中心的功能和市民游客喜闻乐见的打卡地，就能够向外辐射以形成地区旅游圈、商圈、购物圈的产业版图构建，能够极大地刺激提升圈内景点、餐饮、酒店、娱乐等行业的经济发展，也能给更多人提供就业机会，减少人口和人才的流失。同时，博物馆通过深挖本土资源特色，借助当地政府的平台支持，创新开发特色的研学旅游项目、开发卓有新意的文创产品等成为地方社会和城市经济圈建设持续繁荣重要力量，这不仅增添了文化软实力，提升了文化影响力和活力，也产生了很好的经济效益，更能够更好地让市民群众共享经济发展的成果。

（四）深化地方公共服务创新和形成特色化服务的重要引擎

国际博物馆协会曾提出："当代博物馆应当成为'既反映社会又服务于社会''为当代和未来服务''为社会及发展服务'的社会变革的工具。"[8]这句话高度总结了博物馆服务的重要性，对于现阶段服务参差不齐的许多国有中小型博物馆而言更是十分重要。特别是新时代以来，国有中小型博物馆作为地方和城市核心的公共文化服务设施之一，应当紧紧抓住深化服务创新，增强服务特色两个关键点不断提升服务质量和水平，充分实现可持续发展。

一方面，从更好地服务群众为出发点和落脚点，国有中小型博物馆的硬件和软件水平应不断提高，建立起信息化、数字化、智慧化的现代服务体系，在与博物馆的技术融合中让文物活化、在结合智能科技服务中不断增强体验。另一方面，需跳出博物馆"千篇一律"的发展模式，发挥地方和城市文化独特性来探索服务特色性，结合本土特色展开社会教育活动，高度关注人们参与度和互动性的服务理念更新和服务实践至关重要。而这些服务一般即是主要依托国有中小型博物馆进行推广，这也就意味着国有中小型博物馆担负着建立地方和城市公共服务创新标杆和发挥引领作用的重任。

二、国有中小型博物馆高质量发展的症结之根

（一）发展方向欠缺战略统筹，尚未找准战术重心

当前，博物馆发展存在严重的两极分化，虽然近年来"文博热"在社会上持续高涨推动了博物馆事业的进步，但国有中小型博物馆较之国家级和省级大馆在很多方面仍存在比较明显的差距。其中，像很多学者常常提到的经费、人才、文物储备、场馆体量等十分具体的不足，这主要反映了一个中小型博物馆当前的基础性现实环境和条件，它是很难做到短时根本改变的。换个角度来分析，作为国有中小型博物馆的发展而言，我们必须要在承认这些现状的基础上来寻求突破之道，而不是以此作为裹足不前的理由，或试图等待像发达地区城市一样有充足的经费予以支持才能达到大型博物馆一般的高度和创新变革。当然不可否认的一点是当前很多国有中小型博物馆也进行了不同程度的改革尝试，收到了不错的反馈，但是有不少尝试尚未能结合自身的实际，粗糙的拿来主义、这里搞一下，那里试一试，适恰度不高，缺乏体系化，内涵深度不够。究其根本原因，笔者认为这主要是由于国有中小型博物馆在发展方向上缺乏自身正确的定位，因此也就难以形成战略上的规划和指引，导致旧顽疾尚未根本解决，新尝试的效果难免差强人意。

同时，前面提到的在立足正确自身定位前提下从战略上国有中小型博物馆应该向国家级、省级大馆和优秀行业标杆的兄弟博物馆取经和学习，这是毋庸置疑的。但是现阶段，大多数国有中小型博物馆在向先进学习的过程中未能在战术上抓住重心，很多大型博物馆处于试验阶段的新概念新方案还未完全成熟就赶紧搬过

来尝尝鲜，哪个兄弟博物馆搞了新东西又要跟着学一学。更有甚之，许多国有中小型博物馆为了所谓的指标、为了做出所谓好看的成绩，一个劲儿地往前跑，搞所谓的创新，结果很多时候在条件根本达不到的情况下，使博物馆职工充当搬运工疲于相关工作，而最终可想而知，大多成了徒有其表的花架子，不能尽力贴合大众需求且不够务实、粗糙创新的东西多是飘在空中缺乏根基的，大量广泛的引入也难免造成杂采而不精。对于博物馆短时来说确实每一年都能交出一张张又长又厚又闪亮的业绩答卷，但是对于国有中小型博物馆这样一个承担着重要的地方文化传播和服务育人使命的文化阵地来讲恐怕是考虑不够慎重的，也不利于国有中小型博物馆长远的可持续和高质量发展。

（二）领导者不重视自我革命，管理机制尚不完善

领导力是影响博物馆发展的重要因素[9]。针对现今博物馆的管理体制而言，国有中小型博物馆属于地方政府管辖部门，具体一般分为两级领导主管，第一级多为地方文化旅游系统中层领导负责博物馆发展的全面统筹，第二级为各馆长层负责抓具体的业务。首先，相对于大型博物馆，目前国有中小型博物馆的第一级领导者很多来自上级组织部委派，缺乏专业背景，或者没有长期的文博知识储备，缺乏深耕文博行业的实践经验，对于国家最新政策和战略规划在吸收上难免有所偏颇和不足。并且，不少领导者对于博物馆的总体认知没有对应新时代的形势变化和要求提高到新的思想高度，还受到根深蒂固旧观念的左右，对待文博事业的心态往往不够重视，尤其将博物馆的新建常常当成"政绩工程"，增建扩建固然是好事，但不能不顾实际，建大馆筑高楼，只注重外表方面的提升，而忽视长期的后续保障和文化内

涵挖掘。

作为第二级的馆长层的领导者，内部管理机制上也一般遵循绝对化进行管理，因此管理模式单一，缺乏活力。馆长层限于自身所处的位置往往大局意识不够，管理权限受限，难以放开手脚去干，进而导致欠缺灵活的用人机制，明确的奖惩机制，清晰的岗位安排。很多地方政府除有博物馆这样的文博单位外还专门在主管局设有文物科。文物科和博物馆工作的多有重叠，所以大量工作下放博物馆，双方权责不清造成杂乱无章。此外，地方上只要和文博沾边儿的事项，就要博物馆来入场，这里一个表格要填，那里一个报告要写，搞得博物馆花费大量精力到这些并非主业或行政的工作上，极大挤压了深耕细研自己专业的时间，也就难以形成个人的专项优势，人才难以脱颖而出，国有中小型博物馆自身发展很容易陷入一个恶性循环。

（三）个性化发展程度不足，同质化现象依然严峻

增强个性化、去除同质化是当前国有中小型博物馆高质量发展必须攻克的一个核心根本问题。这就提醒我们，国有中小型博物馆建设必须要注重独特性和个性化。而且不仅是博物馆展览这一方面，博物馆整体发展要有自己的亮点，要抓住自己的核心优势和独特竞争力，进而确立自身在本土文化圈和地域范围内的不可替代性。

就目前而言，国有中小型博物馆发展确实在数据上有较大上升，内容上也更加丰富多元，但由于现代信息技术的普及使我们了解行业现状和获取大量知识更加便利，这大大降低了"拿来主义"的成本，叙事模式、陈列展览的产业化和对大型博物馆盲目的模仿跟风的求新，轻视了与本土文化融合，冲淡了情感连接，更谈

不上精雕细琢，同质化现象极为严重。此外，博物馆与大众之间缺乏良性的互动，社教的主动性和创新性不强，特色服务不到位，也导致难以满足不同群体多样化、差异化、个性化的文化偏好和知识需求。

（四）人才建设缺乏战略统筹，学术科研尚不到位

人才建设是博物馆发展的基石。这是文博学界早已形成的一致共识。但是长期以来，大多研究更多的是将文博队伍面临人才短缺的困境作为制约中小型博物馆发展的首因。从近些年的发展来看，国有中小型博物馆的人才短缺问题已经明显改善。由于高校极大提升了文博人才培养，各地广泛出台条件优越的引进人才政策来吸引人才，目前在很多国有中小型博物馆已经不乏有名校毕业生甚至博士毕业生的加入，从业者中的硕士研究生已十分普遍，人才队伍数量质量较之过去已经有了质的飞跃。但是随着人才短缺问题逐渐得到缓解的同时，笔者认为目前最制约国有中小型博物馆整体提升的关键核心更主要的是没有配套制定全新的引进人才培养机制和形成一套全新的人才队伍管理体系。

博物馆是专业性很强的地方，但因为它由政府主管，政治氛围往往超越了学术氛围，相对固化的行政制约使得全新人才培养机制和人才管理体系的建立并不容易。这就造成不少青年人才来到国有中小型博物馆后产生英雄无用武之地的感觉，博物馆现有体制大大钳制了青年人才的活力，低效的管理方略、凌乱的任务分工、行政工作的挤压等将国有中小型博物馆本来就存在人力不足的事实前提下将青年人才紧紧地绑架了，使青年人才疏于专精业务、也就难以发挥其应有的能力和精力进行创新改革。此外，学术科研对于拓展中小型博物馆的内涵

外延极为重要,可以说是博物馆一切工作的基础,代表了博物馆的发展空间上限[10]。但目前国有中小型博物馆的学术科研呈现碎片化、粗疏化,既没有紧密地与人才的培育挂钩,又不能高效及时通过学术成果充分发挥博物馆人在挖掘本土文化特色上的作用,为博物馆自身发展提供最适宜的方案,这就表明国有中小型博物馆亟待建立一套完备科学的学术体系,学术科研工作还有很长路要走。

三、国有中小型博物馆高质量发展的破题之策

(一)做好战略统筹,以精准战术保障见势成效

进入"十四五"新发展阶段以来,在国家各方面大力支持和重视下,国有中下型博物馆在文博场馆数量、质量和产品创新、文博研究等方面都取得了新突破。着眼未来,国有中小型博物馆必须做好战略统筹,制定成熟完善的战略顶层设计,坚持系统论和整体观,联动激活多部门机构的资源和专业优势,坚持科学规划和特色办馆,避免陷入"头痛医头,脚痛医脚"的发展怪圈,克服当前"千馆一面"的弊端,有领导,有计划,有步骤的循序渐进推进国有中小型博物馆高品质、差异化、精细化发展,不能盲目快进,只有成熟一个,建立一个,巩固一个,方能使之真正形成体系,发挥价值。

与此同时,国有中小型博物馆必须要承认并依靠自己现有的条件为前提,要找准自身定位,确立小而精、富有特色的办馆战术。当然,向大型博物馆进行学习也十分必要,要发挥好大型博物馆的示范带动和支持引导作用,一方面要杜绝"拿来主义",另一方面又提醒中小型博物馆必须结合自身实际将从大型博物馆中

引进来的新概念新思路新实践进行个性化的改良和调整。要深刻认清国有中小型博物馆的根基在于扎根本地区,场馆建设、文物保护、藏品研究、陈列展览、公共服务等必须应以本土文化为重点[11],还应该注重盘活本土社会资源,借助地方经济力量增强发展活力。另外,需要注意的一点,新时代的文化影响力已经大大突破了地理概念,尤其是文旅业的成熟让很多人有机会去外面旅游感受多元的文化熏陶,拓展了阅历视野,这就使人们不仅仅对自己本地的文化有需求,也希望享受到更为丰富的文化资源,满足精神的滋养,所以博物馆深耕本土的同时开发引进辅以展示更多样化的文化元素,跨行业联动打造特色化活动等也十分必要,同样是推动国有中小型博物馆高质量发展的重要一环。

(二)提升现代化治理能力,完善制度体系建设

为适应现代化博物馆发展的需要,作为领导者必须进行变革以适应新时代博物馆所面临的新情况新特点,一方面,领导者需要提高大局意识,要切实结合国有中小型博物馆的现实条件把准发展定位、图谋战略部署、落实重点工作。要主动调整站位,适应多重角色,打破固有僵化的管理模式,既要做好推动国有中小博物馆发展的指挥长,又要做好教练员和大管家,提升责任意识、服务意识和窗口意识。另一方面,国有中小博物馆的领导者有必要加强理论学习,特别是非专业的领导要利用好《中国文化报》《中国文物报》及其他专业性期刊名著,只有透过深化理论学习才能及时了解国家对于文博行业的重大方针政策,掌握新的发展动向和明晰未来应向何处去。也能更好地开拓思维部署安排工作,避免盲目莽进,这样既能最大化发挥国有中小型博物馆所拥有的资源

优势，又能够提升全馆的工作效能，近而有效促进国有中小型博物馆向高质量发展。

再者，制度体系建设的不足仍是阻碍国有中小型博物馆发展的根本原因。因此新时代背景下国有中小型博物馆必须打破成规，大胆革旧制立新规，倡导守正创新，从制度建设层面脱出牢笼打破管理桎梏，让真正干事的人放开手脚，实现业务的升腾。同时，国有中小型博物馆要着力改善长期存在的管理上的粗放，推进精细化管理。具体措施上即需要加强全方位的管理、强调全员参与的管理，促进精细化管理在博物馆职工中真正自我内化，深化全过程管理和抓好细节化管理，坚持业务工作求精求细，制度措施求细求全，标准要求求严求高的工作理念，使国有中小型博物馆整体管理水平尽快步入正规化、规范化和科学化管理轨道[12]，在内部管理和外部治理能力上都超越自我，向大型博物馆和示范性博物馆看齐，确保高质量发展目标的实现。

（三）打造特色精品工程及更优质服务回馈社会

国有中小型博物馆在资源和能力各方面有限的现实条件下，往往无法在所有业务上都做到面面俱到。所以，必须集中力量发展个性化优势，打造独树一帜的亮点。具体来讲，每个地方都拥有其独特的气质和文化，因此就要因地制宜，找到博物馆与地方社会大众最佳的切入点，展现本土特色，强调"唯一性"。像国外有些博物馆规模非常小，然而他们却小巧精致又富有丰富的内涵，它们非凡的魅力往往令人叹服并给人留下深刻的印象。这便提醒我们，像国有中小型博物馆若想同样给社会大众以深刻的印象，甚至要让来过博物馆和将要来博物馆的人们，认识到这个中小型博物馆是到达当地不能避开的打卡地，如果未去就有似"不到

长城非好汉"的遗憾显然从根本上也要打造自己的特色精品工程，擦亮金字招牌。要建立自己独特的运作模式，增强专业度，用专业和细心精打细磨甚至反复尝试来展现国有中小型博物馆的内涵特色及价值，不断走出一条中小型化、精品特色化、系列多样化的高质量发展之路。当然，这其中绝不能缺少的也要满足精品化的足量藏品，这就强调从国家或省级文博部门层面要立足新时代持续健全优化推动地方考古出土文物向所属国有中小型博物馆逐步实现移交调拨常态化，最大程度上盘活博物馆资源，更好地激发各个国有中小型的创新涌动和造血能力。

在致力于实施国有中小型博物馆特色精品工程基础上，还要紧密结合新时代"以人为本"的发展理念，以提供更优质的特色服务来回馈社会大众。一方面，要增强个性化服务意识，既要活化利用本土文物提供更多的精品展览，又要开发举办好各类本土文化活动，搭建现代化、数字化、智慧化现代服务体系，激活线上线下双渠道不断优化参观体验，满足社会大众对博物馆的新需求新期待。另一方面，要增强国有中小型博物馆文化的可读性和可近性，建立乡土情感连接，提升亲和力吸引社会大众广泛积极地参与到博物馆的活动中，让国有中小型博物馆这一文化空间不断成为传承本土文化、丰富人们生活，滋养精神需求的综合性特色化公共文化中心。实现公共服务人性化、便捷化、多样化、个性化水平不断提高。

（四）建设高精尖人才队伍，深化文博学术研究

第一，要做好国有中小型博物馆引进人才的培养和潜力挖掘工作。引进人才只是初步，想办法留住人才、用好人才才是关键。因此，须制定一套详细的培养方案和职业生涯指导规

划，要根据具体每一个人不同的特点去培育引导，并将个人的发展和博物馆的发展方向联系在一起，要克服中小型博物馆岗位模糊不清，行政事务喧宾夺主现象，让引进人才放开手脚，集中精力往专业技术型人才方向发展。第二，要全面调动老中青文博人，加强互动交流，发挥老文博人的经验，特别是深耕文博行业多年的本土老专家，建立一对一导师制，让优秀的经验做法得以继承，也能够使年轻人在前辈的积累之上开辟思路继续前进。第三，打破馆馆合作、馆校合作的形式化和分散化，推动双方更密切的联动，可以立足地方博物馆建立长期合作与实习基地。如同高校的合作，既为高校学生提供了一个长期稳定的学习实践场所，也利于双方固定每年互派青年骨干人才交流学习，还可以便于互相引进专家讲座，专家指导，建立专家库，充分实现地方资源和高教资源最大最优转化利用。第四，分两步走出去，一种方式是短期的到外面考察、参观、进修、培训等。另一种是长期的走出去，馆里青年骨干人才要到省里其他的博物馆去学习，如果有条件的话就到外省甚至国家级博物馆去学习，少则半年，多则一年两年，透过一个长时段的深度学习把真正适合本馆的好经验带回来。第五，从整个中国博物馆体系来讲，应该建立一个人才培养联盟体，打通大博物馆派人指导或各级博物馆间人才互动在中间环节上遭遇的阻碍和屏障，

实现全国文博系统人才培养的大贯通。第六，配合人才培养还应建立一套完善的学术体系，要组建一支专门的科研团队，成立本土文化特色研究室，发行出版相应学术刊物，申报立项相应科研课题，整理构建特色化科研资源数据库，加强与高校等外部文博研究力量的密切协作，努力用一流的科研成果挖掘藏品内涵、提升宣教能力，更好地服务社会大众，在逐步缩小与大型博物馆的差距中不断探索、实现升级。

四、结语

著名文博学者苏东海很早就曾提出"像我国这样国土辽阔，人口众多的国家要树立具有中国特色的博物馆整体形象，非努力把众多的小馆办好不可[13]"。进入新时代，特别是"十四五"新发展阶段以来，推动博物馆事业整体繁荣已成为国家发展的重大战略，正在被时代赋予新的使命和意义。从根本上直面当前仍长期困扰国有中小型博物馆的发展难题，新文博人必须要紧紧抓住根本症结所在，以严密的战略统筹精准的战术实施，现代化治理的制度体系建设，重点打造特色精品工程及优质服务，高精尖人才队伍建设和学术研究的深化等为国有中小型博物馆提供根本的破题之策，推动新时代国有中小型博物馆事业发展取得革命性、建设性新突破新跨越。

【注释】

[1] 李玉：《对中小型博物馆几个问题的思考》，《回顾与展望：中国博物馆发展百年——2005 年中国博物馆学会学术研讨会文集》，2005 年，第 580-583 页。

[2] 代表性研究成果主要有孙克成：《谈谈地市级博物馆发展的道路》，《中原文物》1984 年第 3 期；李玉：《对中小型博物馆几个问题的思考》，《回顾与展望：中国博物馆发展百年——2005 年中国博物馆学会学术研讨会文集》2005 年，第 580-583 页；白宁：《中小型博物馆发展方向的思考》，《区域特色与中小型博物馆——江苏省博物馆学会 2010 学术年会论文集》2010 年，第 10-13 页；陈碧华：《如何实现中小型博物馆可持续发展——以中山市博物馆为例》，《客家文博》2015 年第 2 期；孟庆龙：《"十四五"时期中小博物馆发展问题及对策——以蚌埠市博物馆为例》，《文物鉴定与鉴赏》2022 年第 3 期。相关研究较多，此处不另一一赘述。

[3] 赵慧君：《独特性与参与性：面向未来的地方博物馆》，《博物院》2020 年第 1 期。

[4] Anthony Giddens, Beyond Left and Right: The Future of Radical Politics. Cambridge: Polity Press, 1994, 82.

[5] 罗坤明：《地方性中小型历史博物馆设计研究》[D]. 南昌大学硕士学位论文,2010 年。

[6] 郭晓琼：《最新进展！清远"四馆一中心"预计 10 月起陆续竣工交付》，《清远日报》2022 年 8 月 20 日。

[7] 薛林：《博物馆赋能经济社会发展》，《经济日报》2022 年 8 月 17 日。

[8] 白宁：《中小型博物馆发展方向的思考》，《区域特色与中小型博物馆——江苏省博物馆学会 2010 学术年会论文集》，2010 年，第 10-13 页。

[9] Anne W. Ackerson; Joan H. Baldwin, Leadership Matters. Rowman & Littlefield, Polity Press:2014, 1-5.

[10] 王宏均：《中国博物馆馆学基础》，上海古籍出版社，2001 年，第 351 页。

[11] 卢永琇：《推动中小型博物馆"内涵式"发展》，《中国文物报》2022 年 3 月 8 日。

[12] 刘洪：《基于科学发展观的中小型博物馆精细化管理论析》，《区域特色与中小型博物馆——江苏省博物馆学会 2010 学术年会论文集》,2010 年，第 19-26 页。

[13] 刘社刚，李琼璟：《中小型综合博物馆发展研究》，《辽宁省博物馆馆刊》2009 年第 00 期。

论"互联网"时代背景下中小型博物馆资源整合问题

——以太原市博物馆为例

孙小茹（太原市博物馆）

摘要：随着"互联网"时代的到来，人们的生活观念、传统生产经营模式发生巨大变化，在一定程度上加快了博物馆管理与运营模式改革的步伐，对中小型博物馆建设具有极大的促进作用。文章重点探讨"互联网"在中小型博物馆建设中应用的相关问题。

关键词："互联网"技术 中小型博物馆 资源整合 分析

近年来，人们对"互联网"时代越来越熟悉，信息化、大数据、云计算等技术也如雨后春笋般涌现出来，"互联网"时代蓬勃兴起，正在对社会产生了无法限量的影响。博物馆作为社会文化的重要组成部分，在历史文化的发展和底蕴传承中扮演着至关重要的角色；"互联网"时代背景下，博物馆也逐渐受到不同程度的影响，故宫博物院、上海博物馆等大型博物馆凭借着丰富的馆藏文物资源、雄厚的资金支持、专业的研究团队、强大的馆际关系和深入人心的影响力等快速发展，走在国内博物馆事业发展的最前沿，成为新时代的创新引领者。那么，如何在"互联网"的时代背景下，为巨量的中小型博物馆找到一条行之有效的道路，使其社会功能最大化，成为摆在所有中小型博物馆面前的重要课题。本文以太原市博物馆为例，探讨了中小型博物馆在有限的条件下如何整合资源，解决自身的劣势，提高博物馆影响力。

一、充分利用"互联网"是时代发展的必然要求

"互联网"简而言之，就是将互联网科技与其他对象（主要是传统实物）结合起来，通过先进的互联网科学技术与传统产业的有机结合，创造一种新的社会作业模式，即"互联网"。该模式以实现资源利用最大化为目标，连接了一切可利用的资源，通过资源的整合、创新、变革等途径重塑各行各业，实现协同化发展。

第一，"互联网"时代极大满足了公众的信息需求，打破了人们获取信息难的"壁垒"。"互联网"背景下，获取信息渠道也愈加多元化，

信息获取的质量和频率也逐渐加快，人们随时随地可以在互联网上的网站、平台上获得信息，也更加容易完成以前很难做到的事情，如众筹、自媒体平台等。第二，"互联网"时代延伸了消费的深度与广度，也增强了消费的互动性。我们指的消费并不单指狭义的货币与实物等价物的交换，同时还指广义的无补偿的消息与数据的交换。"网络+"时代扩大了消费领域，消费也变得越来越主动和便捷。

由此可见，"互联网"时代的到来，不仅给各类实体企业带来了无限的活力，也给博物馆带来了发展动力。借助"互联网"带来的便捷性，让公众更加容易看到博物馆的发展、文物保护及其背后的历史；与此同时，博物馆也更加容易发挥其重要的社会教育功能，实时普及历史文物知识，弘扬民族文化魅力，让公众更多关注和走进博物馆。2016年，顺应"互联网"上升为重要国家战略的时代潮流，国家文物局连同五部门启动了"互联网+中华文明行动计划"，意在将互联网创新成果与中华优秀传统文化创新融合，充分发挥文物资源社会服务功能，让库房里的文物真正"活"起来。

二、太原市博物馆资源整合的基本做法

通过上面的理论陈述，我们认识到博物馆的信息资源整合是"互联网"经济背景下各个博物馆所面临的重大课题。对于一座博物馆而言，藏品信息、科研信息、展览信息、人才信息都是重要的信息资源，对它们进行有效管理，这就是一个资源整合的过程。那么，在实际工作中，博物馆又是如何对这些资源进行有效整合和利用呢？下面结合具体的博物馆实践案例作相应的论述。

（一）整合人才资源，提高博物馆综合竞争力

人才资源的素质高低是影响博物馆生存发展的重要因素，并且在一定的时候起到决定性的作用。相关技术人员在选择工作时，倾向于平台好，发展潜力大、资金充足的大型和综合性博物馆流动，这就使中小型博物馆人才缺失问题愈加严峻。而互联网的发展对博物馆人员工作又提出了更高、更新的要求。因此，必须通过人才资源整合激励职工，提高工作人员的主动性和专业性，适应当今社会社会发展需求。

为加强人才队伍建设，解决人才紧缺问题，太原市博物馆在引进人才的同时，充分利用现有人才资源，加强对职工的专业技能培训，在实践中着力培养，科学合理地利用好现有人才。针对各个岗位和个人特色，努力让每一个人都能充分发挥其特长和能力，如库房管理人员既要是研究员，还应是接待员，同时还要掌握摄影和修复技术；2022年1月，在太原市博物馆成立山西省博物馆协会博物馆学专委会，充分利用学术委员会的优势，发挥专家和学术带头人的作用，带动人才培养，提升博物馆科研能力和科研水平。在现有馆内人才培养还不成熟、高端人才比较匮乏的情况下，积极聘请知名文物专家作学术顾问，适时举办培训班，讲授瓷器、考古等方面的知识。为延伸展览内涵，太原市博物馆还经常邀请专家开展相关知识讲座；利用馆藏优势，建立合作基地，推动业务人才的交流与合作。深化馆校合作，与太原师范学院等签订协议，建立实习基地，在提高太原市博物馆影响力的同时，也为馆内业务人员提供了培训的机会。

（二）整合文物藏品资源，举办多种形式的展览

中小型博物馆无论在藏品的数量、门类方

面，还是藏品的质量、档次上都无法与大型的和一些实力较强的综合性博物馆相比。在藏品的征集收藏方面，由于博物馆与考古所很多关系尚未理顺，有限的文物资源得不到合理的分配和利用，对流散文物的征集也缺乏系统性和经费。展览是博物馆最主要的文化服务产品，没有好的展览，或展览主题对地域特色彰显不明，就不能很好地吸引公众走进博物馆来享受文化服务，也就没有公益性博物馆对社会的贡献度。怎样吸引观众多次走进博物馆，这就对展览提出了及时更新、贴近群众、贴近生活、贴近现实的要求。所以，根据自身的藏品优势，以其特有的专题展览展示特色和个性，这或许也是中小型博物馆今后的发展方向。为此太原市博物馆挖掘馆藏文物，举办特色展览。2022年太原市博物馆在市文物局的支持下，整合原有利用率不高的文物，以山西名家精品书画、碑帖册页等为主要亮点，再现了三晋先贤的卓越风华，不仅丰富了太原市民的精神文化生活，更是激励新一代的晋人砥砺前进，创造锦绣未来。

（三）整合信息资源，形成核心竞争力

"互联网"时代的大环境下人们对信息的及时性、完整性、透明性做出了更高的因此，必须提高中小博物馆处理信息的效率，提高专业化操作。

首先，注重互联网基础建设，加强平台的技术支持。"互联网"同时也是口碑与话题的时代，太原市博物馆积极增加博物馆与大众的沟通渠道，让大众除了可以去实体博物馆参观外，通过互联网的途径获取相关的文物信息，增强社会性和互动性。如建立并定期维护太原市博物馆官网；基于移动端巨大的用户群，开通太原市博物馆官方微博主页、太原博物院微信公众号、太原博物馆抖音账号。利用门户网站→微博→微信→抖音，构建起一整套的博物管宣传体系，使人民足不出户就能获得博物馆的各种资讯。人们通过不同渠道获取信息，不断提高的刺激感官，进而引起参观兴趣，宣传的目的也才实现了。此外，倾听民意，并重视社会大众的看法与意见。

其次，聚焦数码博物馆，加强用户体验。数字博物馆，一个应该是数字化博物馆在互联网上的表现，是实体博物院在互联网空间的表现和补充，即科学管理、互联网信息化博物馆实体资源；另外，数字博物馆也可能离开实体馆内因而单独出现，也即是"虚拟博物馆"，其展示形式以各种技术联通化、虚拟化的博物馆资源为载体。以及虚拟现实（VR）、增强现实（AR）、幻影成像、全息投影、沉浸式电影技术等的运用。2019 年，天龙山石窟的数字复原展览将于太原市博物院进行。展览中借助了多种多媒体互动体验手段，广角度、多层次、近距离地展示天龙山的自然和人文景观，与晋阳城的历史渊源、各时期石窟造像的原始风貌和艺术特色。最新数字复原技术的应用，塑造出更具沉浸感的环境。不仅可以还原现实情况下不能实现的场景，更可以将参观者带入历史场景中，极大地增强了用户的体验。

最后，创新发展理念，开展私人化定制。要贯彻落实创新理念的发展方向，发展需要创新，博物馆需要先进的创新理念。要将创新思维融入改革中来，要改变传统的经营理念，向社会化、互动化经营模式过渡。将特色发展确立为另一发展方向，即个性化发展。发展方向的确立要结合各个博物馆本身的特色和优势，扬长避短。充分发挥全国各地博物馆自身的资源优势，运用"互联网"时代下的先进技术，使"互联网""博物馆""各自特色"三者有机融合、有机统一，逐步建立了互联网＋时代

各自特点的运作模式。

三、太原市博物馆资源整合的启示

在互联网＋时代背景下，中小型博物馆如果继续坚持自主创新，就会像温水煮青蛙人们的"固守己见"。目前，确实有很多中小型博物馆在创新方面取得了比较理想的成绩，但是也有很多中小博物馆在创新的道路上有困难。我认为可以从以下几个方面来进行分析：一、中小博物馆创新思路不对头，就会影响到博物馆的创新发展。那么，中小型博物馆有哪些创新思路呢？

一是要注重理论与实践相结合，不搞生搬硬套，借鉴国内外其他中小型博物馆在互联网＋建设中的成功经验，因地制宜调整各博物馆的发展态势，使之落到实处。

二是"以人为本"是最重要的，要注重人才队伍建设。创新的成功需要很多因素，如"时间"、"地点"、"人"、"人"，其中以"人"和"人"关系尤为重要。中小型博物馆的发展和创新，就需要进一步加大博物馆人才队伍建设，尤其是要加大对"互联网文物"的"复合型"人才的培训。人才队伍建设是博物馆的存在和发展的重要基石，而博物馆人才队伍建设是博物馆长期发展的重要保证，是创新的关键所在，是发展的核心力量。只有建立起一支高素质的人才队伍，才能避免创新改革道路上专业方面的"瓶颈"，这对发展中国家中小型博物馆的成功发展有着不可衡量的影响。

三要关注民意，做到"从群众中来、到群众中去"，接受民意、重视民意、落实民意，创新具体措施，创新"互联网"博物馆建设新模式。

四是创新机制，转变观念，灵活应用"互联网"思维，逐步加大对互联网基础硬件设施的投入。当然，它应该是循序渐进的、有组织的和有目的的。任何事情都不可能一劳永逸，也不可能一蹴而就，必须按照客观规律，通过一点一滴的试错、一点一点地改进来发展。因此，我们要注意创新的方法不要太激进，而是要循序渐进，循序渐进。第五，要注意"阳关大道"的探索与实践。遇到问题，要积极解决，努力为中小型博物馆找到最好的发展方向。

第五，再加上"互联网"是一个新生事物，虽然发展到现在的规模，但还不成熟。在博物馆创新的过程中，我们也会面临很多问题，这些问题都是可以解决的，只要我们能够坚定信心，勇于尝试，就可以找到解决问题的办法。在中小型博物馆的创新过程中，我们可能会遇到各种问题，或者因为技术上的困难，或者因为执行不力，我们应该以积极的态度做好解决问题的准备，攻坚克难。

四、结束语

社会在持续发展，时代也在前进，在"互联网"时代的大环境下，政府、企业和个人都离不开"互联网"的大浪潮，连中小型博物馆也不例外。和大规模博物馆一样，小型博物馆虽然面临着经费不足、大规模资源滥用等问题，但一旦能很好地利用"互联网"的大趋势，那么小型博物馆就将实现更大的发展。"互联网"的大势，为中小博物馆带来了新的机遇和挑战。"互联网"是一个万象更新的时代，在这个时代，大信息、大数据等都可以帮助中小型实体、中小型博物馆。"互联网"为大家提供了一个相对公平开放的机会，没有垄断性竞争，入门门槛相对较低，如果中小型博物馆能够利用这个公平开放的机会，未来有望迎来意想不到的增长。

【注释】

[1] 毕祯、马建华：《艺术博物馆公共教育功能与资源探索研究——以陕西省美术博物馆为例》，《延安大学学报（社会科学版）》2018 年第 40 期。

[2] 曹兵武：《博物馆中的物人关系——信息化与生态文明视角下的若干思考》，《中国国家博物馆馆刊》2019 年第 3 期。

[3] 陈良根、胡军哲：《博物馆课程资源在历史教学中的开发与利用——以湖南省博物 馆历史教育资源开发合作

项目为例》，《中学历史教学》2017 年第 3 期。

[4] 程立茹：《互联网经济下企业价值网络创新研究》，《中国工业经济》2013 年第 9 期。

[5] 柴靖：《高校博物馆教育资源数字化研究》，《现代交际》2018 年第 24 期。

[6] 陈京莲、罗红：《关联数据在 LAM 合作中的优势及实现》，《农业图书情报学刊》2018 第 4 期。

中小博物馆质量提升的藏品基础信息开源策略初探

周永强（四川省文物局）

摘要： 藏品是博物馆的核心资源。通过开放藏品基础信息，博物馆藏品可以超越实物和时空限制，为文化和经济社会发展持续释放价值，并为博物馆自身运营注入活力。受"人、财、物"资源不足等因素影响，中小博物馆藏品基础信息的开放度和开放成效往往不足。对此，本文认为中小博物馆可以借鉴计算机互联网领域的开源方法，立足公益属性，合理开源藏品基础信息，加强博物馆社会化运营服务，促进社会参与共建共享，提升服务效能，推动创新创造，进而提升中小博物馆质量。

关键词： 博物馆 藏品 信息化 开源

中小博物馆[1]数量众多、类型多样、资源丰富，是我国现代博物馆体系的重要组成。受规模所限，中小博物馆往往面临"人、财、物"资源不足问题。同时，中小博物馆又往往位于基层，在服务基层群众、促进地方文化和经济社会发展方面具有重要价值。新时代中国博物馆事业的高质量发展离不开中小博物馆质量提升。为此，国家九部门在《关于推进博物馆改革发展的指导意见》中提出了"中小博物馆提升计划"，基本思路是"加强机制创新，有效盘活基层博物馆资源"。本文认为，提升中小博物馆质量，盘活基层博物馆资源的有效途径在于合理开放藏品基础信息。而实现藏品基础信息合理开放的创新机制则在于引入开源策略。

一、开放藏品基础信息：中小博物馆质量提升的破局之道

（一）实现社会化运营服务是实现中小博物馆质量提升的必然

博物馆质量是博物馆物质存在、特性、品质的综合体现[2]。评价博物馆质量的重要标准在于评价博物馆绩效，即博物馆投入的价值产出。基于博物馆的公益属性，博物馆的价值产出会侧重于关注其产出的社会价值。高质量博物馆的高社会价值产出会表现为满足更多公众的更多社会需求，并被公众普遍接受，有利于社会发展大局。于是，提升中小博物馆质量问题的关键就变成了如何提高中小博物馆的社会价值转化能力。

中小博物馆往往面临"人、财、物"资源

不足的问题。这也意味着中小博物馆仅仅依靠自身资源，很难形成强有力的社会价值转化能力。而充分的社会价值产生则来自于充分的社会参与。由此，加强中小博物馆社会价值转化能力的办法，便是打破藩篱，实现博物馆的社会化运营服务，积极通过社会协作，充分激发社会主体的能动性与创造性，进而优化资源配置，加强博物馆社会价值转化。从主体参与角度看，达成这种社会协作的关键在于以共同的协作基础实现共赢。而合理地开放博物馆的藏品资源，正是达成这种协作基础的有效途径。

（二）开放藏品基础信息是中小博物馆实现社会化运营服务的有效途径

藏品基础信息是对藏品本身属性、状态及其与外界关联的相对稳定、准确地反映 [3]。相较于有形有限的藏品本体，藏品基础信息可以独立于本体之外进行复制、编辑和传播，并会随着藏品研究、保护、利用、管理过程的持续发展不断增加。通过合理开放藏品基础信息，博物馆的藏品资源就能以一种相对安全的方式，超越时空与实物的限制，在更多社会主体间传递，不断地增进更多社会主体的知识水平，不断地激发更多社会主体的社会需求、社会协作与创新创造，进而更好地实现博物馆的社会价值转化。

对于中小博物馆而言，通过开放藏品基础信息的方式扩大社会化运营服务，也具有自身优势。相较于大型博物馆，中小博物馆藏品量相对较少、藏品内容相对简单、却也不乏高品质藏品，在藏品基础信息开放的筹备和运营方面工作量小、负担轻、也更灵活。此外，中小博物馆往往位处基层，其社会化运营服务可以相对更为集中，并成为基层面向更广阔天地的重要舞台 [4]。通过对藏品基础信息的挖掘、细分与系统开放，匹配相应的技术与机制支撑，

中小博物馆可以通过藏品基础信息开放形成持续有效的社会价值转化，并为自身运营注入生机和活力。

二、藏品基础信息开放：中小博物馆质量提升的实践探索

（一）中小博物馆藏品基础信息开放的政策支撑

近年来随着社会需求的发展，社会各界对于博物馆开放藏品基础信息的诉求也日渐提高。为了回应这一诉求，2016 年，国家文物局在《关于促进文物合理利用的若干意见》中提出了"建立健全文物信息平台，畅通文物信息渠道。国有文物收藏单位应主动向社会公开藏品信息和展览信息，完善管理与服务，满足公众的教育、研究、欣赏需要。"2018 年，中央两办在《关于加强文物保护利用改革的若干意见》中也明确提到"加大文物资源基础信息开放力度，支持文物博物馆单位逐步开放共享文物资源信息"。2021 年，国家九部门《关于推进博物馆改革发展的指导意见》中又再一次明确提到要"加快推进藏品数字化，完善藏品数据库，加大基础信息开放力度"并将"坚持开放共享"明确为博物馆改革发展的基本原则。

（二）当前中小博物馆藏品基础信息开放采用的主要方式

在相关政策指引下，国内中小博物馆结合本馆互联网在线平台的建设，在藏品基础信息开放方面也进行了一些探索，在相关政策指引下，国内中小博物馆结合本馆互联网在线平台的建设，在藏品基础信息开放方面也进行了一些探索，按开放方式可大致分为两类：

1. 单向输出型开放

即由博物馆向社会单向公布相关藏品基础

信息的开放方式。按开放程度可分3级：

（1）选择式开放：即有选择地开放少量藏品基础信息。目前在线开放藏品基础信息的中小博物馆多数都采用这一开放方式。

（2）总目式开放：即按馆藏编目系统性开放藏品基础信息。目前主要是一些实力雄厚的大型博物馆实现了这一层级的开放。

（3）迁移式开放：即在以上两种开放层级的基础上，进一步开放藏品基础信息检索、链接、索取等功能。目前也是一些实力雄厚的大馆能够达到这一开放层级。

2. 互动生成型开放

即由博物馆建立互联网应用平台，搭建内容构架，开放藏品基础信息与公众互动研究进一步丰富藏品信息资源的方式。目前国内以伪满皇宫博物院开发的"格物客部落"文物协同研究平台为典型案例[5]。可视为博物馆藏品基础信息开放适应社会化发展的新尝试。

（三）当前中小博物馆藏品基础信息开放存在的主要问题

近年来国内中小博物馆在藏品基础信息开放方面取得了一定进展，但仍存在许多问题，集中表现为三点：

1. 不愿开放

受博物馆行业传统"重藏轻用""小生产"观念影响[6]，许多中小博物馆对藏品基础信息开放必要性认识不足，"认为开放资源对于自己没有明显好处，也不是'分内'工作"[7]，将开放藏品基础信息当成是"负担"，当成是"规定动作"而非"机遇"。此外，开放藏品基础信息也意味着"人、财、物"资源投入等问题。这对于中小博物馆而言尤为现实。如果没有从理念到现实层面的一系列要素支撑，很难驱动中小博物馆做好藏品基础信息开放工作。

2. 不会开放

目前绝大多数中小博物馆的藏品基础信息开放工作仅仅停留在了技术性"挂上网"的层面，对于藏品基础信息开放包括使用、维护、反馈在内的全过程，缺乏后续的管理意识和管理方法，尤其是授权管理意识和方法普遍不足，整体管理粗放。由此，就会使藏品基础信息开放的社会价值转化大打折扣，甚至引发负面效应。

3. 开放不够

由于博物馆仍然面临着不愿开放、不会开放的种种问题，客观上也造成当前我国中小博物馆藏品基础信息普遍开放不够。主要表现为：

（1）藏品基础信息的开放量不够。目前中小博物馆开放基础信息的藏品少，开放基础信息藏品的基础信息形式和信息量也少。多数中小博物馆开放的藏品基础信息只有少量精品藏品的示意图像和名称、年代、尺寸等基本文字说明。关于藏品内容、使用管理、关联背景等方面的基础信息开放较少。

（2）藏品基础信息的开放度不够。在开放的迁移度方面，由于开放藏品基础信息的颗粒度大、内容丰度小、标准化程度低、场景适用性少，同时又缺乏相应的检索、链接、索取等功能。由此也造成了开放基础信息迁移使用上的不足。在开放授权度方面，目前在提出版权声明的中小博物馆中，对开放的藏品基础信息，尤其是图像信息往往设置了较高的授权限制，又缺少必要的授权申请渠道，鲜有中小博物馆主动作开放式授权的案例。这就造成了藏品基础信息规范使用上的不便。

中小博物馆藏品基础信息开放是新时代博物馆事业高质量发展的新时代课题。从需求导向到操作落地，再到效益发挥，其间仍有大量的理论和实践工作需要探索总结。对此，计算机互联网领域在开源方面的理论与实践经验具有很好的启示意义。

三、从开放到开源：中小博物馆质量提升开源策略导引

（一）开源：来自计算机互联网领域的经验启示

所谓开源，即开放一类技术或一种产品的源代码、源数据、源资产，可以是各个行业的技术或产品，其范畴涵盖文化、产业、法律、技术等多个社会维度。其实质是资产或资源（技术）共享，以扩大社会价值，提升生产效率，减少交易壁垒和社会鸿沟[8]。开源基于生产、技术、知识领域的社会分工与社会化大生产的需要，最初诞生于计算机互联网领域。从二十世纪九十年代开始，伴随着互联网的普及和社会参与的扩大加深，开源技术在计算机互联网领域逐渐发展壮大。例如常见的 linux 操作系统、互联网百科、分享视频平台等都是基于开源方法的应用。其日益成熟的方法与经验，对于引导中小博物馆解放思想，加大藏品基础信息开放力度，进而优化"人、财、物"资源配置，扩大社会价值转化和提升质量，具有很好的参考价值。近年来已有国内学者就"开源策展"问题进行了理论与实践探索[9]。针对中小博物馆的特点，以下笔者试就中小博物馆藏品基础信息开源策略的基本路径作一简述。

（二）中小博物馆藏品基础信息开源策略的基本路径

1. 厘清藏品基础信息"源代码"

按照开源的基本技术路径，博物馆藏品基础信息开源的第一步在于建立通用的基础信息符号规则。在计算机领域的二进制基础信息符号规则中，"0"和"1"作为最基础的信息符号，完整、独立、准确、唯一、关联、不可再

分。而二进制的基础规则简单、有效、兼容性强。二者的结合使得在此基础上的编辑操作具有近于无限的可能。结合这样的特点，则适合开源的藏品基础信息的理想化状态应当是准确、唯一的具有完整、独立意义的最小信息单元。而在基础规则设定上同样应当本着简单、有效、兼容性强的原则。

从第一次全国可移动文物普查的情况来看，相关文物藏品登录的主要内容包括了：馆藏文物基本信息、馆藏文物管理信息、馆藏文物影像信息和收藏单位情况等四个部分。其中涉及馆藏文物基本信息的内容包括了：总登记号（或辅助账号）、文物名称、年代、质地、类别、数量、尺寸、质量、级别、来源、完残状况、保存状态、入馆时间和照片等内容[10]。从开源的角度来看，标准中设定的"馆藏文物基本信息"的相关信息项当然可以作为开源的藏品基础信息加以考虑。同时，本着基础规则简单、有效、兼容性强的原则，笔者认为一些符合开源基础信息要求的与文物藏品使用管理、历史文化等相关联的信息也可以考虑纳入开源藏品基础信息的范畴。此外，对于信息量较大又可以多角度运用的图像信息，笔者认为，可以考虑对其内容作进一步的信息细分提取，以扩大相关信息的场景应用可能。

除了基础信息符号规则之外，参照计算机领域的开源经验，开源对象的更重要的部分在于具备一定功能指向的信息符号规则体系。对于博物馆领域而言，这一部分内容可以理解为对博物馆相关文化产品，如研究、展览、教育活动、文创的要素框架提炼，可以理解为相关文化产品的"依据""模版""资料"。从应用的角度来看，这一部分的内容最具应用价值，也往往包含了创作者的大量心血，具有较高的版权诉求。因此，在支持相关内容开源的同时，

也要注意对贡献者的效益反馈。

2. 建设藏品基础信息开源社区平台

开源社区平台是统筹藏品基础信息开源的中枢。开源社区平台有两种组织方式，包括：强组织方式，即由专门力量集中建立、固定运营的开源社区平台，一般效率较高；弱组织方式，即由相关开源参与者共同以多种方式建立、松散运营的开源社区平台，一般灵活度较高。由于开源社区平台的建立与运营需要较高的公信力支撑，加之博物馆藏品管理的特殊性，结合中小博物馆的实际，笔者认为，相关开源社区平台应当优先采用强组织方式，采用政府主导社会参与的模式，集中优势资源，优化平台建设，引导和引领中小博物馆共同参与开源社区平台建设。在社区平台架构上既要注意分区分级分类分权限，在信息检索、链接、索取等方面优化操作，又要为多向互动，多方参与创造良好的使用环境。同时，还要加强开源社区平台管理，提高开源社区平台的运行和服务效能。

3. 组建藏品基础信息开源核心团队

开源社区成员一般分为 3 类：使用者、贡献者和领导者[11]。开源核心团队作为开源社区的领导者具有吸引使用、激励贡献、组织协调、把握方向的重要使命和重大作用，是支撑藏品基础信息开源和开源社区平台运营的关键。作为开源项目的核心团队，首先要能够深刻认同、理解开源的相关理念、技术、机制；其次是要能够将开源的相关理念、技术、机制向社区外人员、使用者、贡献者进行有效的宣导，并在运营中贯彻相关理念、技术、机制。结合开源社区平台的运作要求和中小博物馆的实际，笔者认为，藏品基础信息开源项目组建的核心团队最好由符合相关要求的专门负责运营的博物馆及信息化专业人士，并吸收主要贡献者和使用者代表构成。由深入浅、以点带面地推动开

源社区平台运营，并在运营中要注意通过多种形式开展培训宣传。

4. 开展藏品基础信息开源数据采集、发布

在厘清藏品基础信息源代码、初步构建起开源社区平台和开源核心团队的基础上，开展藏品基础信息开源数据采集和发布是藏品基础信息开源项目的重点。在开源数据采集方面，考虑到中小博物馆"人、财、物"不足的实际，需要在相应标准的基础上，充分利现有信息化、数字化资源进行合理的信息转化或补充。同时也要充分尊重各博物馆及相关权利人的意愿，注重发挥各博物馆及相关权利人的能动性，为相关信息的补充、修订、撤回等开源中可能存在的问题，提前预留操作通道。而在发布方面，藏品基础信息开源不等于藏品基础信息放任，相关内容及后续运营互动中的授权、反馈及合法合规性等审核工作也需要要提前纳入操作考量。

5. 培育藏品基础信息开源活跃用户

用户是藏品基础信息开源价值实现和开源社区平台持续运营的支撑。藏品基础信息开源项目的用户除了博物馆从业人员外，也会包括其他行业基于各种需求的用户。各类用户在符合授权及相关法律法规要求的情况下使用开源的藏品基础信息应该得到支持。藏品基础信息开源项目的目标应当在于吸引更多用户使用开源的藏品基础信息，尽力培育活跃用户：一方面通过活跃用户的使用提高开源藏品基础信息的社会价值转化，另一方面也激励活跃用户为藏品基础信息开源项目做出更多贡献。此外，结合博物馆社会价值转化评估的需要，藏品基础信息开源项目，也应当结合开源社区平台运作，注意追踪用户的使用体验和使用效果，从而为相关的评估工作提供支撑。

6. 强化藏品基础信息开源机制保障

强化机制建设是实现藏品基础信息开源项目效益最大化和可持续运行的保障。在授权管理方面，做好开源藏品基础信息的知识产权清算是做好相关授权管理的第一步。同时，开源中涉及的开放授权并不等于完全放弃相关知识产权。各博物馆完全可以根据具体情况在相关开放授权协议中，对相应权利做主张或保留声明。此外，必要时对于相关的授权许可，也可以通过相关的技术手段进行合理标注以实现有效的授权管理。

在效益反馈方面，立足于博物馆的公益属性，藏品基础信息开源项目在效益反馈机制方面，应当主要突出社会效益反馈。但也应当尊重相关版权及贡献者的心血付出。在方法上，鼓励以署名、致谢、提高贡献度等方式，进行直接的参与效益反馈，并在社区平台运营中将社区平台参与权级与社区平台贡献度挂钩。也可以参照计算机互联网领域"底层开源、应用闭源"的溢出效应原则和细分累积的长尾效应原则，建立相应的效益反馈机制。同时，对于社区平台的运营保障问题，藏品基础信息开源项目可以参照计算机互联网领域采用项目制注资、平台会员费、增值服务等方式多方筹集。此外，针对中小博物馆"人、财、物"不足的问题，开源社区平台和核心运营团队，也应当组织力量加强指导和互助，并为相关博物馆提供多种类型的开源托管服务。

四、结语

如今，随着社会分工的进一步细化，社会化大生产成了适应现实需求的必然。伴随着博物馆社会需求的提升，社会化的运营服务与计算机互联网乃至人工智能技术的运用，也成了新时代博物馆高质量发展的挑战也是机遇。开源的产生与发展是因为顺应了社会化大生产的历史潮流[12]。如今，开源作为一种方法、一种文化、一要种潮流也影响到了各行各业。更难能可贵的是，其在理念上与博物馆的公益属性高度契合，因此其在方法上对于博物馆尤其是中小博物馆的高质量发展也更具参考意义。

【注释】

[1] 按《博物馆建筑设计规范》（JGJ66-2015）分类，建筑总面积小于 1 万平方米的博物馆为中小博物馆。

[2] 宋向光：《建设"高质量博物馆"从何处着手？》，《中国文物报》2021 年 12 月 7 日第 5 版。

[3] 关于"藏品基础信息"概念，夏志峰认为，藏品信息的内涵包括了藏品存在的状态和方式以及藏品与外部联系的状态和方式。章维亚、杨世瀚认为，藏品基础信息是藏品进入博物馆后建立的一整套信息资料。为便于理解，本文结合以上两种观点对定义作了优化，强调了基础信息的稳定与准确。夏志峰：《论藏品信息》，《中原文物》2000 年第 3 期。章维亚、杨世瀚：《藏品信息分类及研究思路》，《文物鉴定与鉴赏》2017 年第 3 期。

[4] "中小博物馆往往有着独特的区位优势与传播手段；同样这种错位经营可以使中小博物馆在基层文化建设上扬长避短，甚至超越地处中心地带的大型博物馆成为社区文化的引领者。"关战修：《中小博物馆的战略逆袭》，《博物院》2017 年第 2 期。

[5] 艾雪松、王志强、孙靖、徐建民：《"互联网＋文物"协同研究 探索与创新——关于伪满皇宫博物院"格物客

部落"建设实践 思考》,《中国博物馆》2022年第1期。

[6] 高伟:《浅谈博物馆藏品开放》,《中国博物馆》1997年第3期。

[7] 潘守永:《博物馆美术馆资源共享的新时代》,《艺术品鉴》2018年第16期。

[8] 何宝宏主编:《开源法则》,人民邮电出版社,2020年,第72-73页。

[9] 卢涛:《开源策展:新字社会创新视阈下的设计策展机制研究》,中国美术学院博士学位论文。

[10] 国家文物局第一次全国可移动文物普查办公室编:《第一次全国可移动文物普查工作手册(修订版)》,文物出版社,2014年,第32-58页。

[11] 何宝宏主编:《开源法则》,第117页。

[12] 何宝宏主编:《开源法则》,第67页。

中小博物馆的线上展览建设刍议

张枫林（浙江省博物馆）

俞聪（浙江省文化和旅游厅）

摘要： 得益于政策扶持和技术发展，建设线上展览成为中小博物馆在后疫情时代保持影响力和可及性的有效举措。然而中小博物馆资金掣肘、人才短缺、经验不足，加上线上展览存在先天劣势，导致中小博物馆的线上展览存在着内容单薄、功能丧失、体验不佳等问题。中小博物馆需要充分利用互联网思维，紧密结合自身主题特色，充分挖掘利用馆藏资源，针对数字人文展览、实景复刻展览、虚拟交互展览三种线上展览类型进行各有侧重的建设，或是依靠成熟的线上展览平台，更为便捷地实现目标。

关键词： 中小博物馆 线上展览 建设 策略

一、引言

2020 年以来，新冠疫情对博物馆造成了巨大影响，博物馆的开放性遭受重创，线上展览应运而生。

一方面，博物馆的线下展览常常被迫全部或局部关闭。全国各地的博物馆在抗击疫情期间，绝大多数曾采取过暂停开放、预约、限流、取消活动等疫情防控措施。国际博协 2020 年 5 月发布的调查结果显示，疫情期间，全球超过 8.5 万座博物馆曾闭馆，占全球博物馆总数 90% 以上，83% 的博物馆将大幅削减活动项目，30% 的博物馆将裁员，13% 的博物馆可能会永久关闭[1]。

另一方面，博物馆的线上展览得到了前所未有的发展。据统计，截止至 2020 年 5 月 18 日，疫情期间，全国博物馆系统共推出 2000 余个线上展览，总浏览量超过 50 亿人次[2]。2021 年全国博物馆系统共推出 3000 余个线上展览、1 万余场线上教育活动，总浏览量超过 41 亿人次[3]。全球博物馆线上展览发展进程加速，从 2020 年 4 月占比 16.4% 上涨至 2021 年 5 月占比 22%[4]。

博物馆在防疫闭馆期间，建设线上展览成为普遍现象，这与其说是面对疫情困局的妥协方案，不如说是抓住发展机遇的创新尝试。我国线上展览在数量爆发式增长的同时，质量也得到大幅度提升，这得益于政策扶持力度的加大，以及相关科技的进步与成熟。

首先，国家政策支持催化线上展览。2021 年 4 月，文旅部发布《"十四五"文化和旅游发展规划》，提出要推动美术馆数字化建设，大力发展云展览。2021 年 5 月，中宣部、国家发改委、教育部、科技部等九部委发布《关于推进博物馆改革发展的指导意见》，提出要支持联合办展、网上展示，提高藏品展示利用水平。2021年12月，国务院发布《"十四五"数字经济发展规划》，提出推动景区、博物馆等线上数字化体验产品，发展云展览、沉浸式体验等新型文旅服务。

其次，科技进步为线上展览赋能。以大数据、云计算、移动通信、虚拟现实和人工智能为代表的新技术已经渗透到日常生活的方方面面，深刻改变着人们的思维观念和生活方式，也驱动着博物馆发生创新变革。在当前危机与机遇共存的局面下，博物馆线上展览以观众体验为导向，紧密结合移动应用和社交网络，开始被越来越多观众所接受，成为一种崭新的传播媒介，形成文化产业的新业态[5]。

我国中小博物馆数量众多、分布广泛、类型丰富，但普遍存在资源不足、人才短缺、影响力弱等问题，而线上展览的建设正是破解我国中小博物馆上述困境的有益尝试。本文针对中小博物馆的线上展览建设中遇到的困难和问题，从建设目标和应对策略角度谈几点初浅的看法。

二、线上展览的定义和类型

博物馆展览是指在特定空间内，以实物展品和学术研究成果为基础，以艺术或技术的辅助展品为辅助，以展示设备为平台，依据特定传播或教育目的，按照一定的主题、结构、内容和艺术形式组成的，进行观点和思想、知识和信息、价值和情感传播的直观生动的陈列艺术形象序列[6]。博物馆展览的定义主要针对线下展览，线上展览与线下展览对应，内容可以类似，形式区别明显。

博物馆线上展览是指在互联网环境下，以面向公众传播展览及文物数字化信息为目标，依托数字化技术，提供展览信息存档与展示、导览与漫游、检索与查看、体验与互动、评论与分享等功能的虚拟展览模式。

博物馆线上展览在不断探索和逐步发展的过程中，定义所包含的内容也在不断丰富，与其他行业融合，功能全面增多，综合程度增强，开始演变成为一种多元化、交互式、集成性的传播媒介，已成为博物馆提供展览服务的一种关键模式。

博物馆线上展览主要可分为二维数字人文展览、三维实景复刻展览、三维虚拟交互展览三种类型，目前也存在着一个线上展览项目多种类型共存的情况。

（一）数字人文展览

二维数字人文展览就像工具书，强调传播，以各种新兴技术为处理工具，对博物馆领域的数字资源进行数字归集、标引处理、关联整合和挖掘分析，提供数字人文知识服务，建立信息聚合的全开放平台，是博物馆传播信息的可视化资料库。

数字人文展览根据技术特征主要有文本挖掘、网络分析，可视化，地理信息技术等分支[7]。这些分支均是将展览相关信息转化为可量化分析的数据，随着机器学习技术的发展，数字人文展览开始探索利用以深度学习为代表的人工智能和大数据进行更为智能的统计和呈现。目前，观众主要是以浏览数字动态画册的方式，参观数字人文展览。

数字人文展览需要对展览的内容进行重新策划设计，将信息进行重组并以多媒体形式输出，技术表现形式更加复杂和多元化，是一种基于博物馆数字资源整合利用的全新的展览模式，能给观众带来一种完全不同于线下展览的参观体验。

在定位清晰、技术成熟、交互便利的情况下，数字人文展览可以极大提升观众获取知识的丰富性和便利性。在保持科学严谨的前提下，避免灌输式的教育，让观众自主学习的过程能够轻松愉悦，是博物馆线上展览中最为丰富的类型。

（二）实景复刻展览

三维实景复刻展览就像复制品，强调仿真，通过使用全景相机或三维相机对线下展览进行三维信息采集，由采集的信息构建全景虚拟空间，真实复刻线下展览场景，通常具有漫游、导览、热点等功能。

观众可以通过鼠标、键盘、触控、手柄等多种操控方式，自由调整视角，进行位置移动，在全景虚拟展览中漫游。通过点击热点，了解与传播目的相关的数字内容信息，包括图文、语音、模型、视频等。

实景复刻展览将线下展览搬到线上，是最吻合"线上展览"这一名称的类型，也可称为三维全景漫游展览，可分为全景图像展览和全景建模展览两种类型。

全景图像展览是采用 720 度全景图像采集与拼接构建的线上展览。在一个采集点位的三维全景图像场景中，以箭头或脚印等样式添加其他三维全景图像的链接，观众可以点击实现各个三维全景图像场景间的切换。全景图像展览的设备和技术门槛低，开发成本较低，目前在各级各类博物馆中都得到了普遍应用，但效果相对不佳。

全景建模展览是采用实景三维空间采集和测绘技术高精度建模构建的线上展览。通过生成环境模型，实现三维全景虚拟空间与真实环境的完全映射，观众可以在全景虚拟空间中实现自由漫游和移步换景，极大增强了漫游体验的真实感和沉浸感。全景建模展览的设备和技术门槛高，开发成本较高，目前在经费充足的一、二级馆比较常见，效果比较理想。比较而言，全景建模展览效果更佳，数量和比例正在不断增加，更符合未来的发展趋势。

实景复刻展览的相关技术较为成熟，开发流程较为规范，通常不需要内容设计，制作简单、数据量小、系统要求低，是博物馆线上展览中最为普及的类型。

（三）虚拟交互展览

三维虚拟交互展览就像小游戏，强调互动，是利用建模软件和游戏引擎构建完全虚拟的三维展示空间，依据展览主题和传播目的进行场景设计和环境渲染，增加交互及信息热点，搭配其他的功能模块，最终合成导出完整的线上展览。

虚拟交互展览脱离了与真实物理空间的关联，策展者的发挥空间更大，是一种综合展示媒介。然而，没有现实条件的制约在提高可能性和创造性的同时，也增大了展览规划和设计的难度。机会和挑战并存，虚拟交互展览的建设需要耗费大量的时间和精力，否则会缺乏足够的质感和精度，在主题设置、传播内容、交互方式和视觉效果方面都存在极大的优化可能。

受限于开发成本和技术因素，虚拟交互展览总体仍在探索和初级发展阶段，随着博物馆元宇宙的进一步发展，相信在未来会出现众多的中小博物馆虚拟交互展览的优秀案例。

虚拟交互展厅的内容和形式都是基于线上模式进行创作，不仅弥补了被忽视的互联网传播规则，也增加了新的交互模式，注入互联性、开放性、游戏性、媒介性、创新性，是博物馆线上展览中最为前沿的类型。

三、中小博物馆线上展览建设的制约瓶颈

线上展览建设是中小博物馆在后疫情时代扩大影响力和知名度的有效举措，可以突破时空限制、整合馆际资源、服务广泛人群、满足个性需求，降低展览组织成本的同时提升展览的可及性和可持续性。

中小博物馆迫切需要推进线上展览建设，然而现状却不容乐观。中小博物馆的线上展览在数量和质量上均和大型馆存在明显差距，存在诸多难题。

（一）博物馆线上展览的先天劣势

线上展览无法替代线下展览的根本原因，是无法达到线下展览那样的真实性和临场感。

首先是真实性。线上展览的藏品都不是真实的，无论仿真技术如何进步，文物真迹的魅力都是虚拟展品无法比拟的。观众在参观线下展览后再来看线上展览，难免会产生心理落差。

其次是临场性。二维的数字人文展览缺乏临场性，而三维的实景复刻展览和虚拟交互展览虽然在努力提升，但仍无法达到线下展览那样的临场性。即便利用虚拟现实技术，为观众提供宽广的沉浸式视野和丰富的多感官体验，但在现有的技术条件下，观众的线上参观体验仍和线下有很大差距。

此外，线下展览对博物馆所在地域的经济带动、就业拉动、形象宣传也是线上展览很难比拟的，具有无形却巨大的经济和社会效益。由于线上展览的这些先天劣势，线上展览只能是线下展览的补充，但可以利用线上展览的优势弥补线下展览的劣势。

（二）中小博物馆线上展览的现有问题

中小博物馆中，三种类型的线上展览有着明显区别，因而各自的问题也截然不同。

数字人义展览的主要问题是内容单薄。部分中小博物馆的线上展览缺乏对于数字资源的前期积累，没有足够信息量来支撑展览；以大纲框架代替实际性内容，巧设名目，点进标题却是空空如也；没有明确的展览主题和传播目的，只是对于工具的简单套用；缺乏对数字资源语义特征的深度描述和解释，知识单元缺乏规划；资源之间关联不足，信息孤岛现象明显；服务模式单一，少有语义检索和数据挖掘功能，无法实现高效的知识探索。

实景复刻展览的主要问题是功能丧失。部分中小博物馆的线上展览缺少"放大"和"缩小"功能，且清晰度低，导致看不清展品的大体特征、看不清展板的图文信息；缺少"热点信息"功能，导致看不到展品的高清图片或模型、看不到展品说明牌的信息；缺少"地图"或"导览"功能，导致用户无法快速进行定位；控件样式不美观，缺少对于图标的功能说明；光线效果差，存在反光、眩光、倒影等现象；用户只能进行场景切换，不能够进行无缝漫游，容易误操作；用户漫游时出现卡顿，场景切换时不自然，甚至会出现快速晃动、图像扭曲甚至场景混乱等现象。

虚拟交互展览的主要问题是体验不佳。部分中小博物馆的线上展览形式大于内容，充斥着大量眼花缭乱的炫技特效，喧宾夺主，让人无法愉悦地查看展览内容；交互提示很少，让人难以上手；视角灵敏度过高，三维场景跳转让观众头晕目眩；配置要求高，容易出现卡顿；各个场景之间的衔接不自然；部分线上展览无法直接打开，例如需要安装新版本 flash 播放器才能观看。

（三）中小博物馆线上展览建设的困境

中小博物馆线上展览目前存在的问题，是由经费支持、人员配备、技术保障等方面因素

共同导致的。这也是中小博物馆在发展过程中的常见症结。

一是资金掣肘。中小博物馆的资金相对有限，资金周转相对不灵活，面对线上展览建设所需的高昂费用，往往望而却步。中小博物馆对线上展览的建设成本认知不足，因而容易出现报价虚高的情况。不仅投资开发建设线上展览需要大量资金，线上展览开放后，持续地管理和维护也会在一定程度上使隐形成本上升。资金不足可能会导致线上展览不能维持更新而落伍，或是出现故障也无力维修。

二是人才短缺。中小博物馆人员有限，而专职于数字内容建设的专业人员更是稀缺。线上展览建设通常是团队协作而非单打独斗，策展人、设计师、工程师、学者、美术等需要密切协作和沟通。目前，中小博物馆通常是展览相关负责人以项目经理的姿态，对线上展览建设进行统筹。他们需要从更加全面的角度去理解传播目的，让优化加工的内容能融入设计当中，从而向观众进行传播。线上展览的建设过程不仅需要博物馆相关人员进行对接，在建设完成后，还应该配备专业技术人员负责常态化运维。目前中小博物馆通常只能让外部公司来进行开发和运维。

三是经验不足。中小博物馆大多缺乏对于线上展览的基本认识以及建设经验，容易被外部公司主导而产生非理性决策。中小博物馆常常会采用全权委托的方式进行线上展览建设，而制作方在没有前期积累的情况下，传播目的不明，传播内容不足。受制于不明的目标和有限的资源，制作方可能会为了降低开发成本，求稳不出错，墨守成规，不求创新，采用重复的手段进行模板化制作。这种因袭固有思维的建设方式，往往会导致线上展览缺乏新意，观众反应平淡。

四、中小博物馆线上展览建设的目标和策略

线下展览和线上展览是真实和虚拟的区别。线上展览不再受线下场景的时空限制，而便于操作的界面、顺畅的交互就好比线下展览舒适的场所、适宜的展线。因此不能用参观线下展览的方式来参观线上展览，也不能用建设线下展览的思路来建设线上展览。线上展览应该充分发挥开放、共享、包容、实用的互联网思维，来克服中小博物馆线上展览目前存在的问题，通过线上展览弥补中小博物馆在馆藏资源和实体场馆空间等方面的局限性，将线上展览打造成富有特色的专题展览，提升中小博物馆的人气，达到博物馆服务无边界的目标。根据我国中小博物馆的实际情况，线上展览建设的主要可采取下面两种模式。

（一）自行建设

中小博物馆线上展览的建设流程主要包括统筹规划、内容策划、美术设计、交互方案、技术开发、项目集成、调试优化等。建设伊始，要统筹兼顾，既要关注线上展览的总体布局和发展方向，也要关注现有的数字资源情况。因地制宜进行整体思考，以服务实际工作需求为出发点，结合本馆的中长期数字化规划，以及资源获取能力和可持续性等综合因素，形成适用于当前工作的数字化软、硬件建设方案，而不是一味地标新立异。要恪守博物馆的职业伦理，尽可能具备包容性，尽可能服务所有人，尤其是特殊人群。此外，在为公众提供个性化服务的同时，还要保护观众的个人隐私。最后可以从文化阐释、教育传播、用户体验、技术实现等维度进行评估。

中小博物馆应当充分调动能动性，紧密结合自身主题特色，充分挖掘利用馆藏资源，发

展适用于中小博物馆发展现状的数字人文展览、实景复刻展览、虚拟交互展览。三种类型的线上展览各有侧重，不能一概而论。

中小博物馆的数字人文展览应当侧重数据收集和资源整合。要大力促进博物馆从业者与博物馆外的研究者、技术专家和资源分享者的协作，尽可能拓宽数据资源获取渠道。从而降低建设门槛，让数字资源匮乏的中小博物馆不用加入平台机构、购买外包技术、处理海量资料，也能利用大量网络开放资源为基础建立专业程度较高的数字人文展览。要突破馆藏资源的束缚，充分利用馆内各部门、其他馆、行业外的数字资源，实现资源共建共享，通过资源整合将传播效果最大化。要利用数据的直观化、可视化和条理化来避免信息过载。数字人文展览建设是一项长期的工程，中小博物馆应当努力保持展览内容的持续更新和不断提升。

中小博物馆的实景复刻展览应当侧重建设规范和功能完备。要有明确清晰的工作流程，包括总体规划、线下采集、场景搭建、交互设计、技术开发、测试评估等。线下采集前应确定采集的时间、地点、要求、范围、内容；规划采集路线、采集区域、拍摄点位；清洁场地、移除障碍、观众禁入、打开灯光等。场景拼接应检查模型、调整曝光、降低噪点、减少反光、删除影子等。交互设计应可用性强、风格协调、层级明确、逻辑清晰。技术开发代码应简约高效、结构清晰、保持稳定。应建立博物馆线上展览的门户网站，及时发布线上展览信息，支持多客户端浏览，宜提供中英两种以上服务语言。在实景复刻展览制作完成后，应该利用各种新媒体平台进行展览宣传，提高访问量。

中小博物馆的虚拟交互展览应当侧重形式创新和公众参与。应围绕特定主题进行精心策划，实现众多在物理空间内难以达成的体验项目。基于现实场馆的空间叙事思维被弱化，展览具备全新的展示、传播、互动、社交等功能。虚拟交互展览有自己的法则，强调互动体验，与游戏有异曲同工之妙，有时候还可以将物理空间与虚拟语境进行互动，例如利用重力感应和体感等进行参观。基于互联网思维，策展的主体不只是博物馆方，观众也具有平等的表达权。观众不仅可以参与讨论和进行反馈，也可以充分发挥个性化思考进行主题策展和知识分享。

（二）借助平台

中小博物馆也可以加强和线上展览平台的合作，利用成熟的模式和稳定的服务来实现便捷化建设。

2019 年 5 月 18 日，国家文物局正式推出"博物馆网上展览平台"，在疫情期间成了博物馆线上展览集中展示的重要阵地[8]。2020 年 1 月 28 日，国家文物局发布《关于向"博物馆网上展览平台"提供网上展览内容资源的倡议书》。短短一个月左右的时间里，各博物馆参展意愿高涨，全国范围内参与号召的博物馆和其他文博单位超过 200 余家，总共提交的"云展览"数量超过 500 多项。经平台整合、筛选、加工，先后分六批推出数百个网上展示项目，截止 2020 年底，平台共计达到超 1800 万的访问量，使得博物馆线上展览开始进入大众视野。目前平台内的线上展览基本是数字人文展览和实景复刻展览，参展单位中一级馆所占比例约为六成。尽管在数量和质量上仍和大型馆存在差距，但平台内众多中小博物馆的线上展览的亮相，仍极大鼓舞了中小馆建设和发展线上展览的热情。

同样的时间，"腾讯博物馆开放平台"正式发布，助力更多的中小博物馆参与线上展览开发建设。"腾讯博物馆"是腾讯为博物馆在场馆地图、扫描识别、展览导览、智能语音等模块提供的文化资源数字化与活化的解决方案。"腾讯博物馆开放平台"能够极大提升中小博物馆进行线上展览建设的效率。中小博物馆方只需自主申请账号、录入文物信息的几步简单操作，即可自动生成语音解说，实现线下语音导览、小程序账户自运营、线下导览二维码、线上公众号接入等数字化服务，进行自主运营和管理自馆小程序专页，大幅缩短博物馆实现数字化的时间。对于临时或小型展览的策展、备展，此功能将大幅降低时间、人力、技术成本。同时，平台升级线下物料一键下载功能，省去中小博物馆设计引导海报物料等工作，可节约设计成本，高效便捷完成对观众的导览引导。

以"博物馆网上展览平台"为代表的展示平台和以"腾讯博物馆开放平台"的开发平台主要针对的还是数字人文展览和实景复刻展览。而近年来举办的红红火火的各种虚拟策展大赛则主要针对的是虚拟交互展览。中小博物馆既

可以鼓励馆内的策展人积极参与，也可以联系优秀的选手协同搭建，利用虚拟策展大赛的开放平台，建设多元化的虚拟交互展览，具有无限的可能性。

五、结语

线上展览存在先天劣势，而中小博物馆资金掣肘、人才短缺、经验不足，因而中小博物馆的线上展览存在着功能丧失、内容单薄、体验不佳等问题。中小博物馆需要充分利用互联网思维，以人为本、因地制宜地开展线上展览建设。针对数字人文展览，应侧重数据收集和资源整合；针对实景复刻展览，应侧重建设规范和功能完备；针对虚拟交互展览，应侧重形式创新和公众参与。如果由于各种困难，中小博物馆不能自行完成建设，还可以依靠成熟的线上展览平台提供的一站式服务，建设相对简易的线上展览。

【注释】

[1] Survey: "Museums, museum professionals and COVID-19". https://icom.museum/en/covid-19/surveys-and-data/survey-museums-and-museum-professionals.

[2] 石羚：《博物馆，换个姿势走进千家万户》，《人民日报》2020 年 5 月 18 日第 5 版。

[3]《2021 年我国博物馆接待观众 7.79 亿人次》，http://www.gov.cn/xinwen/2022-05/18/content_5690981.htm.

[4] UNESCO report: "museums around the world in the face of COVID-19" https://unesdoc.unesco.org/

ark:/48223/pf0000376729_eng.

[5] 全国政协委员王春法：《云端盛宴，引领博物馆发展新业态》，https://www.mct.gov.cn/preview/special/8890/8897/202005/t20200525_853608.htm.

[6] 陈红京：《博物馆学概论》，高等教育出版社，2019 年。

[7] 赵薇：《数字时代人文学研究的变革与超越：数字人文在中国》，《探索与争鸣》2021 年第 6 期。

[8] 王莉：《新冠疫情背景下的博物馆线上公共文化服务现状研究》，中国社会科学院大学硕士学位论文,2021年。

中小型博物馆经营精神
——一个新的研究视界

刘洪（连云港市博物馆）

摘要： 中小型博物馆亟须观点鲜明的经营精神，中小型博物馆经营确切在于是一个系统的概念，中小型博物馆经营并不等同于市场化、产业化，中小型博物馆经营着重在于过程，中小型博物馆经营关键在于馆长的经营意识和经营能力，中小型博物馆经营的准则在于提高中小型博物馆质量。

关键词： 中小型博物馆 经营

市场宛如一只无形的手。中小型博物馆的发展不断地受到它的深刻影响，在经费没有实质性快速增长的情况下，经营精神在中小型博物馆中也愈来愈得到体现，几乎已成为我国加快博物馆发展的步伐阶段所有中小型博物馆实现生存与发展的现实选择，也是近年来中小型博物馆出现的一种世界性共同特征。

一、中小型博物馆亟须观点鲜明的经营精神

产生与形成于特定时代的中小型博物馆经营精神，正在逐步地变化和完善。在经济全球化、博物馆国际化特征日趋鲜明的新时代背景下，特别是伴随着市场经济体系的不断发育成熟和中小型博物馆改革向纵深发展，现代中小型博物馆再也不可能依旧守护着传统的"象牙塔"而与现实社会格格不入，切实亟须确立和构建必要的理性的经营精神，这已成为中小型博物馆与市场经济相适应、与社会期望相一致、与教育规律相符合、与新时代发展相合拍的大势所趋、潮流所向。

经营，应该是中小型博物馆谋求自身发展、发挥功能、做强做大做优的必然选择。从总体上来说，我国中小型博物馆领域投入产出的效益较高。长期以来，我国博物馆资源配置带有浓厚的计划经济色彩，中小型博物馆经费基本上是采取政府统包、统分、统管模式，缺乏经营的认识和提法，缺乏经营精神的指导与统领，中小型博物馆几乎从来就没有破产的压力；在实践过程中，极少从经营的角度去关注中小型博物馆的投入产出，即使有也只是局部性的、萌芽性的、经验性的、非理性的，只不过是一个初步表征而已。

中小型博物馆经营精神作为一种思想、一种意识，在于时时处处从"经营"的视角来考

量小型博物馆的建设与发展。在当前博物馆经费短缺的情况下，中小型博物馆发展迫切需要借鉴企业组织经营策略。治理好中小型博物馆，经营运作方式有助于充分发挥中小型博物馆功能，挣脱以往狭隘的"操作管理"的思想束缚，最大限度地利用和配置中小型博物馆有限的资源，尽可能降低成本，提高经济效益、效率、效能，促进中小型博物馆优质高效运转，并以此为社会做出更大、更多、更好的贡献。中小型博物馆经营精神，作为一种新的中小型博物馆管理理念，倘若用来衡量办馆是否成功和办馆绩效的大小，这种变革能量将会产生深远而持久的作用。

二、中小型博物馆经营确切在于是一个系统的概念

中小型博物馆经营是一个丰富的命题。它不是在象牙塔里建构的中小型博物馆运行理想模式，而是对办馆行为的一种实然性的解读。它既包含对中小型博物馆的整体筹划营谋，又包括在经营管理统领下的中小型博物馆整体实力提升；既是一种站在长远愿景上的宏观经营，又是一个眼前利益下的微观经营。同时，必须要从中小型博物馆管理变革的具体条件出发，在变革的实践中逐步揭示其本质特征，在动态的发展中不断丰富其内涵。

中小型博物馆经营也富有一定的层次性和类别性。现代中小型博物馆的需求日益显现出多元化的发展态势，这就为中小型博物馆积极探求多样、高效的社会服务提供了最为可靠的动力来源。每座中小型博物馆在不同的时期和发展阶段，其经营的重点、视域和方法并不完全相同。中小型博物馆经营精神，既可以囊括于一所中小型博物馆的整体办馆理念之中，又

可以存在于每一位中小型博物馆领导、职工的日常行为之中；既可以指整个中小型博物馆的经营思想，又可以指具体事务的经营行为。可以这么说，经营与中小型博物馆之间已构建起一种新型的共生性关系。

中小型博物馆经营是一个系统的概念。借鉴企业成功经营所运用的工具、观点、方法、技术，如 SWOT 分析[1]、品牌、策划、投入产出效益分析等，其根本目的在于通过资源利用效率的提高、绩效责任的重视、社会回应能力的增强等，更好地实现育人本质，追求教育理想。成功的中小型博物馆无不把定位以及塑造、维护和扩张品牌视为办馆的生命所在与核心内容，对办馆理念、博物馆文化、个性特征等中小型博物馆经营内涵的提炼，甚至对博物馆环境、博物馆名称、标志、标识等视觉体系进行设计，系统打造一座中小型博物馆的品牌形象，包括理念识别系统、行为识别系统、视觉识别系统等，以此获得社会、政府、观众、本馆职工和共建单位的认同。事实上，中小型博物馆经营无时不有，无处不在，只不过以前中小型博物馆机构大多淡泊于"经济"理想，更专注于"专业""学术"，追求或倾心于"伦理"思想。

一个社会不追求效率必然陷入停滞、落后的状态，任何一个社会组织，都会把追求效率作为一个目标。中小型博物馆经营是中小型博物馆在一定社会经济条件下根据自身价值取向，按照所处时代经济社会运行的机制和规律，构建其管理体制、运行机制和控制体系等博物馆管理系统，调整和修正中小型博物馆与社会其他组织的关系，使中小型博物馆真正成为经营主体，在开放的国内外市场中博弈并取得最佳社会效益和经济效益的活动与过程。中小型博物馆经营讲究成本、效益，归根结底是为了提供更好的博物馆社会服务，不同于计划经济框

架内"照章行事"的管理。中小型博物馆经营意味着中小型博物馆必须根据自己的实际情况来确定发展目标定位，不断优化中小型博物馆内部管理机制，自主进行管理。在遵循博物馆规律的前提下，追求如何以尽可能小的投入获取观众最大发展的最佳方式，是为教育目的服务的有效手段。从经营切入，不仅可以更好地把握中小型博物馆的本质、功能、规律，而且能更好地理解中小型博物馆发展规律如何制约和支持人们对中小型博物馆的认识、理解与追求。正如有学者所言，经营具有区别于单纯职能型管理的一种新机能，即战略性、综合性总体管理机能，它不局限于眼前一时一事的效益，而更加着眼于长远的全局性效益。

三、中小型博物馆经营并不等同于市场化、产业化

中小型博物馆经营虽早已在具体运作中被自觉或不自觉地实践着，但由于观念认识不到位等种种因素影响，缺乏对中小型博物馆经营现实的正确把握和理性认识，往往会盲目地、片面地理解，甚至是曲解。

不可否认，中小型博物馆经营毕竟是市场经济体制影响下的直接产物，如果运用不当，实施偏误，很大程度上会陷入经济"利润"的怪圈和歧途。这也是在办馆实践中，之所以要按照必要的政策引导支持和运用法律制度予以保障的重要原因。

现代意义的经营是一种经济行为，是一个动态的概念，不再只是赢取利润的专用代名词，已不完全局限于企业等商业性组织。中小型博物馆经营，不是向观众高收费、兜售知识等赚钱行为，也不像是一些学者主张的把博物馆当成一所将原材料制成各种产品以满足各种生活需要的工厂。鉴于此，中小型博物馆经营，不能完全亦步亦趋于企业经营，更不能简单地加以复制或翻版，完全移植市场机制，等同于所谓的博物馆"市场化""产业化"，把博物馆完全视为彻头彻尾的经济来抓，只重效率，不顾公平，而是必须要结合中小型博物馆的本质和特点适度渐进地引入，科学地进行经营。

中小型博物馆经营，具有社会效益和经济利益的"双谋"价值取向。中小型博物馆里的每一种资源，都可以看作是能够为中小型博物馆带来经济效益和社会效益的源泉。中小型博物馆经营，不完全是一种新生事物，确切地说，这是一场思想观念上的革命，是一种办馆方式方法上的改革与创新。中小型博物馆经营要在"不以营利为目的"的理性精神和追求效率意识中起步、规范和运作，逐步走向独立和成熟。

四、中小型博物馆经营着重在于过程

中小型博物馆经营不是一个状态量，而是一个过程量，不仅仅在于厘清中小型博物馆的经营主体，更应分析如何经营的问题。经营是谋求效益的最大化，不仅指经济效益，而且包括社会效益。

中小型博物馆经营是一种有意识、有目的的活动。中小型博物馆经营与企业经营不完全一致，其投入产出的内涵要丰富得多，不能简单地进行量化和直接测考；过程也复杂得多，更侧重和突出经营的手段性，强调的是人们价值目标的实现程度。中小型博物馆经营重在过程，需要使用定量和定性相结合的方法，注重中小型博物馆内部资源配置、整合的过程，向中小型博物馆内部的微观层次进行深入分析和探究，真正从微观控制、政府主导中解脱出来，

逐步转向集经济、法律、行政为一体的契约式管理，重新认识中小型博物馆内部构成，运用营销策略关注市场需求和期望，通过声誉的建立、用户满意、绩效责任等全方位经营好中小型博物馆。从某种意义上可以说，中小型博物馆经营，还是改善成本、质量、服务、速度等现代中小型博物馆运营基准，对中小型博物馆的运行体制机制进行根本性的重新思量和彻底变革的过程。

中小型博物馆经营，是一个立体的、全方位的、多层次的概念，体现于办馆的各个环节之中。譬如，理念是所有办馆工作的指导思想和根本宗旨，作用在于对外彰显中小型博物馆的办馆特色，对内统一思想，引领和指导行动。综合管理与基础设施、藏品管理与科学研究、展示教育与社会服务等，是中小型博物馆经营过程中举足轻重的重点方面；社会服务水平是中小型博物馆经营的中枢环节和核心内容，工作能力和质量是中小型博物馆发展的生命线。

五、中小型博物馆经营关键在于馆长的经营意识和经营能力

中小型博物馆经营既是一门学问，又是一门艺术。经营是一种创造性活动，是一门生动的综合艺术，经营者必须充分认识经营的价值。

中小型博物馆经营关系到社会成员的共同利益，面临着更多的资源获取、市场竞争等多重压力，不仅富有效益性，而且还具有多变性和风险性。中小型博物馆经营的效益不仅在于追求最小投入、获取最大产出的经济目标，而且更在于追求实现观众全面发展的社会目标；不仅涵盖投入产出的数量对比关系，而且还包括质量、社会适应等方面的要求。

毋庸置疑，中小型博物馆经营离不开优秀

的经营主体。作为拥有中小型博物馆最高行政权力的馆长，是中小型博物馆经营的最主要主体，对中小型博物馆经营负有特殊的责任，其经营管理能力的大小直接影响到其所在中小型博物馆在博物馆资源市场上所占的份额大小，因此中小型博物馆的有效经营离不开中小型博物馆馆长经营意识的增强和经营能力的提高。同时，中小型博物馆馆长的经营意识和经营能力也直接影响着其所在中小型博物馆内部行政组织的有效运行，以及其他行政人员能力和潜力的开发、利用。优秀的中小型博物馆馆长不一定是享誉国内外的学术翘楚，但必须是优秀的经营管理专家，既深知博物馆规律，又懂得市场经济规律，这也是当今世界博物馆领域呼吁博物馆馆长职业化趋势的主要原因。

六、中小型博物馆经营的准则在于提升中小型博物馆质量

中小型博物馆经营在于追求博物馆理想与直面现实的有机统一。实现博物馆学、教育学、管理学、经济学、营销学、社会学等多种学科理论在中小型博物馆领域的有机融合，迫切需要从实践中获取科学的指导和必要的规范，以灵活应对、准确把握新问题。

中小型博物馆经营是以市场经济的存在为前提，以博物馆规律为根本，以资源经营、营销管理等为手段，以提升工作质量为核心，积极主动调整中小型博物馆体制与机制，探求实现中小型博物馆目标的现实之路，是对中小型博物馆整体发展的筹划谋略。其属性决定了其运作方式既有不同于企业和政府的一面，又决定了与企业、政府具有某些相同的一面，管理过程中需要借鉴、移植、演绎企业与政府的先进经验，这是其本质属性所在——吸纳、整合、

创新。

中小型博物馆经营的本质在于追求经济效益和社会效益的最佳结合和寻求一个最佳平衡点，并且要求优先考虑社会效益的长远利益，中小型博物馆的社会效益永远比经济效益重要，

长期效益比短期效益重要，质量比数量重要。鉴于此，我们必须科学运营并加强中小型博物馆质量有效监控和考核的指标体系，这就是指导中小型博物馆经营的基本准则。

【注释】

[1]SWOT 分析即强弱机危综合分析法，是一种企业竞争态势分析方法，是市场营销的基础分析方法之一，通过评价企业的优势（Strengths）、劣势（Weaknesses）、竞争市场上的机会（Opportunities）和威胁（Threats），用以在制定企业的发展战略前对企业进行深入全面的分析以及竞争优势的定位。

中国博物馆协会博物馆学专业委员会 & 浙江省博物馆出版的学术研讨会论文集系列

《中国博物馆协会博物馆学专业委员会
论文集精粹》

《中国博物馆协会博物馆学专业委员会
2013年"博物馆建筑与功能"学术研讨会论文集》

《中国博物馆协会博物馆学专业委员会
2013年"博物馆与教育"学术研讨会论文集》

《中国博物馆协会博物馆学专业委员会
2014年"博物馆个性化研究"学术研讨会论文集》

《中国博物馆协会博物馆学专业委员会
2014年"未来的博物馆"学术研讨会论文集》

《中国博物馆协会博物馆学专业委员会
2015年"致力于社会可持续发展的博物馆"
学术研讨会论文集》

《中国博物馆协会博物馆学专业委员会
2016 年"博物馆的社会价值研究"
学术研讨会论文集》

《中国博物馆协会博物馆学专业委员会
2017 年"经济环境变化与博物馆的应对"
学术研讨会论文集》

《中国博物馆协会博物馆学专业委员会
2018 年"理念·实践——博物馆变迁"
学术研讨会论文集》

《中国博物馆协会博物馆学专业委员会
2019 年"新时代博物馆专业能力建设"
学术研讨会论文集》

《中国博物馆协会博物馆学专业委员会
2020 年"博物馆与中国特色话语体系构建"
学术研讨会论文集》

《中国博物馆协会博物馆学专业委员会
2021 年"博物馆与多元学科的关系"
学术研讨会论文集》

《中国博物馆协会博物馆学专业委员会
2022 年"提升中小博物馆质量 盘活基层博物馆资源"
学术研讨会论文集》